## 数据资源获取方法

请读者按照如下步骤获取各章节所使用的数据:

第一步,关注"博雅学与练"微信服务号。

第二步,扫描右侧二维码标签,即可获取数据资源。

一书一码,相关资源仅供一人使用。

读者在使用过程中如遇到技术问题,可发邮件至 em@pup.cn。

本书受到国家自然科学基金重点项目（72132003）、国家自然科学基金面上项目（71972097）资助

组织与管理实证研究方法实操

从入门到熟练

张正堂　赵燕梅　宋锟泰　等　著

A Practical Guide to
the Empirical Methods
in Organization and
Management Research

The Easy Way to Get Started

北京大学出版社
PEKING UNIVERSITY PRESS

图书在版编目（CIP）数据

组织与管理实证研究方法实操：从入门到熟练/张正堂等著.—北京：北京大学出版社,2023.3

（IACMR组织与管理书系）

ISBN 978-7-301-33517-8

Ⅰ.①组⋯ Ⅱ.①张⋯ Ⅲ.①组织管理学—研究方法 Ⅳ.①C936-3

中国版本图书馆CIP数据核字(2022)第193157号

书　　　名	组织与管理实证研究方法实操：从入门到熟练
	ZUZHI YU GUANLI SHIZHENG YANJIU FANGFA SHICAO: CONG RUMEN DAO SHULIAN
著作责任者	张正堂　赵燕梅　宋锟泰　等　著
策 划 编 辑	徐　冰
责 任 编 辑	任京雪　李　娟
标 准 书 号	ISBN 978-7-301-33517-8
出 版 发 行	北京大学出版社
地　　　址	北京市海淀区成府路205号　100871
网　　　址	http://www.pup.cn
微信公众号	北京大学经管书苑（pupembook）
电 子 信 箱	em@pup.cn
电　　　话	邮购部 010-62752015　发行部 010-62750672
	编辑部 010-62752926
印 刷 者	北京市科星印刷有限责任公司
经 销 者	新华书店
	720毫米×1020毫米　16开本　34.5印张　643千字
	2023年3月第1版　2023年3月第1次印刷
定　　　价	88.00元

未经许可，不得以任何方式复制或抄袭本书之部分或全部内容。

版权所有，侵权必究

举报电话: 010-62752024　电子信箱: fd@pup.pku.edu.cn

图书如有印装质量问题，请与出版部联系，电话: 010-62756370

作者简介

张正堂,管理学博士,南京大学商学院教授、博士生导师;曾入选教育部"新世纪优秀人才支持计划",先后主持7项国家自然科学基金项目(含重点项目1项);曾获"蒋一苇企业改革与发展学术基金"优秀论文奖等多项省级科研奖励,并参与获得国家级教学成果二等奖、首届全国优秀教材一等奖;在《管理世界》、《管理科学学报》、Academy of Management Journal、Journal of Business Ethics等刊物发表论文多篇。

赵燕梅,管理学博士,南京审计大学商学院讲师,主要研究方向为员工创造力、人力资源管理,在Creativity and Innovation Management、《管理学报》等刊物发表论文多篇。

宋锟泰,管理学博士,安徽大学商学院人力资源管理系主任,研究方向为人力资源管理、组织创新,主持国家自然科学基金项目、安徽省自然科学基金项目各1项,在《经济管理》《管理评论》等刊物发表论文多篇。

赵李晶,管理学博士,海南大学管理学院副教授,研究方向为组织行为与人力资源管理,在Journal of Business Ethics、《科研管理》等刊物发表论文多篇。

张海燕,管理学博士,江苏师范大学商学院副教授,研究方向为组织制度信任、薪酬激励,主持国家社会科学基金后期资助项目,在《当代财经》等刊物发表论文多篇。

陈钰瑶,南京大学商学院工商管理博士生,研究方向为人力资源管理执行、组织激励,在《管理学报》等刊物发表论文多篇,并获得2022年亚太管理学会年会最佳论文奖。

吴婷,管理学博士,美国维拉诺瓦大学(Villanova University)应用统计在读研究生,研究方向为人力资源管理,在《经济管理》《财贸研究》等刊物发表论文多篇。

序
把更多的研究精力用于夯实理论基础和洞察中国管理实践

1. 组织与管理研究实证方法的兴起

2000年以前,中国组织与管理研究主要采取思辨的方法。之后,伴随着中国管理研究国际学会(IACMR)的成立和推动,实证研究范式在中国组织与管理学界得到了快速发展、普及和成熟:一方面表现为管理类刊物大概用了90%的篇幅刊发实证研究论文,另一方面表现为中国学者在国际高水平刊物上发表的论文数量大幅增加。

实证研究(Empirical Study)是基于对事实、客观的现象、数据进行系统的验证,从而得出问题结论的研究。实证研究强调理论知识的可靠性必须建立在观察和实验的经验证明的基础之上,强调以证据为依托、有数据,以及可以验证及重复验证,其过程一般包括如下步骤:

(1) 研究问题的确定。研究问题或是来源于研究者在实践中遇到的新问题,或是在已有理论基础上的拓展。

(2) 文献综述。文献综述是在确定选题后,对本研究领域的研究现状(包括主要学术观点、研究方法、争论的焦点、存在的问题及可能的原因等)和未来趋势等内容进行综合分析、归纳整理、评论,并提出自己的见解。文献综述有助于研究者熟悉所研究领域,对研究问题的价值进行评估,并找到真正的问题所在,同时有助于避免无意义的重复研究。

(3) 理论框架和假说的提出。实证研究中的理论框架主要包括变量、变量间关系的假说。假说是指将变量间关系的合理推测以可验证的命题表达出来。在组织与管理实证研究中,特别是在回归分析中,通常会涉及五种不同的研究变量:①因变量(Dependent Variable)Y。因变量是因果模型中被认为是结果的变量,受其他一些因素的影响而变化。②自变量(Independent Variable)X。自变量是被假设为原因的变量,也被称为预测变量、实验变量或解释变量。③中介变量(Mediator)M。在因果链中,中介变量介于自变量和因变量之间,是原因X作用于结果Y的媒介。④调节变量(Moderator)Z。如果变量X与变量Y有关系,但是X与Y的关系受第三个变量Z的影响,那么变量Z就是调节变量。⑤控制变量(Control Variable)。除X以外,其他会引起Y变动的因素就是控制变量。

(4)样本选择及数据采集。样本的选择根据问题的差异而定,样本数据或部分数据可以从公开的数据(如年鉴、报刊、上市公司年报等)中获得(二手数据),也可以由研究者自己通过问卷调查或实验方法等方式获得(一手数据)。由于组织与管理研究中涉及的研究变量大多是潜变量,因此在这个环节中涉及测量量表的编制或选择问题,以及如何获取更有价值数据的调查技术问题。

(5)数据分析及假说检验。一般结合各种统计软件进行数据分析,根据分析结果可以确定测量模型是否合理及总体模型的拟合情况,并进一步确定能否对假说进行验证。一般来说,数据分析包括:一是对研究变量测量的分析,例如变量的信效度分析、聚合效果分析,其目的在于检验研究变量的测量方法是否靠得住、获得的数据是否可以进行下一步分析;二是对变量间关系的分析检验。

(6)结论与讨论。主要是对该研究的结论进行总结,讨论其理论与实践贡献以及可能存在的局限性。

2. 对管理研究的反思与研究者的转变

2.1 掌握规范的研究方法

规范的实证研究意味着对研究者定量研究方法的掌握提出了更高的要求。在上述研究步骤中,第五步的"数据分析及假说检验",由于实证研究模型的差异、变量间关系的变化,研究者需要使用各种统计分析方法并进行软件操作。这些年来,实证研究中变量间关系从简单的直接效应,到中介效应、调节效应,再到有中介的调节效应、有调节的中介效应,以及各种跨层关系等;数据的收集也从同时间点的数据,到不同时间点的数据,再到各种纵向数据和配对数据。

统计分析的软件与语言也从早期的 SPSS,到 AMOS、SEM、LISREL 等,再到 Mplus、R 语言等。这些变化都需要研究者不断地学习新的统计分析方法和软件操作。掌握规范的研究方法,是做高质量研究的基本功。

2.2 管理研究与实践的脱节引发了更多的反思

在管理研究方法得以规范的同时,中国管理研究与实践的脱节现象也倍受批评。郭重庆(2008)指出,中国管理研究是"吃别人嚼过的馍""对中国经济与社会发展插不上嘴",陷入了"自娱自乐的尴尬处境"。在中国企业呈现独特的管理行为和实践、中国管理学界能够与国际管理学界对话的同时,中国管理学界却丧失了与中国管理实务界对话的基础,造成了"中国管理研究比什么东西都更加美国化"的悲剧(Huang and Bond,2012)。2016 年之后,管理学界更是集体反思中国管理研究,认为当前的管理研究与实践严重脱节。该阶段的三个显著标志是:蔡玉麟(2016)质疑 IACMR,2018 年 IACMR 组织出版了《负责任的管理研究:哲学与实践》,以及 2020 年管理世界杂志社社长李志军牵头出版了《学者的初心与使命:学术研究与论文写作中的"数学化""模型化"反思》。

其实管理研究与实践的鸿沟由来已久,是老生常谈的问题,饱受各方诟病,且并不仅仅是中国特有的现象。管理研究在追求科学化的过程中,忽视了研究与实践的相关性,使得研究与实践之间出现了明显的隔阂,普遍缺乏实用性(Suddaby,2015;Corley and Gioia,2011)。管理学术研究与管理实践实务之间横亘着巨大鸿沟(Bartunek and Rynes,2014;Cascio and Aguinis,2008),"管理研究者所做的大部分工作完全未能与管理实践者发生共振"(Bansal et al.,2012)。早在 20 世纪初,国外一些研究者就对管理研究与实践的关系进行了反思。Bedeian(1996)通过 25 年来对管理学相关论文的研究和考证发现,管理学研究者过度追求复杂变量,而忽视了人的行为因素在科学研究中的重要性,研究结论与管理实践的相关度不高,也不关注政策实行者对研究成果的理解和采用。随着环境的日趋复杂,国际管理学界中管理研究与实践的裂缝越来越大(Banks et al.,2016)。

2.3 研究者的转变

"我国哲学社会科学应该以我们正在做的事情为中心,从我国改革发展的实践中挖掘新材料、发现新问题、提出新观点、构建新理论,加强对改革开放和社会主义现代化建设实践经验的系统总结……提炼出有学理性的新理论,概括出有规律性的新实践。"(习近平,2016)党的二十大报告也提出,要加快构建中国特色哲学社会科学学科体系、学术体系、话语体系,培育壮大哲学社会科学人才队伍。作为一门应用导向较强的学科,采用规范的研究方法,如何在把组织与管理的基础研究做好的同时又能使之贡献于中国实践和社会发展?这是整个学界必须考虑的问题,也对学界工作者提出了更高的要求。

做负责任的中国管理研究,对管理研究者提出了更高的、差异化的要求:

(1) 了解并洞察中国管理实践,提高从现实中提炼科学问题的能力。管理研究与管理实践本身的合一,造就了非常多的、具有影响力的、改变世界进程的管理理论(史密斯和希特,2016)。开创这些理论的学者的共性之处,是密切观察并且亲身经历了他们那个时代的社会问题。Colquitt and Zapata-Phelan (2007)回顾了1963—2007年在 Academy of Management Journal 上发表的667篇文章,发现管理学领域中的大部分理论都是在20世纪50—80年代发展出来的。那个年代恰是欧美经济快速发展、工业化进程明显加快的时期,管理实践方面的创新层出不穷,为管理研究提供了时代背景。关注该领域的理论或方法发展的学者一直倡导问题驱动的研究(Davis and Marquis,2005;Pillutla and Thau,2013)。中国管理研究必须抓住中国管理实践的源头。研究者需要深入了解管理实践,知晓管理决策过程的逻辑关系。因此,研究者必须投入更多的时间和精力去了解中国管理实践,提升自己的实践洞察能力,通过表面现象精确判断出背后的本质,发现需要研究的现实问题,并从中提炼出科学问题。

(2) 精读前沿文献,更要夯实对经典管理理论的掌握。从事某一领域的研究必须了解其最新研究动态与成果,以判定我们所研究问题的价值。研究者如果希望贡献中国管理理论,则需要具有扎实的理论基础,熟练掌握经典理论及其发展,并且具有理论敏感性。管理学是随着实践而演变发展的,当前的管理理论也是经过每个阶段积累起来的,后面的理论不是对前面理论的替代,更不是颠覆。每一个理论都是要解决那个时代企业管理中最重要的问题,在这个问题解决之后,又会出现第二个问题,而这又催生第二个经典管理思想,然后又会出现第三个问题。比如泰勒的科学管理原理要解决的是劳动效率问题,在实现了劳动效率最大化之后,管理者们就想能不能让整个组织都有效率,所以韦伯和法约尔的行政组织理论就出现了,从而解决组织效率问题。组织效率问题和劳动效率问题都解决了,他们发现对人还是忽略的,所以人力资源理论便出现了。不能说人力资源理论的出现替代了科学管理原理,它们之间的逻辑发展顺序是一个一个地解决管理现实问题。要掌握管理的知识体系,就必须搞懂这些经典,然后才能知道管理的基本问题有哪些,或者一个企业在成长过程中会遇到哪些问题,因此研究者必须夯实对经典管理理论的掌握,而不能仅仅追求当前新的文献。

3. 本书初衷:把更多的精力用于夯实理论基础和洞察中国管理实践

3.1 本书的初衷

遗憾的是,从目前的硕博研究生教学安排,包括很多年轻学者在学术生涯初期的时间安排来看,研究方法的学习和熟练掌握占用了太多的时间与精力。例如,在硕博研究生的培养方案中,相当多课程都是围绕着研究方法的学习展开的,尤其是当前研究方法不断更新,学术论文发表对研究方法的要求也越来越高,使得硕博研究生对研究方法给予了更多的关注。我们可以看到,很多硕博研究生在各种实证方法和软件操作的学习上可能花费了近一半的时间与精力。从学术生涯的初期来看,加强对研究方法的掌握是必需的,但是这也削减了研究生在掌握经典理论基础和了解管理实践上投入的精力。这种情况在很大程度上会降低研究生毕业论文的理论贡献和实践价值。

基于此,我们希望年轻学者能够把在三个研究基础上投入的时间进行优化和调整(如图1所示,在三个研究基础上投入的时间分布从左侧三角形转变为右侧三角形),最好能够节省在实证方法和软件操作上花费的时间,把更多的研究精力放在了解和观察中国管理实践,发现真正的研究需求、夯实管理理论基础上。

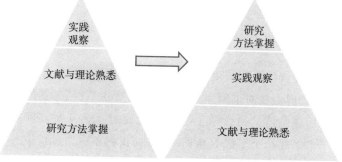

图 1 年轻学者在三个研究基础上的时间分布与转变

3.2 本书的写作过程与分工

我在研究生培养过程中,采取小组分工、分享和讨论的方法加强组织与管理研究量化方法或实证模型检验的学习,即不同小组聚焦于不同量化方法或实证模型检验的学习、掌握,之后各小组之间进行分享、讨论。通过小组间分享,也节省了其他小组在研究方法学习上花费的时间与精力。在分享内容上包括以下几个模块:①用一个典型的研究示例或情景直观地解释和引出该量化方法或实证模型的应用;②结合具体示例,对该量化方法或实证模型进行解释,并总结概括其具体的检验标准;③进行流程化操作,对如何实现该量化方法或模型检验的操作步骤进行详细介绍,易学易懂,便于快速掌握;④结合经典范文,举例说明如何对该量化环节或模型检验的结果进行总结和论文写作汇报。

我们在三届硕博研究生中推行这种小组分享模式,并对每个小组整理的内容进行迭代,努力使得整理的内容更规范、清晰、科学。在这期间,也有本校的其他研究生对我们整理的内容很感兴趣。因此,我们萌生了把组织与管理研究的这些实证方法的操作步骤进一步整理、完善,并总结为一本教程,供更多青年学子分享的想法。为此,我们又花费了两年多的时间对这些内容进行梳理、斟酌、校对,最终形成了本书。

本书由张正堂负责统筹设计、拟定写作规范,并对每个模块内容的初稿进行多轮的详细修改、完善。各位年轻的博士研究生完成每章的初稿,并参与每章内容的讨论和再修改。每章内容的具体分工如下:

第1章 理论构念测量的信效度检验、结果解读与汇报(赵李晶、张正堂)

第2章 中介效应的检验、结果解读与汇报(赵李晶、张正堂)

第3章 调节效应的检验、结果解读与汇报(赵燕梅、张正堂)

第4章 跨层次数据模型的检验、结果解读与汇报(宋锟泰、张正堂)

第5章 三维响应曲面模型的检验、结果解读与汇报(张海燕、张正堂)

第6章 组织与管理研究中元分析的流程、结果解读与汇报(陈钰瑶、张正堂、吴婷)

本书在完稿过程中得到了南京大学商学院同事的帮助:毛伊娜副教授校对了第1章,范雪灵博士校对了第1章和第3章,贺伟教授、席猛博士提供了一些修改建议。我们还邀请兰州大学卫旭华教授校对了第6章。南京邮电大学刘宁教授研读了本书并给予了修改意见。此外,我们在写作过程中参考了国内一些研究书籍和范文(见参考文献)。我们对这些老师的支持一并表示感谢。当然,文责由作者自负。

虽然我们前后历时五年多的时间才完成本书,并力求做到科学、规范、易学易懂,但近年来实证研究方法在不断演变、发展,而且学界在一些问题的方法处理上存在争论,同时受制于作者团队的水平,书中难免存在不足之处。恳请读者谅解,并能把相关意见反馈给我们(邮箱:njzzt2005@126.com),便于我们进一步完善。

本书受到国家自然科学基金重点项目(72132003)、国家自然科学基金面上项目(71972097)及南京大学研究生品牌教材建设的资助。

张正堂

2023年1月

参考文献

[1] Banks G C, Pollack J M, Bochantin J E, et al. Management's science-practice gap: a grand challenge for all stakeholders[J]. Academy of management journal, 2016, 59(6): 2205-2231.

[2] Bansal P, Bertels S, Ewart T, et al. Bridging the research-practice gap[J]. Academy of management perspectives, 2012, 26(1): 73-92.

[3] Bartunek J M, Rynes S L. Academics and practitioners are alike and unlike: the paradoxes of academic-practitioner relationships[J]. Journal of management, 2014, 40(5): 1181-1201.

[4] Bedeian A G. Improving the journal review process: the question of ghostwriting[J]. American psychologist, 1996, 51(11): 1189.

[5] Cascio W F, Aguinis H. Research in industrial and organizational psychology from 1963 to 2007: changes, choices, and trends[J]. Journal of applied psychology, 2008, 93(5): 1062-1081.

[6] Colquitt J A, Zapata-Phelan C P. Trends in theory building and theory testing: a five-decade study of the academy of management journal[J]. Academy of management journal, 2007, 50(6): 1281-1303.

[7] Corley K G, Gioia D A. Building theory about theory building: what constitutes a theoretical contribution?[J]. Academy of management review, 2011, 36(1): 12-32.

[8] Davis G F, Marquis C. Prospects for organization theory in the early twenty-first century: institutional fields and mechanisms[J]. Organization science, 2005, 16(4): 332-343.

[9] Huang X, Bond M H. There is nothing more American than research on Chinese organizational behavior: into a more culturally sensitive future[M]//Huang X, Bond M H. Handbook of Chinese organizational behavior: integrating theory, research and practice. Cheltenham: Edward Elgar, 2012: 513-524.

[10] Pillutla M M, Thau S. Organizational sciences' obsession with "that's interesting!" consequences and an alternative[J]. Organizational psychology review, 2013, 3(2): 187-194.

[11] Suddaby R. Editor's comments: why theory? [J]. Academy of management review, 2015, 40(1): 1-5.
[12] 蔡玉麟.也谈中国管理研究国际化和管理理论创新:向张静、罗文豪、宋继文、黄丹英请教[J].管理学报,2016,13(08):1135-1149.
[13] 郭重庆.中国管理学界的社会责任与历史使命[J].管理学报,2008,5(3):320-322.
[14] 李志军,尚增健.学者的初心与使命:学术研究与论文写作中的"数学化""模型化"反思[M].北京:经济管理出版社,2020.
[15] 史密斯,希特.管理学中的伟大思想:经典理论的开发历程[M].徐飞,陆琳,苏依依,译.北京:北京大学出版社,2016.
[16] 习近平.在哲学社会科学工作座谈会上的讲话[N/OL].新华社,2016-05-18[2022-09-20].http://www.xinhuanet.com/politics/2016-05/18/c_1118891128.htm.

目 录

第 1 章 理论构念测量的信效度检验、结果解读与汇报 / 1
  1.1 量表的信度检验 / 2
  1.2 量表的效度检验 / 6
  1.3 共同方法偏差检验 / 25
  1.4 验证性因子分析的总结 / 33
  参考文献 / 35
  本章附录材料 / 36

第 2 章 中介效应的检验、结果解读与汇报 / 38
  2.1 中介效应的概念与类型 / 39
  2.2 单中介模型的检验标准与软件实现过程 / 40
  2.3 并行中介模型的检验标准与软件实现过程 / 63
  2.4 链式中介模型的检验标准与软件实现过程 / 77
  参考文献 / 91
  本章附录材料 / 92

第 3 章 调节效应的检验、结果解读与汇报 / 93
  3.1 调节效应的概念与类型 / 94
  3.2 单调节模型的检验与汇报 / 95
  3.3 双调节模型的检验与汇报 / 120
  3.4 三阶交互调节模型的检验与汇报 / 131
  3.5 被中介的调节模型的检验与汇报 / 152
  3.6 被调节的中介模型的检验与汇报 / 182

参考文献 / 212
本章附录材料 / 214

第 4 章　跨层次数据模型的检验、结果解读与汇报 / 217
4.1　组织与管理研究中的层次问题与多层线性模型 / 219
4.2　低层数据的汇聚检验与汇报 / 224
4.3　基本的多层线性模型分析 / 240
4.4　跨层简单调节作用的检验与汇报 / 243
4.5　跨层简单中介作用的检验与汇报 / 264
4.6　跨层被中介的调节作用的检验与汇报 / 296
4.7　跨层被调节的中介作用的检验与汇报 / 320
4.8　多层线性模型检验操作方法的新发展 / 349
参考文献 / 355
本章附录材料 / 357

第 5 章　三维响应曲面模型的检验、结果解读与汇报 / 358
5.1　基本概念、应用前提条件与分析流程 / 360
5.2　多项式回归结合响应曲面分析法的分析流程 / 365
5.3　两种类型三维响应曲面模型检验的经典范文示例与解读 / 420
参考文献 / 431
本章附录材料 / 433

第 6 章　组织与管理研究中元分析的流程、结果解读与汇报 / 434
6.1　元分析概述 / 435
6.2　元分析的开展流程 / 438
6.3　基础元分析的软件实现过程 / 444
6.4　发表偏差检验的软件实现过程 / 473
6.5　同质性检验的软件实现过程 / 488
6.6　调节效应检验的软件实现过程 / 496
6.7　元分析结构方程模型的软件实现过程 / 519
参考文献 / 536
本章附录材料 / 539

第 1 章 理论构念测量的信效度检验、结果解读与汇报

1.1 量表的信度检验 / 2

1.2 量表的效度检验 / 6

1.3 共同方法偏差检验 / 25

1.4 验证性因子分析的总结 / 33

参考文献 / 35

本章附录材料 / 36

组织与管理的科学研究使用抽象的理论来解释管理现象,理论的基本元素之一就是变量间的关系。为了连接抽象的构念和具体的现象,心理学家创立了测量学(罗胜强和姜嬿,2014)。作为衡量测量工具好坏的重要指标,信度和效度分析也在此背景下应运而生。信度是指测量结果的稳定性程度,效度是指是否测出了想测的内容。以开发智力量表为例,利用新开发的智力量表,如果今天去测量甲,是 100 分,明天同样去测量甲,却是 80 分,那么我们便认为该量表的测量结果不稳定,信度低。而如果用该量表去测量甲,今天测出来是 70 分(处于愚钝区间),明天测出来也是 70 分(甲在日常生活中的智力表现正常,可以较好地完成工作和学业),此时测量结果虽然是稳定的(信度高),但是我们有理由怀疑该智力量表效度低,无法准确反映出个体的智力水平。由上面的例子我们也可以看出,信度是效度的前提,如果一个量表连测量结果都不稳定,效度更无从谈起。

组织与管理实证研究的开展,需要对研究模型中涉及的变量测量工具的信度与效度进行检验和汇报。鉴于此,本章将主要从信度与效度的概念、信度与效度的检测标准、软件实现过程,以及论文汇报几个方面逐一进行探讨。

1.1 量表的信度检验

1.1.1 量表的信度概念

信度是用来评价测量工具稳定性、一致性与可靠性的指标,会受随机误差的影响。随机误差越大,信度越低。信度的评价方式包括重测信度、复本信度、分半信度及内部一致性信度[①]等。组织与管理研究中最常汇报的是量表的内部一致性信度,这个信度用来衡量量表指标内部的同质性,主要使用克隆巴赫(Cronbach)α 系数来评价。例如,一个量表有 5 个题项(假设没有反向计分题),通常情况下同一个人在这几个题项上的得分应该是相对一致的,如果一个人第一题选择了 5(5 点评分),第二题选择了 1,那么这 5 个题项可能测量的不是同一内容。Cronbach α 系数便是用于反映题项间内部一致性的指标。

---

① 从检验方法上,内部一致性信度通常是采用分半信度(split half)来检验的。

第1章 理论构念测量的信效度检验、结果解读与汇报

1.1.2 信度的检验标准与软件实现过程

1.1.2.1 信度的检验标准

根据 Nunnally(1978)的观点,α 在 0 到 1 之间,α>0.9 表示量表信度非常高,α>0.8 表示量表信度很高,α>0.7 表示量表信度是可以接受的标准值,α 在 0.6~0.7 范围内表示量表也可以接受但需改进,α<0.6 表示量表基本不可以接受。

1.1.2.2 Cronbach α 信度的软件实现过程

将收集到的原始数据导入 SPSS 后,数据分析过程可以直接采用 SPSS 软件对变量的 Cronbach α 信度进行分析。下面列出了通过 SPSS 软件操作的具体步骤。

第一步,将数据从 Excel 中导入 SPSS。

如图 1-1 所示,测量变量"职场不文明行为"(Workplace Incivility,即表中的 WI)由 7 个测量题项构成,该 Excel 表共有 7 列,每一列代表一个测量题项,每一行代表一个样本。

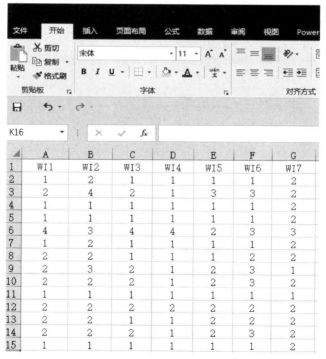

图 1-1 量表的信度检验步骤一

第二步,进行信度检验的基本操作。

首先将 Excel 中的数据①在 SPSS 中打开,具体步骤为:打开 SPSS 软件,依次点击菜单栏中的"文件"—"打开"—"数据"。然后进行量表的信度检验,具体步骤为:依次点击菜单栏中的"分析"—"度量"—"可靠性分析",参见图1-2。

图 1-2 量表的信度检验步骤二

① 演示数据见本章附录材料 1-信效度检验.sav。

第三步,信度检验中的统计量选择。

将所分析变量(以"职场不文明行为"变量的信度检验为例)的所有题项选入项目栏,点击"统计量",一般会选择"如果项已删除则进行度量",最后点击"确定",参见图1-3。

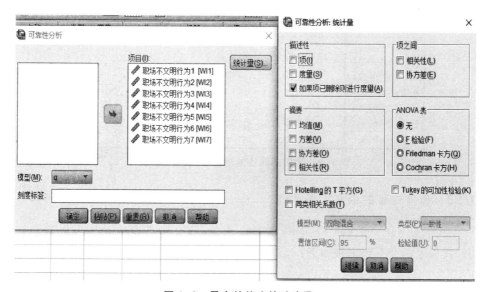

图1-3 量表的信度检验步骤三

第四步,输出结果的分析。

根据上述操作,本次示例的输出结果如图1-4所示。可以看到,变量"职场不文明行为"的信度为0.849,大于0.7的标准值,表明信度较高。而且从图中的第二个表格可以看出,删除每个题项后的Cronbach α系数都比未删除时的系数要小,所以从统计结果角度来看也无须删除题项。从统计上看,如果该题项对应的校正的项总计相关性小于0.3,则应考虑删除该题项(卢纹岱,2000),直至Cronbach α系数在0.7以上。但是,需要强调的是,信度检验结果通常并不理想,表明该变量并不应用于后续数据分析。少数情况下,如果结果提示删除某题项后信度有显著提升,那么也应在一定理论或逻辑的支持下才能删除,例如该题项不适用于研究情境或文化等。不建议单纯根据统计结果来进行题项的删除。

可靠性统计量

Cronbach's Alpha	项数
.849	7

项总计统计量

	项已删除的刻度均值	项已删除的刻度方差	校正的项总计相关性	项已删除的Cronbach's Alpha值
职场不文明行为1	9.86	10.375	.630	.825
职场不文明行为2	9.67	10.365	.634	.824
职场不文明行为3	10.33	11.259	.619	.828
职场不文明行为4	10.31	11.456	.608	.830
职场不文明行为5	10.19	10.882	.659	.822
职场不文明行为6	9.81	10.155	.660	.820
职场不文明行为7	9.83	10.623	.506	.847

图 1-4 示例的量表信度检验的输出结果

1.1.3 信度检验的论文汇报示例

我们以 Sun and Van Emmerik(2015)为例,该文中涉及主动性人格这一构念,其量表信度系数汇报如下:

> We used the 10-item proactive personality scale (Seibert et al., 1999) to measure proactive personality (e.g., "If I believe in an idea, no obstacle will prevent me from making it happen", $\alpha = .86$).

即该文使用 Seibert et al.(1999)开发的 10 条目主动性人格量表去测量主动性人格(例如:"如果我坚定了一个想法,那么没有任何障碍能阻止我实现它",$\alpha = 0.86$)。

1.2 量表的效度检验

1.2.1 量表的效度概念

效度是指量表能够准确测出所需测量构念的程度,与系统误差有关。常见的效度主要包括内容效度、内部结构效度、聚合效度、区分效度及效标关联效度等。内容效度是指量表能在多大程度上代表所需测量的构念(Haynes et al., 1995),它主要通过相关文献和专家访谈对量表所涵盖的层面及意义进行评估(陈晓萍等,2012)。

内部结构效度是指通过测量工具所得到的数据结构是否与我们对构念的

预期结构相一致(罗胜强和姜嬿,2014),主要采用探索性因子分析(Exploratory Factor Analysis,EFA)和验证性因子分析(Confirmatory Factor Analysis,CFA)进行判别。探索性因子分析可以用于找出影响观测变量的因子个数以及各因子和各观测变量的相关程度,揭示变量的内在结构,达到降维的目的。通俗地讲,探索性因子分析是为了找出所测量的题项可以用几个因子去简化概括。探索性因子分析往往在我们不清楚测量题项所属因子时使用,通常在开发量表时使用。而当我们对构念的结构已有所了解或者检验已有的成熟量表时,应采用验证性因子分析。验证性因子分析用来检验实际数据拟合事前定义的因子模型的程度,试图检验观测变量的因子个数以及因子载荷是否与预先建立的理论预期相一致。也有部分文献对某一量表进行了题项开发或修改(如对多个相关量表的题项进行组合形成新量表),在样本量足够大的情况下,会用一半数据做探索性因子分析,另一半数据做验证性因子分析。

Campbell and Fiske(1959)提出了聚合效度(Convergent Validity)和区分效度(Discriminant Validity)的概念。其中,聚合效度是指在使用不同的方法测量同一构念时,所得到的测量分数之间因反映同一构念而应该高度相关。区分效度则是指在使用不同的方法测量不同的构念时,所得到的测量分数之间应该能够加以区分。两种效度的检验方法主要是多质多法(Multi-Traits Multi-Methods, MTMM)矩阵。但由于需要多种测量方式及多个样本才能获得 MTMM 矩阵,因此一般研究中多采用计算平均方差萃取量(Average Variance Extracted,AVE)的方式估计聚合效度和区分效度。

还有一种能够提供效度证据的方法是逻辑关系网络(Nomological Network),它侧重于从变量间的因果关系中推论构念效度的高低,而非单纯地评价测量指标或题项的质量(陈晓萍等,2012)。

1.2.2 探索性因子分析

1.2.2.1 检验标准

在进行探索性因子分析之前,需要进行 KMO 和 Bartlett 球形检验,用来确定数据是否适合进行因子分析。其中,KMO 检验用来检验变量间的简单相关系数和偏相关系数,取值在 0 到 1 之间。当所有变量间的简单相关系数平方和远大于偏相关系数平方和时,KMO 的值接近 1。KMO 的值越接近于 1,变量间的相关性就越强,原有变量就越适合进行因子分析。根据 Kaiser(1974)的观点,KMO 的值应大于 0.7。Bartlett 球形检验用来检验各变量间是否相互独立,若统计值的显著性概率<0.05,则表明适合进行因子分析。两项检验数据通过

之后,再采用主成分分析法进行方差最大的旋转分析。根据 Kaiser(1974)的建议,以特征值大于 1 为提取因子的标准。而因子载荷的选择标准,通常为 0.4(陈晓萍等,2012)。

1.2.2.2 软件实现过程

第一步,将数据从 Excel 中导入 SPSS。

如图 1-5 所示,Excel 表中共有 16 列,每一列代表一个测量题项。其中,变量"职场不文明行为"由 WI1—WI7 这 7 个测量题项进行测量,变量"消极情绪"由 NA1—NA5 进行测量,变量"退缩行为"由 WB1—WB4 进行测量。每一行代表一个样本。

图 1-5 变量的探索性因子分析步骤一

第二步,探索性因子分析的基本操作。

首先将 Excel 中的数据[①]在 SPSS 中打开,具体步骤为:打开 SPSS 软件,依次点击菜单栏中的"文件"—"打开"—"数据"。然后进行量表的探索性因子分析,具体步骤为:点击菜单栏中的"分析"—"降维"—"因子分析",参见图 1-6。

---

① 演示数据见本章附录材料 2-EFA.sav。

图 1-6 变量的探索性因子分析步骤二

第三步,探索性因子分析中的算法选择。

将测量题项选入右边的变量栏,点击"描述统计",勾选"KMO 和 Bartlett 的球形度检验";再点击"抽取",方法选择"主成分";"旋转"中方法选择"最大方差法"。各选择项如图 1-7 所示。

第四步,输出结果的分析。

首先看输出结果中关于 KMO 和 Bartlett 的检验(如图 1-8 所示)。KMO 的取值为 0.888,大于 0.7;Bartlett 的球形度检验近似卡方值为 1 788.988,显著性水平(Sig.)小于 0.001。根据探索性因子分析的检验标准,表明数据适合做进一步的因子分析。

接着采用主成分分析法对因子进行提取,同时采用最大方差法进行因素旋转。看"初始特征值"项下的"合计"数值,有几个数据大于 1,就表明此次因子分析共提取出几个公因子。如图 1-9 所示,有 3 个变量的初始特征值大于 1,表明可以提取出 3 个公因子。然后看"旋转平方和载入"项下"累积%"最后一行的数据,若大于 50%,则表明 3 个公因子可以解释的累积变异量在可接受的范围内。可以看到,在本研究示例中,初始特征值大于 1 的因子有 3 个,且方差累计贡献率为 60.882%,大于 50%。

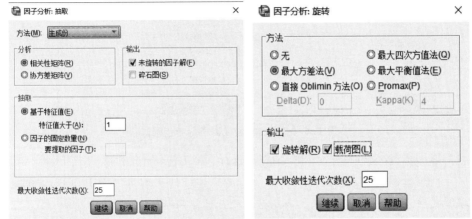

图1-7 变量的探索性因子分析步骤三

图1-8 探索性因子分析检验过程中 KMO 和 Bartlett 的检验结果

旋转后因子载荷矩阵报告出所有题项在各因子上的载荷情况,然后对测量题项进行筛选。Hair et al.(2010)的选择标准为:①标准化因子载荷系数在0.7以上是理想,0.4以上为可接受,0.4以下的题项应予以删除;②因子交叉载荷量小于0.4可以忽略不计,而当某个题项和另一个因子有超过0.4以上的交叉载荷量时,应将该因子删除;③直到筛选后所有剩余题项对应因子的载荷系数都在0.4以上,且总模型的累计解释方差超过50%,量表满足要求,可进行下一步

解释的总方差

成分	初始特征值			提取平方和载入			旋转平方和载入		
	合计	方差的 %	累积 %	合计	方差的 %	累积 %	合计	方差的 %	累积 %
1	6.107	38.171	38.171	6.107	38.171	38.171	3.707	23.169	23.169
2	2.022	12.640	50.812	2.022	12.640	50.812	3.081	19.255	42.425
3	1.611	10.070	60.882	1.611	10.070	60.882	2.953	18.457	60.882
4	.850	5.310	66.191						
5	.702	4.386	70.578						
6	.686	4.286	74.864						
7	.585	3.656	78.519						
8	.508	3.174	81.694						
9	.475	2.967	84.661						
10	.444	2.777	87.437						
11	.410	2.560	89.998						
12	.376	2.347	92.345						
13	.367	2.295	94.640						
14	.296	1.852	96.492						
15	.293	1.832	98.323						
16	.268	1.677	100.000						

提取方法：主成分分析。

图 1-9　探索性因子分析检验过程中的萃取因子解释的总方差检验结果

分析。由图 1-10 可以看出，每个题项的旋转因子载荷系数均大于 0.4，且未出现大于 0.4 的交叉载荷的情况，因此探索性因子分析的结果与我们预期的一致，共析出 3 个因子。

旋转成分矩阵ᵃ

	成分		
	1	2	3
职场不文明行为1	.727	.225	.053
职场不文明行为2	.754	.152	.035
职场不文明行为3	.735	.096	.147
职场不文明行为4	.703	.025	.242
职场不文明行为5	.693	.147	.324
职场不文明行为6	.716	.197	.157
职场不文明行为7	.544	.068	.308
消极情绪1	.191	.687	.270
消极情绪2	.217	.614	.366
消极情绪3	.092	.781	.082
消极情绪4	.083	.813	.078
消极情绪5	.188	.836	.107
退缩行为1	.176	.216	.736
退缩行为2	.227	.180	.781
退缩行为3	.172	.140	.781
退缩行为4	.202	.122	.806

提取方法：主成分。
旋转法：具有 Kaiser 标准化的正交旋转法。
a. 旋转在 5 次迭代后收敛。

图 1-10　探索性因子分析检验输出的各因子载荷系数

1.2.2.3 论文汇报示例

我们以王辉等(2008)为例,进一步呈现探索性因子分析的结果汇报。该文关注了中国企业情境下领导授权赋能行为的维度和测量,其具体汇报内容如下:

> 使用 SPSS11.0 对问卷收集到的数据进行探索性因子分析,运用主成分分析法和斜交旋转法抽取因子。采用特征值大于1、因子载荷系数不小于0.40、交叉载荷系数大于0.40等标准删除题项。
>
> 在题项删除之前,先对数据进行了 Bartlett 球形检验,并计算出 KMO 统计量。结果表明,Bartlett 球形检验的 χ^2 为 3 582.19(df = 595,$p<0.001$),KMO 的值为 0.89,表明这些题项适合进行因子分析。经过先后 11 次题项删除,最终抽取了 6 个因子 24 个题项。所得到的结果如表 2 所示。因子分析的结果表明,6 个因子累计解释方差的比例为 66.37%,各个题项在相应因子上都具有较大的载荷,处于 0.54 至 0.84 之间。6 个因子的克隆巴赫一致性系数分别为:0.87,0.68,0.83,0.75,0.82 和 0.82。因子 1 有 6 道题,其主要内容包括关心员工个人成长和职业生涯规划、提供培训和学习机会、允许工作中的失误等,我们将该因子命名为"个人发展支持"。因子 2 有 4 道题,其主要内容包括严肃指出工作中的过错、经常询问工作进展情况、定期抽查工作等,我们将该因子命名为"过程控制"。因子 3 有 3 道题,其主要内容包括充分授权、给予权限等,我们将该因子命名为"权力委任"。因子 4 有 4 道题,其主要内容包括注重工作目标、按时考核工作完成情况、注重工作结果等,我们将该因子命名为"结果和目标控制"。因子 5 有 4 道题,其主要内容包括积极倾听意见和建议、尊重和重视建议、创造机会使充分发表意见等,我们将该因子命名为"参与决策"。因子 6 有 3 道题,其主要内容包括给予工作上的鼓励、帮助和支持等,我们将该因子命名为"工作指导"。

表 2　领导授权赋能行为量表的探索性因子分析结果($n=201$)

变量	因子1	因子2	因子3	因子4	因子5	因子6
我的主管很关心我的个人成长和职业生涯规划	0.81	0.07	-0.10	0.03	0.13	-0.05
我的主管经常给我提供培训和学习的机会	0.75	0.06	-0.07	-0.05	0.07	-0.06
我的主管允许我工作中失误,使我能够从中学到东西	0.70	-0.02	0.21	-0.01	0.09	0.18
我的主管会因为我工作任务完成出色而为我争取升职的机会	0.66	-0.00	0.18	-0.15	-0.16	-0.22
我的主管会因为我工作任务完成出色而为我争取加薪的机会	0.62	-0.07	0.23	-0.24	-0.20	-0.10
我的主管经常为我创造露脸和锻炼的机会	0.60	-0.03	-0.11	0.05	0.19	-0.27
我的主管会严肃地指出我工作中的过错	0.13	0.83	0.12	0.10	-0.25	0.08
我的主管经常询问我的工作进展情况	0.03	0.68	-0.16	0.07	0.25	-0.11
我的主管会因为我没完成工作目标而给以批评	-0.23	0.67	0.12	-0.21	0.02	0.04

（续表）

我的主管会定期抽查我的工作是否在顺利地进行	0.07	0.59	-0.16	-0.22	0.06	-0.01
我的主管不干涉我职权范围的工作	0.04	-0.07	0.84	0.03	0.12	0.03
我的主管充分授权,让我全面负责我所承担的工作	0.11	0.01	0.75	-0.07	0.05	-0.21
我的主管给我相应的权限,让我在工作中能自主决策	0.06	0.08	0.61	0.10	0.17	-0.29
我的主管注重工作目标	-0.01	-0.13	0.02	-0.84	0.17	0.05
我的主管为我设定工作目标,并要求我确保完成	0.06	0.15	0.04	-0.78	0.01	0.11
我的主管按时考核我的工作是否完成	-0.06	0.19	0.06	-0.66	-0.28	-0.28
我的主管注重工作结果	0.15	0.04	-0.14	-0.58	0.08	-0.6
在工作中遇到问题时,我的主管积极倾听我的意见和建议	0.00	-0.02	0.13	-0.06	0.75	-0.13
在做决策时,我的主管尊重和重视我的建议	0.04	0.01	0.31	-0.16	0.71	0.06
我的主管经常创造机会使我能充分发表自己的意见	0.29	-0.03	-0.07	-0.07	0.54	-0.22
涉及我和我的工作时,我的主管在做决策前会征求我的意见	0.22	0.08	0.03	0.03	0.54	-0.18
我的主管经常鼓励我,增强我的信心	-0.04	0.02	0.06	0.02	0.06	-0.83
当我在工作中遇到困难时,我的主管及时给以帮助	0.06	-0.07	0.00	0.06	0.05	-0.81
我的主管对我的工作给以足够的支持	0.11	0.03	0.17	0.01	0.02	-0.68
特征值(非旋转值)	7.80	2.92	1.55	1.38	1.28	1.01
可解释的方差量(%)	32.51	12.16	6.44	5.74	5.32	4.20
累计可解释的方差量(%)	32.51	44.67	51.11	56.85	62.17	66.37

1.2.3 一阶验证性因子分析

1.2.3.1 检验标准

与探索性因子分析不同的是,验证性因子分析是在明确观测指标与潜变量间的隶属关系后,对量表的结构效度进行验证。验证性因子分析的检验主要通过标准化因子载荷系数和模型的拟合指标(χ^2检验及近似拟合检验)加以判别。其中,标准化因子载荷系数需要大于0.5,理想状态下要大于0.7(Hair et al., 2010)。而由于χ^2容易受样本量的影响,因此通常不用作模型拟合度的判断标准,而采用拟合指数来评价模型拟合的结果。常用拟合指标的评价标准如表1-1所示(吴明隆,2010)。

表1-1 验证性因子分析拟合指标的标准

拟合指标	χ^2/df	GFI	AGFI	NFI	IFI	CFI	SRMR	RMSEA	TLI(NNFI)
建议值	<5	>0.9	>0.9	>0.9	>0.9	>0.9	<0.08	<0.08	>0.9

注:验证性因子分析的拟合指标需要全部符合。这些指标是从不同侧面来反映模型拟合度的,因此如果模型拟合度好,那么这些指标通常都能满足要求。如果确实出现某一指标不能通过,则表明验证性因子分析结果无法通过检验。

1.2.3.2 Mplus软件实现过程

我们采用Mplus软件进行验证性因子分析。Mplus是一个统计建模软件,由琳达·穆森(Linda Muthén)和本特·穆森(Bengt Muthén)开发,他们致力于为研究者提供一个灵活的工具来分析数据。他们提供了多种易于使用的图形界面以及展示数据分析结果的模式、估计和算法。Mplus 软件可用于分析横截面和纵向数据、单层和多层数据、来自不同母体的数据,而无论是观测变量还是潜变量。

我们以一个简单的小研究为例,演示 Mplus 软件的操作过程。在该研究中,高参与人力资源实践由充分授权、能力发展、赞赏认同、公平回报及信息分享等 5 项管理措施组成。如图 1-11 所示,充分授权、能力发展、赞赏认同、公平回报及信息分享分别由 $y1—y2,y3—y5,y6—y8,y9—y10,y11—y13$ 这 13 个指标进行测量。本研究中,这 5 个因子是高参与人力资源实践构念下的子维度,可以进行二阶因子分析,但在此处我们将其视为一阶因子进行示范。

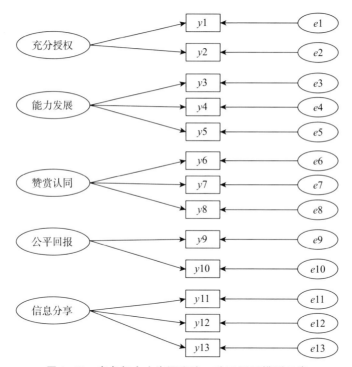

图 1-11 高参与人力资源实践一阶五因子模型示意

注:在估计时,因子之间默认自由相关,右侧圆圈中的 e 值代表测量误差。

具体的操作步骤如下:

第一步,将数据从 Excel 中导入 SPSS。

如图 1-12 所示,Excel 中共有 13 列,每一列代表一个测量题项。而变量"高参与人力资源实践"由 $y1—y2,y3—y5,y6—y8,y9—y10,y11—y13$ 这 13 个测量题项进行测量。每一行代表一个样本。

第二步,把分析数据保存为 dat 格式。

将 Excel 中的数据[①]在 SPSS 中打开,依次点击菜单栏中的"文件"—"打开"—"数据"。由于 Mplus 软件只能读取 dat、csv 或 txt 格式的数据,因此需要将 SPSS 中的数据转换成这几种格式中的一种。具体可点击"文件"—"另存为",例如将其保存为固定 ASCII(美国信息交换标准代码)格式的 dat 文件,参见图 1-13。

图 1-12 一阶验证性因子分析步骤一

图 1-13 一阶验证性因子分析步骤二

第三步,编制 Mplus 的程序。

在不同模型中进行验证性因子分析检验的语句是类似的。读者可以参考本研究范例进行语句的调整。

本研究范例中一阶五因子模型的程序命令如下(其中"!"后为对 Mplus 语句的解释,程序不会进行读取和分析,下同):

---

① 演示数据见本章附录材料 3-CFA.xlsx。

TITLE: this is an example of CFA;
　　　　　　　　　　　　！标题,说明这是一个 CFA 的范例
DATA: File is 2-CFA.dat[①]; ！注明打开的数据文件名称,当数据文件和命令文件保存在同一目录时,可以省略具体的文件路径
VARIABLE: names are y1-y13;！数据表中涉及 y1 到 y13 列的原始数据
MODEL:　f1 by y1-y2;　　！变量 f1 由 y1 到 y2 两个测量题项进行测量
　　　　f2 by y3-y5;　　！变量 f2 由 y3 到 y5 三个测量题项进行测量
　　　　f3 by y6-y8;　　！变量 f3 由 y6 到 y8 三个测量题项进行测量
　　　　f4 by y9-y10;　 ！变量 f4 由 y9 到 y10 两个测量题项进行测量
　　　　f5 by y11-y13; ！变量 f5 由 y11 到 y13 三个测量题项进行测量
OUTPUT: STANDARDIZED;　！输出结果为标准化的参数

输出结果如图 1-14 所示,模型拟合信息如下: $\chi^2 = 111.768$, df = 55(根据输出结果,需要研究者自己计算得出 $\chi^2/df = 2.032$), RMSEA = 0.053, CFI = 0.970, TLI = 0.957, SRMR = 0.039。与前文提到的检验标准相比,可以发现五因子模型的各项拟合结果较好。

```
MODEL FIT INFORMATION

Number of Free Parameters                     49

Loglikelihood

          H0 Value                        -7549.544
          H1 Value                        -7493.660

Information Criteria

          Akaike (AIC)                    15197.089
          Bayesian (BIC)                  15388.451
          Sample-Size Adjusted BIC        15232.993
            (n* = (n + 2) / 24)

Chi-Square Test of Model Fit

          Value                            111.768
          Degrees of Freedom                    55
          P-Value                           0.0000

RMSEA (Root Mean Square Error Of Approximation)

          Estimate                           0.053
          90 Percent C.I.                    0.039  0.067
          Probability RMSEA <= .05           0.344

CFI/TLI

          CFI                                0.970
          TLI                                0.957

Chi-Square Test of Model Fit for the Baseline Model

          Value                           1945.758
          Degrees of Freedom                    78
          P-Value                           0.0000

SRMR (Standardized Root Mean Square Residual)

          Value                              0.039
```

图 1-14　**Mplus 软件进行验证性因子分析检验的输出结果**

---

① 演示数据见本章附录材料 4-CFA.dat。

1.2.3.3　一阶验证性因子分析结果的论文汇报示例

我们以 Thompson and Bolino(2018)为例,该文主要考察了接受同事帮助的人拥有的消极信念,并开发了"接受同事帮助的消极信念"量表。在初步探索性研究发现形象受损信念、互惠义务信念、自立信念、同事不可信信念和同事无能信念五个维度后,再次通过验证性因子分析对量表的效度进行验证。以下为验证性因子分析的结果汇报部分:

> We used CFA to verify that the factor structure is consistent with the conceptual and empirical structure identified earlier. We examined the fit of the model using the comparative fit index (CFI), the incremental fit index (IFI), and standardized root mean square residual (SRMR), which Hu and Bentler (1999) suggest are the best goodness-of-fit indices when a sample has fewer than 250 respondents. CFI and IFI values greater than or equal to .95, and SRMR values less than .08, indicate good fit (Floyd & Widaman, 1995; Hu & Bentler, 1999). The 22-item, five-factor model provided acceptable fit for the data (CFI.93, IFI.93, SRMR.06).

即该文使用了验证性因子分析来确认测量所得的因子结构与先前设定的概念和结构是否一致。我们使用比较拟合指数(CFI)、增值拟合指数(IFI)、标准化残差均方根(SRMR)检验了模型的拟合度。Hu and Bentler(1999)认为,当样本少于 250 人时,这些最佳的拟合优度指数——CFI 值和 IFI 值——大于或等于 0.95,SRMR 值小于 0.08,表明拟合良好(Floyd and Widaman, 1995; Hu and Bentler, 1999)。

1.2.4　二阶验证性因子分析

1.2.4.1　检验标准

在验证性因子分析模型中,与测量指标直接相连的因子被称为一阶因子(例如图 1-11 中的充分授权、能力发展、赞赏认同、公平回报及信息分享等 5 个因子)。在一阶因子之上,能对其产生影响且理论上存在隶属关系的因子被称为高阶因子(例如图 1-15 中的高参与人力资源实践)。出于简化模型或理论考虑的目的,有时会在一阶模型拟合较好的情况下,采用更简洁的二阶模型。需要注意的是,这应视高阶因子的理论性质而定,不同类别的高阶因子对应的数据处理方式有较大差异,具体请参见 Law et al.(1998)的相关指引。Marsh and

Hocevar(1985)[①]认为,衡量能否使用二阶模型代替一阶模型的标准需计算目标系数值(T值),即一阶模型的χ^2值/二阶模型的χ^2值。如果该值大于0.9的门槛值,则说明可以使用二阶模型替代一阶模型,以简化结构模型。

需要特别强调的是,研究者需要从研究需要上明确什么时候用一阶因子、什么时候用二阶因子。到底是作为一阶因子还是作为二阶因子处理,主要应由其理论性质而定,而非采用统计结果去推断因子的性质。一般而言,对于成熟的构念,需要按照这一构念原本的因子结构进行验证性因子分析,不要随便改动它的因子结构(除非认为它现有的因子结构不合理)。因为这些构念的因子结构都是经过一系列的实证检验和理论推导而得的。对于这类构念和量表开发的文章(比如新开发一个构念 A,有 4 个一阶因子,此时研究者在理论上假设 A 是作为二阶因子存在),如果想验证到底是一阶因子结构合适,还是二阶因子结构合适,就可以使用目标系数值来判断。

1.2.4.2　Mplus 软件实现过程

我们以图 1-15 中的高参与人力资源实践的二阶模型为例,介绍二阶验证性因子分析的具体步骤。

(1) 二阶验证性因子分析模型的数据格式转换与一阶验证性因子分析模型的一致,这里不再赘述。程序命令如下:

```
TITLE: this is an example of CFA;  ! 标题
DATA: File is CFA.dat②;            ! 数据文件
VARIABLE: names are y1-y13;        ! 数据表中涉及 y1 到 y13 的原始数据
MODEL: f1 by y1-y2;                ! f1 由 y1 到 y2 两个测量题项进行测量
       f2 by y3-y5;                ! f2 由 y3 到 y5 三个测量题项进行测量
       f3 by y6-y8;                ! f3 由 y6 到 y8 三个测量题项进行测量
       f4 by y9-y10;               ! f4 由 y9 到 y10 两个测量题项进行测量
       f5 by y11-y13;              ! f5 由 y11 到 y13 三个测量题项进行测量
       f by f1-f5;                 ! 定义二阶验证性因子分析模型,f1-f5
```
是高阶因子 f 的子维度

　　　　OUTPUT: STANDARDIZED;　　　! 输出结果为标准化的参数

---

①　需要说明的是,也有学者认为一阶验证性因子分析模型和二阶验证性因子分析模型不属于嵌套模型,无法进行模型的比较。这里介绍的是依据 Marsh and Hocevar(1985)提出的目标系数值的检验方法。

②　演示数据见本章附录材料 4-CFA.dat。

第1章 理论构念测量的信效度检验、结果解读与汇报

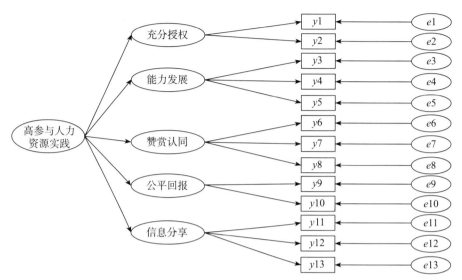

图 1-15 高参与人力资源实践五因子对应的二阶模型示意

输出结果如图 1-16 所示，模型拟合信息如下：$\chi^2 = 119.500$，df = 60，χ^2/df = 1.992，RMSEA = 0.052，CFI = 0.968，TLI = 0.959，SRMR = 0.041。

```
MODEL FIT INFORMATION
Number of Free Parameters                      44
Loglikelihood
       H0 Value                          -7553.410
       H1 Value                          -7493.660
Information Criteria
       Akaike (AIC)                      15194.820
       Bayesian (BIC)                    15366.656
       Sample-Size Adjusted BIC          15227.061
         (n* = (n + 2) / 24)
Chi-Square Test of Model Fit
       Value                               119.500
       Degrees of Freedom                       60
       P-Value                              0.0000
RMSEA (Root Mean Square Error Of Approximation)
       Estimate                              0.052
       90 Percent C.I.                 0.038  0.066
       Probability RMSEA <= .05              0.387
CFI/TLI
       CFI                                   0.968
       TLI                                   0.959
Chi-Square Test of Model Fit for the Baseline Model
       Value                              1945.758
       Degrees of Freedom                       78
       P-Value                              0.0000
SRMR (Standardized Root Mean Square Residual)
       Value                                 0.041
```

图 1-16 二阶验证性因子分析模型的输出结果

(2) 计算目标系数值,根据前述公式,可算出目标系数值(T值)= 111.768/119.500 = 0.935,大于 0.9 的门槛值,所以可认为本研究范例中高参与人力资源实践二阶因子的整体适配度较好,用它代替 5 个一阶因子具有合理性。

1.2.4.3 二阶验证性因子分析结果的论文汇报示例

我们以 Lai et al.(2010)为例,该研究模型中包含一个由品牌忠诚度、感知质量、品牌意识、品牌关联和品牌满意度 5 个因子组成的产业品牌资产构念。在验证因子结构时,作者根据一阶五因子模型和二阶(高阶)模型的分析结果计算了目标系数值,其结果汇报如下:

> We used CFA of the first order and the second order, respectively. According to Marsh and Hocevar (1985), by calculating the target coefficient this study compares CFA of the first order and the second order to decide the fitness with data. The T value that is closer to 1 implies that the second-order CFA can replace the first-order CFA, making the model more precise. The T values of industrial brand equity are 0.99, closer to one in this study. The fitness index of second-order CFA of industrial brand equity reveals the fitness is good.

即该文分别进行了一阶和二阶的验证性因子分析。根据 Marsh and Hocevar(1985)的建议,该文通过计算目标系数值来比较一阶和二阶验证性因子分析与数据的匹配度。T值越接近 1,则说明二阶验证性因子分析模型可以替代一阶验证性因子分析模型,从而使得模型更简洁。产业品牌资产的 T 值为 0.99,接近 1。因此,产业品牌资产二阶验证性因子分析模型的适配度良好。

1.2.5 量表的聚合效度和区分效度检验

1.2.5.1 检验标准

Hair et al.(1998)提出良好的聚合效度应符合以下要求:①所有测量指标在潜变量上的载荷均显著;②CR(Composite Reliability,组合信度)值大于 0.7;③AVE 值大于 0.5。值得关注的是,Chin(1998)建议标准化因子载荷值 0.7 以上是理想值,0.6 以上是可接受,而 AVE 又是标准化因子载荷值平方的平均,若因子载荷值为 0.7,那么 AVE 约为 0.5,若因子载荷值为 0.6 可接受,那么 AVE 约为 0.36。需要说明的是,检验聚合效度的方式有多种,在此我们仅介绍常用的通过 CR 和 AVE 值来判别的方法。其他还有通过因子分析获得每个测量题项因子载荷和 T 值,然后根据其是否均达到 0.05 的显著性水平且没有不恰当解的标准,来判定构念是否具有良好的聚合效度(沈伊默等,2019)。

区分效度的判定方法则是分析每个构念与其他构念之间的相关系数。如果 AVE 的平方根均大于构念间的相关系数,则证明该构念的测量是可以与其他构念进行区分的(Hair et al.,1998)。

1.2.5.2 软件实现过程

聚合效度的检验过程

我们以职场不文明行为研究为例,该研究中包括职场不文明行为、消极情绪和退缩行为3个变量。其中,职场不文明行为会导致消极情绪,进而增加退缩行为。此处,以职场不文明行为构念的聚合效度分析为例,首先进行验证性因子分析,操作步骤分为以下几步:

第一步,将收集到的数据从 Excel 中导入 SPSS。如图 1-17 所示,Excel 中共有 7 列,每一列代表一个测量题项,而职场不文明行为构念由这 7 个测量题项共同组成。每一行代表一个样本。

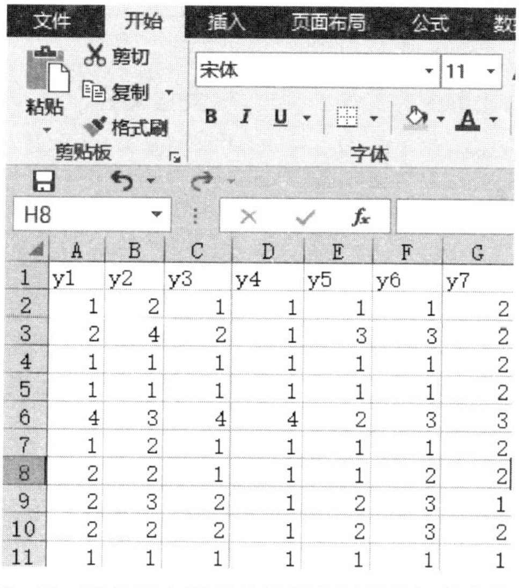

图 1-17 职场不文明行为验证性因子分析的步骤一

第二步,首先将 Excel 中的数据在 SPSS 中打开,具体操作步骤为:依次点击菜单栏中的"文件"—"打开"—"数据"。然后将 SPSS 中的数据转成 dat 格式的文件,具体可点击"文件"—"另存为",将其保存为固定 ASCII 格式的 dat 文件,参见图 1-18。

第三步,编制 Mplus 的程序。本研究中一阶单因子模型的程序命令如下:

图1-18 职场不文明行为验证性因子分析的步骤二

TITLE：this is an example of CFA； ！标题
DATA：File is WI.dat[①]； ！数据文件
VARIABLE：names are y1-y7； ！数据表中涉及 $y1$ 到 $y7$ 列的原始数据
MODEL：WI by y1-y7； ！职场不文明行为由 $y1$ 到 $y7$ 7个测量题项进行测量
OUTPUT：STANDARDIZED； ！输出结果为标准化的参数

输出结果如图1-19所示，可以看出职场不文明行为构念的7个测量题项所对应的因子载荷均在0.001的水平上显著，满足条件一。

第四步，根据上述验证性因子分析得到的标准化因子载荷值计算 CR 和 AVE 值。这里我们使用吴明隆（2010：228）附带的小程序进行计算。其操作过程如下：双击"计算 CR 和 AVE 小程序.rar"压缩包[②]中的 exe 文件，出现如图1-20的界面。在上述窗口中选择测量题项的个数，本研究中为7，再依次输入各测量题项的因子载荷，按"计算"按钮，即可得出职场不文明行为构念的 CR 和 AVE 值。从图1-20中可以看出，职场不文明行为构念的 CR＝0.8566，AVE＝0.4621，小于0.5，因此聚合效度的水平不符合标准。

---

① 演示数据见本章附录材料5-WI.dat。
② 演示数据见本章附录材料6-计算 CR 和 AVE 小程序.rar。

第1章 理论构念测量的信效度检验、结果解读与汇报

```
STANDARDIZED MODEL RESULTS

STDYX Standardization

                                          Two-Tailed
                Estimate    S.E.  Est./S.E.  P-Value
   WI      BY
      Y1       0.676       0.041    16.517    0.000
      Y2       0.688       0.040    17.006    0.000
      Y3       0.699       0.039    17.751    0.000
      Y4       0.686       0.041    16.834    0.000
      Y5       0.737       0.036    20.560    0.000
      Y6       0.709       0.039    18.390    0.000
      Y7       0.547       0.050    11.037    0.000
```

图 1-19 采用 Mplus 软件对职场不文明行为构念进行验证性因子分析的输出结果

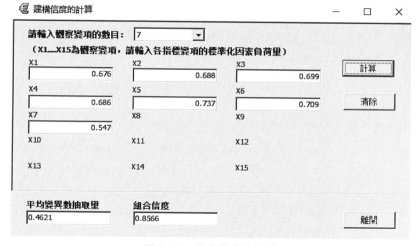

图 1-20 聚合效度的计算

区分效度的检验过程

区分效度需要计算出每个构念间的相关系数和 AVE 的平方根。仍然以上述研究为例。

首先,采用 SPSS 软件计算得出本研究模型职场不文明行为、消极情绪和退缩行为 3 个构念的相关系数(在 SPSS 软件中打开文件名为"区分效度"的数据库①后,依次操作点击"分析"—"相关"—"双变量"),输出结果参见图 1-21。

---

① 演示数据见本章附录材料 7-区分效度.sav。

		WI	NA	WB
WI	Pearson 相关性	1	.413**	.486**
	显著性（双侧）		.000	.000
	N	252	252	252
NA	Pearson 相关性	.413**	1	.439**
	显著性（双侧）	.000		.000
	N	252	252	252
WB	Pearson 相关性	.486**	.439**	1
	显著性（双侧）	.000	.000	
	N	252	252	252

**. 在 .01 水平（双侧）上显著相关。

图 1-21　SPSS 软件导出的本研究中 3 个构念的相关系数矩阵

基于上述聚合效度检验中 3 个构念 AVE 的结果，计算其 AVE 的平方根。可以得到，职场不文明行为 AVE 的平方根为 0.6798，消极情绪 AVE 的平方根为 0.7257，退缩行为 AVE 的平方根为 0.7598。

我们可以发现所有构念间的相关系数都小于 AVE 的平方根，所以可认为各个构念间存在良好的区分效度。

1.2.5.3　论文汇报示例

我们以 Camelo-Ordaz et al.（2011）为例，该文通过验证性因子分析对人力资源管理实践、情感承诺、知识分享及创新进行聚合效度和区分效度检验，其结果汇报如下：

> Firstly, CFA results confirm that all the standardized factor loadings are significant and higher than 0.7 (Hair, Anderson, Totham and Black 1999). Then, From Table 2, it can be stated that the scales are reliable, and that convergent and discriminant validity exist. The composite reliability (CR) confirms the reliability of the scales, because in all cases, it is greater than 0.7. The convergent validity is confirmed by the average variance extracted (AVE). The AVE values appear in the diagonal of the table, and in all cases, are greater than or equal to 0.5. Finally, following Fornell and Larcker's (1981) procedure, we can state that there is divergent validity by confirming that the AVE is greater than the square of the correlations existing between each pair of factors.

即首先，验证性因子分析结果证实所有标准化因子荷载系数显著且大于 0.7（Hair, Anderson, Totham and Black, 1999）。然后，从该研究的表 2 中可以看出，量表是可信的，并且存在聚合效度和区分效度。因为组合信度（CR）在所有情

Table 2. CR, AVE and squared correlations between factors.

CR	0.873643	0.859958	0.85545	0.810061
AVE	F1	F2	F3	F4
F1. HRM practices	**0.53652**			
F2. Affective commitment	0.370881	**0.607793**		
F3. Knowledge sharing	0.182329	0.219024	**0.599093**	
F4. Innovation	0.010609	0.000441	0.045796	**0.517466**

Note: CR (shown in the first row of the matrix); AVE (shown in the bold diagonal of the matrix); the rest of the numbers show the squared correlations between factors.

况下都大于 0.7，所以证实了量表的可信度。采用平均方差萃取量（AVE）验证了聚合效度。该研究的表 2 对角线上的值为 AVE 的值，并且在所有情况下都大于或等于 0.5。最后，根据 Fornell and Larcker（1981）的程序，我们可以确认构念的区分效度，这是因为 AVE 的值大于每对因子间相关系数的平方。

1.3 共同方法偏差检验

1.3.1 共同方法偏差的检验及软件实现过程

1.3.1.1 检验方法及标准

在社会科学中，问卷法由于简便易行、能在短时间内获得回答者的想法等优点，逐渐成为实证研究的主流方法之一。但问卷研究如果存在同样的数据来源或评分者、同样的测量环境、项目语境及项目本身特征等问题，就会导致预测变量和效标变量间存在人为的共变（周浩和龙立荣，2004）。这种人为的共变对研究结果产生的混淆和误导即被称为"共同方法偏差"。

为了控制或减少这种共同方法偏差，研究者通常采用程序控制和统计控制的方式。前者是指在研究设计上采用多种施测方式、正反向交叉设计等方法进行事前控制（黎小瑜等，2018）。但在现实的研究情境下，由于受条件限制，我们往往无法从根源上完全消除共同方法偏差。这时便可采用统计控制的方式对共同方法偏差进行控制和检验（黎小瑜等，2018）。Podsakoff et al.（2003）提出常见的统计控制方法有以下几种：①Harman 单因素检验（Harman's Single Factor Test，采用验证性因子分析的方式）；②偏相关分析法（Partial Correlation Procedure）；③直接测量潜在方法因子控制法（Controlling for the Effects of a Directly Measured Latent Methods Factor）；④未测单一潜在方法因子控制法（Controlling for the Effects of an Unmeasured Latent Methods Factor）；⑤多质多法（Multiple Method Factors）模型。Podsakoff et al.（2003）还指出选择统计控制方法时应考虑三个因素:①能否识别共同方法偏差的主要来源;②所识别的方法偏差是单个还是多个;③所识别的方法偏差能否被有效测量。鉴于组织与管理研究中通常无法识别具体的偏差来源,Harman 单因素检验和未测单一潜在方法因子控制法用得更多。

Harman 单因素检验是采用验证性因子分析的方式,将所有测量题项均负载到唯一的一个因子上,若此时模型拟合较差,则说明研究受共同方法偏差的影响较小。但是这种方法的敏感度很低,得到的模型拟合度通常都较差,因此不建议作为判断共同方法偏差的主要依据。

未测单一潜在方法因子控制法的分析步骤是:第一,构建一个包含共同方法潜在因子的模型,即所有测量题项除了负载到其对应的理论因子上,还同时负载到一个共同方法因子上。第二,比较包含共同方法潜在因子的模型与基准模型的拟合情况。如果带有共同方法潜在因子的模型与基准模型 CFI 的差异值(ΔCFI)大于0.05,则说明共同方法偏差问题严重;如果小于0.05,则说明影响可以忽略(Bagozzi and Yi,1990),也可采用 Williams et al.(1989)的步骤和指标来进行衡量。

1.3.1.2 软件实现过程

我们仍以先前的职场不文明行为研究为例,该研究中包括职场不文明行为、消极情绪和退缩行为3个变量。我们分别采用 Harman 单因素检验和未测单一潜在方法因子控制法进行共同方法偏差的检验。

Harman 单因素检验

未旋转的探索性因子分析的结果见图1-9,可以看到第一个因子解释的方差变异量为23.169%,小于50%,因此可认为该研究中相应的变量共同方法偏差的问题并不严重。

验证性因子分析的步骤如下:

第一步,将收集到的数据从 Excel 中导入 SPSS。如图1-22所示,Excel 中共有16列,每一列代表一个测量题项。其中,职场不文明行为由 $y1$—$y7$ 这7个测量题项进行测量,消极情绪由 $y8$—$y12$ 这5个测量题项进行测量,退缩行为由 $y13$—$y16$ 这4个测量题项进行测量。每一行代表一个样本。

第二步,首先将 Excel 中的数据在 SPSS 中打开,具体操作步骤为:依次点击菜单栏中的"文件"—"打开"—"数据"。然后将 SPSS 中的数据转成 dat 格式的文件,具体可点击"文件"—"另存为",将其保存为固定 ASCII 格式的 dat 文件,参见图1-23。

第1章 理论构念测量的信效度检验、结果解读与汇报

图 1-22 验证性因子分析中共同方法偏差检验的步骤一

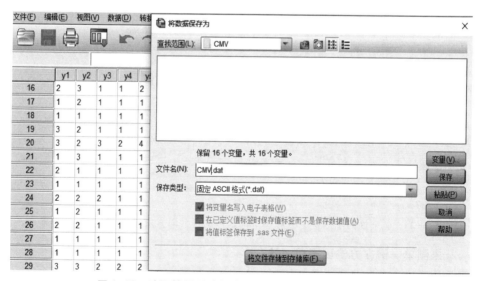

图 1-23 验证性因子分析中共同方法偏差检验的步骤二

第三步,编制 Mplus 的程序。本研究中一阶单因子模型的程序命令如下:

TITLE: this is an example of CMV;! 标题
DATA: File is CMV.dat[①]; ! 数据文件
VARIABLE: names are y1-y16; ! 数据表中涉及 y1 到 y16 列的原始数据

---

① 演示数据见本章附录材料 8-CMV.dat。

MODEL:f by y1-y16;   ! y1 到 y16 的测量题项均要负载到公共因子 f 上
OUTPUT: STANDARDIZED;   ! 输出结果为标准化的参数

输出结果如图 1-24 所示,模型拟合信息如下:$\chi^2 = 707.644$, $df = 104$, $\chi^2/df = 6.804$, RMSEA = 0.152, CFI = 0.649, TLI = 0.595, SRMR = 0.108。可以发现该模型的各项拟合指标均较差,因此并不存在严重的共同方法偏差问题。

```
MODEL FIT INFORMATION
Number of Free Parameters                        48
Loglikelihood
        H0 Value                          -4106.133
        H1 Value                          -3752.311
Information Criteria
        Akaike (AIC)                       8308.265
        Bayesian (BIC)                     8477.678
        Sample-Size Adjusted BIC           8325.511
          (n* = (n + 2) / 24)
Chi-Square Test of Model Fit
        Value                               707.644
        Degrees of Freedom                      104
        P-Value                              0.0000
RMSEA (Root Mean Square Error Of Approximation)
        Estimate                              0.152
        90 Percent C.I.                       0.141  0.162
        Probability RMSEA <= .05              0.000
CFI/TLI
        CFI                                   0.649
        TLI                                   0.595
Chi-Square Test of Model Fit for the Baseline Model
        Value                              1841.354
        Degrees of Freedom                      120
        P-Value                              0.0000
SRMR (Standardized Root Mean Square Residual)
        Value                                 0.108
```

图 1-24 验证性因子分析中利用 Mplus 软件进行共同方法偏差检验的输出结果

未测单一潜在方法因子控制法

遵循先前研究者的建议(Billiet and McClendon, 2000; Schermuly and Meyer, 2016),在分析过程中,需要将方法因子与模型中其他潜变量间的相关系数设定为 0;同时,还需要将方法因子与其中任意一条(方便起见,通常选择第一条)题项的因子载荷固定为 1。

仍然以本章的职场不文明行为研究为例,具体操作步骤如下:

第一步,进行基准模型(三因子模型:职场不文明行为、消极情绪和退缩行为)的验证性因子分析。

第二步,编制 Mplus 的程序。本研究中一阶三因子模型的程序命令如下:

第1章 理论构念测量的信效度检验、结果解读与汇报

```
TITLE: this is an example of CMV;  ! 标题
DATA: File is CMV2.dat①;            ! 数据文件
VARIABLE: names are y1-y16;          ! 数据表中涉及 y1 到 y16 列的原始数据
MODEL: f1 by y1-y7;                  ! f1 由 y1 到 y7 7 个测量题项进行测量
       f2 by y8-y12;                 ! f2 由 y8 到 y12 5 个测量题项进行测量
       f3 by y13-y16;                ! f3 由 y13 到 y16 4 个测量题项进行测量
OUTPUT: STANDARDIZED;                ! 输出结果为标准化的参数
```

输出结果如图 1-25 所示,模型拟合信息如下:$\chi^2 = 219.941$,df $= 101$,χ^2/df $= 2.178$,RMSEA $= 0.068$,CFI $= 0.931$,TLI $= 0.918$,SRMR $= 0.055$。可以发现该模型的各项拟合指标较好。

```
MODEL FIT INFORMATION
Number of Free Parameters                    51
Loglikelihood
        H0 Value                        -3862.281
        H1 Value                        -3752.311
Information Criteria
        Akaike (AIC)                     7826.562
        Bayesian (BIC)                   8006.563
        Sample-Size Adjusted BIC         7844.886
            (n* = (n + 2) / 24)
Chi-Square Test of Model Fit
        Value                             219.941
        Degrees of Freedom                    101
        P-Value                            0.0000
RMSEA (Root Mean Square Error Of Approximation)
        Estimate                            0.068
        90 Percent C.I.                     0.056   0.081
        Probability RMSEA <= .05            0.008
CFI/TLI
        CFI                                 0.931
        TLI                                 0.918
Chi-Square Test of Model Fit for the Baseline Model
        Value                            1841.354
        Degrees of Freedom                    120
        P-Value                            0.0000
SRMR (Standardized Root Mean Square Residual)
        Value                               0.055
```

图 1-25 Mplus 软件进行验证性因子分析检验的输出结果

第三步,将方法因子纳入验证性因子分析,编制 Mplus 的程序。本研究中的程序命令如下:

```
TITLE: this is an example of CMV;  ! 标题
DATA: File is CMV.dat;              ! 数据文件
VARIABLE: names are y1-y16;         ! 数据表中涉及 y1 到 y16 列的原始数据
```

---

① 演示数据见本章附录材料 9-CMV2.dat。

```
MODEL: f1 by y1-y7;           ! f1 由 y1 到 y7 7 个测量题项进行测量
       f2 by y8-y12;           ! f2 由 y8 到 y12 5 个测量题项进行测量
       f3 by y13-y16;          ! f3 由 y13 到 y16 4 个测量题项进行测量
CMV by y1-y16@1;              ! 定义方法因子,并将每个测量指标的因
子载荷都设定为 1①
CMV with f1-f3@0;             ! 方法因子与理论因子间的相关系数固
定为 0
OUTPUT: STANDARDIZED;         ! 输出结果为标准化的参数
```

输出结果如图 1-25 所示,模型拟合信息如下:$\chi^2 = 204.542$,df = 100,χ^2/df = 2.045,RMSEA = 0.064,CFI = 0.939,TLI = 0.927,SRMR = 0.059。可以发现该模型的各项拟合指标较好。同时我们发现 CFI 的变动值为 0.008(0.939−0.931,即图 1-26 和图 1-25 相应的 CFI 取值之差),小于标准值 0.05,所以说本研究中共同方法偏差并不是严重的问题。

```
MODEL FIT INFORMATION
Number of Free Parameters                                 52
Loglikelihood
          H0 Value                                 -3854.582
          H1 Value                                 -3752.311
Information Criteria
          Akaike (AIC)                              7813.163
          Bayesian (BIC)                            7996.694
          Sample-Size Adjusted BIC                  7831.846
            (n* = (n + 2) / 24)
Chi-Square Test of Model Fit
          Value                                      204.542
          Degrees of Freedom                             100
          P-Value                                     0.0000
RMSEA (Root Mean Square Error Of Approximation)
          Estimate                                     0.064
          90 Percent C.I.                     0.052    0.077
          Probability RMSEA <= .05                     0.032
CFI/TLI
          CFI                                          0.939
          TLI                                          0.927
Chi-Square Test of Model Fit for the Baseline Model
          Value                                     1841.354
          Degrees of Freedom                             120
          P-Value                                     0.0000
SRMR (Standardized Root Mean Square Residual)
          Value                                        0.059
```

图 1-26 Mplus 软件进行共同方法偏差检验的输出结果

---

① 按照先前研究者的做法(Billiet and McClendon, 2000; Schermuly and Meyer, 2016),将共同方法因子在每个测量题项上的非标准化因子载荷固定为 1。Jiang et al.(2019)也采取了同样的做法,参见 Jiang Z, Hu x, Wang Z, et al. Knowledge hiding as a barrier to thriving: the mediating role of psychological safety and moderating role of organizational cynicism[J]. Journal of organizational behavior, 2019, 40(7): 800-818。

1.3.2 论文汇报示例

Harman 单因素检验的示例

我们以 Shoaib and Baruch(2019)为例,该文的研究模型如图 1-27 所示,共包括 4 个因子。

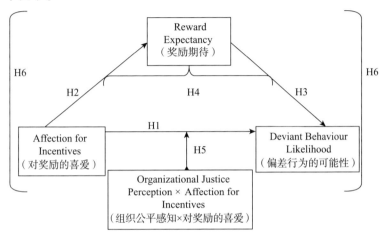

图 1-27　Shoaib and Baruch(2019)Harman 单因素检验模型

该文采用验证性因子分析的方式进行了 Harman 单因素检验,其结果汇报如下:

> For controlling common method bias (CMB), we used the Harman's single-factor test and confirmatory factor analysis (Podsakoff et al. 2003). To rule out the prospects of CMB, the Harman's single-factor method was utilized by comparing one factor versus four factors data structure. The total variance using a single factor was 16.97%, much below the threshold level of 50%. The four factors chosen for the study explained a total variance of 40.79%. Moreover, the confirmatory factor analysis (CFA) indicated that the single-factor model did not fit the data well, with $\chi^2(54, N=311) = 538.183$, $p=.000$, GFI = .78, AGFI = .68, RMR = .09, and NFI = .533. The results suggest that CMB was not an issue.

即为了控制共同方法偏差(CMB),该文采用了 Harman 的单因素检验和验证性因子分析(Podsakoff et al., 2003)。为了排除 CMB 的可能,该文采用 Harman 单因素分析方法,比较了单因素和四因素的数据结构。单因素能解释的总方差为 16.97%,远低于 50% 的阈值水平。该文中四因素能解释的总方差为 40.79%。此外,验证性因子分析(CFA)显示,单因素模型数据拟合度较差,χ^2(54,

$N = 311$) = 538.183，$p = 0.000$，GFI = 0.78，AGFI = 0.68，RMR = 0.09，NFI = 0.533。结果表明，CMB 不是严重的问题。

未测单一潜在方法因子控制法的示例

我们以 Castanheira(2015)为例,该文的研究模型如图 1-28 所示。

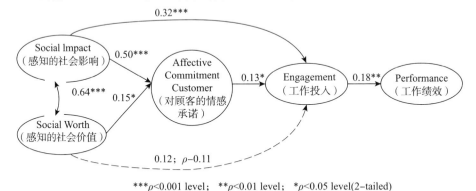

***$p<0.001$ level；**$p<0.01$ level；*$p<0.05$ level(2-tailed)

图 1-28　Castanheira(2015)未测单一潜在方法因子控制法模型

该文通过比较基准模型(五因子模型)和纳入潜在方法因子模型的 CFI 差异值来判别共同方法偏差的程度,结果汇报如下:

> Concerning measurement models, the full measurement model was initially tested (Anderson & Gerbing, 1988). This model (five-factor model) included all observed items loading on their respective latent variables (perceived social impact, perceived social worth, affective commitment to customers, work engagement, and performance). The latent variables were allowed to correlate with each other. The full measurement model obtained a good fit [$\chi^2(265)$ = 634.99, $p<.001$; SRMR = 0.05; IFI = 0.93; CFI = 0.93; RMSEA = 0.06], and all standardized regression coefficients were significant at the .001 level.

即关于测量模型,最初对全测量模型进行了测试(Anderson and Gerbing, 1988),该模型(五因素模型)将所有观察到的指标负载到各自的潜变量上(感知的社会影响、感知的社会价值、对顾客的情感承诺、工作投入和绩效)。潜变量之间被允许相互关联。全测量模型拟合良好[$\chi^2(265) = 634.99$，$p<0.001$；SRMR = 0.05；IFI = 0.93；CFI = 0.93；RMSEA = 0.06],所有标准化的回归系数均在 0.001 的水平上显著。

> To test for common method variance, an additional model was tested, in which an unmeasured latent methods factor was added to the five-factor

model, allowing all items to load on their theoretical constructs, as well as on the latent methods factor. The methods model obtained a good fit [$\chi^2(240)$ = 505.66, $p<.001$; SRMR = 0.03; IFI = 0.95; CFI = 0.95; RMSEA = 0.06]. Because Model 1 cannot be nested within Model 2, although both have the same observed variables, the comparison of the goodness-of-fit of these models was calculated by CFI difference. The change of CFI between both models was 0.02, which is below the suggested rule of thumb of 0.05 (Bagozzi & Yi, 1990). Therefore, one can conclude that including the method factor in the model does not significantly improve the overall fit of the model.

即为了检验共同方法偏差,对一个附加模型进行了测试,即在五因素模型(基准模型)中添加了一个未测量的潜在方法因子,允许所有项目负载到对应构念及潜在方法因子上。方法模型拟合良好[$\chi^2(240)$ = 505.66, $p<0.001$; SRMR = 0.03; IFI = 0.95; CFI = 0.95; RMSEA = 0.06]。虽然两个模型观测变量的数量相同,但由于模型 1 不能嵌套在模型 2 中,所以这些模型的拟合度的比较是通过 CFI 的差异值计算的。两个模型 CFI 差异值为 0.02,低于经验法则 0.05 (Bagozzi and Yi, 1990)。因此,可以得出结论,在模型中加入方法因子并不能显著提高模型的整体拟合度,共同方法偏差的影响不严重。

1.4 验证性因子分析的总结

在实证研究中,通常采用验证性因子分析来实现聚合(收敛)效度、区分效度及共同方法偏差(同源方差,CMV)的检验(如表 1-2 所示)。以下将对其检验方法及标准等进行简要总结。

表 1-2 验证性因子分析的三个用途

项目	检验方法	其他说明
聚合效度	AVE、CR 和因子载荷系数	需要结合模型拟合指标,如 RMSEA、SRMR、CFI 等
区分效度	AVE 的平方根值和相关分析系数进行对比	需要结合模型拟合指标,如 RMSEA、SRMR、CFI 等
共同方法偏差	测量题项除了负载到其对应的理论因子上,还同时负载到一个共同方法因子上	需要结合模型拟合指标,如 RMSEA、SRMR、CFI 等

资料来源:根据相关资料整理。

1.4.1 聚合效度分析

在进行聚合效度分析时,需要使用 AVE 和 CR 这两个指标进行判别,如果每个因子的 AVE 值大于 0.5,并且 CR 值大于 0.7,则说明具有良好的聚合效度,同时一般还要求每个测量题项对应的因子载荷系数大于 0.7。

1.4.2 区分效度分析

在进行区分效度分析时,可将 AVE 的平方根值和相关分析系数进行对比,如果每个因子的 AVE 平方根值均大于"每对因子间的相关系数值",此时则具有良好的区分效度。

需要说明的是,进行聚合效度或区分效度分析,建议首先进行探索性因子分析,然后再进行验证性因子分析。原因在于验证性因子分析对数据质量要求高,如果探索性因子分析发现因子与测量题项对应关系出现偏差,则需要首先进行处理,确认好因子与测量题项对应关系后,再进行验证性因子分析。如果使用验证性因子分析,则建议样本量至少为测量题项(量表题)的 5 倍以上,最好 10 倍以上。需要强调的是,使用成熟量表而非开发量表时,一般只需要进行验证性因子分析。另外,研究中并不能根据数据分析的结果来删减测量题项。

1.4.3 共同方法偏差检验

问卷研究如果存在同样的数据来源或评分者、同样的测量环境、项目语境及项目本身特征等问题,就会导致预测变量和效标变量间存在人为的共变。常见的检验共同方法偏差的做法为:使用探索性因子分析法检验共同方法偏差问题(也称作 Harman 单因素检验方法),即在对所有测量题项进行探索性因子分析时,如果只得出一个因子或者第一个因子的解释力(方差解释率)较大,则通常以 50% 为界,此时可判定共同方法偏差问题较为严重,反之则说明共同方法偏差问题不严重。

另外一种方法即未测单一潜在方法因子控制法则是构建一个包含共同方法潜在因子的模型,即所有测量题项除了负载到相应的理论因子上,还同时负载到一个共同方法因子上。然后比较包含共同方法潜在因子的模型与基准模型(测量题项负载到对应的理论因子上)的拟合情况。如果带有共同方法潜在因子的模型与基准模型 CFI 的差异值大于 0.05,则说明共同方法偏差问题严重。

参考文献

[1] Bagozzi R P, Yi Y. Assessing method variance in multitrait-multimethod matrices: the case of self-reported affect and perceptions at work[J]. Journal of applied psychology, 1990, 75(5): 547-560.

[2] Billiet J B, McClendon M K J. Modeling acquiescence in measurement models for two balanced sets of items[J]. Structural equation modeling: a multidisciplinary journal, 2000, 7(4): 608-628.

[3] Camelo-Ordaz C, García-Cruz J, Sousa-Ginel E, et al. The influence of human resource management on knowledge sharing and innovation in Spain: the mediating role of affective commitment[J]. The international journal of human resource management, 2011, 22(7): 1442-1463.

[4] Campbell D T, Fiske D W. Convergent and discriminant validation by the multitrait-multimethod matrix[J]. Psychological bulletin, 1959, 56(2): 81-105.

[5] Castanheira F. perceived social impact, social worth, and job performance: mediation by motivation[J]. Journal of organizational behavior, 2015, 37(6): 789-803.

[6] Chin W W. Commentary: issues and opinion on structural equation modeling[J]. MIS quarterly, 1998, 22(1): 7-16.

[7] Hair J F, Black W C, Babin B J, et al. Multivariate data analysis [M]. 7th Edition. New Jersey: Pearson Prentice Hall, 2010.

[8] Hair J F, Black W C, Babin B J, et al. Multivariate data analysis [M]. 5th Edition. New Jersey: Prentice Hall, 1998.

[9] Harrison D A, Mclaughlin M E, Coalter T M. Context, cognition, and common method variance: psychometric and verbal protocol evidence[J]. Organizational behavior & human decision processes, 1996, 68(3): 246-261.

[10] Haynes S N, Richard D C S, Kubany E S. Content validity in psychological assessment: a functional approach to concepts and methods[J]. Psychological assessment, 1995, 7(3): 238-247.

[11] Kaiser H F. An index of factorial simplicity[J]. Psychometrika, 1974, 39(1): 31-36.

[12] Lai C S, Chiu C J, Yang C F, et al. The effects of corporate social responsibility on brand performance: the mediating effect of industrial brand equity and corporate reputation[J]. Journal of business ethics, 2010, 95(3): 457-469.

[13] Law K S, Wong C S, Mobley W M. Toward a taxonomy of multidimensional constructs[J]. Academy of management review, 1998, 23(4): 741-755.

[14] Marsh H W, Hocevar D. Application of confirmatory factor analysis to the study of self-concept: first and higher order factor models and their invariance across groups[J]. Psychologi-

cal bulletin, 1985, 97(3): 562-582.

[15] Nunnally J C. Psychometric theory[M]. 2nd Edition. New York: McGraw-Hill, 1978.

[16] Podsakoff P M, Mackenzie S B, Lee J Y, et al. Common method biases in behavioral research: a critical review of the literature and recommended remedies[J]. Journal of applied psychology, 2003, 88(5): 879-903.

[17] Schermuly C C, Meyer B. Good relationships at work: the effects of leader-member exchange and team-member exchange on psychological empowerment, emotional exhaustion, and depression[J]. Journal of organizational behavior, 2016, 37(5): 673-691.

[18] Shoaib S, Baruch Y. Deviant behavior in a moderated-mediation framework of incentives, organizational justice perception, and reward expectancy[J]. Journal of business ethics, 2019, 157(3): 617-633.

[19] Sun S, l, Van Emmerik H I. Are proactive personalities always beneficial? political skill as a moderator[J]. Journal of applied psychology, 2015, 100(3): 966-975.

[20] Thompson P S, Bolino M C. Negative beliefs about accepting coworker help: implications for employee attitudes, job performance, and reputation[J]. Journal of applied psychology, 2018, 103(8): 842-866.

[21] Williams L J, Cote J A, Buckley M R. Lack of method variance in self-reported affect and perceptions at work: reality or artifact? [J]. Journal of applied psychology, 1989, 74(3): 462-468.

[22] 陈晓萍,徐淑英,樊景立.组织与管理研究的实证方法[M].2版.北京:北京大学出版社,2012.

[23] 黎小瑜,罗坤,曾小燕,等.国内心理学文献中共同方法偏差检验的现状[J].江西师范大学学报(自然科学版),2018,42(5):447-453.

[24] 卢纹岱.SPSS for Windows 统计分析[M].北京:电子工业出版社,2002.

[25] 罗胜强,姜嬿.管理学问卷调查研究方法[M].重庆:重庆大学出版社,2014.

[26] 沈伊默,诸彦含,周婉茹,等.团队差序氛围如何影响团队成员的工作表现?:一个有调节的中介作用模型的构建与检验[J].管理世界,2019,35(12),104-136.

[27] 王辉,武朝艳,张燕,陈昭全.领导授权赋能行为的维度确认与测量[J].心理学报,2008,40(12):1297-1305.

[28] 吴明隆.结构方程模型:AMOS 的操作与应用[M].重庆:重庆大学出版社,2010.

[29] 周浩,龙立荣.共同方法偏差的统计检验与控制方法[J].心理科学进展,2004,12(6):942-950.

本章附录材料

附录材料 1-信效度检验.sav

附录材料 2-EFA.sav

第 1 章　理论构念测量的信效度检验、结果解读与汇报

附录材料 3-CFA.xlsx
附录材料 4-CFA.dat
附录材料 5-WI.dat
附录材料 6-计算 CR 和 AVE 小程序.rar
附录材料 7-区分效度.sav
附录材料 8-CMV.dat
附录材料 9-CMV2.dat

第 2 章　中介效应的检验、结果解读与汇报

- 2.1　中介效应的概念与类型　/ 39
- 2.2　单中介模型的检验标准与软件实现过程　/ 40
- 2.3　并行中介模型的检验标准与软件实现过程　/ 63
- 2.4　链式中介模型的检验标准与软件实现过程　/ 77
- 参考文献　/ 91
- 本章附录材料　/ 92

第 2 章 中介效应的检验、结果解读与汇报

科学研究的目的之一是发展理论来描述和解释事物之间的关系。所以进行科学研究首先要弄清楚谁是原因、谁是结果。后来随着研究的深入,一些简单的相关关系已无法提供足够的信息,研究者提出通过中介变量和调节变量的研究挖掘更多信息的办法。中介变量的目的是在已知某些关系的基础上,探索这些关系产生的内部作用机制(罗胜强和姜嬿,2014)。例如,团队内的薪酬差距通过团队内成员的合作关系影响团队的绩效。那么,团队内成员的合作关系就是一个中介变量。中介变量的探讨是基于 Woodworth(1928)的"刺激—机体—反应"模型,该模型认为外部刺激是通过有机体的内部作用对行为产生作用。管理学中的计划行为理论则认为,态度及主观规范先影响行为意图,然后作用于实际行为也是中介变量在研究中应用的例子(Woodworth,1928)。

组织与管理研究中,中介变量是研究模型中常见的变量。如何检验中介效应的存在,也是实证研究中遇到的常见问题。鉴于此,本章主要从中介效应的概念、涉及的模型种类、检验标准、软件实现过程和论文汇报几个方面逐一进行介绍。

2.1 中介效应的概念与类型

简单地说,X 影响 Y,并且 X 是通过一个中间变量 M 对 Y 产生影响的,那么 M 就是中介变量。中介变量的一个重要作用就是验证理论并找出理论的过程变量(Process Variable)。中介变量可以分为两类:一类是完全中介(Full Mediation),另一类是部分中介(Partial Mediation)。完全中介就是 X 对 Y 的影响完全是通过 M 传递的,部分中介就是 X 对 Y 的影响部分是通过 M 传递的(罗胜强和姜嬿,2014)。

中介效应有多种类型,包括单中介模型、并行中介模型和双中介(链式中介)模型,分别如图 2-1 所示。我们在后续内容中具体介绍这三种中介模型的检验方法、标准和软件实现过程。由于单中介模型是基础,其他两种模型的检验方法与其存在一定的类似性,因此,后续内容中我们对单中介模型的介绍更为详细、具体。

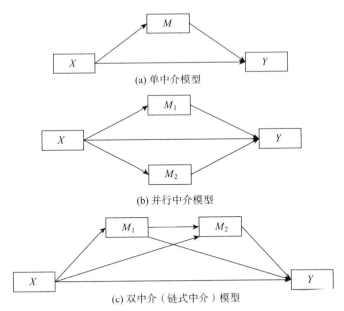

图 2-1　单中介模型、并行中介模型和双中介（链式中介）模型

2.2　单中介模型的检验标准与软件实现过程

我们以示范的小研究模型（如图 2-2 所示）为例，说明单中介模型的检验标准和实现过程。该模型认为：职场不文明行为（自变量）会增加员工的退缩行为（因变量），消极情绪（中介变量）在二者间起中介作用。

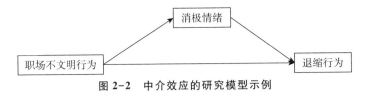

图 2-2　中介效应的研究模型示例

就目前国内外组织与管理研究的实证文献而言，大多数文献在检验中介效应时会呈现联合检验的特点，即层级回归分析+Sobel 或 Bootstrapping 检验的联合方法，结构方程模型比较+Sobel 或 Bootstrapping 检验的联合方法。本章将逐一介绍这四种方法的检验标准和软件实现过程。

2.2.1　层级回归法

Baron and Kenny（1986）提出的层级回归法是中介效应最常见的检验方法。他们认为，如果一个变量 M 满足如表 2-1 所示的条件，我们就说它起到了 X 与 Y 之间的中介效应。

第 2 章　中介效应的检验、结果解读与汇报

表 2-1　中介效应的层级回归法

步骤	条件	
	完全中介	部分中介
（1）以 X 预测 Y	预测效果存在	预测效果存在
（2）以 X 预测 M	预测效果存在	预测效果存在
（3）同时以 X 和 M 预测 Y	M 的预测效果存在； X 的预测效果消失	M 的预测效果存在； X 的预测效果减弱

资料来源：根据相关文献整理。

实证研究对中介效应的检验过程中，通常会：①分析各个控制变量加总起来对因变量的影响程度。②在上述方程中继续加入自变量，分析增加自变量之后，控制变量、自变量对因变量影响程度的变化。③在上述基础上再继续加入中介变量，分析增加中介变量之后，控制变量、自变量、中介变量对因变量的共同影响程度。④以中介变量为因变量，分析控制变量、自变量对中介变量的影响程度。以下是我们结合图 2-2 的研究范例利用 SPSS 软件进行的具体演示。

第一步，打开 SPSS 软件的"线性回归"分析界面。

数据①预处理好后，打开 SPSS 软件，依次点击菜单栏中的"分析"—"回归"—"线性"，打开线性回归分析的界面，参见图 2-3。

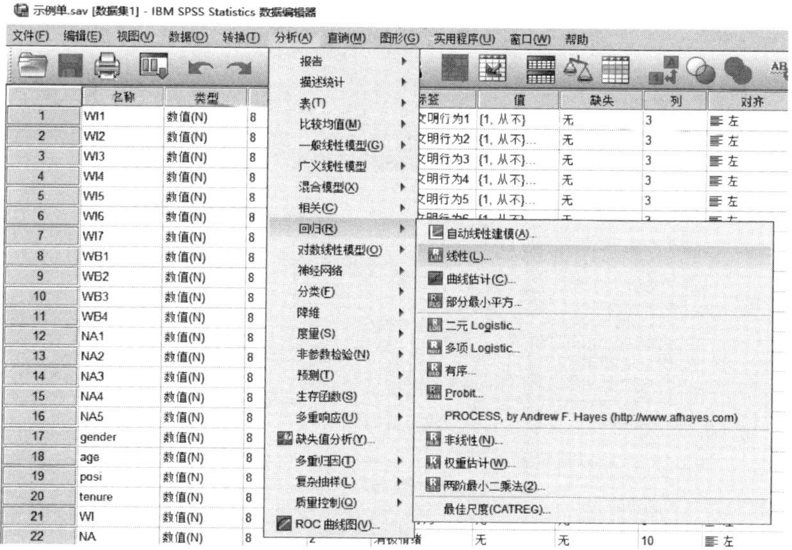

图 2-3　中介效应的层级回归法：SPSS 软件操作步骤一

---

① 演示数据见本章附录材料 1-单中介模型.sav。

第二步,导入控制变量以解释因变量。

把研究模型中的因变量"退缩行为"导入 SPSS 视窗的"因变量",同时把各个控制变量一并导入 SPSS 视窗的"自变量",参见图 2-4。本步骤是为了在统计分析中检验各个控制变量对因变量影响的总效应。

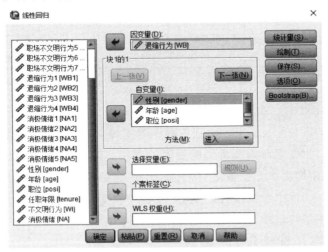

图 2-4　中介效应的层级回归法:SPSS 软件操作步骤二

第三步,导入自变量以解释因变量。

点击图 2-4 中的按钮"下一张",在上述操作基础上把本研究模型的自变量"不文明行为"①导入 SPSS 视窗的"自变量",参见图 2-5。

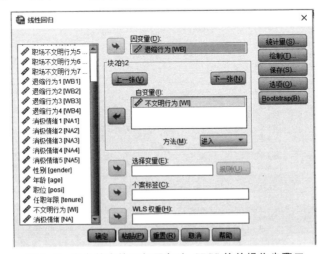

图 2-5　中介效应的层级回归法:SPSS 软件操作步骤三

---

① 本研究范例中,"不文明行为"和"职场不文明"行为的表述为同一变量。

第四步,导入中介变量以解释因变量。

继续点击图 2-5 中的按钮"下一张",在上述操作基础上把本研究模型的中介变量"消极情绪"导入 SPSS 视窗的"自变量";选择右上方"线性回归:统计量"中需要的统计结果,例如勾选"回归系数"中的"估计"以及"R 方变化""模型拟合度"等,依次点击按钮"继续"—"确定",参见图 2-6。

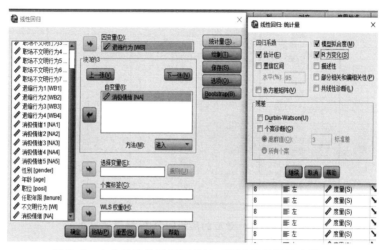

图 2-6　中介效应的层级回归法:SPSS 软件操作步骤四

第五步,解读不同类型变量对因变量回归分析的结果。

上述操作完成后会共同输出一个模型分析结果,如图 2-7 所示。从中可以看出,模型 1 的结果表明本研究范例中的四个人口背景变量对因变量"退缩行为"具有解释作用($\Delta R^2 = 0.072, p<0.01$)。模型 2 的结果表明在加入"不文明行为"后,对因变量"退缩行为"的解释能力显著增强($\Delta R^2 = 0.211, p<0.001$)。模型 3 的结果则表明在加入中介变量"消极情绪"后,对因变量"退缩行为"的解释能力也显著增强了($\Delta R^2 = 0.065, p<0.001$)。

模型汇总

模型	R	R方	调整R方	标准估计的误差	更改统计量				
					R方更改	F更改	df1	df2	Sig. F 更改
1	.268[a]	.072	.057	.60734	.072	4.760	4	247	.001
2	.531[b]	.282	.268	.53500	.211	72.312	1	246	.000
3	.589[c]	.348	.332	.51122	.065	24.415	1	245	.000

a. 预测变量:(常量),任职年限,性别,职位,年龄。
b. 预测变量:(常量),任职年限,性别,职位,年龄,不文明行为。
c. 预测变量:(常量),任职年限,性别,职位,年龄,不文明行为,消极情绪。

图 2-7　中介效应的层级回归法:输出结果 1

从图 2-8 的回归系数输出结果可以看到,模型 2 中不文明行为对退缩行为影响的回归系数为 0.465($p<0.001$),说明回归系数显著;同时放入不文明行为

和消极情绪后的模型3中,不文明行为对退缩行为影响的回归系数为0.347($p<0.001$),回归系数降低了,但是依然显著。此外,消极情绪对退缩行为的影响也是显著的(回归系数=0.284,$p<0.001$)。

系数^a

模型		非标准化系数		标准系数	t	Sig.
		B	标准误差	试用版		
1	(常量)	1.476	.189		7.791	.000
	性别	.316	.077	.253	4.090	.000
	年龄	-.113	.098	-.081	-1.158	.248
	职位	-.018	.076	-.016	-.241	.810
	任职年限	.074	.054	.095	1.389	.166
2	(常量)	.654	.193		3.394	.001
	性别	.237	.069	.190	3.453	.001
	年龄	-.151	.086	-.109	-1.749	.081
	职位	.020	.067	.017	.292	.771
	任职年限	.071	.047	.091	1.507	.133
	不文明行为	.539	.063	.465	8.504	.000
3	(常量)	.178	.208		.854	.394
	性别	.231	.066	.185	3.514	.001
	年龄	-.101	.083	-.072	-1.213	.226
	职位	.041	.064	.036	.633	.528
	任职年限	.066	.045	.085	1.467	.144
	不文明行为	.403	.067	.347	6.052	.000
	消极情绪	.265	.054	.284	4.941	.000

a. 因变量:退缩行为

图2-8 中介效应的层级回归法:输出结果2

第六步,导入控制变量和自变量以解释中介变量。

类似上述操作,把中介变量"消极情绪"导入"因变量"选框,把控制变量及自变量"不文明行为"分两步分别导入"自变量"选框,点击"确定"按钮,参见图2-9。

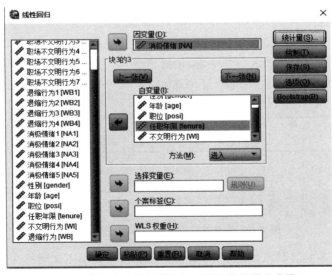

图2-9 中介效应的层级回归法:SPSS软件操作步骤五

第 2 章 中介效应的检验、结果解读与汇报

运行结果如图 2-10 中的模型 2 所示,自变量"不文明行为"对中介变量"消极情绪"的影响是显著的(回归系数=0.414,$p<0.001$),满足检验标准中的第二个条件。

系数[a]

模型		非标准化系数		标准系数	t	Sig.
		B	标准误差	试用版		
1	(常量)	2.582	.208		12.425	.000
	性别	.100	.085	.075	1.177	.240
	年龄	-.153	.107	-.103	-1.429	.154
	职位	-.115	.083	-.095	-1.387	.167
	任职年限	.022	.059	.026	.372	.710
2	(常量)	1.799	.219		8.213	.000
	性别	.025	.078	.018	.315	.753
	年龄	-.189	.098	-.127	-1.931	.055
	职位	-.079	.076	-.065	-1.043	.298
	任职年限	.019	.054	.022	.349	.727
	不文明行为	.514	.072	.414	7.141	.000

a.因变量:消极情绪

图 2-10 中介效应的层级回归法:输出结果 3

第七步,检验结果的分析。

结合第五步和第六步的分析结果,并参照前文提出的中介效应检验标准的三个条件,本研究范例可得出如下结论:消极情绪在不文明行为及退缩行为间起部分中介作用。

2.2.2 Sobel 检验

从统计上看,如果 X 对 M 的影响是 a,M 对 Y 的影响是 b,那么 X 通过 M 对 Y 的影响就是 $a \times b$。部分学者提出,可以直接检验中介效应值 $a \times b$ 是否等于 0。但是我们不知道 $a \times b$ 的抽样分布是怎样的,所以无法直接进行统计假设的检验。直到 1982 年,迈克尔·E. 索贝尔(Michael E. Sobel)发现,当样本趋向于无穷大时,$a \times b$ 的抽样分布会越来越接近于正态分布,$a \times b$ 的值也会越来越接近于总体的真实值(Sobel, 1982)。

中介效应涉及的系数及其标准误如图 2-11 所示。

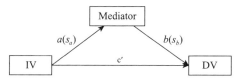

注:图中 IV 代表自变量;DV 代表因变量;Mediator 代表中介变量;a 代表 IV 预测 Mediator 时的回归系数;b 代表 IV 和 Mediator 预测 DV 时 Mediator 的回归系数;s 代表标准误(Standard Error)。

图 2-11 中介效应模型的参数

2.2.2.1 Sobel 检验的具体方法

检验统计量为 $z = \hat{a}\hat{b}/s_{ab}$。其中，$\hat{a}$、$\hat{b}$ 分别是 a 和 b 的估计；$s_{ab} = \sqrt{\hat{a}^2 s_b^2 + \hat{b}^2 s_a^2}$，是 $\hat{a}\hat{b}$ 的标准误，s_a、s_b 分别是 $\hat{a}$ 和 $\hat{b}$ 的标准误。将这个 z 值和基于标准正态分布的临界 z 值进行比较：如果 z 值大于临界 z 值，则说明中介效应显著；反之，则说明中介效应不显著。或者构建一个对称的置信区间（$\hat{a}\hat{b} - z_{\alpha/2} \times \hat{\sigma}_{\hat{a}\hat{b}}, \hat{a}\hat{b} + z_{\alpha/2} \times \hat{\sigma}_{\hat{a}\hat{b}}$），如果置信区间不包括 0，则说明中介效应显著；反之，则说明中介效应不显著（MacKinnon et al.，2002）。

Sobel 检验可以手工计算，也可以在 Excel 中计算，但这些都需要一步步计算，比较麻烦。这里我们介绍利用国外网站上编制的相关程序，录入相关参数直接计算出结果的方法。软件实现过程如下：

第一步，登录直接计算的网页。

登录网页 http://www.quantpsy.org/sobel/sobel.htm，可以看到图 2-12 的视窗。如图 2-12 所示，只要直接输入 a, b, s_a, s_b 的值，点击 "Calculate"，就可以自动计算出 Sobel 检验需要的统计量、标准误、p 值（p 值是否小于 0.05）。其中，a 指自变量 IV 对中介变量 M 影响的未标准化回归系数，s_a 指 a 的标准误（做自变量对中介变量的回归可得到 a, s_a）；b 指中介变量 M 对因变量 DV 影响的未标准化回归系数，s_b 指 b 的标准误（同时做自变量与中介变量对因变量的回归可得到 b, s_b）。这些参数都可以在上述 SPSS 回归分析的结果中摘取到。

图 2-12 直接用于计算的 Sobel 检验的视窗

第二步，从 SPSS 回归分析结果中摘取四个参数值。

此处,我们仍以前述示范研究模型为例,采用本方法对中介效应进行 Sobel 检验。本模型检验的四个参数 a,b,s_a,s_b 取值来源于 SPSS 回归分析的结果,如图 2-13 所示。

系数[a]

模型		非标准化系数 B	标准误差	标准系数 试用版	t	Sig.
1	(常量)	2.582	.208		12.425	.000
	性别	.100	.085	.075	1.177	.240
	年龄	-.153	.107	-.103	-1.429	.154
	职位	-.115	.083	-.095	-1.387	.167
	任职年限	.022	.059	.026	.372	.710
2	(常量)	1.799	.219		8.213	.000
	性别	.025	.078	.018	.315	.753
	年龄	-.189	.098	-.127	-1.931	.055
	职位	-.079	.076	-.065	-1.043	.298
	任职年限	.019	.054	.022	.349	.727
	不文明行为	.514	.072	.414	7.141	.000

a.因变量:消极情绪

系数[a]

模型		非标准化系数 B	标准误差	标准系数 试用版	t	Sig.
1	(常量)	1.476	.189		7.791	.000
	性别	.316	.077	.253	4.090	.000
	年龄	-.113	.098	-.081	-1.158	.248
	职位	-.018	.076	-.016	-.241	.810
	任职年限	.074	.054	.095	1.389	.166
2	(常量)	.654	.193		3.394	.001
	性别	.237	.069	.190	3.453	.001
	年龄	-.151	.086	-.109	-1.749	.081
	职位	.020	.067	.017	.292	.771
	任职年限	.071	.047	.091	1.507	.133
	不文明行为	.539	.063	.465	8.504	.000
3	(常量)	.178	.208		.854	.394
	性别	.231	.066	.185	3.514	.001
	年龄	-.101	.083	-.072	-1.213	.226
	职位	.041	.064	.036	.633	.528
	任职年限	.066	.045	.085	1.467	.144
	不文明行为	.403	.067	.347	6.052	.000
	消极情绪	.265	.054	.284	4.941	.000

a.因变量:退缩行为

图 2-13　a,b,s_a,s_b 四个参数取值的来源

然后把这四个参数值输入图 2-12 所示的计算模型中,便可以得到检验结果,如图 2-14 所示。Sobel、Aroian 及 Goodman 三种检验的结果都表明 $a \times b$ 在 $p<0.001$ 的水平上显著,因此可说明中介效应是存在的。

Input:			Test statistic:	Std. Error:	p value:
a	0.514	Sobel test:	4.04406248	0.03368148	0.00005253
b	0.265	Aroian test:	4.01738504	0.03390514	0.00005885
s_a	0.072	Goodman test:	4.07127853	0.03345632	0.00004676
s_b	0.054	Reset all	Calculate		

图 2-14　利用网络现有程序进行 Sobel 检验的结果

2.2.2.2　论文汇报示例

我们以李燕萍和涂乙冬(2012)为例。该文的研究模型主要是关注"个人—组织匹配"及"领导—部属交换"分别通过"组织认同""对领导的满意度"影响"组织公民行为"的关系,如图 2-15 所示。其中介效应的计算结果汇报如下:

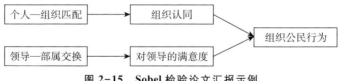

图 2-15　Sobel 检验论文汇报示例

为了更清晰地检验中介作用,根据 Preacher and Hayes(2004,2008)推荐的程序,我们运用 ab 的乘积来表示中介变量的效应,并且通过 3 种检验方法来检验 ab 的显著性。具体的结果如表 4 所示。在个人—组织匹配通过组织认同对组织公民行为产生作用的中介模型中,$ab=0.051$,3 种检验方法都表明 ab 在 $p<0.05$ 的水平上显著;在领导—部属交换通过对领导的满意度对组织公民行为产生作用的中介模型中,$ab=0.355$,3 种检验方法都表明 ab 在 $p<0.001$ 的水平上显著。由此可以看出,个人—组织匹配以及领导—部属交换能够通过中介机制影响员工的组织公民行为,但是领导—部属交换对组织公民行为的中介效应要大于个人—组织匹配对组织公民行为的中介效应。

表 4 中介效应的计算

中介作用模型	参数值	中介效应	显著性检验	Z 值	标准误	p 值
个人—组织匹配→组织认同→组织公民行为	$a=0.27$ $b=0.19$ $s_a=0.080$ $s_b=0.056$	$ab=0.27\times0.19=0.051$	Sobel 检验	2.388	0.021	0.016
			Aroian 检验	0.022	0.022	0.019
			Goodman 检验	2.443	0.021	0.015
领导—部属交换→对领导的满意度→组织公民行为	$a=0.67$ $b=0.53$ $s_a=0.072$ $s_b=0.083$	$ab=0.67\times0.53=0.355$	Sobel 检验	5.260	0.067	0.000
			Aroian 检验	5.239	0.068	0.000
			Goodman 检验	5.281	0.067	0.000

注:Sobel 检验:$z=a\times b/\text{SQRT}(b^2\times s_a^2+a^2\times s_b^2)$;Aroian 检验:$z=a\times b/\text{SQRT}(b^2\times s_a^2+a^2\times s_b^2+s_a^2\times s_b^2)$;Goodman 检验:$z=a\times b/\text{SQRT}(b^2\times s_a^2+a^2\times s_b^2-s_a^2\times s_b^2)$。

2.2.3 Bootstrapping 法

Sobel 法虽然解决了 $a\times b$ 的抽样分布问题,但管理研究中的样本不可能无限大,因此这种方法本身具有一定的局限性。应运而生的另一种检验方法——Bootstrapping 法(基于样本的抽样)——帮助我们解决了在不知道统计项抽样分布的情况下,如何做统计检验的问题。其原理就是把样本当成总体,在样本中有放回地重复抽样,例如通过计算机重复抽样多次,如 1 000 次(一般要求 1 000 次及以上,这样结果会比较稳定),得到 1 000 个 $a\times b$ 的值,如此即可画出 $a\times b$ 的抽样分布,得到上下 5% 的临界值,最终进行统计检验。

采用该方法检验中介效应的标准是:一般来讲,0.05 显著性水平下所对应的 95% 的置信区间不包括 0,即可说明中介效应显著(Shrout and Bolger, 2002)。

Bootstrapping 检验有两种软件可以实现:一种是在 SPSS 软件中安装 Process 插件,利用 Process 插件的功能实现;另一种是在 Mplus 软件中编写相应的程序实现。接下来,我们分别对这两种实现方法进行介绍。

第 2 章 中介效应的检验、结果解读与汇报

2.2.3.1 利用 SPSS 软件的 Process 插件进行 Bootstrapping 检验

第一步,在 SPSS 软件中安装 Process 插件。

安装方法如下:首先,登录 http://www.processmacro.org/download.html,下载 Process 插件;其次,打开 SPSS 24.0 软件①,点击菜单栏中的"扩展"—"实用程序"—"安装定制对话框(兼容模式)",选择已下载并保存在电脑中的 Process 文件,点击"确定"按钮,即可完成安装。完成插件安装后,就可以进行中介效应检验的后续具体操作。

第二步,打开 SPSS 软件的 Process 插件。

打开 SPSS 软件,选择"分析"→"回归"→"PROCESS",参见图 2-16。

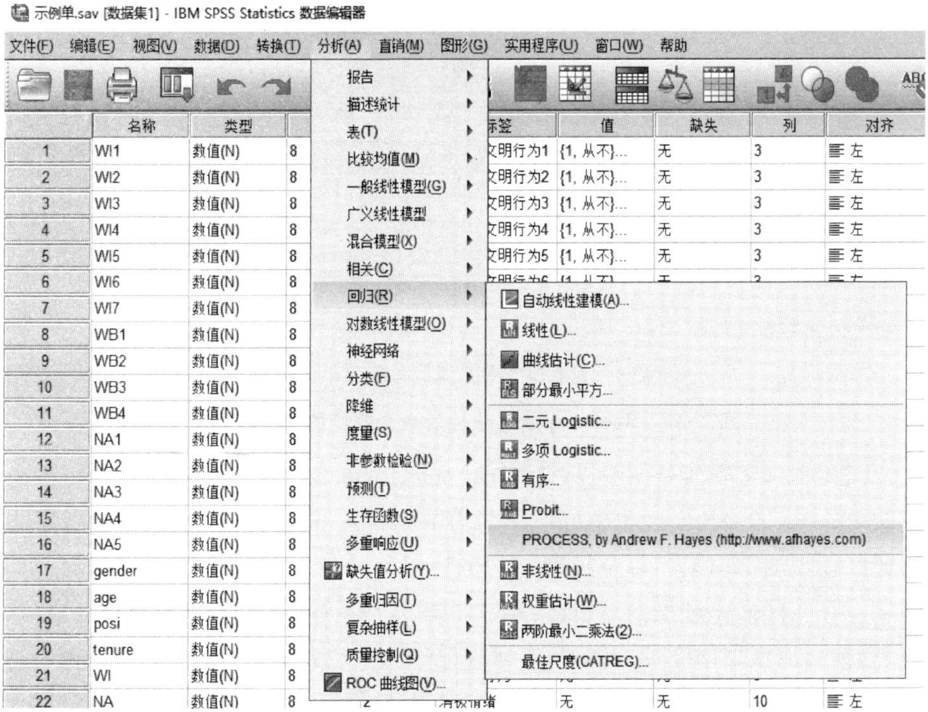

图 2-16 Bootstrapping 法检验中介效应的操作流程一

第三步,选择模型的四类变量纳入回归分析。

将研究模型的因变量、自变量、中介变量及控制变量依次选入对应的框内,点击"确定"。以本研究范例为例②,选取的结果如图 2-17 所示。

---

① 如果是 SPSS 软件的其他版本,安装程序的流程会稍有差别。
② 演示数据见本章附录材料 1-单中介模型.sav。

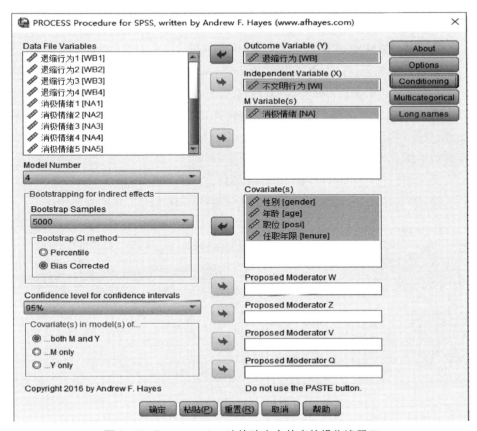

图 2-17　Bootstrapping 法检验中介效应的操作流程二

需要特别注意的是图 2-17 中选项"Model Number"的选择。在前文提到的下载 Process 插件的安装包中有一个名为 templates.pdf 的文件[①]，其中显示了各种研究模型的结构图。每个模型结构的序号对应着"Model Number"视窗中的数字。在实际操作过程中，将自己构建的模型与 templates.pdf 中的模型进行比对，选择对应模型的序号。例如，本研究范例为单中介模型，对应于 templates.pdf 文件中的 Model 4（如图 2-18 所示），则在本研究范例检验过程中，对选项"Model Number"选择"4"，并设定样本量为 5 000；Bootstrap 取样方法"Bootstrap CI method"选择偏差校正的非参数百分位法，即勾选"Bias Corrected"；对置信区间的置信度"Confidence level for confidence intervals"选择"95%"。

---

① 本章附录部分提供了 Process 插件和 templates.pdf 的文件。网址 http://www.obhrm.net/index.php/SPSS_Macro_PROCESS#V3.5 有详细的介绍和安装步骤的呈现。

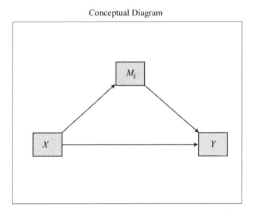

图 2-18 Process 插件安装包里 templates.pdf 文件中的 Model 4

第四步,检验结果的解读。

按照上述操作,本研究范例的输出结果如图 2-19 所示。

```
******************** DIRECT AND INDIRECT EFFECTS ************************

Direct effect of X on Y
    Effect     SE       t        p       LLCI     ULCI
    .4026    .0665   6.0516    .0000    .2715    .5336

Indirect effect of X on Y
    Effect   Boot SE   BootLLCI   BootULCI
     NA      .1362      .0432      .0643     .2338
```

图 2-19 本研究范例的 Bootstrapping 法输出结果

从输出结果中可以看出,X 到 Y 的间接效应(即"消极情绪"的中介效应)的置信区间为[0.0643,0.2338],不包括 0,所以间接效应显著,也就是消极情绪的中介效应得到数据的支持。

2.2.3.2 利用 Mplus 软件进行 Bootstrapping 检验

第一步,将数据从 Excel 中导入 SPSS。

如图 2-20 所示,Excel 中共有 20 列,每一列代表一个测量题项。其中,$x1$—$x7$ 代表"职场不文明行为"的测量题项,$m1$—$m5$ 代表"消极情绪"的测量题项,$y1$—$y4$ 代表"退缩行为"的测量题项。gender、age、posi、tenure 分别表示性别、年龄、职位和任职年限,均为控制变量。每一行代表一个样本。

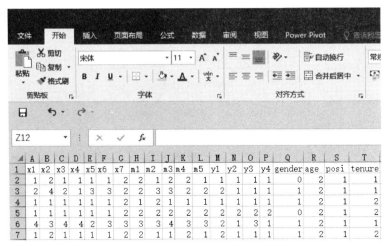

图 2-20 Bootstrapping 检验步骤一

第二步,将样本数据另存为 dat 格式。

将 Excel 中的数据在 SPSS 中打开,具体操作步骤为:依次点击菜单栏中的"文件"—"打开"—"数据"。由于 Mplus 软件只能读取 dat 或 txt 格式的数据,因此需要将 SPSS 中的数据再转成 dat 格式的文件,具体可点击"文件"—"将数据保存为",将其保存为固定 ASCII 格式的 dat 文件,参见图 2-21。

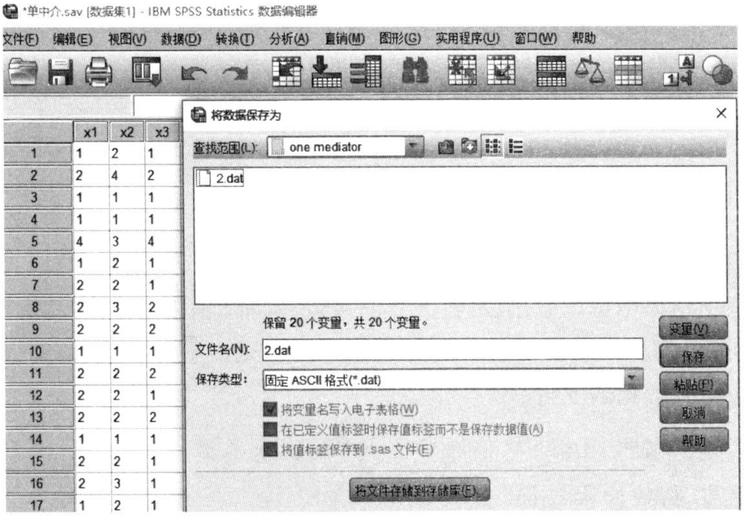

图 2-21 在 SPSS 中将数据转换成固定 ASCII 格式的 dat 文件

第三步,编制单中介模型的 Mplus 程序。

在 Mplus 中使用偏差校正的非参数百分位法检验潜变量中介效应(温忠麟和叶宝娟,2014),输入的程序命令如下:

```
Data: file is 2.dat①;              ! 2.dat 是原始文件
VARIABLE: names are x1-x7 m1-m5 y1-y4 GENDER AGE POSI TENURE;
                                   ! 变量名称
ANALYSIS: Bootstrap = 1000;
MODEL:
    X by x1-x7;                    ! x1-x7 是潜变量"不文明行为"的指标
    M by m1-m5;                    ! m1-m5 是潜变量"消极情绪"的指标
    Y by y1-y4;                    ! y1-y4 是潜变量"退缩行为"的指标
    Y on X
        M(b);                      ! 做 Y 对 X 和 M 的回归,M 的回归系数
命名为 b,该命令需要单独一行
    M on X(a);                     ! 做 M 对 X 的回归,X 的回归系数命名为 a
    Y on GENDER AGE POSI TENURE;
                                   ! 纳入控制变量对 Y 的影响
MODEL CONSTRAINT:
    New(H);                        ! 定义辅助变量
    H = a * b;                     ! 乘积系数 a×b 的估计
OUTPUT: standardized cinterval(bcbootstrap);
                                   ! 输出各个系数及系数乘积 a×b 的偏差
校正的非参数百分位法置信区间。若要得到(不校正的)非参数百分位法置信
区间,只需将 OUTPUT 中的 cinterval(bcbootstrap)改为 cinterval(bootstrap)
即可。
```

注:各个系数及系数乘积 a×b 的估计值,对应于 Mplus 输出结果中"MODEL RESULTS"部分中的各个系数及"New/Additional Parameters"中的 H 的参数估计值,各个系数及 a×b 的95%(或99%)置信区间的下限和上限,对应于 Mplus 输出结果中"CONFIDENCE INTERVALS OF MODEL RESULTS"部分中的各个系数及"New/Additional Parameters"中的 H 的"Lower 2.5%"(或"Lower.5%")和"Upper 2.5%"(或"Upper.5%")的值。

第四步,输出结果分析。

将上述程序命令录入 Mplus 软件,点击"Run"按钮。从输出结果中找到最后一行,如图 2-22 所示。

---

① 演示数据见本章附录材料 2-2.dat。

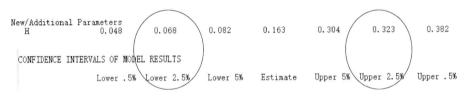

图 2-22 本研究范例的 Bootstrapping 法输出结果

我们可以看出,间接效应的 95%置信区间为[0.068,0.323],不包括 0,说明消极情绪的中介效应是显著的。

2.2.4 结构方程模型比较法

结构方程模型比较法在模型估计中控制了测量误差,同时也可以通过比较替代模型和假设模型之间的优劣来检验中介效应。在单中介效应的检验中,首先通过构建部分中介模型和完全中介模型两种情况来进行比较,根据数据检验的结果,选择一个与数据拟合较好且相对简洁的模型。然后通过比较上述优胜模型与替代模型(模型中其他变量均直接影响因变量)评估变量间其他关系的可能性。

2.2.4.1 检验标准和流程

对于嵌套模型(部分中介模型和完全中介模型,参见图 2-23)的比较,除了查看各种拟合指标,还要依据它们的 $\Delta\chi^2$ 及 Δdf (χ^2 差异及 df 差异)来决定(Anderson and Gerbing, 1988)。检验的标准和流程为:

第一步,检验部分中介模型和完全中介模型的 χ^2/df、RMSEA、TLI 等拟合指标是否符合标准。①

第二步,如果两个模型拟合均良好,则进行 χ^2 差异的检验。模型比较采用卡方准则,因此可以直接使用 Excel 中的 CHIDIST 函数进行 χ^2 差异的显著性检验。

第三步,如果差异不显著($p>0.05$),则取路径简洁的模型;如果差异显著($p<0.05$),则表明两个模型的拟合水平显著不同,多加一条线(部分中介模型)所损失的自由度显著降低了 χ^2 值,损失的自由度是值得的,即路径较多的相对复杂的模型优于路径较少的相对简洁的模型,因此取拟合较优的相对复杂的模型(林文莺和侯杰泰,1995)。

最后,对模型比较中胜出的模型进行路径分析,确认各条路径的影响系数是否显著。

---

① 模型的拟合标准见第 1 章验证性因子分析部分,此处不再赘述。

第 2 章 中介效应的检验、结果解读与汇报

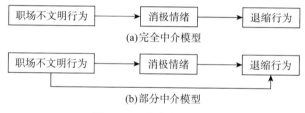

图 2-23 嵌套模型示例

2.2.4.2 软件实现过程

我们仍然以图 2-2 的研究模型为例,数据结构及预处理的过程和之前的检验方法相同,不再赘述。其中,自变量"职场不文明行为"、中介变量"消极情绪"和因变量"退缩行为"的测量分别用 Excel 中的 $x1—x7$、$m1—m5$、$y1—y4$。以下具体说明结构方程模型比较法的特有步骤。

第一步,进行完全中介模型的检验。

以图 2-2 的研究模型为例,该研究的完全中介模型的 Mplus 程序命令如下:

Data: file is 2.dat[①];   ! 2.dat 是原始文件
VARIABLE: names are x1-x7 m1-m5 y1-y4 GENDER AGE POSI TENURE;
                               ! 变量名称
MODEL:
    X by x1-x7;   ! x1-x7 是潜变量"不文明行为"的指标
    M by m1-m5;   ! m1-m5 是潜变量"消极情绪"的指标
    Y by y1-y4;   ! y1-y4 是潜变量"退缩行为"的指标
    M on X(a);   ! 做 M 对 X 的回归,X 的回归系数命名为 a
    Y on M(b);   ! 做 Y 对 M 的回归,M 的回归系数命名为 b,该命令需要单独一行
    Y on GENDER AGE POSI TENURE;
                               ! 做 Y 对控制变量的回归
MODEL CONSTRAINT:
    New(H);   ! 定义辅助变量
    H = a * b;   ! 乘积系数 a×b 的估计
OUTPUT: standardized;   ! 输出标准化系数

---

① 演示数据见本章附录材料 2-2.dat。

将上述程序命令录入 Mplus 软件,点击"Run"按钮,输出结果如图 2-24 所示。从输出结果中可以看出模型拟合信息如下:$\chi^2 = 323.323$,df = 162,χ^2/df = 1.996,RMSEA = 0.063,CFI = 0.908,TLI = 0.895,完全中介模型的各项指标均拟合良好。

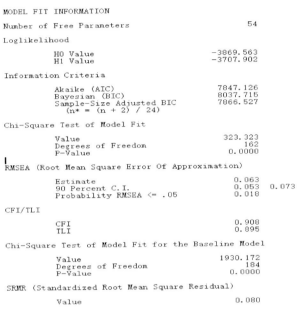

图 2-24 研究范例:单中介效应之完全中介模型的 **Mplus** 输出结果

第二步,进行部分中介模型的检验。

仍以图 2-2 的研究模型为例,该研究的部分中介模型的 Mplus 程序命令如下:

  Data: file is 2.dat[①];   ! 2.dat 是原始文件

  VARIABLE: names are x1-x7 m1-m5 y1-y4 GENDER AGE POSI TENURE;

            ! 变量名称

  MODEL:

   X by x1-x7;   ! $x1$-$x7$ 是潜变量"不文明行为"的指标

   M by m1-m5;   ! $m1$-$m5$ 是潜变量"消极情绪"的指标

   Y by y1-y4;   ! $y1$-$y4$ 是潜变量"退缩行为"的指标

   M on X(a);   ! 做 M 对 X 的回归,X 的回归系数命名为 a

   Y on X

---

① 演示数据见本章附录材料 2-2.dat。

  M(b);   ! 做 Y 对 X 和 M 的回归,M 的回归系数命名为 b,该命令需要单独一行。特别提醒,这是部分中介模型检验的 Mplus 程序关键语句

  Y on GENDER AGE POSI TENURE;
            ! 做 Y 对控制变量的回归
  MODEL CONSTRAINT:
    New(H);   ! 定义辅助变量
    H = a * b;   ! 乘积系数 $a×b$ 的估计
  OUTPUT: standardized; ! 输出标准化系数

  将上述程序命令录入 Mplus 软件,点击"Run"按钮,输出结果如图 2-25 所示。从输出结果中可以看出模型拟合信息如下:$\chi^2 = 293.604$,df = 161,$\chi^2/\text{df} = 1.824$,RMSEA = 0.057,CFI = 0.924,TLI = 0.913,部分中介模型的各项指标均拟合良好。

```
MODEL FIT INFORMATION
Number of Free Parameters                      55
Loglikelihood
          H0 Value                      -3854.704
          H1 Value                      -3707.902
Information Criteria
          Akaike (AIC)                   7819.408
          Bayesian (BIC)                 8013.527
          Sample-Size Adjusted BIC       7839.168
             (n* = (n + 2) / 24)
Chi-Square Test of Model Fit
          Value                           293.604
          Degrees of Freedom                  161
          P-Value                          0.0000
RMSEA (Root Mean Square Error Of Approximation)
          Estimate                          0.057
          90 Percent C.I.             0.047  0.067
          Probability RMSEA <= .05          0.126
CFI/TLI
          CFI                               0.924
          TLI                               0.913
Chi-Square Test of Model Fit for the Baseline Model
          Value                          1930.172
          Degrees of Freedom                  184
          P-Value                          0.0000
SRMR (Standardized Root Mean Square Residual)
          Value                             0.060
```

图 2-25 研究范例:部分中介模型的 Mplus 输出结果

  第三步,对完全中介和部分中介两个模型进行 χ^2 差异值的检验。

  完成上述完全中介模型和部分中介模型检验之后,我们需要通过 χ^2 差异值的检验来判断两个模型的优劣。该环节的具体检验过程为:

  首先,新建一个 Excel 文件;

  其次,点击"插入函数",选择"CHISQ.DIST.RT";

最后,根据上述完全中介模型和部分中介模型输出结果中 χ^2、df 的各自取值,计算两个模型的 $\Delta \chi^2$ 和 Δdf。然后输入 $\Delta \chi^2$ 和 Δdf 的值,可得出其显著性大小。

在图 2-2 的研究范例中,$\Delta \chi^2 = 29.719$,$\Delta df = 1$,$\Delta \chi^2 (\Delta df) = 29.719(1)^{***}$①,图 2-26 中的计算结果为:4.99429E-08 = 0.0000000499429<0.001。根据模型比较法则,应选择部分中介模型。

图 2-26　完全中介模型与部分中介模型比较:χ^2 差异值的显著性检验

第四步,绘制实证研究结果的模型路径系数图。

选择上述比较中胜出的模型,根据该模型的检验结果汇报各变量的路径系

---

① *** 表示 $p<0.001$。

数,绘制模型的路径系数图。

在图 2-2 的研究范例中,由于对比检验后选择了部分中介模型,我们可以在部分中介模型的输出结果中找到"STANDARDIZED MODEL RESULTS"下的"STDYX Standardization",如图 2-27 所示,其中第一列数据代表回归系数的估计值,最后一列数据代表 p 值,我们可以根据上述结果绘制出路径系数图,如图 2-28 所示。

```
STANDARDIZED MODEL RESULTS

STDYX Standardization

M        ON
  X                   0.477    0.060    7.971    0.000

Y        ON
  X                   0.415    0.070    5.948    0.000
  M                   0.295    0.072    4.104    0.000
```

图 2-27 研究范例:截取的部分中介模型标准化回归系数结果

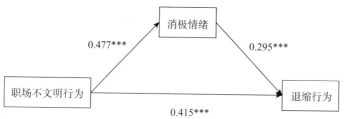

注:*** 表示 $p<0.001$。

图 2-28 研究范例:单中介模型的路径系数图

2.2.4.3 结构方程模型比较法的论文汇报示例

我们以王林等(2011)为例,该文主要探讨高绩效人力资源管理系统通过动态能力影响新产品成功的机制,并分析环境动态性在第一、二阶段及主效应上的调节作用(如图 2-29 所示)。该文在分析中介效应时,采用了结构方程模型比较法,其中介效应检验数据汇报如下:

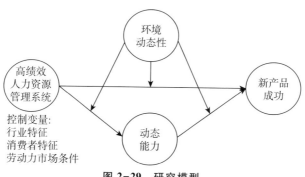

图 2-29 研究模型

在检验中介效应时,本研究将完全中介模型和部分中介模型进行比较。选择最佳模型的标准是该模型不但能很好地拟合数据,而且相对简洁。林文莺和侯杰泰(1995)认为,模型的比较是根据它们的 $\Delta \chi^2$ 及 Δdf(χ^2 和 df 的差异)来决定,如果差异不显著,则取路径简洁的模型;如果差异显著,则表明两个模型的拟合水平显著不同,取拟合指数优的相对复杂的模型。假设模型和竞争模型结构方程模型运行结果显示的拟合指数如表5所示。研究发现两个模型的拟合情况均较理想。但是,通过卡方检验发现,部分中介模型和完全中介模型的差异性显著($\Delta \chi^2 = 7.8$, $\Delta df = 1$, $p < 0.001$)。根据最佳模型判断标准,部分中介模型优于完全中介模型。

表5 结构方程模型比较结果($N = 383$)

拟合指数	χ^2	df	χ^2/df	GFI	RMR	CFI	IFI	RMSEA	AIC	$\Delta\chi^2(\Delta df)$
完全中介	1 126.4	683	1.65	0.87	0.054	0.92	0.92	0.04	1 322.4	
部分中介	1 118.6	682	1.64	0.87	0.052	0.93	0.93	0.04	1 316.6	7.8 ***(1)

注:*** 表示 $p<0.001$。

部分中介模型的结构方程运行结果显示,高绩效人力资源管理系统到新产品成功直接效应的标准化回归系数($Beta = 0.48$, $p < 0.01$)为正;高绩效人力资源管理系统到动态能力的标准化回归系数($Beta = 0.87$, $p < 0.01$)为正;动态能力到新产品成功的标准化回归系数($Beta = 0.38$, $p < 0.05$)为正,如图2所示。高绩效人力资源管理系统对新产品成功影响的间接效应为 0.87 乘以 0.38,等于 0.33,总效应为直接效应(0.48)加上间接效应(0.33),等于 0.81。本研究通过实证研究发现,高绩效人力资源管理系统通过动态能力部分中介影响新产品成功。因此,假设2得到了验证。

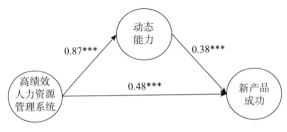

注:*** 表示 $p<0.001$。

图2 部分中介模型的结构方程

2.2.5 单中介模型的论文汇报示例

近年来的学术研究通过综合运用几种不同的方法进行中介效应的检验,因此在撰写论文时,也会把几种不同方法的检验结果综合起来进行汇报。下面我们就以综合运用层级回归、Sobel 和 Bootstrapping 三种方法的论文为例,展现论文汇报的内容。

我们以 Lee et al.(2018)为例,其研究模型如图 2-30 所示。该文主要考察辱虐管理(Abusive Supervision)通过情绪耗竭(Emotional Exhaustion)对员工知识共享(Knowledge Sharing)行为的影响,并分析组织公平(Organizational Justice)在第一阶段的调节作用。

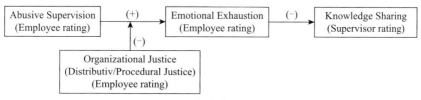

图 2-30　单中介模型示例

该文在分析中介效应时,同时采用了层级回归、Sobel 和 Bootstrapping 三种方法。其中介效应检验数据汇报如下:

> Consistent with Hypothesis 1, abusive supervision showed a negative relationship with knowledge sharing ($\beta = -0.19$, $p < 0.01$). Hypothesis 2 posited that emotional exhaustion mediates the relationship between abusive supervision and knowledge sharing. To test our hypothesis regarding the mediating role of emotional exhaustion, we adopted the approach suggested by Baron and Kenny (1986). This mediation test has several important features. First, the independent variable should be significantly related to the dependent variable. Second, the independent variable should have a significant relationship with the mediator. Finally, the mediator should be significantly related to the dependent variables with the independent variables included in the equation. If the first three conditions hold, at least partial mediation is present. If the independent variables have non-significant beta weights in the third step, complete mediation is present.

即与该文假设 1 一致,辱虐管理与知识共享呈负相关($\beta = -0.19$, $p < 0.01$)。该文假设 2 假设情绪耗竭中介了辱虐管理与知识共享之间的关系。为了验证关于情绪耗竭中介作用的假设,该文采用了 Baron and Kenny(1986)提出的方法。这个中介效应检验有几个重要的特征:首先,自变量应与因变量显著相关。其次,自变量应与中介变量显著相关。最后,当自变量、中介变量同时纳入回归方程后,中介变量应与因变量显著相关。如果前三个条件成立,则至少存在部分中介效应。如果在第三步中自变量对因变量的影响不显著,则存

在完全中介效应。

在图 2-31 中,这三个步骤分别对应了以情绪耗竭为因变量的模型 2 以及以知识共享为因变量的模型 2 和模型 3。

Table 3
Hierarchical regression results for simple mediation[a].

	Emotional exhaustion		Knowledge sharing		
	Model 1	Model 2	Model 1	Model 2	Model 3
Step 1. Control variables[b]					
Age	-0.11	-0.09	-0.05	-0.07	-0.08
Gender	0.13	0.12	-0.07	-0.06	-0.04
Position	0.31**	0.24**	-0.02	0.03	0.08
Step 2. Main effect					
Abusive supervision		0.24***		-0.19**	-0.14
Step 3. Main effect					
Emotional exhaustion					-0.19*
Overall F	4.89**	7.08***	0.39	2.02	3.00*
R^2	0.07	0.13	0.01	0.04	0.07
ΔF		12.75***		6.86**	6.67*
ΔR^2		0.06		0.03	0.03

Indirect effect and significance using normal distribution

	Value	SE	z	p
Sobel	-0.05	0.02	-2.0	0.04

Bootstrap results for indirect effect

	Effect	SE	LL 95	UL 95% CI
Effect	-0.05	0.02	-0.1	-0.01

Note. N = 202. Bootstrap sample size = 10,000. LL = lower limit; CI = confidence interval; UL = upper limit.
* $p < 0.05$.
** $p < 0.01$.
*** $p < 0.001$ (two-tailed).
[a] Entries are standardized regression coefficients.
[b] Variables are standardized variables.

图 2-31 范例:单中介层级回归、**Sobel** 和 **Bootstrapping** 检验结果汇报

如图 2-31 所示,该文指出:

The result of the test for Hypothesis 1 satisfied the first condition of mediation. Next, the result of the test for the significant relationship between abusive supervision and emotional exhaustion satisfied the second mediating effect criterion ($\beta = 0.24$, $p<0.001$). To test the third criterion, we regressed the dependent variable on the mediating variable, controlling for abusive supervision. As reported, emotional exhaustion was significant ($\beta = -0.19$, $p<0.05$), reducing the coefficient of the effect of abusive supervision on knowledge sharing ($\beta = -0.14$, n.s.). Therefore, the result of the mediation analysis suggests that the effect of abusive supervision on employee knowledge sharing is fully mediated by employees' emotional exhaustion.

即对该文假设1的检验结果满足中介效应检验标准的第一个条件。此外，辱虐管理与情绪耗竭的关系显著也满足中介效应检验标准的第二个条件（$\beta=0.24, P<0.001$）。为了检验第三个标准，该文在控制辱虐管理的基础上，做中介变量对因变量的回归。如结果所示，情绪耗竭对知识共享的影响显著（$\beta=-0.19, p<0.05$），辱虐管理对知识共享的影响不再显著（$\beta=-0.14, \text{n.s.}$）。因此，中介效应分析的结果表明，辱虐管理对知识共享的影响是完全被情绪耗竭中介的。

该文通过上述方法检验中介效应后，又按照 Hayes and Preacher（2010）的程序，使用 Sobel 法和 Bootstrapping 法检验了间接效应的显著性。文中汇报如下：

> The formal two-tailed significance test (assuming a normal distribution) demonstrated that the indirect effect was significant (Sobel $z=-2.04$, $p=0.04$). The bootstrapping results confirmed the Sobel test. Specifically, we estimated 95% bias-corrected CI is for indirect effects by bootstrapping 10,000 samples. Shrout and Bolger (2002) suggested that, if zero is not in the CI, the researcher can be confident that the indirect effect is different from zero. In this study, the CI is from -0.11 to -0.01, excluding zero in the CI, which suggests that the indirect effect is statistically significant in our model. Thus, Hypothesis 2 was supported.

即双尾显著性检验（假设为正态分布）表明，间接效应显著（Sobel 检验 $z=-2.04, p=0.04$）。Bootstrapping 检验的结果也证实了 Sobel 检验。具体来说，该文通过重复抽取 10 000 个样本估计了间接效应的 95% 偏差校正的置信区间。Shrout and Bolger（2002）提出，如果 CI 中不包括 0，则研究者可以确信间接效应与 0 显著不同。在这项研究中，CI 从 -0.11 到 -0.01，不包括 0，表明在该文的模型中间接效应在统计学上是显著的。因此，该文假设 2 得到了支持。

2.3 并行中介模型的检验标准与软件实现过程

为了展示并行中介模型的检验过程，我们以图 2-32 的研究模型为例。在该模型中，"职场不文明行为"（自变量）遭遇会增加员工的"退缩行为"（因变量）；从情感事件理论和资源出发，该模型分别探索"消极情绪"（中介变量1）和"情绪耗竭"（中介变量2）在"职场不文明行为"及"退缩行为"间的中介作用。

图 2-32 并行中介模型的研究示例

含有两个及两个以上中介变量的并行中介模型的检验主要采用两种方式：第一，Bootstrapping 法；第二，结构方程模型比较法，即通过假设模型和替代模型的比较，选出拟合度最优的模型，然后结合路径分析的结果进行分析与修正。

以下是这两种方法的具体软件实现过程。

2.3.1 Bootstrapping 法

2.3.1.1 利用 SPSS 软件的 Process 插件进行 Bootstrapping 检验

具体的操作步骤如下：

第一步，打开 SPSS 软件的 Process 插件。

打开 SPSS 软件，点击菜单栏中的"分析"—"回归"—"PROCESS"[①]，参见图 2-33。

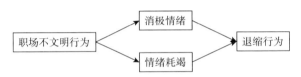

图 2-33 Bootstrapping 法检验并行中介效应的操作流程一

---

① 演示数据见本章附录材料 3-并行中介模型.sav。

第二步,选择模型的四类变量纳入回归分析。

将研究模型的因变量、自变量、中介变量及控制变量依次选入对应的框内。需要注意的仍然是图 2-34 中选项"Model Number"的选择。与单中介模型检验类似,在并行中介模型实际操作过程中,将自己构建的模型与 Process 插件安装包里 templates.pdf 文件中的模型进行比对,选择对应模型的序号。

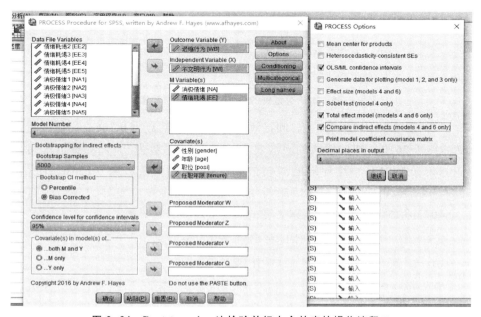

图 2-34　Bootstrapping 法检验并行中介效应的操作流程二

例如,本研究范例为并行中介模型,仍然对应于 templates.pdf 文件中的 Model 4。此时,模型代码选择 4;Bootstrap 样本量选择 5 000;置信区间方法选择偏差校正。接下来点击"PROCESS Options"按钮,勾选"OLS/ML confidence intervals""Total effect model(models 4 and 6 only)"和"Compare indirect effects (models 4 and 6 only)",点击按钮"继续"和"确定"。

第三步,检验结果的解读。

按照上述操作步骤,本研究范例的输出结果如图 2-35 所示。在该图中,我们截取并行中介模型输出结果中的总效应、直接效应及间接效应部分。如图 2-35 中"Indirect effect of X on Y"部分显示,TOTAL,NA,EE,(C1)分别代表总间接效应、消极情绪的间接效应、情绪耗竭的间接效应以及消极情绪与情绪耗竭的间接效应差异。第一列数据代表间接效应的系数值,最后两列数据分别为置信区间的上下限。

```
*************** TOTAL, DIRECT, AND INDIRECT EFFECTS ***************
Total effect of X on Y
     Effect      SE        t        p      LLCI     ULCI
     .5388     .0634    8.5036    .0000    .4140    .6636
Direct effect of X on Y
     Effect      SE        t        p      LLCI     ULCI
     .3719     .0669    5.5634    .0000    .2403    .5036
Indirect effect of X on Y
          Effect   Boot SE  BootLLCI  BootULCI
TOTAL     .1668    .0436    .0918    .2610
NA        .1153    .0377    .0547    .1991
EE        .0516    .0210    .0186    .1036
(C1)      .0637    .0426   -.0077    .1541

Specific indirect effect contrast definitions
(C1)   NA   minus   EE
```

图 2-35　本研究范例的 **Bootstrapping** 法输出结果

从输出结果中可以看出,总间接效应是显著的,系数为 0.1668,置信区间为 [0.0918,0.2610];消极情绪的间接效应是显著的,系数为 0.1153,置信区间为 [0.0547,0.1991];情绪耗竭的间接效应也是显著的,系数为 0.0516,置信区间为 [0.0186,0.1036];消极情绪与情绪耗竭的间接效应差异的置信区间为 [-0.0077,0.1541],包括 0,所以二者的间接效应差异不显著。

2.3.1.2　利用 Mplus 软件进行 Bootstrapping 检验

第一步,将样本数据另存为 ASCII 格式。

首先将收集到的数据从 Excel 中导入 SPSS。如图 2-36 所示,Excel 中共有 25 列,每一列代表一个测量题项。其中,$x1$—$x7$ 代表"职场不文明行为"的测

图 2-36　研究范例的原始数据表

量题项,m1—m5代表"消极情绪"的测量题项,m6—m10代表"情绪耗竭"的测量题项,y1—y4代表"退缩行为"的测量题项。gender、age、posi、tenure分别表示性别、年龄、职位和任职年限。每一行代表一个样本。

再将Excel中的数据在SPSS中打开。具体操作步骤为:依次点击菜单栏中的"文件"—"打开"—"数据"。由于Mplus软件只能读取dat或txt格式的数据,因此需要将SPSS中的数据再转成dat格式的文件,具体可点击"文件"—"将数据保存为",将其保存为固定ASCII格式的dat文件,参见图2-37。

图2-37 在SPSS中将数据转换成固定ASCII格式的dat文件

第二步,编制并行中介模型的Mplus程序。

根据并行中介模型的具体内容,编制Mplus程序。本研究范例的Mplus程序命令如下:

TITLE：this is an example of a SEM with two mediators；
DATA：File is 1.dat[①]；　　　　！1.dat是原始文件
VARIABLE：Names are x1-x7 m1-m10 y1-y4 GENDER AGE POSI TENURE；
　　　　　　　　　　　　　　　！变量名称
ANALYSIS：Bootstrap=1000；
　MODEL： WI by x1-x7；　　　　！定义"不文明行为"因子
　　　　　　NA by m1-m5；　　　　！定义"消极情绪"因子

---

① 演示数据见本章附录材料4-1.dat。

```
    EE by m6-m10;              ! 定义"情绪耗竭"因子
    WB by y1-y4;               ! 定义"退缩行为"因子
    WB on WI NA EE;            ! 做 WB 对 WI NA EE 的回归
    WB on GENDER AGE POSI TENURE;
                               ! 做 WB 对 GENDER AGE POSI TEN-
URE 的回归
    NA on WI;                  ! 做 NA 对 WI 的回归
    EE on WI;                  ! 做 EE 对 WI 的回归
  MODEL INDIRECT:
    WB IND NA WI;              ! 定义 WI 通过 NA 作用 WB 的特定
中介效应
    WB IND EE WI;              ! 定义 WI 通过 EE 作用 WB 的特定
中介效应
  OUTPUT: STANDARDIZED CINTERVAL(bcbootstrap);
                               ! 获得模型标准化结果,输出各个系
数及系数乘积 a×b、c×d 的偏差校正的非参数百分位法置信区间
```

第三步,输出结果的分析。

将上述程序命令录入 Mplus 软件,点击"Run"按钮。从输出结果中找到观测变量、潜变量均标准化后的置信区间估计部分(STDYX Standardization),参见图 2-38。

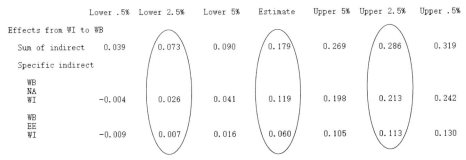

图 2-38 间接效应置信区间的估计结果

按照 Shrout and Bolger(2002)提出的检验标准,0.05 显著性水平下所对应的 95%的置信区间不包括 0,即可说明间接效应显著。我们观察图 2-38 中圈出来的

数据,结果表明:消极情绪的间接效应系数为 0.119,置信区间为[0.026,0.213],不包括 0,是显著的;情绪耗竭的间接效应系数为 0.060,置信区间为[0.007,0.113],不包括 0,是显著的;总间接效应的系数为 0.179,置信区间为[0.073,0.286],不包括 0,也是显著的。

2.3.1.3　并行中介模型 Bootstrapping 法检验的论文汇报示例

我们以 Christian and Ellis(2011)为例,该文基于自我调节资源理论(Self-regulatory Resource Theory),提出睡眠剥夺(Sleep Deprivation)会增强员工的职场偏差行为(Workplace Deviance),自我控制(Self-control)和敌意状态(State Hostility)在二者间起部分中介作用,其研究模型如图 2-39 所示。

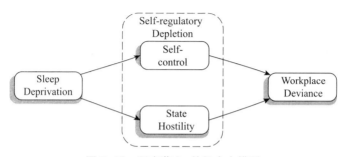

图 2-39　研究范文:并行中介模型

该文首先介绍了其研究采用的分析方法:

To test the significance of the indirect effect of sleep deprivation through self-control and hostility, we used Preacher and Hayes's (2008) approach to examining multiple mediation models in regression. Preacher and Hayes developed this procedure as an extension of the Sobel test (Sobel, 1982) for testing indirect effects in models that include more than one mediator. In such models, a researcher is concerned not only with the significance of the total indirect effect (through both mediators) on the dependent variable, but also with the significance of specific indirect effects. The advantage of this simultaneous approach is that one can test the extent to which each hypothesized mediator mediates the effect of the independent variable on the dependent variable in the presence of other mediators in the model. This reduces the likelihood of parameter bias owing to omitted variables and enables comparing the magnitudes of the indirect effects.

即为了检验睡眠剥夺通过自我控制和敌意状态间接影响的显著性,该文使用 Preacher and Hayes(2008)的方法来检验回归中的多重中介模型。作为 Sobel 检验(Sobel,1982)的一个扩展,Preacher and Hayes 发展了这个程序以用于包含多个中介变量模型中间接效应的检验。在这类模型中,研究者不仅关注总间接效应(通过两个中介变量)对因变量的显著性,而且关注特定间接效应的显著性。这种同步方法的优点是,在模型中存在其他中介变量的情况下,可以测试每个假设的中介变量在多大程度上中介自变量对因变量的影响。这就降低了由于忽略变量而导致参数偏差的可能性,并能够比较间接效应的大小。

之后,该文对实证结果进行了汇报:

> As Preacher and Hayes (2008) and others (e.g., Shrout & Bolger, 2002; Williams & MacKinnon, 2008) have recommended, we estimated the indirect effects using unstandardized coefficients from the full model (i.e., the third step in the regression model) and utilized bootstrapping procedures with 1,000 resamples to place 95% confidence intervals(CIs) around the estimates of the indirect effects. An indirect effect is significant at the .05 level when the 95% CI does not include zero (Shrout & Bolger, 2002). Results indicated that the indirect effect of sleep deprivation on workplace deviance was significant through self-control (coefficient = .02, 95% CI = .002, .05) and hostility (coefficient = .08, 95% CI = .03, .16). Finally, the total indirect effect was significant, with a coefficient of = .10, and the 95% CI did not include zero (.04, .18), providing support for Hypotheses 2 and 3.

即正如 Preacher and Hayes (2008)及其他学者[如 Shrout and Bolger(2002)、Williams and MacKinnon(2008)]所建议的,该文同时采用了全模型中未标准化回归系数及 Bootstrapping 法重复抽样 1 000 次生成 95% 置信区间估计间接效应。95%水平上的置信区间不包括 0,表示间接效应在 0.05 水平上显著(Shrout and Bolger, 2002)。结果表明,自我控制(系数 = 0.02;95% 置信区间 = 0.002, 0.05)和敌意状态(系数 = 0.08;95% 置信区间 = 0.03, 0.16)在睡眠剥夺及职场偏差行为间的间接效应显著,总间接效应也是显著的(系数 = 0.10;95% 置信区间 = 0.04, 0.18),假设 2 和假设 3 得到了验证。

2.3.2 结构方程模型比较法

2.3.2.1 结构方程模型比较法的软件实现过程

并行中介模型的结构方程模型比较法原理与单中介模型是类似的。此处仍然以图 2-32 的研究模型为例,说明利用结构方程模型比较法进行并行中介效应检验的过程。

数据结构及预处理的过程同前面的单中介效应检验。

第一步,进行完全并行中介模型的检验。

以图 2-32 的研究模型为例,该研究的完全并行中介模型的 Mplus 程序命令如下:

TITLE: this is an example of a SEM with two mediators;
DATA: File is 1.dat[①];
VARIABLE: Names are x1-x7 m1-m10 y1-y4 GENDER AGE POSI TENURE;
Usevariable = x1-x7 m1-m10 y1-y4 GENDER AGE POSI TENURE;
MODEL: WI by x1-x7;   ! 定义"不文明行为"因子
    NA by m1-m5;   ! 定义"消极情绪"因子
    EE by m6-m10;   ! 定义"情绪耗竭"因子
    WB by y1-y4;   ! 定义"退缩行为"因子
    WB on NA EE;   ! 做 WB 对 NA EE 的回归
    WB on GENDER AGE POSI TENURE;
            ! 做 WB 对 GENDER AGE POSI TENURE 的回归
    NA on WI;   ! 做 NA 对 WI 的回归
    EE on WI;   ! 做 EE 对 WI 的回归
OUTPUT: STANDARDIZED;   ! 输出标准化系数

将上述程序命令录入 Mplus 软件,点击"Run"按钮,输出结果如图 2-40 所示。从输出结果中可以看出模型拟合信息如下:$\chi^2 = 505.766$,df = 265,$\chi^2/df = 1.909$,RMSEA = 0.060,CFI = 0.896,TLI = 0.884,完全并行中介模型的各项指标均拟合良好。

---

① 演示数据见本章附录材料 4-1.dat。

```
MODEL FIT INFORMATION

Number of Free Parameters                             71
Loglikelihood
         H0 Value                              -5130.803
         H1 Value                              -4877.921
Information Criteria
         Akaike (AIC)                          10403.607
         Bayesian (BIC)                        10654.196
         Sample-Size Adjusted BIC              10429.116
           (n* = (n + 2) / 24)
Chi-Square Test of Model Fit
         Value                                   505.766
         Degrees of Freedom                          265
         P-Value                                  0.0000
RMSEA (Root Mean Square Error Of Approximation)
         Estimate                                  0.060
         90 Percent C.I.                   0.052   0.068
         Probability RMSEA <= .05                  0.020
CFI/TLI
         CFI                                       0.896
         TLI                                       0.884
Chi-Square Test of Model Fit for the Baseline Model
         Value                                  2598.430
         Degrees of Freedom                          294
         P-Value                                  0.0000
SRMR (Standardized Root Mean Square Residual)
         Value                                     0.088
```

图 2-40 研究范例:并行中介效应之完全并行中介模型的 **Mplus** 输出结果

第二步,进行部分并行中介模型的检验。

仍以图 2-32 的研究模型为例,该研究的部分并行中介模型的 Mplus 程序命令如下:

TITLE: this is an example of a SEM with two mediators;

DATA: File is 1.dat①;

VARIABLE: Names are x1-x7 m1-m10 y1-y4 GENDER AGE POSI TENURE;

Usevariable = x1-x7 m1-m10 y1-y4 GENDER AGE POSI TENURE;

MODEL: WI by x1-x7;   ! 定义"不文明行为"因子

    NA by m1-m5;   ! 定义"消极情绪"因子

    EE by m6-m10;   ! 定义"情绪耗竭"因子

    WB by y1-y4;   ! 定义"退缩行为"因子

    WB on NA EE WI;   ! 做 WB 对 WI NA EE 的回归。特别提醒,这是部分并行中介模型与完全并行中介模型程序的重要差异所在

    WB on GENDER AGE POSI TENURE;

           ! 做 WB 对 GENDER AGE POSI TENURE 的回归

---

① 演示数据见本章附录材料 4-1.dat。

第 2 章 中介效应的检验、结果解读与汇报

```
    NA on WI;              ! 做 NA 对 WI 的回归
    EE on WI;              ! 做 EE 对 WI 的回归
OUTPUT：STANDARDIZED；      ! 输出标准化系数
```

将上述程序命令录入 Mplus 软件,点击"Run"按钮,输出结果如图 2-41 所示。从输出结果中可以看出模型拟合信息:$\chi^2 = 472.564$, df = 264, $\chi^2/\text{df} = 1.790$, RMSEA = 0.056, CFI = 0.909, TLI = 0.899, 部分并行中介模型的各项指标均拟合良好。

```
MODEL FIT INFORMATION
Number of Free Parameters                    72
Loglikelihood
        H0 Value                        -5114.203
        H1 Value                        -4877.921
Information Criteria
        Akaike (AIC)                    10372.405
        Bayesian (BIC)                  10626.524
        Sample-Size Adjusted BIC        10398.274
           (n* = (n + 2) / 24)
Chi-Square Test of Model Fit
        Value                            472.564
        Degrees of Freedom                   264
        P-Value                           0.0000
RMSEA (Root Mean Square Error Of Approximation)
        Estimate                           0.056
        90 Percent C.I.             0.048    0.064
        Probability RMSEA <= .05           0.113
CFI/TLI
        CFI                                0.909
        TLI                                0.899
Chi-Square Test of Model Fit for the Baseline Model
        Value                           2598.430
        Degrees of Freedom                   294
        P-Value                           0.0000
SRMR (Standardized Root Mean Square Residual)
        Value                              0.072
```

图 2-41 研究范例:并行中介效应之部分并行中介模型的 **Mplus** 输出结果

第三步,对完全中介模型和部分中介模型进行 χ^2 差异值的检验。

完成上述完全并行中介模型和部分并行中介模型检验之后,我们需要比较完全并行中介模型与部分并行中介模型的 χ^2 及 df,其差异值的检验方法与单中介模型也很相似。

两个模型 df 相差 1, χ^2 相差 33.202, 按照前述标准, 计算出的 p 值小于 0.0001, 也即 $\Delta\chi^2(\Delta\text{df}) = 33.202(1)$ *** ①。根据模型比较法则, 应选择部分并行中介模型。

---

① *** 表示 $p<0.001$。

第四步,绘制实证研究结果的模型路径系数图。

类似地,选择上述比较中胜出的模型,根据该模型的检验结果汇报各变量的路径系数,绘制模型的路径系数图。

在图 2-32 的研究范例中,由于对比检验后选择了部分并行中介模型,我们可以在部分并行中介模型的输出结果中找到"STANDARDIZED MODEL RESULTS"下的"STDYX Standardization"内容,如图 2-42 所示,其中第一列数据代表回归系数的估计值,最后一列数据代表 p 值,我们可以根据上述结果绘制出路径系数图,如图 2-43 所示。

```
STANDARDIZED MODEL RESULTS

STDYX Standardization
WB       ON
   NA              0.241      0.076      3.182      0.001
   EE              0.160      0.071      2.258      0.024
   WI              0.387      0.073      5.324      0.000

NA       ON
   WI              0.493      0.059      8.379      0.000

EE       ON
   WI              0.376      0.065      5.763      0.000
```

图 2-42 研究范例:截取的部分并行中介模型标准化回归系数结果

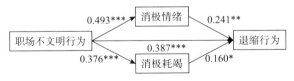

注:*表示 $p<0.05$,**表示 $p<0.01$,***表示 $p<0.001$。

图 2-43 研究范例:部分并行中介模型的路径系数图

2.3.2.2 并行中介模型结构方程模型比较法的论文汇报示例

我们以 Kwan et al.(2010)为例,该文主要阐述"徒弟知觉到师傅的角色模范"(自变量)会提高个人的"相关工作学习"和"技能发展"(并行中介变量),进而产生"工作—家庭增益"(因变量)。该文的实证过程和结果如下:

> In order to determine the best model, we examined two nested models—namely, a fully mediated model and a partially mediated model. The fully mediated model was derived with the paths from the independent variable to the two mediators and the paths from the two mediators to the dependent variable. The partially mediated model was derived from the fully mediated model by adding

an additional path from the independent variable to the dependent variable. Table 2 represents the overall model fits of these two models.

Table 2
Results of structural equation modeling for alternative models.

Models	χ^2 (df)	$\Delta\chi^2$ (Δdf)	RMSEA	IFI	CFI	TLI
Model 1: Full mediated model	706.15 (241)**		.08	.92	.92	.91
Model 2: Partial mediated model	706.04 (240)**	.11 (1)[a]	.08	.92	.92	.91

[a] Model 2 compared to Model 1.
** $p<.01$.

即为了决定最优模型,该文检验了两个嵌套模型(完全中介和部分中介)。完全中介模型的路径包括从自变量指向两个中介变量,以及从中介变量指向因变量。部分中介模型在完全中介模型的基础上增加了一条从自变量到因变量的路径。表 2 显示了两个模型实证检验的总体适配指数。

该文对两个模型的结果报告如下:

The fully mediated model fit the data well, with $\chi^2(241) = 706.15$, RMSEA = .08, IFI = .92, CFI = .92, and TLI = .91, while the partially mediated model achieved a similar model fit, with $\chi^2(240) = 706.04$, RMSEA = .08, IFI = .92, CFI = .92, and TLI = .91. The chi-square difference test between these two models ($\Delta\chi^2(1) = .11$, ns) indicated that adding the path from the independent variable (i.e., role modeling) to the dependent variable (i.e., WFE) did not significantly improve the overall model fit. In light of the rule of parsimony from the philosophy of science (Simon, 1977), the fully mediated model as depicted in Fig.1 was used to test our hypotheses on mediation.

即完全中介模型和数据匹配较好:$\chi^2(241) = 706.15$,RMSEA = 0.08,IFI = 0.92,CFI = 0.92,TLI = 0.91,部分中介模型也得到了类似的结果:$\chi^2(240) = 706.04$,RMSEA = 0.08,IFI = 0.92,CFI = 0.92,TLI = 0.91。两个模型间的卡方差异检验不显著[$\Delta\chi^2(1) = 0.11$,ns],表明增加了从自变量到因变量的路径并未显著提升模型匹配度。按照模型的简洁性原理,该文选择完全中介模型来验证假设。

该文利用完全中介模型的检验结果对假说进行了讨论:

Hypotheses 1a and b proposed the positive relationships of role modeling with relational job learning and personal skill development. As shown in Fig.1, role modeling was positively related to both relational job learning ($\beta = .34$, $p<.01$) and personal skill development ($\beta = .32$, $p<.01$), supporting hypotheses

1a and b. Hypotheses 2a and b suggested the positive relationships of WFE with relational job learning and personal skill development. We found that WFE was positively related to personal skill development ($\beta=.30$, $p b.01$), but not to relational job learning ($\beta=.04$, ns), thus supporting hypothesis 2b but rejecting hypothesis 2a. Hypotheses 3a and b proposed the mediating roles of relational job learning and personal skill development. As the association between relational job learning and WFE was not significant, hypothesis 3a was not supported. For the mediating effect of personal skill development, additional evidence from a Sobel test (Sobel, 1982) showed that the indirect effect between role modeling and WFE through personal skill development was also significant ($Z=2.77$, $p<.01$). Taking these results together, the findings indicated that personal skill development fully mediated the relationship between role modeling and WFE, supporting hypothesis 3b.

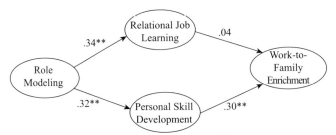

Notes: Standardized path coefficients were reported.
**$p<.01$

Fig. 1. LISREL results for the hypothesized model.

即该文假设1a、假设1b提出了角色模范与相关工作学习和个人技能发展间的正相关关系,如图1所示,角色模范与相关工作学习($\beta=0.34$, $p<0.01$)和个人技能发展($\beta=0.32$, $p<0.01$)显著正相关,假设1a和假设1b得到支持。假设2a、假设2b提出了相关工作学习和个人技能发展与工作—家庭增益间的正相关关系,结果表明工作—家庭增益与个人技能发展的正相关关系得到验证($\beta=0.30$, $p<0.01$),与相关工作学习的关系不显著($\beta=0.04$, ns),假设2b得到支持,假设2a被拒绝。假设3a、假设3b提出了相关工作学习和个人技能发展的中介作用。因为相关工作学习和工作—家庭增益间的关系未得到验证,所以假设3a未被支持。对于个人技能发展的中介作用,补充的Sobel检验(Sobel, 1982)也显示技能发展在角色模范与工作—家庭增益间的间接效应是显著的($Z=2.77$, $p<0.01$)。综上,个人技能发展完全中介了角色模范与工作—家庭增益间的关系,假设3b得到支持。

2.4 链式中介模型的检验标准与软件实现过程

为了展示链式中介模型的检验过程,我们以图2-44的研究模型为例。在该模型中,自变量"工作重塑"(Job Crafting)会改善员工的"个人—工作匹配"(Person-Job Fit),从而提高"工作投入"(Job Engagement),最终增强"工作绩效"(Job Performance)。这样,就形成了链式中介模型。

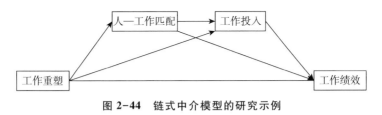

图2-44 链式中介模型的研究示例

链式中介模型的检验方法同样可以采用Bootstrapping法和结构方程模型比较法进行分析。

2.4.1 Bootstrapping法

2.4.1.1 利用SPSS软件的Process插件进行Bootstrapping检验

第一步,打开SPSS软件的Process插件。

打开SPSS软件,点击菜单栏中的"分析"—"回归"—"PROCESS"[①],参见图2-45。

第二步,把模型的四类变量纳入回归分析。

将研究模型的因变量、自变量、中介变量(要特别强调的是,两中介变量$M1$、$M2$应依次放入,顺序不可混淆)及控制变量放入对应的框内,点击"确定"按钮。以本研究范例来看,选择的结果如图2-46所示。

需要注意的是图2-46中选项"Model Number"的选择。同样,将自己构建的模型与Process插件安装包里templates.pdf文件中的模型进行比对,选择对应模型的序号。例如,本研究范例为链式中介模型,对应于templates.pdf文件中的Model 6。点击右侧的"PROCESS Options"按钮,勾选"OLS/ML confidence intervals""Total effect model(models 4 and 6 only)"和"Compare indirect effects (models 4 and 6 only)",点击按钮"继续"和"确定"。

---

① 演示数据见本章附录材料5-链式中介模型.sav。

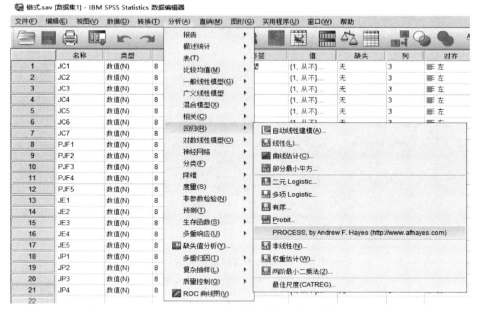

图 2-45 Bootstrapping 法检验链式中介效应的操作流程一

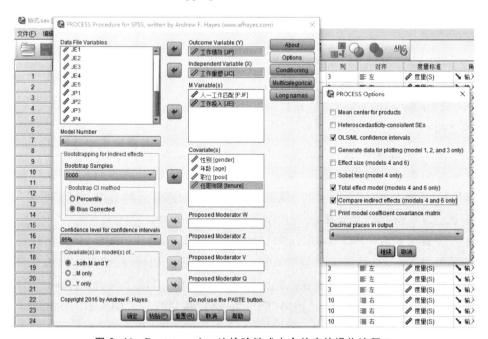

图 2-46 Bootstrapping 法检验链式中介效应的操作流程二

第三步,检验结果的解读。

按照上述操作,本研究范例的输出结果如图 2-47 所示。

```
**************** TOTAL, DIRECT, AND INDIRECT EFFECTS ****************
Total effect of X on Y
    Effect     SE       t         p        LLCI     ULCI
    .5388    .0634    8.5036    .0000    .4140    .6636
Direct effect of X on Y
    Effect     SE       t         p        LLCI     ULCI
    .3719    .0669    5.5634    .0000    .2403    .5036
Indirect effect(s) of X on Y
           Effect   Boot SE   BootLLCI   BootULCI
Total:    .1668    .0444     .0941      .2697
Ind1:     .1153    .0381     .0565      .2061
Ind2:     .0209    .0103     .0069      .0515
Ind3:     .0306    .0180     .0058      .0799
(C1)      .0943    .0360     .0374      .1783
(C2)      .0846    .0443     .0114      .1855
(C3)     -.0097    .0204    -.0617      .0223

Indirect effect key
Ind1:  JC    ->    PJF    ->    JP
Ind2:  JC    ->    PJF    ->    JE    ->    JP
Ind3:  JC    ->    JE     ->    JP

Specific indirect effect contrast definitions
(C1)   Ind1    minus    Ind2
(C2)   Ind1    minus    Ind3
(C3)   Ind2    minus    Ind3
```

图 2-47　本研究范例的 Bootstrapping 法输出结果

如图中"Indirect effect(s) of X on Y"部分显示,共分为 6 行输出结果,其代表的意思分别为:

- Total 是指总间接效应;
- Ind1 是指工作重塑(JC)→人—工作匹配(PJF)→工作绩效(JP)的间接效应;
- Ind2 是指工作重塑(JC)→人—工作匹配(PJF)→工作投入(JE)→工作绩效(JP)的间接效应;
- Ind3 是指工作重塑(JC)→工作投入(JE)→工作绩效(JP)的间接效应;
- (C1)是指 Ind1 与 Ind2 的间接效应差;
- (C2)是指 Ind1 与 Ind3 的间接效应差;
- (C3)是指 Ind2 与 Ind3 的间接效应差。

第一列数据代表间接效应的系数值,最后两列数据分别为置信区间的上下限。从输出结果中可以看出 Ind1、Ind2、Ind3 的 95% 置信区间分别为 [0.0565,0.2061],[0.0069,0.0515],[0.0058,0.0799],均不包括 0,因此三个间接效应均成立。我们还可以发现 C1 和 C2 的 95% 置信区间分别为 [0.0374,0.1783],[0.0114,0.1855],都不包括 0,因此这两个效应差是显著的,而 C3 不显著(95% 置信区间为 [-0.0617,0.0223],包括 0)。因此,我们可以认为人—工作匹配在工作重塑与工作绩效间的中介效应(Ind1)、工作投入在工作重塑与工作绩效间的中介效应(Ind3)、人—工作匹配和工作投入在工作重塑与工作绩效间的链式中介效应(Ind2)均得到验证。

2.4.1.2 利用 Mplus 软件进行 Bootstrapping 检验

第一步,将样本数据另存为 ASCII 格式。

首先将收集到的数据从 Excel 中导入 SPSS。如图 2-48 所示,Excel 中共有 25 列,每一列代表一个测量题项,其中:$x1—x7$ 代表"工作重塑"的测量题项;$m1—m5$ 代表"人—工作匹配"的测量题项;$m6—m10$ 代表"工作投入"的测量题项;$y1—y4$ 代表"工作绩效"的测量题项。gender、age、posi、tenure 分别表示性别、年龄、职位和任职年限。每一行代表一个样本。

图 2-48 研究范例的原始数据表

再将 Excel 中的数据在 SPSS 中打开。具体操作步骤为:依次点击菜单栏中的"文件"—"打开"—"数据"。由于 Mplus 软件只能读取 dat 或 txt 格式的数据,因此需要将 SPSS 中的数据再转成 dat 格式的文件,具体可点击"文件"—"将数据保存为",将其保存为固定 ASCII 格式的 dat 文件,参见图 2-49。

图 2-49 在 SPSS 中将数据转换成固定 ASCII 格式的 dat 文件

第2章　中介效应的检验、结果解读与汇报

第二步，编制链式中介模型的 Mplus 程序。

根据链式中介模型的具体内容，编制 Mplus 程序。本研究范例的 Mplus 程序命令如下：

Title: this is an example with two serial mediators;

Data: file is 3.dat[①];　　! 3.dat 是原始文件

Variable: names are x1-x7 m1-m10 y1-y4 GENDER AGE POSI TENURE;
　　　　　　　　! 变量名称

ANALYSIS: Bootstrap = 1000;

MODEL:

  JC by x1-x7;　　　　! x1-x7 是潜变量"工作重塑"的指标

  PJF by m1-m5;　　　! m1-m5 是潜变量"人—工作匹配"的指标

  JE by m6-m10;　　　! m6-m10 是潜变量"工作投入"的指标

  JP by y1-y4;　　　　! y1-y4 是潜变量"工作绩效"的指标

  JP on PJF(b1);　　　! 做 JP 对 PJF 的回归，PJF 的回归系数命名为 $b1$

  JP on JE (b2);　　　 ! 做 JP 对 JE 的回归，JE 的回归系数命名为 $b2$

  JP on JC (direct);　　! 做 JP 对 JC 的回归，JC 的回归系数命名为 direct

  PJF on JC (a1);　　　! 做 PJF 对 JC 的回归，JC 的回归系数命名为 $a1$

  JE on JC (a2);　　　 ! 做 JE 对 JC 的回归，JC 的回归系数命名为 $a2$

  JE on PJF (d1);　　　! 做 JE 对 PJF 的回归，PJF 的回归系数命名为 $d1$

  JP on GENDER AGE POSI TENURE;
　　　　　　! 做 JP 对 GENDER AGE POSI TENURE 的回归

MODEL CONSTRAINT:

  NEW(a1b1 a2b2 a1d1b2 TotalInd Total);

  a1b1 = a1 * b1;　　 ! JC 通过 PJF 对 JP 影响的间接效应

  a2b2 = a2 * b2;　　 ! JC 通过 JE 对 JP 影响的间接效应

  a1d1b2 = a1 * d1 * b2;　! JC 通过 PJF 和 JE 对 JP 影响的间接效应

  TotalInd = a1 * b1 + a2 * b2 + a1 * d1 * b2;
　　　　　　! JC 通过 PJF 或 JE 对 JP 影响的间接效应

  Total = a1 * b1 + a2 * b2 + a1 * d1 * b2 + direct;
　　　　　　! JC 对 JP 影响的总效应

[①] 演示数据见本章附录材料 6-3.dat。

OUTPUT：

Standardized cinterval (bcbootstrap);

第三步,输出结果的分析。

将上述程序命令录入 Mplus 软件,点击"Run"按钮。从输出结果中找到模型结果的置信区间估计部分,如图 2-50 所示,Ind1(工作重塑→人—工作匹配→工作绩效),Ind2(工作重塑→人—工作匹配→工作投入→工作绩效)的95%置信区间均不包括 0,因此二者都是显著的。但 Ind3(工作重塑→工作投入→工作绩效)的 95%置信区间包括 0,所以是不显著的。总间接效应和总效应也均是显著的。因此,人—工作匹配在工作重塑与工作绩效间的中介效应、人—工作匹配和工作投入在工作重塑与工作绩效间的链式中介效应得到验证,而工作投入在工作重塑与工作绩效间的中介效应未得到验证。

```
CONFIDENCE INTERVALS OF MODEL RESULTS
                Lower .5%  Lower 2.5%  Lower 5%   Estimate   Upper 5%   Upper 2.5%  Upper .5%
New/Additional Parameters
   A1B1          0.022      0.049       0.061      0.133      0.259      0.291       0.346
   A2B2         -0.011     -0.002       0.002      0.031      0.096      0.101       0.157
   A1D1B2       -0.002      0.008       0.012      0.032      0.078      0.090       0.114
   TOTALIND      0.067      0.099       0.112      0.196      0.323      0.357       0.400
   TOTAL         0.330      0.396       0.434      0.641      0.900      0.948       1.056
```

图 2-50 链式中介模型:间接效应置信区间的估计结果

2.4.1.3 链式中介模型 Bootstrapping 法检验的论文汇报示例

我们以 Jaarsveld et al.(2010)为例,该文认为遭遇顾客不文明行为(Customer Incivility),会首先提高员工的工作要求(Job Demands),导致更多的情绪耗竭(Emotional Exhaustion),最后导致员工对顾客做出不文明行为(Employee Incivility)。该文采用 Bootstrapping 法检验链式中介效应,其结果汇报如下:

In the structural model analysis, we estimated all the path coefficients, simultaneously controlling for employee age, gender, education, tenure, and NA. Table 3 shows the results. In our analytical model, we tested for a three-path mediated effect (Hayes et al., in press; Taylor et al., 2008). The advantage of this approach is that we were able to isolate the indirect effect of both mediators: job demands (Hypothesis 2) and emotional exhaustion (Hypothesis 3). This approach also allowed us to investigate the indirect effect passing through both of these mediators in a series (Hypothesis 4; Taylor et al., 2008). Figure 1 illustrates these models. Our structural model fit the three-path mediation model reasonably well: $\chi^2(378) = 807$; comparative fit index = .90; root mean square error of approximation, 90% confidence interval = .06, .07.

Table 3
Path Coefficients and Indirect Effects for Mediation Models

	Path Coefficients			Indirect Effects		
	to Employee Incivility	to Job Demands	to Emotional Exhaustion	Estimate	Symmetric 95% Confidence Interval	Bias-Corrected Bootstrap 95% Confidence Interval
Customer incivility	0.50 (.13)	0.16 (.05)	0.57 (.17)			
Job demands	−0.40 (.23)		1.66 (.40)			
Emotional exhaustion	0.23 (.05)					
Total				.13 (.05)	.03, .23	.04, .25
CI → JD → EI				−.06 (.04)	−.13, .01	−.14, .00
CI → EE → EI				.13 (.05)	.05, .22	.05, .24
CI → JD → EE → EI				.06 (.03)	.02, .11	.02, .12

Note: Adapted from "Mediation and the Estimation of Indirect Effects in Political Communication Research," by A. F. Hayes, K. J. Preacher, and T. A. Myers, in press, *Sourcebook for Political Communication Research: Methods, Measures, and Analytical Techniques*, by E. P. Bucy and R. L. Holbert, New York, NY: Routledge. $N = 307$. Bootstrap confidence intervals were constructed using 2000 resamples. Total effect (CI → EI) = 0.65 (.13). Standard error in parentheses.

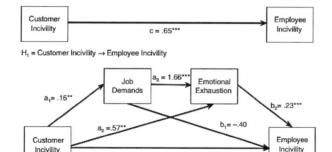

Figure 1
Three-Path Mediation Model

H_1 = Customer Incivility → Employee Incivility
H_2 = Customer Incivility → Job Demands → Employee Incivility
H_3 = Customer Incivility → Emotional Exhaustion → Employee Incivility
H_4 = Customer Incivility → Job Demands → Emotional Exhaustion → Employee Incivility

Note: Adapted from "Mediation and the Estimation of Indirect Effects in Political Communication Research," by A. F. Hayes, K. J. Preacher, and T. A. Myers, in press, *Sourcebook for Political Communication Research: Methods, Measures, and Analytical Techniques*, by E. P. Bucy and R. L. Holbert, New York, NY: Routledge. $N = 307$.
*$p < .05$. **$p < .01$. ***$p < .001$.

即在结构模型分析中,该文估计了所有路径系数,同时控制了员工年龄、性别、教育程度、任职年限。表3显示了结果。在分析模型中,该文测试了三条路径的中介效应(Hayes et al.,in press;Taylor et al.,2008)。这种方法的优点是能够分离出两种中介变量的间接影响:工作要求(假设2)和情绪耗竭(假设3)。这种方法还能够研究同时通过这两种中介变量的间接效应(假设4;Taylor et al.,2008)。图1展示了这些模型。该文的结构模型很好地拟合了三条路径的中介模型:$\chi^2(378) = 807$;比较拟合指数 $= 0.90$;近似均方根误差的90%置信区间=0.06,0.07。

该文指出:

> To test our mediation hypotheses, we used an analytical approach outlined by Preacher and Hayes (2004) and Shrout and Bolger (2002). This mediation approach directly tests the indirect effect between the predictor and the criterion variables through the mediator via a bootstrapping procedure (Efron & Tibshirani, 1993; Mooney & Duval, 1993) addressing some weaknesses associated with the Sobel test (Preacher & Hayes, 2004; Shrout & Bolger, 2002). In Table 3, we provide estimates of the indirect effects, along with the symmetric and 95% bias corrected bootstrapped confidence intervals for our path estimates. Figure 1 also identifies the estimates from the structural path coefficients.

即为了检验中介假设,该文使用了 Preacher and Hayes(2004)以及 Shrout and Bolger(2002)提出的分析方法。这种中介方法通过 Bootstrapping 程序(Efron and Tibshirani,1993;Mooney and Duval,1993)直接测试预测变量和效标变量之间的间接影响,克服了 Sobel 检验的一些弱点(Preacher and Hayes,2004;Shrout and Bolger,2002)。在表3中,该文提供了间接效应的估计、路径估计的结果,以及95%偏差校正的置信区间。图1还确定了结构化的路径系数的估计值。

根据以上数据分析,该文假说检验的结果汇报如下:

> As predicted in Hypothesis 1, customer incivility toward employees was positively related to employee incivility toward customers. Hypothesis 2 stated that job demands mediate the path between customer incivility and employee incivility. This hypothesis was not supported. Rather, the results show that job demands mediated the path between customer incivility and emotional exhaustion. Hypothesis 3 was supported—namely, emotional exhaustion mediates the path from customer incivility to employee incivility.

即如假设1所预测的,顾客对员工的不文明行为与员工对顾客的不文明行为呈正相关。假设2指出工作要求在顾客不文明行为与员工不文明行为之间起中介作用。这个假设没有得到支持。相反,研究结果显示,工作要求中介了顾客不文明行为与情绪耗竭之间的路径。假设3得到支持,即情绪耗竭中介了从顾客不文明行为到员工不文明行为的路径。

Hypothesis 4 stated that job demands and emotional exhaustion sequentially mediate the relationship between customer incivility and employee incivility. The analyses reported above show that job demands mediated the relationship between customer incivility and emotional exhaustion and that emotional exhaustion mediated the relationship between customer incivility and employee incivility. We formally tested Hypothesis 4 and found that uncivil treatment by customers was associated with higher employee job demands and emotional exhaustion, which related to higher levels of employee incivility toward customers.

即假设 4 指出,工作要求和情绪耗竭依次中介了顾客不文明行为与员工不文明行为之间的关系。以上分析显示,工作要求中介了顾客不文明行为与情绪耗竭之间的关系,而情绪耗竭中介了顾客不文明行为与员工不文明行为之间的关系。该文正式检验了假设 4,发现顾客不文明行为会提高员工工作要求、加剧情绪耗竭,继而会带来更多的对顾客的不文明行为。

2.4.2 结构方程模型比较法

2.4.2.1 结构方程模型比较法的软件实现过程

链式中介模型的结构方程模型检验过程仍然以图 2-44 的研究模型为例,数据结构及预处理的过程同前。

第一步,进行完全链式中介模型的检验。

以图 2-44 的研究模型为例,该研究的完全链式中介模型的 Mplus 程序命令如下:

Title: this is an example with two serial mediators;
Data: file is 3.dat[①];　　! 3.dat 是原始文件
Variable: names are x1-x7 m1- m10 y1- y4 GENDER AGE POSI TENURE;
　　　　　　　! 变量名称
MODEL:
　　JC by x1- x7;　　! x1-x7 是潜变量"工作重塑"的指标
　　PJF by m1- m5;　　! m1-m5 是潜变量"人—工作匹配"的指标
　　JE by m6 -m10;　　! m6-m10 是潜变量"工作投入"的指标
　　JP by y1- y4;　　! y1-y4 是潜变量"工作绩效"的指标

[①] 演示数据见本章附录材料 6-3.dat。

```
    JP on PJF(b1);        ! 做 JP 对 PJF 的回归,PJF 的回归系数命名为 b1
    JP on JE (b2);        ! 做 JP 对 JE 的回归,JE 的回归系数命名为 b2
    PJF on JC (a1);       ! 做 PJF 对 JC 的回归,JC 的回归系数命名为 a1
    JE on JC (a2);        ! 做 JE 对 JC 的回归,JC 的回归系数命名为 a2
    JE on PJF (d1);       ! 做 JE 对 PJF 的回归,PJF 的回归系数命名为 d1
    JP on GENDER AGE POSI TENURE;
                          ! 做 JP 对 GENDER AGE POSI TENURE 的回归
MODEL CONSTRAINT:
    NEW(a1b1 a2b2 a1d1b2 TotalInd Total);
    a1b1 = a1 * b1;       ! JC 通过 PJF 对 JP 影响的间接效应
    a2b2 = a2 * b2;       ! JC 通过 JE 对 JP 影响的间接效应
    a1d1b2 = a1 * d1 * b2;  ! JC 通过 PJF 和 JE 对 JP 影响的间接效应
    TotalInd = a1 * b1 + a2 * b2 + a1 * d1 * b2;
                          ! JC 通过 PJF 或 JE 对 JP 影响的间接效应
    Total = a1 * b1 + a2 * b2 + a1 * d1 * b2;
                          ! JC 对 JP 影响的总效应
    OUTPUT: Standardized;  ! 输出标准化结果
```

将上述程序命令录入 Mplus 软件,点击"Run"按钮,输出结果如图 2-51 所示。从输出结果可以看出模型拟合信息如下:$\chi^2 = 477.732$, df = 264, χ^2/df = 1.810,RMSEA = 0.057,CFI = 0.907,TLI = 0.897,完全链式中介模型的各项指标均拟合良好。

第二步,进行部分链式中介模型的检验。

部分链式中介模型应在完全链式中介模型的基础上增加"工作重塑→工作绩效"这条路径。其模型的 Mplus 程序命令如下:

```
Title: this is an example with two serial mediators;
Data: file is 3.dat①;     ! 3.dat 是原始文件
Variable: names are x1-x7 m1- m10 y1- y4 GENDER AGE POSI TENURE;
                          ! 变量名称
MODEL:
    JC by x1- x7;         ! x1-x7 是潜变量"工作重塑"的指标
    PJF by m1- m5;        ! m1-m5 是潜变量"人—工作匹配"的指标
```

---

① 演示数据见本章附录材料 6-3.dat。

```
MODEL FIT INFORMATION
Number of Free Parameters                        72
Loglikelihood
        H0 Value                          -5116.787
        H1 Value                          -4877.921
Information Criteria
        Akaike (AIC)                      10377.573
        Bayesian (BIC)                    10631.692
        Sample-Size Adjusted BIC          10403.441
          (n* = (n + 2) / 24)
Chi-Square Test of Model Fit
        Value                               477.732
        Degrees of Freedom                      264
        P-Value                              0.0000
RMSEA (Root Mean Square Error Of Approximation)
        Estimate                              0.057
        90 Percent C.I.                       0.048  0.065
        Probability RMSEA <= .05              0.088
CFI/TLI
        CFI                                   0.907
        TLI                                   0.897
Chi-Square Test of Model Fit for the Baseline Model
        Value                              2598.430
        Degrees of Freedom                      294
        P-Value                              0.0000
SRMR (Standardized Root Mean Square Residual)
        Value                                 0.072
```

图 2-51 研究范例:链式中介效应之完全链式中介模型的 **Mplus** 输出结果

JE by m6 -m10；　　！$m6$-$m10$ 是潜变量"工作投入"的指标

JP by y1- y4；　　！$y1$ $y4$ 是潜变量"工作绩效"的指标

JP on PJF(b1)；　　！做 JP 对 PJF 的回归,PJF 的回归系数命名为 $b1$

JP on JE (b2)；　　！做 JP 对 JE 的回归,JE 的回归系数命名为 $b2$

JP on JC (direct)；　！做 JP 对 JC 的回归,JC 的回归系数命名为 direct。
需要提醒的是,这个语句说明了直接效应的存在,是与完全链式中介模型的根本区别体现

PJF on JC (a1)；　　！做 PJF 对 JC 的回归,JC 的回归系数命名为 $a1$

JE on JC (a2)；　　！做 JE 对 JC 的回归,JC 的回归系数命名为 $a2$

JE on PJF (d1)；　　！做 JE 对 PJF 的回归,PJF 的回归系数命名为 $d1$

JP on GENDER AGE POSI TENURE；

　　　　　　！做 JP 对 GENDER AGE POSI TENURE 的回归

MODEL CONSTRAINT：

　NEW(a1b1 a2b2 a1d1b2 TotalInd Total)；

a1b1 = a1 * b1;　　　！JC 通过 PJF 对 JP 影响的间接效应
a2b2 = a2 * b2;　　　！JC 通过 JE 对 JP 影响的间接效应
a1d1b2 = a1 * d1 * b2;！JC 通过 PJF 和 JE 对 JP 影响的间接效应
TotalInd = a1 * b1 + a2 * b2 + a1 * d1 * b2;
　　　　　　　　　！JC 通过 PJF 或 JE 对 JP 影响的间接效应
Total = a1 * b1 + a2 * b2 + a1 * d1 * b2 + direct;
　　　　　　　　　！JC 对 JP 影响的总效应。需要提醒的是,这里的总效应包含了间接效应,是与部分链式中介模型的区别所在
OUTPUT：Standardized；　！输出标准化结果

将上述程序命令录入 Mplus 软件,点击"Run"按钮,输出结果如图 2-52 所示。从输出结果中可以看出模型拟合信息如下：$\chi^2 = 451.869$,df = 263,χ^2/df = 1.718,RMSEA = 0.053,CFI = 0.918,TLI = 0.908,部分链式中介模型的各项指标均拟合良好。

图 2-52　研究范例:链式中介效应之部分链式中介模型的 Mplus 输出结果

第三步,对完全中介和部分中介模型进行 χ^2 差异值的检验。

按照先前介绍的方法,比较完全链式中介模型与部分链式中介模型的 χ^2 及 df,其 df 相差 1,χ^2 相差 25.863,按照前述标准,计算出的 p 值小于 0.0001,即 $\Delta \chi^2$

第2章 中介效应的检验、结果解读与汇报

(Δdf)= 225.863(1)***①。根据模型比较法则,应选择部分链式中介模型。

第四步,绘制实证研究结果的模型路径系数图。

选择上述比较中胜出的模型,根据该模型的检验结果汇报各变量的路径系数,绘制模型的路径系数图。

在图2-44的研究范例中,由于对比检验后选择了部分链式中介模型,我们可以在部分链式中介模型的输出结果中找到"STANDARDIZED MODEL RESULTS"下的"STDYX Standardization"内容,如图2-53所示。

```
STANDARDIZED MODEL RESULTS

STDYX Standardization

                                           Two-Tailed
                Estimate   S.E.   Est./S.E. P-Value
  JP       ON
    PJF     0.241     0.078   3.097   0.002
    JE      0.156     0.073   2.137   0.033
    JC      0.385     0.071   5.458   0.000

  PJF      ON
    JC      0.478     0.060   8.010   0.000

  JE       ON
    JC      0.174     0.079   2.191   0.028
    PJF     0.373     0.077   4.870   0.000
```

图 2-53 研究范例:截取的部分链式中介模型标准化回归系数结果

其中第一列数据代表标准化回归系数的估计值,最后一列数据代表 p 值,我们可以根据上述结果绘制出路径系数图,如图2-54所示。

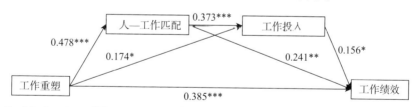

注:*表示 $p<0.05$,**表示 $p<0.01$,***表示 $p<0.001$。

图 2-54 研究范例:部分链式中介模型的路径系数图

2.4.2.2 链式中介模型结构方程模型比较法的论文汇报示例

我们以 Jahanzeb and Fatima(2018)为例,该文首先论述了职场排斥(Workplace Ostracism)会引起员工的防御性沉默(Defensive Silence),进而加剧情绪耗竭(Emotional Exhaustion),并导致人际偏差行为(Interpersonal Deviance)。其研究模型如图2-55所示。

---

① ***表示 $p<0.001$。

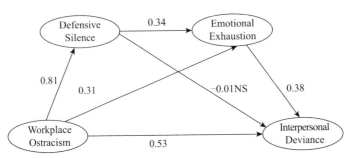

图 2-55 研究范文:链式中介模型示例

该文汇报如下:

We tested two structural models, i.e., one partially mediated and one fully mediated (see Table 3). The first model (i.e., partial mediator) was run on direct and indirect paths between ostracism, defensive silence, emotional exhaustion, and interpersonal deviance. Its alternative, the full mediation model, considers indirect paths between ostracism and interpersonal deviance through defensive silence and emotional exhaustion. The results show that the partially mediated model with an indirect path through defensive silence and emotional exhaustion is the better fitting model ($\chi^2 = 467.04$, df = 334, $\chi^2/\text{df} = 1.39$, CFI = 0.96, NFI = 0.87, GFI = 0.83, TLI = 0.96, RMR = 0.10, and RMSEA = 0.05).

Table 3
Results for main effects and mediation analysis

Model test	χ^2	df	χ^2/df	CFI	NFI	GFI	TLI	RMR	RMSEA
Model 1: direct as well as indirect path from ostracism to interpersonal deviance (indirect path through defensive silence and emotional exhaustion) Partial mediation model	467.04	334	1.39	0.96	0.87	0.83	0.96	0.10	0.05
Model 2: removed direct path from ostracism to interpersonal deviance (only indirect path through defensive silence and emotional exhaustion) Full mediation model	517.71	337	1.54	0.95	0.86	0.82	0.94	0.19	0.06

$N = 320$

即该文测试了两个结构模型:一个部分中介,一个完全中介(运行的结果见表 3)。第一个模型(部分中介)在职场排斥、防御性沉默、情绪耗竭与人际偏差行为间的直接和间接路径上运行。第二个是完全中介模型,考虑职场排斥、人际偏差行为通过防御性沉默和情绪耗竭的间接路径。结果表明,通过防御性沉默和情绪耗竭的间接路径部分中介模型拟合得更好(χ^2 = 467.04,df = 334,χ^2/df = 1.39,CFI = 0.96,NFI = 0.87,GFI = 0.83,TLI = 0.96,RMR = 0.10,RMSEA = 0.05)。

参考文献

[1] Ajzen I. The theory of planned behavior[J]. Organizational behavior and human decision processes, 1991, 50(2): 179-211.

[2] Anderson J C, Gerbing D W. Structural equation modeling in practice: a review and recommended two-step approach[J]. Psychological bulletin, 1988, 103(3): 411-423.

[3] Baron R M, Kenny D A. The moderator-mediator variable distinction in social psychological research: conceptual, strategic, and statistical considerations[J]. Journal of personality & social psychology, 1986, 51(6): 1173-1182.

[4] Christian M S, Ellis A P J. Examining the effects of sleep deprivation on workplace deviance: a self-regulatory perspective[J]. Academy of management journal, 2011, 54(5): 913-934.

[5] Hayes A F, Preacher K J. Quantifying and testing indirect effects in simple mediation models when the constituent paths are nonlinear[J]. Multivariate behavioral research, 2010, 45(4): 627-660.

[6] Jaarsveld D, Walker D D, Skarlicki D P. The role of job demands and emotional exhaustion in the relationship between customer and employee incivility[J]. Journal of management, 2010, 36(6): 1486-1504.

[7] Jahanzeb S, Fatima T. How workplace ostracism influences interpersonal deviance: the mediating role of defensive silence and emotional exhaustion[J]. Journal of business and psychology, 2018, 33(6): 779-791.

[8] Kwan H K, Mao Y, Zhang H. The impact of role modeling on protégés' personal learning and work-to-family enrichment[J]. Journal of vocational behavior, 2010, 77(2): 313-322.

[9] Lee S, Kim S L, Yun S. A moderated mediation model of the relationship between abusive supervision and knowledge sharing[J]. The leadership quarterly, 2018, 29(3): 403-413.

[10] MacKinnon D P, Lockwood C M, Hoffman J M, et al. A comparison of methods to test mediation and other intervening variable effects[J]. Psychological methods, 2002, 7(1): 83-104.

[11] Shrout P E, Bolger N. Mediation in experimental and nonexperimental studies: new procedures and recommendations[J]. Psychological methods, 2002, 7(4): 422-445.

[12] Sobel M E. Asymptotic intervals for indirect effects in structural equations models[J]. Sociological methodology, 1982, 13(13): 290-312.

[13] Woodworth R S. Dynamic psychology[M]//Murchison C. Psychologies of 1925. Worcester, MA: Clark University Press, 1928: 103-118.
[14] 李燕萍,涂乙冬.组织公民行为的价值取向研究[J].管理世界,2012(5):1-7.
[15] 林文莺,侯杰泰.结构方程分析:模式之等同及修正[J].教育学报,1995,23(1):147-162.
[16] 罗胜强,姜嬿.管理学问卷调查研究方法[M].重庆:重庆大学出版社,2014.
[17] 王林,杨东涛,秦伟平.高绩效人力资源管理系统对新产品成功影响机制研究[J].南开管理评论,2011,14(4):108-117.
[18] 温忠麟,叶宝娟.中介效应分析:方法和模型发展[J].心理科学进展,2014,22(5):731-745.

本章附录材料

附录材料 1-单中介模型.sav

附录材料 2-2.dat

附录材料 3-并行中介模型.sav

附录材料 4-1.dat

附录材料 5-链式中介模型.sav

附录材料 6-3.dat

第3章 调节效应的检验、结果解读与汇报

3.1 调节效应的概念与类型 /94

3.2 单调节模型的检验与汇报 /95

3.3 双调节模型的检验与汇报 /120

3.4 三阶交互调节模型的检验与汇报 /131

3.5 被中介的调节模型的检验与汇报 /152

3.6 被调节的中介模型的检验与汇报 /182

参考文献 /212

本章附录材料 /214

组织与管理研究中,中介变量解释的是自变量与因变量之间的内在机制,而调节变量则是考察变量之间的关系在不同的条件下是否会有所改变(姜嬿和罗胜强,2012)。用通俗的语言来讲,调节变量起的作用就是检验一个现象(或某种规律、变量之间的某种关系)是否会"视情况而定""因人而异"。我们的生活中处处都有这样的例子。比如,随着工作时间的增加员工的离职意愿会提升,但工作时间对离职意愿的影响会因性别而有所不同。相较于男性员工,工作时间的增加更容易使女性员工离职。此时,我们可以认为,性别调节了工作时间与个体离职意愿之间的关系。

本章主要从调节效应的概念、涉及的模型种类、检验标准、数据处理、软件实现过程和论文汇报几大方面对调节效应进行介绍。

3.1 调节效应的概念与类型

简单地说,X(自变量)影响Y(因变量),但X对Y的效应会受到W的影响,那么W就是调节变量。调节效应有多种类型,常见的有单调节效应、双调节效应及三阶交互调节效应,如图3-1所示。

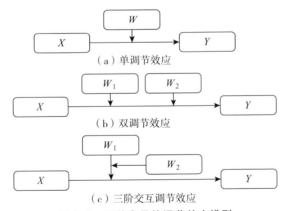

图3-1 三种常见的调节效应模型

如果结合第2章中介效应的内容,即在X(自变量)通过M(中介变量)影响Y(因变量)的基础上,加上调节变量,就会产生被调节的中介或被中介的调节两种类型,如图3-2所示。

注:除本图所示模型以外,被调节的中介与被中介的调节均存在其他模型类型,本章将在下面进行阐述。

图3-2 被调节的中介或被中介的调节模型

第 3 章　调节效应的检验、结果解读与汇报

3.2 单调节模型的检验与汇报

3.2.1 单调节模型的介绍与解读

调节效应存在于现实管理中的很多情景中,例如 A 公司实行了创新奖励,以期提高公司的创新动力。但创新奖励实施后,A 公司却发现其并不能激发所有员工的创新动力,而只对部分员工起作用。进一步调查发现,创新奖励只对看重奖励的员工起到激励作用,而对不看重奖励的员工则不起作用。此时,我们便说创新奖励对创新动力的影响受到了奖励重要性感知的调节。

这一案例就是一个典型的单调节模型,即创新奖励(自变量)对个体创新动力(因变量)的影响受到奖励重要性感知(调节变量)的调节,如图 3-3 所示。

图 3-3　单调节模型示例

此外,我们选取了发表在 *Journal of Organizational Behavior* 上的三篇论文来做示范,以说明如果发展调节效应的研究模型,需要做出哪些假设。单纯地做一个调节效应模型的文章很少,大多数模型都比较复杂。为了便于读者理解,我们只截取我们所关注的与调节效应相关的模型部分和假设(本章下文每个小节中关于"模型发展过程"内容选取示例文章的原理和截取方式与此处相同,不再赘述)。

根据选取的论文,总结的单调节模型发展过程如表 3-1 所示。

表 3-1　单调节模型发展过程总结:基于三篇论文

论文	模型	假设
Epitropaki (2013)	心理合同破裂 X_1 → 组织认同 Y_1；自我图示 W_1 调节	H1:W_1 调节 X_1 与 Y_1 之间的关系

（续表）

论文	模型	假设
Yoon and Kayes（2016）	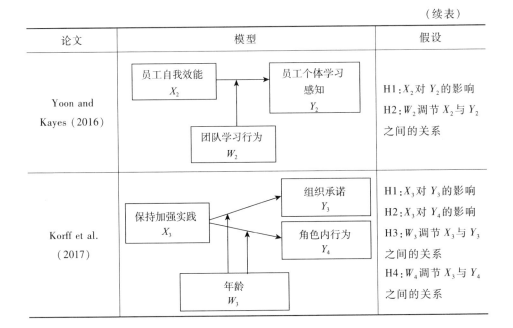	H1：X_2 对 Y_2 的影响 H2：W_2 调节 X_2 与 Y_2 之间的关系
Korff et al.（2017）		H1：X_3 对 Y_3 的影响 H2：X_3 对 Y_4 的影响 H3：W_3 调节 X_3 与 Y_3 之间的关系 H4：W_4 调节 X_3 与 Y_4 之间的关系

根据表3-1，在 Epitropaki（2013）的研究中，对调节效应的假设如下：自我图示（W_1）会调节心理合同破裂（X_1）与组织认同（Y_1）之间的关系。具体来说，当自我图示（W_1）低时，心理合同破裂（X_1）与组织认同（Y_1）之间的负向关系更强；当自我图示（W_1）高时，心理合同破裂（X_1）与组织认同（Y_1）之间的负向关系更弱。

在 Yoon and Kayes（2016）的研究中则先假设了主效应，然后假设了调节效应。具体假设如下：①员工自我效能（X_2）与员工个体学习感知（Y_2）之间存在正向关系；②团队学习行为（W_2）对员工自我效能（X_2）与员工个体学习感知（Y_2）之间的关系有正向调节作用。

同样，在 Korff et al.（2017）的研究中先假设了主效应，然后假设了调节效应。具体假设如下：①保持加强实践（X_3）与组织承诺（Y_3）正相关；②保持加强实践（X_3）与角色内行为（Y_4）正相关；③年龄（W_3）调节保持加强实践（X_3）与组织承诺（Y_3）之间的关系，对于年龄（W_3）较长的员工，保持加强实践（X_3）与组织承诺（Y_3）之间的正向关系更弱；④年龄（W_3）调节保持加强实践（X_3）与角色内行为（Y_4）之间的关系，对于年龄（W_3）较长的员工，保持加强实践（X_3）与角色内行为（Y_4）之间的正向关系更弱。

从上述三篇论文的假设中，我们可以发现以下三个规律：

（1）对调节效应进行假设时，主效应假设不是调节效应假设的必要前提，是否做出主效应假设都可以。这是因为如果存在调节效应,则说明自变量对因变量之间的影响可能并非简单的线性关系。在调节变量取高值和取低值时,自变量和因变量之间的关系有所不同,有可能还会存在相互抵消的关系,导致主效应不显著。如当调节变量取高值时,自变量与因变量之间的关系为正,但当调节变量取低值时,自变量与因变量之间的关系却为负,此时主效应由于正负综合则很有可能不显著。同样,在数据分析的结果部分,调节效应显著的情况下,如果主效应不显著也是可以接受的。此外,是否需要对主效应做出假设也取决于自己的理论发展需要。当主效应在理论发展中比较重要,能够做出一定的理论贡献时,我们建议加上主效应假设。比如,如果我们首次发现一个自变量对创新的影响,那么这个自变量的存在对于理解创新的影响因素是必要的,此时则建议对主效应做出假设;但如果主效应已经被广泛证明,那么我们就不需要再对主效应做出假设。

(2) 对调节效应做出假设时,既需要说明是哪个变量调节了哪两个变量之间的关系,同时又需要说明调节方向,即当调节变量取高值时,自变量与因变量之间的关系(为正/为负;更强/更弱);当调节变量取低值时,自变量与因变量之间的关系(为负/为正;更弱/更强)。

(3) 对调节方向做出假设时,有三种方法:第一种方法是分别假设调节变量取高、低值时,自变量与因变量之间的关系(如 Epitropaki, 2013);第二种方法是说明调节变量是正向调节还是负向调节自变量与因变量之间的关系(如 Yoon and Kayes, 2016);第三种方法是只说明当调节变量取高值(或低值)时,自变量与因变量之间的关系(如 Korff et al., 2017)。这里需要对什么是正向调节和负向调节做出说明。随着调节变量的增加,自变量与因变量之间的关系加强,此时为正向调节;反之,则为负向调节。建议对此概念没有熟练掌握的初级研究者慎用。

3.2.2 单调节模型的检验标准与检验方法

3.2.2.1 检验标准

调节效应的方程表达式为:

$$Y = \beta_0 + \beta_1 X + \beta_2 W + \beta_3 XW + e$$ [1]

其中,e 代表不能被解释的误差。调节效应是通过自变量与调节变量的乘积项来体现的,因为求偏导后 β_3 能反映出 Y 对 X 的回归系数(斜率)受 W 影响(姜嬿

---

[1] 由调节效应公式可知,β_1 和 β_3 符号相同时即为正向调节,β_1 和 β_3 符号相反时即为负向调节。

和罗胜强,2012)。

调节效应的检验标准是:乘积项系数 β_3 如果显著,则说明调节效应存在;反之,则不存在。

需要注意的是,乘积项在构建时需要将 X 和 W 分别进行中心化①或标准化②。究其原因,主要是如果不进行中心化或标准化,则 β_0 代表 X 和 W 都取 0 时 Y 的值。管理学中通常采用 5 点量表或 7 点量表进行测量,X 和 W 的取值范围分别为 1—5 或 1—7,不能取到 0,否则,此时截距项 β_0 便没有实际意义。但当把 X 和 W 中心化/标准化后,X 和 W 的均值均为 0,此时截距项 β_0 便代表当 X 和 W 取均值 0 时 Y 的值。而各变量的主效应则应使用相应中心化/标准化后的数据。以往大家普遍认为中心化的目的是降低多重共线性,但后来研究发现,中心化处理在降低多重共线性上的作用是有限的(方杰等,2015)。

此外,当调节效应存在时(即 β_3 在统计上显著时),应进一步进行简单斜率检验,即检验在调节变量取高值时,自变量与因变量的回归系数(斜率)是否显著不为 0;检验在调节变量取低值时,自变量与因变量的回归系数(斜率)是否显著不为 0。但当调节变量是一个连续变量时,何为调节变量取高值,何为取低值?做统计检验时,通常的做法是采用 Aiken and West(1991)推荐的做法,检验调节变量加/减一个标准差时,自变量与因变量之间的关系。调节变量加一个标准差时,代表调节变量高的时候;调节变量减一个标准差时,代表调节变量低的时候,并由此画出调节效应图和做简单斜率检验。

3.2.2.2 检验方法

调节效应检验采用回归分析即可(如果模型较复杂,同时需要估计两个及以上模型中的参数,则应采用结构方程模型对模型进行整体估计)。单调节效应的检验可以采用层级回归法:第一步,将所有的控制变量纳入因变量的方程(如果有控制变量的话);第二步,将自变量 X、调节变量 W 的主效应纳入方程;第三步,把中心化后的 X、W 的乘积项 XW 纳入方程。这样,层级回归分析有助于通过方程回归结果中的 R 方变化量来观察加入每一步的变量后,相较于之前控制了的各种变量,新加入的变量对因变量又增加了多少解释力(例如,R 方变化量 = 0.2,则说明加入的新变量解释了因变量 20% 的变异)。如果在控制了前面所有层级变量后,最后我们关心的那层变量加入,R 方变化量依然显著,则说明新加入的那层变量还有特殊的贡献。

---

① 中心化:$x' = x - u$ (u 是 x 的平均值)

② 标准化:$x' = \dfrac{x - \mu}{\sigma}$

第3章 调节效应的检验、结果解读与汇报

本章中回归分析采用 SPSS 24.0 进行。研究示例的数据文件见 modexample.xlsx,数据文件中包含 6 个变量,分别是性别、工作重要性、自我效能感、积极工作行为、控制点和工作压力。[①] 变量的选取仅作为操作演示使用,并没有考虑实际研究价值,并且为了理解和操作的方便,之后本章所有部分均采用这一数据文件进行演示。

本部分以考察控制点(W)调节工作重要性(X)与积极工作行为(Y)之间的关系为例(如图 3-4 所示),将性别作为控制变量来进行操作演示。我们假设控制点(W)调节工作重要性(X)与积极工作行为(Y)之间的关系,当控制点(W)高时,工作重要性(X)所激发的积极工作行为(Y)较强;当控制点(W)低时,工作重要性(X)所激发的积极工作行为(Y)较弱。本研究模型检验的方程式为:

$$Y=\beta_0+\beta_1 性别+\beta_2 工作重要性+\beta_3 控制点+\beta_4 工作重要性 \times 控制点+e$$

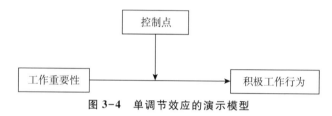

图 3-4 单调节效应的演示模型

具体步骤如下:

第一步,在 Excel 中整理数据。

图 3-5 为整理出来的原始数据。在该 Excel 中,变量性别(其中 0=男,1=女)、工作重要性(X)、积极工作行为(Y)、控制点(W)分别整理成一列(本示例中用不到的变量我们依然保留了)。每个编号代表一个不同的样本(即被调查者),每行代表每个样本的所有变量值。[②]

第二步,在 Excel 中中心化或标准化数据和计算乘积项 XW。

在计算调节效应的乘积项之前,需要先对 X、W 分别进行中心化或标准化处理,再计算乘积。在此,我们以中心化为例,即 X、W 先减去各自的平均值,再计算乘积。这个步骤既可以在 Excel 中进行,也可以在 SPSS 中进行。因为大多数读者对 Excel 更熟悉,因此我们选取 Excel 来进行演示。

先分别计算 X、W、性别的平均值

先选中 C 列(工作重要性)的第一个值,在本示例中为单元格 C2。按住"Shift"键,拉到最后,选中 C 列的最后一个值,此时整列数据变灰。再点击右上角"自动求和"下拉选项"平均值",在 C 列最后就会出现工作重要性(X)的

---

① 数据文件见本章附录材料 1:单调节文件夹中的附录材料 1-1 单调节演示数据.xlsx。
② 演示数据见本章附录材料 1:单调节文件夹中的附录材料 1-1 单调节演示数据.xlsx。

	编号	性别	工作重要性	自我效能感	积极工作行为	控制点	工作压力
2	1	0	13	10	11	11	59
3	2	1	13	8	10	11	50
4	3	0	12	10	9	11	37
5	4	0	10	8	12	11	46
6	5	0	15	9	10	11	48
7	6	0	16	10	12	13	60
8	7	0	15	10	14	13	42
9	8	0	18	8	10	10	50
10	9	0	15	9	12	12	60
11	10	1	20	10	12	12	37
12	11	0	14	8	10	11	50
13	12	1	19	10	9	11	27
14	13	0	9	9	11	11	35
15	14	1	16	10	10	10	46

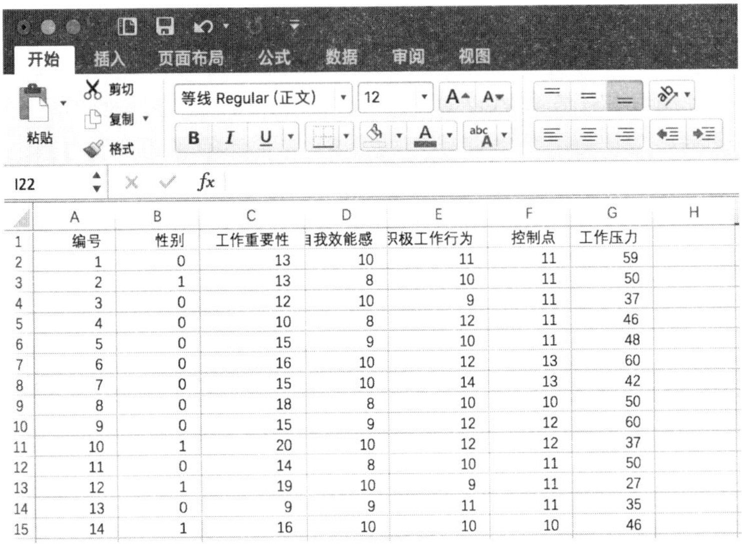

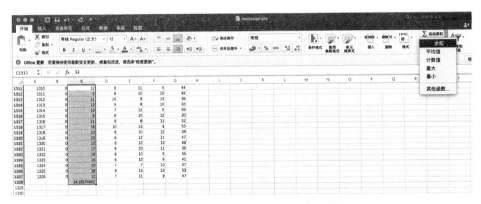

注：对示例中变量的统计不是以平均值，而是加总的分数。加总的分数和取平均值计算出来的结果是一样的。

图 3-5　示范研究模型的调节效应数据整理

平均值为 14.18174962（如图 3-6 所示）。此处需要注意的是，不可以直接点一下 C 列的表头，将 C 列全选中，然后点平均值，因为此时计算出来的可能不是 C 列所有值的平均值，较容易出错。同理，可以计算出控制点（*W*）的平均值为 10.12895928。

图 3-6　计算自变量和调节变量的平均值

因为后面将利用回归数据制作调节效应图，根据 Dawson（2014）的建议，制作调节效应图时应对所有的控制变量进行中心化或标准化处理。没有对控制变量进行中心化或标准化处理虽然不会影响结果的模式（两条线的斜率

第3章 调节效应的检验、结果解读与汇报

和相对位置),但会导致因变量的结果解读不准确。本示例中将性别作为控制变量,因此也需要对性别进行中心化处理,按照上述方法计算出性别的平均值为 0.416983。

生成中心化后的 X、W、性别数据

这一步我们需要用 X、W 的每个值分别减去自己的平均值,生成新的中心化后的两列数据。先回到标题,在"工作重要性"列旁边插入新的一列,命名为"工作重要性中心化"。选中"工作重要性中心化"下面的单元格,即 D2,然后在函数(fx)框内输入"=",点击"工作重要性"列的第一个数据,此处为 13,函数框内会自动出现 C2,然后输入减号"-",手动粘贴刚才我们计算出来的 X 的平均值 14.18174962,如图 3-7 所示。

图 3-7 自变量的中心化过程 1

按回车键"Enter"/"Return",就可以看到第一个样本工作重要性数据中心化后的值为-1.18174962。然后将鼠标放在第一个中心化值即 D2 的右下角,光标变为一个黑色"+",此时拖动鼠标往下拉,一直拉到最后,会出现整列对应的工作重要性中心化数据。图 3-8 为下拉后出现的部分工作重要性中心化数据。

同理,可生成调节变量"控制点"和控制变量"性别"中心化数据(如图 3-9 所示)。为了计算的精确性,过程中我们没有对数值进行四舍五入。

生成乘积项 XW

创建一个新变量:工作重要性中心化×控制点中心化,选中"工作重要性中心化 * 控制点中心化"下面的单元格(J2),在函数框内输入"=",然后选择"工

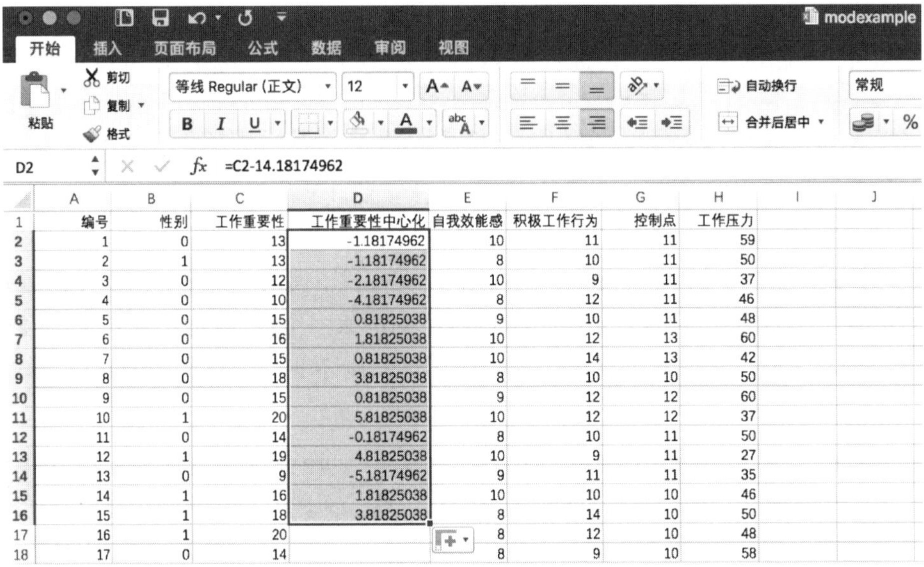

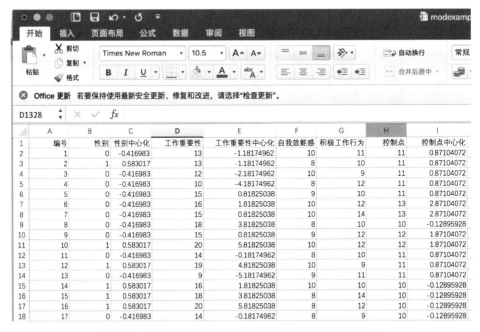

	A	B	C	D	E	F	G	H
1	编号	性别	工作重要性	工作重要性中心化	自我效能感	积极工作行为	控制点	工作压力
2	1	0	13	-1.18174962	10	11	11	59
3	2	1	13	-1.18174962	8	10	11	50
4	3	0	12	-2.18174962	10	9	11	37
5	4	0	10	-4.18174962	8	12	11	46
6	5	0	15	0.81825038	9	10	11	48
7	6	0	16	1.81825038	10	12	13	60
8	7	0	15	0.81825038	10	14	13	42
9	8	0	18	3.81825038	8	10	10	50
10	9	0	15	0.81825038	9	12	12	60
11	10	1	20	5.81825038	10	12	12	37
12	11	0	14	-0.18174962	8	10	11	50
13	12	1	19	4.81825038	10	9	11	27
14	13	0	9	-5.18174962	9	11	11	35
15	14	1	16	1.81825038	10	10	10	46
16	15	1	18	3.81825038	8	14	10	50
17	16	1	20		8	12	10	48
18	17	0	14		8	9	10	58

图 3-8　自变量的中心化过程 2

	A	B	C	D	E	F	G	H	I
1	编号	性别	性别中心化	工作重要性	工作重要性中心化	自我效能感	积极工作行为	控制点	控制点中心化
2	1	0	-0.416983	13	-1.18174962	10	11	11	0.87104072
3	2	1	0.583017	13	-1.18174962	8	10	11	0.87104072
4	3	0	-0.416983	12	-2.18174962	10	9	11	0.87104072
5	4	0	-0.416983	10	-4.18174962	8	12	11	0.87104072
6	5	0	-0.416983	15	0.81825038	9	10	11	0.87104072
7	6	0	-0.416983	16	1.81825038	10	12	13	2.87104072
8	7	0	-0.416983	15	0.81825038	10	14	13	2.87104072
9	8	0	-0.416983	18	3.81825038	8	10	10	-0.12895928
10	9	0	-0.416983	15	0.81825038	9	12	12	1.87104072
11	10	1	0.583017	20	5.81825038	10	12	12	1.87104072
12	11	0	-0.416983	14	-0.18174962	8	10	11	0.87104072
13	12	1	0.583017	19	4.81825038	10	9	11	0.87104072
14	13	0	-0.416983	9	-5.18174962	9	11	11	0.87104072
15	14	1	0.583017	16	1.81825038	10	10	10	-0.12895928
16	15	1	0.583017	18	3.81825038	8	14	10	-0.12895928
17	16	1	0.583017	20	5.81825038	8	12	10	-0.12895928
18	17	0	-0.416983	14	-0.18174962	8	9	10	-0.12895928

图 3-9　自变量、调节变量和控制变量的所有数据中心化

作重要性中心化”列第一个数据-1.18174962(D2)，此时函数框内会自动出现D2，然后输入“ * ”(代表乘以)，之后再选择控制点中心化列的第一个数据

第 3 章 调节效应的检验、结果解读与汇报

(H2),函数框内会出现方程 $fx = D2 * H2$,按回车键,会自动出现第一个乘积项值,之后按照之前的方法往下拉即可获得所有的乘积项值,如图 3-10 所示。最后点击保存,形成新的 modexampl.xlsx。[①]

图 3-10 计算中心化后的自变量和调节变量的乘积项

第三步,在 SPSS 中估计自变量与调节变量乘积项的回归系数 β_4。

将数据从 Excel 中导入 SPSS

点击视窗左上角的文件夹,找到并打开存储数据的 modexample.xlsx 文件。这里需要注意的是,因为 SPSS 存储数据文件默认的是 ".sav" 格式,但上述研究模型的数据是存储在 Excel 中的,所以要在下拉列表中选中 "Excel" 选项,上面的框中才会出现 Excel 文件(如图 3-11 所示),否则便无法看到存储数据的文件。

图 3-11 将 Excel 中存储的数据导入 SPSS

---

① 我们建议,处理数据之前将原数据保留,拷贝数据文件来处理,防止过程中需要查找原数据。

点击“打开”按钮之后，会弹出一个框（如图 3-12 所示），这主要是为了确认 Excel 中的第一行是否为变量名，点击“确定”按钮即可。

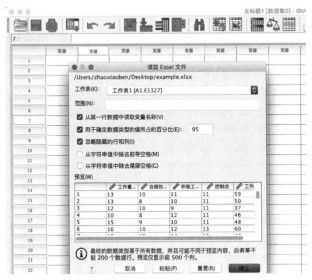

图 3-12　第一行作为变量名选项

这样数据就读取到 SPSS 中了，读取后的数据如图 3-13 所示。

	编号	性别	性别中心化	工作重要性	工作重要性中心化	自我效能感	积极工作行为	控制点	控制点中心化	工作压力	工作重要性中心化控制点中心化
1	1	0	-.416983	13.000000000000000	-1.18174962	10	11	11	.87104072	59	-1.029352039864526
2	2	1	.583017	13.000000000000000	-1.18174962	8	10	11	.87104072	50	-1.029352039864526
3	3	0	-.416983	12.000000000000000	-2.18174962	10	9	11	.87104072	37	-1.900392759864526
4	4	0	-.416983	10.000000000000000	-4.18174962	8	12	11	.87104072	46	-3.642474199864526
5	5	0	-.416983	15.000000000000000	.81825038	9	10	11	.87104072	48	.712729400135474
6	6	0	-.416983	16.000000000000000	1.81825038	10	12	13	2.87104072	60	5.220270880135474
7	7	0	-.416983	15.000000000000000	.81825038	10	14	13	2.87104072	42	2.349230160135474
8	8	0	-.416983	18.000000000000000	3.81825038	8	10	10	-.12895928	50	-.492398819864527
9	9	0	-.416983	15.000000000000000	.81825038	9	12	12	1.87104072	60	1.530979780135474
10	10	1	.583017	20.000000000000000	5.81825038	10	12	12	1.87104072	37	10.886183380135474
11	11	0	-.416983	14.000000000000000	-.18174962	8	10	11	.87104072	50	-.158311319864526
12	12	1	.583017	19.000000000000000	4.81825038	10	9	11	.87104072	27	4.196892280135473
13	13	0	-.416983	9.000000000000000	-5.18174962	9	11	11	.87104072	35	-4.513514919864526
14	14	1	.583017	16.000000000000000	1.81825038	10	10	10	-.12895928	46	-.234480259864527

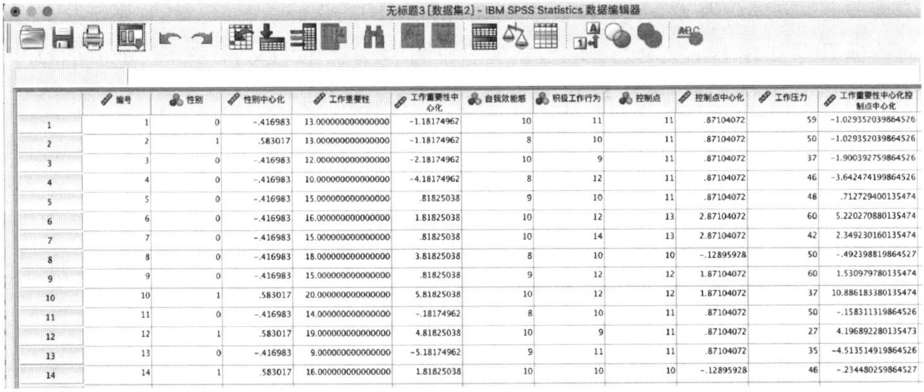

图 3-13　完成数据读取

在新的 SPSS 数据表中确认各变量的数据类型

用 5 点量表和 7 点量表测出来的数据可以近似看成等距数据，即可以看成数值型。但数据导入后有些变量是类别型，此时需要点击下面的“变量视图”，将数据修改为理想的数据类型。示例中我们需要用到的自变量和调节变量中心化数据都是“标度”（Scale，即等距数据）类型，性别是“名义”（Nominal，即类别数据）类型，符合我们的真实情况。但因变量“积极工作行为”是名义数据类

第3章 调节效应的检验、结果解读与汇报

型(类别变量),我们需要将其改为数值型,如图 3-14 所示,点击"变量视图"后,在"积极工作行为"后选中"标度"。

图 3-14 新建的 SPSS 数据类型修改

然后我们再回到 SPSS 中的数据视图。

进行数据分析

首先在 SPSS 中找到线性回归的分析方法,具体操作步骤为:点击菜单栏中的"分析"—"回归"—"线性",如图 3-15 所示。

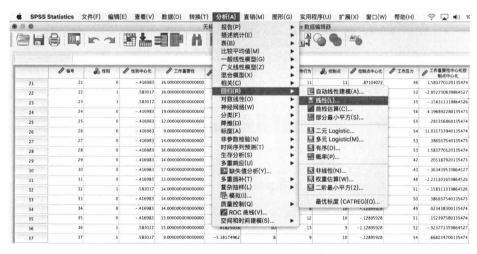

图 3-15 在 SPSS 中找到线性回归

下面我们进行层级回归,在第一层中放入因变量和控制变量。具体操作步骤为:首先在因变量框中放入"积极工作行为",方法是在左边框中找到变量"积极工作行为",点击指向因变量的箭头,即可将该变量选进因变量框。接着将中心化后的控制变量"性别中心化"放入自变量框,如图 3-16 所示。

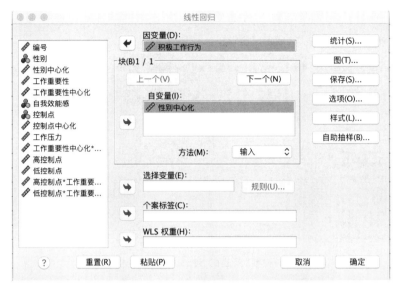

图 3-16　第一层回归分析中放入因变量和控制变量

在第二层中放入自变量和调节变量。具体操作步骤为：点击按钮"下一个"，在第二层中放入中心化后的自变量"工作重要性中心化"、中心化后的调节变量"控制点中心化"，如图 3-17 所示。

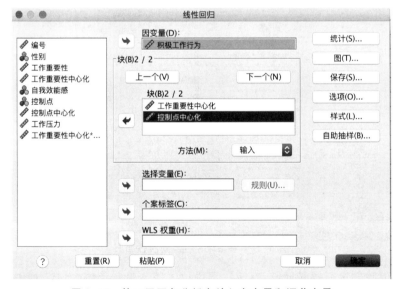

图 3-17　第二层回归分析中放入自变量和调节变量

在第三层中放入乘积项。具体操作步骤为：点击按钮"下一个"，在第三层中放入乘积项"工作重要性中心化 * 控制点中心化"，如图 3-18 所示。

第 3 章　调节效应的检验、结果解读与汇报

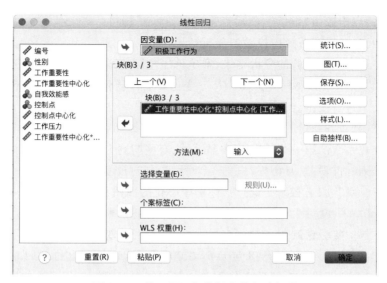

图 3-18　第三层回归分析中放入乘积项

完成以上操作后,根据回归分析的需要勾选相应统计选项。我们需要点击右边一排选项中的第一个按钮"统计",勾选其中"估算值""置信区间""协方差矩阵""模型拟合""R 方变化量""描述",如图 3-19 所示。这一步主要是为了看 R 方变化量在每一层是否显著。勾选"描述"后,SPSS 会报告各变量的平均值、标准差等描述统计结果;勾选"协方差矩阵"后,会输出变量的协方差矩阵,这些输出结果在后面制作调节效应图时会用到。

图 3-19　层级回归分析中勾选相应统计指标

107

最后,点击按钮"继续",然后点击按钮"确定"即可。

第四步,查看调节效应检验的分析结果。

对于调节效应检验的分析结果,本示例中主要查看的结果为乘积项 XW 的系数 β_4,以及第三层乘积项加入后 R 方变化量是否显著。以下均按照需要汇报的数据结果进行演示。[①]

首先,来看各变量的系数。回归系数表如图3-20所示。我们一般需要汇报未标准化系数的第一列 β、t 值和显著性,有些期刊也会要求汇报未标准化系数的第二列标准误差,且汇报时是分层汇报的,即对模型1、模型2、模型3分别做汇报。在模型1(仅有控制变量)中,性别中心化的回归系数 $\beta_1 = 0.276$,$t = 2.846$,$p = 0.004 < 0.01$[②],说明性别对积极工作行为的影响是显著的,性别这个变量确实应该加以控制。在模型2(加入控制变量、自变量和调节变量)中,工作重要性中心化的回归系数 $\beta_2 = 0.149$,$t = 8.661$,$p < 0.001$;控制点中心化的回归系数 $\beta_3 = 0.278$,$t = 7.858$,$p < 0.001$,说明工作重要性与控制点对积极工作行为的影响都是显著的。在模型3(加入控制变量、自变量和调节变量及二者中心化后的乘积项)中,工作重要性中心化×控制点中心化的回归系数 $\beta_4 = -0.004$,$t = -0.348$,$p = 0.728 > 0.05$,说明控制点对工作重要性与积极工作行为的调节效应是不显著的。

系数ᵃ

模型		未标准化系数		标准化系数	t	显著性	B 的95.0%置信区间	
		B	标准误差	Beta			下限	上限
1	(常量)	10.410	.048		218.032	.000	10.316	10.504
	性别中心化	.276	.097	.078	2.846	.004	.086	.466
2	(常量)	10.410	.045		231.678	.000	10.322	10.498
	性别中心化	.242	.092	.068	2.635	.009	.062	.422
	工作重要性中心化	.149	.017	.229	8.661	.000	.115	.182
	控制点中心化	.278	.035	.207	7.858	.000	.209	.348
3	(常量)	10.413	.046		227.322	.000	10.323	10.503
	性别中心化	.241	.092	.068	2.627	.009	.061	.421
	工作重要性中心化	.149	.017	.230	8.665	.000	.115	.183
	控制点中心化	.279	.036	.208	7.861	.000	.210	.349
	工作重要性中心化*控制点中心化	-.004	.012	-.009	-.348	.728	-.029	.020

a. 因变量: 积极工作行为

图3-20　单调节模型的回归系数表

再看 R 方变化量。不同期刊对 R 方及其相关变量的汇报要求不同,一般要求汇报 R 方、调整后 R 方、R 方变化量及显著性 F 变化量中1个、2个、3个或所有指标,如图3-21所示。

[①] 演示数据见本章附录材料1:单调节文件夹中附录材料1-2单调节效应结果.spv。
[②] 一般 $p < 0.05$ 即可视为显著。

模型摘要

模型	R	R 方	调整后 R 方	标准估算的误差	R 方变化量	F 变化量	自由度 1	自由度 2	显著性 F 变化量
1	.078[a]	.006	.005	1.739	.006	8.100	1	1324	.004
2	.348[b]	.121	.119	1.636	.115	86.474	2	1322	.000
3	.348[c]	.121	.118	1.637	.000	.121	1	1321	.728

a. 预测变量：(常量), 性别中心化
b. 预测变量：(常量), 性别中心化, 控制点中心化, 工作重要性中心化
c. 预测变量：(常量), 性别中心化, 控制点中心化, 工作重要性中心化, 工作重要性中心化*控制点中心化

图 3-21　单调节模型检验中对 R 方的查看

我们先对它们各自所代表的含义进行解释。R 方、调整后 R 方含义差不多，它们代表模型中所有的自变量对因变量的解释力。比如模型 1 中 R 方为 0.006，说明性别解释了积极工作行为 0.6%的变异。而 R 方与调整后 R 方之间的区别在于，R 方是原始 R 方，调整后 R 方是根据自变量的个数及样本量调整后的 R 方。之所以要调整，是因为随着自变量个数的增加，即使加入的自变量不显著，R 方也总在不断变大，并趋近于 1。为了避免因加入自变量而高估 R 方，所以根据自变量个数来调整 R 方。R 方变化量是层级回归中，下一个模型相较于上一个模型 R 方的变化量，即为下一层多解释了多少变异。显著性 F 变化量即为变化量进行 F 检验后的显著性。从显著性 F 变化量可以看出，模型 1 和模型 2 加入的变量所增加的解释力都是显著的，但模型 3 加入乘积项后，R 方变化量并不显著，说明乘积项并没有显著增加模型的解释力。

通常，在汇报系数和 R 方时在同一个表格中一起汇报，具体见 3.2.3 的结果汇报部分。

第五步，制作调节效应图。

当调节效应显著时，我们需要制作调节效应图来说明当调节变量取高、低值时自变量与因变量之间的关系，即调节变量是如何调节自变量与因变量之间的关系的，以更好地解释调节效应。在本示例中，调节效应是不显著的，不需要制作调节效应图，但为了做演示，我们仍以它为例，来制作调节效应图。

目前，制作调节效应图时，大家比较一致的做法是采用 Aiken and West (1991) 的做法，取调节变量加一个标准差为高值，减一个标准差为低值，分别画出在高、低值时，自变量对因变量的影响。

我们推荐采用李超平等人在 OBHRM 网站[①]上根据国外调节效应绘图方法制作的绘图模板来制作调节效应图。在该网站上，读者可以直接下载 Excel 绘

---

① 网址 http://www.obhrm.net/index.php/ModFigure。

图模板。在这个模板中制作调节效应图,主要分为两步:

第一,修改设置。双击打开绘图模版后,先通过点击右边的小三角"menu"下拉列表对表格中的语言、调节变量类型、图形类型、数据进行设置,如图 3-22 所示。具体来说,语言方面,可以选择是绘英文图还是中文图,我们希望绘中文图,因此选择"Chinese";调节变量类型方面,本示例中只有"控制点"一个调节变量,且为连续变量,因此选择"1 连续变量";图形类型方面,我们希望绘出自变量与调节变量分别取高值和低值的"2×2"交互,因此选择"2×2 图形-双因素"(前面的 2 代表自变量的水平,后面的 2 代表调节变量的水平);数据方面,我们是去中心化处理的,因此选择"原始数据或去中心化数据"。修改好后点击"修改设置并输入数据",即可到绘图界面。

第二,输入信息。在绘图界面,只需在有填充色的部分输入必要的信息。在中文期刊上发表,文字内容请输入中文;在英文期刊上发表,文字内容请输入英文。需要输入的信息主要分为两部分:一是图形的基本信息,二是各个参数。填写时图形会自动跟着变化。

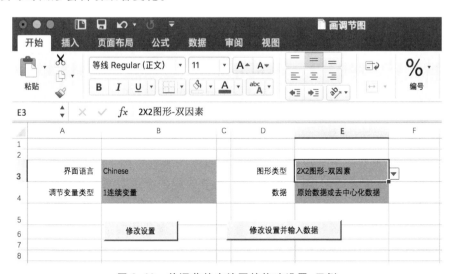

图 3-22 单调节效应绘图的修改设置:示例

修改图形的基本信息。图形的基本信息在图中 B3 至 B9 区域,我们将图形的基本信息改为如图 3-23 所示信息,不再赘述[①]。

---

① 见本章附录材料 1:单调节文件夹中的附录材料 1-3 单调节画图.xlsm。

第 3 章　调节效应的检验、结果解读与汇报

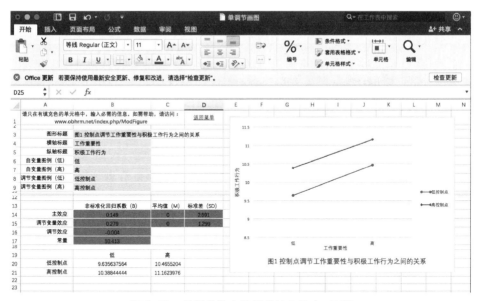

图 3-23　单调节效应绘图的输入信息：示例

修改参数信息。参数信息分为两个区域，B14 至 B17 区域需要输入各变量的回归系数，C14 至 D15 区域需要输入自变量与调节变量的平均值和标准差，如图 3-23 所示。

B14 至 B17 区域输入的回归系数是最后一个总模型中的非标准化回归系数（不是标准化回归系数），在本示例中为我们之前看到的模型 3 中的非标准化回归系数，如图 3-20 所示。主效应即为工作重要性的效应，其系数为 0.149；调节变量效应即为控制点的效应，其系数为 0.279；调节效应即为工作重要性×控制点的效应，其系数为-0.004；常数项的系数为 10.413。

C14 至 D15 区域需要输入自变量与调节变量的平均值和标准差。平均值和标准差在我们之前的计算过程中已经勾选计算过，SPSS 输出结果中第一个数据表便是，如图 3-24 所示。将对应变量的平均值、标准差（即表中"标准偏差"）复制过来即可。在本示例中，主效应的平均值、标准差即为工作重要性的平均值和标准差，调节变量的平均值、标准差即为控制点的平均值和标准差。至此，图 3-23 中右边会自动出现我们需要的调节效应图。我们只需要根据需要稍做修改（去掉背景横线等）便可复制到论文中。本示例中，两条交互线几乎是平行的，说明在调节变量"控制点"取高、低不同值时，工作重要性影响积极工作行为的斜率并没有发生显著变化。这也与乘积项不显著的结果相符。

第六步，简单斜率检验。

绘图完成后，需要对图中两条线的斜率是否分别不为 0 进行检验，称为简

描述统计

	平均值	标准偏差	个案数
积极工作行为	10.41	1.743	1326
性别中心化	-.00220170	.492870136	1326
工作重要性中心化	.000000003	2.69131354	1326
控制点中心化	.00000000	1.29933160	1326
工作重要性中心化*控制点中心化	.714118261	3.65053001	1326

图 3-24 示例中各变量的描述统计结果

单斜率检验（Simple Slopes Analysis）①，即检验在调节变量分别取不同值时，自变量对因变量的影响是否显著不为 0。

之所以进行简单斜率检验是因为交互作用显著只能说明调节变量取不同值时自变量对因变量的影响显著不同，但不能说明调节变量取不同值时，自变量对因变量的影响是否显著。比如，假设性别会调节工作家庭冲突与主动离职之间的关系，对于女性，工作家庭冲突对主动离职有正向影响；而对于男性，工作家庭冲突对主动离职没有显著影响。如果要验证这个假设，那么仅做调节效应检验是不够的，因为调节效应显著只能说明工作家庭冲突对主动离职的影响对于男女是不同的（即性别可以调节工作家庭冲突对主动离职的影响），但具体对于女性这种影响是否显著为正（斜率显著大于 0），对于男性这种影响是否不显著（斜率和 0 没有显著差异），我们不得而知。即使绘图显示对于女性，线的斜率是正的，而对于男性，线是平缓的，我们也无法根据图形推导出：对于女性，工作家庭冲突对主动离职有显著的正向影响；对于男性，工作家庭冲突对主动离职的影响不显著。此时，我们便需要做简单斜率检验，分别检验对于女性和男性，工作家庭冲突对主动离职的影响（斜率是否显著不为 0）。

但也不是所有的调节效应都需要做简单斜率检验，是否做简单斜率检验主要是根据研究需要而定。当研究假设只关注两条线的差异，而不关注每条线斜率是否显著为正/负时，则不需要做简单斜率检验。比如，当假设为"调节变量取高值时，自变量对因变量的影响更强"，此时则不需要做简单斜率检验，因为不涉及探讨自变量在调节变量取高值或低值时，自变量对因变量的影响分别为正/负。此外，一般来说调节变量如果是一个连续变量，则做简单斜率检验的意义不大，因为此时只是检验调节变量取一个点时，自变量对因变量的影响是否显著，而调节变量是连续的，所以检验一个点意义不大。但如果某些点是研究者特别关注的有意义的点（如加/减一个标准差），则也可以检验这些特殊点。

---

① 心理学的方差分析中称为简单效应分析。

检验操作上，SPSS 中不能自动计算简单斜率，我们通常可以采用 Jeremy Dawson[①] 或 Preacher[②] 的模板计算简单斜率。读者可以根据脚注中的网址自行下载对应的模板，Jeremy Dawso 和 Preacher 的模板均可同时绘图并计算简单斜率，因此如果既需要绘图又需要计算简单斜率，建议直接使用外文模板。因为 Jeremy Dawson 的模板使用起来更简洁，所以我们接下来将介绍 Jeremy Dawson 模板的使用。Jeremy Dawson 模板背后的程序是根据 Aiken and West（1991）、Dawson（2014）、Dawson and Richter（2006）三篇文章的程序编写的。以上文中控制点调节工作重要性与积极工作行为之间的关系为例，利用 Jeremy Dawson 模板进行简单斜率检验的步骤如下：

下载模板

因为本示例是一个二阶线性交互，因此选择二阶线性交互模板“2-way linear interactions. xls”，如图 3-25 所示。

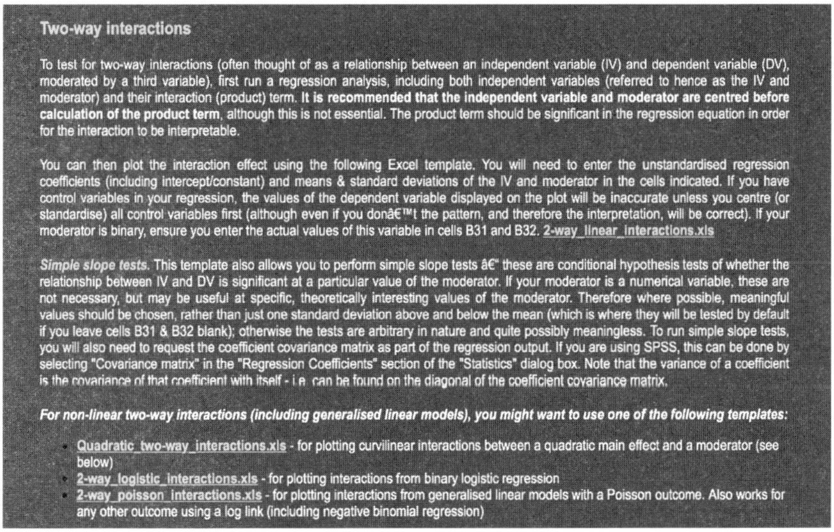

Two-way interactions

To test for two-way interactions (often thought of as a relationship between an independent variable (IV) and dependent variable (DV), moderated by a third variable), first run a regression analysis, including both independent variables (referred to hence as the IV and moderator) and their interaction (product) term. **It is recommended that the independent variable and moderator are centred before calculation of the product term**, although this is not essential. The product term should be significant in the regression equation in order for the interaction to be interpretable.

You can then plot the interaction effect using the following Excel template. You will need to enter the unstandardised regression coefficients (including intercept/constant) and means & standard deviations of the IV and moderator in the cells indicated. If you have control variables in your regression, the values of the dependent variable displayed on the plot will be inaccurate unless you centre (or standardise) all control variables first (although even if you donâ€™t the pattern, and therefore the interpretation, will be correct). If your moderator is binary, ensure you enter the actual values of this variable in cells B31 and B32. 2-way_linear_interactions.xls

Simple slope tests. This template also allows you to perform simple slope tests â€" these are conditional hypothesis tests of whether the relationship between IV and DV is significant at a particular value of the moderator. If your moderator is a numerical variable, these are not necessary, but may be useful at specific, theoretically interesting values of the moderator. Therefore where possible, meaningful values should be chosen, rather than just one standard deviation above and below the mean (which is where they will be tested by default if you leave cells B31 & B32 blank); otherwise the tests are arbitrary in nature and quite possibly meaningless. To run simple slope tests, you will also need to request the coefficient covariance matrix as part of the regression output. If you are using SPSS, this can be done by selecting "Covariance matrix" in the "Regression Coefficients" section of the "Statistics" dialog box. Note that the variance of a coefficient is the covariance of that coefficient with itself - i.e. can be found on the diagonal of the coefficient covariance matrix.

For non-linear two-way interactions (including generalised linear models), you might want to use one of the following templates:

- Quadratic_two-way_interactions.xls - for plotting curvilinear interactions between a quadratic main effect and a moderator (see below)
- 2-way_logistic_interactions.xls - for plotting interactions from binary logistic regression
- 2-way_poisson_interactions.xls - for plotting interactions from generalised linear models with a Poisson outcome. Also works for any other outcome using a log link (including negative binomial regression)

图 3-25　简单斜率模板下载

输入绘图所需的参数

模板参数输入主要分为两个部分：上半部分（SIMPLE SLOPE TESTS 之前）输入后右边会输出相应的调节效应图，下半部分（SIMPLE SLOPE TESTS 之后）主要用于简单斜率检验。

上半部分变量名称（Variable names）中输入对应的变量名；非标准化回归系

① 参考网址 http://www.jeremydawson.co.uk/slopes.htm。

② 参考网址 http://www.quantpsy.org/interact/。

数(Unstandardised Regession Coefficients)中输入相应的非标准化回归系数;平均数/标准差(Means/SDs of variables)中输入相应的平均数/标准差;选择在哪个点绘图(Values of variables at which to plot slopes)部分是输入在哪个点绘制调节效应图,通常我们会选择在调节变量加/减一个标准差上绘图,在对应的位置输入调节变量取低值(减一个标准差)、高值(加一个标准差)时的值(如图3-26所示)。在本示例中,调节变量为控制点,减一个标准差为-1.299,加一个标准差为1.299。

输入上述参数后,右边会自动输出相应的调节效应图。因这一部分与前面绘图部分完全相同,此处不再赘述。①

计算简单斜率检验所需的参数

在进行简单斜率检验之前,我们需要首先计算简单斜率检验所需的参数。简单斜率检验所需的参数主要为自变量系数的方差、乘积项系数的方差、自变量与乘积项系数的协方差。在回归分析中,我们只需要在回归分析时勾选统计选项中"协方差矩阵"即可,如图3-27所示。我们在第三步计算回归系数时已勾选。

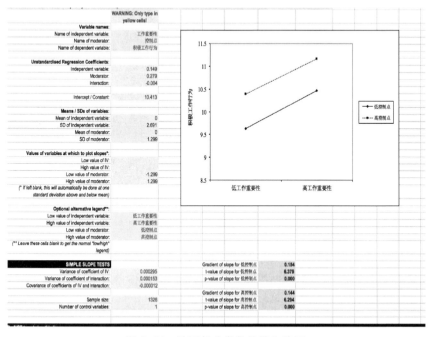

图3-26 绘图部分参数值输入演示

---

① 演示数据见本章附录材料1:单调节文件夹中的附录材料1-4单调节简单斜率检验.xls。

第 3 章 调节效应的检验、结果解读与汇报

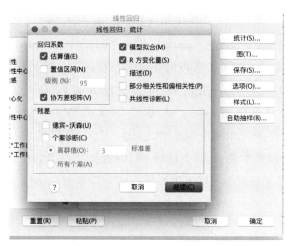

图 3-27 回归分析中计算系数方差与协方差

输出的结果中会有一个方差表,从中便可读取相应系数的方差与协方差,如图 3-28 所示。

系数相关性[a]

模型			性别中心化	控制点中心化	工作重要性中心化	工作重要性中心化*控制点中心化
1	相关性	性别中心化	1.000			
	协方差	性别中心化	.009			
2	相关性	性别中心化	1.000	.070	-.100	
		控制点中心化	.070	1.000	-.210	
		工作重要性中心化	-.100	-.210	1.000	
	协方差	性别中心化	.008	.000	.000	
		控制点中心化	.000	.001	.000	
		工作重要性中心化	.000	.000	.000	
3	相关性	性别中心化	1.000	.069	-.101	.019
		控制点中心化	.069	1.000	-.206	-.065
		工作重要性中心化	-.101	-.206	1.000	-.054
		工作重要性中心化*控制点中心化	.019	-.065	-.054	1.000
	协方差	性别中心化	.008	.000	.000	2.157E-5
		控制点中心化	.000	.001	.000	-2.847E-5
		工作重要性中心化	.000	.000	.000	-1.152E-5
		工作重要性中心化*控制点中心化	2.157E-5	-2.847E-5	-1.152E-5	.000

a. 因变量:积极工作行为

图 3-28 回归系数的方差与协方差结果

输入简单斜率检验所需的参数

在图 3-28 中,我们应当读取最后所有变量都加入的模型 3 数据。在图 3-26 所示模板中的"SIMPLE SLOPE TESTS"部分首先输入自变量系数的方差(Variance of coefficient of IV),在本示例中为工作重要性中心化系数的方差,图 3-28

所示结果因数值太小而显示为.000,但点击该数值后,可以发现其数值为0.000295;输入乘积项的方差(Variance of coefficient of interaction),在本示例中为工作重要性中心化×控制点中心化系数的方差,图3-28所示结果同样因数值太小而显示为.000,但点击该数值后,可以发现其为0.000153;输入自变量与乘积项系数的协方差(Covariance of coefficients of IV and interaction),在本示例中为工作重要性中心化×控制点中心化与工作重要性中心化系数的协方差,图3-28所示结果中显示为-1.152E-5,因数值太小而为科学计数法显示,点击该数值后,可以发现其为-0.000012;最后输入样本量(Sample size)1 326,控制变量的个数(Number of control variables)1——本示例中只有性别一个控制变量,因此为1。

输入上述参数后,系统会自动运算,结果如图3-26中右下方的内容,在低控制点时,斜率为0.154,$t=6.379$,$p<0.001$,说明在低控制点时,工作重要性显著正向影响工作积极行为;在高控制点时,斜率为0.144,$t=6.294$,$p<0.001$,说明在高控制点时,工作重要性也显著正向影响工作积极行为。无论是在低控制点还是在高控制点,工作重要性均能显著影响工作积极行为。但是由于在回归分析中,工作重要性中心化×控制点中心化的系数不显著,说明在调节变量(控制点)加/减一个标准差上,自变量与因变量之间关系的斜率没有显著差异。此时,即使这两个斜率都显著,我们也认为控制点的调节作用不显著,即控制点不能调节工作重要性对工作积极行为的影响。

3.2.3 单调节模型的论文汇报示例

为了让读者能更直观地了解在论文中应该怎样呈现数据结果,我们以表3-1中选取出来的三篇论文为例,来讲解具体如何汇报数据结果。由于三篇论文汇报的方式基本相同,因此我们以Yoon and Kayes(2016)的研究为例来进行说明。

Yoon and Kayes(2016)的研究探讨的是"团队学习行为"(调节变量)对"员工自我效能"(自变量)与"员工个体学习感知"(因变量)之间关系的调节作用,并假设团队学习行为能正向调节员工自我效能与员工个体学习感知之间的关系。作者首先汇报了层级回归系数表,并据此用文字说明调节效应显著,之后在调节效应显著的基础上绘制了调节效应图,最后做了简单斜率检验。

层级回归系数汇报

Yoon and Kayes(2016)首先汇报了层级回归系数表,如图3-29所示。为了方便读者理解研究结果,我们先对表中的基本信息进行简单说明,然后再阐述作者具体汇报的内容。

Table 2. Hierarchical linear modeling results for models testing the relationship between employees' self-efficacy and the perception of individual learning and the moderating effect of team-learning behavior on the relationship between employees' self-efficacy and the perception of individual learning

	Dependent variable: Perception of individual learning							
	Model 1		Model 2		Model 3		Model 4	
	Coefficient	SE	Coefficient	SE	Coefficient	SE	Coefficient	SE
Control variable								
Age	.07	0.15	.05	0.11	.04	0.11	.04	0.10
Education	.18**	0.10	.21**	0.10	.19**	0.10	.17*	0.09
Team size	.03	0.09	.04	0.07	.03	0.06	.03	0.06
Nature of teams	.02	0.07	.02	0.07	.01	0.06	.01	0.06
Length of service	.12*	0.11	.14*	0.11	.13*	0.11	.13*	0.11
Geographical location	.13*	0.08	.13*	0.08	.15*	0.07	.15*	0.07
Independent variable								
Self-efficacy			.21**	0.11	.15*	0.12	.15*	0.11
Moderating variable								
Team-learning behavior					.14*	0.10	.13*	0.11
Interaction								
Self-efficacy × Team-learning behavior							.35**	0.16
R^2	.13		.24		.31		.38	
ΔR^2			.11		.07		.09	

SE, standard error.
$*p < .05$; $**p < .01$.

图 3-29　团队学习行为对员工自我效能与员工个体学习感知关系的调节作用

表中"*"代表显著性 $p<0.05$,"**"代表显著性 $p<0.01$。模型 1 汇报的是层级回归的第一层,即将所有控制变量纳入模型后的回归系数;模型 2 汇报的是层级回归的第二层,即在模型 1 的基础上加入了自变量"员工自我效能"的主效应,系数为 0.21,显著性 $p<0.01$,说明员工自我效能的主效应显著;模型 3 汇报的是层级回归的第三层,即在模型 2 的基础上加入了调节变量"团队学习行为",系数为 0.14,显著性 $p<0.05$,说明调节变量对因变量的影响也显著;模型 4 汇报的是层级回归的第四层,即在模型 3 的基础上加入了自变量"员工自我效能"与调节变量"团队学习行为"的乘积项,系数为 0.35,显著性 $p<0.01$,说明调节效应显著。

细心的读者可能会发现,在我们之前介绍的步骤中,我们是将自变量与调节变量在同一层中同时纳入回归模型的,而此处是将其分开作为两层,分别为模型 2 和模型 3。关于层级回归每层纳入哪些变量,我们回顾文献发现,较为一致的做法是在估计高阶变量的效应时,需将低阶变量的效应加以控制,如在估计二阶 $X \times W$ 效应时,需要将 X、W 同时纳入模型,控制一阶变量的效应。但对于什么时候纳入自变量和调节变量,做法并不一致,我们回顾文献后发现了三种做法:①将 X 作为第一层,W 作为第二层,XW 作为第三层,如 Yoon and Kayes (2016)的研究;②将 X 和 W 作为第一层,XW 作为第二层,如 Peltokorpi et al.

(2015)的研究;③将 X 作为第一层,W 和 XW 作为第二层,如 Malik et al.(2015)的研究。不同的做法反映出来的本质差异在于估计 X 的主效应时是否控制 W 的影响,以及是否关心 W 单独的效应。方法①和③在估计 X 的主效应时,都没有控制 W 的影响,区别在于方法①还单独估计了 W 对 Y 的效应,但方法③估计 W 的效应时将 W 放在了总模型中,或者说并不关心 W 的效应。方法②则是在估计 X 的主效应时,控制了 W 的影响。鉴于较好的期刊中这三种方法都出现过,且都有一定的理由,处理的结果差异应该也不会很大,读者可以根据需要自行选择。

对图 3-29 有一个大概的了解后,下面我们来看作者具体的汇报内容。以下是 Yoon and Kayes(2016)关于数据结果的解释:

> As shown in Model 4 of Table 2, after accounting for the control variables, the cross-level interaction of employees' self-efficacy and the team-learning behavior was significant (γ[①] = 0.35, $p<.01$), supporting Hypothesis 2. The test result suggested that when team-learning behavior was high, employees' self-efficacy was more positively related to the perception of individual learning.

即根据模型 4,乘积项显著,支持了研究假设 2。研究结果表明,团队学习行为正向调节员工自我效能与个体学习感知之间的关系。[②]

调节效应图汇报

该文还对调节效应图进行了汇报:

> To facilitate the interpretation of the interaction, as Aiken and West (1991) recommended, we plotted the simple slopes for the relationship between employees' self-efficacy and the perception of individual learning at one standard deviation above and below the mean of team learning. The results, which are plotted in Figure 2, suggest that the positive association between employees' self-efficacy and the perception of individual learning becomes more positive as team-learning behavior becomes more positive.

---

① 本书作者注:因为此研究为跨层研究,所以系数用 γ 来表示。
② 本书作者注:因为员工自我效能的系数为正的 0.15,调节乘积项的系数为正的 0.35,根据简单斜率公式:$\beta_1+\beta_3 W$,当 β_1,β_3 同为正时,随着调节变量 W 增大,简单斜率 $\beta_1+\beta_3 W$ 会变大,即员工自我效能对员工个体学习感知的影响会加强,所以是正向调节。

第 3 章　调节效应的检验、结果解读与汇报

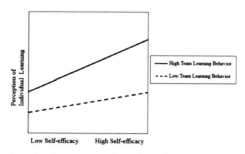

Figure 2. The moderating role of team-learning behavior in the relationship between employees' self-efficacy and the perception of individual learning

即根据 Aiken and West(1991)研究的建议,取调节变量为加/减一个标准差时,绘出调节效应图,如图 2 所示,结果发现团队学习行为越高,员工自我效能与员工个体学习感知的正向关系越强。

简单斜率检验结果汇报

该文还对调节效应检验中的简单斜率检验结果进行了汇报,具体如下:

> Additionally, simple slopes analysis was conducted to determine whether the slope of one or both lines for the conditions of high and low team-learning behavior differed from zero—that is, departed from the horizontal line. The simple slope (1.364) for the high team-learning behavior condition was significantly different from zero ($p<.01$), showing that employees' self-efficacy was positively related to perception of individual learning for high team-learning behaviors. The simple slope (0.735) for the low team-learning behavior condition was also significantly different from zero ($p<.05$), which means employees' self-efficacy was positively related to perception of individual learning for low team-learning behaviors. The relationship between employees' self-efficacy and perception of individual learning was steeper for respondents who reported high rather than low team-learning behavior.

即另外,该文还做了简单效应检验,检验分别在调节变量取高值和低值时,斜率是否显著不为 0。对于高团队学习行为组,简单斜率为 1.364,在 1% 的水平上显著不为 0,说明员工自我效能可以正向影响个体学习感知。对于低团队学习行为组,简单斜率为 0.735,在 5% 的水平上显著不为 0,说明员工自我效能可以正向影响个体学习感知。相较于低团队学习行为组,员工自我效能对个体学习感知的影响比高团队学习行为组效应更强。

3.3 双调节模型的检验与汇报

3.3.1 双调节模型的介绍与解读

举个简单的例子来说明双调节模型:A公司实行了创新奖励,以期提高公司的创新动力。创新奖励实施后,A公司发现创新奖励只对部分员工有激励作用。进一步调查发现,创新奖励能提高看重奖励的员工的创新动力,同时对当前经济状况紧张的员工激励作用也较强。此时,我们便说创新奖励对创新动力的影响受到了奖励重要性感知和员工经济状况两个变量的调节。这一案例就是一个典型的双调节模型,即创新奖励(自变量)对创新动力(因变量)的影响受到奖励重要性感知(调节变量1)和员工经济状况(调节变量2)两个变量的调节,如图3-30所示。

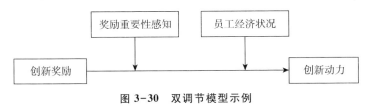

图3-30 双调节模型示例

在此,我们将双调节效应检验独立出来是因为发现国内对双调节效应的检验并未实现统一,有些学者采用独立检验的方式(一个调节变量一个调节变量地检验),有些学者则用一个模型进行整体检验。究竟该如何检验,是否有标准的做法?我们选取了发表在 *Journal of Organization Behavior* 上的三篇论文来概括总结双调节模型的发展过程,如表3-2所示。

表3-2 双调节模型发展过程总结:基于三篇论文

论文	模型	假设
Malik et al. (2015)	外部奖励 X_1 → 创新绩效 Y_1；创新自我效能 W_1，奖励重要性 W_2	H1:W_1调节 X_1 与 Y_1 之间的关系 H2:W_1调节 X_1 与 Y_1 之间的关系 H3:W_2调节 X_1 与 Y_1 之间的关系 (备注:文中对H1和H2的具体解释有差别)

(续表)

论文	模型	假设
Peltokorpi et al. (2015)	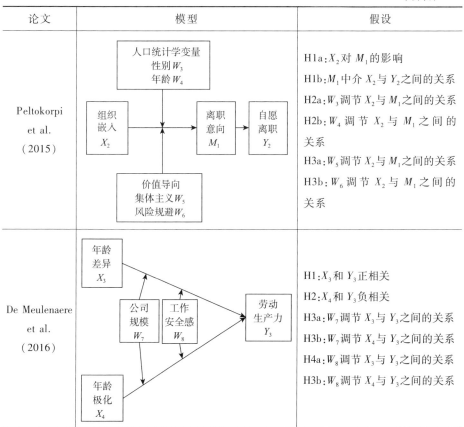	H1a:X_2对M_1的影响 H1b:M_1中介X_2与Y_2之间的关系 H2a:W_3调节X_2与M_1之间的关系 H2b:W_4调节X_2与M_1之间的关系 H3a:W_5调节X_2与M_1之间的关系 H3b:W_6调节X_2与M_1之间的关系
De Meulenaere et al. (2016)		H1:X_3和Y_3正相关 H2:X_4和Y_3负相关 H3a:W_7调节X_3与Y_3之间的关系 H3b:W_7调节X_4与Y_3之间的关系 H4a:W_8调节X_3与Y_3之间的关系 H3b:W_8调节X_4与Y_3之间的关系

Malik et al.(2015)先假设了一个调节变量的调节作用,然后又假设了另一个调节变量的调节作用,具体假设如下:①创新自我效能(W_1)调节外部奖励(X_1)与创新绩效(Y_1)之间的关系,创新自我效能高时,二者之间的关系为正;②创新自我效能(W_1)调节外部奖励(X_1)与创新绩效(Y_1)之间的关系,创新自我效能低时,二者之间的关系为负;③奖励重要性(W_2)调节外部奖励(X_1)与创新绩效(Y_1)之间的关系,对于感觉奖励重要性高的个体,二者之间的关系为正。

Peltokorpi et al.(2015)先通过假设自变量与中介变量之间的关系提出了中介效应假设,然后分别提出了四个调节变量调节自变量与中介变量之间的关系。具体假设如下:①a组织嵌入(X_2)与离职意向(M_1)负相关;①b离职意向(M_1)中介组织嵌入(X_2)与自愿离职(Y_2)之间的关系;②a性别(W_3)调节组织嵌入(X_2)与离职意向(M_1)之间的负向关系,这种关系对女性比对男性弱;②b年龄(W_4)调节组织嵌入(X_2)与离职意向(M_1)之间的负向关系,这种关系对年长的员工比对年轻的员工强；③a集体主义（W_5）调节组织嵌入（X_2）与离职意向（M_1）之间的负向关系，集体主义越强时，二者之间的关系越强；③b风险规避（W_6）调节组织嵌入（X_2）与离职意向（M_1）之间的负向关系，风险厌恶越高时，二者之间的关系越弱。

De Meulenaere et al.（2016）先假设了两个自变量的主效应，然后又假设了两个调节变量各自的调节效应。具体假设如下：①年龄差异（X_3）与劳动生产力（Y_3）正相关；②年龄极化（X_4）与劳动生产力（Y_3）负相关；③a年龄差异（X_3）与劳动生产力（Y_3）的正向关系在大公司（W_7）中更强；③b年龄极化（X_4）与劳动生产力（Y_3）的负向关系在大公司（W_7）中更强；④a年龄差异（X_3）与劳动生产力（Y_3）的正向关系在高工作安全感（W_8）的公司中更强；⑤年龄极化（X_4）与劳动生产力（Y_3）的负向关系在高工作安全感（W_8）的公司中更弱。

从上述三篇论文的分析中可以看出，发展双调节假设时，主效应并非提出双调节假设的必要条件，Malik et al.（2015）的研究就直接假设了调节效应，原因和单调节模型一样，在调节作用显著时，主效应是很有可能不显著的。在发展双调节假设时，分别假设调节变量的调节效应即可。

3.3.2 双调节模型的检验原理与检验方法

3.3.2.1 检验原理

双调节模型的检验原理本质上与上文中单调节模型一致，关键的争议点在于是独立检验还是综合检验。如果是综合检验，则方程式应为一个联合方程式：

$$Y = \beta_0 + \beta_1 X + \beta_2 W_1 + \beta_3 W_2 + \beta_4 X W_1 + \beta_5 X W_2 + e$$

如果是独立检验，则方程式由两个独立方程构成，分别为：

$$Y = \beta_0 + \beta_1 X + \beta_2 W_1 + \beta_3 X W_1 + e_2 \ (W_1 的调节)$$
$$Y = \beta_0 + \beta_1 X + \beta_2 W_2 + \beta_3 X W_2 + e_3 \ (W_2 的调节)$$

根据我们回顾的文献，Malik et al.（2015）的研究采用一个方程式联合检验；De Meulenaere et al.（2016）的研究因为有两个自变量和两个调节变量，根据调节变量分类来检验一个调节变量对两个自变量同时的调节作用，所以从调节变量的角度来看相当于独立检验。Malik et al.（2015）的研究虽然汇报了独立检验的结果，但结果中也做了一个方程式的联合检验。虽然文献中对于是采用一个方程式联合检验还是两个方程式独立检验的问题没有明确的回答，但我们推荐采用一个方程式联合检验，因为在控制了其他变量的影响下，估计出来的参数更准确。下面的演示我们也将以联合检验为例。

和只有一个调节变量时检验调节效应一样，同时检验两个调节变量时也需要将自变量（X）和调节变量（W）中心化，调节效应显著后也需要进行简单斜率检验。

3.3.2.2　检验方法

单层双调节效应检验采用回归分析即可，本章中回归分析采用 SPSS 24.0 进行，数据文件依然采用 modexample.xlsx。本部分以控制点（W_1）、工作压力（W_2）调节工作重要性（X）与积极工作行为（Y）之间的关系为研究示例，如图 3-31 所示。我们假设，对于高控制点（W_1）的个体，工作重要性（X）对积极工作行为（Y）的正向作用更强；对于低工作压力（W_2）的群体，工作重要性（X）对积极工作行为（Y）的正向作用更强。因此我们要估计的方程为：

$Y=\beta_0+\beta_1$性别$+\beta_2$工作重要性$+\beta_3$控制点$+\beta_4$工作压力$+\beta_5$工作重要性×控制点$+\beta_6$工作重要性×工作压力$+e_1$

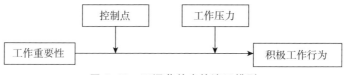

图 3-31　双调节效应的演示模型

具体步骤如下：

第一步，在 Excel 中整理数据。

先将所有变量性别、控制点（W_1）、工作压力（W_2）、工作重要性（X）与积极工作行为（Y）分别整理成一列，如图 3-32 所示。①

	A	B	C	D	E	F	G	H
1	编号	性别	工作重要性	自我效能感	积极工作行为	控制点	工作压力	
2	1	0	13	10	11	11	59	
3	2	1	13	8	10	11	50	
4	3	0	12	10	9	11	37	
5	4	0	10	8	12	11	46	
6	5	0	15	9	10	11	48	
7	6	0	16	10	12	13	60	
8	7	0	15	10	14	13	42	
9	8	0	18	8	10	10	50	
10	9	0	15	9	12	12	60	
11	10	1	20	10	12	12	37	
12	11	0	14	8	10	11	50	
13	12	1	19	10	9	11	27	
14	13	0	9	9	11	11	35	
15	14	1	16	10	10	10	46	

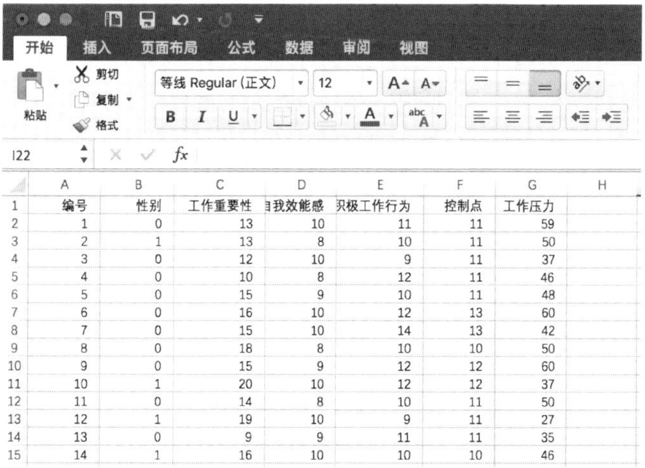

图 3-32　示范研究模型的双调节效应数据整理

① 演示数据见本章附录材料 2：双调节文件夹中的附录材料 2-1 双调节演示数据.xlsx。

第二步，在 Excel 中计算自变量 X 和调节变量 W_1、W_2 的乘积项。

生成中心化后的性别、X、W_1、W_2 数据

在前述单调节模型部分，我们已经将性别、工作重要性（X）、控制点（W_1）中心化。依照单调节模型中的部分演示步骤，我们求出了工作压力（W_2）的平均值为 46.25490196。用工作压力（W_2）的每个值减去平均值，便可求出中心化后的"工作压力中心化"数据，如图 3-33 所示。

	A	B	C	D	E	F	G	H	I	J	K
1	编号	性别	性别中心化	工作重要性	工作重要性中心化	自我效能感	积极工作行为	控制点	控制点中心化	工作压力	工作压力中心化
2	1	0	-0.416983	13	-1.18174962	10	11	11	0.87104072	59	12.74509804
3	2	1	0.583017	13	-1.18174962	8	10	11	0.87104072	50	3.74509804
4	3	0	-0.416983	12	-2.18174962	10	9	11	0.87104072	37	-9.25490196
5	4	0	-0.416983	10	-4.18174962	8	12	11	0.87104072	46	-0.25490196
6	5	0	-0.416983	15	0.81825038	9	10	11	0.87104072	48	1.74509804
7	6	0	-0.416983	16	1.81825038	10	12	13	2.87104072	60	13.74509804
8	7	0	-0.416983	15	0.81825038	10	14	13	2.87104072	42	-4.25490196
9	8	0	-0.416983	18	3.81825038	8	10	10	-0.12895928	50	3.74509804
10	9	0	-0.416983	15	0.81825038	9	12	12	1.87104072	60	13.74509804
11	10	1	0.583017	20	5.81825038	10	12	12	1.87104072	37	-9.25490196
12	11	0	-0.416983	14	-0.18174962	8	10	11	0.87104072	50	3.74509804
13	12	1	0.583017	19	4.81825038	10	9	11	0.87104072	27	-19.25490196
14	13	0	-0.416983	9	-5.18174962	9	11	11	0.87104072	35	-11.25490196
15	14	1	0.583017	16	1.81825038	10	10	10	-0.12895928	46	-0.25490196
16	15	1	0.583017	18	3.81825038	8	14	10	-0.12895928	50	3.74509804
17	16	1	0.583017	20	5.81825038	8	12	10	-0.12895928	48	1.74509804
18	17	0	-0.416983	14	-0.18174962	8	9	10	-0.12895928	58	11.74509804
19	18	1	0.583017	12	-2.18174962	10	10	12	1.87104072	42	-4.25490196
20	19	0	-0.416983	13	-1.18174962	10	11	10	-0.12895928	61	14.74509804

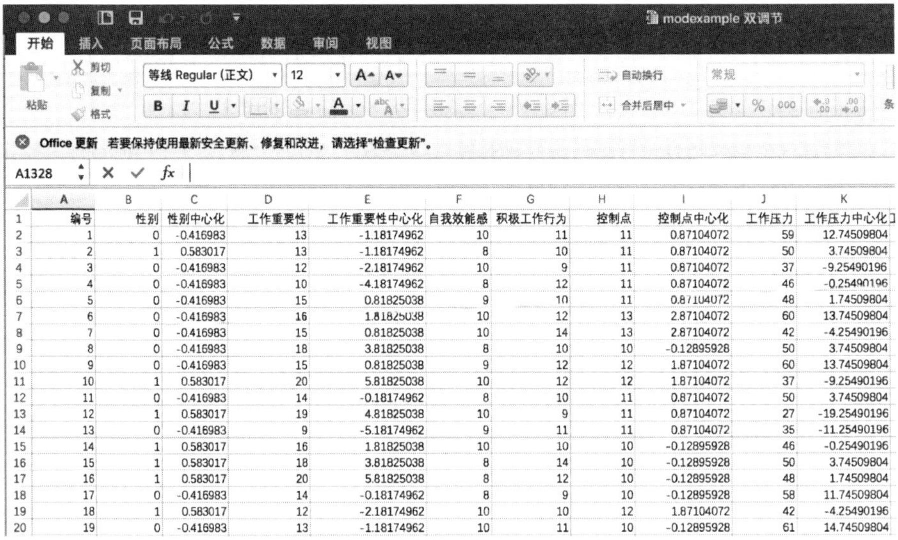

图 3-33　双调节效应研究示例中的工作压力中心化

生成乘积项 XW_1、XW_2

在前述单调节模型中已经演示如何生成"工作重要性中心化×控制点中心化"（XW_1），按照同样的方法，将中心化后的工作重要性（X）和中心化后的工作压力（W_2）相乘，得到 XW_2，如图 3-34 所示。

	A	B	C	D	E	F	G	H	I	J	K	L	M
1	编号	性别	性别中心化	工作重要性	工作重要性中心化	自我效能感	积极工作行为	控制点	控制点中心化	工作压力	工作压力中心化	工作重要性中心化•控制点中心化	工作重要性中心化•工作压力中心化
2	1	0	-0.416983	13	-1.18174962	10	11	11	0.87104072	59	12.74509804	-1.02935204	-15.06151477
3	2	1	0.583017	13	-1.18174962	8	10	11	0.87104072	50	3.74509804	-1.02935204	-4.425768186
4	3	0	-0.416983	12	-2.18174962	10	9	11	0.87104072	37	-9.25490196	-1.90039276	20.19187883
5	4	0	-0.416983	10	-4.18174962	8	12	11	0.87104072	46	-0.25490196	-3.6424742	1.065936174
6	5	0	-0.416983	15	0.81825038	9	10	11	0.87104072	48	1.74509804	0.7127294	1.427927134
7	6	0	-0.416983	16	1.81825038	10	12	13	2.87104072	60	13.74509804	5.22027088	24.99202973
8	7	0	-0.416983	15	0.81825038	10	14	13	2.87104072	42	-4.25490196	2.34923016	-3.481575146
9	8	0	-0.416983	18	3.81825038	8	10	10	-0.12895928	50	3.74509804	-0.49239882	14.29972201
10	9	0	-0.416983	15	0.81825038	9	12	12	1.87104072	60	13.74509804	1.53097978	11.24693169
11	10	1	0.583017	20	5.81825038	10	12	12	1.87104072	37	-9.25490196	10.88618338	-53.84733685
12	11	0	-0.416983	14	-0.18174962	8	10	11	0.87104072	50	3.74509804	-0.15831132	-0.680670146
13	12	1	0.583017	19	4.81825038	10	9	11	0.87104072	27	-19.25490196	4.19689228	-92.77493869
14	13	0	-0.416983	9	-5.18174962	9	11	11	0.87104072	35	-11.25490196	-4.51351492	58.32008395
15	14	1	0.583017	16	1.81825038	10	10	10	-0.12895928	46	-0.25490196	-0.23448026	-0.463475586
16	15	1	0.583017	18	3.81825038	8	14	10	-0.12895928	50	3.74509804	-0.49239882	14.29972201
17	16	1	0.583017	20	5.81825038	8	12	10	-0.12895928	48	1.74509804	-0.75031738	10.15341733
18	17	0	-0.416983	14	-0.18174962	8	9	10	-0.12895928	58	11.74509804	0.0234383	-2.134667106
19	18	1	0.583017	12	-2.18174962	10	10	12	1.87104072	42	-4.25490196	-4.08214238	9.283130734
20	19	0	-0.416983	13	-1.18174962	10	11	10	-0.12895928	61	14.74509804	0.15239758	-17.42501401

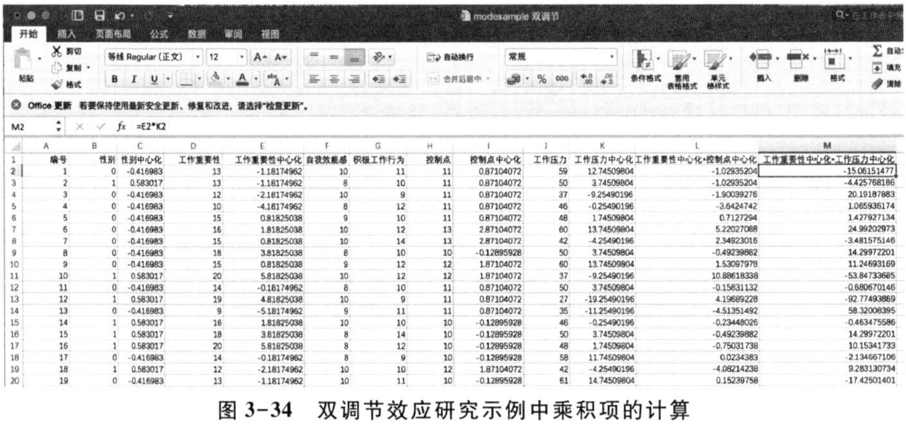

图 3-34　双调节效应研究示例中乘积项的计算

第 3 章　调节效应的检验、结果解读与汇报

第三步,在 SPSS 中估计自变量与调节变量乘积项的回归系数 β_5、β_6。

导入数据并修改数据类型,此步骤与前述单调节模型一样,此处不再做演示。同样,我们采用层级回归,首先依次点击菜单栏中的"分析"—"回归"—"线性",如图 3-35 所示。

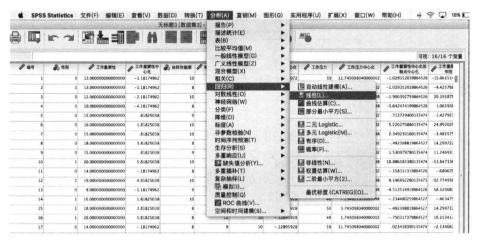

图 3-35　打开 SPSS 中的层级回归

然后在第一层中放入因变量"积极工作行为"和控制变量"性别",如图 3-36 所示。

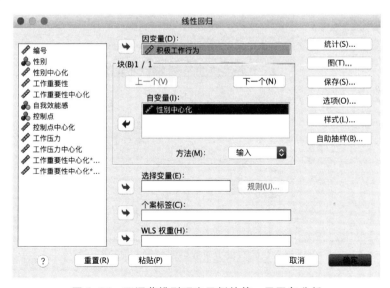

图 3-36　双调节模型研究示例的第一层回归分析

点击按钮"下一个"在第二层中放入所有的一阶变量,如图 3-37 所示。

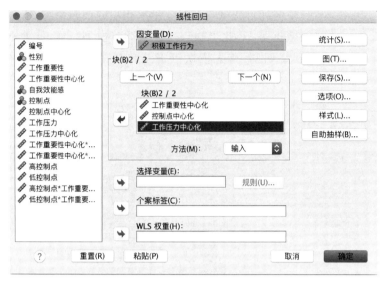

图 3-37 双调节模型研究示例的第二层回归分析

再点击按钮"下一个"在第三层中放入两个调节变量与自变量的乘积项,如图 3-38 所示。

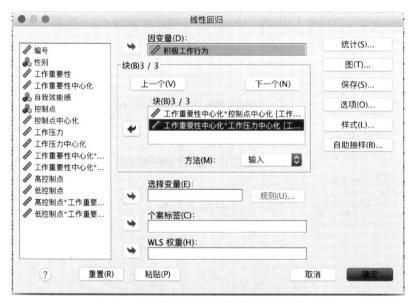

图 3-38 双调节模型研究示例的第三层回归分析

完成以上操作后,根据层级回归分析的需要,勾选相应统计选项。原因与单调节模型中陈述的相同,一方面可以看出 R 方的变化,另一方面描述统计中的均值、标准差和协方差矩阵在后面绘图及简单斜率检验时会用到,如图 3-39 所示。

第 3 章 调节效应的检验、结果解读与汇报

图 3-39 双调节模型研究示例分析中勾选的统计量

第四步,查看调节效应检验的分析结果。

对于双调节效应的分析结果,我们首先需要查看 XW_1、XW_2 的系数 β_5、β_6。从输出的回归系数表中我们可以看到,两个乘积项的系数都是不显著的。工作重要性中心化×控制点中心化的系数 $\beta_5 = -0.001$,$t = -0.049$,$p = 0.961$;工作重要性中心化×工作压力中心化的系数 $\beta_6 = 0.003$,$t = 1.767$,$p = 0.077$,如图 3-40 所示。[①]

系数[a]

模型		未标准化系数 B	标准误差	标准化系数 Beta	t	显著性	B 的 95.0% 置信区间 下限	上限
1	(常量)	10.410	.048		218.032	.000	10.316	10.504
	性别中心化	.276	.097	.078	2.846	.004	.086	.466
2	(常量)	10.410	.045		231.591	.000	10.322	10.498
	性别中心化	.242	.092	.068	2.635	.009	.062	.422
	工作重要性中心化	.148	.017	.229	8.578	.000	.114	.182
	控制点中心化	.279	.036	.208	7.710	.000	.208	.350
	工作压力中心化	.000	.006	.002	.074	.941	-.011	.012
3	(常量)	10.405	.046		226.010	.000	10.314	10.495
	性别中心化	.243	.092	.069	2.644	.008	.063	.423
	工作重要性中心化	.151	.017	.233	8.681	.000	.117	.185
	控制点中心化	.278	.036	.207	7.678	.000	.207	.349
	工作压力中心化	-.002	.006	-.009	-.336	.737	-.013	.009
	工作重要性中心化*控制点中心化	-.001	.013	-.001	-.049	.961	-.025	.024
	工作重要性中心化*工作压力中心化	.003	.006	.048	1.767	.077	.000	.007

a. 因变量:积极工作行为

图 3-40 双调节模型的回归系数表

---

① 演示数据见本章附录材料 2:双调节文件夹中的附录材料 2-2 双调节数据演示结果.spv。

接着我们来看 R 方,如图 3-41 所示。第一、二、三个模型的 R 方分别为 0.006、0.121、0.123;调整后 R 方分别为 0.005、0.118、0.119;R 方变化量分别为 0.006、0.115、0.002,这三个数字说明控制变量性别单独解释了积极工作行为 0.6% 的变异,工作重要性、控制点、工作压力三个一阶变量一共解释了积极工作行为 11.5% 的变异,而两个乘积项工作重要性×控制点、工作重要性×工作压力一共只解释了积极工作行为 0.2% 的变异。F 变化量的显著性分别为 $p=0.004<0.05$,$p=0.000<0.001$,$p=0.198>0.05$,说明前两个模型 R 方的变化量是显著的,即不同预测变量加入后,模型对因变量积极工作行为的解释力有了显著提高;而模型 3 加入两个乘积项后,R 方的变化量并不显著,说明两个乘积项并没有显著增加对因变量的解释力。

模型摘要

模型	R	R 方	调整后 R 方	标准估算的误差	更改统计				
					R 方变化量	F 变化量	自由度 1	自由度 2	显著性 F 变化量
1	.078ª	.006	.005	1.739	.006	8.100	1	1324	.004
2	.348ᵇ	.121	.118	1.637	.115	57.608	3	1321	.000
3	.351ᶜ	.123	.119	1.636	.002	1.622	2	1319	.198

a. 预测变量: (常量), 性别中心化
b. 预测变量: (常量), 性别中心化, 工作压力中心化, 工作重要性中心化, 控制点中心化
c. 预测变量: (常量), 性别中心化, 工作压力中心化, 工作重要性中心化, 控制点中心化, 工作重要性中心化*控制点中心化, 工作重要性中心化*工作压力中心化

图 3-41 双调节模型检验中对 R 方的查看

第五步,制作调节效应图。

双调节模型中需要对两个调节变量的调节效应分别绘图,即一个调节变量一个图。依然分别采用两个调节变量分别取加/减一个标准差代表调节变量取高值、低值制作调节效应图。在本示例中,调节效应是不显著的,不需要制作调节效应图,但为了做演示,我们仍以它为例,来制作调节效应图。因为在单调节模型部分,我们已经演示了以控制点为调节变量的调节效应图绘法,双调节模型部分虽然系数发生了改变,但绘法是一样的。为了保持简洁,本部分不再赘述,读者可以自行参考单调节模型部分的绘图来制作调节效应图。

第六步,简单斜率检验。

绘图完成后,同样需要进行简单斜率检验,即对图中两条线的斜率是否显著不为 0 进行检验。双调节模型中需要对两个调节变量分别进行简单斜率检验,每个调节变量的简单斜率检验和单调节模型简单斜率检验部分内容完全一致,此处不再赘述。

3.3.3 双调节模型的论文汇报示例

在单调节模型部分我们已对图表的内容构成进行了介绍,本部分我们直接

第3章 调节效应的检验、结果解读与汇报

介绍如何汇报模型检验的结果。汇报时首先需要给出层级回归系数表并对表中的数据进行解释,接下来如果调节效应显著,则需要制作调节效应图并汇报简单斜率。由于汇报方式基本相同,因此我们以 Malik et al.(2015)的研究为例来进行说明。

Malik et al.(2015)的研究是为了探究创新自我效能(Creative self-efficacy)、奖励重要性(Importance of extrinsic rewards)对外部奖励(Extrinsic rewards for creativity)与个体创新绩效(Creative performance)之间关系的调节效应,并假设:对于高创新自我效能的个体,外部奖励对个体创新绩效具有正向激励作用;对于看重奖励的个体,外部奖励对个体创新绩效具有正向激励作用。

研究模型和检验方法介绍

该文中,作者对研究假说进行了简要的介绍:

> Hypotheses 1 and 2 propose that the effects of rewards on creative performance would be positive for employees with high creative self-efficacy, whereas the same effect would be negative for those with low creative self-efficacy. These hypotheses were tested by hierarchical regression analysis in which the interaction term was introduced after entering the control variables and the main effects of the interacting variables (Model 3, Table 2). All of the variables involved in the interaction terms were centered to reduce the problem of multicollinearity (Aiken and West, 1991).

Table 2. Moderated effects of extrinsic rewards on creative performance.

Independent variables	Outcome variable: employee creative performance				
	Model 1	Model 2	Model 3	Model 4	Model 5
Education	0.06	0.09	0.10	0.02	0.07
Job experience	0.08	0.09	0.05	0.13	0.09
Industry	0.04	0.01	0.01	0.01	−0.01
Hierarchical position	0.01	0.01	0.05	−0.03	0.02
Extrinsic rewards for creativity	0.01		−0.02	−0.02	−0.04
Intrinsic motivation		0.35***			
Creative self-efficacy (CSE)			0.27***		0.24**
Extrinsic rewards × CSE			0.21**		0.19**
Importance of extrinsic rewards				0.21**	0.17*
Extrinsic rewards × importance of extrinsic rewards				0.23**	0.20**
R^2	0.01	0.13***	0.14**	0.10**	0.20***

*$p < 0.05$; **$p < 0.01$; ***$p < 0.001$.

本书作者注:其中 Model 2 中的内部动机为其他假设中的变量,与本书示范的内容无关。

即该文重申了假设 1 和假设 2。假设 1 和假设 2 提出,对于高创新自我效能的个体,外部奖励对创新绩效有正向激励作用,对于低创新自我效能的个体,外部奖励对创新绩效有负向激励作用。假设是用层级回归来检验的,表 2 的模

型 3 中将控制变量、自变量和调节变量的主效应控制后,加入乘积项后做层级回归。所有涉及乘积项的变量都中心化了,用以降低多重共线性。

创新自我效能调节效应检验结果汇报

该文汇报:

The results suggested that creative self-efficacy was a significant predictor of creative performance ($\beta = 0.27$, $p < 0.001$), and it significantly moderated the relationship between extrinsic rewards and creative performance ($\beta = 0.21$, $p < 0.01$). Figure 2 graphically represents the pattern of this significant interaction by comparing two sub-groups formed at one standard deviation above and below the mean values of the moderator (Anderson, 1986). This simple slope analysis (Aiken and West, 1991) revealed that the relationship between extrinsic rewards and creative performance was positive for employees with high creative self-efficacy ($\beta = 0.20$, $p < 0.05$), whereas the relationship was negative for those with low creative self-efficacy ($\beta = -0.22$, $p < 0.05$). This interaction pattern is consistent with Hypotheses 1 and 2.

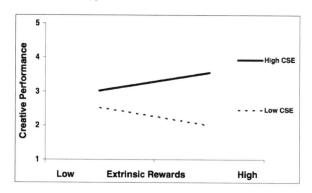

Figure 2. Moderation of the extrinsic rewards–creative performance relationship by creative self-efficacy (CSE)

即从模型 3 可以看出,创新自我效能的主效应显著,调节效应也显著。图 2 为调节变量取加/减一个标准差绘制的调节效应图。简单斜率分析结果表明,对于高创新自我效能的个体,外部奖励有正向激励作用($\beta = 0.20$, $p < 0.05$);对于低创新自我效能的个体,外部奖励有负向激励作用($\beta = -0.22$, $p < 0.05$)。假设 1 和假设 2 得证。

该文汇报:

Hypothesis 3 proposes the moderating role of the perceived importance of extrinsic rewards; that is, the effects of rewards on creative performance would be positive for employees who regard these rewards to be important. The importance of extrinsic rewards demonstrates both a significant main effect and a significant interaction with extrinsic rewards ($\beta = 0.21$ and 0.23, respectively, both $p<0.01$, see Model 4, Table 2). As shown in Figure 3, extrinsic rewards have a significant positive effect on the creative performance of employees who perceived the rewards as important ($\beta = 0.22$, $p<0.05$). Interestingly, although not hypothesized, the results likewise revealed that extrinsic rewards were negatively related to the creative performance of employees who did not perceive them to be important ($\beta = -0.27$, $p<0.05$). In sum, the overall interaction pattern supports Hypothesis 3.

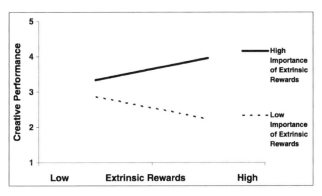

Figure 3. Moderation of the extrinsic rewards–creative performance relationship by the importance of reward

即假设3：奖励重要性的调节作用。对于感知奖励重要的员工，外部奖励对创新绩效有正向作用。模型4中显示奖励重要性的主效应和调节效应都显著。如图3所示，简单斜率分析表明，对于感知奖励重要的员工，外部奖励对创新绩效的影响为正；对于感知奖励不重要的员工，外部奖励对创新绩效的影响为负。假设3得证。

3.4 三阶交互调节模型的检验与汇报

3.4.1 三阶交互调节模型的介绍与解读

我们在这里举个例子来说明三阶交互调节模型：A公司实行了创新奖励，以期提高公司的创新动力。但创新奖励实施后，A公司发现其只对部分员工有激励作用。进一步调查发现,创新奖励对看重奖励并且当前经济状况紧张的员工激励作用最强;在员工不看重金钱,或者当前不缺钱的情况下,创新奖励的激励作用便没有那么强;在员工既不看重金钱又不缺钱的情况下,激励作用最弱。此时,我们便说创新奖励对创新动力的影响受到了奖励重要性感知和员工经济状况的联合调节。

这一案例就是一个典型的三阶交互调节模型,即创新奖励(自变量)对创新动力(因变量)的影响受到奖励重要性感知(调节变量1)和员工经济状况(调节变量2)两个变量的联合调节,如图3-42所示。

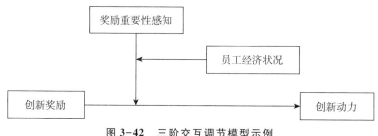

图 3-42　三阶交互调节模型示例

为了在论文中发展出这个模型,我们选取了发表在国际顶级期刊上的三篇论文来做示范,用以说明如果发展这样一个模型,需要做出哪些假设。同样,为了方便读者理解,我们只截取模型中和我们关注的三阶交互调节效应有关的假设。

根据选取的论文,总结的三阶交互调节模型发展过程如表3-3所示。

表 3-3　三阶交互调节模型发展过程总结:基于三篇论文

论文	模型	假设
Zhang and Zhou (2014)	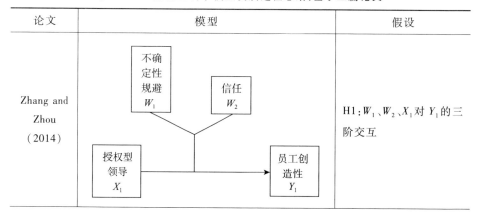	H1:W_1、W_2、X_1对Y_1的三阶交互

（续表）

论文	模型	假设
Reinholt et al.(2011)	知识分享能力 W_4；自主性动机 W_3；员工网络位置中心性 X_2 → 员工知识获得 Y_2、员工知识提供 Y_3	H1a: X_2 与 Y_2 正相关 H1b: X_2 与 Y_3 正相关 H2a: W_3 调节 X_2 与 Y_2 之间的关系 H2b: W_3 调节 X_2 与 Y_3 之间的关系 H3a: W_3、W_4、X_2 对 Y_2 的三阶交互 H3b: W_3、W_4、X_2 对 Y_3 的三阶交互
Gajendran and Joshi (2012)	团队分散性 W_5；与领导交流 W_6；领导成员关系 X_3 → 成员对团队决策的影响 Y_4	H1: W_5 调节 X_3 与 Y_4 之间的关系 H2: W_6 调节 X_3 与 Y_4 之间的关系 H3: W_5、W_6、X_3 的三阶交互

Zhang and Zhou(2014)只做出了三阶交互假设,具体假设如下:授权型领导(X_1)、不确定性规避(W_1)和对主管的信任(W_2)相互作用影响员工创造性(Y_1),具体来说,当不确定性规避和对主管的信任均高时,授权型领导对员工创造性的正向激励作用最强。

Reinholt et al.(2011)先对主效应做出了假设,接着又假设了调节变量的调节作用,最后做出了三阶交互假设。具体假设如下:①a员工网络位置中心性(X_2)与员工知识获得(Y_2)正相关;①b员工网络位置中心性(X_2)与员工知识提供(Y_3)正相关;②a当自主性动机(W_3)强时,员工网络位置中心性(X_2)与员工知识获得(Y_2)之间的正向关系被加强;②b当自主性动机(W_3)强时,员工网络位置中心性(X_2)与员工知识提供(Y_3)之间的正向关系被加强;③a员工网络位置中心性(X_2)、自主性动机(W_3)和知识分享能力(W_4)之间存在三阶交互,当三者都高时,员工知识获得(Y_2)最高;③b员工网络位置中心性(X_2)、自主性动机(W_3)和知识分享能力(W_4)之间存在三阶交互,当三者都高时,员工知识提供(Y_3)最高。

Gajendran and Joshi(2012)先对两个变量各自的调节效应做出了假设,然后又假设了三阶交互。具体假设如下:①团队分散性(W_5)调节了领导成员关系(X_3)与成员对团队决策的影响(Y_4)之间的关系,团队越分散,领导成员关系与成员对团队决策的影响之间的关系越强;②与领导交流(W_6)调节了领导成员关系(X_3)与成员对团队决策的影响(Y_4)之间的关系,交流频率越高,领导成员关系与成员对团队决策的影响之间的关系越强;③领导成员关系(X_3)与成员对团队决策的影响(Y_4)之间的关系会被团队分散性(W_5)、与领导交流(W_6)的频率联合调节,当与领导交流(W_6)的频率高时,随着团队分散性(W_5)增加,领导成员关系(X_3)与成员对团队决策的影响(Y_4)之间的关系增强;当与领导交流(W_6)的频率低时,团队分散性(W_5)对领导成员关系(X_3)与成员对团队决策的影响(Y_4)之间的关系没有调节作用。

从对上述三篇论文的总结中我们可以发现:①发展三阶交互假设,二阶交互假设和主效应假设都不是必要前提,如 Zhang and Zhou(2014)的研究既没有主效应假设又没有二阶交互假设,是否做出主效应假设和二阶交互假设视这些假设的重要性而定。②提出三阶交互假设有两种方式:第一种是阐明自变量与因变量之间的关系在两个调节变量分别取什么值时能够最强或最弱,如 Zhang and Zhou(2014)、Reinholt et al.(2011)的研究。第二种是说明第二个调节变量如何调节第一个调节变量的调节作用,即在调节变量 2 取高值时,调节变量 1 对主效应调节的强/弱;在调节变量 2 取低值时,调节变量 1 对主效应调节的弱/强,如 Gajendran and Joshi(2012)的研究。

3.4.2 三阶交互调节模型的检验原理与检验方法

3.4.2.1 检验原理

三阶交互也是用乘积项来体现交互作用,此时方程式为:

$$Y = \beta_0 + \beta_1 X + \beta_2 W_1 + \beta_3 W_2 + \beta_4 X W_1 + \beta_5 X W_2 + \beta_6 W_1 W_2 + \beta_7 X W_1 W_2 + e_1$$

其中,$\beta_7 X W_1 W_2$ 便是三阶交互作用,如果 β_7 显著,则说明三阶交互作用存在。需要注意的是,当计算更高层次的交互作用时,低层次交互作用应一并在模型中进行计算,目的是进行控制。在控制了更低层次的交互作用之后,高层次的交互作用很不容易显著(姜嬿和罗胜强,2012)。

3.4.2.2 检验方法

单纯的三阶交互检验因为只有一个方程式,所以依然可以采用 SPSS 24.0 进行。本部分依然采用数据文件 modexample.xlxs,以"控制点"与"工作压力"联合调节“工作重要性”对“积极工作行为”的影响为研究示例，如图 3-43 所示。我们假设个体控制点越高、工作压力越小，工作重要性对积极工作行为的正向作用越强。

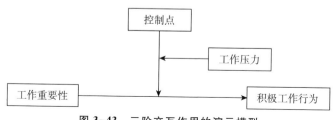

图 3-43　三阶交互作用的演示模型

具体步骤如下：

第一步，在 Excel 中整理数据。

图 3-44 为整理出来的原始数据。在该 Excel 中，各变量即工作重要性(X)、积极工作行为(Y)、控制点(W_1)、工作压力(W_2)分别整理成一列，如图 3-44 所示。①

	A	B	C	D	E	F	G
1	编号	性别	工作重要性	积极工作行为	控制点	工作压力	
2	1	0	13	11	11	59	
3	2	1	13	10	11	50	
4	3	0	12	9	11	37	
5	4	0	10	12	11	46	
6	5	0	15	10	11	48	
7	6	0	16	12	13	60	
8	7	0	15	14	13	42	
9	8	0	18	10	10	50	
10	9	0	15	12	12	60	
11	10	1	20	12	12	37	

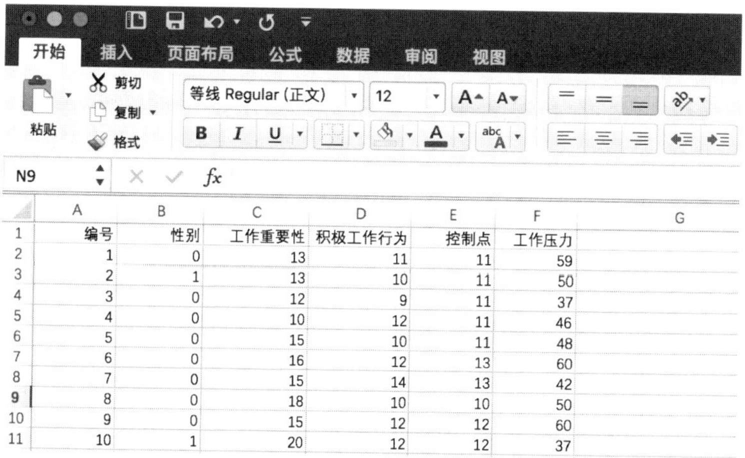

图 3-44　示范研究模型的调节效应数据整理

第二步，在 Excel 中计算自变量与各调节变量乘积项。

首先需要将控制变量性别、工作重要性(X)、控制点(W_1)、工作压力(W_2)中心化，然后分别计算四个乘积项 XW_1、XW_2、W_1W_2、XW_1W_2。鉴于之前已经演示过如何进行中心化和构造乘积项，在此不再演示过程中的每一个步骤。生成的乘积项如图 3-45 所示。

① 演示数据见本章附录材料 3：三阶交互文件夹中的附录材料 3-1 三阶交互演示数据.xlsx。

图 3-45　示范研究模型的三阶交互乘积项

第三步，在 SPSS 中估计自变量与调节变量乘积项的回归系数 β_4、β_5、β_6、β_7。

在此例中我们要估算的方程为：

$Y = \beta_0 + \beta_1$ 工作重要性 $+ \beta_2$ 控制点 $+ \beta_3$ 工作压力 $+ \beta_4$ 工作重要性×控制点 $+ \beta_5$ 工作重要性×工作压力 $+ \beta_6$ 控制点×工作压力 $+ \beta_7$ 工作重要性×控制点×工作压力 $+ e_1$

首先导入数据并修改数据类型，和前面一样，此处不再演示。同样，我们采用层级回归，首先点击菜单栏中的"分析"—"回归"—"线性"，如图 3-46 所示。

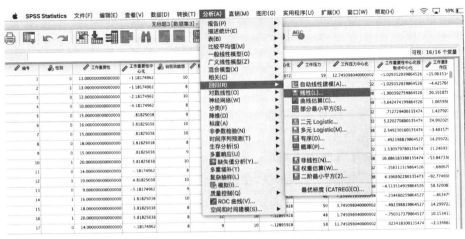

图 3-46　打开 SPSS 中的层级回归

第 3 章　调节效应的检验、结果解读与汇报

然后在第一层中放入因变量"积极工作行为"和控制变量"性别中心化"，如图 3-47 所示。

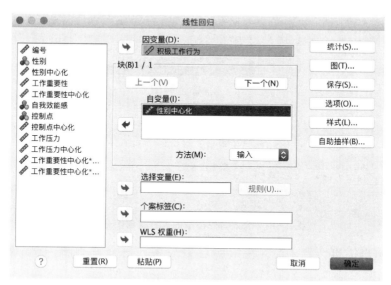

图 3-47　示范研究模型的第一层回归分析

点击按钮"下一个"，在第二层中放入所有的一阶变量，如图 3-48 所示。

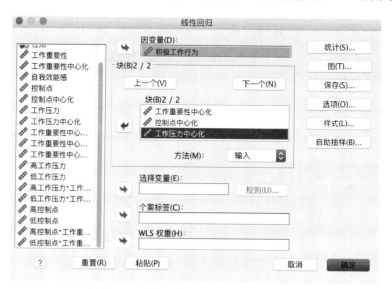

图 3-48　示范研究模型的第二层回归分析

点击按钮"下一个"，在第三层中放入 3 个二阶交互乘积项，如图 3-49 所示。

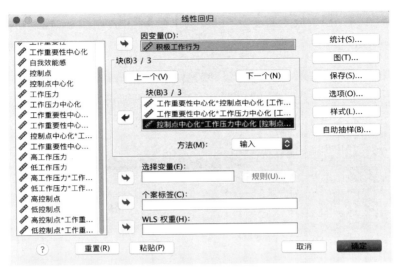

图 3-49　示范研究模型的第三层回归分析

再点击按钮"下一个",在第四层中放入三阶交互乘积项,如图 3-50 所示。

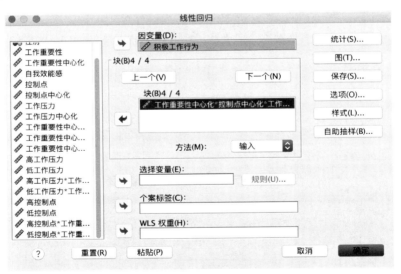

图 3-50　示范研究模型的第四层回归分析

完成以上操作后,点击右边的第一个"统计"按钮,根据回归分析的需要勾选相应统计选项。选择这些统计项的原因和单调节模型相同,一方面可以看出 R 方的变化,另一方面描述统计中的均值、标准差在后面可以用到,如图 3-51 所示。

第 3 章　调节效应的检验、结果解读与汇报

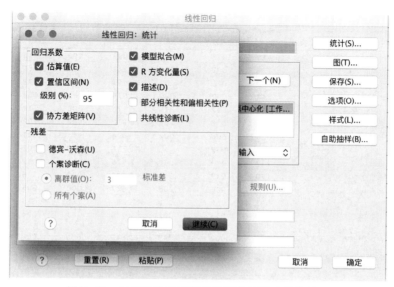

图 3-51　勾选三阶交互调节模型分析输出的统计量

第四步，查看调节效应检验的分析结果。

对于三阶交互，我们首先需要查看 XW_1、XW_2、XW_1W_2 的系数 β_5、β_6 和 β_7。从输出的回归系数表中我们可以看到，三阶交互乘积项是不显著的，2 个二阶交互乘积项也是不显著的。工作重要性中心化×控制点中心化的系数 $\beta_5 = 0.000$，$t = 0.011$，$p = 0.991$；工作重要性中心化×工作压力中心化的系数 $\beta_6 = 0.003$，$t = 1.770$，$p = 0.077$；三阶交互乘积项工作重要性中心化×控制点中心化×工作压力中心化的系数 $\beta_7 = -0.001$，$t = -0.642$，$p = 0.521$，如图 3-52 所示。[①]

接着我们来看 R 方，如图 3-53 所示。第一、二、三、四个模型的 R 方分别为 0.006、0.121、0.124、0.124，调整后 R 方分别为 0.005、0.118、0.119、0.119，R 方变化量为 0.006、0.115、0.003、0.000。说明控制变量性别单独解释了积极工作行为 0.6%的变异，工作重要性、控制点、工作压力 3 个主效应分别解释了积极工作行为 11.5%的变异，而 3 个二阶交互乘积项工作重要性×控制点、工作重要性×工作压力、控制点×工作压力只解释了积极工作行为 0.3%的变异，单独的三阶交互乘积项几乎不能解释积极工作行为的变异（R 方变化量为 0）。F 变化量的显著性分别为 $p = 0.004$，$p < 0.001$，$p = 0.206$，$p = 0.521$，说明前两个模型加入预测变量后 R 方变化量是显著的，而模型 3 加入 3 个二阶交互乘积项、模型 4 加入 1 个三阶交互乘积项后 R 方变化量均不显著。

[①] 演示数据见本章附录材料 3：三阶交互文件夹中的附录材料 3-2 三阶交互数据演示结果.spv。

系数ᵃ

模型		未标准化系数 B	标准误差	标准化系数 Beta	t	显著性	B 的 95.0% 置信区间 下限	上限
1	(常量)	10.410	.048		218.032	.000	10.316	10.504
	性别中心化	.276	.097	.078	2.846	.004	.086	.466
2	(常量)	10.410	.045		231.591	.000	10.322	10.498
	性别中心化	.242	.092	.068	2.635	.009	.062	.422
	工作重要性中心化	.148	.017	.229	8.578	.000	.114	.182
	控制点中心化	.279	.036	.208	7.710	.000	.208	.350
	工作压力中心化	.000	.006	.002	.074	.941	-.011	.012
3	(常量)	10.394	.047		221.718	.000	10.302	10.486
	性别中心化	.237	.092	.067	2.576	.010	.057	.417
	工作重要性中心化	.150	.017	.231	8.623	.000	.116	.184
	控制点中心化	.276	.036	.206	7.627	.000	.205	.348
	工作压力中心化	-.002	.006	-.008	-.280	.780	-.013	.010
	工作重要性中心化*控制点中心化	.001	.013	.002	.074	.941	-.024	.026
	工作重要性中心化*工作压力中心化	.003	.002	.049	1.819	.069	.000	.007
	控制点中心化*工作压力中心化	-.005	.004	-.030	-1.156	.248	-.013	.003
4	(常量)	10.396	.047		221.512	.000	10.304	10.488
	性别中心化	.234	.092	.066	2.535	.011	.053	.414
	工作重要性中心化	.148	.018	.229	8.442	.000	.114	.183
	控制点中心化	.279	.036	.208	7.652	.000	.207	.350
	工作压力中心化	-.001	.006	-.007	-.247	.805	-.013	.010
	工作重要性中心化*控制点中心化	.000	.013	.000	.011	.991	-.025	.025
	工作重要性中心化*工作压力中心化	.003	.002	.048	1.770	.077	.000	.007
	控制点中心化*工作压力中心化	-.004	.004	-.025	-.909	.363	-.013	.005
	工作重要性中心化*控制点中心化*工作压力中心化	-.001	.001	-.018	-.642	.521	-.003	.002

a. 因变量：积极工作行为

图 3-52　三阶交互调节模型的回归系数表

模型摘要

模型	R	R 方	调整后 R 方	标准估算的误差	R 方变化量	F 变化量	自由度 1	自由度 2	显著性 F 变化量
1	.078ᵃ	.006	.005	1.739	.006	8.100	1	1324	.004
2	.348ᵇ	.121	.118	1.637	.115	57.608	3	1321	.000
3	.352ᶜ	.124	.119	1.636	.003	1.527	3	1318	.206
4	.353ᵈ	.124	.119	1.636	.000	.412	1	1317	.521

a. 预测变量：(常量), 性别中心化
b. 预测变量：(常量), 性别中心化, 工作压力中心化, 工作重要性中心化, 控制点中心化
c. 预测变量：(常量), 性别中心化, 工作压力中心化, 工作重要性中心化, 控制点中心化, 控制点中心化*工作压力中心化, 工作重要性中心化*控制点中心化, 工作重要性中心化*工作压力中心化
d. 预测变量：(常量), 性别中心化, 工作压力中心化, 工作重要性中心化, 控制点中心化, 控制点中心化*工作压力中心化, 工作重要性中心化*控制点中心化, 工作重要性中心化*工作压力中心化, 工作重要性中心化*控制点中心化*工作压力中心化

图 3-53　三阶交互调节模型检验中 R 方的查看

第五步，制作调节效应图。

当调节作用显著时，我们需要制作调节效应图来说明调节变量是如何调节

自变量与因变量之间关系的。三阶交互调节效应图需要绘出两个调节变量在分别取高值、低值（分为高高、高低、低高、低低共四种情况）时，自变量对因变量的简单斜率。我们依然采用两个调节变量分别取加/减一个标准差代表调节变量取高、低值时制作调节效应图。在本示例中，调节效应是不显著的，不需要制作调节效应图。但为了做演示，我们仍以它为例，来制作调节效应图。

我们推荐采用李超平等人在 OBHRM 网站[①]上根据国外调节效应绘图方法制作的绘图模板来制作三阶交互调节效应图。[②] 在该网站上，读者可以直接下载 Excel 绘图模板。在这个模板中制作三阶交互调节效应图，主要分为两步：

第一，修改设置。打开绘图模板后，先对表格中的语言、调节变量类型、图形类型、数据通过点击右边的小三角"menu"下拉列表来进行设置。具体来说，语言方面可以选择是绘英文图还是中文图，我们希望绘中文图，因此选择"Chinese"；调节变量类型方面，对于三阶交互调节模型而言，有"控制点"和"工作压力"两个调节变量，且为连续变量，因此选择"2 连续变量"；图形类型方面，我们希望绘出自变量与调节变量分别取高值和低值的"2×2"交互，因此选择"2×4 图形-三因素"；数据方面，我们是去中心化处理的，因此选择"原始数据或去中心化数据"。修改好后点击"修改设置并输入数据"，即可到绘图界面，如图 3-54 所示。

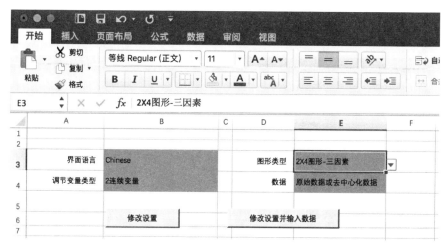

图 3-54 三阶交互调节效应绘图的第一步

---

① 网址 http://www.obhrm.net/index.php/ModFigure。
② 演示数据见本章附录材料 3：三阶交互文件夹中的附录材料 3-3 三阶交互画图.xlsm。

第二,输入信息。在绘图界面,只需在有填充色的部分输入必要的信息,包括图形的基本信息和各个参数,填写时图形就会自动跟着变化。

修改图形的基本信息。图形的基本信息如图 3-55 的 B3 至 B11 区域所示,不再赘述。

修改参数信息。参数信息分为两个区域,B14 至 B21 区域需要输入各变量的回归系数,C14 至 D16 区域需要输入自变量与调节变量的平均值和标准差,如图 3-55 所示。

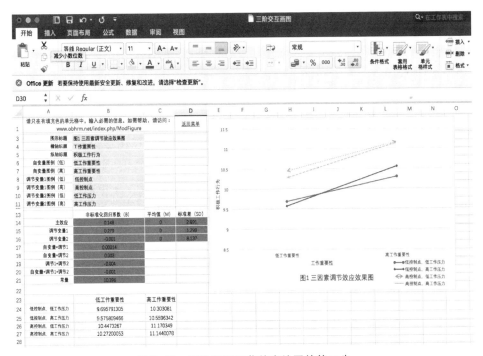

图 3-55　三阶交互调节效应绘图的第二步

B14 至 B21 区域输入的回归系数为最后一个总模型中的非标准化回归系数(不是标准化回归系数),在本示例中将图 3-52 中模型 4 的系数填入即可。主效应即为工作重要性的效应,系数为 0.148;调节变量 1 效应即为控制点的效应,系数为 0.279;调节变量 2 效应即为工作压力的效应,系数为-0.001;自变量×调节 1 即为工作重要性×控制点,系数为 0.00014;自变量×调节 2 即为工作重要性×工作压力,系数为 0.003;调节 1×调节 2 即为控制点×工作压力,系数为-0.004;自变量×调节 1×调节 2 即为工作重要性×控制点×工作压力,系数为-0.001,常量的系数为 10.396。

C14 至 D16 区域需要填入自变量与调节变量的平均值和标准差。平均值和标准差在刚才的计算过程中已经勾选计算过,SPSS 输出结果中第一个数据表便是,如图 3-56 所示,将对应变量的平均值、标准差复制过来即可。至此,Excel 表右边会自动出现我们需要的调节效应图。我们只需根据需要稍做修改(去掉背景横线等)便可复制到论文中。

描述统计

	平均值	标准偏差	个案数
积极工作行为	10.41	1.743	1326
性别中心化	-.00220170	.492870136	1326
工作重要性中心化	.000000003	2.69131354	1326
控制点中心化	.000000000	1.29933160	1326
工作压力中心化	.000000001	8.13721213	1326
工作重要性中心化*控制点中心化	.714118261	3.65053001	1326
工作重要性中心化*工作压力中心化	1.86392808	26.6370429	1326
控制点中心化*工作压力中心化	-1.8699760	10.9374561	1326
工作重要性中心化*控制点中心化*工作压力中心化	-1.4376784	41.9658848	1326

图 3-56　示例中各变量的描述统计结果

在本示例中我们假设在高控制点、低工作压力时,工作重要性对积极工作行为的正向激励作用最强,也就是图中最上面那条线应该是最陡的,但从图中来看,并没有这种趋势,四条线的斜率差不多,因此和三阶交互作用不显著的结果也是吻合的。为了进一步检验线之间斜率的差异,需要进一步做简单斜率检验。

第八步,简单斜率检验。

绘图完成后,需要做简单斜率检验。三阶交互中有两个调节变量,两个调节变量分别取加/减一个标准差时有四种组合(高高、高低、低高、低低),即存在四条简单斜率线。简单斜率检验即检验四条线的斜率是否显著不为 0,以及四条线两两之间斜率差异是否显著。我们同样可以采用 Jeremy Dawson[①] 的模板进行三阶交互中的简单斜率检验。以上文中控制点、工作压力调节工作重要性与积极工作行为之间的关系为例,利用 Jeremy Dawson 模板进行简单斜率检验的步骤如下:

下载模板

因为本示例是一个三阶线性交互,因此选择三阶线性交互模板"3-way linear interactions.xls",如图 3-57 所示。

---

① 参考网址 http://www.jeremydawson.co.uk/slopes.htm。

组织与管理实证研究方法实操:从入门到熟练

图 3-57 三阶交互简单斜率模板下载

输入绘图所需的参数

模板参数输入主要分为两个部分:上半部分(Additional Information for SIMPLE SLOPE TESTS 之前)输入后右边会输出相应的调节效应图,下半部分(Additional Information for SIMPLE SLOPE TESTS 之后)主要用于简单斜率检验,如图 3-58 所示。①

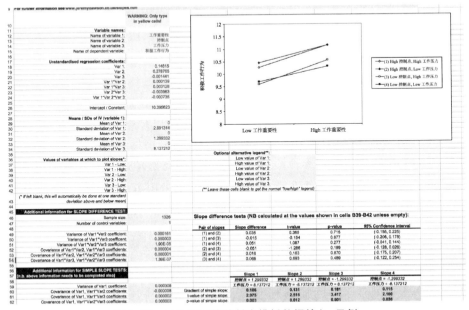

图 3-58 三阶交互简单斜率模板数据输入:示例

---

① 演示数据见本章附录材料 3:三阶交互文件夹中的附录材料 3-4 三阶交互简单斜率检验.xls。

上半部分"Variable names"中输入对应的变量名,其中,"Name of variable 1"输入自变量"工作重要性","Name of variable 2"与"Name of variable 3"分别输入两个调节变量"控制点"和"工作压力","Name of dependent variable"输入因变量"积极工作行为"。

"Unstandardised regression coefficients"中输入相应的非标准化回归系数,回归系数表如图 3-59 所示。其中,Var 1— Var 3 中分别输入变量 1"工作重要性中心化"、变量 2"控制点中心化"和变量 3"工作压力中心化"3 个变量的非标准化回归系数 0.14815、0.278765、-0.001441[①]。"Var 1 * Var 2""Var 1 * Var 3""Var 2 * Var 3"中分别输入"工作重要性中心化 * 控制点中心化""工作重要性中心化 * 工作压力中心化"和"控制点中心化 * 工作压力中心化"3 个二阶交互乘积项的非标准化回归系数 0.000139、0.003126、-0.003963,"Var 1 * Var 2 * Var 3"中输入三阶交互乘积项"工作重要性中心化 * 控制点中心化 * 工作压力中心化"的非标准化回归系数-0.000735。"Intercept/Constant"中输入常量的系数 10.395623。

系数^a

模型		未标准化系数		标准化系数	t	显著性
		B	标准误差	Beta		
1	(常量)	10.396	.047		221.512	.000
	性别中心化	.234	.092	.066	2.535	.011
	工作重要性中心化	.148	.018	.229	8.442	.000
	控制点中心化	.279	.036	.208	7.652	.000
	工作压力中心化	-.001	.006	-.007	-.247	.805
	工作重要性中心化*控制点中心化	.000	.013	.000	.011	.991
	工作重要性中心化*工作压力中心化	.003	.002	.048	1.770	.077
	控制点中心化*工作压力中心化	-.004	.004	-.025	-.909	.363
	工作重要性中心化*控制点中心化*工作压力中心化	-.001	.001	-.018	-.642	.521

a. 因变量:积极工作行为

图 3-59 非标准化回归系数表

"Means/SDs of IV (variable 1)"中输入变量的平均数和标准差,变量的平均数和标准差如图 3-60 所示。"Mean of Var 1""Standard deviation of Var 1""Mean of Var 2""Standard deviation of Var 2""Mean of Var 3""Standard deviation of Var 3"中分别输入"工作重要性""控制点"和"工作压力"的平均值、标准差,

---

① 图 3-59 是按照小数点后三位呈现结果的,实际操作中可以得到小数点后更多位的实际结果。

即分别对应 0.000000003、2.69131354、0.00000000、1.29933160、0.00000001、8.13721213。

描述统计

	平均值	标准偏差	个案数
积极工作行为	10.41	1.743	1326
性别中心化	-.00220170	.492870136	1326
工作重要性中心化	.000000003	2.69131354	1326
控制点中心化	.00000000	1.29933160	1326
工作压力中心化	.000000001	8.13721213	1326
工作重要性中心化*控制点中心化	.714118261	3.65053001	1326
工作重要性中心化*工作压力中心化	1.86392808	26.6370429	1326
控制点中心化*工作压力中心化	-1.8699760	10.9374561	1326
工作重要性中心化*控制点中心化*工作压力中心化	-1.4376784	41.9658848	1326

图 3-60 描述统计结果

"Values of variables at which to plot slopes"中输入在变量取什么值时绘图，如果为空白，则模板默认在变量取加/减一个标准差时绘图。本示例中希望在调节变量取加/减一个标准差时绘图，因此保留空白。"Optional alternative legend"中输入三个变量低和高时各自的坐标标签名，如果为空白，则会自动以变量名为名字，自动命名为"低变量名""高变量名"，如低工作重要性和高工作重要性。如果变量中有类别变量，此时可以在相应的位置指定标签，如变量 3 如果为性别，则"Low value of Var 3""High value of Var 3"中分别输入"男"和"女"。本示例中 3 个关键变量均为连续变量，均希望在变量高和变量低时绘图，因此保留空白。

计算简单斜率检验所需的参数

三阶交互的简单斜率分析分为两个部分："Additional information for SLOPE DIFFERENCE TEST"（斜率差异检验）和"Additional information for SIMPLE SLOPE TESTS"（简单斜率检验）。斜率差异检验主要是对四条线的斜率进行两两对比，简单斜率检验是检验每条线的斜率是否显著不为 0。

在进行简单斜率检验之前，我们需要首先计算简单斜率检验所需的参数。简单斜率检验所需的参数主要为自变量、二阶交互乘积项和三阶交互乘积项的方差，以及相应的协方差。在回归分析中，我们只需在回归分析时勾选统计选项中"协方差矩阵"即可，如图 3-61 所示。

输出的结果中会有一个方差表，从中便可读取相应系数的方差与协方差，如图 3-62 所示。

第 3 章 调节效应的检验、结果解读与汇报

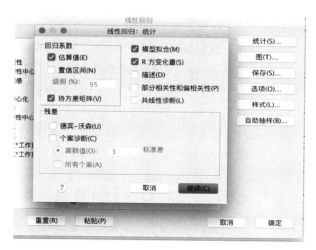

图 3-61　回归分析中计算系数方差与协方差

系数相关性^a

模型		工作重要性中心化*控制点中心化*工作压力中心化	工作重要性中心化*工作压力中心化	控制点中心化	性别中心化	工作重要性中心化*控制点中心化	工作重要性中心化	工作压力中心化	控制点中心化*工作压力中心化
1	相关性								
	工作重要性中心化*控制点中心化*工作压力中心化	1.000	.069	-.098	.057	.098	.143	-.050	-.301
	工作重要性中心化*工作压力中心化	.069	1.000	-.031	.010	.174	.069	-.223	-.064
	控制点中心化	-.098	-.031	1.000	.068	-.071	-.235	.199	.067
	性别中心化	.057	.010	.068	1.000	.021	-.091	.018	.036
	工作重要性中心化*控制点中心化	.098	.174	-.071	.021	1.000	-.038	.004	-.130
	工作重要性中心化	.143	.069	-.235	-.091	-.038	1.000	-.148	-.002
	工作压力中心化	-.050	-.223	.199	.018	.004	-.148	1.000	-.031
	控制点中心化*工作压力中心化	-.301	-.064	.067	.036	-.130	-.002	-.031	1.000
	协方差								
	工作重要性中心化*控制点中心化*工作压力中心化	1.311E-6	1.391E-7	-4.093E-6	6.006E-6	1.421E-6	2.864E-6	-3.341E-7	-1.502E-6
	工作重要性中心化*工作压力中心化	1.391E-7	3.119E-6	-2.025E-6	1.602E-6	3.908E-6	2.149E-6	-2.294E-6	-4.960E-7
	控制点中心化	-4.093E-6	-2.025E-6	.001	.000	-3.275E-5	.000	4.230E-5	1.064E-5
	性别中心化	6.006E-6	1.602E-6	.000	.008	2.415E-5	.000	9.742E-6	1.427E-5
	工作重要性中心化*控制点中心化	1.421E-6	3.908E-6	-3.275E-5	2.415E-5	.000	-8.371E-6	3.249E-7	-7.198E-6
	工作重要性中心化	2.864E-6	2.149E-6	.000	.000	-8.371E-6	.000	-1.511E-6	-1.315E-6
	工作压力中心化	-3.341E-7	-2.294E-6	4.230E-5	9.742E-6	3.249E-7	-1.511E-5	3.393E-5	-7.886E-7
	控制点中心化*工作压力中心化	-1.502E-6	-4.960E-7	1.064E-5	1.427E-5	-7.198E-6	-1.315E-7	-7.886E-7	1.900E-5

a. 因变量：积极工作行为

图 3-62　回归系数的方差和协方差结果

输入斜率差异检验所需的参数

在斜率差异检验部分"Sample size"中输入样本量 1 326，在"Number of control variables"中输入控制变量的个数 1。在"Variance of Var1 * Var2 coefficient"中输入二阶交互乘积项"工作重要性中心化×控制点中心化"系数的方差 0.000161，在"Variance of Var1 * Var3 coefficient"中输入二阶交互乘积项"工作重要性中心化×工作压力中心化"系数的方差 0.000003，在"Variance of Var1 *

Var2 * Var3 coefficient"中输入三阶交互乘积项"工作重要性中心化×控制点中心化×工作压力中心化"系数的方差1.90E-05,在"Covariance of Var1 * Var2, Var1 * Var3 coefficients"中输入二阶交互乘积项"工作重要性中心化×控制点中心化"与"工作重要性中心化×工作压力中心化"系数的协方差0.000004,在"Covariance of Var1 * Var2, Var1 * Var2 * Var3 coefficients"中输入二阶交互乘积项"工作重要性中心化×控制点中心化"与三阶交互乘积项"工作重要性中心化×控制点中心化×工作压力中心化"系数的协方差0.000001,在"Covariance of Var1 * Var3, Var1 * Var2 * Var3 coefficients"中输入二阶交互乘积项"工作重要性中心化×工作压力中心化"与三阶交互乘积项"工作重要性中心化×控制点中心化×工作压力中心化"系数的协方差1.39E-07。

斜率差异检验所需的方差和协方差输入后,后边会出现四条线的两两对比斜率差异的显著性检验,如图3-63所示。因为在本示例中,我们假设在个体控制点越高、工作压力越小时,工作重要性对积极工作行为的正向作用越强,即高控制点低工作压力[线(2)]的斜率大于其他三种情况下的斜率。但斜率差异检验发现,线(1)与线(2)的斜率没有显著差异($t=0.365$, $p>0.05$),线(2)与线(3)的斜率没有显著差异($t=-1.286$, $p>0.05$),线(2)与线(4)的斜率没有显著差异($t=0.163$, $p>0.05$),如图3-63所示,因此线(2)与其他三条线的斜率没有显著差异,假设没有得到支持。读者可以根据自己的需要,选择需要对比的斜率线,三阶交互假设中通常有两种对比情况:第一种是假设在两个调节变量分别取什么值时,自变量对因变量的影响最大,这种情况下是对比一条线与三条线的斜率;第二种是假设在第二个调节变量取不同的值时,第一个调节变量的调节效应会发生改变,这种情况下需要分别对比在第二个调节变量取高/低值时,第一个调节变量是否存在调节效应(两两对比)。

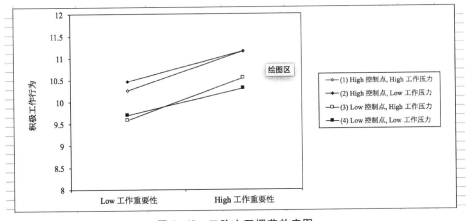

图3-63 三阶交互调节效应图

Pair of slopes	Slope difference	t-value	p-value	95% Confidence interval
(1) and (2)	0.035	0.365	0.715	(-0.155, 0.225)
(1) and (3)	-0.015	-0.154	0.877	(-0.208, 0.178)
(1) and (4)	0.051	1.087	0.277	(-0.041, 0.144)
(2) and (3)	-0.051	-1.286	0.199	(-0.128, 0.026)
(2) and (4)	0.016	0.163	0.870	(-0.175, 0.207)
(3) and (4)	0.066	0.693	0.489	(-0.122, 0.254)

图 3-64 三阶交互斜率差异检验

输入简单斜率分析所需的参数

三阶交互调节效应检验的简单斜率分析最后一个部分是对每条线的斜率是否显著不为0进行简单斜率分析。在"Additional information for SIMPLE SLOPE TESTS"部分依次在"Variance of Var1 coefficient"中输入变量1"工作重要性中心化"系数的方差0.000308,在"Covariance of Var1,Var1 * Var2 coefficients"中输入"工作重要性中心化"与二阶交互乘积项"工作重要性中心化×控制点中心化"系数的协方差-0.000008,在"Covariance of Var1,Var1 * Var3 coefficients"中输入"工作重要性中心化"与二阶交互乘积项"工作重要性中心化×工作压力中心化"系数的协方差0.000002,在"Covariance of Var1,Var1 * Var2 * Var3 coefficients"中输入"工作重要性中心化"与三阶交互乘积项"工作重要性中心化×控制点中心化×工作压力中心化"系数的协方差0.000003,如图3-65所示。

Additional information for SIMPLE SLOPE TESTS: (n.b. above information needs to be completed also)			Slope 1	Slope 2	Slope 3	Slope 4
			控制点 = 1.299332 工作压力 = 8.137212	控制点 = 1.299332 工作压力 = -8.137212	控制点 = -1.299332 工作压力 = 8.137212	控制点 = -1.299332 工作压力 = -8.137212
Variance of Var1 coefficient:	0.000308	Gradient of simple slope:	0.166	0.131	0.181	0.115
Covariance of Var1, Var1*Var2 coefficients:	-0.000008	t-value of simple slope:	2.975	2.516	3.417	2.100
Covariance of Var1, Var1*Var3 coefficients:	0.000002	p-value of simple slope:	0.003	0.012	0.001	0.036
Covariance of Var1, Var1*Var2*Var3 coefficients:	0.000003					

图 3-65 三阶交互简单斜率分析

数据输入完成后,右边会出现四条线简单斜率检验的结果,即四条线的斜率与0是否有显著差异。由结果可知,四条线的斜率均显著为正,说明无论控制点是高还是低,工作压力是大还是小,工作重要性均能显著正向影响积极工作行为。控制点和工作压力不能调节工作重要性对积极工作行为的影响。

3.4.3 三阶交互调节模型的论文汇报示例

三阶交互调节模型的结果汇报同样需要给出层级回归系数表并加以说明,如果调节效应显著,则也需要创作调节效应图并汇报简单效应。由于汇报方式基本相同,因此我们以 Gajendran and Joshi(2012)的研究为例来进行说明。

Gajendran and Joshi(2012)的研究假设3是领导成员关系与成员对团队决

策的影响之间的关系会被团队分散性、与领导交流频率联合调节,当与领导交流频率高时,随着团队分散性的增强,领导成员关系与成员对团队决策的影响之间的关系增强;当与领导交流频率低时,团队分散性对领导成员关系与成员对团队决策的影响之间的关系没有调节作用,即团队分散性的调节作用受到了与领导交流频率的调节。

层级回归系数汇报

Gajendran and Joshi(2012)首先汇报了层级回归系数表,如图3-66所示。

Table 3
Results of Hierarchical Linear Modeling Analyses for the Tests of Hypotheses 1–3

Variable	Member influence on team decisions models				
	1	2	3	4	5
Intercept	3.67**	3.67**	3.67**	3.62**	3.63**
Controls					
Team member age	.00	.00	.00	.00	.00
Team member gender (male = 0; female = 1)	.19	.18	.20	.12	.10
Tenure with team leader (years)	−.04	−.02	−.02	−.02	−.02
Team size (Level 2)	−.03	−.02	−.05	−.05	−.05
Team face-to-face communication (Level 2)	−.14†	−.09	.05	−.02	−.04
Main effects					
LMX		.36**	.35**	.37**	.37**
Communication frequency with team leader			.20*	.16†	.17†
Team dispersion			.18*	.15†	.08
Two-way interactions					
LMX × Communication Frequency With Team Leader				.33**	.27*
LMX × Team Dispersion				.09	.13
Team Dispersion × Communication Frequency With Team Leader				−.24*	−.29*
Three-way interaction					
LMX × Communication Frequency With Team Leader × Team Dispersion					.25*
Pseudo R^2	.20	.34	.36	.40	.44
Deviance statistic	304.7	278.6	267.9	255.1	247.4

Note. $N = 167$. LMX = leader–member exchange.
† $p < .10$. * $p < .05$. ** $p < .01$.

图3-66 Gajendran and Joshi(2012)三阶交互调节模型回归系数表

该文汇报:

> Hypothesis 3 posited that the LMX's positive relationship with member influence on team decisions would be jointly moderated by team dispersion and communication frequency. Specifically, it proposed that when communication frequency was high, the relationship would be stronger as team dispersion increased. When communication frequency was low, there would be no effect of dispersion on the LMX-member influence relationship. This hypothesis was supported. First, the coefficient of the three-way interaction term among LMX, team dispersion, and communication frequency was significant (.25, $p < .05$)

即假设3三阶交互:领导成员关系与员工对团队决策的影响之间的关系会被团队分散性和与领导交流频率联合调节,当与领导交流频率高时,两者之间的关系会随着团队分散性的增强而增强;当与领导交流频率低时,两者之间的关系不受团队分散性影响。在模型5中,三阶交互乘积项领导成员关系×团队分散性×与领导交流频率的系数显著,说明三阶交互作用存在。

三阶交互调节效应图汇报

该文对三阶交互调节效应图的结果进行了介绍和汇报,具体如下:

> Next, to further clarify the nature of the three-way interaction, we plotted it at high and low levels (1 SD above and below the mean) of each of the predictors using procedures outlined by Aiken and West (1991; see Figure 2). The pattern of slopes displayed in Figure 2 supports Hypothesis 3—when communication frequency was high, the slope of the LMX-member influence regression line was more positive when team dispersion was high. Further, the pattern of slopes displayed in Figure 2 suggests that team dispersion did not affect the strength of the LMX-member influence relationship when leader-member communication frequency was low.

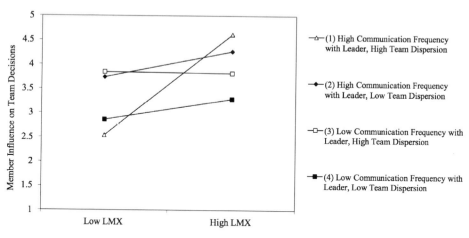

Figure 2. Three-way interaction among leader–member exchange (LMX), team dispersion, and communication frequency with team leader predicts member influence on team decisions.

即取加/减一个标准差绘制调节效应图,如图2所示。三阶交互调节效应图的模式支持了假设3,当与领导交流频率高时,只看图中交流频率高时的两条线,即(1)、(2),团队成员分散性越强,领导成员关系与成员对团队决策的影响之间的关系更强[简单斜率线(1)>(2)];当与领导交流频率低时,只看图中交流频率低时的两条线,即(3)、(4),二者无交叉,且偏向于平行,说明在与领导交流频率低的情况下,团队分散性不会调节领导成员关系与成员对团队决策的影响之间的关系。

斜率差异检验汇报

该文对斜率差异检验的结果进行了汇报,具体如下:

> Slope difference tests also confirmed the patterns put forward in Hypothesis 3 (Aiken & West, 1991; Dawson & Richter, 2006). There was a significant difference between the slope of the high communication frequency-high team dispersion regression line and the slope of each of the regression lines for all the other three conditions; its slope was significantly steeper (more positive) than any of other three slopes. Moreover, none of the slopes of the regression lines for the other three conditions were significantly different from each other.

即斜率差异检验结果也支持了假设3。高与领导交流频率—高团队分散性情况下的斜率和另外三条线的斜率都有显著差异,说明(1)和(2)亦有显著差异,即在与领导交流频率高的情况下,团队分散性存在显著的调节作用。其他三条线之间的斜率没有显著差异,说明(3)和(4)之间也没有显著差异,即在与领导交流频率低的情况下,团队分散性不存在显著的调节作用。

该文的简单斜率分析是以标注的方式给出的:

> Simple slopes: high dispersion-high communication: 1.02, $p<.01$; high dispersion-low communication: .02, ns; low dispersion-high communication: .26, ns; low dispersion-low communication: .22, ns. Slope difference tests between conditions: high dispersion-high communication and high dispersion-low communication: $t=3.40$, $p<.01$; high dispersion-high communication and low dispersion-high communication: $t=2.33$, $p<.05$; high dispersion-high communication and low dispersion-low communication: $t=2.73$, $p<.01$

即文中分别介绍四条线的斜率,以及是否和0有显著差异。高团队分散性—高与领导交流频率情况与其他三种情况下的斜率相比,都有显著差异。

3.5 被中介的调节模型的检验与汇报

3.5.1 中介效应检验的一种新变化

因为被中介的调节在假设提出和统计检验部分均会用到中介部分的相关

知识,所以在正式介绍被中介的调节之前,我们有必要对与中介相关的知识进行回顾,以便过程中更好地理解被中介的调节。

中介效应探讨的是现象背后的机制,自变量 X 的变化引起 M 发生变化,从而导致 Y 发生变化,如图 3-67 所示。Baron and Kenney(1986)提出了四步法用以检验是否存在中介效应。

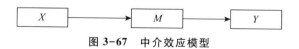

图 3-67 中介效应模型

按照 Baron and Kenney(1986)的做法,我们检验图 3-67 的模型需要四步:

(1)检验 X 对 Y 的效应。$Y=\beta_0+cX+e_1$,其中 c 代表 X 对 Y 的总效应,c 需要显著,如果不显著,则停止检验。

(2)检验 X 对 M 的效应。$M=\beta_1+aX+e_2$,其中 a 代表 X 对 M 的效应,a 需要显著,如果不显著,则停止检验。

(3)检验 M 对 Y 的效应。$Y=\beta_1+c'X+bM+e_3$,其中 b 代表 M 对 Y 的效应,c' 代表加入 M 后 X 对 Y 的直接效应,其中 b 需要显著,如果不显著,则停止检验。

(4)查看 c' 是否显著。在 a、b 显著的情况下,如果加入 M 后 c' 不显著,则说明 X 的效应被 M 完全传递了,直接效应已经不显著,被称为完全中介;如果 c' 相较于 c 只是显著性下降(如从 0.001 的显著性水平下降到 0.05 的显著性水平),但 c' 依然显著,则说明 X 的直接效应依然存在,只是部分效应由 M 传递,被称为部分中介,部分中介效应如图 3-68 所示。

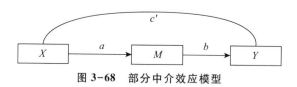

图 3-68 部分中介效应模型

$c-c'$ 代表加入 M 后 X 系数的减少量,即 X 通过 M 影响 Y 的效应量,被称为间接效应(Indirect Effect,注:很多英文文献将中介效应称为 Indirect Effect)。在回归分析中,$c-c'=a\times b$,间接效应量的大小为 $a\times b$(温忠麟,2012),即 X 影响 Y 的总效应等于直接效应 c' 加上间接效应 $a\times b$,即 $c=c'+a\times b$。也就是只需要证明 $a\times b$ 显著即可证明中介效应存在。

在相当长的一段时间里,研究者都采用 Baron and Kenney(1986)的四步法来检验中介效应,但他们后来发现,第一步检验 X 对 Y 的效应不仅不是必需的,反而会降低统计效力(Preacher et al., 2007)。具体来说,可能存在两种情况,使得中介效应存在($a \times b$ 显著),但自变量对因变量的影响(c)并不显著:第一种情况是存在多个中介,通过一个中介的路径为正,而通过另一个中介的路径为负,此时总的主效应是不存在的(c 不显著);第二种情况是可能有抑制变量(Suppressor)使主效应不显著,但中介效应确实存在。

具体来说,当 $a \times b$ 与 c' 的符号不一致时,抑制效应就产生了。抑制效应有两种抑制情况:一种是负抑制正效应,另一种是正抑制负效应。我们分别举一个例子说明抑制变量是如何抑制主效应的。负抑制正效应,如图 3-69 所示,其中 X 到 M 的系数 a 为 0.4,M 到 Y 的系数 b 为 -0.6,此时 $a \times b = -0.24$,而 $c' = 0.3$,此时 $c = a \times b + c' = 0.06$。在这种情况下,$M$ 可能确实传递了 X 对 Y 的影响(假设 $a \times b = -0.24$ 显著),在其中起到了中介作用,但如果先检验 c,则 $c(= 0.06)$ 可能并不显著,如果按照四步法则不能进行中介效应检验,失去了探测中介效应的机会。正抑制负效应,如图 3-70 所示,其中 X 到 M 的系数 a 为 0.4,M 到 Y 的系数 b 为 0.6,此时 $a \times b = 0.24$,而 $c' = -0.3$,此时 $c = a \times b + c' = -0.06$。在这两种情况下,因为抑制变量 M 的存在,降低了主效应的显著性,使得主效应不显著,但此时的 M 可能确实是 X 与 Y 之间的中介变量。

图 3-69 负抑制正效应　　　　图 3-70 正抑制负效应

鉴于以上原因,目前检验中介效应时有一种趋势,即不用检验第一步,直接采用路径分析 $a \times b$ 即可(MacKinnon et al.,2002)。后续部分中介绍模型发展过程与检验过程都需要用到这一结论。

3.5.2 被中介的调节模型的介绍与解读

我们举个例子来说明被中介的调节模型:因为工作时间太长(员工工作时间从 10 小时到 16 小时不等),A 公司员工的离职率很高。在经过一系列整改后,公司引进了一套加薪制度,即如果员工每天工作时间超过 8 小时,则超过 8 小时的工作时间按双倍工资计算。在新制度引进后,员工的离职率明显降低,说明新制度很好地削弱了工作时长与离职率之间的关系。而新制度之所以能够调节及缓和工作时长对离职率的影响,是因为加薪制度对员工的心理进行了补偿,降低了工作时长对员工满意度的负面影响。如图 3-71 所示,加薪制度能调节工作时长与离职率的关系,这种调节作用是通过先调节员工的工作满意度,然后通过工作满意度传递的。此时,我们便说工作满意度中介了加薪制度的调节作用。

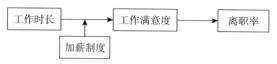

图 3-71 被中介的调节模型示例

被中介的调节效应是调节效应与中介效应的结合。关于中介效应的基础知识,具体可以参见第 2 章的相关内容。如果调节效应通过中介变量起作用,换言之,中介变量传递了调节效应(刘东等,2012),即 XW 通过 M 来影响 Y(X 是自变量,W 是调节变量,M 是中介变量)(温忠麟等,2006),那么此时我们就称 W 的调节效应被 M 中介。本部分被中介的调节以及下一部分被调节的中介均以刘东等(2012:553-587)提出的分类作为分类标准。

被中介的调节可分为两种类型:一种是自变量和调节变量的交互效应通过中介变量传递,称为类型 I 被中介的调节效应,如图 3-72 所示。类型 I 被中介的调节效应又可分为两种类型,类型 a 是 W 的调节作用被 M 中介(见图 3-72),类型 b 是 W 与 X 的交互作用被 M 中介(见图 3-73)。二者之所以都被归为类型 I 被中介的调节效应,是因为它们在数理统计上的方法完全一样,都表达的是 XW 这个交互项通过 M 传递影响 Y。但二者之间也有本质的差异,调节作用中 X 和 W 有主次之分,构建理论时会先说 X 存在主效应,再说 W 会调节 X 的主效应;而交互作用中 X 和 W 没有主次之分,二者可以互换。比如,弹性工时(X)的实施能够显著降低离职率(Y),性别(W)在其中起到了调节作用,对于女性,因为社会角色需要抽出更多的时间来照顾家庭,因此弹性工时对离职率的降低作用更明显;而对于男性,弹性工时的实施对离职率的降低作用有限。在这个例子中,弹性工时是自变量,性别是调节变量,构建理论时需要找出弹性工时影响离职率的理论,但如果将 X 和 W 互换,此时性别变为自变量,构建理论时则需要找出性别影响离职率的理论,此时二者不可互换。

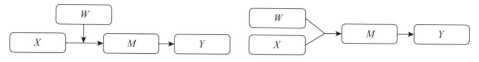

图 3-72 类型 I 被中介的调节效应 a   图 3-73 类型 I 被中介的调节效应 b

另一种是调节变量 W 的调节效应通过中介变量 M 传递,称为类型 II 被中介的调节效应,如图 3-74 所示。

图 3-74 类型 II 被中介的调节效应

3.5.3 被中介的调节模型的类型

3.5.3.1 类型Ⅰ被中介的调节模型

为了阐明类型Ⅰ被中介的调节模型发展过程,我们同样选取了三篇国际一流期刊论文作为示范讨论。根据选取的论文,总结的模型发展过程如表3-4所示。

表3-4 类型Ⅰ被中介的调节模型发展过程总结

论文	模型	假设
Wang et al.(2015)	工作不安全 X_1 → 工作投入 M_1 → 工作绩效 Y_1;组织公平 W_1 调节	H1:W_1调节 X_1 与 Y_1 之间的关系 H2a:W_1调节 X_1 与 M_1 之间的关系 H2b:W_1调节 X_1 与 Y_1 之间的关系是通过 M_1 起作用的
Luria and Berson (2013)	领导动机 X_2 → 团队行为 M_2 → 领导力涌现 Y_2;认知能力 W_2 调节	H1:X_2 和 Y_2 正相关 H2:X_2 和 M_2 正相关 H3:W_2 和 X_2 交互影响 M_2 H4:M_2 和 Y_2 正相关 H5:W_2 和 X_2 的交互作用被 M_2 中介
Bond et al. (2008)	工作重组干预 X_3 → 工作控制感知 M_3 → 心理压力缺勤水平动机提高 Y_3;心理弹性 W_3 调节	H1:X_3 对 Y_3 的影响 H2:W_3 和 X_3 交互影响 Y_3 H3:W_3 和 X_3 的交互作用被 M_3 中介

Wang et al.(2015)的研究中先假设了调节变量调节了自变量与因变量之间的关系,然后假设了调节变量调节了自变量与中介变量之间的关系,最后提出了被中介的调节假设。具体假设如下:①组织公平(W_1)调节工作不安全(X_1)与工作绩效(Y_1)之间的关系,在低组织公平时,工作不安全与工作绩效之间的负向关系更强;②a组织公平(W_1)调节工作不安全(X_1)与工作投入(M_1)之间的关系,在低组织公平时,工作不安全与工作投入之间的负向关系更强;②b工作投入(M_1)会中介工作不安全(X_1)、组织公平(W_1)交互项对工作绩效(Y_1)的影响。

第 3 章　调节效应的检验、结果解读与汇报

Luria and Berson(2013)的研究中先假设了自变量与因变量之间的关系、自变量与中介变量之间的关系,然后假设了第一阶段的调节效应,接着假设了中介变量与因变量之间的关系,最后提出了被中介的调节假设。具体假设如下:①领导动机(X_2)与领导力涌现(Y_2)正相关;②领导动机(X_2)与团队行为(M_2)正相关;③认知能力(W_2)和领导动机(X_2)交互影响团队行为(M_2),相较于低认知能力,在认知能力(W_2)高时,领导动机(X_2)与团队行为(M_2)之间的正向关系更强;④团队行为(M_2)与领导力涌现(Y_2)正相关;⑤认知能力(W_2)和领导动机(X_2)的交互作用被团队行为(M_2)中介。

Bond et al.(2008)先对主效应进行了假设,然后假设了调节效应,最后假设了调节效应会被中介变量中介。具体假设如下:①工作重组干预(X_3)会降低心理压力、缺勤水平并提高动机(Y_3);②工作重组干预(X_3)效应会被心理弹性(W_3)调节,对于高心理弹性(W_3)的个体,干预效果更好;③工作重组干预(X_3)和心理弹性(W_3)的交互作用被员工的工作控制感知(M_3)中介。

根据以上分析和总结,我们可以看出,在提出类型Ⅰ被中介的调节之前,研究者所提出的研究假设并不统一,既有对自变量与中介变量、因变量之间的关系做出假设,又有对调节效应做出假设。虽然研究者们并未达成统一,但我们还是建议在做被中介的调节假设之前尽量对路径 a、b 做出假设。在类型Ⅰ被中介的调节中,a 即为 XW 如何影响 M,b 即为控制自变量、调节变量和交互项后 M 与 Y 之间的关系。虽然前文中提到,一种观点认为在检验时只需要证明 $a \times b$ 显著即可证明被中介的调节效应存在,但因为没有对路径 a、b 做出单独的假设,所以可能会有 $a \times b$ 如无本之木之感。

另外需要说明的一点是,提出被中介的调节假设之前是否需要证明交互项对因变量存在显著的影响。温忠麟等(2006)认为,要检验被中介的调节效应需要证明:①调节效应存在;②调节效应可以通过中介变量传递。但刘东等(2012:553-587)则认为调节效应存在与否并非构建被中介的调节模型的必要条件。原因是:一方面,在计算被中介的调节效应的数理运算过程中,我们不使用证明调节效应存在的方程式便能证明是否存在被中介的调节效应;另一方面,按照三步法,我们以往认为,证明中介效应就必须证明自变量对因变量的显著影响(在被中介的调节效应中即为交互项对因变量的影响),然后才能说明这个影响是通过中介变量在传递,但这种做法会在很大程度上降低统计效力。近年来,学者们的基本共识是检验中介效应之前不用考虑自变量对因变量的主效应。

3.5.3.2 类型Ⅱ被中介的调节模型

为了阐明类型Ⅱ被中介的调节模型的发展过程,我们同样选取了三篇国际一流期刊论文作为示范讨论。根据选取的论文,总结的模型发展过程如表 3-5 所示。

表 3-5 类型Ⅱ被中介的调节模型发展过程总结

论文	模型	假设
Nandkeolyar et al. (2014)	责任心 W_1;应对策略 W_2;辱虐管理 X_1;工作绩效 Y_1	H1: W_1 调节 X_1 与 Y_1 之间的关系 H2a: W_1 与 W_2 正相关 H3a: W_2 调节 X_1 与 Y_1 之间的关系 H4a: W_2 中介 W_1 的调节作用
Zhang et al. (2015)	关系HRM(人力资源管理)实践 W_3;信任管理者 W_4;绩效工资 X_2;内部动机 M_1;创造性 Y_2	H1a: W_3 调节 X_2 与 M_1 之间的关系 H1b: W_3 调节 X_2 与 Y_2 之间的关系 H2a: W_4 调节 X_2 与 M_1 之间的关系 H2b: W_4 调节 X_2 与 Y_2 之间的关系 H2c: W_4 中介 W_3 的调节作用
Grant and Sumanth (2009)	经理可信赖度 W_5;工作任务重要性感知 W_6;员工亲社会动机 X_3;员工绩效 Y_3	H1: W_5 与 W_6 正相关 H2: W_5 调节 X_3 与 Y_3 之间的关系 H3: W_6 调节 X_3 与 Y_3 之间的关系 H4: W_5 的调节作用被 W_6 中介

Nandkeolyar et al.(2014)的研究中先假设了调节变量 1 的调节作用,然后假设了调节变量 1 对调节变量 2 的影响,接着假设了调节变量 2 的调节作用,最后提出了被中介的调节假设。具体假设如下:①责任心(W_1)调节辱虐管理

(X_1)对工作绩效(Y_1)的影响,对于低责任心(W_1)的个体,二者之间的关系为正,对于高责任心(W_1)的个体,二者之间的关系则并非为正;②责任心(W_1)与应对策略(W_2)正相关;③应对策略(W_2)调节辱虐管理(X_1)对工作绩效(Y_1)的影响,对于高积极应对的个体,二者之间的关系较弱;④应对策略(W_2)中介了责任心(W_1)对辱虐管理(X_1)与工作绩效(Y_1)之间关系的调节作用。

Zhang et al.(2015)的研究中先假设两个调节变量分别调节自变量与中介变量、自变量与因变量之间的关系,然后假设其中一个调节变量中介另一个调节变量的调节作用。具体假设如下:(1a)关系 HRM 实践(W_3)调节绩效工资(X_2)与内部动机(M_1)之间的关系;(1b)关系 HRM 实践(W_3)调节绩效工资(X_2)与创造性(Y_2)之间的关系;(2a)信任管理者(W_4)调节绩效工资(X_2)与内部动机(M_1)之间的关系;(2b)信任管理者(W_4)调节绩效工资(X_2)与创造性(Y_2)之间的关系;(2c)信任管理者(W_4)中介关系 HRM 实践(W_3)对绩效工资(X_2)与创造性(Y_2)之间关系的调节作用。

Grant and Sumanth (2009)的研究中先假设第一个调节变量与第二个调节变量之间的关系,然后假设第一个调节变量、第二个调节变量分别调节自变量与因变量之间的关系,最后假设第一个调节变量的调节作用被第二个调节变量中介。具体假设如下:①经理可信赖度(W_5)与员工的工作任务重要性感知(W_6)正相关;②经理可信赖度(W_5)调节员工亲社会动机(X_3)与员工绩效(Y_3)之间的关系,员工感觉经理越可信(W_5),员工亲社会动机(X_3)与员工绩效(Y_3)之间的正向关系越强;③a工作任务重要性感知(W_6)调节员工亲社会动机(X_3)与员工绩效(Y_3)之间的关系,员工感觉工作越重要(W_6),员工亲社会动机(X_3)与员工绩效(Y_3)之间的正向关系越强;③b经理可信赖度(W_5)对员工亲社会动机(X_3)与员工绩效(Y_3)关系的调节作用被工作重要性感知(W_6)中介。

根据上述分析和总结,我们可以看出,在做出类型Ⅱ被中介的调节假设之前,研究者一般会做出三个假设:①调节变量1的调节作用;②调节变量2的调节作用;③调节变量1与调节变量2之间的关系。这与刘东等(2012:553-587)提倡的假设路径是一致的,其中调节变量1与调节变量2之间的关系就是路径a,调节变量2的调节作用就是路径b。调节变量1的调节作用是否做出假设可视具体研究问题和需求而定,不是必需的。

3.5.4 被中介的调节模型的检验原理与检验方法

3.5.4.1 检验原理

类型Ⅰ被中介的调节效应

检验类型Ⅰ被中介的调节效应是否存在,本质上是要检验 XW 的效应是否

通过 M 传递到 Y。根据本章基础知识部分(3.5.1)我们知道,关键是要找出 a 和 b,Mplus 软件可以通过路径分析估计 $a×b$ 是否显著。在类型Ⅰ被中介的调节效应中,a 即为 M 对 XW 的回归系数,b 即为 Y 对 M 的回归系数,因此需要构建两个方程:

$M = \beta_0 + \beta_1 X + \beta_2 W + \beta_3 XW + e_1$　　　! WX 对 M 的影响　　　(1)

$Y = \beta_4 + \beta_5 X + \beta_6 W + \beta_7 M + \beta_8 XW + e_2$　　! M 对 Y 的影响　　　(2)

这里需要解释的是,在方程(2)中加入 X、W、XW 是为了控制,而之所以要把它们全加上,是因为按照传统的四步法,在方程(1)之前还有一个方程计算 XW 影响 Y 的主效应,我们计算 XW 影响 Y 的主效应的方程其实是方程(2)中缺少 M 项的方程,方程(2)代表的含义就是加入 M 后,XW 主效应的减少量是否显著不为 0。

在方程(1)中,$a = \beta_3$,在方程(2)中,$b = \beta_7$。把方程(1)中的 M 代入方程(2),即可得到 $Y = (\beta_4 + \beta_0\beta_7) + (\beta_5 + \beta_1\beta_7)X + (\beta_6 + \beta_2\beta_7)W + \beta_3\beta_7 XW + \beta_8 XW + e_3$。此时,$a×b$ 即为 $\beta_3\beta_7$,$\beta_3\beta_7$ 就代表 XW 通过 M 的间接效应,β_8 代表 XW 剩下的直接效应。如果 $\beta_3\beta_7$ 显著,则说明被中介的调节效应存在。

类型Ⅱ被中介的调节效应

检验类型Ⅱ被中介的调节效应是否存在,本质上是要检验 W_1 是否通过影响 M 来调节 X 与 Y 之间的关系,关键也要找出 a 和 b。类型Ⅱ被中介的调节效应中,a 为 M 对 W_1 的回归系数,b 为 M 对 X 与 Y 之间关系的调节作用。换句话说,如果 W_1 是通过影响 M 来调节 X 与 Y 之间的关系,那么 W_1 的效应是通过影响 M,并由 M 调节 X 与 Y 之间的关系来传递,此时两个方程式为:

$M = \beta_0 + \beta_1 X + \beta_2 W + e_1$　　　　　! W 对 M 的影响　　　(1)

$Y = \beta_3 + \beta_4 X + \beta_5 M + \beta_6 MX + \beta_7 XW + e_2$　! M 对 X 与 Y 之间关系的调节

(2)

在方程(1)中,$a = \beta_2$,在方程(2)中,$b = \beta_6$。把方程(1)中的 M 代入方程(2),即可得到 $Y = (\beta_3 + \beta_0\beta_5) + (\beta_4 + \beta_0\beta_6 + \beta_1\beta_5)X + \beta_2\beta_5 W + \beta_2\beta_6 WX + \beta_1\beta_6 X^2 + \beta_7 XW + e_3$。此时,$a×b$ 即为 $\beta_2\beta_6$,$\beta_2\beta_6$ 就代表 W 通过 M 的间接效应。如果 $\beta_2\beta_6$ 显著,则说明被中介的调节效应存在。

3.5.4.2　检验方法

被中介的调节效应一般通过路径分析找出 a 和 b,然后估计 $a×b$ 是否显著。本部分我们依然采用数据文件 modexample.xlsx,用 Mplus7.4 来进行演示。

类型Ⅰ被中介的调节效应

我们以模型自我效能感中介控制点的调节效应为例来进行演示,如图 3-75 所示。

第 3 章　调节效应的检验、结果解读与汇报

图 3-75　类型 I 被中介的调节效应演示模型

第一步,在 SPSS 中计算平均值。

将数据导入 SPSS,导入数据的过程不再演示,导入后如图 3-76 所示。①

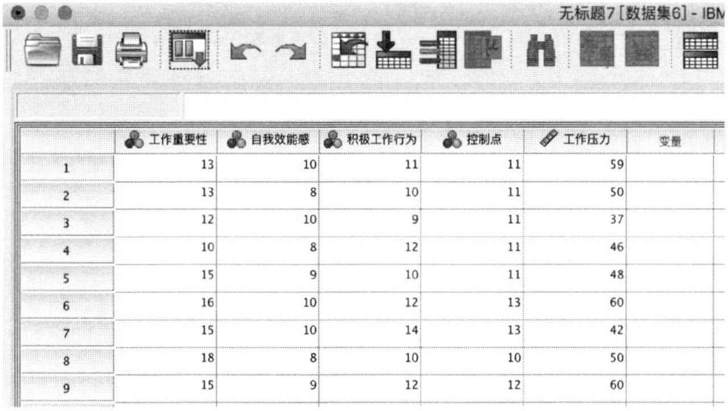

图 3-76　类型 I 被中介的调节效应演示数据导入

导入数据后,我们发现数据类型与我们所假设的数据类型是有差异的,于是我们在变量视图中将变量类型改为标度,如图 3-77 所示。

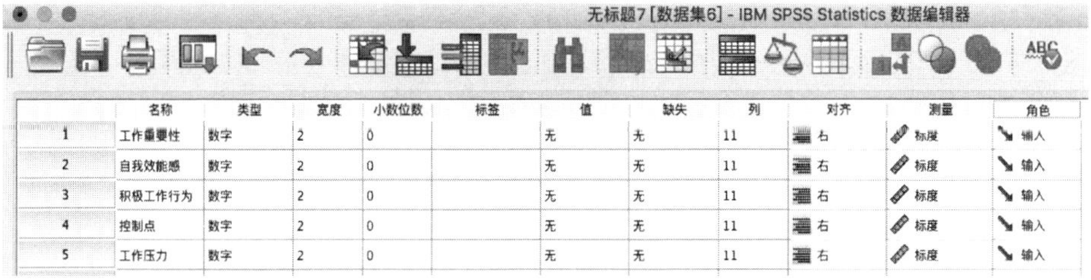

图 3-77　修改数据类型

修改完数据基本信息后,我们需要计算出变量的平均值,以供之后计算使用,具体可点击菜单栏中的"分析"—"描述统计"—"描述",如图 3-78 所示。

将所有变量选入描述统计变量对话框,点击"确定"按钮,如图 3-79 所示。

输出的描述统计结果如图 3-80 所示,其中包含各变量的平均值。

第二步,生成 dat 文件。

---

① 演示数据见本章附录材料 4:类型 I 被中介的调节文件夹中的附录材料 4-1 类型 I 被中介的调节演示数据.xlsx。

由于 Mplus 只能读取 ASCII 格式的文件（通常是 txt 和 dat 文件），因此我们需要先生成 dat 格式的数据文件。SPSS 中便可将数据另存为 dat 格式。具体可点击菜单栏中的"文件"—"保存"，如图 3-81 所示。

图 3-78　找到描述性统计选项

图 3-79　描述统计变量选取

描述统计

	个案数	最小值	最大值	平均值	标准差
工作重要性	1326	6	20	14.18	2.691
自我效能感	1326	4	10	8.22	1.097
积极工作行为	1326	5	15	10.41	1.743
控制点	1326	6	14	10.13	1.299
工作压力	1326	16	80	46.25	8.137
有效个案数（成列）	1326				

图 3-80　描述统计结果

第 3 章　调节效应的检验、结果解读与汇报

图 3-81　数据文件格式转换保存

在保存框中输入文件名"modexample",保存类型选择"制表符定界(*.dat)",点击"保存"按钮,如图 3-82 所示。

图 3-82　数据文件保存为 dat 文件

163

这里需要解释的是，SPSS 可以生成两种 dat 格式文件，一种是制表符定界（*.dat），另一种是固定 ASCII（*.dat）。两种格式 Mplus 都可以读取，只是读取方式不同。制表符定界（*.dat）是自由格式，读取速度较慢，但变量格式是自由的。固定 ASCII（*.dat）是固定格式，读取速度较快，但要求每个变量所占字符是固定的，即每个变量的所有数据位数和保留的小数位数是固定的。一般来说，在使用的数据量不是很大的情况下我们会选择自由格式。

第三步，去掉 dat 文件中的文本。

由于 Mplus 无法识别数据文件中数字以外的字符，而通过 SPSS 转换过来的 dat 文件第一行是变量名，因此需要将变量名等文本信息去掉，否则 Mplus 在读取数据时会报错（王孟成，2014）。

用记事本打开 modexample.dat 文件。纯文本的 dat 文件是可以用记事本打开的。首先选中我们保存的 modexample.dat 文件，单击右键—"打开方式"—"其他"，如图 3-83 所示。

在弹出的打开方式框中，找到"文本编辑"（Mac 中为"文本编辑"，常规电脑中为"记事本"），点击"打开"按钮，如图 3-84 所示。

图 3-83　用其他方式打开 dat 文件

打开后我们可以看到，生成的 dat 文件中确实有变量名文本，选中"变量名"这一行并删除，如图 3-85 所示。①

---

① 演示数据见本章附录材料 4：类型Ⅰ被中介的调节文件夹中的附录材料 4-2 类型Ⅰ被中介的调节 MPLUS 数据.dat。

图 3-84 文本编辑打开 dat 文件

modexample.dat

工作重要性	自我效能感	积极工作行为	控制点	工作压力
13	10	11	11	59
13	8	10	11	50
12	10	9	11	37
10	8	12	11	46
15	9	10	11	48
16	10	12	13	60
15	10	14	13	42
18	8	10	10	50
15	9	12	12	60
20	10	12	12	37
14	8	10	11	50
19	10	9	11	27
9	9	11	11	35
16	10	10	10	46
18	8	14	10	50
20	8	12	10	48
14	8	9	10	58
12	10	10	12	42
13	10	11	10	61
16	8	10	10	55
16	8	11	11	46
16	9	14	9	52
14	10	10	11	35
19	10	10	11	56
12	7	12	10	55
9	7	10	8	54
14	8	9	8	53
16	8	12	11	53
14	8	11	9	42

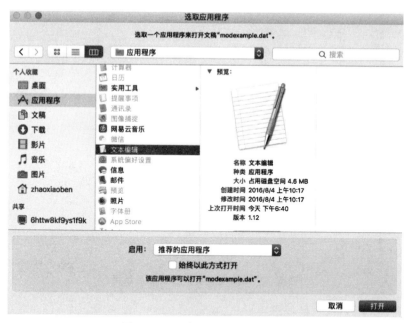

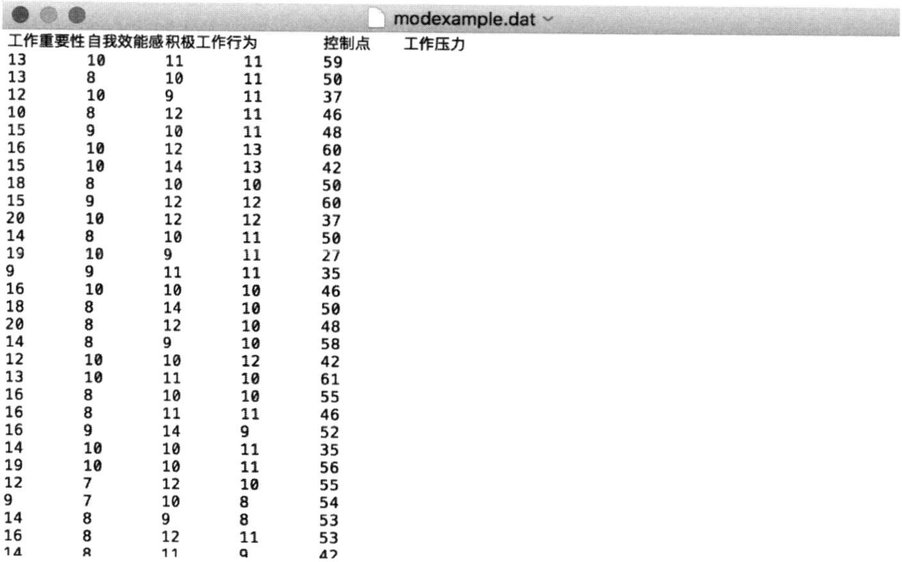

图 3-85 dat 文件删除变量名

删除结果如图 3-86 所示，点击关闭按钮即可。

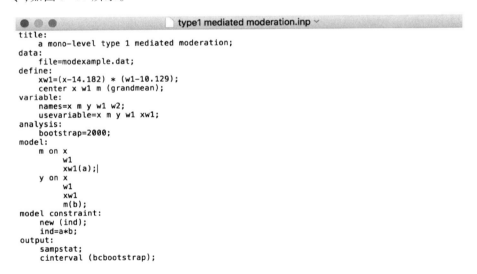

图 3-86 dat 文件变量名删除后结果

第四步，Mplus 程序命令编辑。

检验本示例中类型 I 被中介的调节效应，需要在 Mplus 中输入以下程序命令，如图 3-87 所示。[①]

```
title:
    a mono-level type 1 mediated moderation;
data:
    file=modexample.dat;
define:
    xw1=(x-14.182) * (w1-10.129);
    center x w1 m (grandmean);
variable:
    names=x m y w1 w2;
    usevariable=x m y w1 xw1;
analysis:
    bootstrap=2000;
model:
    m on x
        w1
        xw1(a);
    y on x
        w1
        xw1
        m(b);
model constraint:
    new (ind);
    ind=a*b;
output:
    sampstat;
    cinterval (bcbootstrap);
```

图 3-87 类型 I 被中介的调节效应 Mplus 程序命令

---

① 演示数据见本章附录材料 4：类型 I 被中介的调节文件夹中的附录材料 4-3 type1 mediated moderation.inp。

第五步,程序命令输入方法。

将程序命令输入 Mplus 有以下两种方法:

第一,直接在 syntax(语句)窗口输入。

双击打开 Mplus,如图 3-88 所示。

图 3-88　打开 Mplus

点击菜单栏中的"File"—"New",如图 3-89 所示。

图 3-89　打开程序命令输入窗口

出现空白界面,可在其中手动输入程序命令,如图 3-90 所示。

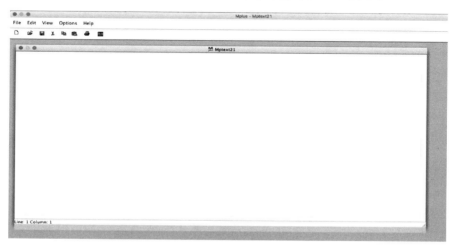

图 3-90　程序命令输入窗口

第二,在 Word 文档中编辑好后复制粘贴。

按照方法一的步骤打开程序命令输入窗口后,将 Word 文档中编辑好的程序命令复制粘贴即可,如图 3-91 所示。

图 3-91　程序命令复制粘贴

第六步,运行命令。

在程序命令被正确输入 Mplus 后,点击保存按钮对命令进行保存(第二行左起第三个图标),如图 3-92 所示。

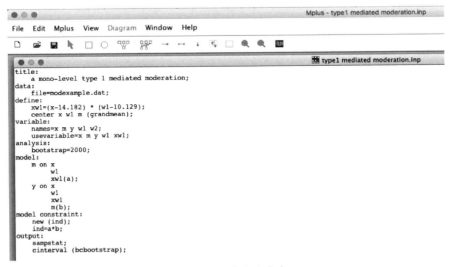

图 3-92　保存程序命令

需要注意的是,保存命令时最好将命令文件和数据文件保存到同一个文件夹中,这样的话,调用时直接书写文件名即可,否则,在调用时则需要指明数据文件的具体路径。

保存命令文件后,点击"RUN"按钮(第二行右起第一个图标)便可运行命令,如图 3-92 所示。运行过程中会有一段时间的黑屏,黑屏后便会出现结果。

第七步,命令解读。

下面我们将对需要输入的每个命令进行解读。Mplus 中有 10 个一级命令,如 title、data、variable 等。10 个一级命令中,各包含一些子命令。每个一级命令后都由":"隔开,一个子命令结束用";"隔开。如果一行结尾没有";",则无论是否提行,Mplus 都会将它视为同一个命令。

title:

a mono-level type 1 mediated moderation; 标题:类型 1 被中介的调节模型。这个命令会在最后结果部分以标题形式存在,它只是为了让我们看结果时便于理解,尤其在过了一段时间后,帮助我们回忆。

data:

file = modexample.dat; 这个命令是告诉 Mplus 数据文件是 modexample.dat。这里需要注意的是,因为我们将数据文件和刚才创建的 Mplus 命令文件放在了同一个文件夹中,所以不需要指定数据路径。如果不在同一个文件夹中,则需要指定数据路径。

define:

xw1 = (x-14.182) * (w1-10.129); 这个命令是定义了一个新变量 xw_1,这个新变量便是我们的交互项。它并不会在 modexample.dat 数据文件中新建一个变量,但之后可以使用这个变量。

center x w1 m (grandmean); x、w_1、m 分别减去自己的平均值。比如研究获得了一个群体自我效能感的值,grandmean 就是把群体的平均值去掉。

variable:

names = x m y w_1 w_2; 这个命令是告诉 Mplus modexample.dat 数据文件中所有的变量名依次为 x、m、y、w_1、w_2。因为我们录入的数据文件是没有变量名的,所以需要告诉 Mplus 每一列分别对应的变量是什么。这里需要注意的是变量名必须和变量一一对应,顺序不能乱;否则,之后建模时会出错。

usevariable = x m y w1 xw1; 这个命令是告诉 Mplus 接下来的模型过程中会使用哪些变量。因为前面一步已经将各个变量与变量名对应起来了,所以这个步骤中变量顺序打乱也是没有影响的。新定义的变量 x、w_1 一定记得写在这个地方,否则会报错。同时,写在 usevariable 后面的变量一定是在后面 model 部分需要用到的变量,如果有变量没有用到,那么系统也会报错。

analysis:

bootstrap = 2000; 用自主抽样建立 2 000 个新样本。假如你有 500 个样本数据,那么 Mplus 会从这 500 个样本数据中有放回地抽出 500 个(抽一个放回去,再抽一个再放回去,直到抽满 500 个),这 500 个就是一个新样本,Mplus 会对这个样本按照我们之后定义的模型计算方程估计我们需要的参数,得到一个 $a \times b$;接着采用同样的方法再有放回地先抽出 500 个,计算一个方程……直到做 2 000 遍,就会得到 2 000 个方程,里面会有 2 000 个 $a \times b$ 及 $a \times b$ 的标准差。这样就可以算出 95% 的置信区间。一般来说,超过 1 000 次结果就比较稳定了。

model:

  m on x

    w1

    xw1 (a); m 作为因变量对 x、w_1、xw_1 进行回归,其中 xw_1 的回归系数用参数 a 表示。

  y on x

    w1

    xw1

    m (b); y 作为因变量对 x、w_1、xw_1、m 进行回归,其中 m 的回归系数用参数 b 表示。

model constraint:

这个命令之后,上面我们在模型中命名的那些参数(如 a、b)便可在后面直接使用。这个命令的功能很强大,因为这个命令之后,我们便可检验复合参数。

  new (ind); 建立一个新变量,命名为"ind"

  ind = a * b; 新变量的值等于 $a \times b$

output:

  sampstat; 要求报告样本统计量的均值、方差、协方差和相关系数。

  cinterval (bcbootstrap); 要求报告参数的置信区间。Mplus 提供三种置信区间,分别是 symmetric、bootstrap 和 bcbootstrap。这里的 bcbootstrap 是指误差校正后的 bootstrap 的置信区间。

第八步,结果解读。

需要注意的是,因为我们的演示只是想计算路径系数,所以我们一次性将所有变量加入了模型,如果读者想做层级回归,则在以前的命令中加入层级模型方程即可。

Mplus 会输出两个结果窗口:一个是模型图,另一个是参数估计结果表。其中,本示例模型图如图 3-93 所示。①

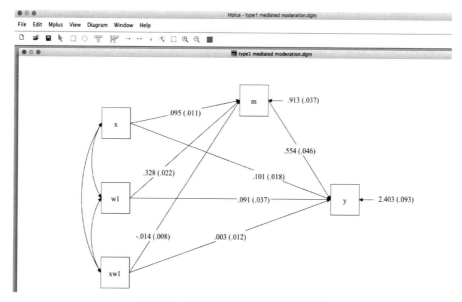

图 3-93　类型 I 被中介的调节模型图

点击菜单栏中的"Window"—"type1 mediated moderation.out"文件可以查看参数估计结果窗口,如图 3-94 所示。

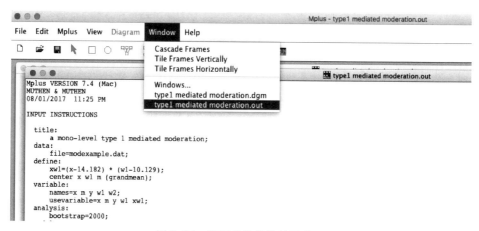

图 3-94　查看参数估计结果窗口

---

①　演示数据见本章附录材料 4:类型 I 被中介的调节文件夹中的附录材料 4-4 type1 mediated moderation.dgm。

参数估计结果窗口先将我们之前输入的程序命令全部展现出来,接着对模型中的变量进行简单的描述(自变量、因变量、中心化的变量),之后是描述统计结果(平均值、方差、相关系数),然后是模型的拟合指数(χ^2、RMSEA、CFI 等),再之后便是各模型中的参数估计和参数显著性检验结果,最后是一个置信区间表。参数估计结果表如图 3-95 所示①。

```
MODEL RESULTS

                                     Two-Tailed
                Estimate    S.E.    Est./S.E.   P-Value

M        ON
    X           0.095      0.011     8.897      0.000
    W1          0.328      0.022    14.850      0.000
    XW1        -0.014      0.008    -1.804      0.071

Y        ON
    X           0.101      0.018     5.474      0.000
    W1          0.091      0.037     2.436      0.015
    XW1         0.003      0.012     0.262      0.794
    M           0.554      0.046    12.058      0.000

Intercepts
    M           0.010      0.026     0.393      0.695
    Y          10.407      0.044   237.891      0.000

Residual Variances
    M           0.913      0.037    24.546      0.000
    Y           2.403      0.093    25.802      0.000

New/Additional Parameters
    IND        -0.008      0.004    -1.780      0.075
```

图 3-95　Mplus 输出结果的参数估计结果表

参数估计结果表中的四列数据分别代表参数的估计值、标准差、估计值/标准差和显著性检验结果;横项分别代表第一个模型中的变量、第二个模型中的变量、截距项、残差和我们新构建的变量间接效应。在本示例中,我们最关心的是被中介的调节效应是否显著,即其中的 IND 是否显著。我们可以看到,IND 的回归系数为-0.008,标准差为 0.004,显著性检验结果 $p=0.075$,在 10% 的水平上显著。其他参数估计值以此类推,我们不再赘述。

参数估计结果表中的显著性检验结果是根据正态分布估计出来的,但由于 IND=$a \times b$,是两个参数乘积的复合参数,两个正态分布的参数的乘积一般来说是非正态的,因此这个显著性估计是不准确的,我们更应该以最后的置信区间表为准,如图 3-96 所示。但通常汇报时参数显著性估计和置信区间表都会汇报。

置信区间表中中间一列(Estimate)是估计值,往两边走挨着的两列 Lower 5%、Upper 5% 代表上下 5% 置信区间的上下限,即 10% 的置信区间;同理,再往外两列代表 5% 的置信区间,最外两列代表 1% 的置信区间。在本示例中,IND 代表被中介的调节效应,由图 3-96 可知,IND 10% 的置信区间为 [-0.016, -0.001]、5% 的置信区间为 [-0.017, 0.001]、1% 的置信区间为 [-0.020, 0.003]。

---

① 演示数据见本章附录材料 4:类型 I 被中介的调节文件夹中的附录材料 4-5 type1 mediated moderation.out。

根据显著性判断标准可以看出,被中介的调节效应在 10% 的水平上,置信区间不包括 0,是显著的。

```
CONFIDENCE INTERVALS OF MODEL RESULTS

                 Lower .5%  Lower 2.5%  Lower 5%  Estimate  Upper 5%  Upper 2.5%  Upper .5%
M        ON
  X              0.067      0.074       0.078     0.095     0.113     0.116       0.122
  W1             0.268      0.284       0.291     0.328     0.365     0.372       0.386
  XW1           -0.035     -0.030      -0.028    -0.014    -0.001     0.001       0.006

Y        ON
  X              0.056      0.065       0.071     0.101     0.132     0.137       0.152
  W1            -0.007      0.017       0.028     0.091     0.150     0.162       0.189
  XW1           -0.028     -0.021      -0.016     0.0013    0.022     0.026       0.032
  M              0.441      0.461       0.476     0.554     0.628     0.641       0.668

Intercepts
  M             -0.059     -0.041      -0.034     0.010     0.053     0.060       0.074
  Y             10.289     10.320      10.335    10.407    10.480    10.490      10.515

Residual Variances
  M              0.823      0.845       0.857     0.913     0.979     0.990       1.014
  Y              2.180      2.236       2.264     2.403     2.577     2.606       2.666

New/Additional Parameters
  IND           -0.020     -0.017      -0.016    -0.008    -0.001     0.001       0.003
```

图 3-96　Mplus 输出结果的置信区间表

需要注意的,主效应工作重要性×控制点(XW_1)对积极工作行为(Y)的影响是极其不显著的(见图 3-95 Mplus 输出结果为 $p=0.794$)。但被中介的调节效应在 10% 的水平上显著,说明 XW_1 通过 M 影响 Y 显著。这便出现了我们之前所提到的主效应不显著,但中介效应显著的情况。为什么会出现这一情况呢?通过刚才输出的模型图(见图 3-93),我们可以看到,XW_1 通过 M 影响 Y 的间接效应为负($a×b$ 为 -0.008),而 XW_1 影响 Y 的直接效应为 0.003,间接效应加上直接效应等于总效应,这时总效应由于一正一负便被综合了,即我们之前所说的抑制变量出现了,M 便是一个抑制变量。

类型 Ⅱ 被中介的调节效应

我们以控制点通过工作压力调节工作重要性与积极工作行为之间的关系为例来进行演示,如图 3-97 所示。具体的操作步骤如下(考虑到和类型 Ⅰ 类似,下面的介绍做一些简化处理):

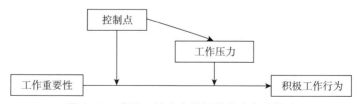

图 3-97　类型 Ⅱ 被中介的调节效应演示模型

第一步,在 SPSS 中计算平均值。

前面我们已经计算相应的平均值,这里不再重复计算,结果如图 3-98 所示。

图 3-98 描述统计结果

	个案数	最小值	最大值	平均值	标准差
工作重要性	1326	6	20	14.18	2.691
自我效能感	1326	4	10	8.22	1.097
积极工作行为	1326	5	15	10.41	1.743
控制点	1326	6	14	10.13	1.299
工作压力	1326	16	80	46.25	8.137
有效个案数（成列）	1326				

第二步，生成 dat 文件，并去掉该文件中的文本。

在上一部分生成 modexample.dat 文件时，我们已经加入所有需要用到的变量，并且去掉了其中的文本，因此这一部分使用的数据文件完全相同，我们不再重复演示。①

第三步，Mplus 程序命令编辑。

检验本示例中类型Ⅱ被中介的调节效应，需要在 Mplus 中输入以下程序命令，如图 3-99 所示。②

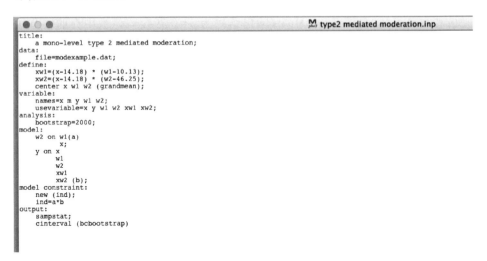

```
title:
    a mono-level type 2 mediated moderation;
data:
    file=modexample.dat;
define:
    xw1=(x-14.18) * (w1-10.13);
    xw2=(x-14.18) * (w2-46.25);
    center x w1 w2 (grandmean);
variable:
    names=x m y w1 w2;
    usevariable=x y w1 w2 xw1 xw2;
analysis:
    bootstrap=2000;
model:
    w2 on w1(a)
         x;
    y on x
         w1
         w2
         xw1
         xw2 (b);
model constraint:
    new (ind);
    ind=a*b
output:
    sampstat;
    cinterval (bcbootstrap)
```

图 3-99 类型Ⅱ被中介的调节效应 Mplus 程序命令

第四步，命令解读。

下面我们将对需要输入的每个命令进行解读。Mplus 中有 10 个一级命令，

---

① 演示数据见本章附录材料 5：类型Ⅱ被中介的调节文件夹中的附录材料 5-1 类型Ⅱ被中介的调节演示数据.xlsx 和附录材料 5-2 类型Ⅱ被中介的调节 MPLUS 数据.dat。

② 演示数据见本章附录材料 5：类型Ⅱ被中介的调节文件夹中的附录材料 5-3 type 2 mediated moderation.inp。

如 title、data、variable 等。10 个一级命令中,各包含一些子命令。每个一级命令后都由":"隔开,一个子命令结束用";"隔开。如果一行结尾没有";",则无论是否提行,Mplus 都会将它视为同一个命令。

因为上一部分已经对命令进行详细的解读,而基本命令差异不大,且原理相同,所以这一部分着重介绍新的命令。

```
title:
    type 2 mediated moderation;          ! 标题:类型Ⅱ被中介的调节模型
data:
    file = modexample.dat;               ! 数据文件
define:
    xw1 = (x-14.18) * (w1-10.13);        ! 定义交互项 xw₁
    xw2 = (x-14.18) * (w2-46.25);        ! 定义交互项 xw₂
    center x w1 w2 (grandmean);          ! 将 x、w₁、w₂ 中心化
variable:
    names = x m y w1 w2;                 ! 数据文件中所有的变量名
    usevariable = x y w1 w2 xw1 xw2;     ! 分析中会使用的变量
analysis:
    bootstrap = 2000;                    ! 进行 2 000 次 bootstrap
model:
    w2 on w1 (a)
        x;                               ! w₂ 对 w₁ 做回归,回归系数为 a
    y on x
        w1
        w2
        xw1
        xw2 (b);                         ! y 对 x、w₁、w₂、xw₁、xw₂ 做回归,xw₂
```
的回归系数为 b
```
model constraint:                        ! 下面可以使用参数 a、b 直接计算
    new (ind);                           ! 创建一个新变量 ind
    ind = a * b;                         ! 新变量 ind 等于 a×b
output:
    sampstat;                            ! 报告样本统计量的均值、方差、协
```
方差和相关系数

　　　　cinterval（bcbootstrap）　　　　　！报告参数误差校正后的 bootstrap 置信区间

第五步,结果解读。

Mplus 会输出两个结果窗口,一个是模型图,另一个是参数估计结果表。其中,本示例模型图如图 3-100 所示。①

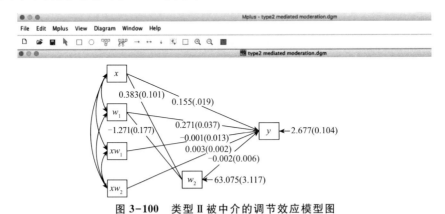

图 3-100　类型 Ⅱ 被中介的调节效应模型图

点击菜单栏中的"Window"—"type 2 mediated moderation.out"文件可以查看参数估计结果窗口,如图 3-101 所示。

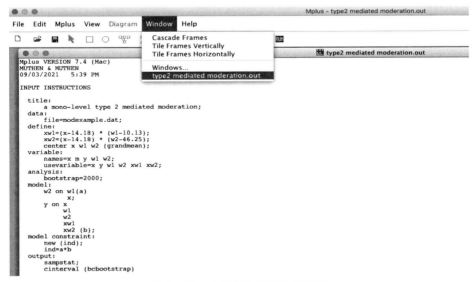

图 3-101　查看参数估计结果窗口

---

①　演示数据见本章附录材料 5：类型 Ⅱ 被中介的调节文件夹中的附录材料 5-4 type 2 mediated moderation.dgm。

第3章 调节效应的检验、结果解读与汇报

先看参数估计结果表,如图 3-102 所示。我们可以看到,IND 的回归系数为 -0.004,标准差为 0.003,显著性检验结果 $p=0.195$,是不显著的。其他参数估计值以此类推,我们不再赘述。①。

```
MODEL RESULTS

                                              Two-Tailed
                    Estimate    S.E.   Est./S.E.  P-Value
 W2       ON
    W1              -1.271     0.177    -7.168    0.000
    X                0.383     0.101     3.794    0.000

 Y        ON
    X                0.155     0.019     8.229    0.000
    W1               0.271     0.037     7.242    0.000
    W2              -0.002     0.006    -0.388    0.698
    XW1             -0.001     0.013    -0.104    0.917
    XW2              0.003     0.002     1.350    0.177

 Intercepts
    Y               10.405     0.046   226.655    0.000
    W2               0.000     0.215     0.000    1.000

 Residual Variances
    Y                2.677     0.104    25.763    0.000
    W2              63.075     3.117    20.237    0.000

 New/Additional Parameters
    IND             -0.004     0.003    -1.297    0.195
```

图 3-102 Mplus 输出结果的参数估计结果表

和之前一样,由于 $\text{IND}=a\times b$ 是非正态分布的,因此间接效应看最后的置信区间更准确,如图 3-103 所示。

```
CONFIDENCE INTERVALS OF MODEL RESULTS

              Lower .5%  Lower 2.5%  Lower 5%  Estimate  Upper 5%  Upper 2.5%  Upper .5%
 W2    ON
   W1          -1.721     -1.623     -1.567    -1.271    -0.992    -0.926     -0.808
   X            0.110      0.172      0.214     0.383     0.547     0.582      0.636

 Y     ON
   X            0.108      0.118      0.125     0.155     0.187     0.192      0.204
   W1           0.177      0.195      0.208     0.271     0.332     0.344      0.368
   W2          -0.018     -0.014     -0.013    -0.002     0.007     0.009      0.012
   XW1         -0.035     -0.027     -0.023    -0.001     0.020     0.024      0.030
   XW2         -0.003     -0.001     -0.001     0.003     0.007     0.008      0.009

 Intercepts
   Y           10.282     10.312     10.331    10.405    10.480    10.493     10.522
   W2          -0.582     -0.423     -0.347     0.000     0.367     0.438      0.577

 Residual Variances
   Y            2.435      2.496      2.526     2.677     2.873     2.909      2.960
   W2          55.410     57.303     58.347    63.075    68.624    69.411     71.074

 New/Additional Parameters
   IND         -0.013     -0.010     -0.009    -0.004     0.001     0.001      0.003
```

图 3-103 Mplus 输出结果的置信区间表

---

① 演示数据见本章附录材料 5:类型 Ⅱ 被中介的调节文件夹中的附录材料 5-5 type 2 mediated moderation.out。

置信区间表中中间一列（Estimate）是估计值，往两边走挨着的两列 Lower 5%、Upper 5%代表上下 5%置信区间的上下限，即 10%的置信区间；同理，再往外两列代表 5%的置信区间，最外两列代表 1%的置信区间。在本示例中，IND 代表被中介的调节效应，由图 3-103 可知，IND 10%的置信区间为[-0.009，0.001]、5%的置信区间为[-0.010，0.001]、1%的置信区间为[-0.013，0.003]。根据显著性判断标准可以看出，被中介的调节效应是不显著的。

3.5.5 被中介的调节模型论文汇报示例

3.5.5.1 类型 I 被中介的调节效应

我们以 Wang et al.（2015）为例来做汇报演示。Wang et al.（2015）的研究中假设工作投入会中介工作不安全、组织公平交互项对工作绩效的影响，如图 3-104 所示。

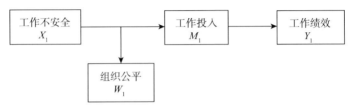

图 3-104 类型 I 被中介的调节效应汇报演示模型

结果部分我们只挑选了与被中介的调节效应相关的部分，其余部分如果读者感兴趣，则可以自行阅读。汇报被中介的调节效应时，需要给出回归系数表并给予解释，然后汇报 bootstrap 的置信区间。

系数汇报

Wang et al.（2015）在回归分析中，分别以中介变量"工作投入"和因变量"工作绩效"为因变量进行了层级回归，第一层为控制变量、第二层为一阶变量主效应、第三层为二阶变量、第四层为中介变量（只有工作绩效作为因变量时有）。这一做法类似于先进行了 Baron and Kenney（1986）提出的四步法检验。需要注意的是，本章之前的演示只是想计算路径系数，所以一次性将所有变量加入了模型，如果读者想做层级回归，则在程序命令中加入分层模型方程即可。

Hypothesis 2b predicted that work engagement would mediate the interaction of job insecurity and organizational justice on job performance, and that the indirect effect of job insecurity on job performance would be stronger when organizational justice is low. We treated Time 3 job performance as the outcome. As Table 3 shows (Time 3 job performance was the outcome), in Model 3 the interactive term of Time 1 job insecurity and organizational justice was significant for Time 3 job performance (.186, $t = 2.32$, $p < .05$), which replicated the finding of Study 1. In Model 4 Time 2 work engagement was positively related to Time 3 job performance (.198, $t = 2.34$, $p < .05$).

Table 3
Multiple Moderated Regression Result in Study 2

	Work engagement T2			Job performance T3			
Model 1							
D1	−.272*	−.279*	−.298**	−.082	−.136	−.151	−.092
D2	−.237	−.220	−.233	.110	.063	.053	.099
D3	−.169	−.153	−.149	.028	.036	.039	.069
General self-efficacy	.074	.062	.076	−.044	−.062	−.051	−.066
Development opportunity	.041	.028	.023	.127	.102	.098	.093
Work hours	.046	.050	.039	.033	.036	.027	.020
Job performance T1	.077	.086	.105	.516***	.534***	.549***	.529***
Work engagement T1	.112	.060	.075	−.140	−.161	−.149	−.164
ΔR^2	.101			.277***			
Model 2							
Job insecurity T1		−.068	−.076		.103	.097	.112
Organizational justice T1		.054	.043		.230*	.221*	.212*
ΔR^2		.007			.031		
Model 3							
Job Insecurity T1 × Organizational Justice T1			.231*			.186*	.140
ΔR^2			.052*			.034*	
Model 4							
Work engagement T2							.198*
ΔR^2			—				.033*

Note. $N = 125$. T1 = Time 1; T2 = Time 2; T3 = Time 3. Values are standardized beta coefficients. D1, D2, D3 are dummy variables for the four subcompanies covered in the sample.
* $p < .05$. ** $p < .01$. *** $p < .001$.

即重申假设 2b：工作投入会中介工作不安全与组织公平的交互作用。该研究是一个结合了被中介的调节和被调节的中介的假设，后面的内容为被调节的中介，这个部分可以暂时不看。模型 3：工作不安全与组织公平的交互项对工作绩效的影响显著，即被中介的调节模型中的主效应 c 显著。模型 4：工作投入与工作绩效正相关，即 b 显著。

在汇报系数时，一般会汇报几条主要的路径系数 c、a、b、c'（其意义见 3.5.1）。有的研究按照 Baron and Kenney (1986) 的四步法，对比了加入中介变量前后 c 和 c' 的变化（如 Nandkeolyar et al., 2014）；而有的研究只汇报了其中部分系数，如该研究。

置信区间汇报

该文对置信区间的结果进行了汇报，具体如下：

We used bootstrap estimates and constructed a bias-corrected confidence interval (95%) to test the indirect effect of Time 2 work engagement (cf. Edwards & Lambert, 2007; Hayes, 2012; Preacher, Rucker, & Hayes, 2007). We also tested the conditional indirect effect at two levels of organizational justice (+1 SD and −1 SD). The results indicated that the overall indirect effect of Time 2 work engagement was significant (bootstrap estimate .027, bias-corrected CI [.002,.077］). Furthermore, at low levels of organizational justice, Time 1 job insecurity had a significantly negative indirect effect on Time 3 performance (b =.032, bias-corrected CI [.098,.001]) through Time 2 work engagement; while at high levels of organizational justice, the indirect effect was not significant (b.017, bias-corrected CI [.015,.071]). Thus, we obtained support for Hypothesis 2b.

即该研究采用 bootstrap 方法来检验 $a×b$ 的 95% 置信区间。取组织公平加/减一个标准差来计算调节效应，这个属于被调节的中介内容，可以暂时不看。工作投入的中介效应是显著的，bootstrap 值为 0.027，置信区间为 CI [0.002,0.077]。

3.5.5.2 类型 II 被中介的调节效应

类型 II 被中介的调节效应和类型 I 被中介的调节效应一样，报告时先汇报回归系数，再汇报 bootstrap 的置信区间。我们以 Nandkeolyar et al.(2014) 为例来做汇报演示。Nandkeolyar et al.(2014) 的研究中假设应对策略会中介责任心对辱虐管理与工作绩效之间关系的调节效应，如图 3-105 所示。

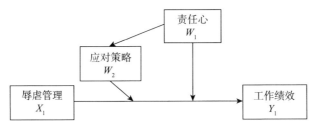

图 3-105　类型 II 被中介的调节效应汇报演示模型

系数汇报

Nandkeolyar et al.(2014) 以中介变量"应对策略"(包括积极应对和逃避应对的不同策略)、因变量"工作绩效"为因变量进行了层级回归。

Hypothesis 4a predicted that active coping would mediate the moderating effects of conscientiousness on the relationship between abusive supervision and job performance. Because the interaction between active coping and abusive supervision was not significant in Step 3, Hypothesis 4a was not supported. Hypothesis 4b predicted that avoidance coping would mediate the moderating effects of conscientiousness on the relationship between abusive supervision and job performance. The results in Table 4 indicate the regression coefficient for the interaction between abusive supervision and avoidance coping was significant in our full model, whereas the regression coefficient for the interaction between abusive supervision and conscientiousness was nonsignificant (.17, p .17). This suggests that the moderating effects of conscientiousness on the relationship between abusive supervision and job performance were fully mediated by avoidance coping.

Table 4[①]
Regression Analyses Predicting Job Performance in Study 2

	Coping strategy		Job performance		
Predictor	Active	Avoidance	Step 1	Step 2	Step 3
Age	−.22	.18	−.20	−.21	−.26
Gender	−.01	.12	.05	.04	.00
Experience	.12	−.26†	.30†	.30†	.38*
Experience with supervisor	.06	.11	.29**	.42**	.46**
Conscientiousness	**.41****	**−.38****	.11	.17	.19†
Abusive supervision			−.06	−.06	−.11
Abusive Supervision × Conscientiousness				**.24***	**.17**
Active coping					.03
Avoidance coping					.12
Abusive Supervision × Active Coping					**−.13**
Abusive Supervision × Avoidance Coping					**−.32†**
R^2			.13	.17	.23
ΔR^2				.04	.06

Note. $n = 105$. Values in bold are relevant to tests of hypotheses.
† $p < .10$. * $p < .05$. ** $p < .01$.

即重申假设 4a:积极应对会中介责任心对辱虐管理与工作绩效之间关系的调节效应。在步骤 3 中检验假设 4a:因为积极应对和辱虐管理交互作用不显著,因此假设 4a 没有得到支持。相当于 b 不显著。重申假设 4b:回避应对会中介责任心对辱虐管理与工作绩效之间关系的调节效应。回归检验假设 4b:在步骤 2 中,辱虐管理×责任心的效应是显著的;但在步骤 2 中,加入辱虐管理×回避应对后,辱虐管理×责任心的效应不再显著,说明效应被完全中介。相当于对比了 c 和 c'。

置信区间汇报

该文对置信区间的结果进行了汇报,具体如下:

To further test Hypothesis 4b, we applied the procedures described by Grant and Wrzesniewski (2010) and Grant and Berry (2011). Specifically, we

---

[①] 本书作者注:演示模型中在计算应对策略对责任心的回归方程中没有将辱虐管理纳入加以控制,但根据刘东等(2012:553-587)的建议,该方程应纳入自变量加以控制。为此,本章在介绍方程时对自变量进行了控制。

used a bootstrapping procedure to estimate the 95% bias-corrected confidence interval surrounding our estimate of the indirect effects of conscientiousness through avoidance coping. The confidence interval was based on 1,000 bootstrap samples. Our results estimated the indirect effect to be .12 (95% CI [.01, .37]), suggesting that the indirect effects were greater than zero. Overall, these results support Hypothesis 4b. We used the information from Table 4 to compute estimates of the direct, indirect, and total effects of our full model. These estimates are shown in Table 5.

Table 5
Direct, Indirect, and Total Effects of the Interaction Between Abusive Supervision and Conscientiousness on Job Performance Through Active and Avoidance Coping

P_{ZM}^1	P_{ZM}^2	P_{KM}^1	P_{XM}^2	DE P_{XZ}	IE^1 $P_{ZM}^1 P_{KM}^1$	IE^2 $P_{ZM}^2 P_{KM}^2$	Total effects $P_{XZ} + P_{ZM}^1 P_{KM}^1 + P_{ZM}^2 P_{KM}^2$
.41	−.38	−.13	−.32	.24	−.05	.12	.31

Note. DE refers to the direct effects of the interaction between abusive supervision and conscientiousness on job performance. IE^1 and IE^2 refer to the indirect effects of active and avoidance coping, respectively. P_{ZM}^1 and P_{ZM}^2 represent the paths from conscientiousness to active and avoidance coping, respectively. P_{KM}^1 and P_{KM}^2 represent the regression coefficients for the Abusive Supervision × Active Coping and Abusive Supervision × Avoidance Coping interactions, respectively. P_{XZ} represents the regression coefficient for the interaction between abusive supervision and conscientiousness.

即用 bootstrapping 进一步检验假设 4b。1 000 次 bootstrapping,95% 的置信区间为[0.01,0.37],不包括 0,结果支持 4b。该研究计算了直接效应、间接效应和总效应量。

并不是每个研究都汇报了模型的直接效应、间接效应和总效应,在此需要说明它们的计算方法。表 5 中,DE(Direct Effect)代表直接效应,是辱虐管理×责任心对工作绩效的影响,系数在步骤 3 中为 0.24①,相当于 c'。IE^1、IE^2 代表责任心通过积极应对和消极应对的间接效应,分别等于各自的路径系数 a、b 的乘积。P_{ZM}^1、P_{ZM}^2 分别代表责任心对积极应对、消极应对的影响,系数分别为 0.41、−0.38,相当于 a。P_{XM}^1、P_{XM}^2 分别代表辱虐管理×积极应对、辱虐管理×消极应对对工作绩效的影响,系数分别为 −0.13、−0.32,相当于 b。通过积极应对的间接效应 IE^1 = $P_{ZM}^1 \times P_{XM}^1$ = 0.41×(−0.13)= −0.05,通过消极应对的间接效应 IE^2 = $P_{ZM}^2 \times P_{XM}^2$ =(−0.38)×(−0.32)= 0.12。总效应 = 0.24−0.05+0.12 = 0.31。

3.6　被调节的中介模型的检验与汇报

3.6.1　被调节的中介模型的介绍与解读

我们举一个现实中的例子来说明被调节的中介模型。小明是一个高三的

---

① 本书作者认为此处应该是步骤 4 中的系数 0.17。

学生,在上高三之前,小明的学习成绩很优异,但上高三之后,他的成绩出现了明显的下滑,父母为此异常担忧。上高三之前,虽然课业负担也重,但父母几乎都是以一种信任的态度让小明自主学习,课业负担反而激发了他的学习热情,适度的压力使他的成绩一直名列前茅。但上高三之后,父母取消了小明的一切课余活动,难得的周末也安排了补习,课业负担压得小明有点喘不过气来,学习成绩一落千丈。不同的父母监督环境下,课业负担会通过不同的影响机制作用于小明的成绩(压力—热情—成绩;压力—紧张—成绩),在父母高监督环境下,学习热情便不再是学业压力和成绩之间的中介变量了,如图3-106所示。

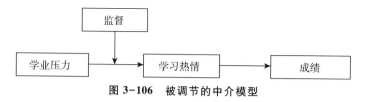

图3-106 被调节的中介模型

自变量影响因变量的机制会随着调节变量的不同而有所不同。换言之,在调节变量取不同值的情况下,自变量影响因变量的大小和方向会有所不同。自变量影响因变量的机制受到了调节变量的调节,这便是研究调节变量的意义。

当中介变量的中介效应受到调节变量的调节时,便存在被调节的中介效应(刘东等,2012:559),即中介变量M的中介效应的方向或大小受到了调节变量W的调节,当W取不同的值时,M的中介效应会有所不同。有三种被调节的中介模型,分别是第一阶段被调节的中介、第二阶段被调节的中介和两阶段被调节的中介。

第一阶段被调节的中介是指调节变量对中介过程的调节效应源自调节变量调节了自变量与中介变量之间的关系,如图3-107所示。

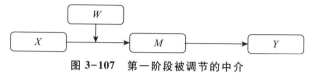

图3-107 第一阶段被调节的中介

第二阶段被调节的中介是指调节变量对中介过程的调节效应源自调节变量调节了中介变量与结果变量之间的关系,如图3-108所示。

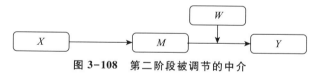

图3-108 第二阶段被调节的中介

两阶段被调节的中介是指调节变量对中介过程的调节效应源自调节变量既调节了自变量与中介变量之间的关系,又调节了中介变量与结果变量之间的关系,如图 3-109 所示。

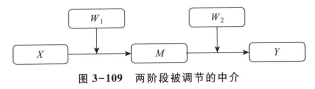

图 3-109　两阶段被调节的中介

3.6.2　被调节的中介模型的类型

3.6.2.1　第一阶段被调节的中介模型

我们选取了三篇国际一流期刊论文作为示范讨论,进而总结了第一阶段被调节的中介模型发展过程,如表 3-6 所示。

表 3-6　第一阶段被调节的中介模型发展过程总结

论文	模型	假设
Huang et al. (2016)	工作不安全 X_1 → 道德推脱 M_1 → 组织偏差 人际偏差 离职意愿 Y_1;　就业机会 W_2 调节 $X_1 \to M_1$;　领导成员交换关系 W_1 调节 $X_1 \to M_1$	H1:X_1 与 Y_1 正相关 H2:M_1 中介 X_1 与 Y_1 之间的关系 H3:W_1 调节 M_1 的中介效应 H4:W_2 调节 M_1 的中介效应
Kim et al. (2016)	多元反馈 X_2 → 员工能力 M_2、知识分享 M_3 → 劳动生产效率 Y_2;　多元反馈的目的 W_3 调节 $X_2 \to M_2$、$X_2 \to M_3$	H1:X_2 与 M_2 正相关 H2:X_2 与 M_3 正相关 H3:W_3 调节 X_2 与 M_2 之间的关系,调节 X_2 与 M_3 之间的关系 H4:M_2 中介 X_2 与 Y_2 之间的关系 H5:M_3 中介 X_2 与 Y_2 之间的关系 H6:W_3 调节 M_2、M_3 的中介效应

(续表)

论文	模型	假设
Khan et al.(2014)	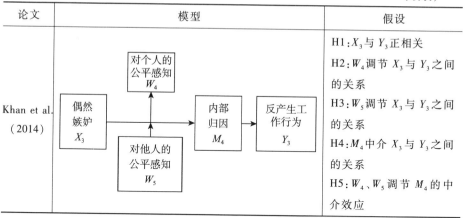	H1: X_3 与 Y_3 正相关 H2: W_4 调节 X_3 与 Y_3 之间的关系 H3: W_5 调节 X_3 与 Y_3 之间的关系 H4: M_4 中介 X_3 与 Y_3 之间的关系 H5: W_4、W_5 调节 M_4 的中介效应

Huang et al.(2016)的研究中先对主效应做出了假设,然后假设了中介效应,最后假设了被调节的中介效应。具体假设如下:①工作不安全(X_1)与组织偏差、人际偏差、离职意愿(Y_1)正相关;②道德推脱(M_1)中介工作不安全(X_1)与组织偏差、人际偏差、离职意愿(Y_1)的关系;③领导成员交换关系(W_1)调节道德推脱(M_1)的中介效应;④就业机会(W_2)调节道德推脱(M_1)的中介效应。

Kim et al.(2016)的研究中先假设了自变量与中介变量之间的关系,然后假设了调节变量调节自变量与中介变量之间的关系,之后假设了中介效应,最后假设了被调节的中介效应。具体假设如下:①多元反馈(X_2)、员工能力(M_2)正相关;②多元反馈(X_2)与知识分享(M_3)正相关;③多元反馈的目的(W_3)调节多元反馈(X_2)与员工能力(M_2)、多元反馈(X_2)与知识分享(M_3)之间的关系;④员工能力(M_2)中介多元反馈(X_2)与劳动生产率(Y_2)之间的关系;⑤知识分享(M_3)中介多元反馈(X_2)与劳动生产率(Y_2)之间的关系;⑥多元反馈的目的(W_3)调节员工能力(M_2)、知识分享(M_3)的中介效应。

Khan et al.(2014)先假设了主效应,然后假设了自变量与因变量的调节效应,之后假设了中介效应,最后假设了被调节的中介效应。具体假设如下:①偶然嫉妒(X_3)与反生产工作行为(Y_3)正相关;②对个人的公平感知(W_4)调节偶然嫉妒(X_3)与反生产工作行为(Y_3)之间的关系;③对他人的公平感知(W_5)调节偶然嫉妒(X_3)与反生产工作行为(Y_3)之间的关系;④内部归因(M_4)中介偶然嫉妒(X_3)与反生产工作行为(Y_3)之间的关系;⑤内部归因(M_4)的中介效应被公平感知调节(W_4、W_5)。

从上述分析中可以看出：①研究者在做第一阶段被调节的中介假设之前普遍假设了中介效应，但这并不是必需的，因为一方面用方程检验第一阶段被调节的中介效应时不需要用到中介效应成立这个条件；另一方面在调节效应存在的情况下，平均中介效应可能是不显著的。②研究者在做简单调节效应假设时并不一致，有的研究者是假设调节变量调节自变量与因变量之间的关系（Kim et al.，2016），有的研究者是假设调节变量调节自变量与中介变量之间的关系（Khan et al.，2014）。我们的建议是可以假设调节变量调节自变量与中介变量之间的关系，因为这个方程会在后面检验被调节的中介效应时用到。另外，虽然没有研究者做中介变量与因变量之间关系的假设，但根据理论和文章的贡献点，如果有需要，我们也建议在其中加入中介变量与因变量之间关系的假设，而且在后面检验被调节的中介效应时会用到这个假设的方程。建议读者根据自己的研究贡献来提出研究假设。

3.6.2.2 第二阶段被调节的中介模型

我们选取了三篇国际一流期刊论文作为示范讨论，进而总结了第二阶段被调节的中介模型发展过程，如表3-7所示。

Ferris et al.（2015）的研究中先假设了对自变量与中介变量之间的关系，然后假设了调节变量调节中介变量与因变量之间的关系，最后假设了被调节的中介效应。具体假设如下：①职场排斥（X_1）与整体自尊水平（M_1）负相关；②绩效对自尊的重要性（W_1）调节整体自尊水平（M_1）与工作绩效（Y_1）之间的关系；③绩效对自尊的重要性（W_1）调节整体自尊水平（M_1）在职场排斥（X_1）与工作绩效（Y_1）之间的中介效应，绩效对自尊的重要性（W_1）越低，整体自尊水平（M_1）的中介效应越强。

表3-7 第二阶段被调节的中介模型发展过程总结

论文	模型	假设
Ferris et al.（2015）	职场排斥 X_1 → 整体自尊水平 M_1 → 工作绩效 Y_1；绩效对自尊的重要性 W_1	H1：X_1 与 M_1 负相关 H2：W_1 调节 M_1 与 Y_1 之间的关系 H3：W_1 调节 M_1 的中介效应

第3章 调节效应的检验、结果解读与汇报

（续表）

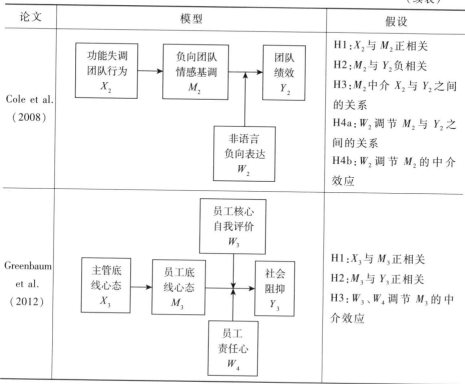

Cole et al.(2008)先假设了自变量与中介变量之间的关系，然后假设了中介变量与因变量之间的关系，接着假设了中介效应，最后假设了中介变量与因变量之间的调节效应以及被调节的中介效应。具体假设如下：①功能失调团队行为(X_2)与负向团队情感基调(M_2)正相关；②负向团队情感基调(M_2)与团队绩效(Y_2)负相关；③负向团队情感基调(M_2)中介功能失调团队行为(X_2)与团队绩效(Y_2)之间的关系；④a非语言负向表达(W_2)调节负向团队情感基调(M_2)与团队绩效(Y_2)之间的关系，当非语言负向表达(W_2)少时，二者关系更弱；④b非语言负向表达(W_2)调节负向团队情感基调(M_2)的中介效应，当非语言负向表达(W_2)多时，负向团队情感基调(M_2)才会起到中介效应，当非语言负向表达(W_2)少时，负向团队情感基调(M_2)则不会起到中介作用。

Greenbaum et al.(2012)先假设了自变量与中介变量之间的关系，然后假设了中介变量与因变量之间的关系，最后假设了被调节的中介效应。具体假设如下：①主管底线心态(X_3)与员工底线心态(M_3)正相关；②员工底线心态(M_3)与社会阻抑(Y_3)正相关；③员工核心自我评价(W_3)与员工责任心(W_4)调节员工底线心态(M_3)的中介效应，当员工核心自我评价(W_3)和责任心(W_4)低时，

187

员工底线心态(M_3)的中介作用变强。

从上述总结中可以看出,研究者在做出第二阶段被调节的中介假设之前,普遍会做出两个假设:①自变量与因变量之间的关系;②调节变量调节中介变量与因变量之间的关系。我们也推荐做出这两个假设,因为后面计算第二阶段被调节的中介效应时会用到这两个方程。另外,相较于第一阶段,在做出第二阶段被调节的中介假设之前,做出中介效应假设的研究少很多,三篇论文中只有 Cole et al.(2008)做了中介效应假设。中介效应假设在第二阶段被调节的中介效应中也不是必需的。建议读者根据自己的研究贡献来提出研究假设。

3.6.2.3 两阶段被调节的中介模型

我们选取了三篇国际一流期刊论文作为示范讨论,进而总结了两阶段被调节的中介模型发展过程,如表 3-8 所示。

表 3-8 两阶段被调节的中介模型发展过程总结

论文	模型	假设
Eissa and Lester (2017)	主管神经质 W_1,主管责任心 W_2;主管角色过载 X_1 → 主管受挫 M_1 → 辱虐管理 Y_1;主管宜人性 W_3	H1:X_1 与 M_1 正相关 H2:M_1 与 Y_1 负相关 H3:M_1 中介 X_1 与 Y_1 之间的关系 H4:W_1 调节 X_1 与 M_1 之间的关系 H5:W_2 和 W_3 调节 M_1 与 Y_1 之间的关系 H6:W_1、W_2、W_3 联合调节 M_1 的中介效应
Schau-broeck et al. (2017)	权力距离氛围 W_4,角色宽度自我效能 W_5;领导权威 X_2 → 内部地位感知 M_2 → 组织情感承诺 留职意向 工作绩效 Y_2	H1:W_4 调节 X_2 与 M_2 之间的关系 H2:W_4 调节 M_2 的中介效应 H3:W_5 调节 M_2 与 Y_2(前两个维度)之间的关系 H4:W_5 调节 M_2 与 Y_2(第三个维度)之间的关系 H5:M_2 的中介效应被 W_4、W_5 分别调节

（续表）

论文	模型	假设
Lim and Tai (2014)	核心自我评价 W_6 → 心理困扰 M_3；核心自我评价 W_6 → 工作绩效 Y_3；家庭不文明行为 X_3 → 心理困扰 M_3 → 工作绩效 Y_3	H1：X_3 与 M_3 正相关 H2：M_3 与 Y_3 正相关 H3：M_3 在 X_3 与 Y_3 中起到中介效应 H4：W_6 在两阶段调节 M_3 的中介效应

Eissa and Lester(2017)的研究中先通过假设自变量与中介变量、中介变量与因变量之间的关系提出了中介效应假设,然后分阶段假设了第一阶段的调节效应、第二阶段的调节效应,最后提出了被调节的中介的综合假设。具体假设如下:①主管角色过载(X_1)与主管受挫(M_1)正相关;②主管受挫(M_1)与辱虐管理(Y_1)正相关;③主管受挫(M_1)中介主管角色过载(X_1)与辱虐管理(Y_1)之间的关系;④主管神经质(W_1)调节主管角色过载(X_1)与主管受挫(M_1)之间的关系,主管的神经质程度越高,二者之间的正向关系越强;⑤主管的责任心(W_2)和宜人性(W_3)调节主管受挫(M_1)与辱虐管理(Y_1)之间的关系,主管的责任心(W_2)和宜人性(W_3)越高,二者之间的关系越弱;⑥主管的神经质(W_1)、责任心(W_2)和宜人性(W_3)联合调节主管受挫(M_1)的中介效应,主管的神经质(W_1)程度越高,责任心(W_2)、宜人性(W_3)越低,主管受挫(M_1)的中介效应越强。

Schaubroeck et al.(2017)的研究中先通过假设第一阶段的调节效应提出了第一阶段被调节的中介假设,然后假设了第二阶段的调节效应,最后提出了两阶段被调节的中介假设。具体假设如下:①权力距离氛围(W_4)调节领导权威(X_2)与内部地位感知(M_2)之间的关系,当权力距离氛围(W_4)低时,二者之间的关系为负,当权力距离氛围(W_4)高时,二者之间的关系为正;②当权力距离氛围(W_4)高时,内部地位感知(M_2)的中介效应为正,当权力距离氛围(W_4)低时,内部地位感知(M_2)的中介效应为负;③角色宽度自我效能(W_5)调节内部地位感知(M_2)与留职意向、组织情感承诺(Y_2)之间的关系,角色宽度自我效能(W_5)越高,二者之间的正向关系越强;④角色宽度自我效能(W_5)调节内部地位感知(M_2)与工作绩效(Y_2)之间的关系,角色宽度自我效能(W_5)越高,二者之间的正向关系越强;⑤权力距离氛围(W_4)与角色宽度自我效能(W_5)在第一阶段和第二阶段分别调节内部地位感知(M_2)的中介效应。

Lim and Tai(2014)的研究中先根据自变量与中介变量之间的关系、中介变量与因变量之间的关系假设了中介效应,然后假设了两阶段被调节的中介效应。具体假设如下：①家庭不文明行为(X_3)与心理困扰(M_3)正相关；②心理困扰(M_3)与工作绩效(Y_3)负相关；③心理困扰(M_3)中介家庭不文明行为(X_3)对工作绩效(Y_3)的影响；④核心自我评价(W_6)在第一阶段和第二阶段分别调节心理困扰(M_3)的中介效应，核心自我评价(W_6)越高，两阶段路径都越弱。

从上述分析中可以看出，Eissa and Lester(2017)和 Schaubroeck et al.(2017)在假设两阶段被调节的中介效应之前先假设了每个阶段的调节效应。我们也推荐这样做出假设，因为之后计算两阶段被调节的中介效应时会用到这两个假设的方程。同样，中介效应并不是做出两阶段被调节的中介假设的必要条件。

3.6.3 被调节的中介模型的检验原理与检验方法

3.6.3.1 检验原理

被调节的中介模型的检验思路和被中介的调节模型的检验思路比较类似，都是要找到两个阶段的系数 a、b。所不同的是，被中介的调节效应本质上是一个调节效应被中介，是检验 $a×b$(中介效应)是否显著；而被调节的中介效应本质上则是一个中介效应被调节，是检验 $a×b$(中介效应)在调节变量取高值和低值时差异是否显著。

第一阶段被调节的中介效应

第一阶段被调节的中介效应是要构造一个方程，表达出 X 对 M 的影响(系数 a)，然后构造第二个方程，表达出 M 对 Y 的影响(系数 b)，最后检验 $a×b$(中介效应)在调节变量取高值和低值时差异是否显著。方程如下：

$$M = \beta_0 + \beta_1 X + \beta_2 W + \beta_3 XW + e_1 = \beta_0 + \beta_2 W + (\beta_1 + \beta_3 W)X + e_1$$

！X 对 M 的影响，系数为 $(\beta_1 + \beta_3 W)$　　(1)

$$Y = \beta_4 + \beta_5 X + \beta_6 M + \beta_7 W + \beta_8 XW + e_2$$

！M 对 Y 的影响，系数为 β_6　　(2)

把方程(1)中的 M 代入方程(2)，即可得到 $Y = (\beta_4 + \beta_0 \beta_6) + \beta_5 X + \beta_2 \beta_6 W + \beta_6(\beta_1 + \beta_3 W)X + \beta_7 W + \beta_8 XW + e_3$。此时，$a×b$ 即为 $\beta_6(\beta_1 + \beta_3 W)$，$\beta_6(\beta_1 + \beta_3 W)$ 就代表 X 通过 M 起作用的间接效应。接下来要分别计算当 W 取高值和低值时，$\beta_6(\beta_1 + \beta_3 W)$ 的差异是否显著，如果显著，则说明被调节的中介效应存在。

看到这里读者也许会有疑惑，感觉第一阶段被调节的中介模型和类型 Ⅰ 被中介的调节模型一致，方程也一样。确实如此，二者在模型和方程的表达上是一致的，但它们也有本质上的差异，因为它们所要检验的假设不同，导致其所检验的系数也是不一样的。具体来说，类型 Ⅰ 被中介的调节模型是要检验 XW 通过 M 起作用的间接效应，因此中介效应等于 XW 系数和 M 系数的乘积；而被调节的中介模型则是要检验 X 通过 M 起作用的间接效应(随 W 而发生的变化),检验时中介效应等于 X 系数和 M 系数的乘积。所以,虽然方程一样,但要检验的系数是不一样的。

另外,有的读者可能还会有疑问,展开后的方程中还有一项 $\beta_5 X$,即 X 还存在,那么,为什么不把它放在一起考虑被调节的中介效应?这里需要说明的是,$\beta_5 X$ 不是 X 通过 M 影响 Y 的间接效应,而是 X 影响 Y 的直接效应。

第二阶段被调节的中介效应

第二阶段被调节的中介效应的检验原理和第一阶段的检验原理一样,也是要构造一个方程,表达出 X 对 M 的影响(系数 a),然后构造第二个方程,表达出 M 对 Y 的影响(系数 b),最后检验 $a \times b$(中介效应)在调节变量取高值和低值时差异是否显著。方程如下:

$$M = \beta_0 + \beta_1 X + e_1 \qquad !\ X \text{ 对 } M \text{ 的影响,系数为 } \beta_1 \qquad (1)$$

$$Y = \beta_2 + \beta_3 X + \beta_4 M + \beta_5 W + \beta_6 MW + e_2 = \beta_2 + \beta_3 X + \beta_5 W + (\beta_4 + \beta_6 W)M + e_2$$

$$!\ M \text{ 对 } Y \text{ 的影响,系数为}(\beta_4 + \beta_6 W) \qquad (2)$$

把方程(1)中的 M 代入方程(2),即可得到 $Y = (\beta_0 \beta_4 + \beta_2) + \beta_3 X + (\beta_5 + \beta_0 \beta_6)W + \beta_1(\beta_4 + \beta_6 W)X + e_3$。此时,$a \times b$ 即为 $\beta_1(\beta_4 + \beta_6 W)$,$\beta_1(\beta_4 + \beta_6 W)$ 就代表 X 通过 M 起作用的间接效应。同样,$\beta_3 X$ 代表 X 的直接效应。接下来要分别计算当 W 取高值和低值时,$\beta_1(\beta_4 + \beta_6 W)$ 的差异是否显著,如果显著,则说明被调节的中介效应存在。

两阶段被调节的中介效应

两阶段被调节的中介效应的检验原理和第一阶段、第二阶段的检验原理一样,在此不再赘述。方程如下:

$$M = \beta_0 + \beta_1 X + \beta_2 W_1 + \beta_3 W_1 X + e_1 = \beta_0 + \beta_2 W_1 + (\beta_1 + \beta_3 W_1)X + e_1$$

$$!\ X \text{ 对 } M \text{ 的影响,系数为}(\beta_1 + \beta_3 W_1) \qquad (1)$$

$$Y = \beta_4 + \beta_5 X + \beta_6 M + \beta_7 W_2 + \beta_8 MW_2 + \beta_9 W_1 + \beta_{10} XW_1 + e_2$$

$$= \beta_4 + \beta_5 X + \beta_7 W_2 + (\beta_6 + \beta_8 W_2)M + \beta_9 W_1 + \beta_{10} XW_1 + e_2$$

$$!\ M \text{ 对 } Y \text{ 的影响,系数为}(\beta_6 + \beta_8 W_2) \qquad (2)$$

联合后的方程因为太长,在此不详细写出。此时,$a \times b$ 即为 $(\beta_1 + \beta_3 W_1)(\beta_6 + \beta_8 W_2)$,$(\beta_1 + \beta_3 W_1)(\beta_6 + \beta_8 W_2)$ 就代表 X 通过 M 起作用的间接效应。接下来要分别计算当 W_1、W_2 取高值和低值时,$(\beta_1 + \beta_3 W_1)(\beta_6 + \beta_8 W_2)$ 的差异是否显著,如果显著,则说明被调节的中介效应存在。

3.6.3.2 检验方法

被调节的中介效应一般通过路径分析找出 a 和 b,然后估计 $a \times b$ 在调节变量分别取高值和低值时是否有显著差异(高值和低值一般依然采用取正负一个标准差来表示)。本部分我们依然采用数据文件 modexample.xlsx,用 Mplus 7.4 来进行演示。

第一阶段被调节的中介效应

我们以自我效能感对工作重要性与积极工作行为之间关系的中介效应被控制点调节为例来进行演示,如图 3-110 所示。假设在控制点高时,自我效能感的中介效应更强。

图 3-110　第一阶段被调节的中介效应演示模型

第一阶段被调节的中介效应从图形上看和类型Ⅰ被中介的调节效应是一样的,但表达的含义不同。在类型Ⅰ被中介的调节效应中,理论模型表达的含义是工作重要性与控制点的交互项被自我效能感中介,而此处想表达的含义是自我效能感的中介效应被控制点调节。下面我们来看这个模型的演示。

第一步,在 SPSS 中计算平均值、标准差。

这一步我们不仅要计算已有变量的平均值用于计算交互项,还要计算调节变量中心化后的标准差用于计算调节效应。① 在本示例中,调节变量为控制点,我们还需要计算控制点中心化后的标准差。前面我们讲解了如何进行控制点中心化,在此不再赘述。后面第二阶段及两阶段被调节的中介模型还需要用到工作压力中心化后的标准差,为了演示方便,我们在此一并计算。在 SPSS 中计算平均值和标准差的过程参照类型Ⅰ被中介的调节效应过程,结果如图 3-111 所示。

描述统计

	个案数	最小值	最大值	平均值	标准差
工作重要性	1326	6	20	14.18	2.691
自我效能感	1326	4	10	8.22	1.097
积极工作行为	1326	5	15	10.41	1.743
控制点	1326	6	14	10.13	1.299
工作压力	1326	16	80	46.25	8.137
控制点中心化	1326	-4.1289593	3.87104072	.00000000	1.29933160
工作压力中心化	1326	-30.254902	33.7450980	.000000001	8.13721213
有效个案数(成列)	1326				

图 3-111　第一阶段被调节的中介效应描述统计结果

---

① 演示数据见本章附录材料 6:第一阶段被调节的中介文件夹中的附录材料 6-1 第一阶段被调节的中介演示数据.xlsx。

第3章 调节效应的检验、结果解读与汇报

第二步,生成 dat 文件。

相较于被中介的调节,在被调节的中介数据部分虽然我们需要用到控制点中心化后的标准差,但此标准差是以手动的方式输入的,因此我们使用的数据文件本质上和被中介的调节是一样的。在此我们依然使用被中介的调节部分生成的 modexample.dat 文件(如何生成 dat 文件,参照上文)。①

第三步,Mplus 程序命令编辑。

检验本示例中第一阶段被调节的中介效应,需要在 Mplus 中输入以下程序命令,如图 3-112 所示。②

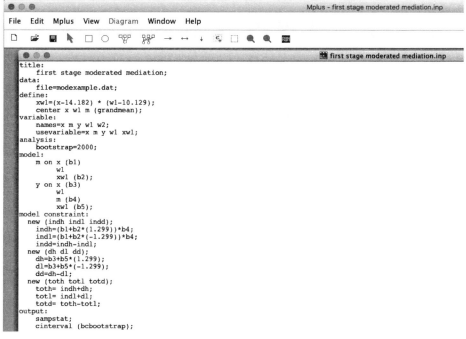

图 3-112　第一阶段被调节的中介效应 Mplus 程序命令

第四步,命令解读。

下面我们将对需要输入的每个命令进行解读。

title：

  first stage moderated mediation;！标题:第一阶段被调节的中介模型

---

① 演示数据见本章附录材料 6：第一阶段被调节的中介文件夹中的附录材料 6-2 第一阶段被调节的中介 MPLUS 数据.dat。

② 演示数据见本章附录材料 6：第一阶段被调节的中介文件夹中的附录材料 6-3 first stage moderated mediation.inp。

```
data：
    file = modexample.dat；            ! 读取数据文件 modexample.dat
define：
    xw1 = (x-14.182) * (w1-10.129)；
                                      ! 定义一个新变量 xw1，即交互项
    center x w1 m (grandmean)；        ! 将 x、w1、m 中心化
variable：
    names = x m y w1 w2；              ! 数据文件中所有的变量从左至右为 x、
```
m、y、w_1、w_2
```
    usevariable = x m y w1 xw1；       ! 模型中将使用的变量为 x、m、y、w1、xw1，
```
新创建的变量 xw_1 一定要放在这个地方，否则会报错
```
analysis：
    bootstrap = 2000；                 ! 进行 2 000 次 bootstrap
model：
    m on x (b1)
        w1
        xw1 (b2)；                    ! m 对 x、w1、xw1 做回归，x 的回归系数
```
为 b_1，xw_1 的回归系数为 b_2
```
    y on x (b3)
        w1
        m (b4)
        xw1 (b5)；                    ! y 对 x、w1、m、xw1 做回归，x 的回归系
```
数为 b_3，m 的回归系数为 b_4，xw_1 的回归系数为 b_5
```
model constraint：                    ! 后面可以使用前面命名的参数
    new (indh indl indd)；            ! 定义三个新变量，分别为 indh、indl、indd
    indh = (b1+b2 * (1.299)) * b4；   ! indh 代表在调节变量取高值时的间接
```
效应。x 对 m 的影响系数 a 等于 $b_1+b_2w_1$，由第一步可知 w_1（控制点中心化）的标准差为 1.299，平均值为 0。当 w_1 取高于均值一个标准差时，a 等于 $b_1+b_2\times(1.299)$，m 对 y 的影响系数 b 等于 b_4。因此，当调节变量取高值时，中介效应 $a\times b$ 为 $[b_1+b_2\times(1.299)]\times b_4$
```
    indl = (b1+b2 * (-1.299)) * b4；  ! indl 代表在调节变量取低值时的间接
```
效应。当 w_1 取低于均值一个标准差时，a 等于 $b_1+b_2\times(-1.299)$，m 对 y 的影响

第 3 章　调节效应的检验、结果解读与汇报

系数 b 等于 b_4。因此,当调节变量取低值时,中介效应 $a \times b$ 为 $[b_1 + b_2 \times (-1.299)] \times b_4$。

  indd = indh−indl;　　　　　　! indd 代表中介效应的差异量,等于调节变量取高值时的中介效应量减去调节变量取低值时的中介效应量

  new (dh dl dd);　　　　　　! 定义三个新变量,分别为 dh、dl、dd

  dh = b3+b5 * (1.299);　　　　! dh 代表在调节变量取高值时的直接效应。直接效应是指除 x 中介效应外,x 直接影响 y 的效应量。x 影响 y 的直接效应等于 $b_3 + b_5 w_1$,由第一步可知 w_1(控制点中心化)的标准差为 1.299,平均值为 0。当 w_1 取高于均值一个标准差时,x 影响 y 的直接效应等于 $b_3 + b_5 \times (1.299)$

  dl = b3+b5 * (−1.299);　　　　! dl 代表在调节变量取低值时的直接效应。当 w_1 取低于均值一个标准差时,x 影响 y 的直接效应等于 $b_3 + b_5 \times (-1.299)$

  dd = dh−dl;　　　　　　　　! dd 代表直接效应的差异量,等于调节变量取高值时的直接效应量减去调节变量取低值时的直接效应量

  new (toth totl totd);　　　　! 定义三个新变量(toth、totl、totd)

  toth = indh+dh;　　　　　　! toth 代表在调节变量取高值时的总效应。总效应是指直接效应与间接效应的总和,x 影响 y 的总效应等于间接效应加直接效应。当 w_1 取高于均值一个标准差时,x 影响 y 的总效应等于 indh+dh

  totl = indl+dl;　　　　　　　! totl 代表在调节变量取低值时的总效应。当 w_1 取低于均值一个标准差时,x 影响 y 的总效应等于 indl+dl

  totd = toth−totl;　　　　　　! totd 代表总效应的差异量,等于调节变量取高值时的总效应量减去调节变量取低值时的总效应量

  output:　　　　　　　　　　! 输出命令

  sampstat;　　　　　　　　　! 要求报告样本统计量的平均值、方差、协方差和相关系数

  cinterval (bcbootstrap);　　　! 要求报告误差校正后的 bootstrap 置信区间

第五步,结果解读。

Mplus 会输出两个结果窗口:一个是模型图,另一个是参数估计结果表。其中,本示例中的模型图如图 3−113 所示。①

---

① 演示数据见本章附录材料 6:第一阶段被调节的中介文件夹中的附录材料 6-4 first stage moderated mediation.dgm。

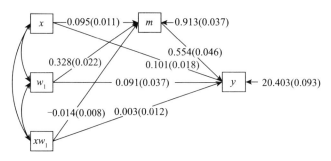

图 3-113　第一阶段被调节的中介效应模型图

点击菜单栏中的"Window"—"first stage moderated mediation.out"文件可以查看参数估计结果窗口,如图 3-114 所示。

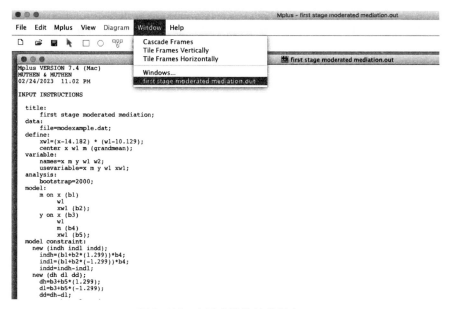

图 3-114　查看参数估计结果窗口

我们先来看参数估计结果表,一般会将回归系数整理到一张表格中,报告部分路径系数,如图 3-115 所示。如果有需要,也可以做中介变量、因变量的层级回归。我们以 XW_1 对 M 的影响为例来看如何看回归系数,XW_1 的回归系数 $(b) = -0.014$,标准差 $(S.E.) = 0.008$,显著性水平 $(p) = 0.071$。同理,可以看其他回归系数。[①]

[①] 演示数据见本章附录材料 6:第一阶段被调节的中介文件夹中的附录材料 6-5 first stage moderated mediation.out。

```
MODEL RESULTS

                                                    Two-Tailed
                    Estimate    S.E.    Est./S.E.   P-Value
 M        ON
    X                0.095     0.011      8.897      0.000
    W1               0.328     0.022     14.850      0.000
    XW1             -0.014     0.008     -1.804      0.071

 Y        ON
    X                0.101     0.018      5.474      0.000
    W1               0.091     0.037      2.436      0.015
    M                0.554     0.046     12.058      0.000
    XW1              0.003     0.012      0.262      0.794

 Intercepts
    M                0.010     0.026      0.393      0.695
    Y               10.407     0.044    237.891      0.000

 Residual Variances
    M                0.913     0.037     24.546      0.000
    Y                2.403     0.093     25.802      0.000

 New/Additional Parameters
    INDH             0.042     0.008      5.018      0.000
    INDL             0.063     0.010      6.425      0.000
    INDD            -0.021     0.012     -1.780      0.075
    DH               0.105     0.023      4.589      0.000
    DL               0.097     0.025      3.881      0.000
    DD               0.008     0.030      0.262      0.794
    TOTH             0.147     0.025      5.979      0.000
    TOTL             0.160     0.026      6.161      0.000
    TOTD            -0.013     0.033     -0.390      0.697
```

图 3-115　Mplus 输出结果的参数估计结果表

和之前一样,由于 indh = $a \times b$ 是非正态分布的,因此间接效应看后面的置信区间更准确,如图 3-116 所示。

```
CONFIDENCE INTERVALS OF MODEL RESULTS

             Lower .5%  Lower 2.5%  Lower 5%   Estimate   Upper 5%   Upper 2.5%  Upper .5%
 M      ON
   X         0.067       0.074       0.078      0.095      0.113      0.116       0.122
   W1        0.268       0.284       0.291      0.328      0.365      0.372       0.386
   XW1      -0.035      -0.030      -0.028     -0.014     -0.001      0.001       0.006

 Y      ON
   X         0.056       0.065       0.071      0.101      0.132      0.137       0.152
   W1       -0.007       0.017       0.028      0.091      0.150      0.162       0.189
   M         0.441       0.461       0.476      0.554      0.628      0.641       0.668
   XW1      -0.028      -0.021      -0.016      0.003      0.022      0.026       0.032

 Intercepts
   M        -0.059      -0.041      -0.034      0.010      0.053      0.060       0.074
   Y        10.289      10.320      10.335     10.407     10.480     10.490      10.515

 Residual Variances
   M         0.823       0.845       0.857      0.913      0.979      0.990       1.014
   Y         2.180       2.236       2.264      2.403      2.577      2.606       2.666

 New/Additional Parameters
   INDH      0.022       0.027       0.029      0.042      0.057      0.061       0.066
   INDL      0.040       0.045       0.048      0.063      0.081      0.085       0.091
   INDD     -0.053      -0.045      -0.041     -0.021     -0.002      0.001       0.007
   DH        0.041       0.059       0.068      0.105      0.141      0.147       0.163
   DL        0.035       0.048       0.054      0.097      0.137      0.144       0.159
   DD       -0.074      -0.053      -0.041      0.008      0.058      0.067       0.083
   TOTH      0.079       0.097       0.106      0.147      0.186      0.193       0.211
   TOTL      0.095       0.109       0.117      0.160      0.202      0.210       0.220
   TOTD     -0.094      -0.079      -0.066     -0.013      0.041      0.054       0.072
```

图 3-116　Mplus 输出结果的置信区间表

置信区间表中中间一列(Estimate)是估计值,往内边走挨着的两列 Lower 5%、Upper 5%代表上下 5%置信区间的上下限,即 10%的置信区间;同理,再往外两列代表 5%的置信区间,最外两列代表 1%的置信区间。在本示例中,INDD 代表调节变量取高值时的中介效应和调节变量取低值时的中介效应之差,由图 3-116 可知,INDD 10%的置信区间为[-0.041,-0.002]、5%的置信区间为[-0.045,0.001]、1%的置信区间为[-0.053,0.007]。根据显著性判断标准可以看出,被调节的中介效应在 10%的水平上是显著的。以此类推,被调节的直接中介效应在 10%的水平上,置信区间为[-0.041,0.058],是不显著的;被调节的总中介效应在 10%的水平上,置信区间为[-0.066,0.041],是不显著的。

第二阶段被调节的中介效应

我们以自我效能感对工作重要性与积极工作行为之间关系的中介效应被第二阶段的工作压力调节为例来进行演示,如图 3-117 所示。假设工作压力越小,自我效能感的中介效应越强。

图 3-117　第二阶段被调节的中介效应演示模型

第一步,在 SPSS 中计算平均值、标准差。

我们在这一步虽然需要用到工作压力的标准差,但在第一阶段被调节的中介效应中已计算,因此使用第一阶段被调节的中介效应计算的平均值、标准差即可,如图 3-118 所示。①

描述统计

	个案数	最小值	最大值	平均值	标准差
工作重要性	1326	6	20	14.18	2.691
自我效能感	1326	4	10	8.22	1.097
积极工作行为	1326	5	15	10.41	1.743
控制点	1326	6	14	10.13	1.299
工作压力	1326	16	80	46.25	8.137
控制点中心化	1326	-4.1289593	3.87104072	.00000000	1.29933160
工作压力中心化	1326	-30.254902	33.7450980	.000000001	8.13721213
有效个案数（成列）	1326				

图 3-118　第二阶段被调节的中介效应描述统计结果

第二步,生成 dat 文件。

---

① 演示数据见本章附录材料 7:第二阶段被调节的中介文件夹中的附录材料 7-1 第二阶段被调节的中介演示数据.xlsx。

在第二阶段被调节的中介部分,虽然我们需要用到工作压力中心化后的标准差,但此标准差是以手动的方式输入的,因此我们使用的数据文件本质上和被中介的调节是一样的。在此我们依然使用被中介的调节部分生成的 modexample.dat 文件。①

第三步,Mplus 程序命令编辑。

检验本示例中第二阶段被调节的中介效应,需要在 Mplus 中输入以下程序命令,如图 3-119 所示。②

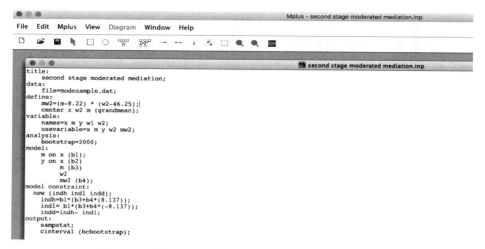

图 3-119　第二阶段被调节的中介效应 Mplus 程序命令

第四步,命令解读。

下面我们将对需要输入的每个命令进行解读。

title:

　　second stage moderated mediation;　! 标题:第二阶段被调节的中介效应

data:

　　file = modexample.dat;　　　　　　! 读取数据文件 modexample.dat

define:

　　mw2 = (m-8.22) * (w2-46.25);! 定义一个新变量 mw_2,即交互项

　　center x w2 m (grandmean);　! 对 x、w_2、m 进行中心化

---

① 演示数据见本章附录材料 7:第二阶段被调节的中介文件夹中的附录材料 7-2 第二阶段被调节的中介 MPLUS 数据.dat。

② 演示数据见本章附录材料 7:第二阶段被调节的中介文件夹中的附录材料 7-3 second stage moderated mediation.inp。

```
variable:
    names = x m y w1 w2;           ! 数据文件中所有的变量从左至右分
别为 $x$、$m$、$y$、$w_1$、$w_2$
    usevariable = x m y w2 mw2;    ! 模型中将使用的变量为 $x$、$m$、$y$、$w_2$、$mw_2$
analysis:
    bootstrap = 2000;              ! 进行 2 000 次 bootstrap
model:
    m on x (b1);                   ! $m$ 对 $x$ 做回归,$x$ 的回归系数为 $b_1$
    y on x (b2)
        m (b3)
        w2
        mw2 (b4);                  ! $y$ 对 $x$、$m$、$w_2$、$mw_2$ 做回归,$x$ 的回归
系数为 $b_2$,$m$ 的回归系数为 $b_3$,$mw_2$ 的回归系数为 $b_4$
    model constraint:              ! 后面可以使用前面命名的参数
        new (indh indl indd);      ! 定义三个新变量,分别为 indh、indl、indd
        indh = b1 * (b3+b4 * (8.137)); ! indh 代表在调节变量取高值时的间接
效应。$x$ 对 $m$ 的影响系数 $a$ 等于 $b_1$,$m$ 对 $y$ 的影响系数 $b$ 等于 $b_3+b_4w_2$。由第一
步可知 $w_2$(工作压力中心化)的标准差为 8.137,平均值为 0。当 $w_2$ 取高于均值
一个标准差时,$b$ 等于 $[b_3+b_4\times(8.137)]$。因此,当调节变量取高值时,中介效应
$a\times b$ 为 $b_1\times[b_3+b_4\times(8.137)]$
        indl = b1 * (b3+b4 * (-8.137)); ! indl 代表在调节变量取低值时的间
接效应。当 $w_2$ 取低于均值一个标准差时,$b$ 等于 $b_3+b_4\times(-8.137)$。因此,当调
节变量取低值时,中介效应 $a\times b$ 为 $b_1\times[b_3+b_4\times(-8.137)]$
        indd = indh-indl;          ! indd 代表间接效应的差异量,等于调
节变量取高值时的间接效应量减去调节变量取低值时的间接效应量
    output:                        ! 输出命令
        sampstat;                  ! 要求报告样本统计量的平均值、方差、
协方差和相关系数
        cinterval (bcbootstrap);   ! 要求报告误差校正后的 bootstrap 置
信区间
```

需要注意的是,在第二阶段被调节的中介中,我们并没有加入调节变量调节直接效应,这是由于在方程(2)中我们没有加入交互项 xw_2。这样做的假设是 w_2 不会调节 X 对 Y 的直接效应。当没有理论支持调节变量会调节直接效应时可以不加,当有理论支持调节变量会调节直接效应时可以加上。

第五步,结果解读。

Mplus 会输出两个结果窗口:一个是模型图,另一个是参数估计结果表。其中,本示例中的模型图如图 3-120 所示。①

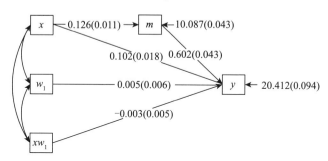

图 3-120　第二阶段被调节的中介效应模型图

点击菜单栏中的 Window—"second stage moderated mediation.out"文件可以查看参数估计结果窗口,如图 3-121 所示。

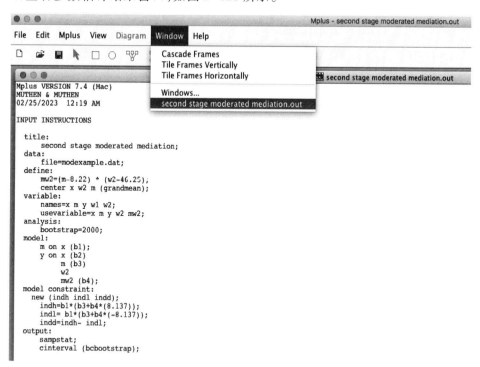

图 3-121　查看参数估计结果窗口

---

① 演示数据见本章附录材料 7:第二阶段被调节的中介文件夹中的附录材料 7-4 second stage moderated mediation.dgm。

我们先来看参数估计结果表,一般会将回归系数整理到一张表格中,报告部分路径系数,如图 3-122 所示。如果有需要,也可以做中介变量、因变量的层级回归。我们以 X 对 M 的影响为例来看如何看回归系数,X 的回归系数(b)= 0.126,标准误(S.E.)= 0.011,显著性水平(p)<0.001。同理,也可以看其他回归系数。①

```
MODEL RESULTS

                                                    Two-Tailed
                    Estimate      S.E.    Est./S.E.  P-Value

 M        ON
   X                  0.126      0.011     11.076    0.000

 Y        ON
   X                  0.102      0.018      5.663    0.000
   M                  0.602      0.043     14.060    0.000
   W2                 0.005      0.006      0.827    0.408
   MW2               -0.003      0.005     -0.629    0.529

 Intercepts
   M                  0.000      0.028      0.000    1.000
   Y                 10.406      0.043    242.540    0.000

 Residual Variances
   M                  1.087      0.043     25.320    0.000
   Y                  2.412      0.094     25.691    0.000

 New/Additional Parameters
   INDH               0.073      0.010      7.275    0.000
   INDL               0.079      0.010      7.782    0.000
   INDD              -0.007      0.011     -0.634    0.526
```

图 3-122　Mplus 输出结果的参数估计结果表

和之前一样,由于 indh = $a \times b$ 是非正态分布的,因此间接效应看后面的置信区间更准确,如图 3-123 所示。

```
CONFIDENCE INTERVALS OF MODEL RESULTS

              Lower .5%  Lower 2.5%  Lower 5%   Estimate   Upper 5%  Upper 2.5%  Upper .5%

 M       ON
   X          0.096       0.103       0.107      0.126      0.145      0.148       0.156

 Y       ON
   X          0.056       0.066       0.072      0.102      0.132      0.138       0.147
   M          0.496       0.517       0.531      0.602      0.673      0.685       0.716
   W2        -0.010      -0.007      -0.005      0.005      0.014      0.015       0.018
   MW2       -0.019      -0.015      -0.012     -0.003      0.005      0.006       0.008

 Intercepts
   M         -0.075      -0.056      -0.047      0.000      0.044      0.051       0.068
   Y         10.288      10.317      10.333     10.406     10.475     10.489      10.516

 Residual Variances
   M          0.982       1.007       1.021      1.087      1.163      1.174       1.200
   Y          2.191       2.251       2.275      2.412      2.589      2.615       2.669

 New/Additional Parameters
   INDH       0.050       0.055       0.058      0.073      0.091      0.094       0.099
   INDL       0.055       0.061       0.064      0.079      0.097      0.100       0.107
   INDD      -0.037      -0.030      -0.025     -0.007      0.010      0.013       0.017
```

图 3-123　Mplus 输出结果的置信区间表

---

①　演示数据见本章附录材料 7:第二阶段被调节的中介文件夹中的附录材料 7-5 second stage moderated mediation.out。

第 3 章 调节效应的检验、结果解读与汇报

置信区间表中中间一列(Estimate)是估计值,往两边走挨着的两列 Lower 5%、Upper 5%代表上下 5%置信区间的上下限,即 10%的置信区间;同理,再往外两列代表 5%的置信区间,最外两列代表 1%的置信区间。在本示例中,INDD 代表调节变量取高值时的中介效应和调节变量取低值时的中介效应之差,由图 3-123 可知,INDD 10%的置信区间为[-0.025,0.010]、5%的置信区间为[-0.030,0.013]、1%的置信区间为[-0.037,0.017]。根据显著性判断标准可以看出,被调节的中介效应是不显著的。

两阶段被调节的中介效应

我们以自我效能感对工作重要性与积极工作行为之间关系的中介效应被第一阶段的控制点、第二阶段的工作压力同时调节为例来进行演示,如图 3-124 所示。我们假设控制点越高、工作压力越大,自我效能感的中介效应越强。

图 3-124 两阶段被调节的中介效应演示模型

第一步,在 SPSS 中计算平均值、标准差。

本示例中需要用到的平均值、标准差前面已计算,在此不再演示,如图 3-125 所示。①

描述统计

	个案数	最小值	最大值	平均值	标准差
工作重要性	1326	6	20	14.18	2.691
自我效能感	1326	4	10	8.22	1.097
积极工作行为	1326	5	15	10.41	1.743
控制点	1326	6	14	10.13	1.299
工作压力	1326	16	80	46.25	8.137
控制点中心化	1326	-4.1289593	3.87104072	.00000000	1.29933160
工作压力中心化	1326	-30.254902	33.7450980	.000000001	8.13721213
有效个案数(成列)	1326				

图 3-125 两阶段被调节的中介效应描述统计结果

第二步,生成 dat 文件。

所有需要用到的变量都在 modexample.dat 文件中,所以在此我们依然使用之前的 modexample.dat 文件。②

---

① 演示数据见本章附录材料 8:两阶段被调节的中介文件夹中的附录材料 8-1 两阶段被调节的中介演示数据.xlsx。

② 演示数据见本章附录材料 8:两阶段被调节的中介文件夹中的附录材料 8-2 两阶段被调节的中介 MPLUS 数据.dat。

第三步,Mplus 程序命令编辑。

检验本示例中两阶段被调节的中介效应,需要在 Mplus 中输入以下程序命令,如图 3-126 所示。①

```
title:
    dual stage moderated mediation;
data:
    file=modexample.dat;
define:
    xw1=(x-14.18) * (w1-10.13);
    mw2=(m-8.22) * (w2-46.25);
    center x w1 m w2 (grandmean);
variable:
    names=x m y w1 w2;
    usevariable=x m y w1 w2 xw1 mw2;
analysis:
    bootstrap=2000;
model:
    m on x (b1)
        w1
        xw1 (b2);
    y on x (b3)
        w1
        m (b4)
        w2
        xw1 (b5)
        mw2 (b6);
model constraint:
    new (indh indl indd);
    indh=(b1+b2*(1.299)) * (b4+b6*(8.137));
    indl=(b1+b2*(-1.299)) * (b4+b6*(-8.137));
    indd=indh- indl;
    new (dh dl dd);
    dh=b3+b5* (1.299);
    dl=b3+b5* (-1.299);
    dd=dh-dl;
    new (toth totl totd);
    toth= indh+dh;
    totl= indl+dl;
    totd= toth-totl;
output:
    sampstat;
    cinterval (bcbootstrap);
```

图 3-126　两阶段被调节的中介效应 Mplus 程序命令

第四步,命令解读。

下面我们将对需要输入的每个命令进行解读。

title:

　　dual stage moderated mediation;! 标题:两阶段被调节的中介效应

data:

　　file=modexample.dat;　　　　! 读取数据文件 modexample.dat

define:

　　xw1=(x-14.18)*(w1-10.13);! 定义一个新变量 xw_1,即交互项 xw_1

　　mw2=(m-8.22)*(w2-46.25);! 定义一个新变量 mw_2,即交互项 mw_2

　　center x w1 m w2 (grandmean);! 对 x、w_1、m、w_2 进行中心化

variable:

　　names=x m y w1 w2;　　　　! 数据文件中所有的变量从左至右分别

---

①　演示数据见本章附录材料 8:两阶段被调节的中介文件夹中的附录材料 8-3 dual stage moderated mediation.inp。

第3章 调节效应的检验、结果解读与汇报

为 x、m、y、w_1、w_2

  usevariable = x m y w1 w2 xw1 mw2；

              ! 模型中将使用的变量为 x、m、y、w_1、w_2、xw_1、mw_2

  analysis：

    bootstrap = 2000；   ! 进行 2 000 次 bootstrap

  model：

    m on x（b1）

      w1

      xw1（b2）；   ! m 对 x、w_1、xw_1 做回归，x、xw_1 的回归系数分别为 b_1、b_2

    y on x（b3）

      w1

      m（b4）

      w2

      xw1（b5）

      mw2（b6）；   ! y 对 x、w_1、m、w_2、xw_1、mw_2 进行回归，x 的回归系数为 b_3，m 的回归系数为 b_4，xw_1 的回归系数为 b_5，mw_2 的回归系数为 b_6

  model constraint：   ! 后面可以使用前面命名的参数

    new（indh indl indd）； ! 定义三个新变量，分别为 indh、indl、indd

    indh =（b1+b2 *（1.299））*（b4+b6 *（8.137））；

              ! indh 代表在调节变量取高值时的间接效应。x 对 m 的影响系数 a 等于 $b_1+b_2 w_1$，m 对 y 的影响系数 b 等于 $b_4+b_6 w_2$。由第一步可知 w_1（控制点中心化）的标准差为 1.299、平均值为 0，w_2（工作压力中心化）的标准差为 8.137、平均值为 0。当 w_1、w_2 均取高于均值一个标准差时，a 等于 $b_1+b_2×(1.299)$，b 等于 $b_4+b_6×(8.137)$。因此，当调节变量都取高值时，中介效应 $a×b$ 为 $[b_1+b_2×(1.299)]×[b_4+b_6×(8.137)]$

    indl =（b1+b2 *（-1.299））*（b4+b6 *（-8.137））；

              ! indl 代表在调节变量取低值时的间接效应。当 w_1、w_2 均取低于均值一个标准差时，a 等于 $b_1+b_2×(-1.299)$，b 等于 $b_4+b_6×(-8.137)$。因此，当调节变量都取低值时，中介效应 $a×b$ 为 $[b_1+b_2×(-1.299)]×[b_4+b_6×(-8.137)]$

    indd = indh-indl；   ! indd 代表间接效应的差异量，等于调节变量取高值时的间接效应量减去调节变量取低值时的间接效应量。注：此处

的间接效应有四种组合,分别为两个调节变量双高、两个调节变量双低、第一个调节变量高第二个调节变量低、第一个调节变量低第二个调节变量高。我们只计算了其中的双高、双低来比较,读者可以根据自己的研究计算需要比较的两组

  new（dh dl dd）；   !定义三个新变量,分别为 dh、dl、dd

   dh=b3+b5 *（1.299）； !dh 代表在调节变量取高值时的直接效应。直接效应是指除中介效应外,x 直接影响 y 的效应。x 影响 y 的直接效应等于 $b_3+b_5w_1$,由第一步可知 w_1(控制点中心化)的标准差为 1.299,平均值为 0。当 w_1 取高于均值一个标准差时,x 影响 y 的直接效应等于 $b_3+b_5\times(1.299)$

   dl=b3+b5 *（-1.299）； !dl 代表在调节变量取低值时的直接效应。x 影响 y 的直接效应等于 $b_3+b_5w_1$,由第一步可知 w_1(控制点中心化)的标准差为 1.299,平均值为 0。当 w_1 取低于均值一个标准差时,x 影响 y 的直接效应等于 $b_3+b_5\times(-1.299)$

   dd=dh-dl；   !indd 代表直接效应的差异量,等于调节变量取高值时的直接效应量减去调节变量取低值时的直接效应量

  new（toth totl totd）；   !定义三个新变量,分别为 toth、totl、totd

   toth= indh+dh；   !toth 代表在调节变量取高值时的总效应。总效应是指直接效应与间接效应的总和,x 影响 y 的总效应等于间接效应加直接效应。当 w_1 取正的一个标准差时,x 影响 y 的总效应等于 indh+dh

   totl= indl+dl；   !totl 代表在调节变量取低值时的总效应。总效应是指直接效应与间接效应的总和,x 影响 y 的总效应等于间接效应加直接效应。当 w_1 取低于均值一个标准差时,x 影响 y 的总效应等于 indl+dl

   totd= toth-totl；   !totd 代表总效应的差异量,等于调节变量取高值时的总效应量减去调节变量取低值时的总效应量

  output：   !输出命令
  sampstat；   !要求报告样本统计量的平均值、方差、协方差和相关系数

  cinterval（bcbootstrap）； !要求报告误差校正后的 bootstrap 置信区间

  第五步,结果解读。

  Mplus 会输出两个结果窗口:一个是模型图,另一个是参数估计结果表。其中,本示例中的模型图如图 3-127 所示。①

---

  ① 演示数据见本章附录材料 8:两阶段被调节的中介文件夹中的附录材料 8-4 dual stage moderated mediation.dgm。

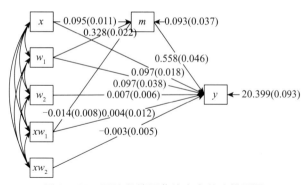

图 3-127 两阶段被调节的中介效应模型图

点击菜单栏中的"Window"—"dual stage moderated mediation.out"文件可以查看参数估计结果窗口,如图 3-128 所示。

图 3-128 查看参数估计结果窗口

我们先来看参数估计结果表,一般会将回归系数整理到一张表格中,报告部分路径系数,如图 3-129 所示。如果有需要,也可以做中介变量、因变量的层级回归。我们以 XW_1 对 M 的影响为例来看回归系数,XW_1 的回归系数(b) = −0.014,标准误(S.E.) = 0.008,显著性水平(p) = 0.071。同理,也可以看其他回归系数。[1]

---

[1] 演示数据见本章附录材料 8:两阶段被调节的中介文件夹中的附录材料 8-5 dual stage moderated mediation.out。

```
MODEL RESULTS

                                                      Two-Tailed
                       Estimate      S.E.   Est./S.E.   P-Value

  M        ON
     X                   0.095      0.011     8.897      0.000
     W1                  0.328      0.022    14.849      0.000
     XW1                -0.014      0.008    -1.804      0.071

  Y        ON
     X                   0.097      0.018     5.307      0.000
     W1                  0.097      0.038     2.559      0.011
     M                   0.558      0.046    12.173      0.000
     W2                  0.007      0.006     1.210      0.226
     XW1                 0.004      0.012     0.309      0.757
     MW2                -0.003      0.005    -0.642      0.521

  Intercepts
     M                   0.010      0.026     0.393      0.695
     Y                  10.403      0.044   237.148      0.000

  Residual Variances
     M                   0.913      0.037    24.546      0.000
     Y                   2.399      0.093    25.816      0.000

  New/Additional Parameters
     INDH                0.040      0.009     4.583      0.000
     INDL                0.067      0.011     5.944      0.000
     INDD               -0.026      0.014    -1.845      0.065
     DH                  0.102      0.023     4.453      0.000
     DL                  0.093      0.025     3.690      0.000
     DD                  0.010      0.031     0.309      0.757
     TOTH                0.143      0.025     5.646      0.000
     TOTL                0.159      0.027     5.992      0.000
     TOTD               -0.017      0.035    -0.473      0.637
```

图 3-129 Mplus 输出结果的参数估计结果表

和之前一样，由于 indh = $a \times b$ 是非正态分布的，因此间接效应看后面的置信区间更准确，如图 3-130 所示。

```
CONFIDENCE INTERVALS OF MODEL RESULTS

                 Lower .5%  Lower 2.5%  Lower 5%  Estimate  Upper 5%  Upper 2.5%  Upper .5%

  M        ON
     X            0.067      0.074      0.078     0.095     0.113     0.116      0.122
     W1           0.268      0.284      0.291     0.328     0.365     0.372      0.386
     XW1         -0.035     -0.030     -0.028    -0.014    -0.001     0.001      0.006

  Y        ON
     X            0.052      0.062      0.068     0.097     0.128     0.133      0.144
     W1          -0.001      0.019      0.032     0.097     0.157     0.169      0.195
     M            0.446      0.468      0.479     0.558     0.633     0.644      0.676
     W2          -0.008     -0.005     -0.003     0.007     0.016     0.017      0.020
     XW1         -0.028     -0.020     -0.016     0.004     0.023     0.027      0.033
     MW2         -0.019     -0.015     -0.013    -0.003     0.005     0.006      0.008

  Intercepts
     M           -0.059     -0.041     -0.034     0.010     0.053     0.060      0.074
     Y           10.288     10.314     10.332    10.403    10.476    10.487     10.513

  Residual Variances
     M            0.823      0.845      0.857     0.913     0.979     0.990      1.014
     Y            2.181      2.240      2.265     2.399     2.575     2.608      2.656

  New/Additional Parameters
     INDH         0.021      0.025      0.028     0.040     0.057     0.062      0.068
     INDL         0.042      0.047      0.050     0.067     0.087     0.091      0.100
     INDD        -0.064     -0.053     -0.048    -0.026    -0.002     0.001      0.012
     DH           0.041      0.058      0.066     0.102     0.141     0.147      0.164
     DL           0.030      0.042      0.050     0.093     0.133     0.141      0.155
     DD          -0.073     -0.053     -0.040     0.010     0.060     0.070      0.085
     TOTH         0.076      0.093      0.101     0.143     0.184     0.193      0.211
     TOTL         0.092      0.108      0.116     0.159     0.203     0.214      0.223
     TOTD        -0.104     -0.087     -0.076    -0.017     0.042     0.053      0.070
```

图 3-130 Mplus 输出结果的置信区间表

置信区间表中中间一列(Estimate)是估计值,往两边走挨着的两列 Lower 5%、Upper 5%代表上下5%置信区间的上下限,即10%的置信区间;同理,再往外两列代表5%的置信区间,最外两列代表1%的置信区间。在本示例中,INDD代表调节变量取高值时的中介效应和调节变量取低值时的中介效应之差,由图3-130可知,INDD 10%的置信区间为[-0.048,-0.002]、5%的置信区间为[-0.053,0.001]、1%的置信区间为[-0.064,0.012]。根据显著性判断标准可以看出,被调节的中介效应在10%的水平上不包括0,是显著的。以此类推,被调节的直接效应在10%的水平上,置信区间为[-0.040,0.060],是不显著的;被调节的总效应在10%的水平上,置信区间为[-0.076,0.042],是不显著的。

3.6.4 被调节的中介模型论文汇报示例

被调节的中介模型汇报时和被中介的调节模型汇报思路相同,首先会汇报回归系数表并给予解释,然后汇报bootstrap的置信区间。因为三种被调节的中介模型汇报模式基本相同,所以我们以 Huang et al.(2016)的研究1为例,来演示被调节的中介模型的结果汇报。在研究1中,Huang et al.(2016)想验证领导成员交换关系(W_1)调节道德推脱(M_1)对工作不安全(X_1)与组织偏差、人际偏差(Y_1)之间关系的中介效应,如图3-131所示。

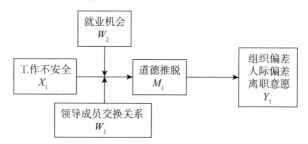

图3-131 被调节的中介模型的结果汇报演示模型

3.6.4.1 系数汇报

首先,Huany et al.(2016)分别做了对中介变量"道德推脱"、因变量"组织偏差、人际偏差"的层级回归。对中介变量"道德推脱"的回归:第一层是控制变量,第二层是自变量和调节变量,第三层是自变量×调节变量;对因变量"组织偏差、人际偏差"的回归:第一层是控制变量和自变量,第二层是调节变量、调节变量×自变量,第三层是中介变量。

Hypothesis 3 predicted that the positive indirect effect of job insecurity on interpersonal and organizational deviance via moral disengagement is stronger when LMX is lower and weaker when LMX is higher. As shown in Table 2, Model 3, job insecurity and LMX interacted to predict moral disengagement ($b=-.20$, SE = .05, $p = .01$). To better understand the pattern of this interaction, we plotted the simple slopes of the relationship between job insecurity and moral disengagement at high (1SD) and low (1SD) values of LMX. As shown in Figure 2, the relationship between job insecurity and moral disengagement was positive and significant when LMX was low ($b=.53$), $t = 5.80$, $p = .01$ (in a simple slope test), but not when LMX was high ($b=-.04$), $t=-.28$, ns.

Table 2
Hierarchical Regression Results in Study 1

	Mediator: Moral disengagement			Dependent variables					
				Interpersonal deviance			Organizational deviance		
Variable	M1	M2	M3	M4	M5	M6	M7	M8	M9
Gender	.03 (.10)	.01 (.10)	.02 (.10)	−.07 (.08)	−.08 (.08)	−.08 (.08)	−.05 (.09)	−.06 (.09)	−.07 (.09)
Age	.01 (.01)	.01 (.01)	.01 (.01)	−.01 (.01)	−.01 (.01)	−.01 (.01)	−.00 (.01)	.00 (.01)	−.00 (.01)
Neuroticism	.31** (.08)	.23** (.07)	.21* (.07)	.14* (.06)	.09 (.06)	.04 (.06)	.14* (.07)	.10 (.07)	.04 (.07)
LMX		−.15* (.06)	−.13* (.06)	−.16** (.05)	−.13** (.05)	−.10* (.04)	−.14** (.05)	−.11* (.06)	−.07 (.05)
Job insecurity		.37** (.08)	.24** (.09)		.25* (.07)	.17* (.07)		.20** (.06)	.10 (.08)
Job Insecurity × LMX			−.20** (.05)						
Moral disengagement						.20** (.05)			.26** (.05)
R^2	.06	.16	.21	.07	.12	.18	.05	.07	.14
ΔR^2	.06**	.10**	.05**	.07*	.05**	.06**	.05	.02**	.07**

Note. $N = 264$. Statistics reported are unstandardized regression coefficients (and standard errors). M = model; LMX = leader–member exchange.
* $p < .05$. ** $p < .01$.

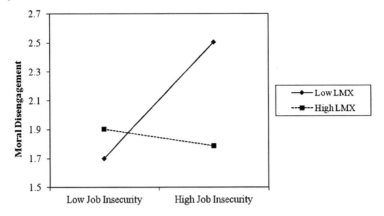

Figure 2. The effects of job insecurity on moral disengagement at low and high levels of leader–member exchange (LMX) in Study 1.

即假设 3:道德推脱的中介效应在领导成员交换关系弱的时候更强。在表 2 的模型 3 中,工作不安全和领导成员交换关系的交互会影响道德推脱

($b=-0.20, \text{SE}=0.05, p=0.01$)。为了更好地理解调节效应模式,我们以领导成员交换关系的加/减一个标准差绘制了调节效应图,如图 2 所示。当领导成员交换关系弱的时候,工作不安全和道德推脱显著正相关,简单斜率 $b=0.53$,$t=5.80, p=0.01$;当领导成员交换关系强的时候,工作不安全和道德推脱没有显著关系,简单斜率 $b=-0.04, t=-0.28, \text{ns}$。

3.6.4.2 置信区间汇报

该文对置信区间的结果进行了汇报,具体如下:

Following Edwards and Lambert (2007), we tested for moderated mediation by conducting a moderated path analysis in Mplus, using 1,000 bootstrapped samples to compute bias-corrected confidence intervals for significance testing. As shown in Table 3, the indirect effects of job insecurity on interpersonal deviance (indirect effect .11, 95% CI[.06,.18]) and organizational deviance (indirect effect .14, 95% CI[.08,.21]) via moral disengagement were positive and significant when LMX was low but nonsignificant when LMX was high for interpersonal deviance (indirect effect −.01,95% CI[−.07,.05]) and for organizational deviance (indirect effect −.01,95% CI[−.08,.06]). Overall, the differences in the indirect effects of job insecurity at high and low levels of LMX were significant for interpersonal deviance (indirect effect −.12,95% CI[−.22,−.07]) and organizational deviance (indirect effect −.15, 95% CI[−.25,−.07]). Hence, Hypotheses 3a and 3b were supported.

Table 3
Bootstrapping Results for Moderated Mediation Tests in Study 1

Variable	Interpersonal deviance			Organizational deviance		
	Indirect effect	SE	95% CI (BCB)	Indirect effect	SE	95% CI (BCB)
High LMX	−.01	.03	[−.07, .05]	−.01	.03	[−.08, .06]
Low LMX	.11**	.03	[.06, .18]	.14**	.03	[.08, .21]
Difference	−.12**	.04	[−.22, −.07]	−.15**	.04	[−.25, −.07]

Note. $N=264$. Unstandardized coefficients are reported. LMX = leader–member exchange; CI = confidence interval; BCB = bias-corrected bootstrap.
** $p<.01$.

即在 Mplus 进行了 1 000 次 bootstrap 计算置信区间。当领导成员交换关系弱时,道德推脱在工作不安全与人际偏差(间接效应=0.11, 95%的置信区间为[0.06,0.18])、工作不安全与组织偏差(间接效应=0.14,95%的置信区间为[0.08,0.21])之间的中介效应都是显著的;但当领导成员交换关系强时,道德推脱在工作不安全与人际偏差(间接效应=−0.01,95%的置信区间为[−0.07,

0.05])、工作不安全与组织偏差(间接效应=-0.01,95%的置信区间为[-0.08,0.06])之间的中介效应都是不显著的。中介效应的差异量是显著的,对人际偏差、组织偏差的间接效应差异量和置信区间分别为间接效应差异量=-0.12、95%的置信区间为[-0.22,-0.07],间接效应差异量=-0.15、95%的置信区间为[-0.25,-0.07]。

参考文献

[1] Aiken L S, West S G. Multiple regression: testing and interpreting interactions[M]. California: Sage Publications, 1991.

[2] Baron R M, Kenny D A. The moderator-mediator variable distinction in social psychological research: conceptual, strategic, and statistical considerations[J]. Journal of personality & social psychology, 1986, 51(6): 1173-1182.

[3] Bond F W, Flaxrnan P E, Bunce D. The influence of psychological flexibility on work redesign: mediated moderation of a work reorganization intervention[J]. Journal of applied psychology, 2008, 93(3): 645-654.

[4] Cole M S, Walter F, Bruch H. Affective mechanisms linking dysfunctional behavior to performance in work teams: a moderated mediation study[J]. Journal of applied psychology, 2008, 93(5): 945-958.

[5] Dawson J F, Richter A W. Probing three-way interactions in moderated multiple regression: development and application of a slope difference test[J]. Journal of applied psychology, 2006, 91(4): 917-926.

[6] Dawson J F. Moderation in management research: what, why, when and how[J]. Journal of business and psychology, 2014, 29(1): 1-19.

[7] De Meulenaere K, Boone C, Buyl T. Unraveling the impact of workforce age diversity on labor productivity: the moderating role of firm size and job security[J]. Journal of organizational behavior, 2016, 37(2): 193-212.

[8] Eissa G, Lester S W. Supervisor role overload and frustration as antecedents of abusive supervision: the moderating role of supervisor personality[J]. Journal of organizational behavior, 2017, 38(3): 307-326.

[9] Epitropaki O. A multi-level investigation of psychological contract breach and organizational identification through the lens of perceived organizational membership: testing a moderated-mediated model[J]. Journal of organizational behavior, 2013, 34(1): 65-86.

[10] Ferris D L, Lian H W, Brown D J, et al. Ostracism, self-esteem, and job performance: when do we self-verify and when do we self-enhance? [J]. Academy of management journal, 2015, 58(1): 279-297.

[11] Gajendran R S, Joshi A. Innovation in globally distributed teams: the role of LMX, communication frequency, and member influence on team decisions[J]. Journal of applied psychology, 2012, 97(6): 1252-1261.

[12] Grant A M, Sumanth J J. Mission possible? the performance of prosocially motivated employees depends on manager trustworthiness[J]. Journal of applied psychology, 2009, 94(4): 927-944.

[13] Greenbaum R L, Mawritz M B, Eissa G. Bottom-line mentality as an antecedent of social undermining and the moderating roles of core self-evaluations and conscientiousness[J]. Journal of applied psychology, 2012, 97(2): 343-359.

[14] Huang G H, Wellman N, Ashford S J, et al. Deviance and exit: the organizational costs of job insecurity and moral disengagement[J]. Journal of applied psychology, 2016, 102(1): 26-42.

[15] Khan K Y, Quratulain S, Bell C M. Episodic envy and counterproductive work behaviors: is more justice always good? [J]. Journal of organizational behavior, 2014, 35(1): 128-144.

[16] Kim K Y, Atwater L, Patel P C, et al. Multisource feedback, human capital, and the financial performance of organizations[J]. Journal of applied psychology, 2016, 101(11): 1569-1584.

[17] Korff J, Biemann T, Voelpel S C. Differentiating HR systems' impact: moderating effects of age on the HR system-work outcome association[J]. Journal of organizational behavior, 2017, 38(3): 415-438.

[18] Lim S, Tai K. Family incivility and job performance: a moderated mediation model of psychological distress and core self-evaluation[J]. Journal of applied psychology, 2014, 99(2): 351-359.

[19] Luria G, Berson Y. How do leadership motives affect informal and formal leadership emergence? [J]. Journal of organizational behavior, 2013, 34(7): 995-1015.

[20] MacKinnon D P, Lockwood C M, Hoffman J M, et al. A comparison of methods to test mediation and other intervening variable effects[J]. Psychological methods, 2002, 7(1): 83-104.

[21] Malik M A R, Butt A N, Choi J N. Rewards and employee creative performance: moderating effects of creative self-efficacy, reward importance, and locus of control[J]. Journal of organizational behavior, 2015, 36(1): 59-74.

[22] Nandkeolyar A K, Shaffer J A, Li A, et al. Surviving an abusive supervisor: the joint roles of conscientiousness and coping strategies[J]. Journal of applied psychology, 2014, 99(1): 138-150.

[23] Peltokorpi V, Allen D G, Froese F. Organizational embeddedness, turnover intentions, and voluntary turnover: the moderating effects of employee demographic characteristics and value orientations[J]. Journal of organizational behavior, 2015, 36(2): 292-312.

[24] Preacher K J, Rucker D D, Hayes A F. Addressing moderated mediation hypotheses: theo-

ry, methods, and prescriptions[J]. Multivariate behavioral research, 2007, 42(1): 185-227.

[25] Reinholt M, Pedersen T, Foss N J. Why a central network position isn't enough: the role of motivation and ability for knowledge sharing in employee networks[J]. Academy of management journal, 2011, 54(6): 1277-1297.

[26] Schaubroeck J M, Shen Y, Chong S. A dual-stage moderated mediation model linking authoritarian leadership to follower outcomes[J]. Journal of applied psychology, 2017, 102(2): 203-214.

[27] Wang H J, Lu C Q, Siu O L. Job insecurity and job performance: the moderating role of organizational justice and the mediating role of work engagement[J]. Journal of applied psychology, 2015, 100(4): 1249-1258.

[28] Yoon J, Kayes D C. Employees' self-efficacy and perception of individual learning in teams: the cross-level moderating role of team-learning behavior[J]. Journal of organizational behavior, 2016, 37(7): 1044-1060.

[29] Zhang X, Zhou J. Empowering leadership, uncertainty avoidance, trust, and employee creativity: interaction effects and a mediating mechanism[J]. Organizational behavior and human decision processes, 2014, 124(2): 150-164.

[30] Zhang Y, Long L R, Wu T, et al. When is pay for performance related to employee creativity in the Chinese context? the role of guanxi HRM practice, trust in management, and intrinsic motivation[J]. Journal of organizational behavior, 2015, 36(5): 698-719.

[31] 方杰,温忠麟,梁东梅,等.基于多元回归的调节效应分析[J].心理科学,2015,38(3):715-720.

[32] 姜嬿,罗胜强.调节变量和中介变量[M]//陈晓萍,徐淑英,樊景立.组织与管理研究的实证方法.2版.北京:北京大学出版社,2012:419-441.

[33] 刘东,张震,汪默.被调节的中介和被中介的调节:理论构建与模型检验[M]//陈晓萍,徐淑英,樊景立.组织与管理研究的实证方法.2版.北京:北京大学出版社,2012:553-587.

[34] 王孟成.潜变量建模与Mplus应用:基础篇[M].重庆:重庆大学出版社,2014.

[35] 温忠麟,侯杰泰,张雷.调节效应与中介效应的比较和应用[J].心理学报,2005(2):268-274.

[36] 温忠麟,张雷,侯杰泰.有中介的调节变量和有调节的中介变量[J].心理学报,2006(3):448-452.

[37] 温忠麟.调节效应和中介效应分析[M].北京:教育科学出版社,2012.

本章附录材料

附录材料1:单调节

第3章 调节效应的检验、结果解读与汇报

附录材料 1-1 单调节演示数据.xlsx

附录材料 1-2 单调节效应结果.spv

附录材料 1-3 单调节画图.xlsm

附录材料 1-4 单调节简单斜率检验.xls

附录材料 2：双调节

附录材料 2-1 双调节演示数据.xlsx

附录材料 2-2 双调节数据演示结果.spv

附录材料 3：三阶交互

附录材料 3-1 三阶交互演示数据.xlsx

附录材料 3-2 三阶交互数据演示结果.spv

附录材料 3-3 三阶交互画图.xlsm

附录材料 3-4 三阶交互简单斜率检验.xls

附录材料 4：类型Ⅰ被中介的调节

附录材料 4-1 类型Ⅰ被中介的调节演示数据.xlsx

附录材料 4-2 类型Ⅰ被中介的调节 MPLUS 数据.dat

附录材料 4-3 type1 mediated moderation.inp

附录材料 4-4 type1 mediated moderation.dgm

附录材料 4-5 type1 mediated moderation.out

附录材料 5：类型Ⅱ被中介的调节

附录材料 5-1 类型Ⅱ被中介的调节演示数据.xlsx

附录材料 5-2 类型Ⅱ被中介的调节 MPLUS 数据.dat

附录材料 5-3 type 2 mediated moderation.inp

附录材料 5-4 type 2 mediated moderation.dgm

附录材料 5-5 type 2 mediated moderation.out

附录材料 6：第一阶段被调节的中介

附录材料 6-1 第一阶段被调节的中介演示数据.xlsx

附录材料 6-2 第一阶段被调节的中介 MPLUS 数据.dat

附录材料 6-3 first stage moderated mediation.inp

附录材料 6-4 first stage moderated mediation.dgm

附录材料 6-5 first stage moderated mediation.out

附录材料 7：第二阶段被调节的中介

附录材料 7-1 第二阶段被调节的中介演示数据.xlsx

附录材料 7-2 第二阶段被调节的中介 MPLUS 数据.dat

附录材料 7-3 second stage moderated mediation.inp
附录材料 7-4 second stage moderated mediation.dgm
附录材料 7-5 second stage moderated mediation.out
附录材料 8:两阶段被调节的中介
附录材料 8-1 两阶段被调节的中介演示数据.xlsx
附录材料 8-2 两阶段被调节的中介 MPLUS 数据.dat
附录材料 8-3 dual stage moderated mediation.inp
附录材料 8-4 dual stage moderated mediation.dgm
附录材料 8-5 dual stage moderated mediation.out

第4章 跨层次数据模型的检验、结果解读与汇报

4.1 组织与管理研究中的层次问题与多层线性模型 / 219

4.2 低层数据的汇聚检验与汇报 / 224

4.3 基本的多层线性模型分析 / 240

4.4 跨层简单调节作用的检验与汇报 / 243

4.5 跨层简单中介作用的检验与汇报 / 264

4.6 跨层被中介的调节作用的检验与汇报 / 296

4.7 跨层被调节的中介作用的检验与汇报 / 320

4.8 多层线性模型检验操作方法的新发展 / 349

参考文献 / 355

本章附录材料 / 357

传统的组织与管理研究经常会将研究问题切割成个体、团队或组织单个层次的问题。要么注重宏观层面问题的研究,如关注集体行为与态度的反应;要么注重微观层面问题的研究,如关注个体行为与态度的差异。然而,组织内部可能存在多层次的复杂系统。例如,每个公司会有多个部门,每个部门可能有多个团队,每个团队又包括多个个体。个体、团队、部门、公司是包含与被包含的关系,同时又相互影响。因此,组织与管理研究都通常将组织视为一个整合的系统(廖卉和庄瑗嘉,2012)。相应地,一些组织与管理研究需要同时考察宏观层面和微观层面的因素。例如,当我们评估一个学生成绩的影响因素时,不仅需要考查学生个体自身或家庭层面的因素(Individual or Family Level),比如学生自身的努力程度、家庭收入水平等;还需要考虑小组或班级层面的因素(Unit or Class Level),比如老师的教学水平、班集学习氛围;甚至更高的组织或学校层面的因素(Organizational or School Level),比如学校的教学质量等。当我们研究这样的问题时,我们就需要用到多层次研究模型了。

以 Chen and Hou(2016)为例,该文在研究道德型领导对员工创造力的影响机制的过程中,指出创新氛围会影响建言行为与创造力之间的关系。根据创造力模型,个体对环境的感知会影响他们的创造力。员工在团队内的工作环境可以用氛围来表示,即组织成员对团队关于奖惩、支持和价值观等实践的共同感知。于是,Chen and Hou(2016)认为,团队内存在一种创新氛围,即团队内的规范与实践鼓励员工更加灵活、善于表现以及主动学习。创造力不仅需要提出创意,还需要执行创意。建言行为的产生提供了创意,当团队内的创新氛围较好时,员工才更容易执行创意,即创造力提升;相反,当团队内的创新氛围较差时,员工则很难执行创意,创造力也难以提升。于是,该研究绘制了如图4-1所示的模型。

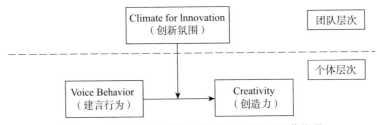

图 4-1 引例的理论模型:创新氛围的跨层调节作用

从上述内容中我们可以发现,对于同一家企业而言,企业内的创新氛围应当是一致的,而对于不同的企业而言,创新氛围则存在差异。假设对同一家企业中的 5 名员工进行调研,那么这 5 名员工对创新氛围的评价应该是相同的。

第 4 章　跨层次数据模型的检验、结果解读与汇报

但是,在实际调研中,每个员工都是根据自身的感知对企业内的创新氛围进行评价的,因此很难得到 5 个一模一样的评价。于是,便出现了一个问题,这 5 个人评价的是一个事物,但是评分不完全相同,进行数据分析时以谁的评价为准呢? 如果采用传统的单一层次分析法,那么这 5 个员工的评价就会被认为是 5 家企业,这显然会降低分析结果的科学性。

这 5 名员工都是属于某家企业的(我们称之为 A 企业),那么也会有 b 名员工属于 B 企业,c 名员工属于 C 企业,以此类推。这样的现象在实践中十分常见。于是,我们发现,员工与企业存在隶属关系,这种关系则形成了两个层次的观测主体,即员工(个体)层次和企业(群体)层次。这里说到的个体和群体层次就涉及研究的层次问题。通过调研所获得的数据事实上也包含了个体和企业两个层次,这样的数据被称为多层数据。当我们的研究涉及不同层次,并需要使用多层数据进行分析时,便需要借助多层线性模型进行分析了。

鉴于此,本章主要以多层次研究案例切入,内容涉及概念、模型、检验标准、软件实现过程和论文汇报几个方面。

4.1　组织与管理研究中的层次问题与多层线性模型

4.1.1　什么是多层数据?

首先来看这样一组通过问卷调查方法获取的示例数据,如表 4-1 所示。表 4-1 包括 6 个项目,分别为单位、员工编号、建言行为、(感知的)组织创新氛围、创造力和 Z1(组织创新氛围的组均值)。样本来自 3 个单位,共有 12 名员工,建言行为、(感知的)组织创新氛围和创造力的数值都因不同的员工而异。需要注意的是,虽然每个员工(感知的)组织创新氛围是存在差异的,但理论上而言,同一组织内的员工感知的组织创新氛围应该是相同的。因此,可以用 Z1 来代表不同单位内的组织创新氛围。也就是说,Z1 代表了单位 1 的组织创新氛围得分,而建言行为、(感知的)组织创新氛围和创造力则代表了单位 1 中不同员工在该项目上的得分。由此可见,在这样的一组数据中,就出现了不同的层次,组织创新氛围组均值就是组织层次的变量,代表了某个单位在该项目上的得分,而建言行为和创造力则是个体层次的变量,代表了不同员工在该项目上的得分。

表 4-1 某研究中部分跨层次变量的示例数据

单位	员工编号	建言行为	(感知的)组织创新氛围	创造力	Z1
1	1	5	4	5	4.75
1	2	5	5	4	4.75
1	3	4	5	4	4.75
1	4	5	4	5	4.75
2	5	4	4	5	4
2	6	4	3	4	4
2	7	3	4	3	4
2	8	5	5	4	4
3	9	3	3	4	3.75
3	10	4	3	5	3.75
3	11	5	4	5	3.75
3	12	3	4	3	3.75

如表 4-1 所示，这种存在不同层次的数据结构称为多层数据(也叫嵌套数据)。在管理学研究中，多层数据非常常见，例如很多研究中通常会涉及的个体和群体两个层次。个体层次的变量是指与个体自身有关的变量，例如性别、种族、受教育程度、个体的心理或行为等；群体层次的变量则是指与某个体所属的群体特征有关的变量，例如文化、氛围、领导等。由于个体嵌套在群体内，因此某个代表群体特征的变量(如组织文化)对于该群体内的所有个体而言应该是相同的，这种群体层次的变量也常被称为"情境变量"。

在管理学研究中，个体层次的变量不仅受到自身因素的影响，还受到更高层次因素的影响。如图 4-2 所示，在研究个体任务绩效时，公司、部门和个体就是一种嵌套结构，员工自身的因素对其任务绩效产生影响(如个体的工作投入程度)；还存在不同的部门特征对员工个体的任务绩效产生影响(如部门的任务导向、团队领导)；同时，不同的公司特征也会对部门特征产生影响(如公司的企业文化)，公司特征也会通过影响部门特征而对员工个体的任务绩效产生涓滴效应。这就形成了一个更加复杂的嵌套数据结构。

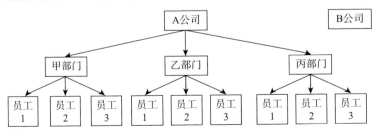

图 4-2 不同公司员工的抽样结构与跨层关系

4.1.2 何时使用多层数据？

相较于只使用同一层次数据来研究组织与管理问题，使用多层数据具有一定的优点，主要表现在以下三个方面：第一，能够分别解释个体层次变量、群体层次变量，甚至更高层次变量对结果变量的影响；第二，避免了传统分析方法在分析时对组间差异忽略不计的问题；第三，对不同层次变量的解释更具科学性。

在研究组织与管理问题或建构一个研究模型时，我们会遇到一些问题，即我们的数据结构是什么样的？哪些变量应该在个体层次？哪些变量应该在群体(团队)层次？哪些变量应该在组织层次，甚至更高的层次？

在回答这些问题时，我们需要根据研究问题本身确定变量的层次问题。例如，在测量企业文化时，如果将其定义为"员工个体感知的企业的信念、价值观、行为准则等的总和"，则每个员工的感知可以是不同的，这种"员工感知的企业文化"就是个体层次的构念；如果将其定义为"所有员工共同感知的企业信念、价值观、行为准则等的总和"，则每个员工的感知都是相同的，这种"共同的感知"就是组织层次的构念。再如，变革型领导风格也可以根据研究问题的需要从两个层次去衡量。当变革型领导风格代表员工感知或体验到的领导风格时，变革型领导就是个体层次的构念；而当我们的研究问题变成管理者的领导风格如何影响企业整体的绩效时，变革型领导便成为一个组织层次的构念。

4.1.3 什么是多层线性模型？

回到开篇的研究案例，在 Chen and Hou(2016)的研究中，他们对创新氛围的定义是"团队内成员的共同感知"，也就是说，在一个团队内部，创新氛围应当是相同的，所以这是一个团队(群体)层次的变量。但是每个员工的建言行为和创造力是不同的，也就是说，同一团队内的员工存在不同水平的建言行为和创造力，所以这两个变量是员工(个体)层次的变量。在这里，研究模型中出现了不同层次的变量，显然不能再用单一层次的分析方法进行研究。所以，我们需要引入多层线性模型，同时分析不同层次的研究变量。多层线性模型就是用于将不同层次的研究整合起来进行分析的统计模型。

由于在传统的回归分析方法中所有的变量都属于同一层次，因此在使用多层数据进行分析时，传统的分析方法存在较大的局限。主要表现在：第一，由于个体的某种结果不仅受到自身因素的影响，还受到某些群体因素的影响，因此如果把这些群体因素也看成个体因素的话，则同一群体内的个体会在某个群体变量上相同，而这违背了变量的独立性假设。第二，如果对不同层次的数据不加以区分,则可能浪费许多有用的信息,分析结果也会产生曲解。

于是,在这种情况下,需要引入新的分析方法——多层线性模型——来弥补传统分析方法的不足。多层线性模型是针对多层数据进行的回归分析。多层线性模型与传统回归分析方法相比最大的优点就是将不同层次的误差项纳入考量,并完整地分析不同层次变量之间的关系,避免了违反变量独立性假设的问题。

4.1.4 何时使用多层线性模型?

在管理学研究中,多层线性模型最常应用于以下两种情形(雷雳和张雷,2002):

4.1.4.1 对不同层次的研究变量进行分析

例如,影响个体工作绩效的因素十分复杂,不仅个体特征(如尽责性)可能影响其任务绩效,组织特征(如支持型组织氛围)也可能影响其任务绩效。不同个体的尽责性存在差别,不同组织的支持型组织氛围也存在差别,但是某个组织内的支持型组织氛围对全体成员而言,应当是相同的。这便出现了两个研究层次,即个体层次(尽责性)和组织层次(支持型组织氛围)。此时便可以使用多层线性模型进行分析。此外,多层线性模型尤其适合分析高层次的调节作用。例如,在开篇案例中,员工的建言行为有助于提升其创造力。但是,建言行为转换为创造力是有条件的,即如果组织内的创新氛围较差,则不利于建言行为向创造力转化。此时,创新氛围成为建言行为与创造力关系间的调节变量。在该研究中,建言行为与创造力是个体层次的变量,组织创新氛围是组织层次的变量。建言行为与创造力的关系体现为其在不同组织中存在差异。如果使用单一层次的分析方法,则无法判断这种不同群体之间的差异,因此需要使用多层线性模型来分析。

4.1.4.2 对个体进行追踪、多次观测的追踪研究

例如,分析不同个体某种行为随时间如何变化。某个个体在不同时间点测量的行为构成了低层次的变量,不同个体的差异构成了高层次的变量。也就是说,每个个体相当于一个"组织",对于不同时间点的该个体而言,个体特征是相同的;不同时间点的该个体的行为相当于在"自己这个组织"内的不同员工的行为;而不同的个体则相当于不同的"组织"。

在这里,我们以张国华等(2013)的研究为例,说明多层线性模型在追踪调查方法中的应用。网络是青少年文化的代表性因素之一,青少年在使用互联网的过程中容易出现非理性或不当使用的情况,并产生消极后果,这便是"病理性

第 4 章 跨层次数据模型的检验、结果解读与汇报

互联网使用"。自尊是驱动个体行为的重要因素,较低的自尊水平会产生诸多消极后果,病理性互联网使用就是其中之一。青少年的成长环境中,同学关系会对其心理健康产生重要影响。高质量的同学关系会形成一种支持系统,减少消极后果的出现。于是,他们提出了"同学关系在自尊与病理性互联网使用关系间存在调节效应"的假设。

但是,个体的自尊和病理性互联网使用每天都处于不同的水平,仅单次测量可能存在较大误差。通过追踪调查的方法,可以衡量一段时间内个体在不同时间点上的自尊和病理性互联网使用水平,更贴合实际。因此,该研究对被试的自尊和病理性互联网使用进行了连续六次测量。那么这就出现了一个问题,多次对个体的某个变量进行测量,究竟以哪一次测量的结果为分析依据呢?这时,如果使用传统的分析方法,以均值为某变量的水平,则显然无法体现该变量在不同时间点的动态性。此时,我们便可以借鉴多层线性模型的思路来解决该问题。

在该研究中,一段时间内的同学关系是个体相对稳定的外部特征,不同个体在该特征方面的水平存在差异。这类似于不同团队(或群体)在某个团队(或群体)特征方面存在差异。因此,可以将同学关系视为一个"团队(或群体)"层次的变量。一段时间内,个体的自尊和病理性互联网使用水平会发生波动。这类似于一个团队(或群体)中存在多个员工,每个员工存在不同的自尊和病理性互联网使用水平。因此,可以将自尊和病理性互联网使用视为"员工(或个体)"层次的变量。于是,通过追踪调查方法获得的数据便构成了一组嵌套数据,个体的外部特征成为类似"群体"特征的概念;个体在不同时间点测得的变量水平则成为类似"个体"层次的概念。这样,我们便可以采用多层线性模型进行数据分析了。

综上,多层线性模型本质上适用于嵌套数据结构的情境。具体来说,一些变量在较低层次存在差异,而另一些变量只在更高层次存在差异,反映在数据结构上就是低层次的变量嵌套在高层次的变量之下。比如,个体层次员工的一些特征存在差异,但团队层次的一些特征(如团队合作氛围)对一个团队而言通常是没有差异的,此时,一个团队的员工就嵌套在这个团队数据之下。同样,对一个员工的情绪和创造力进行多次测量,那么每个员工每天都会有一个情绪和创造力数据,而员工的个体特征(如性别)则是每天都不会变的,一个员工只有一个性别,此时,如果考察性别对员工每天情绪与创造力关系的调节效应,则情绪和创造力就嵌套在性别之下,如图 4-3 所示。

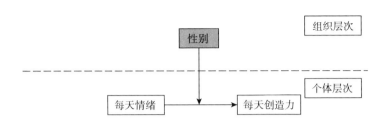

天数	员工编号（ID）	情绪	创造力	性别
1	1	3	4	1（男）
2	1	4	3	1
3	1	5	5	1
1	2	2	4	2（女）
2	2	2	3	2
3	2	3	3	2

图 4-3 多层线性模型嵌套数据结构演示

4.2 低层数据的汇聚检验与汇报

一个构念所属的层次取决于研究问题本身，而构念的测量要与之相对应。那么，如何获得或测量高层次的构念呢？通常有两种方法：一种是直接测量，另一种是间接测量。直接测量是指直接从那些能够完全理解或直接接触的人员那里收集相关构念的数据。比如，可以直接通过管理者的自我汇报来测量组织内的领导风格或组织的整体绩效。间接测量是指通过将低层数据聚合到更高的层次实现对高层数据的间接测量。比如，可以收集不同员工体验或感知到的企业文化，并通过一定的程序和标准将员工个体层次的企业文化聚合到企业层次的企业文化中。因此，采用多层数据时，需要特别关注量表的题项表述、调研对象与该变量的层次是否匹配、对应。

在开篇的研究案例中，Chen and Hou（2016）利用多层线性模型进行假设检验。他们通过员工填写的问卷获得数据，但是他们对团队创新氛围的定义是"团队内成员的共同感知"，很显然对于某企业而言，其组织创新氛围的取值应该只有一个。于是，他们采用组均值的形式作为该团队的创新氛围，以此表示该团队内全部成员对创新氛围的共同感知。在取组均值作为团队创新氛围之前，该研究依次计算了 R_{wg} 均值、ICC（1）和 ICC（2）三个指标，取值分别为

0.90、0.33、0.71。可见,除"层次"之外,多层线性模型分析还比单一层次回归分析多出了上述三个指标的计算步骤。而这三个指标的计算步骤便是多层线性模型分析的前提,即汇聚检验。在进行汇聚前,需要进行汇聚检验来判断将低层数据汇聚到高层是否合理。只有在组内一致性和组间差异性均满足要求的前提下,才可以将低层数据汇聚到高层。汇聚检验的标准为两个通用指标:R_{wg}(组内评分者信度)和ICC[组内相关系数,包括ICC(1)和ICC(2)]。

4.2.1 汇聚检验指标 R_{wg} 和 ICC

4.2.1.1 R_{wg}

James et al.(1993:307)提出了 R_{wg} 的概念,并给出了该指标的计算公式。R_{wg} 表示某个群体内的所有评分者是否一致性地评价了同一个构念。例如,5 个评分者对某个群体的评分均为 4,则可以认为这 5 个评分者的一致性很高,那么这时取 5 个评分者的平均值就能够代表他们所属群体的某个特征。但是,如果 5 个评分者的评分较为分散,假设是最为极端的情形,5 个评分者分别打分为 1、2、3、4、5,那么可以认为这 5 个评分者很可能并不是评价同一个特征,那么这 5 个分数的平均值很可能就是没有意义的。

R_{wg} 的计算公式为:

$$R_{wg} = \frac{\left\{ \text{Dim} \times \left[1 - \left(\frac{\text{Mean}}{Q}\right)\right] \right\}}{\left\{ \text{Dim} \times \left[1 - \left(\frac{\text{Mean}}{Q}\right)\right] + \left(\frac{\text{Mean}}{Q}\right) \right\}}$$

其中,Dim 表示构念的题项数;$Q=$[量表评分规则×(量表评分规则-1)]/12,例如 5 点李克特量表的 $Q=[5\times(5-1)]/12=1.667$;Mean 表示该变量所有题项方差的均值。

通常,在计算出 R_{wg} 值后,需要进行数据的汇报,这需要注意两点:第一,通常情况下,一个汇聚变量可以得到多个 R_{wg} 值,其数量等于调查的整个样本中的群体数。根据 George and Bettenhausen(1990:703-704)提出的标准,R_{wg} 值通常要大于 0.7 才能代表组内评分者具有较高的一致性。第二,通常情况下,由于 R_{wg} 值数量较多,因此一般汇报 R_{wg} 均值,可以酌情汇报 R_{wg} 的中位数、最大值和最小值。

4.2.1.2 ICC

ICC 是通过小组内的方差与小组间的方差进行比较而得到的指标。如果组内的差异要比组间的差异小,则意味着组内的评分是一致的;相反,如果组内的差异远大于组间的差异,则意味着组内的评分并不一致。ICC值包括ICC(1)和ICC(2),ICC(1)是指组内成员评分的一致性,或者说是组内个别成员评分的信度;ICC(2)是指小组平均评分的信度,也就是说用小组成员的平均评分作为该小组的评分在多大程度上是可信的。

ICC(1)的计算公式为:

$$\mathrm{ICC}(1) = \frac{\mathrm{MSB} - \mathrm{MSW}}{\mathrm{MSB} + (K-1)\mathrm{MSW}}$$

其中,MSB代表组间方差均值;MSW代表组内方差均值;K代表每个小组内评分者的人数。

ICC(2)的计算公式为:

$$\mathrm{ICC}(2) = \frac{\mathrm{MSB} - \mathrm{MSW}}{\mathrm{MSB}}$$

其中,MSB代表组间方差均值;MSW代表组内方差均值。

在计算出ICC(1)和ICC(2)值后,同样需要进行数据汇报。根据Lebreton and Senter(2008:839)的观点:ICC(1)值大于0.01表示可以接受,超过0.1表示具有中等效果,超过0.25则表示具有较好的效果;ICC(2)值大于0.5即可接受,大于0.7则表示具有较好的效果。

综上所述,在无法直接获取高层数据的情况下,可以使用间接测量方法,通过测量低层数据并进行汇聚检验获取高层数据。在通过汇聚检验的前提下,即R_{wg}、ICC(1)和ICC(2)都满足标准后,就可以使用个体评分者的均值来代表该组的评分。

4.2.2 R_{wg}和ICC的计算

开篇的研究案例依次计算了R_{wg}均值、ICC(1)和ICC(2)三个指标,取值分别为0.90、0.33、0.71。那么,我们如何利用个体层次测量的数据去计算上述三个指标呢?接下来,我们就将说明汇聚检验的各项指标应如何计算。

4.2.2.1 R_{wg}的计算

目前,R_{wg}的计算方式有两种:一是采用传统的手工计算方法进行计算;二是使用李超平[①]编写的"用SPSS计算R_{wg}的程序"进行计算,该程序是一段SPSS

---

① 李超平"用SPSS计算Rwg的程序",参见http://www.obhrm.net/index.php/用SPSS计算Rwg的程序(访问日期:2021-10-21)。

语法，读者根据自己的计算需要可以对语法中的参数进行修改，用于计算 R_{wg} 的值。我们将着重对传统的手工计算方法进行解释，R_{wg} 的计算步骤一般如下：

第一步，嵌套数据的整理。

假设现有组织层次变量 V，该变量共 5 个题项，测量由评分者个体进行汇报得到。如图 4-4 所示，Group_ID 代表不同组别的编号，Individual_ID 代表每个小组内评分者的编号，$V1$—$V5$ 代表变量 V 的 5 个测量题项。

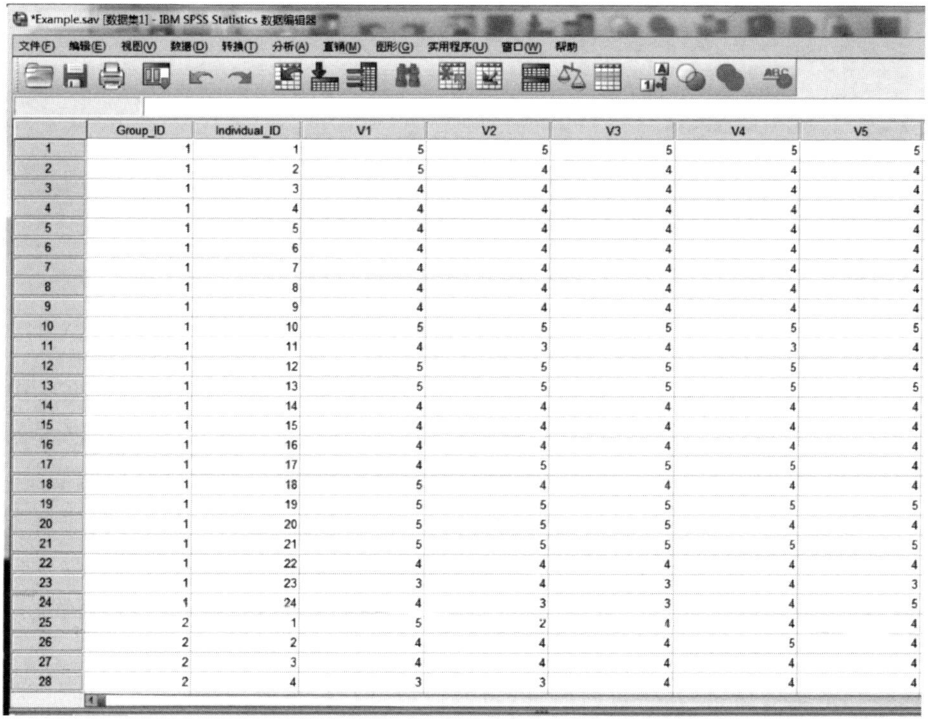

	Group_ID	Individual_ID	V1	V2	V3	V4	V5
1	1	1	5	5	5	5	5
2	1	2	5	4	4	4	4
3	1	3	4	4	4	4	4
4	1	4	4	4	4	4	4
5	1	5	4	4	4	4	4
6	1	6	4	4	4	4	4
7	1	7	4	4	4	4	4
8	1	8	4	4	4	4	4
9	1	9	4	4	4	4	4
10	1	10	5	5	5	5	5
11	1	11	4	3	4	3	4
12	1	12	5	5	5	5	4
13	1	13	5	5	5	5	5
14	1	14	4	4	4	4	4
15	1	15	4	4	4	4	4
16	1	16	4	4	4	4	4
17	1	17	4	5	5	5	4
18	1	18	5	4	4	4	4
19	1	19	5	5	5	5	5
20	1	20	5	5	5	4	4
21	1	21	5	5	5	5	5
22	1	22	4	4	4	4	4
23	1	23	3	4	3	4	3
24	1	24	4	3	3	4	5
25	2	1	5	2	4	4	4
26	2	2	4	4	4	5	4
27	2	3	4	4	4	4	4
28	2	4	3	3	4	4	4

图 4-4　对不同群体中个体的调查数据示例

第二步，计算 R_{wg} 计算公式中的 Mean。

根据 R_{wg} 的计算公式，Dim 代表构念的题项数，无须使用 SPSS 计算；Q 根据评分规则即可计算，无须在 SPSS 中进行；只有 Mean 代表该变量所有题项方差的均值，需要借助 SPSS 进行计算。如图 4-5 所示，打开“数据”—“分类汇总”功能，分组变量选择“Group_ID”，将上文中提到的变量 V 的 5 个题项放入“变量摘要”（选择目标变量），函数选取“标准差”（计算所有题项的标准差）。如果数据中涉及多个组织层次变量，那么可以同时将这些变量的题项放入“变量摘要”，一起计算标准差。

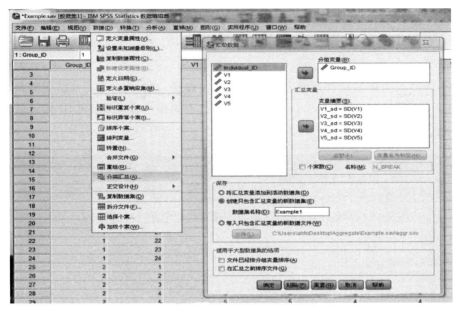

图 4-5 分类汇总的操作步骤展示

"保存"选项中,"将汇总变量添加到活动数据集"选项表示在原数据集中添加汇总后的变量,添加的汇总变量将在原数据集最后显示;"创建只包含汇总变量的新数据集"选项表示新建数据集,该数据集中只包含汇总后的变量,数据集名称处可以填写新数据集的名称;"写入只包含汇总变量的新数据文件"选项表示不仅创建只包含汇总变量的新数据集,而且会直接进行保存。一般,我们推荐选择"创建只包含汇总变量的新数据集"。在本示例中,新的数据集命名为"Example 1"①。

如图 4-6 所示,在新数据集"Example 1"中打开"计算变量"功能,在"目标变量"框内输入需要通过计算获得的变量,在本示例中为各题项的方差,以题项 1 为例,记为"V1sd2"。在"数字表达式"框内输入计算公式(题项标准差×题项标准差),即标准差的平方,重复多次后便可计算出每个题项的方差。之后,参照上述计算方法,计算某个变量所有题项方差的均值。如图 4-7 所示,将所有题项方差加总后取均值便可以得出该变量所有题项方差的均值(计算公式为:全部题项的方差之和除以题项总数),即 R_{wg} 计算公式中的 Mean,为了方便我们在此处也记为 Mean。如果需要计算多个组织层次变量的 Mean,则只需要重复多次即可。

---

① 演示数据见本章附录材料 1-Example.sav。

第 4 章 跨层次数据模型的检验、结果解读与汇报

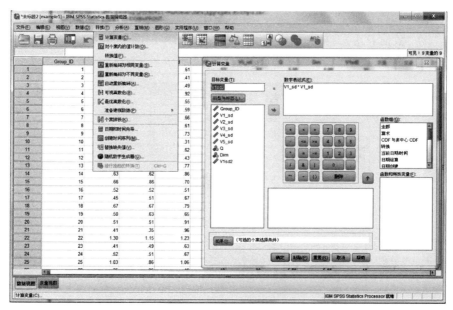

图 4-6 R_{wg} 计算公式中 Mean 的计算操作步骤展示一

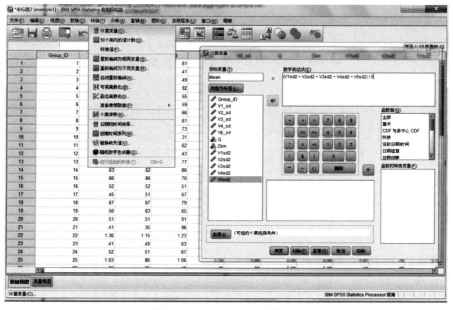

图 4-7 R_{wg} 计算公式中 Mean 的计算操作步骤展示二

第三步，计算 R_{wg} 计算公式中的 Q 和 Dim 值。

根据问卷类型确定公式中的 Q 值。本示例中使用的量表为 5 点李克特量表，量表评分规则＝5，于是需要添加变量 Q，赋值为 5。具体操作如图 4-8 所

示,点击"转换"—"计算变量",在"目标变量"框内输入变量名称,本示例中为"Q",在"数值表达式"框内输入需要设置的数值,本示例中为"5"。按照上述步骤便可完成R_{wg}计算公式中变量Q的添加。

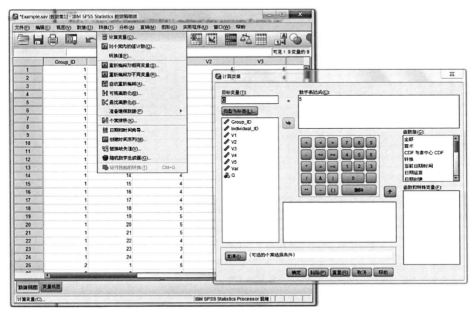

图 4-8　SPSS 中为变量赋值的操作步骤展示

同理,Dim 值为该变量的题项数,本示例中使用的测量题项为 5,Dim = 5。按照上述步骤将 Dim 添加至数据集。如果涉及同时计算多个组织层次的变量,那么可以使用 $Q1$、$Q2$、Dim1、Dim2 等变量名称表示不同变量的 Q 和 Dim 值,并利用"转换"—"计算变量"功能进行赋值。

第四步,计算该变量的汇聚指标 R_{wg}。

前三步已经得到 R_{wg} 计算公式中涉及的 Mean、Q 和 Dim 值,现在只需将上述各项数值代入 R_{wg} 的计算公式即可。在 SPSS 中的具体操作如图 4-9 所示,点击"转换"—"计算变量",在"目标变量"框内输入 R_{wg},在"数值表达式"框内输入计算公式,点击"确定"按钮便会出现如图 4-9 最右列显示的 R_{wg} 值。通常情况下,R_{wg} 值数量等于测量样本中的群体数。

第五步,R_{wg} 值的评判。

在计算出 R_{wg} 值之后,需要考虑该指标的汇报问题。通常情况下,至少要汇报该指标的均值,若有要求则还需汇报中位数、最大值和最小值。具体操作如图 4-10 所示,点击"分析"—"描述统计"—"频率"便会出现图中右侧的功能框,将 R_{wg} 值选入"变量"框中,如果需要同时汇报多个组织层次变量的 R_{wg} 值,则

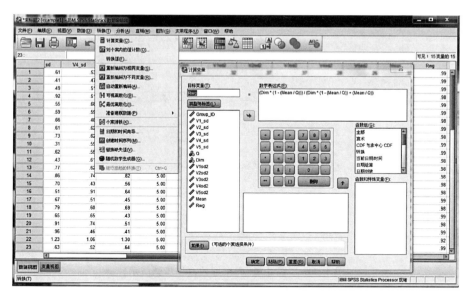

图 4-9 在 SPSS 中添加 R_{wg} 计算公式的操作步骤展示

可以同时将多个变量选入"变量"框中。之后,点击右侧的"统计量"按钮,便会出现如图 4-11 所示的对话框,勾选"均值""中位数""最小值""最大值"后点击"继续"按钮,便会返回图 4-10 中右侧的对话框,继续点击"确定"按钮便会出现图 4-12 所示的分析结果。如果同时分析多个组织层次变量的 R_{wg} 值,则图 4-12 所示的结果中会同时展示多个组织层次变量对应的 R_{wg} 值。

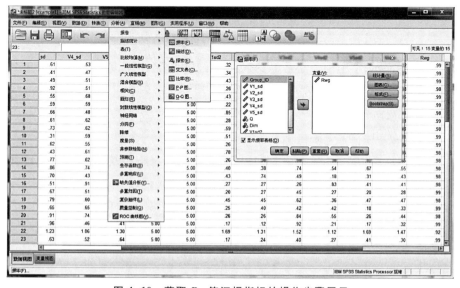

图 4-10 获取 R_{wg} 值汇报指标的操作步骤展示

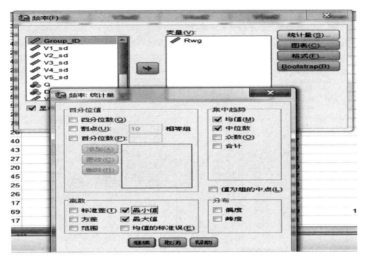

图 4-11 "统计量"勾选框的操作步骤展示

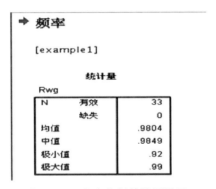

图 4-12 频率分析的结果展示

该结果显示,本示例中变量 V 的 R_{wg} 均值为 0.9804、中位数(中值)为 0.9849、最小值(极小值)为 0.92、最大值(极大值)为 0.99,均大于 0.7,符合 R_{wg} 的评判标准。

4.2.2.2 ICC 的计算

ICC 的计算相较于 R_{wg} 而言要简单得多,但需要采用传统的方法逐步计算。ICC 主要是对变量组内差异和组间差异的比较,所以可以采用变量在个体层次的均值进行计算。我们同样以图 4-4 中组织层次变量 V 为例进行演示。[①] ICC(1)和 ICC(2)的计算公式已经在 4.2.1 中列出。该变量的 ICC 值计算步骤具体如下:

---

① 演示数据见本章附录材料 1-Example.sav。

第 4 章　跨层次数据模型的检验、结果解读与汇报

第一步,嵌套数据的整理。

如图 4-13 所示,Var 表示每个评分者对变量 V 的评价均值,Group_ID 表示不同组别的编号,Individual_ID 表示每个小组内评分者的编号。

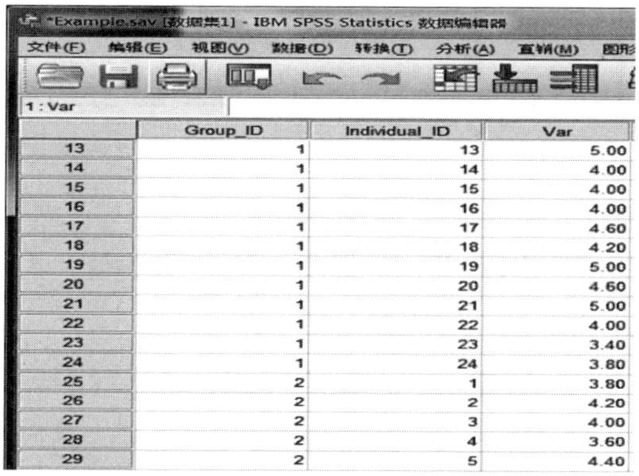

图 4-13　计算 ICC 值的数据整理示例

第二步,计算 ICC 计算公式中的参数值。

利用"分析"—"比较均值"—"单因素 ANOVA"功能(如图 4-14 所示),将变量 Var 放入"因变量列表",将 Group_ID 放入"因子"。点击"确定"按钮后会出现如图 4-15 所示的运行结果。该结果显示,组间均方为 1.093,即 ICC 计算公式中的 MSB = 1.093;组内均方为 0.269,即 ICC 计算公式中的 MSW = 0.269;组间自由度(df)为 32,根据 $N-1$ = 组间自由度,反推出 $N = 33$;组内自由度(df)为 531,根据 $N(K-1)$ = 组内自由度,反推出 $K = 17.1$。

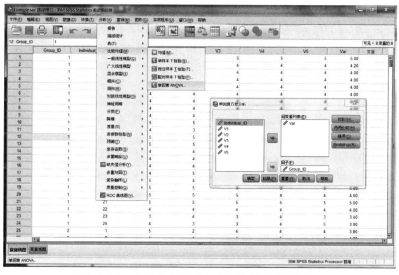

图 4-14　单因素 ANOVA 分析的操作步骤展示

ANOVA

Var

	平方和	df	均方	F	显著性
组间	34.987	32	1.093	4.061	.000
组内	142.966	531	.269		
总数	177.953	563			

图 4-15　单因素 ANOVA 分析的运行结果

第三步,ICC(1)、ICC(2)的计算和评判。

参考 R_{wg} 计算的后续步骤,利用计算功能,将各项数值代入 ICC(1)和 ICC(2) 的计算公式,便可计算出该变量的 ICC 值。

本示例的计算结果:变量 V 的 ICC(1)值为 0.152,ICC(2)值为 0.754,分别大于 4.2.1 中提出的 0.01 和 0.5 的评判标准,并且达到了良好的效果[ICC(1)大于 0.1;ICC(2)大于 0.7]。

4.2.3　R_{wg} 和 ICC 的汇报

在开篇的研究案例中我们发现,与单一层次的研究模型不同,在构建多层次的研究模型后,需要增加"数据聚合与水平分析",并在该步骤中汇报 R_{wg} 值和 ICC 值。接下来,我们将分别以开篇的英文研究和另一篇中文研究为例,具体说明当我们计算 R_{wg} 值和 ICC 值后应如何进行汇报,并对汇报方式与内容进行简单的总结。

4.2.3.1　英文研究

在开篇的研究案例中,我们仅展示了 Chen and Hou(2016)研究的部分内容,其完整的理论模型如图 4-16 所示。该研究认为,当团队的领导者具有道德型领导风格时,能够促进员工个体在工作中的建言行为,随着员工在工作中提出的观点增加,他们的创造力也随之提升。如果团队内存在较好的创新氛围,则员工的建言行为更容易提升他们在工作中的创造力。

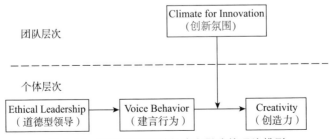

图 4-16　道德型领导对创造力影响的理论模型

第4章 跨层次数据模型的检验、结果解读与汇报

在构建该模型时,道德型领导被定义为团队全体成员对团队领导风格属于道德型领导风格的共同认知。根据前文的论述,我们发现,道德型领导属于团队层次的变量。创新氛围被定义为团队全体成员对团队开展创新活动所具有的共同感知。根据前文的论述,我们发现,创新氛围同样属于团队层次的变量。但在该研究中,两个变量(道德型领导和创新氛围)的测量数据均来源于团队内的个体成员。因此,需要进行汇聚检验,计算变量的 R_{wg} 值和 ICC 值。

该研究中道德型领导汇聚检验的具体内容如下:

> In our study, since multiple subordinates rated the same supervisor within their team, we examined whether ethical leadership could be conceptualized and aggregated at the team level. In order to justify the appropriateness of the data aggregation, we calculated the inter-rater agreement (R_{wg}) and the intra-class correlations (ICCs) for team level ethical leadership (Bliese, 2000; James, Demaree & Wolf, 1984). The results showed that the average of rwg values was .51, with individual rwg values ranging from .00 to .78, suggesting a low degree of inter-rater agreement on ethical leadership within the work teams. Moreover, we calculated the ICCs: ICC(1) = .07 and ICC(2) = .29; the F value for ANOVA was not significant in terms of between-unit variances for ethical leadership ($F[57, 233] = 1.45$, $p > .05$). As above, we decided to conceptualize ethical leadership as an individual-level variable, based on inter-rater agreement values being relatively low and the intra-class correlations value falling below the conventionally acceptable level (Bliese, 2000).

首先,该研究说明了需要进行汇聚检验的原因。道德型领导是通过来源于同一团队中的许多追随者对其共同领导者的评价进行测量的,而道德型领导的定义则是团队成员的共同认知。所以,需要以团队全部成员对道德型领导评价的均值代表团队的道德型领导水平。而在此之前,需要进行汇聚检验,以判断数据能否聚合。之后,该研究计算了道德型领导的组内评分者信度(R_{wg})和组内相关系数(ICCs)。在本研究中,R_{wg}均值为 0.51,各样本团队的 R_{wg} 取值范围为 0.00~0.78。在前文中我们指出,R_{wg} 值通常需大于 0.7 才表示可接受,此处我们发现 R_{wg} 均值仅为 0.51,而全部 R_{wg} 的最大值仅为 0.78。显然,组内评分者对团队内道德型领导的评价的一致性较低。在本研究中,ICC(1) = 0.07,ICC(2) = 0.29。在前文中我们同样指出,ICC(1)通常需大于 0.01,ICC(2)通常需大于 0.5。显然,本研究中的 ICC(1)可以接受,但 ICC(2)未达到可接受标准。此外,单因素 ANOVA 分析的 F 值不显著,也就是说,组间差异并不明显($F[57, 233] =$

1.45,$p>0.05$),即不同团队在道德型领导上的评分并无显著区别。从上述三个方面可以发现,道德型领导的R_{wg}值未达标、ICC值未全部达标、组间差异也不显著,汇聚检验并未通过。最后,该研究并未将道德型领导构建为团队层次的变量,而是将其构建在个体层次,关注不同个体对领导风格的感知。研究模型中,以每个成员对领导风格的感知作为自变量(因此,图4-16中将道德型领导作为个体层次的变量)。

该研究中创新氛围也需要进行汇聚检验,其具体内容如下:

In order to empirically justify aggregating individual scores to the group, we calculated within-group agreement, intra-class correlations (ICC1) and the reliability of the means (ICC2) (Bliese, 2000). The climate for innovation scale exceeded this criterion (the average R_{wg} score was .90, ranging from .76 to .99). We also obtained the value of .33 for ICC1 and .71 for ICC2. Given that the inter-rater agreement value and intra-class correlations value reached acceptable levels (Bliese, 2000), we concluded that aggregation was justified for the climate for innovation variable.

首先,与前文一致,该研究同样说明了进行汇聚检验的原因,即为了检验个体的评分能否聚合成团队的评分。之后,该研究计算了R_{wg}和ICC(1)、ICC(2)。创新氛围的R_{wg}均值为0.9,最小值、最大值分别为0.76和0.99。在前文中我们指出,R_{wg}值通常需大于0.7才表示可接受,此处我们发现R_{wg}均值、最大值和最小值均符合标准。创新氛围的ICC(1)值为0.33,ICC(2)值为0.71。在前文中我们也指出,ICC(1)值通常需大于0.01,ICC(2)值通常需大于0.5,此处我们发现创新氛围的ICC(1)和ICC(2)也均达到了可接受的标准。从上述三个方面我们发现,创新氛围通过了汇聚检验。最后,该研究将创新氛围构建为团队层次的变量,可以将团队内全部成员对创新氛围评分的均值作为团队的创新氛围水平。

4.2.3.2 中文研究

另外一个案例是我国学者唐春勇和潘妍(2010)的研究,该研究的理论模型如图4-17所示。该研究认为,领导现象可以是集体现象,也可以是个体现象。所以,领导的情绪智力可以构建为领导自我感知和员工感知两个层面。当领导认为自己具有情绪智力时,其能够为员工提供必要的支持、关怀等,于是员工对组织的认同也会提升,进而引发员工的组织公民行为。当员工感知到领导的情绪智力(如关怀、信任等)时,也会提升对组织的认同,于是更可能做出组织公民行为回报组织。同时,领导的情绪智力越高,员工则更容易感知到领导的情绪智力,于是更容易形成对组织的认同,也越可能表现出组织公民行为。

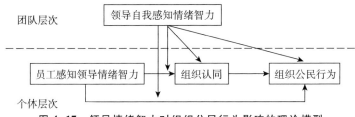

图 4-17 领导情绪智力对组织公民行为影响的理论模型

在该研究中,领导自我感知情绪智力是指领导对自身情绪智力的评价,代表团队内领导情绪智力的水平,属于团队层次的变量。员工感知领导情绪智力是指员工对领导情绪智力的评价,代表不同个体对领导情绪智力的判断,属于个体层次的变量。在该研究中,领导自我感知情绪智力通过团队内 1～3 个领导者的自我评价进行测量。由于涉及多个个体对同一变量进行评价,因此如需使用均值代表团队水平,就必须进行汇聚检验,即计算 R_{wg} 值与 ICC 值。

该研究中领导自我感知情绪智力汇聚检验的具体内容如下:

> 在汇聚检验(Aggregation Tests)方面,领导感知自我情绪智力作为团队层面的变量,需要用一个团队中的单个或多个个体调查结果的平均数作为其指标,因此需要从组内同质性和组间差异性两个方面论证。结果表明,R_{wg} 平均值为 0.75,大于标准 0.70。计算 ICC(1)、ICC(2) 得到 0.091 和 0.875,大于 James 推荐的 0.05 和 0.50 的临界值,表明各变量在不同的团队中有充足的内部同质性且可信度较高,满足"可汇聚"前提。因此,可以利用个体数据作为团体层面变量的观测量。

首先,该研究阐述了进行汇聚检验的原因。由于领导自我感知情绪智力是通过团队内 1～3 个领导者的自我评价测得的,因此,需要进行汇聚检验,以确保可以使用领导们的平均评分代表团队水平。其次,该研究计算了 R_{wg} 和 ICC(1)、ICC(2)。该研究的 R_{wg} 均值为 0.75,超过了 0.7 的可接受标准;ICC(1) 为 0.091,超过了 0.01 的可接受标准;ICC(2) 为 0.875,超过了 0.5 的可接受标准。从上述三个指标我们发现,领导自我感知情绪智力通过了汇聚检验。最后,该研究将领导自我感知情绪智力构建为团队层次的变量,并以多个评价者的均值代表该变量的团队水平。

4.2.3.3 R_{wg} 和 ICC 汇报的小结

通过所列举的两个研究案例我们发现,汇聚检验的汇报步骤可以简单地概括为以下三步：

首先，说明进行汇聚检验的理由。通常为"由于变量通过个体自我评价进行测量，需要用团队均值代表该变量的团队水平，因此需要进行汇聚检验"。

其次，汇报 R_{wg} 和 ICC(1)、ICC(2)的数据结果。

最后，说明 R_{wg} 和 ICC(1)、ICC(2)是否达到可接受标准，如达到则说明可以将该变量构建为团队层次变量并用团队均值代表该变量的团队水平，如未达到则说明该变量不可构建为团队层次变量（根据数据收集的方式，仍然可能作为个体层次变量来处理）。

我们在进行汇聚检验时需要注意：是否需要进行汇聚检验，取决于是否需要用多个评分的均值代表团队层次的得分。如果只由一个员工或一个领导者进行自我评价来测量团队层次的变量，则不需要进行汇聚检验。因为在这种情况下不需要用多个评分的均值来代表团队层次的得分。但是，此时需要增加单因素 ANOVA 检验，判断组间方差是否存在差异，如存在差异则代表将该变量定义为团队层次是有意义的，如不存在差异则代表将该变量定义为团队层次无意义。

4.2.4 汇聚后的数据整理

通过汇聚检验后，表示可以用个体层次测量数据的均值来代表该变量的团队水平。在进行多层线性模型分析前，我们需要将数据格式整理成 HLM 软件所要求的嵌套结构。通过 Group_ID（组号）的形式，将同一小组内的个体编入同一组号。之后，根据个体和组织两个层次，分别整理出 level1 和 level2 的数据集。我们仍以前文中的数据文件为例来进行演示①，具体操作步骤如下：

首先，如图 4-18 所示，在 SPSS 中打开完整数据集，点击"数据"—"分类汇总"便可出现右侧的对话框。将"Group_ID"选入"分组变量"，表示按照 Group_ID 进行汇总。将"Var"（需要汇总的 level2 变量）选入"变量摘要"，在下方的"函数"对话框选择"均值"（通常高层变量表示多个低层变量的平均值，故在此选择均值函数）。在"保存"选项中，选择"创建只包含汇总变量的新数据集"并将新数据集命名为"level2"。点击"确认"按钮即可生成如图 4-19 所示的数据集。该数据集就是 HLM 软件中所需的 level2 数据，通过观察可以发现，在该数据集中 level2 变量在每个组别都有对应的值。

---

① 演示数据见本章附录材料 1-Example.sav。

图 4-18　通过分类汇总得到 level2 数据集

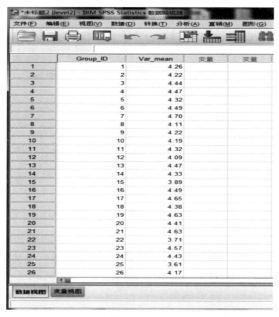

图 4-19　分类汇总后的 leve2 数据集

其次,在原先的完整数据集中删去 level2 的全部变量,将仅包含 level1 变量的数据集命名为"level1"。至此,HLM 软件中所需的两个数据集便全部生成了。接下来便可以将数据集导入 HLM 软件进行多层线性模型的回归分析。

4.3 基本的多层线性模型分析

4.3.1 基本的多层线性模型的建模

当研究变量涉及两个层次时,便需要使用多层线性模型进行分析。如图 4-20 所示,Kidwell et al.(1997)在其研究中就提出了一种最基本的多层线性模型。该研究认为,除个体工作满意度(Job Satisfaction)和组织承诺(Organizational Commitment)对组织公民行为(Organizatioal Citizenship Behavior)存在显著影响外,团队凝聚力(Cohesiveness)也会显著影响组织公民行为。于是,该研究提出了假设:除个体工作满意度和组织承诺外,团队凝聚力也与员工表现出的组织公民行为存在正相关。

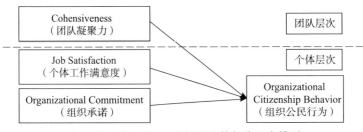

图 4-20　Kidwell et al.(1997)的部分研究模型

4.3.2 基本的多层线性模型的检验原理

在传统的单一层次回归分析中,变量之间直接关系的回归分析可以用下列公式进行解释:

$$Y = \beta + aX + e$$

其中,Y 表示因变量,β 表示截距项,X 表示自变量,a 表示自变量对因变量的回归系数,e 表示残差。回归分析的基础是方差,因变量的取值相当于"截距项+方差"。所以上述公式表明,Y 的值取决于全部样本的 Y 均值+X 解释的方差+未被解释的方差。如果本示例中的团队凝聚力也是个体层次的变量,那么公式可以写为:

$$组织公民行为 = \beta + a \times 工作满意度 + b \times 组织承诺 + c \times 团队凝聚力 + e$$

其中,β 表示截距项,a 表示工作满意度对组织公民行为的回归系数,b 表示组织承诺对组织公民行为的回归系数,c 表示团队凝聚力对组织公民行为的回归系数,e 表示残差。此时,只要 a、b、c 均显著,假设便得到了验证。

第 4 章 跨层次数据模型的检验、结果解读与汇报

但是,团队凝聚力并不是个体层次的变量,而且对于某个团队内的员工而言,团队凝聚力的取值是一样的,如果仍采用上述单一层次的回归分析,则会导致较大的误差。所以,我们需要借助多层线性模型进行分析。参照单一层面回归分析的公式,我们可以将多层线性模型的公式写为:

$$\text{level1}: Y_{jk} = \beta_{0j} + \beta_{1j}X_{jk} + r_{jk} \tag{1}$$

$$\text{level2}: \beta_{0j} = \gamma_{00} + \gamma_{01}W_j + \mu_{0j} \tag{2}$$

$$\beta_{1j} = \gamma_{10} \tag{3}$$

其中,Y_{jk} 表示第 j 组第 k 个个体的因变量,X_{jk} 表示第 j 组第 k 个个体的自变量,W_j 表示第 j 组整体的自变量;β_{0j} 表示第 j 组因变量的组均值,β_{1j} 表示第 j 组自变量对因变量回归系数的组均值;r_{jk} 表示第 j 组第 k 个个体的残差,μ_{0j} 表示第 j 组的群体残差;γ_{00} 表示截距项,γ_{01} 表示群体层次自变量对因变量的影响,γ_{10} 表示全部样本个体层次自变量对因变量影响的均值。需要注意的是,r_{jk} 和 μ_{0j} 都是残差项,在多层线性模型中,通常把低层次残差项记为 r_{jk},高层次残差项记为 μ_{0j}。这样,我们便构建了一个最简单的多层线性模型。

可见,与单一层次回归分析不同,多层线性模型出现了"个体残差""群体残差""组均值"等概念。这些概念的出现,是因为因变量存在不同的方差来源,所以为了解释这些概念为何出现,我们需要对因变量的方差进行分解。从(1)式可以看出,个体层次的因变量=因变量的组均值+个体层次 X 解释的方差+未被解释的方差。从(2)式可以看出,因变量的组均值=全部样本组均值+群体层次 W 解释的方差+未被解释的方差。在这两个公式中,同样遵循"因变量=截距项+方差"的原则,只不过方差出现了区别。在(1)式中,因变量的差异并非偏离全部样本均值的程度,而是偏离组均值的程度。也就是说,这部分差异来源于个体之间,即组内方差。在(2)式中,因变量不再是 Y,而是 Y 的组均值,此时的偏离程度则是组均值偏离全部样本均值的程度。也就是说,这部分差异来源于群体之间,即组间方差。于是,我们发现,因变量的值取决于"某个个体偏离所属小组均值的程度"加上"该小组的组均值偏离全部样本均值的程度"。

即便是回归系数也是如此,全部样本的回归系数存在一个均值,这也是单一层次所汇报的回归系数。但是,某个个体的回归系数会偏离该均值。在(1)式中,某个个体的回归系数会偏离所属小组的均值,这部分差异是由自变量 X 的组内方差导致的;在(2)式中,某个小组的回归系数组均值会偏离全部样本回归系数的均值,这部分差异是高层变量的组间方差导致的。如果不考虑其他因素,那么该小组的回归系数组均值就是全部样本的回归系数均值,也就是说,各

个小组的回归系数组均值不会偏离全部样本回归系数的均值。

可见,多层线性模型虽然也是回归分析的一种,但是该方法对方差进行了分解,利用组内和组间方差分别去解释因变量的变化。因此,我们发现,团队凝聚力对组织公民行为的影响事实上是影响了组织公民行为的组均值而不是组内差异。如果采用单一层次回归分析的方法,我们的结论则仅能发现团队凝聚力对组织公民行为存在影响,无法发现团队凝聚力影响的是组织公民行为的组均值。因此,我们进行多层线性模型分析的关键,就在于找准导致因变量方差变化的来源,然后进行分析。

按照该公式,我们可以将组织公民行为的方差分解为组内方差与组间方差,并按照因变量方差的不同来源,对本示例中的研究假设进行公式化书写。具体公式如下。

level1:组织公民行为 = 组织公民行为组均值 + β_{1j} × 工作满意度 + β_{2j} × 组织承诺 + 小组内未被个体工作满意度和组织承诺方面的差异所解释的残差$_{jk}$ （1）

level2:组织公民行为组均值 = 全部样本组织公民行为组均值 + γ_{01} × 团队凝聚力 + 小组间未被小组在团队凝聚力方面的差异解释的残差$_j$ （2）

其中,团队凝聚力影响的是组织公民行为组均值,工作满意度和组织承诺影响的是组织公民行为组均值偏离组织公民行为均值的程度。

这样,我们便可以将因变量的方差拆分为组间方差和组内方差,并根据不同的方差来源利用多层线性模型进行详细分析。不过,研究者通常并不会构建这种最基本的直接效应多层线性模型,而是利用多层线性模型来分析跨层调节作用、中介作用以及被调节的中介和被中介的调节作用。我们也将在接下来的章节中逐一讲解。

4.3.3 多层线性模型中的中心化和样本数问题

4.3.3.1 中心化问题

在前文中,我们说到了多层线性模型的关键在于区分组内方差和组间方差,那么如何进行组内方差与组间方差的区分呢?这便涉及我们接下来的内容:数据的中心化问题。

中心化就是某个变量的全部样本都同时减去一个相同的数值。通常,中心化可以分为不中心化、组均值中心化和总体均值中心化三种方式。Kromrey and Fosterjohnson(1998:51-52)指出,中心化的意义可以分为两个方面:从统计方面来看,可以减少多重共线问题;从应用方面来看,能够使回归的结果更加可靠。

在多层线性模型中,低层次的截距项和回归系数通常又是高层次函数的结果变量,这些参数是有明确意义的。例如,低层次是一个以员工任务绩效为因变量、以员工智力为自变量的函数,截距项 β_{0j} 表示不同群体任务绩效组均值,在该函数中这个截距项的意义就是当员工智力为 0 时,组内员工的平均任务绩效。显然,员工的智力为 0 是没有意义的。但如果对该数值进行组均值中心化后,截距项的意义就变成了当员工的智力等于该组全体成员的平均智力时组内员工的平均任务绩效。中心化可以使函数中各个参数的意义更加明确。

中心化的方法选择通常基于要研究的具体问题。在管理学研究中,通常是根据 Zhang et al.(2008:702-704)的观点,将 level1 的变量按照组均值进行中心化,level2 就不需要进行中心化了。① 组均值中心化的一个好处就是能对方差进行区分,level1 的变量通常产生组内效应,level2 的变量通常产生组间效应,而 level1 变量的组均值通常会作为 level2 的变量纳入模型。

4.3.3.2 样本数问题

在多层线性模型中,还存在另一个常见的问题,即样本数的选取。在一般的回归分析中,样本数能够影响回归结果,这种影响在多层线性模型中同样存在。由于多层线性模型的参数估计仍然是建立在大样本抽样分布条件下的,因此样本数越多越好。虽然目前并没有对多层线性模型的样本数提出明确的标准,但依然有学者对其提出了建议。Mass and Hox(2004)指出,当第二层样本数多于 30 组时,就能够估计完整的多层线性模型了;而当第二层样本数多于 50 组时,能够得到更加准确的估计值。Hofmann(1997)通过整理许多学者的模拟结果后也指出,在估计效果不理想的情况下,增加第二层样本数比增加第一层样本数更能改善估计结果。事实上,增加第二层样本数意味着第一层样本数也得到了增加,而且第二层样本数的增加会使组间差异更加明显,能够更好地分析跨层的交互作用。

4.4 跨层简单调节作用的检验与汇报

在我们的开篇研究案例中,组织层次的创新氛围调节个体层次建言行为与创造力之间的关系,这便是一个典型的使用多层线性模型分析调节作用的情景,也被称为跨层简单调节作用分析。但是在该研究中,Chen and Hou(2016)并

---

① 也有学者认为,level1 进行组均值中心化(Group Centered),level2 进行所有均值中心化(Grandmean Centerd)。

未对该简单调节作用进行检验。于是,我们以 4.3 中 Kidwell et al.(1997)的研究为示范,对跨层简单调节作用的原理、检验原理、检验步骤与结果汇报进行阐述。

4.4.1 跨层简单调节作用的建模

在单一层次的调节作用分析中,通常会有三个步骤:首先,提出自变量与因变量的主效应假设;其次,提出调节变量与因变量的直接效应假设;最后,提出调节变量的调节效应假设。也有一些论文不经过这三个步骤,而是直接提出调节变量的调节效应假设,认为前面两个步骤并不是必需的。在模型构建方面,跨层简单调节作用的假设提出过程与单一层次调节作用的假设提出过程类似。

Kidwell et al.(1997)的研究认为,工作满意度和组织承诺均与员工的组织公民行为存在正相关关系,除此之外,团队凝聚力也与员工的组织公民行为存在正相关关系,并且还正向调节了工作满意度、组织承诺与员工组织公民行为之间的相关关系,如图 4-21 所示。考虑到团队凝聚力是一种团队层次的变量,即某个团队内的凝聚力对于该团队员工而言是相同的,该研究采用了跨层分析的方法。

跨层简单调节作用就是组织层次调节变量对个体层次自变量与因变量之间关系的影响作用。在本示例中,共提出两个假设。假设 1:除了工作满意度和组织承诺,团队凝聚力也与员工的组织公民行为存在正相关关系。这是调节变量与因变量的直接效应假设。假设 2:团队凝聚力调节员工工作满意度或组织承诺与组织公民行为之间的关系,随着团队凝聚力的提升,工作满意度或组织承诺与组织公民行为之间的关系变强。这是调节变量的调节效应假设。虽然本示例中并未提出自变量与因变量的主效应假设,但是从假设 1 的描述中可以看出,假设 1 默认了工作满意度或组织承诺(自变量)与组织公民行为(因变量)之间存在显著关系。这事实上就是自变量与因变量的主效应假设。

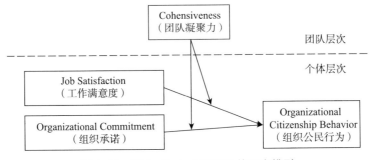

图 4-21　Kidwell et al.(1997)的研究模型

4.4.2 跨层简单调节作用的检验原理

在检验单一层次调节作用时,我们通常先对自变量、因变量与调节变量进行回归,用以计算直接效应。之后,再利用中心化后的交互项与因变量进行回归,通过该系数的显著性判断调节作用是否存在。公式如下:

$$Y = \beta + aX + bW + e \tag{1}$$

$$Y = \beta + aX + bW + cXW + e \tag{2}$$

其中,β 表示截距项,即全部样本因变量的均值;e 表示残差,即无法被公式中变量所解释的方差。回归分析的基础是方差分析,因变量的取值相当于"截距项+方差"。X 表示自变量,W 表示调节变量,XW 表示自变量与调节变量的交互项。在(1)式中,a 系数显著;在(2)式中,a、c 系数均显著则表示该调节作用存在。①

但是,跨层调节作用的检验原理与单一层次调节作用存在区别。参照单一层次调节作用的检验公式,跨层调节作用(模型见图 4-22)的检验公式可以写为:

$$\text{level1}: Y_{jk} = \beta_{0j} + \beta_{1j} X_{jk} + r_{jk} \tag{1}$$

$$\text{level2}: \beta_{0j} = \gamma_{00} + \gamma_{01} W_j + \mu_{0j} \tag{2}$$

$$\beta_{1j} = \gamma_{10} + \gamma_{11} W_j + \mu_{1j} \tag{3}$$

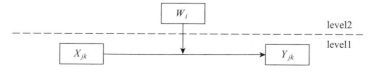

图 4-22 跨层简单调节作用的检验模型

---

① 实证研究中,如果自变量的主效应不显著,则是否还有必要检验调节效应?对于这个问题是存在争议的。一种观点认为,连主效应都不显著,那么再去研究调节效应就没有意义了。而另一种观点则认为,如果数据能够说明随着调节变量取值的变化,主效应在一个临界点变得显著或不显著[这需要用J-N法(Johnson-Neyman法)去探索],那么这个研究就是有意义的,恰巧说明调节变量的作用很大,已经能够影响主效应是否显著。可参考:方杰,温忠麟,梁东梅,等.基于多元回归的调节效应分析[J].心理科学,2015,38(3):715-720。以下三篇论文都是调节效应得到支持而主效应没有得到支持(不过在这种情况下,一般论文中不明确提出主效应假设):①Datta D K, Guthrie J P, Wright P M. Human resource management and labor productivity: does industry matter? [J]. Academy of management journal, 2005, 48(1): 135-145. ②Liu D, Gong Y, Zhou J, et al. Human resource systems, employee creativity, and firm innovation: the moderating role of firm ownership[J]. Academy of management journal, 2017, 60(3): 1164-1188. ③Grant A M, Berry J W. The necessity of others is the mother of invention: intrinsic and prosocial motivations, perspective taking, and creativity[J]. Academy of management journal, 2011, 54(1): 73-96.

其中,下标 j、k 依次表示第 j 组、第 k 个员工。Y_{jk} 表示第 j 组第 k 个员工的因变量;X_{jk} 表示第 j 组第 k 个员工的自变量;W_j 表示第 j 组的调节变量;β_{0j} 表示第 j 组因变量的组均值,β_{1j} 表示第 j 组员工自变量对因变量回归系数的组均值;γ_{00} 表示全部样本因变量的均值,γ_{01} 表示第 j 组调节变量对第 j 组因变量组均值的回归系数,γ_{10} 表示全部自变量对因变量回归系数的均值,γ_{11} 表示第 j 组调节变量对第 j 组自变量对因变量回归系数组均值的回归系数;r_{jk} 表示第 j 组第 k 个员工因变量的残差,μ_{0j} 表示第 j 组因变量组均值的群体残差,μ_{1j} 表示第 j 组自变量对因变量回归系数组均值的群体残差。

(3)式表示:(1)式中回归系数 β_{1j} 受到群体层次变量 W 的影响,也就是说,个体层次自变量对因变量的影响过程可以被高层次的变量 W 解释。β_{1j} 由 W 对"$X \rightarrow Y$"的平均影响、W 的改变对"$X \rightarrow Y$"的影响,以及群体层次的随机误差构成。而 γ_{11} 就是跨层调节作用。

与单一层次调节作用的回归分析相比,跨层调节作用的检验公式变得十分复杂且涉及的参数也更多。为了便于理解,我们对上述公式进行解释。在个体层次,"因变量=组均值+个体偏离组均值的程度+个体残差",这与单一层次回归分析中的"因变量=截距项+方差"的公式一致。在群体层次,"组均值=全部样本因变量均值+该组的平均偏离程度+群体残差"。如果没有群体层次的自变量,则因变量的组均值就是全部样本因变量均值与群体残差之和。同理,个体偏离组均值的程度也可以视为一个因变量,"个体偏离组均值的程度=全部样本偏离组均值程度的均值+该组的平均偏离程度+群体残差"。如果没有调节变量,则个体偏离组均值的程度就是全部样本偏离组均值程度的均值,也就是全部自变量对因变量回归系数的均值;如果存在群体层次的调节变量,则对于某个群体成员而言,该群体内全部成员自变量对因变量的回归系数均会增加(或减少)相同数值,这个数值就是群体层次变量的调节作用。每个群体增加(或减少)的幅度在群体内相同,在群体之间存在差异,这便是跨层调节作用。所以,跨层调节作用分析的关键就在于该调节作用是对个体层次自变量对因变量回归系数的调节,而不是以交互项的形式体现。

在 Kidwell et al.(1997)的研究中,便可以将跨层调节作用的公式书写为:

组织公民行为$_{jk}$=所属群体的平均组织公民行为$_j$+β_{1j}×工作满意度$_{jk}$+β_{2j}×组织承诺$_{jk}$+未被工作满意度和组织承诺等个体差异解释的组内残差$_{kj}$ (1)

所属群体的平均组织公民行为$_j$=全部个体平均组织公民行为+γ_{01}×团队凝聚力+未被团队凝聚力小组差异解释的组间残差$_{1j}$ (2)

β_{1j} = 全部样本工作满意度对组织公民行为的回归系数均值 + γ_{11} × 团队凝聚力 + 未被团队凝聚力小组差异解释的组间残差$_{2j}$ (3)

β_{2j} = 全部样本组织承诺对组织公民行为的回归系数均值 + γ_{21} × 团队凝聚力 + 未被团队凝聚力小组差异解释的组间残差$_{3j}$ (4)

可见,团队凝聚力分别影响了工作满意度对组织公民行为回归系数的组均值与斜率,以及组织承诺对组织公民行为回归系数的组均值与斜率。跨层调节作用的本质就是调节变量水平不同的群体内所有成员的特定自变量对因变量的回归系数会同时扩大或缩小一定程度。也就是说,群体层面变量取不同值时,自变量对因变量的影响会有所不同。γ_{11}显著则表示团队凝聚力跨层调节工作满意度对组织公民行为的回归系数,γ_{21}显著则表示团队凝聚力跨层调节组织承诺对组织公民行为的回归系数。

4.4.3 跨层简单调节作用的检验步骤与结果汇报

4.4.3.1 跨层简单调节作用的英文案例

Kidwell et al.(1997)的研究指出,团队凝聚力会正向调节工作满意度或组织承诺与组织公民行为之间的关系,也就是说,当团队凝聚力增强时,工作满意度或组织承诺与组织公民行为之间的关系更加强烈,该研究的理论模型如图4-21所示。接下来我们具体来看该研究如何利用多层线性模型来分析团队凝聚力的调节作用。

第一步,该研究进行了零模型(Null Model)检验[注:该研究以责任心(Conscientiousness)和礼貌(Courtesy)作为组织公民行为的测量变量]。结果发现,责任心的组间方差为0.25且显著,礼貌的组间方差为0.46且显著,这满足了组间差异显著的条件。某个变量的组间差异显著表明该变量存在可以被level2变量(即团队层次)解释的方差。也就是说,在该研究中,存在某个团队层次的变量可以解释组织公民行为的差异,这个团队层次的变量很可能就是假设的团队凝聚力。与传统的回归分析相比,我们发现多层线性模型的分析步骤中增加了零模型检验的步骤。

第二步,该研究使用随机效应模型进行回归分析。随机效应模型可以估算截距项β_0和斜率项β_{1j}的组间残差是否显著。结果发现,在责任心的回归模型中,工作满意度(τ_{00}=0.27)和组织承诺(τ_{00}=0.25)截距项的组间残差显著,这表明在控制了工作满意度和组织承诺对责任心的影响后,责任心还能够被某种level2变量解释。但是,工作满意度和组织承诺对责任心回归系数的组间残差并不显著,这表明工作满意度和组织承诺对责任心的影响不会被团队层次的变量解释。因此,该研究认为,团队凝聚力对责任心的影响可以进行验证(H1),但团队凝聚力分别调节工作满意度、组织承诺与责任心之间的作用无法验证(H2)。在礼貌的回归模型中,工作满意度($\tau_{00}=0.54$)和组织承诺($\tau_{00}=0.48$)截距项的组间残差显著,且工作满意度($\tau_{11}=0.10$)和组织承诺($\tau_{11}=0.10$)对礼貌回归系数的组间残差同样显著,这表明团队层次存在变量能够解释不同团队间工作满意度、组织承诺与礼貌之间的关系,即存在高层次的调节变量。与传统的回归分析相比,回归方程的残差在多层线性模型中也需要区分,并且残差的显著性也成为重要的检验标准。此外,传统回归分析中的调节作用是自变量和调节变量乘积项对因变量的影响,但多层线性模型中的调节作用则是高层变量对低层变量回归系数的影响。

第三步,表4-2展示了以礼貌为因变量的回归系数(在责任心维度的回归结果不显著,故没有展示)。分别控制工作满意度、组织承诺后,团队凝聚力对礼貌的回归系数($\gamma_{01}=0.34$;$\gamma_{01}=0.35$)均显著,这表明团队凝聚力对个体的礼貌存在显著影响(H1部分得证)。此外,该研究还计算了团队凝聚力的方差解释力,团队凝聚力在工作满意度和组织承诺的基础上,分别解释了礼貌5.6%和责任心6.3%的组间方差。

表4-2 以礼貌为因变量的回归系数

固定效应	γ	σ
以截距项为结果的模型		
工作满意度		
凝聚力,γ_{01}	0.34*	0.17
组织承诺		
凝聚力,γ_{01}	0.35*	0.18
以斜率为结果的模型		
工作满意度		
凝聚力,γ_{11}	1.05**	0.52
组织承诺		
凝聚力,γ_{11}	0.02	0.12

注:$n=49$(工作团队数); *$p<0.05$, **$p<0.01$。

第四步,该研究指出,在分析步骤的第二步已经发现,工作满意度和组织承诺对责任心回归系数的组间残差不显著,但对礼貌回归系数的组间残差显著。所以在工作满意度、组织承诺与责任心的关系间,并不存在level2变量改变上述回归系数;但在工作满意度、组织承诺与礼貌的关系间,存在 level2 变量改变上述回归系数。于是,该研究对此调节作用进行验证。结果发现,团队凝聚力对工作满意度对礼貌的回归系数存在显著的影响(γ_{01} = 1.05),但对组织承诺对礼貌的回归系数没有显著影响。在此基础上,该研究进一步计算得出,团队凝聚力解释了工作满意度对礼貌回归系数 13% 的方差。此外,在考虑团队凝聚力的调节作用后,工作满意度对礼貌以及组织承诺对礼貌的回归系数仍然存在显著的组间差异,这表明还存在其他 level2 变量能够调节工作满意度、组织承诺与礼貌之间的关系。与传统的回归分析相比,第三步和第四步都表明,残差仍然存在组间和组内差异,传统回归分析中的 R^2 所代表的方差解释量在多层线性模型中需要进行划分。

通过上述内容,我们发现,与单一层次调节作用相比,跨层调节作用多出了零模型检验以及组内残差、组间残差等新的参数。那么,这些模型和参数为何出现、如何获取? 接下来的内容将会做出详细解答。

4.4.3.2 跨层调节作用的检验步骤

我们分析了包括本节案例在内的多篇研究成果,发现在使用多层线性模型进行跨层调节作用的回归分析时,与传统的回归分析存在一定的差别。

第一步,进行零模型检验,判断因变量是否存在显著的组间差异。如果不存在显著的组间差异,就不需要进行多层线性模型分析了。

第二步,进行 level1 的主效应分析,该步骤的主要目的是判断 level1 自变量对 level1 因变量的影响,依次需要判断回归系数、截距项组间残差和回归系数组间残差的显著性。如果回归系数显著,则表示自变量对因变量存在显著影响;如果截距项组间残差显著,则表示存在 level2 的自变量能够解释 level1 因变量的组间方差,此时才需要考虑 level2 主效应;如果回归系数组间残差显著,则表示 level1 自变量对被影响变量的影响作用受到 level2 变量的影响,即存在 level2 的调节变量,此时才需要考虑 level2 变量的调节作用。在第二步中,同样需要计算方差解释量,该方法与传统的回归分析方法类似,只需要分别计算组内和组间方差解释量即可。

第三步,进行 level2 的主效应分析,判断回归系数的显著性。如果回归系数显著,则表示 level2 的自变量能够解释 level1 因变量的组间方差。在第三步中,需要计算组间方差解释量。

第四步,进行跨层调节作用检验,判断 level2 变量对 level1 回归系数的影响,通过回归系数的显著性,检验 level2 的调节作用是否存在。在最后一步中,同样需要计算组间方差解释量。

至此,用于检验跨层简单调节作用的多层线性模型回归分析步骤就完成了。接下来,我们尝试通过统计软件实现上述步骤。

4.4.3.3 跨层调节作用的软件操作

第一步,将数据导入 HLM 软件。

具体操作过程如下①:

首先,如图4-23(a)所示,打开 HLM 软件后,通过"File"—"Make new MDM file"—"Stat package input"选项导入外部来源数据(通常为 SPSS 格式的数据)。在图4-23(b)所示的界面中选取所需的分析模型,一般的二层模型就选择"Nested Models"—"HLM2"。

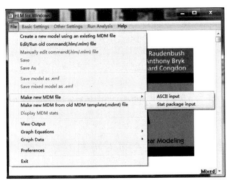
(a)

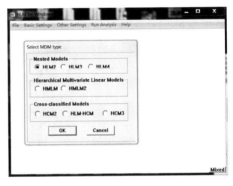
(b)

图 4-23 将数据导入 HLM 软件的操作展示

点击"OK"按钮后会出现如图4-24所示的界面。依次点击"Level-1 Specification"下方的"Browse"和"Level-2 Specification"下方的"Browse"按钮,将level1 和 level2 的数据导入软件。再分别点击"Choose Variables"选择所需的变量。如图4-25所示,有两列可以勾选的按钮,在左列勾选"ID",右列勾选变量后点击"OK"按钮。之后,对话框便会自动跳回图4-24所示的界面,添加完成后在"MDM File Name"框内输入保存的文件名"test1",并点击左侧的"Save mdmt file"按钮,同样以"test1"的文件名保存。之后软件会生成一些描述统计的文件,并生成如图4-26所示的方程构建界面,接下来就可以进行多层线性模型分析了。

---

① 演示数据见本章附录材料2-跨层调节作用的操作-level1.sav、附录材料3-跨层调节作用的操作-level2.sav。

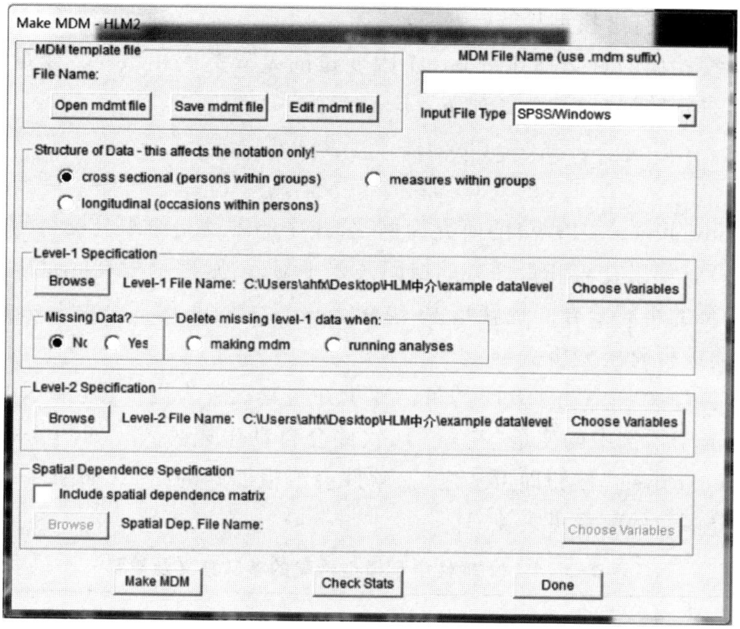

第 4 章 跨层次数据模型的检验、结果解读与汇报

图 4-24 选择数据集文件的操作展示

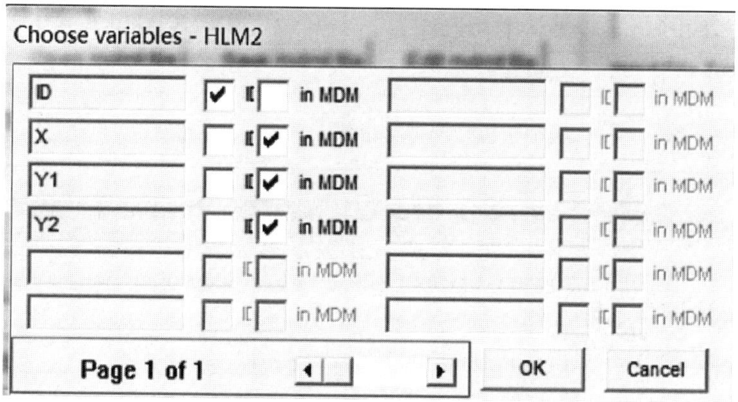

图 4-25 选择变量的操作展示

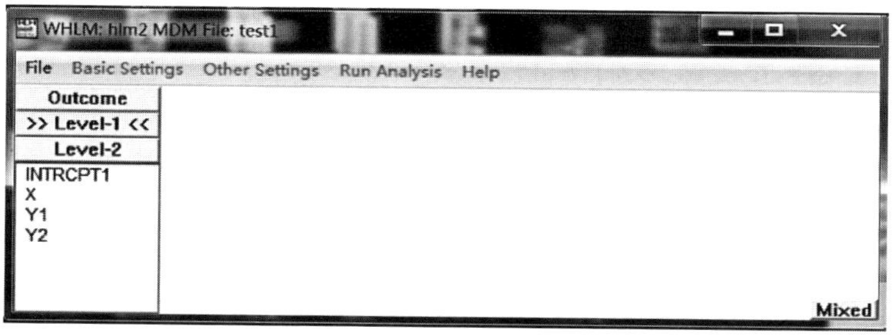

图 4-26 HLM 软件的方程构建界面展示

第二步,进行零模型检验。

零模型检验的意义是判断 level1 因变量的差异是否由 level2 变量引起,即是否需要进行跨层分析,公式如下:

$$\text{level1}: Y_{jk} = \beta_{0j} + \varepsilon_{jk}$$
$$\text{level2}: \beta_{0j} = \gamma_{00} + \mu_{0j}$$

以 Kidwell et al.(1997)的研究为例,公式中的 Y 就是组织公民行为(即礼貌和责任心)。如果礼貌和责任心的组间残差不显著,则表示没有 level2 变量可以解释因变量的组间差异。也就是说,组织公民行为的变化都是由 level1 变量引起的,无须进行跨层分析。

具体操作为①:点击 level1 的目标变量并将其设置为因变量(演示过程中为"Y1",相当于示例中的变量"礼貌"),软件会自动生成公式。如图 4-27 所示,点击"Run Analysis"按钮即可。之后,软件会汇报回归的结果,如图 4-28 所示。其中,部分参数的解释见表 4-3。

表 4-3　HLM 软件中零模型检验的参数意义及解释

参数	含义	检验标准
τ_{00}(图 4-28 中的 μ_0)	β_{0j} 的残差是否存在组间差异	显著(代表存在组间差异)
γ_{00}(图 4-28 中的 γ_{00})	整体样本均值	显著(整体样本均值显著不为 0)
σ^2(图 4-28 中的 σ^2)	组内残差	
离异数(-2ll,图 4-28 中的 Deviance)	类似于模型的拟合指数	越小越好

图 4-27　HLM 软件中零模型检验的公式

通过上述操作步骤,我们便可以获得 Kidwell et al.(1997)研究中的部分参数取值了。其零模型检验中指出,责任心的组间残差为 0.25 且显著,礼貌的组间残差为 0.46 且显著。这两个组间残差的指标就是表 4-3 中的 τ_{00},其取值就是图 4-28 中的 0.04498($p<0.001$)。

---

① 演示数据见本章附录材料 2-跨层调节作用的操作-level1.sav、附录材料 3-跨层调节作用的操作-level2.sav。

```
Final Results - Iteration 6
Iterations stopped due to small change in likelihood function
σ² = 0.27984
τ
INTRCPT1, β₀    0.04498

Random level-1 coefficient    Reliability estimate
INTRCPT1, β₀                  0.699

The value of the log-likelihood function at iteration 6 = -6.121798E+002
Final estimation of fixed effects:
```

Fixed Effect	Coefficient	Standard error	t-ratio	Approx. d.f.	p-value
For INTRCPT1, β_0					
INTRCPT2, γ_{00}	4.041082	0.035518	113.774	50	<0.001

Final estimation of fixed effects
(with robust standard errors)

Fixed Effect	Coefficient	Standard error	t-ratio	Approx. d.f.	p-value
For INTRCPT1, β_0					
INTRCPT2, γ_{00}	4.041082	0.035168	114.907	50	<0.001

Final estimation of variance components

Random Effect	Standard Deviation	Variance Component	d.f.	x^2	p-value
INTRCPT1, u_0	0.21209	0.04498	50	167.70323	<0.001
level-1, r	0.52900	0.27984			

Statistics for current covariance components model
Deviance = 1224.359671
Number of estimated parameters = 2

图 4-28　HLM 软件中零模型检验的结果

第三步,进行 level1 的主效应检验。

level1 的主效应检验主要用于判断 level1 的自变量是否能够显著影响 level1 的因变量、是否存在 level2 变量能够影响 level1 的因变量,以及 level1 自变量对因变量的回归系数是否会受到 level2 变量的影响。公式如下:

$$\text{level1}: Y_{jk} = \beta_{0j} + \beta_{1j}(X_{jk} - X_{\cdot j}) + \varepsilon_{jk}$$

$$\text{level2}: \beta_{0j} = \gamma_{00} + \mu_{0j}$$

$$\beta_{1j} = \gamma_{10} + \mu_{1j}$$

其中,$(X_{jk} - X_{\cdot j})$ 表示按照组均值中心化后的自变量 X,在前文中我们已经论述过,为了更好地区分组内方差和组间方差的影响,level1 的自变量通常按照组均值进行中心化。

以 Kidwell et al.(1997)的研究为例,他们并没有提出 level1 的主效应假设,但是他们仍然进行了 level1 的主效应检验。他们在假设 1 中指出,除了工作满意度和组织承诺与组织公民行为存在显著相关关系外,团队凝聚力与组织公民行为也存在显著相关关系。这表明组织公民行为(礼貌和责任心)组均值的组间残差(μ_{0j})需要显著。他们的假设2是高层变量的调节作用假设,所以个体层次自变量对因变量回归系数的组间残差(μ_{1j})也需要显著。

具体操作为①:选择level1的目标变量并将其设置为自变量(演示过程中为"X",相当于示例中的变量"工作满意度"或"组织承诺"),以组均值中心化的方式添加,同时将level2模型中的μ_{1j}点亮,这表示不能忽略自变量对因变量回归系数的残差(如果忽略该残差,则表示默认自变量对因变量的回归系数不会受到其他变量的调节)。软件会自动生成如图4-29所示的公式,点击"Run Analysis"按钮即可。软件生成的汇报结果如图4-30所示,部分参数的解释见表4-4。

表4-4 level1主效应检验的参数及其意义

参数	含义	检验标准
τ_{00}(图4-30中的μ_0)	β_{0j}的残差是否存在组间差异	显著(代表存在组间差异)
τ_{01}(图4-30中的μ_1)	β_{1j}的残差是否存在组间差异	显著(代表存在组间差异,即存在潜在的调节作用)
γ_{00}(图4-30中的γ_{00})	整体样本均值	显著(整体样本均值显著不为0)
γ_{10}(图4-30中的γ_{10})	自变量对因变量的回归系数(全体样本回归系数的均值)	显著(回归系数显著不为0)
σ^2(图4-30中的σ^2)	组内残差	通常会比零模型的减小,因为添加的自变量能够解释组内差异
离异数(-2ll,图4-30中的Deviance)	类似于模型的拟合指数	越小越好

通过上述操作步骤,我们便可以获得Kidwell et al.(1997)研究中的部分参数取值了。他们在礼貌的回归模型中指出,工作满意度($\tau_{00}=0.54$)和组织承诺($\tau_{00}=0.48$)截距项的组间残差显著,工作满意度($\tau_{11}=0.10$)和组织承诺($\tau_{11}=0.10$)对责任心回归系数的组间残差同样显著。这里的组间残差τ_{00}就是表4-4中的τ_{00},对应图4-30中的取值为0.05074($p<0.001$);组间残差τ_{11}就是表4-4中的τ_{01},对应图4-30中的取值为0.05874($p<0.001$)。此外,如果需要读取level1自变量对因变量的回归系数,表4-4中对应的参数为γ_{10},则对应图4-30中的取值为0.045840($p<0.001$)。

---

① 演示数据见本章附录材料2-跨层调节作用的操作-level1.sav、附录材料3-跨层调节作用的操作-level2.sav。

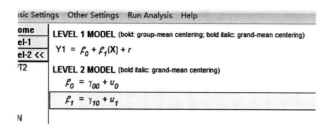

图 4-29 HLM 软件中 level1 主效应检验的公式

```
Final Results - Iteration 11
Iterations stopped due to small change in likelihood function
```

$\sigma^2 = 0.19465$

τ
INTRCPT1, β_0 0.05074   -0.02184
X, β_1 -0.02184   0.05874

τ (as correlations)
INTRCPT1, β_0 1.000   -0.400
X, β_1 -0.400   1.000

Random level-1 coefficient	Reliability estimate
INTRCPT1, β_0	0.790
X, β_1	0.534

The value of the log-likelihood function at iteration 11 = -5.065313E+002

Final estimation of fixed effects:

Fixed Effect	Coefficient	Standard error	t-ratio	Approx. d.f.	p-value
For INTRCPT1, β_0					
INTRCPT2, γ_{00}	4.041111	0.035484	113.884	50	<0.001
For X slope, β_1					
INTRCPT2, γ_{10}	0.450274	0.046333	9.718	50	<0.001

Final estimation of fixed effects
(with robust standard errors)

Fixed Effect	Coefficient	Standard error	t-ratio	Approx. d.f.	p-value
For INTRCPT1, β_0					
INTRCPT2, γ_{00}	4.041111	0.035135	115.018	50	<0.001
For X slope, β_1					
INTRCPT2, γ_{10}	0.450274	0.045840	9.823	50	<0.001

Final estimation of variance components

Random Effect	Standard Deviation	Variance Component	d.f.	χ^2	p-value
INTRCPT1, u_0	0.22526	0.05074	50	241.10156	<0.001
X slope, u_1	0.24237	0.05874	50	114.35839	<0.001
level-1, r	0.44119	0.19465			

Statistics for current covariance components model

Deviance = 1013.062654
Number of estimated parameters = 4

图 4-30 HLM 软件中 level1 主效应检验的结果

第四步,进行 level2 的主效应检验。

level2 主效应检验的意义是判断 level2 变量是否对 level1 的截距项存在影响。公式如下：

$$\text{level1}: Y_{jk} = \beta_{0j} + \beta_{1j}(X_{jk} - X_{.j}) + \varepsilon_{jk}$$
$$\text{level2}: \beta_{0j} = \gamma_{00} + \gamma_{01} W_j + \mu_{0j}$$
$$\beta_{1j} = \gamma_{10} + \mu_{1j}$$

以 Kidwell et al.(1997)的研究为例，他们提出了 level2 的直接效应假设，即团队凝聚力与组织公民行为（礼貌或责任心）存在显著相关关系。在上一步骤中，他们发现在控制了工作满意度和组织承诺后，礼貌和责任心的组间残差仍然显著，这表明存在 level2 的自变量。于是，他们将团队凝聚力放入 level2 的主效应模型中。上述公式中的 Y_{jk} 表示礼貌（或责任心），$(X_{jk} - X_{.j})$ 表示组均值中心化后的工作满意度（或组织承诺），W_j 则表示团队凝聚力。团队凝聚力对礼貌（或责任心）的组均值存在影响（γ_{01}）。

具体操作为①：在以 β_{0j} 为结果变量的公式中，选择 level2 的目标变量并将其设置为自变量（演示过程中为"W2"，相当于示例中的变量"团队凝聚力"），直接添加，同时把以 β_{1j} 为结果变量的公式中的 μ_{1j} 点亮，这表示不能忽略自变量对因变量回归系数的残差。软件生成的公式和汇报结果分别如图 4-31、图 4-32 所示，部分参数的解释见表 4-5。

表 4-5　level2 主效应检验的参数及其意义

参数	含义	检验标准
τ_{00}（图 4-32 中的 μ_0）	β_{0j} 的残差是否存在组间差异	可以不显著（代表组间差异被解释了）
τ_{01}（图 4-32 中的 μ_1）	β_{1j} 的残差是否存在组间差异	显著（代表存在组间差异，即存在潜在的调节作用）
γ_{00}（图 4-32 中的 γ_{00}）	整体样本均值	显著（整体样本均值显著不为 0）
γ_{10}（图 4-32 中的 γ_{10}）	自变量对因变量的回归系数（全体样本回归系数的均值）	显著（回归系数显著不为 0）
γ_{01}（图 4-32 中的 γ_{01}）	level2 自变量对因变量截距项的影响	显著（回归系数显著不为 0）
σ^2（图 4-32 中的 σ^2）	组内残差	通常会比零模型的减小，因为添加的自变量能够解释组内差异
离异数（-2ll，图 4-32 中的 Deviance）	类似于模型的拟合指数	越小越好

---

① 演示数据见本章附录材料 2-跨层调节作用的操作-level1.sav、附录材料 3-跨层调节作用的操作-level2.sav。

第4章 跨层次数据模型的检验、结果解读与汇报

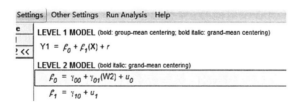

图 4-31 HLM 软件中 level2 主效应检验的公式

```
Iterations stopped due to small change in likelihood function
σ² = 0.19448
τ
INTRCPT1, β₀    0.02050   -0.00557
X, β₁          -0.00557    0.05940

τ (as correlations)
INTRCPT1, β₀    1.000   -0.160
X, β₁          -0.160    1.000

Random level-1 coefficient   Reliability estimate
INTRCPT1, β₀                        0.604
X, β₁                               0.537
```

The value of the log-likelihood function at iteration 11 = -4.937418E+002

Final estimation of fixed effects:

Fixed Effect	Coefficient	Standard error	t-ratio	Approx. d.f.	p-value
For INTRCPT1, β_0					
INTRCPT2, γ_{00}	0.957712	0.466714	2.052	49	0.046
W2, γ_{01}	0.708624	0.107102	6.616	49	<0.001
For X slope, β_1					
INTRCPT2, γ_{10}	0.452987	0.046576	9.726	50	<0.001

Final estimation of fixed effects
(with robust standard errors)

Fixed Effect	Coefficient	Standard error	t-ratio	Approx. d.f.	p-value
For INTRCPT1, β_0					
INTRCPT2, γ_{00}	0.957712	0.474602	2.018	49	0.049
W2, γ_{01}	0.708624	0.111935	6.331	49	<0.001
For X slope, β_1					
INTRCPT2, γ_{10}	0.452987	0.046088	9.829	50	<0.001

Final estimation of variance components

Random Effect	Standard Deviation	Variance Component	d.f.	χ^2	p-value
INTRCPT1, u_0	0.14318	0.02050	49	124.06386	<0.001
X slope, u_1	0.24372	0.05940	50	114.46623	<0.001
level-1, r	0.44100	0.19448			

Statistics for current covariance components model
Deviance = 987.483665
Number of estimated parameters = 4

图 4-32 HLM 软件中 level2 主效应检验的结果

通过上述操作步骤,我们便可以获得 Kidwell et al.(1997)研究中部分参数的取值了。如表 4-2 所示,在礼貌的回归模型中,他们控制了工作满意度后,团队凝聚力对礼貌的回归系数为 0.35($p<0.05$)。该参数对应表 4-5 中的 γ_{01},其取值对应图 4-32 中的 0.708624($p<0.001$)。同理,在控制了组织承诺后,团队凝聚力对礼貌的回归系数也可以按照上述方法读取。

第五步,进行调节作用检验(完整模型)。

调节作用检验的意义就是判断 level2 变量是否对 level1 的回归系数存在影响。公式如下:

$$\text{level1}: Y_{jk} = \beta_{0j} + \beta_{1j}(X_{jk} - X_{\cdot j}) + \varepsilon_{jk}$$

$$\text{level2}: \beta_{0j} = \gamma_{00} + \gamma_{01}W_j + \mu_{0j}$$

$$\beta_{1j} = \gamma_{10} + \gamma_{11}W_j + \mu_{1j}$$

以 Kidwell et al.(1997)的研究为例,他们的假设 2 就是团队凝聚力(高层变量)的调节作用假设。在第三步中,他们发现工作满意度和组织承诺对礼貌回归系数的组间残差均显著,这表明存在 level2 的调节变量。于是,他们将团队凝聚力(W)放入完整的调节作用检验模型中。

具体操作为①:在上一模型的基础上,将调节变量(演示过程中为"W2",相当于示例中的变量"团队凝聚力")添加到以 β_{1j} 为结果变量的方程中,同时将 level2 模型中的 μ_{1j} 点亮,这表示不能忽略自变量对因变量回归系数的残差。软件生成的汇报结果如图 4-33 所示,部分参数的解释见表 4-6。

表 4-6 level2 调节作用检验的参数及其意义

参数	含义	检验标准
τ_{00}(图 4-33 中的 μ_0)	β_{0j} 的残差是否存在组间差异	可以不显著,代表组间差异被解释了
τ_{01}(图 4-33 中的 μ_1)	β_{1j} 的残差是否存在组间差异	可以不显著,代表组间差异被解释了
γ_{00}(图 4-33 中的 γ_{00})	整体样本均值	显著(整体样本均值显著不为 0)
γ_{10}(图 4-33 中的 γ_{10})	自变量对因变量的回归系数(全体样本回归系数的均值)	显著(回归系数显著不为 0)
γ_{01}(图 4-33 中的 γ_{01})	level2 自变量对因变量截距项的影响	显著(回归系数显著不为 0)
γ_{11}(图 4-33 中的 γ_{11})	level2 自变量对因变量回归系数的影响	显著(存在调节作用)
σ^2(图 4-33 中的 σ^2)	组内残差	通常会比零模型的减小,因为添加的自变量能够解释组内差异
离异数(-2ll,图 4-33 中的 Deviance)	类似于模型的拟合指数	越小越好

---

① 演示数据见本章附录材料 2-跨层调节作用的操作-level1.sav、附录材料 3-跨层调节作用的操作-level2.sav。

第4章 跨层次数据模型的检验、结果解读与汇报

通过上述操作步骤,我们便可以获得 Kidwell et al.(1997)研究中部分参数的取值了。如表 4-2 所示,在礼貌的回归模型中,他们指出团队凝聚力对工作满意度对礼貌的回归系数存在显著影响($\gamma_{01} = 1.05$),但对组织承诺对礼貌的回归系数没有显著影响。该参数($\gamma_{01} = 1.05$)对应表 4-6 中的 γ_{11},其取值对应图 4-33 中的 0.156306($p = 0.035$)。

```
Iterations stopped due to small change in likelihood function
σ² = 0.19468
τ
INTRCPT1, β₀      0.02048   -0.00648
X, β₁            -0.00648    0.05333

τ (as correlations)
INTRCPT1, β₀      1.000   -0.196
X, β₁            -0.196    1.000
```

Random level-1 coefficient	Reliability estimate
INTRCPT1, β_0	0.603
X, β_1	0.512

The value of the log-likelihood function at iteration 6 = -4.919351E+002

Final estimation of fixed effects:

Fixed Effect	Coefficient	Standard error	t-ratio	Approx. d.f.	p-value
For INTRCPT1, β_0					
INTRCPT2, γ_{00}	0.879257	0.468673	1.876	49	0.067
W2, γ_{01}	0.726653	0.107553	6.756	49	<0.001
For X slope, β_1					
INTRCPT2, γ_{10}	1.931081	0.799287	2.416	49	0.019
W2, γ_{11}	-0.339919	0.183457	-1.853	49	0.070

Final estimation of fixed effects (with robust standard errors)

Fixed Effect	Coefficient	Standard error	t-ratio	Approx. d.f.	p-value
For INTRCPT1, β_0					
INTRCPT2, γ_{00}	0.879257	0.466239	1.886	49	0.065
W2, γ_{01}	0.726653	0.109981	6.607	49	<0.001
For X slope, β_1					
INTRCPT2, γ_{10}	1.931081	0.682734	2.828	49	0.007
W2, γ_{11}	-0.339919	0.156306	-2.175	49	0.035

Final estimation of variance components

Random Effect	Standard Deviation	Variance Component	d.f.	χ^2	p-value
INTRCPT1, u_0	0.14309	0.02048	49	123.84577	<0.001
X slope, u_1	0.23094	0.05333	49	105.97659	<0.001
level-1, r	0.44122	0.19468			

Statistics for current covariance components model
Deviance = 983.870167
Number of estimated parameters = 4

图 4-33 HLM 软件中 level2 调节作用检验的结果

第六步,计算数据汇报中的 R^2。

在完成上述步骤后,我们便获得前文中提到的回归系数、组内残差和组间残差,最后我们需要将上述提到的参数整理成表格的形式并进行汇报。在汇报时还有一个重要的指标就是方差解释量,即传统回归分析中的 R^2。在多层线性模型中,R^2 与一般回归分析类似,但并不是完全相同的,在每个模型中,R^2 的意义是有区别的。

以 Kidwell et al.(1997)的研究为例,他们在 level2 主效应检验的步骤中指出,加入高层调节变量团队凝聚力后,团队凝聚力在工作满意度和组织承诺的基础之上,分别额外解释了礼貌 5.6% 和责任心 6.3% 的组间方差。在调节作用检验(完整模型)中,他们指出,团队凝聚力解释了工作满意度对礼貌回归系数 13% 的组间方差。这种方差解释量就是单一层次回归分析中的 R^2。

因此,参照单一层次回归分析中的 R^2,在多层线性模型中也有类似的 R^2 计算方法。在调节作用的检验过程中,通常会出现 R^2、R^2_{level1}、R^2_{level2}、$R^2_{交互}$ 这四种常见指标。

R^2 通常出现在零模型中,表示组间差异占总差异的比重,公式为 $R^2 = \tau_{00}/(\tau_{00} + \sigma^2)$,该值通常要大于 0.06。

R^2_{level1} 的实质就是组内方差的解释量,因为 level1 的变量在进行了中心化之后代表偏离组均值的情况,不能解释组与组之间的差异,所以可以理解为组内方差解释量。该指标通常出现在 level1 的主效应检验中,公式为 $R^2_{\text{level-1}} = $(零模型的 σ^2 - 该模型的 σ^2)/零模型的 σ^2,即因变量的组内差异被加入的 level1 自变量解释了多少。示例中工作满意度和组织承诺对组织公民行为产生的组内影响会引起组织公民行为组内方差的变化,但是该研究并未关注组内方差的影响,所以并未进行汇报。

R^2_{level2} 的实质是组间方差的解释量,因为 level2 的变量对于同一群体内的个体而言是一样的,不可能解释该群体内个体的差异,所以可以理解为组间方差解释量。该指标通常出现在 level2 的主效应检验中,公式为 $R^2_{\text{level2}} = $(零模型的 τ_{00} - 该模型的 τ_{00})/零模型的 τ_{00},即因变量的组间差异被引入的 level2 自变量解释了多少。示例中"团队凝聚力在工作满意度和组织承诺的基础之上,分别额外解释了礼貌 5.6% 和责任心 6.3% 的组间方差"就是对该指标的描述。

$R^2_{交互}$ 的实质就是自变量对因变量回归系数的组间差异解释量。从调节作用的公式中可以看出,level1 的回归系数是由全部回归系数的均值+level2 变量的影响+残差组成的,这个差异和"组"有关而和具体的"个人"无关,所以可以理解为回归系数的组间方差解释量。该指标通常出现在完整模型中,公式为

$R^2_{交互}$ =(level2 主效应模型的 τ_{01}-该模型的 τ_{01})/level2 主效应模型的 τ_{01},即 level1 自变量对因变量回归系数的组间差异被 level2 的变量解释了多少。示例中"团队凝聚力解释了工作满意度对礼貌回归系数 13% 的组间方差"就是对该指标的描述。

至此,我们根据每一步获得的指标就可以计算相应的 R^2,并与回归系数、组内残差、组间残差一起汇报即可完成跨层简单调节作用检验的全部步骤。

4.4.4 跨层简单调节作用分析的研究示例

通过上述六个步骤,我们便可以完成一个完整跨层简单调节作用的检验了。接下来,我们将以一篇中文的跨层简单调节作用研究为例进行展示,完整地说明跨层简单调节作用的建模、检验步骤以及如何在论文中汇报结果。

邓今朝(2010)在研究中指出,团队层次团队心理安全感能够调节成员目标导向(分为发展导向、表现导向、回避导向三个维度)与建言行为之间的关系,其研究模型如图 4-34 所示。

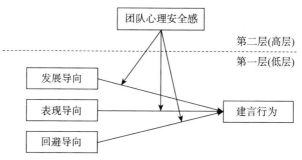

图 4-34 团队心理安全感的跨层调节作用

首先,具有发展导向的成员,乐于学习与交流,所以其建言行为水平较高。于是,该研究提出假设 1:发展导向的团队成员与建言行为有正相关关系。具有表现导向的成员,乐于表现自己并说出自己的想法,建言就是一种重要的表现形式,所以其建言行为水平较高。于是,该研究提出假设 2:表现导向的团队成员与建言行为有正相关关系;相较于发展导向的成员,表现导向的成员与建言行为更相关。具有回避导向的成员,害怕风险,担心"祸从口出",所以其建言行为水平较低。于是,该研究提出假设 3:回避导向的团队成员与建言行为有负相关关系。上述三个假设便是 level1 层次的直接效应假设。

其次,心理安全感较高的团队,成员相互尊重与信任,说出内心的想法并不会招致批评或惩罚等负面影响,所以成员的建言行为较多。于是,该研究提出假设 4:团队心理安全感有利于成员的建言行为。该假设便是 level2 层次的直接效应假设。

最后,心理安全感较低的团队,不利于成员表达自己的想法,增强了他们对"祸从口出"的风险感知,所以发展导向和表现导向与建言行为之间的正相关关系被削弱,回避导向与建言行为之间的负相关关系被强化。于是,该研究提出假设5:团队心理安全感在成员目标导向与建言行为之间的关系中有调节作用,团队心理安全感越低,发展导向和表现导向的成员与建言行为之间的正相关关系越不显著,回避导向的成员与建言行为之间的负相关关系越强。该假设便是level2层次调节变量的调节作用假设。

可见,与我们在4.4.1中的描述一致,跨层调节作用分析的建模过程与单一层次调节作用的建模过程相同。

接下来,该研究以多层线性模型进行回归分析,对理论模型进行验证。

第一步,进行了零模型检验。零模型检验的结果表明,建言行为的组内残差 $\sigma^2=1.52$,组间残差 $\tau_{00}=0.24$ 且显著,因此可以认为建言行为存在显著的组间差异,即存在level2变量可以解释建言行为的方差,可以进行后续的跨层分析。该研究与之前提到的Kidwell et al.(1997)的英文案例相同,与传统的回归分析相比,进行多层线性模型回归分析时,增加了零模型检验的步骤。

第二步,在零模型检验的基础上,该研究分别将个体层次的变量、团队层次的变量纳入回归方程,构建个体层次主效应模型、团队层次主效应模型和完整模型,其回归结果如表4-7所示。level1主效应(即个体层次主效应)模型表明,组内残差 $\sigma^2=0.68$(表中未标注),与零模型相比,组内残差被目标导向解释了55%。目标导向三个维度对建言行为的回归系数均与预测方向相同且显著,研究中level1的主效应假设均得到证实。此外,建言行为的组间残差 $\tau_{00}=0.36$(表中未标注)且显著,这表明存在level2主效应(即团队层次主效应),能够解释建言行为。因此,该研究继续进行level2主效应检验。

表4-7 团队心理安全感的跨层回归结果

变量	零模型	第一层 主效应模型	第二层 主效应模型	跨层交互 模型
个体层次				
自尊		0.37**	0.32**	0.31
1.发展导向		0.30**	0.31**	0.33
2.表现导向		0.11*	0.12**	-0.53*
3.回避导向		-0.15**	-0.16**	-0.42

（续表）

变量	零模型	第一层主效应模型	第二层主效应模型	跨层交互模型
团队层次				
团队成立期限			0.03	0.26
4.团队心理安全感			0.49**	0.16
交互项				
1×4				−0.06
2×4				0.08*
3×4				−0.047
模型拟合似然值	676.89	522.98	508.14	526.63
$R^2_{1层}$		0.55		
$R^2_{2层}$			0.39	
$R^2_{交互作用}$				
1×4				不显著
2×4				0.45
3×4				不显著

注：个体层次 $N=201$，团队层次 $N=27$；系数为稳健标准误估计；*表示 $p<0.05$，**表示 $p<0.01$。

第三步，进行团队层次的主效应检验。加入团队层次的变量——团队成立期限和团队心理安全感。个体层次变量的回归系数依然显著，方向与预期一致，假设得到进一步支持。团队层次的团队心理安全感系数显著（$r=0.49$，$p<0.01$），此时建言行为的组间残差为 $\tau_{00}=0.22$（$p<0.05$，表中未标注），以此计算得出团队心理安全感解释了员工建言行为 38.9% 的组间差异。团队心理安全感的 level2 主效应假设得到证实。此时，员工目标导向三个维度斜率的残差依次为发展导向 $\tau_{21}=0.01$（$p=0.05$），表现导向 $\tau_{31}=0.00$（$p=0.06$），回避导向 $\tau_{41}=0.00$（$p>0.5$）。因此，个体层次的发展导向和表现导向与建言行为之间的关系存在显著的组间差异，即存在 level2 的变量可以调节发展导向、表现导向与建言行为之间的关系。

第四步，进行团队层次的跨层调节作用检验。以个体层次直接效应的斜率为结果变量进行回归，团队心理安全感对发展导向与建言行为之间的关系不存在显著影响($r_{22}=-0.06$, $t=-1.28$, $p=0.21$),对回避导向与建言行为之间的关系不存在显著影响($r_{42}=-0.05$, $t=-1.16$, $p=0.26$),只对表现导向与建言行为之间的关系存在显著影响($r_{32}=0.08$, $t=1.89$, $p=0.07$)。据此,原先的假设仅得到部分验证。在此基础上计算了斜率的方差解释量,在考虑心理安全感的调节作用后,表现导向与建言行为斜率的组间残差$\tau_{31}=0.0017$($p=0.05$)。经计算得出,团队心理安全感解释了表现导向与建言行为斜率45.3%的组间差异。

可见,邓今朝(2010)的模型构建过程和检验过程与本章4.4.1、4.4.3中的内容一致。所以,我们在开展跨层调节作用的研究时,可以遵循"level1 主效应假设—level2 主效应假设—level2 调节作用假设"三步走的方式来构建理论模型。对跨层调节作用进行检验时,则可以遵循"零模型检验—level1 主效应检验—level2 主效应检验—level2 调节作用检验"四个步骤进行,在每个步骤中还要注意汇报不同的 R^2 指标。对跨层调节作用结果的汇报则可以参考本章开篇研究案例和本节案例中的方式进行,一般包括零模型检验中因变量的组间残差显著性、level1 主效应的显著性和组间残差显著性、level2 主效应的显著性和组间残差显著性,以及 level2 调节作用的显著性。

4.5 跨层简单中介作用的检验与汇报

4.5.1 跨层简单中介作用的建模

接下来我们看这样一个例子,Walumbwa et al. (2010)研究了服务型领导(Servant Leadership)与员工组织公民行为(Organizatioal Citizenship Behavior)之间的关系。其部分研究模型如图4-35所示。服务型领导是一种关注并帮助下属成长与发展的领导风格。服务型领导分别通过程序公平氛围(Procedural Justice Climate)、服务氛围(Service Climate)、自我效能(Self-efficacy)和对领导的承诺(Commitment to the Supervisor)间接影响员工的组织公民行为。如果不考虑研究的层次问题,那么这便是一个常见的多重路径中介模型。但是由于该研究涉及团队和个体两个研究层次,因此需要借助多层线性模型进行分析,即进行跨层中介作用分析。接下来,我们进一步观察 Walumbwa et al.(2010)对上述跨层中介作用进行建模。

Walumbwa et al.(2010)构建了如图4-35所示的理论模型,并据此提出假设。首先,他们认为服务型领导对下属的关心与帮助会唤醒下属的互惠动机,下属的组织公民行为便会随之增加。于是,他们提出了假设1:服务型领导与组织公民行为存在正相关关系。这是对自变量与因变量主效应提出的假设。其次,他们认为服务型领导对下属的关心与帮助会让下属觉得自己有能力完成更多的任务,于是下属的自我效能得以提升。进一步地,在自我效能提升后,下属便会对表现组织公民行为感到信心十足,组织公民行为的表现也就随之增加了。于是,他们提出了假设2A:自我效能在服务型领导与组织公民行为的关系间存在部分中介作用。同理,他们先后提出了假设2B—假设2D,分别对对领导的承诺、服务氛围和程序公平氛围的中介作用进行假设。这是对中介变量的中介作用提出的假设。

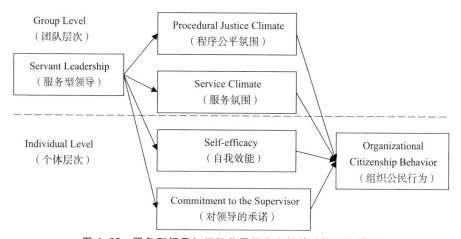

图4-35 服务型领导与组织公民行为之间关系的研究模型

可见,跨层中介作用可以沿用单一层次中介作用的建模过程。在单一层次的中介作用模型构建中,通常先提出自变量与因变量的主效应假设;其次,提出自变量与中介变量的直接效应假设(该假设可以省略);最后,在自变量与因变量关系间加入中介变量,提出中介作用假设。在模型构建方面,跨层简单中介作用的建模过程与单一层次中介作用的建模过程基本一致。在后续的内容中,我们将结合本案例对跨层简单中介作用的检验原理、检验步骤与结果汇报进行详细说明。

4.5.2 跨层简单中介作用的检验原理

图4-35所示的模型可以拆分为若干独立的模型。如"服务型领导→自我效能→组织公民行为"(如图4-36所示)、"服务型领导→程序公平氛围→组织公民行为"(图4-37所示)等。在图4-36所示的模型中,自变量(服务型领导)位于level2(团队层次),中介变量(自我效能)和因变量(组织公民行为)位于level1(个体层次);在图4-37所示的模型中,自变量(服务型领导)和中介变量

(程序公平氛围)位于level2(团队层次),因变量(组织公民行为)位于level1(个体层次)。可见,图4-36和图4-37都是跨层中介作用模型,但是二者的检验原理存在差别。所以,我们在理解检验原理之前,首先要分清跨层中介作用的类型。

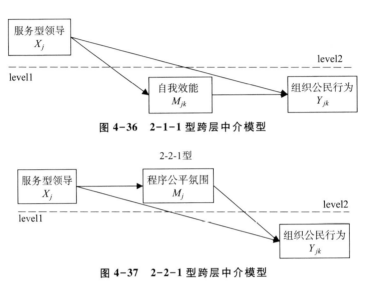

图4-36　2-1-1型跨层中介模型

图4-37　2-2-1型跨层中介模型

4.5.2.1　跨层简单中介作用的分类

简单中介作用就是仅包含自变量、中介变量和因变量的中介作用模型,按照三个变量所处层次的不同,Zhang et al.(2008)将常见的简单中介作用分为2-1-1、2-2-1和1-1-1三种类型。上述"服务型领导→自我效能→组织公民行为"对应的就是2-1-1型跨层中介模型;"服务型领导→程序公平氛围→组织公民行为"对应的就是2-2-1型跨层中介模型。

在2-1-1型跨层中介模型中,X_j表示属于level2的自变量,下标j表示不同的群体,X_j就表示不同群体的特征,本示例中的服务型领导就是不同群体的特征。M_{jk}、Y_{jk}分别表示属于level1的中介变量和因变量,下标jk表示第j组第k个个体,本示例中的自我效能和组织公民行为就是不同个体的表现。

在2-2-1型跨层中介模型中,X_j、M_j分别表示level2的自变量和中介变量,下标j表示不同的群体,本示例中的服务型领导和程序公平氛围就是不同群体的特征。Y_{jk}则表示level1的因变量,下标jk表示第j组第k个个体,本示例中的组织公民行为就是不同个体的表现。

此外,还有一种如图4-38所示的1-1-1型跨层中介模型。X_{jk}、M_{jk}、Y_{jk}分别表示level1的自变量、中介变量和因变量,下标jk表示第j组第k个个体。1-1-1

型跨层中介模型是一种特殊的跨层线性中介模型。虽然该模型的变量都来源于同一层次，看起来可以使用一般的回归模型进行分析，但是由于抽样并非在同一个组织或者说同一个群体内完成，不同群体之间很可能存在差异，因此使用多层线性模型分析同一层次的变量，可以将来源于不同群体的样本之间可能存在的差异纳入考量，比一般的回归分析更加全面。

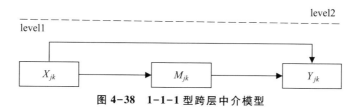

图 4-38　1-1-1 型跨层中介模型

4.5.2.2　不同类型跨层简单中介作用的检验原理

单一层次中介作用的检验原理是：将自变量对中介变量的回归系数记为 a，自变量对因变量的回归系数记为 c；在自变量与因变量关系间加入中介变量后，中介变量对因变量的回归系数记为 b，自变量对因变量的回归系数记为 c'。如果 a、b 显著，则中介作用存在，c' 不显著时为完全中介，c' 显著性小于 c 时为部分中介。用公式表示为：

$$Y = \beta_1 + cX + e_1 \tag{1}$$
$$M = \beta_2 + aX + e_2 \tag{2}$$
$$Y = \beta_3 + c'X + bM + e_3 \tag{3}$$

其中，Y 为因变量，M 为中介变量，X 为自变量；β_1、β_2、β_3 分别表示三个公式中的截距项；e_1、e_2、e_3 分别表示三个公式中的残差。可以发现，中介作用的检验原理事实上就是 Baron and Kenny（1987）提出的逐步回归法的步骤。跨层简单中介作用的原理与单一层次类似，也可以通过逐步回归的方式进行检验，不过根据具体模型需要进行一定的调整。

2-1-1 型跨层中介模型检验原理

接下来，我们以图 4-36 对应的 2-1-1 型跨层中介模型为例进行原理讲解。参照前述单一层次中介作用的检验公式，2-1-1 型跨层中介作用的检验公式可以写为：

第一步，自变量与因变量、自变量与中介变量的直接效应。

level1：$Y_{jk} = \beta_{0j} + r_{1jk}$ (1)

$M_{jk} = \beta_{1j} + r_{2jk}$ (2)

level2：$\beta_{0j} = \gamma_{00} + \gamma_{01} X_j + \mu_{0j}$ (3)

$\beta_{1j} = \gamma_{10} + \gamma_{11} X_j + \mu_{1j}$ (4)

其中,下标 j、k 依次表示第 j 组、第 k 个个体。Y_{jk} 表示第 j 组第 k 个个体的因变量(如图中的组织公民行为),M_{jk} 表示第 j 组第 k 个个体的中介变量(如图中的自我效能),X_j 表示第 j 组的自变量(如图中的服务型领导);β_{0j} 表示第 j 组因变量的组均值,β_{1j} 表示第 j 组中介变量的组均值;γ_{00} 表示全部样本因变量的均值,γ_{10} 表示全部样本中介变量的均值,γ_{01} 表示第 j 组自变量对第 j 组因变量组均值的回归系数,γ_{11} 表示第 j 组自变量对第 j 组中介变量组均值的回归系数;r_{1jk} 表示第 j 组第 k 个个体因变量的组内残差,r_{2jk} 表示第 j 组第 k 个个体中介变量的组内残差;μ_{0j} 表示第 j 组因变量组均值的组间残差,μ_{1j} 表示第 j 组中介变量组均值的组间残差。可见,上述公式中的 γ_{01}、γ_{11} 类似于单一层次中介作用分析中的 a 和 c。

第二步,自变量与因变量关系间加入中介变量。

$$\text{level1}: Y_{jk} = \beta_{0j} + \beta_{1j}M_{jk} + r_{jk} \tag{1}$$

$$\text{level2}: \beta_{0j} = \gamma_{00} + \gamma_{01}X_j + \gamma_{02}M_j + \mu_{0j} \tag{2}$$

$$\beta_{1j} = \gamma_{10} \tag{3}$$

其中,Y_{jk}、M_{jk}、X_j、β_{0j}、γ_{00}、μ_{0j} 所代表的意义同上;M_j 表示第 j 组的中介变量(如图 4-36 中自我效能的组均值);β_{1j} 表示第 j 组自变量对因变量回归系数的组均值;γ_{01} 表示第 j 组自变量对第 j 组因变量组均值的回归系数;γ_{02} 表示第 j 组中介变量对第 j 组因变量组均值的回归系数;γ_{10} 表示全部自变量对因变量回归系数的均值;r_{jk} 代表第 j 组第 k 个个体因变量的组内残差。可见,上述公式中的 γ_{01}、γ_{02} 类似于单一层次中介作用分析中的 c' 和 b。

如果将本示例中的部分模型(如图 4-36 所示)用公式的形式进行解释,那么可以写为:

第一步,

level1:组织公民行为$_{jk}$ = 所属群体的平均组织公民行为$_{0j}$ + 未被个体差异解释的组内残差$_{0jk}$ (1)

level1:自我效能$_{jk}$ = 所属群体的平均自我效能$_{1j}$ + 未被个体差异解释的组内残差$_{2jk}$ (2)

level2:所属群体的平均组织公民行为$_{0j}$ = 全部个体平均组织公民行为$_{00}$ + γ_{01}服务型领导$_j$ + 未被服务型领导小组差异解释的组间残差$_{0j}$ (3)

level2:所属群体的平均自我效能$_{1j}$ = 全部个体平均自我效能$_{10}$ + γ_{11}服务型领导$_j$ + 未被服务型领导小组差异解释的组间残差$_{1j}$ (4)

可见,γ_{01} 和 γ_{11} 分别为服务型领导对群体平均组织公民行为的直接效应(相当于单一层次中介作用分析中的c)、服务型领导对群体平均自我效能的直接效应(相当于单一层次中介作用分析中的a)。

第二步,

level1:组织公民行为$_{jk}$=所属群体的平均组织公民行为$_{0j}$+β_{1j}自我效能$_{jk}$+未被自我效能个体差异解释的组内残差$_{jk}$ (1)

level2:所属群体的平均组织公民行为$_{0j}$=全部个体平均组织公民行为$_{00}$+γ_{01}服务型领导$_j$+γ_{02}自我效能组均值$_j$+未被服务型领导和自我效能组均值的小组差异解释的组间残差$_{0j}$ (2)

level2:β_{1j}=全部样本自我效能对组织公民行为回归系数的均值$_{10}$ (3)

可见,γ_{02}就是在服务型领导与组织公民行为关系间加入中介变量(小组平均自我效能)的回归系数,相当于单一层次中介作用分析中的b。γ_{01}就是加入中介变量后,服务型领导仍然对组织公民行为产生的影响(相当于单一层次中介作用分析中的c')。利用上述四个指标便可以判别中介作用了。除此之外,我们发现,上述公式还计算出了"全部样本自我效能对组织公民行为回归系数的均值",该指标反映了个体在自我效能方面的差异所引起的组织公民行为变化,相当于单一层次中介作用分析中的b,但是并没有个体差异能够解释自我效能的变化,相当于没有单一层次中介作用分析中的a。显然,通过个体差异无法产生中介作用。

2-2-1型跨层中介模型检验原理

接下来,我们以图4-37对应的2-2-1型跨层中介模型为例进行原理讲解。参照前述单一层次中介作用的检验公式,2-2-1型跨层中介作用的检验公式可以写为:

第一步,自变量与因变量、自变量与中介变量的直接效应。

$$\text{level1}: Y_{jk} = \beta_{0j} + r_{jk} \tag{1}$$

$$\text{level2}: \beta_{0j} = \gamma_{00} + \gamma_{01} X_j + \mu_{0j} \tag{2}$$

$$M_j = \gamma_{10} + \gamma_{11} X_j + \mu_{1j} \tag{3}$$

其中,下标j、k依次表示第j组、第k个个体。Y_{jk}表示第j组第k个个体的因变量(如图中的组织公民行为),M_j表示第j组的中介变量(如图4-37中的程序公平氛围的组均值),X_j表示第j组的自变量(如图中的服务型领导);β_{0j}表示第j组因变量的组均值;γ_{00}表示全部样本因变量的均值,γ_{10}表示全部样本中介变量的均值,γ_{01}表示第j组自变量组均值对第j组因变量组均值的回归系数,γ_{11}表示第j组自变量组均值对第j组中介变量组均值的回归系数;r_{jk}表示第j组第k个个体因变量的组内残差;μ_{0j} 表示第 j 组因变量组均值的组间残差,μ_{1j} 表示第 j 组中介变量组均值的组间残差。可见,上述公式中的 γ_{01}、γ_{11} 类似于单一层次中介作用分析中的 c 和 a。

第二步,自变量与因变量关系间加入中介变量。

$$\text{level1}: Y_{jk} = \beta_{0j} + r_{jk} \tag{1}$$

$$\text{level2}: \beta_{0j} = \gamma_{00} + \gamma_{01} X_j + \gamma_{02} M_j + \mu_{0j} \tag{2}$$

其中,Y_{jk}、M_j、X_j、β_{0j}、γ_{00}、μ_{0j} 所代表的意义同上;β_{0j} 表示第 j 组个体自变量对因变量回归系数的组均值;γ_{01} 表示第 j 组自变量组均值对第 j 组因变量组均值的回归系数,γ_{02} 表示第 j 组中介变量组均值对第 j 组因变量组均值的回归系数;r_{jk} 表示第 j 组第 k 个个体因变量的组内残差。可见,上述公式中的 γ_{01}、γ_{02} 类似于单一层次中介作用分析中的 c' 和 b。

如果将本示例中的部分模型(如图 4-37 所示)用公式的形式进行解释,那么可以写为:

第一步,

level1:组织公民行为$_{jk}$ = 所属群体的平均组织公民行为$_{0j}$ + 未被个体差异解释的组内残差$_{jk}$ (1)

level2:所属群体的平均组织公民行为$_{0j}$ = 全部个体平均组织公民行为$_{00}$ + γ_{01} 服务型领导$_j$ + 未被服务型领导小组差异解释的组间残差$_{0j}$ (2)

level2:所属群体的程序公平氛围$_j$ = 全部个体平均程序公平氛围$_{10}$ + γ_{11} 服务型领导$_j$ + 未被服务型领导小组差异解释的组间残差$_{1j}$ (3)

可见,γ_{01} 和 γ_{11} 分别为服务型领导对群体平均组织公民行为的直接效应(相当于单一层次中介作用分析中的 c)、服务型领导对群体平均程序公平氛围的直接效应(相当于单一层次中介作用分析中的 a)。

第二步,

level1:组织公民行为$_{jk}$ = 所属群体的平均组织公民行为$_{0j}$ + 未被个体差异解释的组内残差$_{jk}$ (1)

level2:所属群体的平均组织公民行为$_{0j}$ = 全部个体平均组织公民行为$_{00}$ + γ_{01} 服务型领导$_j$ + γ_{02} 程序公平氛围$_j$ + 未被服务型领导和程序公平氛围小组差异解释的组间残差$_{0j}$ (2)

可见,γ_{02} 就是在服务型领导与组织公民行为关系间加入中介变量(程序公平氛围)的回归系数,相当于单一层次中介作用分析中的 b。γ_{01} 就是加入中介变量后,服务型领导仍然对组织公民行为产生的影响(相当于单一层次中介作

用分析中的 c'）。利用上述四个指标便可以判别中介作用了。除此之外,我们发现,上述公式没有个体层次的变量,组织公民行为方差中的组内方差未被解释。

1-1-1 型跨层中介模型检验原理

如果我们将示例中的服务型领导定义为个体的感知,而非群体的共同感知,则该模型（如图4-39所示）就是一个典型的1-1-1型跨层中介模型。

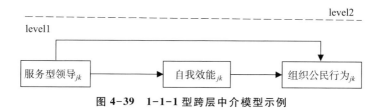

图 4-39　1-1-1 型跨层中介模型示例

参照前述单一层次中介作用的检验公式,1-1-1型跨层中介模型的检验公式可以写为:

第一步,自变量与因变量、自变量与中介变量的直接效应。

$$\text{level1}: Y_{jk} = \beta_{0j} + \beta_{1j}X_{jk} + r_{0jk} \quad (1)$$

$$M_{jk} = \beta_{2j} + \beta_{3j}X_{jk} + r_{2jk} \quad (2)$$

$$\text{level2}: \beta_{0j} = \gamma_{00} + \gamma_{01}X_j + \mu_{0j} \quad (3)$$

$$\beta_{1j} = \gamma_{10} \quad (4)$$

$$\beta_{2j} = \gamma_{20} + \gamma_{21}X_j + \mu_{2j} \quad (5)$$

$$\beta_{3j} = \gamma_{30} \quad (6)$$

其中,下标 j、k 依次表示第 j 组、第 k 个个体。Y_{jk} 表示第 j 组第 k 个个体的因变量（如图中的组织公民行为）,M_{jk} 表示第 j 组第 k 个个体的中介变量（如图中的自我效能）,X_{jk} 表示第 j 组第 k 个个体的自变量（如图中的服务型领导）,X_j 表示第 j 组个体自变量的组均值（如图中的服务型领导的组均值）;β_{0j} 表示第 j 组因变量的组均值,β_{1j} 表示第 j 组自变量对因变量回归系数的组均值,β_{2j} 表示第 j 组个体中介变量的组均值,β_{3j} 表示第 j 组自变量对中介变量回归系数的组均值;γ_{00} 表示全部样本因变量的均值,γ_{20} 表示全部样本中介变量的均值,γ_{01} 表示第 j 组自变量组均值对第 j 组因变量组均值的回归系数,γ_{21} 表示第 j 组自变量组均值对第 j 组中介变量组均值的回归系数,γ_{10} 表示全部样本自变量对因变量的回归系数均值,γ_{30} 表示全部样本自变量对中介变量的回归系数均值;r_{1jk} 表示第 j 组第 k 个个体因变量的组内残差,r_{2jk} 表示第 j 组第 k 个个体中介变量的组内残差;μ_{0j} 表示第 j 组因变量组均值的组间残差,μ_{2j} 表示第 j 组中介变量组均值的组间残差。可见,上述公式中的 γ_{01}、γ_{11} 相当于以群体为单一层次进行中介作用分析中的 c 和 a;γ_{10}、γ_{30} 相当于以组内成员为单一层次进行中介作用分析中的 c 和 a。

第二步,自变量与因变量关系间加入中介变量。

$$\text{level1}: Y_{jk} = \beta_{0j} + \beta_{1j} X_{jk} + \beta_{2j} M_{jk} + r_{jk} \quad (1)$$

$$\text{level2}: \beta_{0j} = \gamma_{00} + \gamma_{01} X_j + \gamma_{02} M_j + \mu_{0j} \quad (2)$$

$$\beta_{1j} = \gamma_{10} \quad (3)$$

$$\beta_{2j} = \gamma_{20} \quad (4)$$

其中,Y_{jk}、M_{jk}、X_{jk}、X_j 所代表的含义同上;r_{jk} 表示第 j 组第 k 个个体因变量的组内残差;μ_{0j} 表示第 j 组因变量组均值的组间残差;β_{0j} 表示第 j 组因变量的组均值,β_{1j} 表示第 j 组自变量对因变量回归系数的组均值,β_{2j} 表示第 j 组中介变量对因变量回归系数的组均值;γ_{00} 表示全部样本因变量的均值,γ_{01} 表示第 j 组自变量组均值对第 j 组因变量组均值的回归系数,γ_{02} 表示第 j 组中介变量组均值对第 j 组因变量组均值的回归系数,γ_{10} 表示全部个体自变量对因变量回归系数的均值,γ_{20} 表示全部个体中介变量对因变量回归系数的均值;M_j 表示第 j 组中介变量的组均值。可见,上述公式中的 γ_{01}、γ_{02} 相当于以群体为单一层次进行中介作用分析中的 c' 和 b;γ_{10}、γ_{20} 相当于以组内成员为单一层次进行中介作用分析中的 c' 和 b。

仿照前文的做法,将图 4-39 所示的模型用公式的形式进行解释,那么可以写为:

第一步,

level1:组织公民行为$_{jk}$ = 所属群体的平均组织公民行为$_{0j}$ + β_{1j} 服务型领导$_{jk}$ + 未被服务型领导个体差异解释的组内残差$_{1jk}$ (1)

level1:自我效能$_{jk}$ = 所属群体的平均自我效能$_{2j}$ + β_{3j} 服务型领导$_{jk}$ + 未被服务型领导个体差异解释的组内残差$_{2jk}$ (2)

level2:所属群体的平均组织公民行为$_{0j}$ = 全部个体平均组织公民行为$_{00}$ + γ_{01} 服务型领导组均值$_j$ + 未被服务型领导组均值小组差异解释的组间残差$_{0j}$ (3)

level2:β_{1j} = 全部个体服务型领导对组织公民行为回归系数的均值$_{10}$ (4)

level2:所属群体的平均自我效能$_{2j}$ = 全部个体平均自我效能$_{20}$ + γ_{21} 服务型领导组均值$_j$ + 未被服务型领导组均值小组差异解释的组间残差$_{2j}$ (5)

level2:β_{3j} = 全部个体服务型领导对自我效能回归系数的均值$_{30}$ (6)

可见,γ_{01} 和 γ_{11} 分别为组间差异引起的服务型领导对群体平均组织公民行为的直接效应、服务型领导对群体平均自我效能的直接效应,相当于以群体内的个体差异为单一层次进行中介作用分析的 c 和 a;全部个体服务型领导对组织公民行为回归系数的均值(β_{1j})和全部个体服务型领导对自我效能回归系数的均值(β_{2j})表示组内差异引起的服务型领导对组织公民行为的直接效应、服务型领导对自我效能的直接效应,相当于以群体内的个体差异为单一层次进行中介作用分析的 c 和 a。

第二步,

组织公民行为$_{jk}$=所属群体的平均组织公民行为$_{0j}$+β_{1j}服务型领导$_{jk}$+β_{2j}自我效能$_{jk}$+未被服务型领导和自我效能个体差异解释的组内残差$_{jk}$ （1）

所属群体的平均组织公民行为$_{0j}$=全部个体平均组织公民行为$_{00}$+γ_{01}服务型领导组均值$_j$+γ_{02}自我效能组均值$_j$+未被服务型领导和自我效能组均值小组差异解释的组间残差$_{0j}$ （3）

β_{1j}=全部个体服务型领导对组织公民行为回归系数的均值$_{10}$ （4）

β_{2j}=全部个体自我效能对组织公民行为回归系数的均值$_{20}$ （5）

可见,γ_{01} 和 γ_{11} 分别为在自变量(服务型领导)与因变量(组织公民行为)关系间加入中介变量(自我效能)后,自变量对因变量的剩余直接效应以及中介变量对因变量的直接效应。上述两个指标均表示组间差异所引起的变化,相当于以群体为单一层次进行中介作用分析中的 c' 和 b。全部个体服务型领导对组织公民行为回归系数的均值和全部个体自我效能对组织公民行为回归系数的均值均表示组内差异所引起的变化,相当于以组内个体为单一层次进行中介作用分析中的 c' 和 b。我们发现,1-1-1 型跨层中介模型事实上就相当于把中介作用拆分成群体和个体两个层次的单一层次中介作用分析。

4.5.3 跨层简单中介作用的检验步骤与软件操作

上一小节中,我们发现使用多层线性模型检验调节作用时,与传统的回归分析存在诸多不同之处。那么在中介作用的检验过程中,多层线性模型是否也与传统的回归分析存在区别呢？下面我们将用一篇范文来加以说明。

4.5.3.1 跨层简单中介作用的英文案例

在 Walumbwa et al.(2010)的研究中,他们先后提出了 2-1-1 和 2-2-1 型的中介作用假设。假设 1:服务型领导与组织公民行为正相关;假设 2A:对领导的承诺在服务型领导与组织公民行为的关系间存在部分中介作用;假设 2B:自我效能在服务型领导与组织公民行为的关系间存在部分中介作用;假设 2C:程序公平氛围在服务型领导与组织公民行为的关系间存在部分中介作用;假设2D:服务氛围在服务型领导与组织公民行为的关系间存在部分中介作用。该研究的假设模型如图 4-40 所示(与 4.5.1 中的图 4-35 相同)。

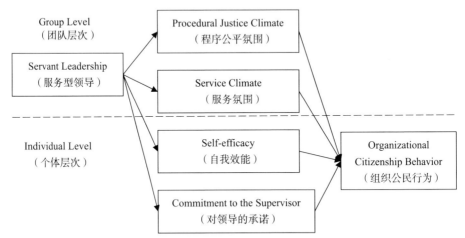

图 4-40 服务型领导与组织公民行为之间关系的研究模型

第一步,他们进行了零模型检验,并发现组织公民行为的组间方差为 0.36 且显著,表明组织公民行为在不同群体中存在显著差异。然后他们进行了多层线性模型回归分析,结果如图 4-41 所示。

Hierarchical Linear Modeling Results: Effects of Servant Leadership on Citizenship Behavior

Level and variable	OCB (Model 1)	Commitment (Model 2)	Self-efficacy (Model 3)	OCB (Model 4)
Level 1 (n = 815)				
Intercept	2.99 (0.08)**	3.42 (0.11)**	3.29 (0.10)**	3.30 (0.10)**
Commitment to the supervisor				0.18 (0.05)**
Self-efficacy				0.24 (0.04)**
Level 2 (n = 123)				
Servant leadership	0.45 (0.07)**	0.28 (0.09)**	0.42 (0.06)**	0.19 (0.09)*
Procedural justice climate				0.16 (0.05)**
Service climate				0.20 (0.06)**

Note. Values in parenthesis are standard errors. Level 1 variables are grand-mean centered. Entries corresponding to the predicting variables are estimations of the fixed effects, γs, with robust standard errors. OCB = organizational citizenship behavior.
* $p < .05$ (two-tailed test). ** $p < .01$ (two-tailed test).

图 4-41 服务型领导与组织公民行为之间关系的回归系数

第二步,他们进行了自变量与因变量的直接效应检验(图 4-41 中的 Model 1)。服务型领导与组织公民行为存在显著的正相关关系(回归系数 = 0.45,$p <$ 0.01)。假设 1 得到验证。

第三步,他们进行了自变量与中介变量的直接效应检验(图 4-41 中的 Model 2 和 Model 3)。服务型领导与对领导的承诺存在显著的正相关关系(回归系数=0.28,$p<0.01$);服务型领导与自我效能存在显著的正相关关系(回归系数=0.42,$p<0.01$);服务型领导与程序公平氛围存在显著的正相关关系(回归系数=0.27,$p<0.01$,该参数另外计算,未在图 4-41 中显示);服务型领导与服务氛围存在显著的正相关关系(回归系数=0.48,$p<0.01$,该参数另外计算,未在图 4-41 中显示)。

第四步,他们在自变量与因变量关系间放入中介变量(图 4-41 中的 Model 4)。在服务型领导与组织公民行为的关系间加入对领导的承诺后,对领导的承诺与组织公民行为存在显著的正相关关系(回归系数=0.18,$p<0.01$);加入自我效能后,自我效能与组织公民行为存在显著的正相关关系(回归系数=0.24,$p<0.01$);加入程序公平氛围后,程序公平氛围与组织公民行为存在显著的正相关关系(回归系数=0.16,$p<0.01$);加入服务氛围后,服务氛围与组织公民行为存在显著的正相关关系(回归系数=0.20,$p<0.01$)。此时,服务型领导与组织公民行为的正相关关系减弱(回归系数从 0.45 减小至 0.19,显著性由 $p<0.01$ 减小至 $p<0.05$)。于是,假设 2A—2D 均得到验证。

至此,我们发现,与跨层调节作用类似,跨层中介作用同样增加了零模型检验。其余的检验步骤与 Baron and Kenny(1987)提出的层级回归法十分类似,只不过变量被划分为层 1(level1)和层 2(level2)分别进行回归,而且不同层次变量的样本数也不相同,这是传统单一层次回归无法解决的问题。那么,这些参数如何获得?我们将在接下来的内容中进行讲解。

4.5.3.2 跨层简单中介作用的检验步骤

我们分析了包括本节研究案例在内的多篇研究成果,发现在使用多层线性模型进行跨层简单中介作用的回归分析时,与传统的回归分析存在一定的差别。Zhang et al.(2008:696)的研究也指出跨层简单中介作用的检验步骤。我们将结合统计学公式对跨层简单中介作用的检验步骤进行讲解。

第一步,零模型检验。该步骤是为了判断因变量是否具备足够的组间差异。如果不存在显著的组间差异,就不需要进行多层线性模型分析了。

该步骤的公式如下:

$$\text{level1}: Y_{jk} = \beta_{0j} + \varepsilon_{jk}$$

$$\text{level2}: \beta_{0j} = \gamma_{00} + \mu_{0j}$$

其中,Y_{jk} 表示第 j 组第 k 个个体的因变量,β_{0j} 表示第 j 组 Y 的平均值,ε_{jk} 表示第 j

组第 k 个个体因变量的组内残差，γ_{00} 表示所有样本 Y 的均值，μ_{0j} 表示第 j 组因变量组均值的组间残差。例如，Y 表示个体组织公民行为，那么 β_{0j} 就表示第 j 个团队内成员的平均组织公民行为，γ_{00} 则表示所有样本的平均组织公民行为。γ_{00} 显著，则意味着样本所推论的总体在 Y 上的得分显著不为 0。μ_{0j} 显著，则表示不同组织的组均值存在显著差异。本示例中提到"组织公民行为的组间差异为 0.36 且显著"，0.36 就是 μ_{0j} 的取值。

第二步，自变量与中介变量的直接效应检验，这是中介作用存在的前提条件之一。该步骤的公式如表 4-8 所示。

表 4-8　自变量与中介变量关系的跨层回归公式

模型	公式	意义	备注
2-1-1	level1：$M_{jk}=\beta_{0j}+\varepsilon_{jk}$ level2：$\beta_{0j}=\gamma_{00}+\gamma_{01}{}^a X_j+\mu_{0j}$	判断 level1 中介变量的组间差异被 level2 的自变量解释了多少	$\gamma_{01}{}^a$ 表示 level2 自变量 X 对 level1 中介变量 M 的回归系数
2-2-1	level2：$M_j=\gamma_{00}+\gamma_{01}{}^a X_j+\mu_{0j}$	判断 level2 中介变量的组间差异被 level2 的自变量解释了多少	$\gamma_{01}{}^a$ 表示 level2 自变量 X 对 level2 中介变量 M 的回归系数
1-1-1	level1：$M_{jk}=\beta_{0j}+\beta_{1j}(X_{jk}-X_{.j\_Mean})+\varepsilon_{jk}$ level2：$\beta_{0j}=\gamma_{00}+\gamma_{01}{}^{a2} X_{.j\_Mean}+\mu_{0j}$ $\beta_{1j}=\gamma_{10}{}^a$	判断 level1 自变量组内方差与中介变量组内方差之间的关系，以及自变量的组间方差（相当于 level2 的变量）对中介变量的影响	$\gamma_{10}{}^a$ 表示自变量的组内差异 $(X_{jk}-X_{.j\_Mean})$ 对中介变量的影响，$\gamma_{01}{}^a$ 表示自变量的组间差异对中介变量的影响

需要注意的是，在模型 2-1-1 中，由于中介变量 M 属于较低层次，而自变量 X 属于较高层次，自变量对中介变量的影响也涉及跨层，因此还需要对中介变量 M 进行一次零模型检验，判断中介变量 M 是否存在足够的组间差异，该步骤的公式如下：

$$\text{level1}：M_{jk}=\beta_{0j}+\varepsilon_{jk}$$
$$\text{level2}：\beta_{0j}=\gamma_{00}+\mu_{0j}$$

其中，β_{0j} 表示第 j 组 M 的组均值，γ_{00} 表示所有样本 M 的均值。

此外，在模型 1-1-1 中涉及方差的拆分问题，在低层次并非直接添加自变量 X_{jk}，而是将其拆分为 $(X_{jk}-X_{.j\_Mean})$ 和 $X_{.j\_Mean}$，这样拆分是为了将自变量引起的差异分解为组内差异和组间差异。$(X_{jk} - X_{.j\_Mean})$ 表示组内差异,$X_{.j\_Mean}$ 则表示组间差异。在高层次添加 $X_{.j\_Mean}$ 是因为某个个体的 M 是由他所处群体的 M 均值加上个体在 X 上的差异构成的,而这个个体 X 的差异如前文所述,一部分是个体与所属群体的差异,另一部分是所属群体与其他群体的差异。从构成上可以看出,群体之间在 X 上的差异主要影响群体 M 的均值,而非个体 M 的均值,因此将 $X_{.j\_Mean}$ 添加到了高层次。在低层次,对于同一群体内的个体而言,群体的 M 均值是相同的,每个个体的 M 值与其他个体不同是因为自己与群体内其他个体的差异,这就不难理解为什么在低层次添加的是 $(X_{jk} - X_{.j\_Mean})$ 了。而且,如果不将这个群体间的 X 差异 $(X_{.j\_Mean})$ 剔除,则会高估 X 的作用。在低层次添加 $(X_{jk} - X_{.j\_Mean})$ 的实质就是将低层次的变量进行组均值中心化,关于中心化的问题我们在 4.2.3.1 中已经做出解释。在 level2 以 β_{1j} 为结果变量的方程中可以省略误差项,这里与跨层简单调节作用的公式存在区别。跨层简单调节作用中,回归系数的组均值是包含误差项的。这是因为,回归系数组均值包含误差项代表回归系数可能存在组间差异,这是调节作用存在的前提。但是,我们在简单中介作用中并不关心这种潜在的调节作用,所以可以忽略误差项,认为所有样本的回归系数是相同的。

在本示例中,服务型领导与自我效能之间的回归系数(0.42)、服务型领导与对领导的承诺之间的回归系数(0.28)就是表 4-8 中模型 2-1-1 的 γ_{01}[a];服务型领导与程序公平氛围之间的回归系数(0.27)、服务型领导与服务氛围之间的回归系数(0.48)就是表 4-8 中模型 2-2-1 的 γ_{01}[a]。

第三步,检验自变量与因变量的直接效应是否显著。该步骤事实上就是跨层主效应的检验,这也是中介作用存在的前提条件之一。该步骤的公式如表 4-9 所示。

表 4-9 自变量与因变量关系的跨层回归公式

模型	公式	意义	备注
2-1-1	level1: $Y_{jk} = \beta_{0j} + \varepsilon_{jk}$ level2: $\beta_{0j} = \gamma_{00} + \gamma_{01}{}^c X_j + \mu_{0j}$	判断 level1 因变量的组间差异被 level2 的自变量解释了多少	$\gamma_{01}{}^c$ 表示 level2 自变量 X 对 level1 因变量 Y 的回归系数
2-2-1	level1: $Y_{ij} = \beta_{0j} + \varepsilon_{ij}$ level2: $\beta_{0j} = \gamma_{00} + \gamma_{01}{}^c X_j + \mu_{0j}$	判断 level1 自变量的组间差异被 level1 的因变量解释了多少	$\gamma_{01}{}^c$ 表示 level2 自变量 X 对 level1 因变量 Y 的回归系数

(续表)

模型	公式	意义	备注
1-1-1	level1: $Y_{jk} = \beta_{0j} + \beta_{1j}(X_{jk} - X_{.j\_Mean}) + \varepsilon_{jk}$ level2: $\beta_{0j} = \gamma_{00} + \gamma_{01}^c X_{.j\_Mean} + \mu_{0j}$ $\beta_{1j} = \gamma_{10}^c$	判断 level1 因变量的组间差异和组内差异分别被 level2 的自变量解释了多少	γ_{10}^c 表示自变量的组内差异 $(X_{jk} - X_{.j\_Mean})$ 对因变量的影响,γ_{01}^c 表示自变量的组间差异对因变量的影响

在该步骤中,模型 2-1-1 和模型 2-2-1 的统计原理是相同的。模型 1-1-1 则和上一步骤类似,涉及组内方差和组间方差的拆分,然后再分别进行主效应检验。在本示例中,服务型领导与组织公民行为之间的回归系数(0.45)就是表 4-9 中模型 2-1-1 和模型 2-2-1 的 γ_{01}^c。

第四步,在自变量与因变量关系间加入中介变量后,检验中介变量的回归系数是否显著,以及直接效应显著性的变化。该步骤的公式如表 4-10 所示。

表 4-10 在自变量与因变量关系间加入中介变量的跨层回归公式

模型	公式	意义	备注
2-1-1	level1: $Y_{jk} = \beta_{0j} + \beta_{1j}(M_{jk} - M_{.j\_Mean}) + \varepsilon_{jk}$ level2: $\beta_{0j} = \gamma_{00} + \gamma_{01}^{c'} X_j + \gamma_{02} M_{.j\_Mean} + \mu_{0j}$ $\beta_{1j} = \gamma_{10}^b$	判断中介变量的组内差异和组间差异分别解释了多少因变量的方差	γ_{10}^b 表示组内中介作用,但事实上该模型并不存在组内中介 $\gamma_{01}^{c'}$ 表示直接作用 γ_{02} 表示组间中介作用
2-2-1	level1: $Y_{jk} = \beta_{0j} + \varepsilon_{jk}$ level2: $\beta_{0j} = \gamma_{00} + \gamma_{01}^{c'} X_j + \gamma_{02}^b M_j + \mu_{0j}$	判断因变量的组间差异被中介变量解释了多少	γ_{02}^b 表示中介作用 $\gamma_{01}^{c'}$ 表示直接作用
1-1-1	level1: $Y_{jk} = \beta_{0j} + \beta_{1j}(X_{jk} - X_{.j\_Mean}) + \beta_{2j}(M_{jk} - M_{.j\_Mean}) + \varepsilon_{jk}$ level2: $\beta_{0j} = \gamma_{00} + \gamma_{01}^{c'} X_{.j\_Mean} + \gamma_{02}^{b2} M_{.j\_Mean} + \mu_{0j}$ $\beta_{1j} = \gamma_{10}^{c'}$ $\beta_{2j} = \gamma_{20}^{b1}$	判断中介变量的组内差异和组间差异分别解释了多少因变量的方差	$\gamma_{10}^{c'1}$ 表示组内直接作用 γ_{20}^{b1} 表示组内中介作用 $\gamma_{01}^{c'}$ 表示组间直接作用 γ_{02}^b 表示组间中介作用

第4章 跨层次数据模型的检验、结果解读与汇报

在该步骤中,我们通过检验中介变量的回归系数是否显著以及剩余的直接效应显著性的变化,便可以判定中介效应是否存在。若中介变量的回归系数显著且直接效应不再显著,那么就是完全中介作用;若中介变量的回归系数显著但直接效应依旧显著,那么就是部分中介作用。在本示例中,自我效能与组织公民行为的回归系数(0.24)显著;对领导的承诺与组织公民行为的回归系数(0.18)显著,这两个回归系数的取值和显著性对应着表4-10中模型2-1-1的γ_{02};程序公平氛围与组织公民行为的回归系数(0.16)显著;服务氛围与组织公民行为的回归系数(0.20)显著,这两个回归系数的取值和显著性对应着表4-10中模型2-2-1的γ_{02}^b。此时,服务型领导与组织公民行为的正相关关系减弱(回归系数从0.45减小至0.19,显著性由$p<0.01$减小至$p<0.05$),该参数的取值和显著性对应着表4-10中模型2-2-1和模型2-1-1的γ_{01}^c。

这里需要注意的是,表4-10中模型2-1-1的γ_{02}和γ_{10}^b都是自我效能与组织公民行为之间的回归系数,γ_{02}代表组间差异导致的组织公民行为差异,γ_{10}^b代表组内差异导致的组织公民行为差异。在4.2.2.1中我们指出,组内差异影响组内方差,组间差异影响组间方差。回到该模型中,我们发现事实上服务型领导只能通过员工自我效能向员工组织公民行为传递组间影响。所以,我们在检验中介变量的回归系数和中介作用时,应当将组内差异剔除,以免扩大中介作用。而传统的回归分析正是因为没有区分组内和组间的不同差异,所以,很容易放大作用量,产生错误结论。因此,在嵌套数据下,采用多层线性模型进行检验更加准确,尤其是对模型1-1-1进行的检验,可以区分影响作用究竟由群体差异还是由个体差异所导致。

第五步,在完成上述检验步骤后,刘东等(2012:577-584)建议在进行跨层间接效应检验时增加Monte Carlo Bootstrapping(蒙特卡罗方法),计算间接效应的置信区间。该方法相当于传统回归分析中的Bootstrapping分析。

至此,用于检验跨层简单中介作用的多层线性模型回归分析步骤就完成了。接下来,我们尝试通过统计软件实现上述步骤。

4.5.3.3 跨层简单中介作用的软件操作

前文中,我们已经叙述如何将SPSS的数据格式导入HLM软件,现在我们将直接在HLM软件中展示如何利用逐步回归的方法检验跨层简单中介作用,依次为零模型检验、自变量与中介变量的关系检验、自变量与因变量的主效应

检验、自变量与因变量的关系间加入中介变量的检验四个步骤。之后,我们需要利用蒙特卡罗方法进行跨层间接效应检验。

第一步,将数据导入 HLM 软件。

数据导入的步骤可以参见 4.4.3.3 中跨层调节作用软件操作的第一步。

第二步,进行零模型检验。

中介作用的零模型检验与调节作用的零模型检验的步骤一致,都是将 level1 的因变量作为结果变量进行回归,不添加其他任何变量。该步骤的意义是检验结果变量是否存在足够的组间差异。需要汇报的指标及判定标准也与调节作用中的零模型检验一致。

需要注意的是,在 2-1-1 型跨层中介作用的检验过程中,还需要将 level1 的中介变量作为结果变量,进行零模型检验。这是因为,level2 的自变量对 level1 的中介变量有显著影响的前提是 level1 的中介变量有足够的组间差异。

具体的操作步骤同样可以参见 4.4.3.3 跨层调节作用软件操作的第二步。

第三步,进行自变量与中介变量的关系检验。

该步骤事实上是为了检验中介作用的预设条件是否满足。中介作用的预设条件之一就是自变量与中介变量存在显著关系。

以模型 2-1-1 为例,具体操作为①:选择 level1 的中介变量(演示过程中为"M",相当于示例中的自我效能)作为结果变量;选择 level2 的自变量(演示过程中为"W4",相当于示例中的服务型领导),直接添加。软件会自动生成如图 4-42 所示的公式,点击"Run Analysis"按钮,软件生成的汇报结果如图 4-43 所示,部分参数的解释见表 4-11(参数对应表 4-8 中的公式)。同理,模型 2-2-1 和模型 1-1-1 可以参照表 4-8 所示的公式在 HLM 软件中进行添加,生成的汇报结果的参数也可以参照图 4-43 和表 4-11 进行汇报和判断。需要注意的是,模型 1-1-1 在添加 level1 的自变量时直接选择"按组均值中心化"添加即可,不需要另外计算,但是需要手动计算自变量的组均值,并添加到 level2 的方程中。

---

① 演示数据见本章附录材料 4-"2-1-1"跨层简单中介作用的操作-level1.sav、附录材料 5-"2-1-1"跨层简单中介作用的操作-level2.sav。

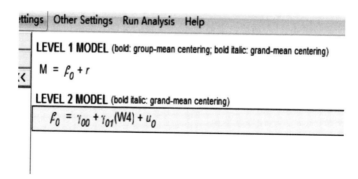

图 4-42　HLM 软件中自变量对中介变量的检验公式

```
Iterations stopped due to small change in likelihood function
σ² = 0.33300
τ
INTRCPT1, β₀    0.02000
```

Random level-1 coefficient	Reliability estimate
INTRCPT1, β_0	0.465

The value of the log-likelihood function at iteration 6 = -6.620414E+002

Final estimation of fixed effects:

Fixed Effect	Coefficient	Standard error	t-ratio	Approx. d.f.	p-value
For INTRCPT1, β_0					
INTRCPT2, γ_{00}	1.317199	0.434135	3.034	49	0.004
W4, γ_{01}	0.699870	0.105591	6.628	49	<0.001

Final estimation of fixed effects
(with robust standard errors)

Fixed Effect	Coefficient	Standard error	t-ratio	Approx. d.f.	p-value
For INTRCPT1, β_0					
INTRCPT2, γ_{00}	1.317199	0.404073	3.260	49	0.002
W4, γ_{01}	0.699870	0.096362	7.263	49	<0.001

Final estimation of variance components

Random Effect	Standard Deviation	Variance Component	d.f.	χ^2	p-value
INTRCPT1, u_0	0.14144	0.02000	49	91.59524	<0.001
level-1, r	0.57706	0.33300			

Statistics for current covariance components model

```
Deviance = 1324.082799
Number of estimated parameters = 2
```

图 4-43　HLM 软件中自变量对中介变量的检验结果

表4-11 跨层自变量对中介变量的参数与检验标准

参数	含义	检验标准
τ_{00}（图4-43中的μ_0）	β_{0j}的方差是否存在组间差异	可以不显著（代表组间差异被加入的level2变量解释）
γ_{00}（图4-43中的γ_{00}）	整体样本均值	显著（整体样本均值显著不为0）
γ_{01}^a（图4-43中的γ_{01}）	自变量对中介变量的回归系数（整体样本回归系数的均值）	显著（回归系数显著不为0）
σ^2（图4-43中的σ^2）	组内方差	—
离异数（-2ll，图4-43中的Deviance）	类似于模型的拟合指数	越小越好

通过上述操作步骤，我们便可以获得Walumbwa et al.(2010)研究中的部分参数取值了。他们在研究中指出"服务型领导与自我效能的回归系数为0.42且显著"，这里的0.42就对应着表4-11中的γ_{01}^a，对应图4-43中的取值为0.699870($p<0.001$)。

第四步，进行自变量与因变量的关系检验。

该步骤是为了检验自变量与因变量之间的关系，这也是中介作用的预设条件之一，同时也有许多研究会提出主效应假设。以模型2-1-1为例，具体操作为①：选择level1的因变量（演示过程中为"Y"）作为结果变量；选择level2的自变量（演示过程中为"X"），直接添加。点击"Run Analysis"按钮（该界面与上文类似，不再展示），软件生成的汇报结果如图4-44所示，部分参数的解释见表4-12（参数对应表4-9中的公式）。

需要注意的是，在模型1-1-1中，也与上一步类似，先要分别将组均值中心化后的自变量添加到level1的方程中；然后再将组均值添加到level2中以β_{0j}为结果变量的方程中。

表4-12 跨层自变量对因变量的参数与检验标准

参数	含义	检验标准
τ_{00}（图4-44中的μ_0）	β_{0j}的方差是否存在组间差异	可以不显著，代表组间差异被解释了
γ_{00}（图4-44中的γ_{00}）	整体样本均值	显著（整体样本均值显著不为0）

---

① 演示数据见本章附录材料4-"2-1-1"跨层简单中介作用的操作-level1.sav、附录材料5-"2-1-1"跨层简单中介作用的操作-level2.sav。

第4章 跨层次数据模型的检验、结果解读与汇报

（续表）

参数	含义	检验标准
$\gamma_{01}{}^c$（图4-44中的γ_{01}）	自变量对因变量的回归系数（整体样本回归系数的均值）	显著（回归系数显著不为0）
σ^2（图4-44中的σ^2）	组内方差	—
离异数（-2ll，图4-44中的Deviance）	类似于模型的拟合指数	越小越好

```
Iterations stopped due to small change in likelihood function
 σ² = 0.27989
τ
 INTRCPT1, β₀    0.01931

Random level-1 coefficient    Reliability estimate
 INTRCPT1, β₀                 0.500
The value of the log-likelihood function at iteration 6 = -5.994723E+002
```

Final estimation of fixed effects:

Fixed Effect	Coefficient	Standard error	t-ratio	Approx. d.f.	p-value
For INTRCPT1, β_0					
INTRCPT2, γ_{00}	1.639201	0.411547	3.983	49	<0.001
W4, γ_{01}	0.585425	0.100095	5.849	49	<0.001

Final estimation of fixed effects
(with robust standard errors)

Fixed Effect	Coefficient	Standard error	t-ratio	Approx. d.f.	p-value
For INTRCPT1, β_0					
INTRCPT2, γ_{00}	1.639201	0.499629	3.281	49	0.002
W4, γ_{01}	0.585425	0.122740	4.770	49	<0.001

Final estimation of variance components

Random Effect	Standard Deviation	Variance Component	d.f.	χ^2	p-value
INTRCPT1, u_0	0.13895	0.01931	49	98.01421	<0.001
level-1, r	0.52905	0.27989			

Statistics for current covariance components model
Deviance = 1198.944661
Number of estimated parameters = 2

图4-44　HLM软件中自变量对因变量的检验结果

通过上述操作步骤，我们便可以获得 Walumbwa et al.(2010)研究中的部分参数取值了。他们在研究中指出"服务型领导与组织公民行为的回归系数为 0.45 且显著"，这里的 0.45 就对应着表 4-12 中的 $\gamma_{01}{}^c$，对应图 4-44 中的取值为 0.585425($p<0.001$)。

第五步，进行在自变量与因变量的关系间加入中介变量的检验。

该步骤是为了检验中介作用是否存在，在加入中介变量后，若原先的直接效应不存在了，则称为完全中介作用；若原先的直接效应依然存在或显著性减弱，则称为部分中介作用。

以模型 2-1-1 为例，具体步骤为①：将组均值中心化后的中介变量添加到 level1 的方程中；将中介变量的组均值添加到 level2 中以 β_{0j} 为结果变量的方程中。这是为了对中介变量的方差进行分解，组均值中心化后的中介变量代表了组内成员偏离组均值的程度，这使 level1 方程中的 β_{0j} 意义更加明确（不同组别的 Y 均值）。而将中介变量的组均值添加到 level2 中以 β_{0j} 为结果变量的方程中是因为 β_{0j} 由总体的 Y 均值、不同组别 X 的差异、不同组别 M 的差异和误差构成，而其中不同组别 M 的差异就是中介变量的组均值。为了更好地区分组内中介和组间中介，需要将中介变量的组均值添加到方程中。软件的汇报结果如图 4-45 所示，部分参数的解释见表 4-13（参数对应表 4-10 中的公式）。

表 4-13 加入中介变量后的中介作用检验参数与标准

参数	含义	检验标准
τ_{00}（图 4-45 中的 μ_0）	β_{0j} 的方差是否存在组间差异	可以不显著，代表组间差异被解释了
γ_{00}（图 4-45 中的 γ_{00}）	整体样本均值	显著（整体样本均值显著不为 0）
$\gamma_{01}{}^c$（图 4-45 中的 γ_{01}）	自变量对因变量的回归系数	显著（部分中介）；不显著（完全中介）
$\gamma_{10}{}^b$（图 4-45 中的 γ_{10}）	中介变量组内作用对因变量的回归系数	显著（组内中介作用存在）
γ_{02}（图 4-45 中的 γ_{02}）	中介变量组间作用对因变量的回归系数	显著（组间中介作用存在）

---

① 演示数据见本章附录材料 4-"2-1-1"跨层简单中介作用的操作-level1.sav、附录材料 5-"2-1-1"跨层简单中介作用的操作-level2.sav。

第4章 跨层次数据模型的检验、结果解读与汇报

（续表）

参数	含义	检验标准
σ^2（图4-45中的σ^2）	组内方差	—
离异数($-2ll$，图4-45中的Deviance)	类似于模型的拟合指数	越小越好

```
Iterations stopped due to small change in likelihood function
σ² = 0.21254
τ
INTRCPT1,β₀   0.02016

Random level-1 coefficient    Reliability estimate
INTRCPT1,β₀                        0.578
The value of the log-likelihood function at iteration 6 = -5.046682E+002
```

Final estimation of fixed effects:

Fixed Effect	Coefficient	Standard error	t-ratio	Approx. $d.f.$	p-value
For INTRCPT1, β_0					
INTRCPT2, γ_{00}	1.208196	0.426558	2.832	48	0.007
W4, γ_{01}	0.354877	0.131217	2.705	48	0.009
M_MEAN, γ_{02}	0.328744	0.129366	2.541	48	0.014
For M slope, β_1					
INTRCPT2, γ_{10}	0.450481	0.030403	14.817	689	<0.001

Final estimation of fixed effects (with robust standard errors)

Fixed Effect	Coefficient	Standard error	t-ratio	Approx. $d.f.$	p-value
For INTRCPT1, β_0					
INTRCPT2, γ_{00}	1.208196	0.506684	2.385	48	0.021
W4, γ_{01}	0.354877	0.155047	2.289	48	0.027
M_MEAN, γ_{02}	0.328744	0.167551	1.962	48	0.056
For M slope, β_1					
INTRCPT2, γ_{10}	0.450481	0.044172	10.198	689	<0.001

Final estimation of variance components

Random Effect	Standard Deviation	Variance Component	$d.f.$	χ^2	p-value
INTRCPT1, u_0	0.14198	0.02016	48	114.23128	<0.001
level-1, r	0.46102	0.21254			

Statistics for current covariance components model

Deviance = 1009.336472
Number of estimated parameters = 2

图4-45　HLM软件中在自变量与因变量的关系间加入中介变量的检验结果

通过上述操作步骤，我们便可以获得Walumbwa et al.(2010)研究中的部分参数取值了。他们在研究中指出"在服务型领导与组织公民行为的关系间加入

自我效能后,自我效能与组织公民行为的回归系数为0.24且显著",这里的0.24就对应着表4-13中的γ_{02},对应图4-45中的取值为0.328744($p=0.056$);"服务型领导与组织公民行为的关系变为0.19,显著性变为$p<0.05$",这里的0.19就对应着表4-13中的$\gamma_{01}{}^{c'}$,对应图4-45中的取值为0.354877($p=0.027$)。

至此,跨层简单中介作用的回归分析就完成了,接下来便需要对间接效应的稳定性进行检验,并进行类似于单一层次回归分析中的R^2计算以及中介作用分解。

第六步,进行跨层简单中介作用的蒙特卡罗检验。

多层线性模型也需要进行类似于单一层次回归分析中的Bootstrapping分析。由于Bootstrapping无法应用在多层线性模型中,因此我们需要借助蒙特卡罗检验完成该步骤(读者可以参见http://www.quantpsy.org/medmc/medmc.htm网站)。遗憾的是,Walumbwa et al.(2010)的研究中并未进行蒙特卡罗检验。

在选择计算程序前,我们首先要考虑模型类型为随机效应模型还是固定效应模型,即变量之间的回归系数(或路径系数)是否存在组间差异(或者说是否能够作为新的变量)。通常的简单中介作用模型为固定效应模型,即假定变量之间的关系恒定,不考虑潜在的调节变量。打开该网页后,分别从自变量对中介变量的回归结果中读取自变量X对中介变量M的回归系数及标准差;从中介作用完整模型的回归结果中读取中介变量M对因变量Y的回归系数及标准差;如果使用的是结构方程方法则需要读取$cov(a,b)$,如果使用的是回归方法则$cov(a,b)=0$。

以模型2-1-1为例,自变量$W4$的组间方差对中介变量M的组间方差的影响为0.699870(图4-46中的a,对应表4-11中的$\gamma_{01}{}^{a}$,即图4-43中的γ_{01}),方差为0.009[图4-46中的$var(a)$,对应表4-11中$\gamma_{01}{}^{a}$标准差的方差,即图4-43中γ_{01}标准差(0.096362)的平方,取值约为0.009];由于该模型中的差异是由组间方差导致的,因此在中介变量M对因变量Y的影响中只需要考虑组间方差的部分,即中介变量M对因变量Y组间方差的影响为0.328744(图4-46中的b,对应表4-13中的γ_{02},即图4-45中的γ_{02}),方差为0.028[图4-46中的$var(a)$,对应表4-13中γ_{02}标准差的方差,即图4-45中γ_{02}标准差(0.167551)的平方,取值约为0.028]。将数值填入网页中相应的位置后点击"Generate R Code"按钮生成R语言脚本(如图4-46所示),再点击"Submit above to Rweb"按钮。最终生成如图4-47所示的间接效应分布图,底部的文字描述了95%置信区间的值,如果该区间没有包括0,则认为存在显著的间接效应。

第4章 跨层次数据模型的检验、结果解读与汇报

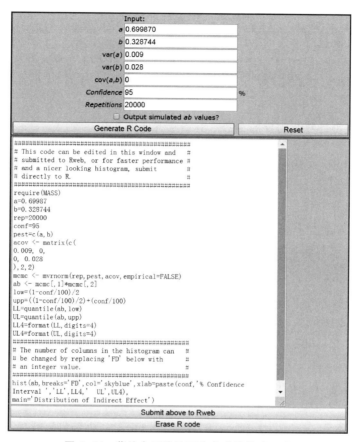

图 4-46 蒙特卡罗检验网站生成的检验语法

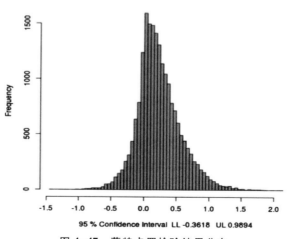

图 4-47 蒙特卡罗检验结果分布

需要注意的是,蒙特卡罗检验的结果并非每次都完全一样。由于蒙特卡罗是一种通过模拟所得到的统计结果,因此每次模拟后的结果都存在差别。

此外,在使用蒙特卡罗方法检验1-1-1型跨层中介作用的随机效应模型时,需要找到如图4-46所示的参数,这些参数并非通过HLM软件直接得到。参照Bauer et al.(2006:159)和Preacher and Selig(2012:92)的建议,使用Mplus的潜变量模型计算所需要的参数。其语法程序如下①:

```
Title：
1-1-1 mediation with latent approach    ! 标题栏,不影响后续结果
Data：file = 1-1-1.dat;                 ! 所需读取的数据文件
Variable：
names = ID x m y;                       ! 依次读取数据文件中的变量名称
```
(注意,命令中的变量顺序要和文件中一致)
```
    usevariable = x m y;                ! 所需使用的变量名称
    cluster = ID;                        ! 定义分组变量为ID
    analysis：type = twolevel random;   ! 分析类型为双层随机效应模型
    model：%within%                      ! 构建模型,within 表示组内部分
        s1|m on x;                       ! x 对 m 的影响记为 s1
        s2|y on m;                       ! m 对 y 的影响记为 s2
        s3|y on x;                       ! x 对 y 的影响记为 s3
        %between%                        ! between 表示组间部分
        m with x y;                      ! 由于 x、m、y 均存在组间差异,而我
```
们目前并不关注组间差异对因变量的影响,因此组间部分仅做相关性处理,允许组间差异部分相关
```
        x with y;
        s1 with s2 s3 x m y;            ! 新的参数 s1、s2、s3 是独立的变量,
```
且尚未关注三个新变量与其他变量的关系,所以对这三个变量也做相关性处理,允许它们与其他变量相关
```
        s2 with s3 x m y;
        s3 with x m y;
    Output：tech1 tech3;                ! 输出 tech1 和 tech3(tech3 表示参
```
数的方差-协方差矩阵)

---

① 演示数据见本章附录材料6-"1-1-1"跨层简单中介作用的 Mplus 操作.sav。需要注意的是,Mplus 只能读取 dat 格式的数据集,因此需要在 SPSS 中将数据集另存为 dat 格式。

第 4 章 跨层次数据模型的检验、结果解读与汇报

在 Mplus 中输入程序命令后点击"Run"按钮便可得到分析结果。

首先,如图 4-48 所示,S1 和 S2 的均值分别是 X 对 M、M 对 Y 的平均效应,即蒙特卡罗检验中所需要的 mean(a_j) 和 mean(b_j)。S1 和 S2 的相关系数为 $r_{a,b}$,S1 和 S2 的方差分别为 Var(a)、Var(b),根据协方差计算公式 [(cov(a,b) = $r_{a,b} \times \sqrt{\mathrm{Var}(a) \times \mathrm{Var}(b)}$] 便可得到 cov($a,b$),即蒙特卡罗检验中所需要的 $\tau_{aj,bj}$。

```
MODEL RESULTS

                              Two-Tailed
              Estimate   S.E.   Est./S.E.  P-Value
Within Level
 Variances
  X            0.294    0.029   10.190    0.000
 Residual Variances
  M            0.238    0.035    6.763    0.000
  Y            0.426    0.043    9.830    0.000

Between Level
 S1      WITH
  S2           0.047    0.233    0.201    0.841
  S3           0.016    0.038    0.409    0.683
  X            0.012    0.021    0.566    0.572
  M           -0.245    1.128   -0.218    0.828
  Y           -0.252    1.185   -0.213    0.831

 S2      WITH
  S3           0.015    0.275    0.055    0.956
  X           -0.008    0.046   -0.178    0.859
  M           -0.216    0.910   -0.237    0.813
  Y           -0.256    1.295   -0.198    0.843

 S3      WITH
  X            0.010    0.062    0.155    0.877
  M           -0.073    0.192   -0.379    0.705
  Y           -0.391    0.820   -0.476    0.634

 M       WITH
  X           -0.042    0.082   -0.515    0.606
  Y            1.155    4.892    0.236    0.813

 X       WITH
  Y           -0.026    0.115   -0.222    0.824

 Means
  X            4.102    0.038  107.535    0.000
  M            1.989    0.511    3.895    0.000
  Y            2.491    0.963    2.587    0.010
  S1           0.533    0.130    4.106    0.000
  S2           0.013    0.195    0.069    0.945
  S3           0.247    0.108    2.285    0.022

 Variances
  X            0.055    0.020    2.741    0.006
  M            1.120    4.558    0.246    0.806
  Y            2.438    2.570    0.948    0.343
  S1           0.054    0.279    0.195    0.846
  S2           0.050    0.082    0.613    0.540
  S3           0.092    0.454    0.202    0.840
```

注:S1 with S2 就是 S1 和 S2 的协方差(cov),根据相关系数与协方差之间的计算公式 [(cov(a,b) = $r_{a,b} \times \sqrt{\mathrm{Var}(a), \mathrm{Var}(b)}$] 便可计算出 S1 和 S2 的协方差,即 $\tau_{aj,bj}$。S1 和 S2 的均值是平均的效应值,即蒙特卡罗检验中的 mean(a_j) 和 mean(b_j)

图 4-48 Mplus 分析的参数

其次,在"Parameter Specification for Between"标题下找到图 4-49、图 4-50 和图 4-51 所示的矩阵。Alpha 矩阵表示参数的截距项,S1 的截距项在 tech3 的矩阵中以数字 4 代替,S2 的截距项以数字 5 代替;PSI 矩阵表示参数的方差-协方差,S1 和 S2 的协方差在 tech3 的矩阵中以数字 11 代替,S1 的方差(即 S1 与自身的协方差)以数字 10 代替,S2 的方差以数字 12 代替。在 tech3 参数估计的

协方差矩阵中,对角线表示每个参数自身的方差,对角线以外的位置表示参数之间的协方差。在对角线上找到参数4、5和11,分别代表这三个参数估计的方差,即蒙特卡罗检验中所需要的σ_a^2、σ_b^2和$\sigma_{\tau_{aj,bj}}^2$;在非对角线上找到4和5交叉的项目,代表4和5参数估计的协方差,即蒙特卡罗检验中所需要的$\sigma_{a,b}$。

```
        ALPHA
         S1       S2       S3        X        M
      -------  -------  -------  -------  -------
  1      4        5        6        7        8

        ALPHA
          Y
      -------
  1      9
```

图 4-49　组间参数的 Alpha 矩阵

```
         PSI
         S1       S2       S3        X        M
      -------  -------  -------  -------  -------
 S1     10
 S2     11       12
 S3     13       14       15
 X       0        0        0       16
 M       0        0        0       17       18
 Y       0        0        0       19       20

         PSI
          Y
      -------
 Y      21
```

图 4-50　组间参数的 PSI 矩阵

最后,将找到的数据分别填入如图4-52所示的1-1-1型蒙特卡罗检验数据输入界面中对应的位置,便可以生成间接效应的置信区间(如图4-53所示),与前文所述相同,置信区间不包括0时,间接效应显著(注:所使用的数据只是为了说明操作的步骤以及相应的参数如何读取,部分参数的数值可能存在问题,但不影响检验程序的准确性)。

```
       ESTIMATED COVARIANCE MATRIX FOR PARAMETER ESTIMATES
              1         2         3         4         5
           -------   -------   -------   -------   -------
    1       0.001
    2       0.000     0.001
    3       0.000     0.000     0.002
    4      -0.001    -0.004     0.003     0.017
    5      -0.001    -0.006     0.004     0.022     0.038
    6       0.000    -0.001     0.000     0.005     0.002
    7       0.000     0.000     0.000    -0.001    -0.002
    8       0.003     0.014    -0.006    -0.066    -0.085
    9       0.004     0.028    -0.016    -0.114    -0.166
   10      -0.001    -0.008     0.006     0.032     0.051
   11       0.001     0.007    -0.005    -0.028    -0.042
   12      -0.001    -0.001    -0.001     0.004     0.005
   13       0.000     0.001    -0.001    -0.002    -0.004
   14       0.000    -0.008     0.007     0.031     0.049
   15       0.001     0.013    -0.010    -0.053    -0.083
   16       0.000     0.001     0.000    -0.002    -0.003
   17       0.000     0.000    -0.001    -0.005    -0.007
   18       0.000    -0.002     0.001     0.007     0.010
   19       0.000     0.000     0.000    -0.001    -0.002
   20       0.003     0.033    -0.025    -0.131    -0.207
```

注:参数4和参数5自身的协方差就是该参数的方差,即蒙特卡罗检验中的σ_a^2和σ_b^2;参数4和参数5交叉的数值就是参数估计的协方差,即蒙特卡罗检验中的$\sigma_{a,b}$。

图 4-51　参数估计的协方差矩阵

```
ESTIMATED COVARIANCE MATRIX FOR PARAMETER ESTIMATES
          11         12         13         14         15
   -------    -------    -------    -------    -------
11   0.054
12  -0.006      0.007
13   0.004      0.001      0.001
14  -0.062      0.003     -0.005      0.075
15   0.104     -0.011      0.007     -0.121      0.206
16   0.004     -0.001      0.000     -0.005      0.008
17   0.009      0.000      0.001     -0.011      0.018
18  -0.013      0.001     -0.001      0.015     -0.025
19   0.002      0.000      0.000     -0.003      0.004
20   0.258     -0.027      0.016     -0.303      0.506
```

注：参数 11 自身的协方差就是 S1 与 S2 协方差的方差，即蒙特卡罗检验中的 $\sigma^2_{\iota a_j, b_j}$。

图 4-51　参数估计的协方差矩阵（续）

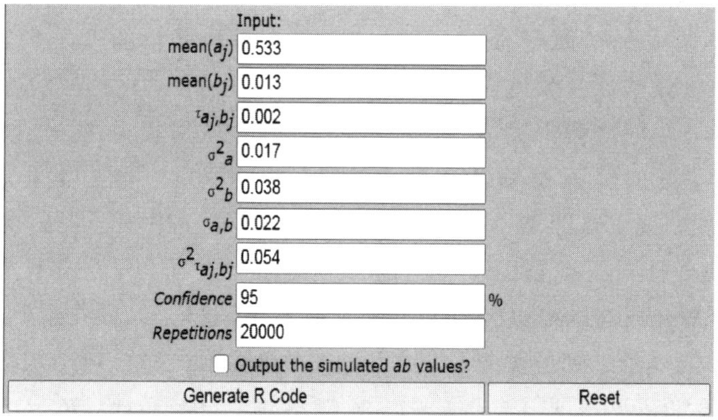

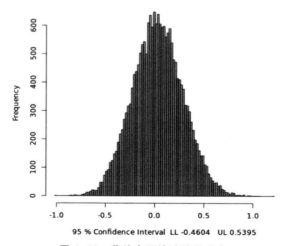

图 4-52　1-1-1 型蒙特卡罗检验数据输入界面

图 4-53　蒙特卡罗检验结果分布

第七步,计算数据汇报中的 R^2。

在介绍跨层简单调节作用 R^2 的计算时我们已经介绍过多层线性模型中 R^2 的意义。在跨层简单中介作用的检验过程中,不同的 R^2 也代表不同的含义,通常会出现 R^2、R_w^2、R_b^2 这三种常见指标。在逐步回归的过程中,只有零模型、主效应和中介效应需要汇报有关的 R^2。

R^2 通常出现在零模型中,表示组间差异占总差异的比重,公式为 $R^2 = \tau_{00}/(\tau_{00}+\sigma^2)$,该值通常要大于 0.06。

R_w^2 类似于跨层简单调节作用中的 R_{level1}^2,其实质就是组内方差的解释量,因为 level1 的变量在进行了中心化之后代表偏离组均值的情况,所以不能解释组与组之间的差异。该指标分别会出现在 level1 的主效应检验中,公式为 $R_w^2 = $(零模型的 σ^2 - 该模型的 σ^2)/零模型的 σ^2,即因变量的组内差异被加入的 level1 自变量解释了多少;以及有 level1 中介变量存在的中介效应检验中,公式为 $R_{level1}^2 = $(主效应模型的 σ^2 - 该模型的 σ^2)/主效应模型的 σ^2,即加入中介变量后,因变量的组内差异被解释了多少。示例中,"服务型领导—自我效能—组织公民行为"(即 2-1-1)模型中,自我效能与组织公民行为的关系间就存在自我效能对组织公民行为组内方差的解释。所以,该模型是可以计算 R_w^2 的,但是 Walumbwa et al.(2010)并未在研究中汇报。以操作示例的"层 1 自变量与层 1 因变量之间的关系检验(第四步)和层 1 中介变量与层 1 因变量之间的关系检验(第五步)"为例,汇报组内方差解释量。$R_w^2 = (0.27989 - 0.21254)/0.27989 = 24.06\%$,其中 0.27989 是表 4-12 中的 σ^2(对应图 4-44 中的 σ^2);0.21254 是表 4-13 中的 σ^2(对应图 4-45 中的 σ^2)。

R_b^2 类似于跨层简单调节作用中的 R_{level2}^2,其实质是组间方差的解释量,因为 level2 的变量对于同一群体内的个体而言是一样的,所以不可能解释该群体内个体的差异。该指标在主效应和中介效应检验中都会出现,公式依次为 $R_b^2 = $(零模型的 τ_{00} - 该模型的 τ_{00})/零模型的 τ_{00},即因变量的组间差异被引入的 level2 自变量解释了多少;$R_b^2 = $(主效应模型的 τ_{00} - 该模型的 τ_{00})/主效应模型的 τ_{00},即加入中介变量后,因变量的组间差异被解释了多少。示例中,"服务型领导—自我效能""服务型领导—程序公平氛围"等多对关系中都存在组间方差解释量。以操作示例中的"层 1 自变量与层 1 因变量之间的关系检验(第四步)和层 1 中介变量与层 1 因变量之间的关系检验(第五步)"为例,汇报组间方差解释量。$R_b^2 = (0.02016 - 0.01931)/0.02016 = 4.22\%$,其中 0.02016 是表 4-12 中的 τ_{00}(对应图 4-44 中的 μ_0);0.01931 是表 4-13 中的 τ_{00}(对应图 4-45 中的 μ_0)。

不过,在计算跨层简单中介作用的 R^2 时,有以下几点需要注意:首先,在模

第4章 跨层次数据模型的检验、结果解读与汇报

型 2-2-1 中是没有 R_w^2 的。由于模型 2-2-1 中的自变量和中介变量都是 level2 变量,对于群体内的个体而言是定值,因此不能解释组内个体的差异,所以组内方差不能被解释。其次,在模型 2-1-1 中,事实上也是没有 R_w^2 的。这是因为虽然 level1 的中介变量可以解释 level1 因变量的组内差异,但是这并不是我们考察的重点。而且,该模型的主效应也是由组间差异引起的,自变量对中介变量的影响也是由组间差异引起的,所以这个中介效应是不会由组内差异造成影响的。最后,零模型检验的 R^2 是无论哪种中介模型都必须汇报的,因为这个 R^2 决定了是否需要使用多层线性模型进行分析。不难发现,只要解释变量涉及 level1 变量,就有组内方差解释量;只要解释变量涉及 level2 变量,就有组间方差解释量。

第八步,进行中介作用的效应分解。

由于多层线性模型中因变量的方差被分成了组内方差和组间方差,组内方差不能解释因变量的组间差异,同样地,组间方差也不能解释因变量的组内差异,因此,在完成中介作用检验之后,还可以对中介作用进行进一步分解,将其分为组内效应和组间效应。

模型 2-2-1 就是一个非常明显的组间中介效应模型。在该模型中,所有的方差都来自组间,level2 自变量的组间差异能够解释 level2 中介变量的组间差异,level2 中介变量的组间差异能够解释 level1 因变量的组间差异。因此,该中介效应可以表示为:$\gamma_{01}^a \times \gamma_{02}^b$,即自变量对中介变量的回归系数×中介变量对因变量的回归系数。效应量则等于 $(\gamma_{01}^a \times \gamma_{02}^b)/(\gamma_{01}^a \times \gamma_{02}^b + \gamma_{01}^{c'})$,即[组间间接效应/(组间间接效应+组间直接效应)]。

在模型 2-1-1 中,正如上述有关 R^2 的介绍中所述,该模型中介效应的实质来源于组间差异。因此,该中介效应其实就是组间中介效应,可以表示为 $\gamma_{01}^a \times \gamma_{02}^b$,即自变量对中介变量的回归系数×中介变量组均值的回归系数。效应量则等于 $(\gamma_{01}^a \times \gamma_{02}^b)/(\gamma_{01}^a \times \gamma_{02}^b + \gamma_{01}^{c'})$,即[组间间接效应/(组间间接效应+组间直接效应)]。以本节示例中的参数为例,"服务型领导—自我效能感—组织公民行为"的中介效应量=(0.42×0.24)/(0.42×0.24+0.19)=0.3466,该中介效应事实上来源于组间差异。

在模型 1-1-1 中,由于自变量的组内方差和组间方差都能够影响中介变量的组内方差和组间方差,同样地,中介变量的组内方差和组间方差也能影响因变量的组内方差和组间方差,因此,该模型既有组内中介效应,又有组间中介效应。组内中介效应可以表示为:组内中介效应=$\gamma_{10}^{a1} \times \gamma_{20}^{b1}$,即组均值中心化后的自变量对中介变量的回归系数×组均值中心化后的中介变量对因变量的回归

系数。效应量则等于$(\gamma_{10}{}^{a1}\times\gamma_{20}{}^{b1})/(\gamma_{10}{}^{a1}\times\gamma_{20}{}^{b1}+\gamma_{10}{}^{c'1})$,即[组内间接效应/(组内间接效应+组内直接效应)]。组间中介效应可以表示为:组间中介效应=$\gamma_{01}{}^{a2}\times\gamma_{02}{}^{b2}$,即自变量的组均值对中介变量的回归系数×中介变量的组均值对因变量的回归系数。效应量则等于$(\gamma_{01}{}^{a2}\times\gamma_{02}{}^{b2})/(\gamma_{01}{}^{a2}\times\gamma_{02}{}^{b2}+\gamma_{10}{}^{c'2})$,即[组间间接效应/(组间间接效应+组间直接效应)]。

至此,我们便掌握了检验跨层简单中介作用的全部步骤了,根据每一步骤获得的参数,就可以判断中介效应是否存在、假设是否成立。

4.5.4 跨层简单中介作用分析的研究示例

通过上述八个步骤,我们便可以完成一个完整的跨层简单中介作用检验了。接下来,我们将再以一篇中文研究为例,完整地说明跨层简单中介作用的建模、检验步骤以及如何在论文中汇报结果。

李晔等(2015)的研究指出,自我牺牲型领导能够影响个体的战略定向和领导认同,进而对个体的工作绩效产生影响。其中,自我牺牲型领导属于团队层次;战略定向、领导认同、工作绩效(分为任务绩效和组织公民行为)属于个体层次。该模型是一个经典的2-1-1型跨层中介模型,其模型如图4-54所示。由于该研究分别以战略定向和领导认同为中介变量,二者单独的检验步骤一致,另外,分别以任务绩效和组织公民行为为结果变量的检验步骤也是一致的,因此我们只介绍战略定向在自我牺牲型领导和组织公民行为之间的跨层中介作用检验过程。

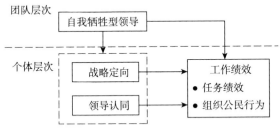

图4-54 李晔等(2015)的研究模型

首先,他们认为,自我牺牲型领导是一种为了集体利益而放弃个人利益的领导风格,这种牺牲自我的行为容易引起下属的效仿,同时下属获得了领导的恩惠,便会产生互惠动机,于是会表现得更多、更好。据此,他们提出假设1a:自我牺牲型领导与下属的任务绩效显著正向相关;假设1b:自我牺牲型领导与下属的组织公民行为显著正向相关。这便是自变量与因变量的主效应假设。

第 4 章 跨层次数据模型的检验、结果解读与汇报

其次,他们认为,当个体频繁地感到领导者的自我牺牲时,便会改变自身的关注点,逐渐增加对长远利益、集体利益的关注,于是个体便形成了战略定向(战略定向是个体对组织战略目标的理解和接纳程度)。进一步地,员工更愿意为了组织目标而付出,表现得更多、更好。据此,他们提出假设 2a:下属的战略定向在自我牺牲型领导与下属的任务绩效之间起中介作用;假设 2b:下属的战略定向在自我牺牲型领导与下属的组织公民行为之间起中介作用。这便是在自变量与中介变量关系间加入中介变量的中介效应假设。可见,在本示例中,跨层中介作用的建模与我们在前文中的总结一致,也与单一层次中介作用的建模过程一致。

接下来,该研究以多层线性模型进行回归分析,对理论模型进行验证。

第一步,该研究进行了零模型检验。将 level1 的组织公民行为作为结果变量,不加入其他任何变量进行回归,其结果如表 4-14 中的模型 7(M7)所示。结果表明,组织公民行为的组内方差和组间方差分别为 0.481、0.175(这两个指标在表 4-14 中并未显示,原文中直接用文字进行说明),通过计算可得组间方差占组织公民行为总方差的 26.68%(此处的计算步骤参考 4.5.3.3 第七步的 R^2)。同时,组间方差通过了卡方检验(组织公民行为 $\chi^2 = 131.90$,$p<0.001$,即组织公民行为的组间方差存在显著差异)。

第二步,该研究检验了 level2 自我牺牲型领导对 level1 组织公民行为的直接效应。如表 4-14 中的模型 8(M8)所示,在加入了自我牺牲型领导变量后,回归系数为 0.502($p<0.01$),相当于 4.5.3.3 第四步的 γ_{01}^c,也就是说,自我牺牲型领导对组织公民行为具有显著的正向影响。组间方差减少了 43.67%,也就是说,自我牺牲型领导解释了组织公民行为组间方差的 43.67%(该指标在表 4-14 中并未显示,但是其计算步骤可以参考 4.5.3.3 第七步的 R_b^2)。需要注意的是,由于自我牺牲型领导是一个 level2 的变量,对于同一群体而言,该值在理论上是一样的,因此不会影响组内方差。在此,假设 1b 得到验证。

第三步,该研究检验了 level2 自我牺牲型领导(自变量)和 level1 战略定向(中介变量)之间的关系。如表 4-14 中的模型 5(M5)所示,将战略定向作为结果变量、自我牺牲型领导作为自变量进行分析,结果表明自我牺牲型领导与战略定向存在显著的正向关系($\gamma = 0.269$,$p<0.01$),该参数相当于 4.5.3.3 第三步的 γ_{01}^a。此处并未进行方差解释量的计算,这是因为自变量与中介变量的关系并非该研究的主要假设。但是由于涉及 level2 自变量对 level1 因变量的影响,可以参考 4.5.3.3 第七步的 R_b^2 进行计算。

第四步,该研究将战略定向作为中介变量引入主效应模型。如表 4-14 中的模型 9(M9)所示,加入了战略定向后,战略定向与组织公民行为的回归系数

显著($\gamma = 0.330$, $p<0.01$),相当于4.5.3.3第五步的γ_{02};自我牺牲型领导与组织公民行为的回归系数依然显著($\gamma = 0.414$, $p<0.01$),相当于4.5.3.3第五步的$\gamma_{01}^{c'}$。因此,战略定向起到了部分中介作用。

表4-14 李晔等(2015)的研究中的回归系数表

变量	组织公民行为				战略定向	领导认同
	M7	M8	M9	M10	M5	M6
控制变量(略)						
自变量						
自我牺牲型领导		0.502**	0.414**	0.307	0.269**	0.586**
中介变量						
战略定向			0.330**			
领导认同				0.338**		

注:* $p<0.05$, ** $p<0.01$。

可见,该研究的模型构建过程和检验过程与4.5.1、4.5.3中的内容一致。所以,我们在开展跨层简单中介作用的研究时,便可以遵循"自变量与因变量的主效应假设—在自变量与因变量关系间加入中介变量的中介效应假设"两步走的方式来构建理论模型。对跨层简单中介作用进行检验时,则可以遵循"零模型检验→自变量与中介变量的关系检验→自变量与因变量的关系检验→在自变量与因变量关系间加入中介变量的检验"四个步骤进行,在每个步骤中还要注意汇报不同的R^2指标,并增加蒙特卡罗检验,增强间接效应统计检验的准确性。对跨层简单中介作用结果的汇报则可以参考本章开端案例和本节案例中的方式进行汇报,一般包括零模型检验中因变量的组间残差显著性(如果中介变量为level1变量,则需要汇报中介变量的组间残差显著性)、自变量与中介变量之间关系的回归系数和方差解释量、自变量与因变量之间关系的回归系数和方差解释量、在自变量与因变量关系间加入中介变量后的回归系数和方差解释量、利用蒙特卡罗检验得出的间接效应。

4.6 跨层被中介的调节作用的检验与汇报

4.6.1 跨层被中介的调节作用建模

与传统单层次的研究类似,多层线性模型也存在复杂的检验模型。接下来我们将以Xu et al.(2019)的研究为例,对跨层被中介的调节作用进行分析。Xu et al.(2019)在研究中指出,下属的领导成员交换关系(Leader Member Exchange,

LMX)能够提高其工作繁荣(Thriving at Work)程度。但是,在拥挤的门店中,LMX 对工作繁荣的促进作用被削弱。其中,LMX 和工作繁荣都是个体层次的变量,而门店拥挤程度(Store Spatial Crowding)是团队层次的变量,这便构成了常见的跨层调节作用模型,即 level2 的门店拥挤程度负向调节了 level1 的 LMX 与工作繁荣之间的正向关系。门店拥挤程度除了可以负向调节 LMX 与工作繁荣之间的正向关系,该研究还认为在拥挤的门店中,负面情绪很容易扩散开来,于是整个团队都充满了负面情绪。由此产生的负面情绪破坏了团队内的正常交流与协作,于是 LMX 与工作繁荣之间的正向关系也被削弱。也就是说,门店拥挤程度通过团队负面情绪(Team Negative Affective Tone)向 LMX 与工作繁荣之间的正向关系传递了负向调节作用。上述关系的理论模型如图 4-55 所示。在上述模型中,门店拥挤程度对 LMX 与工作繁荣关系之间的负向调节作用通过团队负面情绪进行传递,这便构成了一个常见的跨层被中介的调节作用模型。在该模型中,LMX 和工作繁荣是个体层次的变量,门店拥挤程度和团队负面情绪是团队层次的变量。

被中介的调节作用表示自变量与因变量之间的关系被调节变量调节了,而这个调节作用又被某些变量中介了。从理论上看,该模型的检验步骤与单层次被中介的调节作用一致,只需要在区分组内方差与组间方差的基础上进行检验即可。在模型构建方面,跨层被中介的调节作用建模也与单一层次被中介的调节作用建模基本一致。那么该模型应该如何构建?接下来我们将以 Xu et al.(2019)的研究为例,说明该模型的构建步骤。

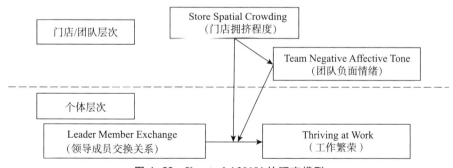

图 4-55　Xu et al.(2019)的研究模型

在 Xu etl al.(2019)的研究中,他们首先指出 LMX 较高的员工,在工作中容易接收更多的一手信息,获得更多的工作机会,得到更多的领导支持,于是这些员工的工作繁荣程度更高。据此,他们提出假设 1:LMX 与工作繁荣正相关。这相当于 level1 的主效应假设。其次,他们指出,在拥挤的门店中,员工会感到空间局促、被人压迫,逐渐失去了对工作环境的控制力,此时工作繁荣的程度便会降低。据此,他们提出假设 2:门店拥挤程度负向调节 LXM 与工作繁荣之间的正向关系,门店越拥挤,LMX 与工作繁荣之间的正向关系越弱。这相当于 level2 调节变量对 level1 主效应的调节作用假设(可以类比为中介作用中的"主效应")。再次,他们指出,在拥挤的门店中,员工容易产生无力感、不舒适、受挫等消极情绪,这些消极情绪在门店中会很快扩散,形成团队负面情绪。据此,他们提出假设 3a:门店拥挤程度与团队负面情绪正相关。这相当于 level2 调节变量对 level2 中介变量的直接效应(可以类比为中介作用中,自变量对中介变量的直接效应)。最后,他们认为,团队负面情绪的扩散会破坏团队内的合作与协调,使员工更关注自身的利益,通过 LMX 获得的资源将被他们保存起来,而不会转化为工作繁荣。据此,他们提出假设 3b:团队负面情绪中介了门店拥挤程度对 LMX 与工作繁荣关系间的负向调节作用。这相当于 level2 中介变量中介了 level2 调节变量对 level1 主效应的调节作用(可以类比为中介作用中,在自变量与因变量关系间加入中介变量后,团队负面情绪的调节作用存在则相当于中介变量与因变量之间的关系显著,调节变量调节作用的变化则相当于自变量与因变量之间系数的变化)。可见,跨层被中介的调节作用可以沿用单一层次被中介的调节作用的建模过程。

4.6.2　跨层被中介的调节作用检验原理

跨层被中介的调节作用存在两种情况:第一种是自变量 X 与因变量 Y 之间的关系被调节变量 W 调节,而这个调节作用被中介变量 M 中介了;第二种是自变量 X 和调节变量 W 的交互项对因变量具有影响,而该交互项的影响通过中介变量 M 进行传递。Xu et al.(2019)的研究显然是第一种情形。

4.6.2.1　跨层被中介的调节作用类型 I

跨层被中介的调节作用的第一种类型分别如图 4-56 和图 4-57 所示。该类模型表示,自变量 X 与因变量 Y 之间的关系既被变量 W 调节,又被变量 M 调节,而 W 对 X 与 Y 之间关系的调节作用还会通过 M 对 X 与 Y 之间关系的调节作用传递。在进行该类模型检验时,同样需要根据方差分解后的结果进行分析。

图 4-56 展示了第一种情况(M1a):自变量 X 和因变量 Y 均处于 level1,调节变量 W、中介变量 M 都处于 level2,调节变量 W 调节自变量 X 与因变量 Y 之间的关系,中介变量 M 调节自变量 X 与因变量 Y 之间的关系,并且调节变量 W 的调节作用通过中介变量 M 的调节作用传递。在进行检验时,自变量 X 的组内方差会对因变量 Y 的组内方差产生影响,调节变量 W 和中介变量 M 的组间方差会对因变量 Y 的组间方差产生影响,调节变量 W 的组间方差会对 X 与 Y 之间

第4章 跨层次数据模型的检验、结果解读与汇报

的关系产生影响,中介变量 M 的组间方差会对 X 与 Y 之间的关系产生影响。此外,由于调节变量 W 的组间方差会对中介变量 M 的组间方差产生影响,因此调节变量 W 通过中介变量 M 传递了其对 X 与 Y 之间关系的调节作用。在进行检验时,需要构建组内方差的影响,即自变量 X 对因变量 Y 的影响;同时也需要构建组间方差的影响,即在控制了调节变量 W 和中介变量 M 分别对因变量 Y 的影响后,调节变量 W 和中介变量 M 分别对 X 与 Y 之间关系的影响,以及调节变量 W 对中介变量 M 的影响。

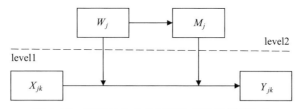

图 4-56 跨层被中介的调节作用类型 I(M1a)

可见,Xu et al.(2019)的研究就是图 4-56 所示的跨层被中介的调节作用模型。LMX 的组内方差对工作繁荣的组内方差产生影响(假设1);门店拥挤程度的组间方差对 LMX 与工作繁荣回归系数的组均值产生影响(假设2);团队负面情绪的组间方差对 LMX 与工作繁荣回归系数的组均值产生影响(并未做出此假设);门店拥挤程度的组间方差影响团队负面情绪的组间方差,进而对 LMX 与工作繁荣回归系数的组均值产生影响(假设3b)。

图 4-57 展示了第二种情况(M1b):自变量 X、因变量 Y 和中介变量 M 均处于 level1,调节变量 W 处于 level2,调节变量 W 的调节作用通过中介变量 M 的调节作用传递。在进行检验时,首先进行方差分解。自变量 X 的组内方差会对因变量 Y 的组内方差产生影响,中介变量 M 的组内方差会对因变量 Y 的组内方差产生影响,中介变量 M 与自变量 X 组内方差的交互项会对因变量 Y 的组内方差产生影响;调节变量 W 的组间方差会对 X 与 Y 之间的关系产生影响,中介变量 M 的组间方差会对 X 与 Y 之间的关系产生影响;调节变量 W 会对中介变量 M 的组间方差产生影响,因此调节变量 W 可以通过中介变量 M 向 X 与 Y 之间的关系传递调节作用。但是,考虑到组间方差变化并不会引起组内方差变化,该模型的实质仍然是调节变量 W 和中介变量 M 的组间方差变化影响了 X 与 Y 之间的关系,并且调节变量 W 通过影响中介变量 M 的组间方差变化进一步影响 X 与 Y 之间的关系,所以该模型在统计学上与模型 M2a 相同。在进行检验时,需要构建组内方差的影响,即自变量 X 对因变量 Y 的影响;构建组间方差变化的影响,即调节变量 W 和中介变量 M 分别对 X 与 Y 之间关系的影响,以及调

节变量 W 对中介变量 M 的影响。这里细心的读者可能会有疑问：为什么 M 在 level1，计算调节效应时却关注 M 对 X 与 Y 之间关系的跨层调节？这是因为 W 只会对 M 的组均值产生影响，即 W 是通过 M 的组间方差传递调节效应的，故 W 的调节效应不会影响 M 的组内方差，因此计算 M 的调节效应时应计算 M 的组间方差对 X 与 Y 之间关系的调节效应。

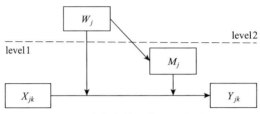

图 4-57　跨层被中介的调节作用类型 I（M1b）

如果将 Xu et al.（2019）研究中的团队负面情绪替换为个体负面情绪，那么研究模型就成了如图 4-57 所示的模型了。此时，LXM 的组内方差对工作繁荣的组内方差产生影响；门店拥挤程度的组间方差对 LMX 与工作繁荣回归系数的组均值产生影响；门店拥挤程度的组间方差对个体负面情绪的组间方差产生影响；门店拥挤程度的组间方差通过个体负面情绪的组间方差对 LMX 与工作繁荣回归系数的组均值产生影响。可见，图 4-57 所示的 M1b 模型虽然与图 4-56 所示的 M1a 模型不同，但二者的检验原理是完全相同的。这是因为门店拥挤程度只有组间方差，所以只能对个体负面情绪的组均值产生影响，而个体负面情绪的组均值就相当于团队负面情绪。同理，个体负面情绪组内方差与 LMX 组内方差存在对工作繁荣的交互作用，但是该交互作用源于组内方差，门店拥挤程度的组间方差并不会影响到该交互作用。所以，也可以忽略不计。

需要注意的是，如果模型的自变量、中介变量和调节变量均处于 level2，而因变量处于 level1，那么这个模型可以理解为 level2 的单层次研究（Preacher et al., 2011；Preacher et al., 2010），因为这个模型事实上只存在组间方差部分，即 level1 变量的组均值。

4.6.2.2　跨层被中介的调节作用类型 II

跨层被中介的调节作用的第二种类型分别如图 4-58 和图 4-59 所示。该类模型表示，自变量和调节变量共同对因变量产生作用，而该交互作用通过中介变量进行传递。在进行该类模型检验时，同样需要根据方差分解后的结果进行分析。

图 4-58 表示了第一种情况（M2a）：自变量 X 和调节变量 W 处于 level2，而

中介变量 M 和因变量 Y 处于 level1。虽然中介变量 M 在 level1 进行测量,但是该变量在 level2 具备组间方差。该情况下,自变量 X 和调节变量 W 的交互作用事实上影响了中介变量 M 在 level2 的组间方差。在进行检验时,自变量 X、调节变量 W 和交互项 XW 会对中介变量 M 产生组间影响,中介变量 M 的组间方差也会对因变量 Y 的组间方差产生影响,并且中介变量 M 的组内方差还会对因变量 Y 的组内方差产生影响,但是自变量 X 和调节变量 W 因为不存在组内方差,所以不会对中介变量 M 和因变量 Y 的组内方差产生影响。因此,检验该模型时应该分别构建组内方差的影响,即中介变量 M 对因变量 Y 的影响;组间方差的影响,即自变量 X、调节变量 W、交互项 XW 对中介变量 M 的影响,以及在控制了自变量 X、调节变量 W 和交互项 XW 后中介变量 M 对因变量 Y 的影响。

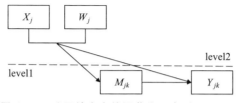

图 4-58　跨层被中介的调节作用类型 II(M2a)

图 4-59 展示了第二种情况(M2b):自变量 X、调节变量 W 和中介变量 M 均处于 level2,因变量 Y 处于 level1。该情况与第一种类似,只是中介变量在 level2 进行测量,该模型事实上不存在组内差异的影响。在进行检验时,自变量 X、调节变量 W、交互项 XW 以及中介变量 M 都只有组间方差,中介变量 M 对因变量 Y 的影响也来自组间方差,因此该模型在检验时并不涉及组内方差部分,实质上是影响了因变量 Y 在 level2 的组均值。所以,检验该模型时,只需要构建组间方差的影响即可,即自变量 X、调节变量 W、交互项 XW 的组间方差对中介变量 M 的影响,以及在控制了自变量 X、调节变量 W 和交互项 XW 后中介变量 M 对因变量 Y 的影响。

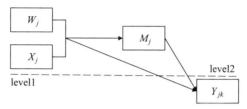

图 4-59　跨层被中介的调节作用类型 II(M2b)

需要注意的是,被中介的调节作用存在这样一种情况,如图 4-60 所示。level1、level2 的两个变量 X 和 W 的交互作用可以对因变量 Y 产生影响,而这个影响通过 level2 的中介变量 M 传递。考虑到数据嵌套的特点,只能将 level2 的变量 W 设为调节变量,调节 level1 变量 X 的预测作用。这是因为,level1 变量的效应会随着 level2 变量的改变而发生变化,但是 level2 变量的效应并不会随着 level1 变量的改变而发生变化,只会随着 level1 变量在 level2 上的差异而发生变化。因此,这种自变量 X 和调节变量 W 的交互作用对因变量 Y 产生影响,并被中介变量 M 中介的模型在统计检验上就是 M2a 表示的跨层被中介的调节作用模型,其检验步骤与上述模型 M2a 完全一样。

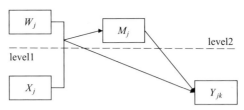

图 4-60　跨层被中介的调节作用类型 II(M2c)

4.6.3　跨层被中介的调节作用检验步骤与软件操作

4.6.3.1　跨层被中介的调节作用英文案例

上一节中,我们发现使用多层线性模型检验跨层中介作用时,与传统的回归分析存在诸多不同之处。那么,在被中介的调节作用的检验过程中,多层线性模型是否也与传统的回归分析存在区别呢?

在 Xu et al.(2019)的研究中,他们构建了被中介的调节作用类型 I 中第一种形式的理论模型(M1a),并提出了相关假设。假设 1:LMX 与工作繁荣正相关。这是调节作用中的主效应假设。假设 2:门店拥挤程度负向调节 LXM 与工作繁荣之间的正向关系,门店越拥挤,LMX 与工作繁荣之间的正向关系越弱。这是简单调节效应假设。假设 3a:门店拥挤程度与团队负面情绪正相关。这是调节变量与中介变量的直接效应假设。假设 3b:团队负面情绪中介了门店拥挤程度对 LMX 与工作繁荣关系间的负向调节作用。这是被中介的调节作用假设。

第一步,他们进行了单因素 ANOVA 检验。工作繁荣是 Level1 的因变量,单因素 ANOVA 检验可以用于判断变量的组间差异是否显著,这是该变量存在 Level2 自变量的前提。结果表明,工作繁荣的组间差异显著。我们发现,该步骤类似于我们前面提到的零模型检验。

第二步,他们进行了 Level1 的主效应检验,结果如图 4-61 所示(Model 1)。LMX 与工作繁荣之间存在显著的正相关关系($\gamma = 0.23$, $p < 0.001$)。假设 1 得到验证。

Variables	Thriving at work		
	Model 1	Model 2	Model 3
Intercepts	3.76***	3.76***	3.77***
Control variables			
Employee's gender[a]	0.09	0.09	0.07
Employee's tenure with the store manager[b]	0.01	0.01	0.02*
Store manager's gender[a]	0.07	0.05	−0.00
Store manager's tenure with the store[b]	−0.00*	−0.00*	−0.00
Level 1 independent variable			
LMX	0.23***	0.24***	0.27***
Level 2 independent variable			
Store spatial crowding		−0.18***	−0.16***
Team negative affective tone			−0.23*
Cross-level interactions			
LMX × store spatial crowding		−0.17***	−0.11*
LMX × team negative affective tone			−0.48**

Note. n (individuals) = 259; n (groups) = 89. HLM: hierarchical linear modeling; LMX: leader-member exchange.
[a] In two categories (0 = male, 1 = female).
[b] In months. γs were reported with robust SE.
*$p < 0.05$; **$p < 0.01$; ***$p < 0.001$ (two-tailed tests).

图 4-61　Xu et al.(2019)研究中的回归系数表

第三步,他们进行了门店拥挤程度的调节效应检验(Model 2)。门店拥挤程度限制了 LMX 与工作繁荣之间的正向关系($\gamma = -0.17$, $p<0.001$),该调节效应解释了工作繁荣 3% 的方差(该指标未在图中显示)。假设 2 得到验证,这相当于调节效应中的完整模型,而该调节效应则相当于中介效应中的主效应(自变量与因变量之间的关系)。

第四步,他们进行了门店拥挤程度与团队负面情绪的关系检验(该部分内容在文中直接给出,并未显示在图 4-61 所示的回归系数表中)。门店拥挤程度与团队负面情绪之间存在显著的正向关系($\gamma = 0.30$, $p<0.001$)。假设 3a 得到验证,这相当于中介效应检验中自变量与中介变量的关系检验。

第五步,他们进行了被中介的调节作用检验(Model 3)。在控制了门店拥挤程度调节作用的情况下,加入的团队负面情绪限制了 LMX 与工作繁荣之间的正向关系($\gamma = -0.48$, $p<0.01$),同时门店拥挤程度的调节效应下降($\gamma = -0.11$, $p < 0.05$)。假设 3b 得到验证,这相当于在中介效应检验中在自变量与因变量关系间加入中介变量的步骤。

第六步,他们进行了蒙特卡罗检验。间接效应 95% 的置信区间为[−0.122, −0.017],置信区间不包括 0,表示门店拥挤程度的负向调节作用能够通过团队负面情绪进行传递(该部分内容在文中直接给出,并未显示在图4-61所示的回归系数表中)。

至此,跨层被中介的调节作用检验全部完成。我们发现上述检验步骤与单一层次被中介的调节作用检验步骤基本一致。那么跨层被中介的调节作用一般如何进行检验?上述各项参数如何获得?我们接下来将进行讲解。

4.6.3.2 跨层被中介的调节作用检验步骤

我们分析了包括本节案例在内的多篇研究成果,发现被中介的调节作用一般可以遵循以下步骤进行检验:

第一步,进行简单调节作用检验。具体步骤可以参见4.4.3中的内容。通常需要进行自变量与因变量的关系检验和调节变量对自变量与因变量之间关系的调节作用检验。被中介的调节作用本质在于调节作用被中介,也就是说,调节作用相当于中介作用中的主效应。

第二步,进行调节变量与中介变量的关系检验。相当于中介作用检验中自变量与中介变量的关系检验。

第三步,在控制调节变量调节作用的情况下,检验中介变量的调节作用。相当于中介作用检验中在自变量与因变量关系间加入中介变量的检验。此时,调节变量的调节作用减弱或不再显著,相当于中介作用中主效应减弱或不再显著;中介变量的调节作用显著,相当于中介作用中加入的中介变量显著。

第四步,进行蒙特卡罗检验,完成类似于单一层次回归分析中的Bootstrapping分析,用以判断间接效应的显著性。

至此,跨层被中介的调节作用的检验步骤便完成了,接下来我们将尝试通过统计软件实现上述步骤。

4.6.3.3 跨层被中介的调节作用软件操作

参照 Bauer et al.(2006:159)和 Preacher and Selig(2012:92)的建议,在分析复杂的跨层调节作用和中介作用时,使用 Mplus 计算所需要的参数。

Mplus 中可以进行变量的中心化以及交互项构建的操作,但是为了避免不同版本 Mplus 程序命令导致的报错,我们建议先用 SPSS 进行处理后将其直接添加到数据文件中,并将数据文件保存为 dat 格式(Mplus 的运行需要纯数据格式),然后新建命令进行编程。需要注意的是,在使用 Variable 命令定义变量时,要按照数据文件中的变量顺序进行定义。例如,数据文件中变量的顺序为 ID、X、M、W、XW 和 Y,定义变量的顺序也应该是 ID、X、M、W、XW 和 Y(只需要按照顺序进行定义,定义好后其使用顺序是可以随意的)。接下来,我们将分别以不同类型被中介的调节作用模型为例,说明此类模型在 Mplus 中如何书写检验命令。

跨层被中介的调节作用类型 I 检验命令

以图 4-56 的模型 M1a 为例,使用 Mplus 对此类型跨层被中介的调节作用进行检验。

第一步,进行简单调节作用检验。

该步骤用于检验调节变量 W 对自变量 X 与因变量 Y 之间关系的调节作用(相当于中介作用检验中的主效应检验)。需要使用的变量为自变量 X、因变量 Y、调节变量 W,其 Mplus 程序命令如下[①]:

```
TITLE: A TWO LEVEL TYPE I MEIDIATED MODERATION
PATH ANALYTICAL MODEL, W AND M ARE LEVEL2,
X AND Y ARE LEVEL1;         ! 标题栏,可以设定本次程序的标题,不会
                               影响后续的统计结果
DATA: FILE IS data 7.DAT;   ! 所需读取的数据文件
DEFINE: CENTER W(GRANDMEAN);
                            ! 对 W 进行总体均值中心化,以降低多重
                               共线性[②]
CENTER X (GROUPMEAN);       ! 对 X 进行组均值中心化,区分方差来源
                               并降低多重共线性[③]
VARIABLE: NAMES ARE ID X W Y M;
                            ! 依次读取数据文件中的变量名称
USEVARIABLES ARE X W Y;     ! 所需使用的变量名称
CLUSTER = ID;               ! 定义分组变量 ID
WITHIN = X;                 ! level1 变量为 X
BETWEEN = W;                ! level2 变量为 W
ANALYSIS: TYPE = TWOLEVEL RANDOM;
                            ! 模型为两层随机系数模型[④]
```

[①] 演示数据见本章附录材料 7-跨层被中介的调节作用类型 I 检验.sav。使用 Mplus 读取时,需将该数据文件在 SPSS 中另存为 dat 格式。

[②] 注意:我们推荐在 SPSS 或其他软件中先进行中心化处理,然后直接将其导入 Mplus 软件。

[③] 这里需要注意的是,level2 变量一般按照总体均值中心化,level1 变量则按组均值中心化,具体原理在 4.3.3.1 中已经解释过,此处不再赘述。

[④] 之所以使用两层随机系数模型,是因为在跨层简单调节作用中提到,高层变量的调节作用事实上是影响了 $X \to Y$ 的斜率,因此需要将斜率设置为随机变动,以估计高层变量的调节作用。

MODEL:

%WITHIN%

S|Y ON X;   ! level1 的模型为自变量 X 对因变量 Y 的影响，回归系数命名为 S[①]

%BETWEEN%

S ON W;   ! level2 调节变量 W 对 level1 回归系数 S 的影响

Y ON W;   ! 控制调节变量 W 对因变量 Y 的影响

Y WITH S;   ! 允许 level2 的 Y（即 Y 的组均值）与 level1 的 $X \to Y$ 回归系数的组均值相关（因为 Y 的组均值和 S 的组均值是独立的变量）[②]

OUTPUT:

SAMPSTAT;   ! 输出统计项

CINTERVAL;   ! 利用正态分布假设，计算参数的置信区间

在输入完上述程序命令后，与前文中的例子相同，点击"Run"按钮，运行该分析程序，可得到数据分析的结果。

图 4-62 和图 4-63 依次展示了模型的拟合结果、参数的效应值。图 4-62 中显示了该模型的 AIC、BIC 以及调整的 BIC 值，该值越小表明模型的拟合优度越好。

```
MODEL FIT INFORMATION

Number of Free Parameters                        8

Loglikelihood
        H0 Value                          -399.759
        H0 Scaling Correction Factor         1.1555
            for MLR

Information Criteria
        Akaike (AIC)                       815.519
        Bayesian (BIC)                     852.762
        Sample-Size Adjusted BIC           827.358
            (n* = (n + 2) / 24)
```

图 4-62 Mplus 输出的模型拟合结果

[①] 每个个体 $X \to M$ 的影响都是不同的，在 level1 中，S 代表每个小组的回归系数，而小组与小组之间的回归系数是不同的，所以采用了 S| 而非（S）的命名方式。

[②] 调节变量位于 level2 时，需要关注的是高层变量对低层群体内部关系的影响，我们要允许调节变量、中介变量和因变量的组间方差自由相关。所以，在该程序中我们让因变量 Y 和 $X \to Y$ 回归系数的组均值相关。

第 4 章 跨层次数据模型的检验、结果解读与汇报

在图 4-63 中,"Estimate"标题下展示了各参数的估计值,"S.E."代表标准差,"P-Value"代表 p 值(即显著性)。本模型中, $X \to Y$ 回归系数的组内效应为 0.493 且显著。相当于本节引例中 LMX→工作繁荣的组内效应($\gamma = 0.23$, $p < 0.001$)。W 对 $X \to Y$ 回归系数的调节效应为 0.053,不显著。相当于本节引例中门店拥挤程度负向调节 LMX 与工作繁荣之间的关系($\gamma = -0.17$, $p < 0.001$)。除此之外,在"Between Level"和"Within Level"标题下均有各变量的残差,可以用于计算 R^2。在本操作示例中,我们发现调节变量 W 并没有调节 $X \to Y$ 的关系。

```
MODEL RESULTS
                                              Two-Tailed
                    Estimate    S.E.  Est./S.E.  P-Value
Within Level
 Residual Variances
  Y                  0.155     0.014   11.215    0.000
Between Level
 S         ON
  W                  0.053     0.149    0.357    0.721
 Y         ON
  W                  0.519     0.109    4.765    0.000
 Y         WITH
  S                 -0.001     0.003   -0.389    0.697
 Intercepts
  Y                  4.171     0.018  226.531    0.000
  S                  0.493     0.035   14.126    0.000
 Residual Variances
  Y                  0.005     0.002    2.254    0.024
  S                  0.022     0.012    1.845    0.065
```

图 4-63　Mplus 输出的各参数的效应值

第二步,进行被中介的调节作用检验。

该步骤包含两个检验程序,分别为调节变量与中介变量的关系检验(相当于中介作用检验中自变量与中介变量的关系检验)、在控制调节变量调节作用的情况下检验中介变量的调节作用(相当于中介作用检验中在自变量与因变量关系间加入中介变量的检验)。由于 Mplus 可以同时对这两个程序进行编程,因此我们将这两个程序合并为一个检验步骤。需要使用的变量为自变量 X、因变量 Y、调节变量 W、中介变量 M,其 Mplus 程序命令如下[①]:

TITLE:A TWO LEVEL TYPE I MEIDIATED MODERATION
　　PATH ANALYTICAL MODEL,W AND M ARE LEVEL-2,
　　X AND Y ARE LEVEL-1;　　　　!标题栏,可以设定本次程序的标题,不会影响后续的统计结果

---

① 演示数据见本章附录材料 7-跨层被中介的调节作用类型 I 检验.sav。使用 Mplus 读取时,需将该数据文件在 SPSS 中另存为 dat 格式。

```
DATA: FILE IS data 7.DAT;        ! 所需读取的数据文件
DEFINE:CENTER W M (GRANDMEAN);
                                 ! 对 W 与 M 进行总体均值中心化,以降低
多重共线性①
    CENTER X (GROUPMEAN);        ! 对 X 进行组均值中心化,以降低多重共
线性②
    VARIABLE:NAMES ARE ID X W M Y;
                                 ! 依次读取数据文件中的变量名称
    USEVARIABLES ARE X W M Y;    ! 所需使用的变量名称
    CLUSTER = ID;                ! 定义分组变量 ID
    WITHIN = X;                  ! level1 变量为 X
    BETWEEN = W M;               ! level2 变量为 W、M
    ANALYSIS: TYPE = TWOLEVEL RANDOM;
                                 ! 模型为两层随机系数模型③
    MODEL:
    %WITHIN%
    S|Y ON X;                    ! level1 的模型为自变量 X 对因变量 Y
的影响,回归系数命名为 S④
    %BETWEEN%
    M ON W (A);                  ! level2 的模型为第一个调节变量 W 对
第二个调节变量 M 的影响,命名为 A⑤
    S ON M (B)                   ! 控制第一个调节变量后(事实上就是将
W 放入方程,但不用关注其对 S 的影响)
         W;                      ! 第二个调节变量 M 对 level1 回归系数
S 的影响
```

---

① 注意:我们推荐在 SPSS 或其他软件中先进行中心化处理,然后直接导入 Mplus 软件。
② 这里需要注意的是,level2 变量一般按照总体均值中心化,level1 变量则按照组均值中心化,具体原理在 4.3.3.1 中已经解释,此处不再赘述。
③ 之所以使用两层随机系数模型,是因为在跨层简单调节作用中提到,高层变量的调节作用事实上是影响了 X→Y 的斜率,因此需要将斜率设置为随机变动,以估计高层变量的调节作用。
④ 每个个体 X→M 的影响都是不同的,在 level1 中,S 代表每个小组的回归系数,而小组与小组之间的回归系数是不同的,所以采用了 S|而非(S)的命名方式。
⑤ 在这里,W→M 的回归系数是一个定值,并没有提出有更高层的影响因素,所以采用了(A)的命令,下文中的(B)也同理。

第 4 章 跨层次数据模型的检验、结果解读与汇报

  Y ON M W;　　　　　　　　　! 两个调节变量分别对因变量 Y 的影响
  Y WITH S;　　　　　　　　　! 允许 level2 的 Y（即 Y 的组均值）与 level1 的 X→Y 回归系数的组均值相关（因为 Y 的组均值和 S 的组均值是独立的变量）①
  MODEL CONSTRAINT:
  NEW(IND);　　　　　　　　! 定义新变量 IND
  IND = A * B;　　　　　　　　! IND 是 W→M 的效应 A 与 M→S 的效应 B 的乘积
  OUTPUT:
  SAMPSTAT;　　　　　　　　! 输出统计项
  CINTERVAL;　　　　　　　　! 利用正态分布假设,计算参数的置信区间

  在输入完上述程序命令后,与前文中的例子相同,点击"Run"按钮,运行该分析程序,可得到数据分析的结果。

  图 4-64、图 4-65 和图 4-66 依次展示了模型的拟合结果、参数的效应值以及利用正态分布假设所计算的置信区间。在图 4-63 中,由于本示例的数据存在一些问题,因此模型拟合结果并非正常显示,在后文中我们将给出正常的模型拟合指数读取方式。

```
MODEL FIT INFORMATION

Number of Free Parameters                    13

Loglikelihood

        H0 Value                        -376.512
        H0 Scaling Correction Factor       1.0885
          for MLR

Information Criteria

        Akaike (AIC)                     779.024
        Bayesian (BIC)                   839.545
        Sample-Size Adjusted BIC         798.263
          (n* = (n + 2) / 24)
```

图 4-64　Mplus 输出的模型拟合结果

---

  ① 调节变量位于 level2 时,需要关注的是高层变量对低层群体内部关系的影响,我们要允许调节变量、中介变量和因变量的组间方差自由相关。所以,在该程序中我们让因变量 Y 和 X→Y 回归系数的组均值相关。

在图 4-65 中，$W \to M$ 的组间效应为 0.340 且显著。相当于本节引例中门店拥挤程度→团队负面情绪的组间效应 0.30。控制 W 的调节效应后，加入 M 的调节效应为-0.005，不显著。相当于本节引例中控制门店拥挤程度后，团队负面情绪负向调节 LMX 与工作繁荣之间的关系（$\gamma = -0.48$，$p<0.01$）。此时，门店拥挤程度的调节效应剩余 0.053（本示例的数据存在问题，导致该系数没有变化，正常情况下该系数会发生变化），且不显著。相当于本节引例中，加入团队负面情绪的调节效应后，门店拥挤程度的调节效应下降（$\gamma = -0.11$，$p<0.05$）。可见，本操作示例中，被中介的调节作用并未通过回归系数检验。

```
MODEL RESULTS
                                        Two-Tailed
              Estimate    S.E.   Est./S.E.  P-Value
Within Level
  Residual Variances
    Y          0.155     0.014    11.184    0.000
Between Level

S         ON
   M      -0.005     0.231    -0.020    0.984
   W       0.053     0.159     0.337    0.736

M         ON
   W       0.340     0.116     2.933    0.003

Y         ON
   M       0.359     0.130     2.763    0.006
   W       0.397     0.102     3.886    0.000

Y         WITH
   S      -0.001     0.002    -0.518    0.604

Intercepts
   M       0.000     0.024     0.000    1.000
   Y       4.171     0.016   256.343    0.000
   S       0.493     0.037    13.206    0.000

Residual Variances
   M       0.021     0.004     5.263    0.000
   Y       0.002     0.002     1.106    0.269
   S       0.022     0.012     1.869    0.062

New/Additional Parameters
   IND    -0.002     0.078    -0.020    0.984
```

图 4-65　Mplus 输出的各参数的效应值

图 4-66 展示了利用正态分布假设所计算的效应置信区间，只有当置信区间不包括 0 时才代表效应显著。效应量在置信区间上需成对读取，以图 4-66 为例，Lower 0.5% 和 Upper 0.5% 分别表示 99% 置信区间的下限和上限，99% 置信区间对应的显著性为 0.01。IND 表示间接效应的置信区间，该间接效应的 a 为 W 对 M 的直接作用，b 为 M 对 $X \to Y$ 的调节作用，效应量为-0.002，置信区间包括 0，不显著。但是该置信区间是基于正态分布假设估计的结果，而在多层线性模型中，由于区分了组间方差和组内方差，$a \times b$ 并非正态分布，因此该分析结果并不适合在跨层分析中使用。

第4章 跨层次数据模型的检验、结果解读与汇报

```
CONFIDENCE INTERVALS OF MODEL RESULTS
                    Lower .5%  Lower 2.5%  Lower 5%   Estimate   Upper 5%   Upper 2.5%  Upper .5%
Within Level
  Residual Variances
    Y               0.119      0.127       0.132      0.155      0.177      0.182       0.190
Between Level
  S       ON
    M              -0.599     -0.457      -0.384     -0.005      0.375      0.448       0.590
    W              -0.355     -0.257      -0.207      0.053      0.314      0.364       0.462
  M       ON
    W               0.041      0.113       0.149      0.340      0.531      0.567       0.639
  Y       ON
    M               0.024      0.104       0.145      0.359      0.572      0.613       0.693
    W               0.134      0.197       0.229      0.397      0.566      0.598       0.661
  Y       WITH
    S              -0.007     -0.006      -0.005     -0.001      0.003      0.003       0.005
  Intercepts
    M              -0.062     -0.047      -0.040      0.000      0.040      0.047       0.062
    Y               4.130      4.140       4.145      4.171      4.198      4.203       4.213
    S               0.397      0.419       0.431      0.493      0.554      0.566       0.589
  Residual Variances
    M               0.011      0.013       0.015      0.021      0.028      0.029       0.032
    Y              -0.003     -0.002      -0.001      0.002      0.006      0.007       0.008
    S              -0.008     -0.001       0.003      0.022      0.042      0.046       0.053
New/Additional Parameters
    IND            -0.204     -0.155      -0.131     -0.002      0.127      0.152       0.200
```

图 4-66　Mplus 输出的置信区间①

第三步,进行跨层被中介的调节作用的蒙特卡罗检验。

由于跨层分析不能使用基于样本的 Bootstrapping,因此在估计跨层被中介的调节作用时可以使用蒙特卡罗方法来判断 $a \times b$ 的效应值是否显著。被中介的调节作用类型 I 可以类比为一个中介作用模型,调节变量对中介变量的效应对应为 a,中介变量的调节效应对应为 b,分别为本示例中的 0.340 和 0.053(也相当于本节引例中的 0.30 和 -0.48)。由于中介变量与调节变量均为 level2 的变量,故它们无法影响 level1 变量的组内差异,中介变量对因变量的组内效应不计入间接效应。接下来在蒙特卡罗检验的网站(http://www.quantpsy.org/medmc/medmc.htm)显示的页面上分别输入 a 和 b 的效应,以及 a 和 b 的方差(由于使用的分析方法是回归分析,因此 a 和 b 的协方差为 0),进行蒙特卡罗检验后,便知道间接效应是否显著了。

该网站的页面如图 4-67 所示,分别将上述回归分析中 $W \to M$ 的组间效应 0.340(填入图 4-67 中 a 所示的位置)、M 的调节效应 0.053(填入图 4-67 中 b 所示的位置),以及二者的方差 0.013456[填入图 4-67 中 var(a) 的位置]和

---

① Mplus 可以输出置信区间,但是该结果并不适用于跨层间接效应的检验,我们还需要进行蒙特卡罗检验。

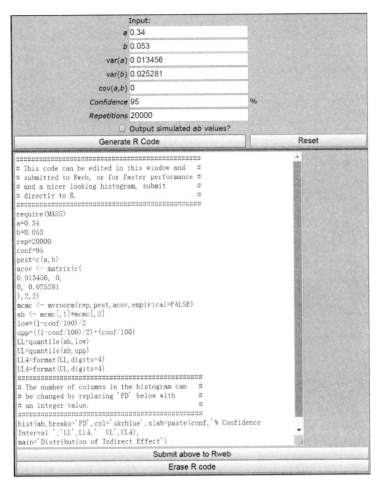

图 4-67　蒙特卡罗检验网站的间接效应计算页面

0.025281[填入图 4-67 中 var(b)的位置]分别填入指定位置,cov(a,b)填入 0,勾选"Output simulated ab values?"选项后,点击"Generate R Code"按钮生成 R 语言,最后点击"Submit above to Rweb"按钮,利用网页版 R 语言进行分析。分析结果会在网页底端生成一个图像,如图 4-68 所示。在图片底部汇报了间接效应基于参数 Bootstrapping 的 95% 置信区间,该区间包括 0,因此可以认为该间接效应不显著。

另外一种如图 4-57 所示的模型 M1b 与图 4-56 所示的模型 M1a 具有相同的统计检验模型和检验步骤。虽然中介变量 M 与自变量 X 的组内方差还存在对因变量 Y 的交互作用,但是调节变量 W 的组间方差并不会影响这一组内交互效应,所以也不可能通过该组内交互效应对因变量 Y 产生间接影响。在

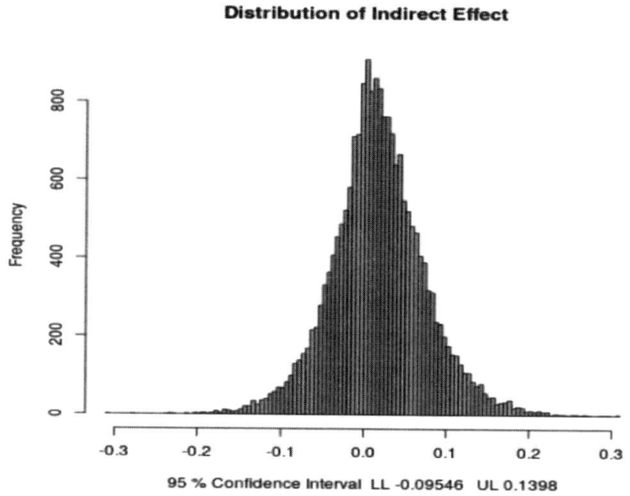
Distribution of Indirect Effect
Frequency
0
200
400
600
800
-0.3
-0.2
-0.1
0.0
0.1
0.2
0.3
95 % Confidence Interval LL -0.09546 UL 0.1398

图 4-68　网页版 R 语言生成的蒙特卡罗间接效应图

构建模型 M1b 的程序命令时，只需要将组均值中心化处理后的中介变量 *M* 归为 level1 变量，再将中介变量的组均值 *M* 添加至 level2，其他分析命令则与模型 M1a 相同（将中介变量 *M* 的组均值作为模型 M1a 中的中介变量即可）。

跨层被中介的调节作用类型 II 检验命令

以图 4-58 的模型 M2a 为例，使用 Mplus 对此类型跨层被中介的调节作用进行检验。

第一步，进行交互作用检验。

该步骤用于检验自变量 *X* 和调节变量 *W* 的交互项与因变量 *Y* 之间的关系（相当于中介作用检验中自变量与因变量的主效应检验，该交互效应相当于简单中介作用中的主效应）。需要使用的变量为自变量 *X*、因变量 *Y*、调节变量 *W*、交互项 *XW*，其 Mplus 程序命令如下[①]：

TITLE：A 2-LEVEL PATH ANALYSIS　！标题栏，可以设定本次程序的标题，不会影响后续的统计结果

X AND W ARE LEVEL-2, M AND Y ARE LEVEL-1

BOTH M AND Y HAVE BETWEEN-GROUP VARIANCE;

DATA：FILE IS data 8.dat;　　　　！所需读取的数据文件

VARIABLE：NAMES ARE ID X W M Y XW;

---

① 演示数据见本章附录材料 8-跨层被中介的调节作用类型 II 检验.sav。使用 Mplus 读取时，需将该数据文件在 SPSS 中另存为 dat 格式。

```
                                        ! 依次读取数据文件中的变量名称
USEVARIABLES ARE X W Y XW;              ! 所需使用的变量名称
CLUSTER = ID;                           ! 定义分组变量 ID
BETWEEN = X W XW;                       ! level2 的变量,由于本操作示
```
例中 level1 变量之间的关系并不是主要的研究对象,因此可以缺省①
```
ANALYSIS:TYPE = TWOLEVEL;               ! 开始分析步骤,涉及两个层次
MODEL:                                  ! 构建分析模型
%BETWEEN%                               ! 构建第二层模型
Y ON X                                  ! X、W、XW 同时对 Y 的效应
     W
     XW;
OUTPUT:                                 ! 跨层分析无法使用 Bootstrapping
SAMPSTAT;                               ! 输出统计项
CINTERVAL;                              ! 按照正态分布假设,输出参数的
```
置信区间

在输入完上述程序命令后,与前文中的例子相同,点击"Run"按钮,运行该分析程序,可得到数据分析的结果。

图 4-69 和图 4-70 依次展示了模型的拟合结果、参数的效应值。需要注意的是,由于该模型不存在变量能够影响因变量 Y 的组间方差,因此 WITHIN 层没有方程。此时 Mplus 将该模型视为单一层次进行计算,于是出现了如图 4-69 中所示的卡方(Chi-Square)、自由度(Degrees of Freedom)、RMSEA、CFI、SRMR 等拟合指标。

在图 4-70 中,并未构建组内回归方程,我们在原理部分已经指出,当 X 为 level2 变量时,不存在组内效应影响,所以即使存在 $M \rightarrow Y$ 的组内效应,也不是我们关心的部分。$X \rightarrow Y$ 的组间效应为 0.321,显著;$W \rightarrow Y$ 的组间效应为 0.369,显著。这相当于简单调节作用中自变量、调节变量与因变量的关系检验,但这也不是此模型所关注的参数。$XW \rightarrow Y$ 的组间效应为 -0.351,不显著,这是交互项对因变量的影响,相当于中介作用检验中的主效应检验。可见,在本操作示例中,交互项对因变量的作用即中介作用的主效应不存在。

---

① 此处如果不限定变量的方差属于哪个层次,如本操作示例中的 M 和 Y,则认为该变量同时具有组间方差和组内方差。

第4章 跨层次数据模型的检验、结果解读与汇报

```
MODEL FIT INFORMATION

Number of Free Parameters                6
Loglikelihood

        H0 Value                      -552.101
        H0 Scaling Correction Factor     0.8751
          for MLR
        H1 Value                      -552.049
        H1 Scaling Correction Factor     0.8751
          for MLR

Information Criteria

        Akaike (AIC)                  1116.203
        Bayesian (BIC)                1144.135
        Sample-Size Adjusted BIC      1125.083
          (n* = (n + 2) / 24)

Chi-Square Test of Model Fit

        Value                            0.105*
        Degrees of Freedom               0
        P-Value                          0.0000
        Scaling Correction Factor        1.0000
          for MLR

*   The chi-square value for MLM, MLMV, MLR, ULSMV, WLSM and WLSMV cannot be used
    for chi-square difference testing in the regular way.  MLM, MLR and WLSM
    chi-square difference testing is described on the Mplus website.  MLMV, WLSMV,
    and ULSMV difference testing is done using the DIFFTEST option.

RMSEA (Root Mean Square Error Of Approximation)

        Estimate                         0.000

CFI/TLI

        CFI                              0.999
        TLI                              1.000

Chi-Square Test of Model Fit for the Baseline Model

        Value                           73.598
        Degrees of Freedom               3
        P-Value                          0.0000

SRMR (Standardized Root Mean Square Residual)

        Value for Within                 0.000
        Value for Between                0.004
```

图 4-69 Mplus 输出的模型拟合结果

```
MODEL RESULTS

                                                    Two-Tailed
                    Estimate    S.E.   Est./S.E.    P-Value

Within Level

  Variances
    Y                 0.242    0.016    14.758      0.000

Between Level

  Y        ON
    X                 0.321    0.096     3.347      0.001
    W                 0.369    0.105     3.519      0.000
    XW               -0.351    0.370    -0.948      0.343

  Intercepts
    Y                 4.179    0.019   219.343      0.000

  Residual Variances
    Y                 0.000    0.003     0.125      0.901
```

图 4-70 Mplus 输出的各参数的效应值

315

第二步,进行被中介的调节作用检验。

该步骤包含两个检验程序,分别为交互项与中介变量的关系检验(相当于中介作用检验中自变量与中介变量的关系检验,交互项相当于自变量)、在交互项与因变量关系间加入中介变量的检验(相当于中介作用检验中在自变量与因变量关系间加入中介变量的检验)。由于 Mplus 可以同时对这两个程序进行编程,因此我们将这两个程序合并为一个检验步骤。需要使用的变量为自变量 X、因变量 Y、调节变量 W、交互项 XW、中介变量 M,其 Mplus 程序命令如下①:

  TITLE: A 2-LEVEL PATH ANALYSIS　　! 此处为标题栏,可以设定本次程序的标题,不会影响后续的统计结果
  X AND W ARE LEVEL-2, M AND Y ARE LEVEL-1
  BOTH M AND Y HAVE BETWEEN-GROUP VARIANCE;
  DATA:FILE IS data 8.dat;　　　　　　! 所需读取的数据文件
  VARIABLE:NAMES ARE ID X W M Y XW;! 依次读取数据文件中的变量名称
  USEVARIABLES ARE X W M Y XW;　　! 所需使用的变量名称
  CLUSTER=ID;　　　　　　　　　　　! 定义分组变量 ID
  BETWEEN=X W XW;　　　　　　　　! level2 的变量,由于本操作示例中 level1 变量之间的关系并不是主要的研究对象,因此可以缺省②
  ANALYSIS:TYPE=TWOLEVEL;　　　　! 开始分析步骤,涉及两个层次
  MODEL:　　　　　　　　　　　　　! 构建分析模型
  %WITHIN%　　　　　　　　　　　　! 构建第一层模型
  Y ON M(BW)　　　　　　　　　　　! $M{\rightarrow}Y$ 的效应,记为 BW
  %BETWEEN%　　　　　　　　　　　! 构建第二层模型
  M ON X W
    XW(A);　　　　　　　　　　　! X、W 和 XW 同时对 Y 的效应,相当于回归分析中以 M 为因变量,X、W、XW 为自变量,只读取 $XW{\rightarrow}M$ 的效应,并记为 A
  Y ON M(BB)
    X W XW;　　　　　　　　　　　! X、W、XW 和 M 同时对 Y 的效应,只读取 $M{\rightarrow}Y$ 的效应,并记为 BB

---

  ① 演示数据见本章附录材料 8-跨层被中介的调节作用类型 II 检验.sav。使用 Mplus 读取时,需将该数据文件在 SPSS 中另存为 dat。
  ② 此处如果不限定变量的方差属于哪个层次,如本操作示例中的 M 和 Y,则认为该变量同时具有组间方差和组内方差。

第 4 章 跨层次数据模型的检验、结果解读与汇报

　　MODEL CONSTRAINT：　　　　　　！定义如何使用上述分析中的参数
　　NEW(IND)；　　　　　　　　　　！定义新参数 IND
　　IND = A * BB；　　　　　　　　　！跨层次的间接效应
　　OUTPUT：　　　　　　　　　　　！跨层分析无法使用 Bootstrapping
　　SAMPSTAT；　　　　　　　　　　！输出统计项
　　CINTERVAL；　　　　　　　　　　！按照正态分布假设,输出参数的置信区间

在输入完上述程序命令后,点击"Run"按钮,运行该分析程序,可得数据分析的结果。

图 4-71、图 4-72 和图 4-73 依次展示了模型的拟合结果、参数的效应值以及利用正态分布假设所计算的置信区间。

图 4-71 展示了模型的拟合结果,读者可以参照前文读取参数值。

```
MODEL FIT INFORMATION

Number of Free Parameters                14

Loglikelihood

        H0 Value                        -1052.457
        H0 Scaling Correction Factor      1.0394
          for MLR
        H1 Value                        -1052.374
        H1 Scaling Correction Factor      1.0394
          for MLR

Information Criteria

        Akaike (AIC)                     2132.913
        Bayesian (BIC)                   2198.089
        Sample-Size Adjusted BIC         2153.633
          (n* = (n + 2) / 24)

Chi-Square Test of Model Fit

        Value                              0.166*
        Degrees of Freedom                      0
        P-Value                            0.0000
        Scaling Correction Factor          1.0000
          for MLR

*   The chi-square value for MLM, MLMV, MLR, ULSMV, WLSM and WLSMV cannot be used
    for chi-square difference testing in the regular way.  MLM, MLR and WLSM
    chi-square difference testing is described on the Mplus website.  MLMV, WLSMV,
    and ULSMV difference testing is done using the DIFFTEST option.

RMSEA (Root Mean Square Error Of Approximation)

        Estimate                           0.000

CFI/TLI

        CFI                                1.000
        TLI                                1.000

Chi-Square Test of Model Fit for the Baseline Model

        Value                            478.072
        Degrees of Freedom                     8
        P-Value                            0.0000

SRMR (Standardized Root Mean Square Residual)

        Value for Within                   0.000
        Value for Between                  0.005
```

图 4-71 Mplus 输出的模型拟合结果

在图 4-72 中,虽然构建了组内效应的方程,但是仅有 $M \rightarrow Y$ 存在组内效应, X、W 和 XW 均不存在组内效应,所以该部分仍然可以省略。$XW \rightarrow M$ 的组间效应为 0.404,不显著。相当于中介作用中自变量→中介变量的直接效应。在控制了 X、W、XW 的基础上,加入中介变量 M,该变量对 Y 的组间效应为 0.134,不显著。相当于中介作用检验中在自变量与因变量关系间加入中介变量的检验。可见,本操作示例中被中介的调节作用并未通过回归系数检验。

```
MODEL RESULTS

                    Estimate    S.E.    Est./S.E.   Two-Tailed
                                                    P-Value
Within Level
 Y        ON
    M               0.520       0.032   16.114      0.000
 Variances
    M               0.328       0.026   12.678      0.000
 Residual Variances
    Y               0.153       0.010   15.741      0.000

Between Level
 M        ON
    X               0.029       0.145   0.201       0.841
    W               0.291       0.153   1.903       0.057
    XW              0.404       0.435   0.930       0.352
 Y        ON
    M               0.134       0.281   0.476       0.634
    X               0.317       0.088   3.592       0.000
    W               0.331       0.104   3.181       0.001
    XW             -0.405       0.355  -1.140       0.254
 Intercepts
    M               3.837       0.027   141.752     0.000
    Y               3.667       1.077   3.406       0.001
 Residual Variances
    M               0.006       0.004   1.536       0.125
    Y               0.000       0.003   0.162       0.872
 New/Additional Parameters
    IND             0.054       0.129   0.421       0.674
```

图 4-72　Mplus 输出的各参数的效应值

图 4-73 展示了利用正态分布假设所计算的置信区间,只有当置信区间不包括 0 时才代表效应显著。$XW \rightarrow M \rightarrow Y$ 的组间间接效应为 0.054,置信区间包括 0,即不显著。但是该置信区间是基于正态分布假设估计的结果,同样需要借助蒙特卡罗检验来判定间接效应的显著性。

第三步,进行跨层被中介的调节作用的蒙特卡罗检验。

参照前述方法进行蒙特卡罗检验。$XW \rightarrow M$ 的回归系数相当于中介作用中的 a,M 对 $X \rightarrow Y$ 的回归系数相当于中介作用中的 b,参照前述方法填入网页版检验页面。蒙特卡罗检验的结果表明,间接效应 95% 的置信区间仍然包括 0,所以本操作示例的间接效应不显著。

对于第二种类型跨层被中介的调节作用中的第二种情况(即图 4-59 中所

第4章　跨层次数据模型的检验、结果解读与汇报

```
CONFIDENCE INTERVALS OF MODEL RESULTS
                    Lower .5%  Lower 2.5%  Lower 5%  Estimate  Upper 5%  Upper 2.5%  Upper .5%
Within Level
  Y       ON
    M              0.437       0.457       0.467     0.520     0.573     0.583       0.603
  Variances
    M              0.262       0.278       0.286     0.328     0.371     0.379       0.395
  Residual Variances
    Y              0.128       0.134       0.137     0.153     0.169     0.172       0.178
Between Level
  M       ON
    X             -0.343      -0.254      -0.209     0.029     0.267     0.312       0.402
    W             -0.103      -0.009       0.039     0.291     0.543     0.591       0.685
    XW            -0.716      -0.448      -0.311     0.404     1.120     1.257       1.525
  Y       ON
    M             -0.590      -0.417      -0.329     0.134     0.596     0.684       0.857
    X              0.090       0.144       0.172     0.317     0.462     0.490       0.545
    W              0.063       0.127       0.160     0.331     0.502     0.534       0.598
    XW            -1.320      -1.102      -0.990    -0.405     0.179     0.291       0.510
  Intercepts
    M              3.767       3.784       3.792     3.837     3.881     3.890       3.907
    Y              0.894       1.557       1.896     3.667     5.437     5.776       6.439
  Residual Variances
    M             -0.004      -0.002       0.000     0.006     0.013     0.014       0.017
    Y             -0.006      -0.005      -0.004     0.000     0.005     0.005       0.007

New/Additional Parameters
  IND             -0.277      -0.198      -0.157     0.054     0.266     0.306       0.385
```

图 4-73　Mplus 输出的置信区间

示的模型 M2b），可以参照第一种情况进行调整，将 level1 的中介变量调整为 level2 的中介变量即可。在被中介的调节作用类型 II 检验程序命令中的第一步，无须调整（因为模型 M2b 与模型 M2a 自变量、调节变量和因变量的层面相同，所以检验程序命令无须调整）；在第二步则需要将中介变量调整为 level2 的变量，将模型构建的部分程序命令按照如下内容进行调整，具体如下：

%BETWEEN%　　　　　　　! 该模型事实上是一个 level2 层次的均值模型，因此，只需要构建组间方差部分

　　M ON X W

　　　　XW(a)　　　　　! X、W 和 XW 对 M 的组间效应，只需要读取 XW 对 M 的影响并记为 a

　　Y ON X W XW

　　　　M(b);　　　　　! X、W、XW 和 M 对 Y 的组间效应，只需要读取 M 对 Y 的影响并记为 b

　　MODEL CONSTRAINT：　! 定义如何使用上述分析中的参数

　　NEW(IND);　　　　　! 定义新参数 IND

　　IND = a * b;　　　　! 跨层次的间接效应

在调整过部分程序命令后，使用 Mplus 输出多层线性模型的分析结果，并在此基础上增加蒙特卡罗检验。数据的读取和分析与第一种情况类似，此处不再赘述。

对于第二种类型跨层被中介的调节作用中的第三种情况（即图 4-60 中所

示的模型 M2c),我们在原理部分已经介绍,该模型的检验步骤与模型 M2a 完全一致,可以参照模型 M2a 进行检验。

4.7 跨层被调节的中介作用的检验与汇报

4.7.1 跨层被调节的中介作用建模示例

在单一层次的研究中,存在这样一种复杂的中介作用形式,即某个调节变量改变了中介作用的方向或强度,这种模型被称为被调节的中介作用模型。在多层次的研究中,同样存在这样的情况。接下来我们将以 Chen and Hou(2016)的研究为例,来说明跨层被调节的中介作用如何进行检验。

Chen and Hou(2016)在研究中指出,当员工感到领导者属于道德型领导时,容易表现出更高水平的创造力。这是因为当员工感到领导者属于道德型领导时,他们更愿意表现出建言行为,而建言行为包含提出解决问题的新方法,所以员工的创造力水平也会更高。上述过程还会受到组织创新氛围的影响,组织创新氛围是组织内对待创新的态度。当组织创新氛围较好时,员工提出的创意和想法更容易转化为具有创造性的成果,因此他们的创造力水平也得到进一步的提升。上述关系的理论模型如图 4-74 所示。该模型就是一个常见的被调节的中介作用模型。在该模型中,道德型领导感知、建言行为和创造力是个体层次的变量,组织创新氛围是组织层次的变量。这便成为跨层被调节的中介作用模型,即个体建言行为在道德型领导感知和个体创造力关系间的中介作用存在组间差异,不同组织间组织创新氛围的差异调节了个体建言行为的中介作用。

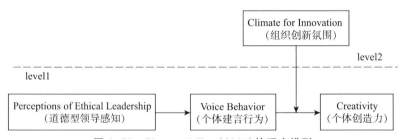

图 4-74 Chen and Hou(2016)的研究模型

被调节的中介作用表示自变量与因变量之间的关系通过中介变量传递,而这个中介作用在调节变量水平不同时存在差异。从理论上看该模型的检验步骤与单一层次被调节的中介作用一致,只需要在区分组内方差与组间方差的基础上进行检验即可。在模型构建方面,跨层被调节的中介作用建模也与单一层次被调节的中介作用建模基本一致。那么该模型应该如何构建?接下来我们将以 Chen and Hou(2016)的研究为例,说明该模型的构建步骤。

在 Chen and Hou(2016)的研究中,他们认为道德型领导的核心特征之一就是向下属提供建议,当员工感受到领导者的此类行为时,便会向他们学习,于是自身的建言行为也会增加。据此,他们提出假设 1:道德型领导感知与建言行为正相关。敢于建言的员工擅长主动思考,尝试新的想法,所以容易成为具有创造力的人。据此,他们提出假设 2:建言行为与个体创造力正相关。在此基础上他们认为,员工效仿道德型领导的行为而产生建言行为,并通过思考和尝试新想法的方式提高了自身的创造力。据此,他们提出假设 3:道德型领导感知与创造力之间的关系被建言行为中介。上述三个假设是关于中介作用的假设。当组织内存在创新氛围时,员工建言的风险变得更小,于是员工提出的创造性想法更容易实现。也就是说,建言行为会转化为更高的创造力。据此,他们提出假设 4:道德型领导感知通过建言行为提高个体创造力的间接效应在组织创新氛围较好时会变得更强。这是对被调节的中介作用假设。可见,跨层被调节的中介作用可以沿用单一层次被调节的中介作用建模过程。

4.7.2 跨层被调节的中介作用检验原理

跨层被调节的中介作用是更为复杂的跨层中介作用。参照跨层中介作用的三种类型,跨层被调节的中介作用也存在三种类型。每种类型按照调节变量产生调节作用的阶段,还可以分为三种情况。

4.7.2.1 1-1-1 型跨层被调节的中介作用(类型 I)

当自变量、中介变量和因变量均处于 level1 时,便构成了 1-1-1 型跨层中介作用。此时,存在 level2 的调节变量,使中介作用在不同的群体间存在差异,这便是 1-1-1 型跨层被调节的中介作用。根据调节变量产生调节作用的阶段不同,1-1-1 型跨层被调节的中介作用还可以分为第一阶段、第二阶段和两阶段跨层被调节的中介作用,分别如图 4-75、图 4-76 和图 4-77 所示。

图 4-75 展示了 1-1-1 型跨层被调节的中介作用的第一种情况(M3a),该模型也被称为 1-1-1 型第一阶段被调节的中介作用模型,是最常见的跨层被调节的中介作用模型。在该模型中,自变量、中介变量和因变量均处于 level1,调节变量处于 level2。在进行模型检验时,首先要区分组内方差和组间方差。自变量 X 的组内方差分别对中介变量 M 和因变量 Y 的组内方差产生影响,中介变量 M 的组内方差对因变量 Y 的组内方差产生影响;调节变量 W 的组间方差对 $X \to M$ 产生影响。在使用 Mplus 进行分析时,需要构建组内方差影响,即自变量 X 对中介变量 M 和因变量 Y 的影响,中介变量 M 对因变量 Y 的影响;同时

也需要构建组间方差影响,即调节变量 W 对 $X \rightarrow M$ 的影响,以及调节变量 W 通过改变 $X \rightarrow M$ 进而对 $X \rightarrow M \rightarrow Y$ 的影响。如果本节引例中创新氛围的调节作用发生在道德型领导感知和建言行为的关系间,那么就可以用 M3a 模型进行描述。

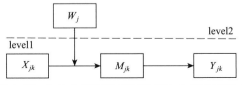

图 4-75　1-1-1 型跨层被调节的中介作用(M3a)

图 4-76 展示了 1-1-1 型跨层被调节的中介作用的第二种情况(M3b),该模型也被称为 1-1-1 型第二阶段被调节的中介作用模型。与第一种情况类似,在该模型中,自变量、中介变量和因变量均处于 level1,调节变量处于 level2。在进行模型检验时,首先要区分组内方差和组间方差。自变量 X 的组内方差分别对中介变量 M 和因变量 Y 的组内方差产生影响,中介变量 M 的组内方差对因变量 Y 的组内方差产生影响;调节变量 W 的组间方差对 $M \rightarrow Y$ 产生影响。在使用 Mplus 进行分析时,需要构建组内方差影响,即自变量 X 对中介变量 M 和因变量 Y 的影响,中介变量 M 对因变量 Y 的影响;同时也需要构建组间方差影响,即调节变量 W 对 $M \rightarrow Y$ 的影响,以及调节变量 W 通过改变 $M \rightarrow Y$ 进而对 $X \rightarrow M \rightarrow Y$ 的影响。本节引例所描绘的模型就是 M3a 型,道德型领导感知是自变量 X,建言行为是中介变量 M,创造力是因变量 Y,创新氛围是调节变量 W,调节作用发生在第二阶段。

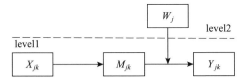

图 4-76　1-1-1 型跨层被调节的中介作用(M3b)

图 4-77 展示了 1-1-1 型跨层被调节的中介作用的第三种情况(M3c),该模型也被称为 1-1-1 型两阶段被调节的中介作用模型。与前两种情况类似,在该模型中,自变量、中介变量和因变量均处于 level1,两个调节变量处于 level2。在进行模型检验时,首先要区分组内方差和组间方差。自变量 X 的组内方差分别对中介变量 M 和因变量 Y 的组内方差产生影响,中介变量 M 的组内方差对因变量 Y 的组内方差产生影响;调节变量 $W0$ 的组间方差对 $X \rightarrow M$ 产生影响,调节变量 $W1$ 的组间方差对 $M \rightarrow Y$ 产生影响。在使用 Mplus 进行分析时,需要构建组内方

差影响,即自变量 X 对中介变量 M 和因变量 Y 的影响,中介变量 M 对因变量 Y 的影响;同时也需要构建组间方差影响,即调节变量 $W0$ 对 $X \to M$ 的影响以及调节变量 $W0$ 通过改变 $X \to M$ 进而对 $X \to M \to Y$ 的影响,调节变量 $W1$ 对 $M \to Y$ 的影响以及调节变量 $W1$ 通过改变对 $X \to M$ 进而对 $X \to M \to Y$ 的影响。如果本节引例中的创新氛围在两阶段都存在调节作用,那么就可以用 M3c 模型进行描述。

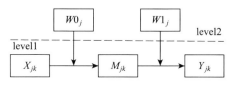

图 4-77　1-1-1 型跨层被调节的中介作用(M3c)

4.7.2.2　2-1-1 型被调节的中介作用(类型 II)

当自变量处于 level2,中介变量和因变量均处于 level1 时,便构成了 2-1-1 型跨层中介作用。此时,存在 level2 的调节变量,使中介作用在不同的群体间存在差异,这便是 2-1-1 型跨层被调节的中介作用。根据调节变量产生调节作用的阶段不同,2-1-1 型跨层被调节的中介作用还可以分为第一阶段、第二阶段和两阶段跨层被调节的中介作用,分别如图 4-78、图 4-79 和图 4-80 所示。

图 4-78 展示了 2-1-1 型跨层被调节的中介作用的第一种情况(M4a),该模型也被称为 2-1-1 型第一阶段被调节的中介作用模型。在该模型中,中介变量和因变量均处于 level1,自变量和调节变量均处于 level2。在进行模型检验时,首先要区分组内方差和组间方差。中介变量 M 的组内方差对因变量 Y 的组内方差产生影响;自变量 X 的组间方差分别对中介变量 M 和因变量 Y 的组间方差产生影响,自变量 X 组间方差与调节变量 W 组间方差交互项 XW 对中介变量 M 的组间方差产生影响。考虑到 level2 的自变量 X 并不会影响 level1 中介变量 M 和因变量 Y 的组内方差变化,该模型与被中介的调节作用模型中类型 I 的第一种情况(M1a)具有相同的统计模型。事实上,该模型是一个在 level2 的均值模型。在使用 Mplus 进行分析时,需要构建组内方差影响,即中介变量 M 对因变量 Y 的影响;构建组间方差影响,即自变量 X 对因变量 Y 的影响,自变量 X 和调节变量 W 对中介变量 M 的影响,以及控制了自变量 X 和调节变量 W 后交互项 XW 对中介变量 M 的影响。如果本节引例中的道德型领导感知被定义为群体成员的共同感知,便成为 level2 的自变量,且创新氛围在第一阶段起到调节作用,那么就可以用 M4a 模型进行描述。

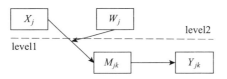

图 4-78 2-1-1 型跨层被调节的中介作用（M4a）

图 4-79 展示了 2-1-1 型跨层被调节的中介作用的第二种情况（M4b），该模型也被称为 2-1-1 型第二阶段被调节的中介作用模型。在该模型中，中介变量和因变量均处于 level1，自变量和调节变量均处于 level2。在进行模型检验时，首先要区分组内方差和组间方差。中介变量 M 的组内方差对因变量 Y 的组内方差产生影响；自变量 X 的组间方差分别对中介变量 M 和因变量 Y 的组间方差产生影响，调节变量 W 的组间方差对因变量 Y 的组间方差产生影响，调节变量 W 的组间方差对 $M{\rightarrow}Y$ 产生影响。虽然 M 的组内方差会影响 Y 的组内方差，但是 X 只有组间方差部分，并不会影响到 M 的组内方差，所以整个过程不需要关注 M 对 Y 的组内方差影响，因此该模型实质上也是一个位于 level2 的均值模型。在使用 Mplus 进行分析时，需要构建组内方差影响，即中介变量 M 对因变量 Y 的影响；构建组间方差影响，即自变量 X 对中介变量 M 的影响，控制了自变量 X 和调节变量 W 后中介变量 M 对因变量 Y 的影响，以及调节变量 W 对 $M{\rightarrow}Y$ 的影响。如果本节引例中的道德型领导感知被定义为群体成员的共同感知，便成为 level2 的自变量，那么就可以用 M4b 模型进行描述。

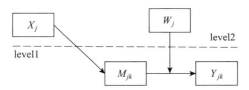

图 4-79 2-1-1 型跨层被调节的中介作用（M4b）

图 4-80 展示了 2-1-1 型跨层被调节的中介作用的第三种情况（M4c），该模型也被称为 2-1-1 型两阶段被调节的中介作用模型。在该模型中，中介变量和因变量均处于 level1，自变量和两个调节变量均处于 level2。在进行模型检验时，首先要区分组内方差和组间方差。中介变量 M 的组内方差对因变量 Y 的组内方差产生影响；自变量 X 的组间方差分别对中介变量 M 和因变量 Y 的组间方差产生影响，调节变量 $W0$ 和交互项 $XW0$ 的组间方差对中介变量 M 的组间方差产生影响，调节变量 $W1$ 的组间方差对 $M{\rightarrow}Y$ 的组间方差产生影响。在使用 Mplus 进行分析时，需要构建组内方差影响，即中介变量 M 对因变量 Y 的影响；构建组间方差影响，即自变量 X、调节变量 $W0$ 和交互项 $XW0$ 对中介变量 M 的

影响,控制了自变量 X、调节变量 $W0$、交互项 $XW0$ 和调节变量 $W1$ 后中介变量 M 对因变量 Y 的影响,以及调节变量 W 对 $M \to Y$ 的影响。如果本节引例中的道德型领导感知被定义为群体成员的共同感知,且创新氛围在两阶段都发生调节作用,那么就可以用 M4c 模型进行描述。

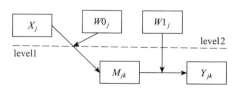

图 4-80　2-1-1 型跨层被调节的中介作用(M4c)

4.7.2.3　2-2-1 型跨层被调节的中介作用(类型 III)

当自变量和中介变量均处于 level2,因变量处于 level1 时,便构成了 2-2-1 型跨层中介作用。此时,存在 level2 的调节变量,使中介作用在不同的群体间存在差异,这便是 2-2-1 型跨层被调节的中介作用。根据调节变量产生调节作用的阶段不同,2-2-1 型跨层被调节的中介作用还可以分为第一阶段、第二阶段和两阶段跨层被调节的中介作用,分别如图 4-81、图 4-82 和图 4-83 所示。

图 4-81 展示了 2-2-1 型跨层被调节的中介作用的第一种情况(M5a),该模型也被称为 2-2-1 型第一阶段被调节的中介作用模型。在该模型中,只有因变量处于 level1,自变量、中介变量和调节变量均处于 level2。在进行模型检验时,首先要区分组内方差和组间方差。自变量 X 的组间方差分别对中介变量 M 和因变量 Y 的组间方差产生影响,中介变量 M 的组间方差对因变量 Y 的组间方差产生影响,自变量 X 与调节变量 W 的交互项 XW 对中介变量 M 的组间方差产生影响。[①] 事实上,该模型只有组间方差的作用,并没有组内方差产生影响,其实质可以看作一个 level2 的单一层次模型,对因变量 Y 的影响只是影响了 Y 在 level2 的均值。在使用 Mplus 进行分析时,只需要构建组间方差影响部分,即控制了自变量 X 和调节变量 W 后,交互项 XW 对中介变量 M 的影响;控制了自变量 X、调节变量 W 和交互项 XW 后,中介变量 M 对因变量 Y 的影响。如果本节引例中道德型领导被定义为群体成员的共同感知(道德型领导感知的组均值),建言行为被定义为群体整体建言水平(建言行为的组均值),且创新氛围在第一阶段起调节作用,那么就可以用 M5a 模型进行描述。

---

① 如果调节变量是更高层次的变量(如 level3 变量),那么此时 level2 变量相当于低层次变量,高层次调节变量就会对低层次变量之间的关系产生调节作用,即需要考虑高层次 W 对低层次 $X \to M$ 的影响。

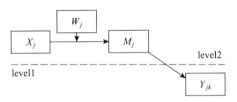

图 4-81　2-2-1 型跨层被调节的中介作用（M5a）

图 4-82 展示了 2-2-1 型跨层被调节的中介作用的第二种情况（M5b），该模型也被称为 2-2-1 型第二阶段被调节的中介作用模型。在该模型中，因变量处于 level1，自变量、调节变量和中介变量均处于 level2。在进行模型检验时，首先要区分组内方差和组间方差。自变量 X 的组间方差分别对中介变量 M 和因变量 Y 的组间方差产生影响，中介变量 M 的组间方差对因变量 Y 的组间方差产生影响，中介变量 M 与调节变量 W 交互项 MW 的组间方差对 Y 的组间方差产生影响。与上一种情况相同，该模型也可以看作一个 level2 的单一层次模型。在使用 Mplus 进行分析时，只需要构建组间方差影响部分，即自变量 X 对中介变量 M 的影响，中介变量 M 对因变量 Y 的影响，在控制了自变量 X 和调节变量 W 后中介变量 M 和交互项 MW 对因变量 Y 的影响。如果本节引例中道德型领导被定义为群体成员的共同感知（道德型领导感知的组均值），建言行为被定义为群体整体建言水平（建言行为的组均值），那么就可以用 M5b 模型进行描述。

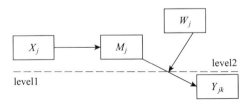

图 4-82　2-2-1 型跨层被调节的中介作用（M5b）

图 4-83 展示了 2-2-1 型跨层被调节的中介作用的第三种情况（M5c），该模型也被称为 2-2-1 型两阶段被调节的中介作用模型。在该模型中，只有因变量处于 level1，自变量、两个调节变量和中介变量均处于 level2。该模型的检验原理与模型 M5a 和 M5b 类似，事实上依然是一个 level2 的均值模型。在进行模型检验时，只存在组间方差部分，即自变量 X 组间方差分别对中介变量 M 和因变量 Y 组间方差产生的影响，中介变量 M 组间方差对因变量 Y 组间方差产生的影响，调节变量 $W0$ 与自变量 X 的交互项 $XW0$ 组间方差对中介变量 M 组间方差产生的影响，中介变量 M 与调节变量 $W1$ 的交互项 $MW1$ 组间方差对因变量 Y 组间方差产生的影响。在使用 Mplus 进行分析时，只需要构建组间方差影响部分，即自变量 X、调节变量 $W0$ 以及交互项 $XW0$ 对中介变量 M 的影响，在控制了

自变量、调节变量 $W0$、调节变量 $W1$ 以及交互项 $XW0$ 后中介变量 M 和交互项 $MW1$ 对因变量 Y 的影响。如果本节引例中道德型领导被定义为群体成员的共同感知(道德型领导感知的组均值),建言行为被定义为群体整体建言水平(建言行为的组均值),且创新氛围在两阶段均起调节作用,那么就可以用 M5c 模型进行描述。

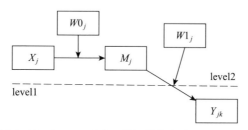

图 4-83　2-2-1 型跨层被调节的中介作用(M5c)

4.7.3　跨层被调节的中介作用检验步骤与软件操作

上一节中,我们发现使用多层线性模型检验被中介的调节作用时,与传统的回归分析存在诸多不同之处。那么在被调节的中介作用的检验过程中,多层线性模型是否也与传统的回归分析存在区别呢?

在 Chen and Hou(2016)的研究中,他们提出了被调节的中介作用的四个假设。假设 1:道德型领导感知与建言行为正相关。这是自变量与中介变量的关系假设。假设 2:建言行为与个体创造力正相关。这是中介变量与因变量的关系假设。假设 3:道德型领导感知与创造力之间的关系被建言行为中介。这是建言行为中介作用的假设。假设 4:道德型领导感知通过建言行为提高个体创造力的间接效应在组织创新氛围较好时会变得更强。这是跨层被调节的中介作用假设。

第一步,他们进行了道德型领导感知(EL)与建言行为(VB)的关系检验(图 4-84 中的 Model 2)。结果显示道德型领导感知与建言行为存在显著的正向关系(回归系数为 0.45,$p<0.001$)。假设 1 得到验证。

第二步,他们进行了建言行为与个体创造力(Creativity)的关系检验(图 4-84 中的 Model 4)。结果显示建言行为与创造力存在显著的正向关系(回归系数为 0.17,$p<0.001$)。假设 2 得到验证。

第三步,他们进行了建言行为的中介作用检验。他们借助 Bootstrapping 法对建言行为的中介作用进行检验。结果显示:在 95% 的置信区间内,道德型领导感知通过建言行为对创造力产生的间接效应量为[0.04,0.13],不包括 0。所以,在道德型领导感知与创造力的关系间存在显著的间接效应,该间接效应通过建言行为传递。假设3得到验证(该部分数据在研究的正文中被直接汇报,并未在图4-84的统计结果中显示)。

第四步,他们进行了创新氛围(CI)的调节作用检验(图4-84中的Model 7)。在控制了建言行为的基础上,创新氛围与创造力存在显著的正向关系(回归系数为0.14,$p<0.01$),创新氛围和建言行为的交互项与创造力存在显著的正向关系(回归系数为0.18,$p<0.05$)。另外,此处可能是原文作者的笔误,原文正文中所描述的创新氛围与建言行为的交互项取值和图4-84中Cross-level interaction下EL×CI的取值相同,我们推断原文作者可能将EL×CI和VB×CI的位置标反了。该步骤的检验虽然在原文中尚未假设,但其实质上就是一个简单调节作用的检验。

Variables	Voice behavior creativity						
	Model 1	Model 2	Model 3	Model 4	Model 5	Model 6	Model 7
Intercept	4.51***	4.53***	3.00***	2.99***	3.00***	2.99***	2.99***
Controls							
Education	.12	.13*	.13*	.12*	.13*	.11	.12*
Independent variable							
Individual level: EL		.45***				.16**	
Mediator							
Individual level: VB				.17***	.22**		.11*
Moderator							
Team level: CI					.02	.11*	.14**
Cross-level interaction							
VB × CI						.13*	
EL × CI							.18*
ΔR^2		.03**		.03**	.03**	.13**	.09**
R^2	.11**	.15**	.02**	.05**	.08**	.21**	.30**

本书作者注:EL表示道德型领导感知,VB表示建言行为,CI表示创新氛围;Model 1和Model 2的因变量为VB,Model 3—Model 7的因变量为Creativity; * $p<0.05$, ** $p<0.01$, *** $p<0.001$。

图4-84 Chen and Hou(2016)研究中的统计结果

第五步,他们进行了被调节的中介作用检验。他们分别检验了调节变量(即创新氛围)在高低不同水平下,建言行为中介作用的间接效应(原文中并未标注是否使用蒙特卡罗检验,但根据文中信息推断,他们很可能采用了Boot-strapping法)。结果显示:当创新氛围较好时,道德型领导感知通过建言行为对创造力产生间接效应的95%置信区间为[0.02,0.08],不包括0;当创新氛围较差时,道德型领导感知通过建言行为对创造力产生间接效应的95%置信区间为[-0.02,0.07],包括0。据此,他们认为建言行为的中介作用强度被创新氛围调节了。于是,假设4得到验证(该部分数据在研究的正文中被直接汇报,并未在图4-84的统计结果中显示)。

至此,跨层被调节的中介作用检验全部完成。我们发现上述检验步骤与单一层次被调节的中介作用检验步骤基本一致。那么跨层被调节的中介作用一般如何进行检验?上述各项参数如何获得?我们接下来将进行讲解。

4.7.3.1 跨层被调节的中介作用检验步骤

我们分析了包括本节引例在内的多篇研究成果,发现跨层被调节的中介作用一般可以遵循以下步骤进行检验:

第一步,简单中介作用检验。具体步骤可以参见4.5.3中的内容,按照不同的简单中介作用类型进行检验。通常需要进行自变量与因变量的关系检验、中介变量与因变量的关系检验和在自变量与因变量关系间加入中介变量的检验。被调节的中介作用本质在于中介作用被调节,所以还是以中介作用为主进行检验。

第二步,简单调节作用检验。具体步骤可以参见4.4.3中的内容,按照调节变量所处的不同阶段进行检验。

第三步,间接效应的差异检验(即被调节的中介作用完整模型)。在单一层次中,通常采用Bootstrapping法检验调节变量高低不同水平下,中介作用的效应和显著性以及二者差异的效应和显著性。在多层线性模型中,蒙特卡罗检验就是跨层分析的Bootstrapping分析,利用蒙特卡罗检验对被调节的中介作用进行检验即可。

至此,跨层被调节的中介作用检验步骤便完成了,接下来我们将尝试通过统计软件实现上述步骤。

4.7.3.2 跨层被调节的中介作用软件操作

我们同样使用Mplus计算所需要的参数。接下来,我们将分别以不同类型被调节的中介作用模型为例,说明此类模型在Mplus中如何书写检验程序。

1-1-1型跨层被调节的中介作用检验语法

以图4-75所示的模型(M3a)为例,该模型是一个经典的跨层被调节的中介作用模型。建议使用Mplus对此类跨层被调节的中介作用进行检验。

第一步,简单中介作用检验。

该步骤用于检验自变量X、中介变量M和因变量Y三者之间的中介作用关系,可以借鉴4.5.3中使用HLM软件进行1-1-1型跨层简单中介作用检验的步骤,也可以借鉴4.5.3.3第六步中1-1-1型跨层简单中介作用(关注组内方差部分)的Mplus程序进行检验。

第二步,简单调节作用检验。

该步骤用于检验自变量 X、中介变量 M 和调节变量 W 三者之间的调节作用关系,可以借鉴 4.4.3 中使用 HLM 软件进行跨层简单调节作用检验的步骤,也可以借鉴 4.6.3.3 中的 Mplus 程序进行检验。

第三步,利用蒙特卡罗方法,进行间接效应的差异检验。

该步骤用于检验调节变量 W 对中介变量 M 在自变量 X 与因变量 Y 关系间中介作用的调节作用。需要借助 Mplus 程序进行检验,所需使用的变量包括自变量 X、中介变量 M、因变量 Y 和调节变量 W。其具体的程序命令如下所示[①]:

TITLE:A TWO LEVEL TYPE I MODERATED MEDIATION PATH ANALYTICAL MODEL,

 W IS LEVEL-2,X, M AND Y ARE LEVEL-1;

 DATA:FILE IS data9.DAT;

 DEFINE:CENTER W (GRANDMEAN);! 对 W 进行整体均值中心化,以降低多重共线性

 CENTER X M (GROUPMEAN); ! 对 X 进行组均值中心化,以降低多重共线性(由于不同版本 Mplus 的中心化程序命令不同,我们建议在 SPSS 中先进行中心化)

 VARIABLE:NAMES ARE ID X W M Y;! 将数据文件中的变量按顺序命名

 USEVARIABLES ARE X W M Y; ! 本次分析使用的变量

 CLUSTER = ID;   ! 定义分组变量 ID

 WITHIN = X;   ! level1 变量为 X

 BETWEEN = W;   ! level2 变量为 W

 ANALYSIS: TYPE = TWOLEVEL RANDOM;

        ! 模型为两层随机系数模型

MODEL:

%WITHIN%

S|M ON X;   ! level1 的模型为自变量 X 对中介变量 M 的影响,回归系数命名为 S

Y ON M(b)

  X;   ! 控制自变量 X 后,中介变量 M 对 Y

---

① 演示数据见本章附录材料 9-"1-1-1"跨层被调节的中介作用检验.sav。使用 Mplus 读取时,需将该数据文件在 SPSS 中另存为 dat 格式。

第4章 跨层次数据模型的检验、结果解读与汇报

的影响,记为 b

```
    %BETWEEN%
    S ON W (a1);              ! level2 的模型为调节变量 W 对 X→M
```
回归系数斜率的影响,记为 $a1$
```
    [S](a0);                  ! 调节变量 W 对 X→Y 回归系数截距
```
的影响,记为 $a0$①
```
    Y WITH S;                 ! 允许 level2 的 Y 和 S 相关
    Y WITH W;                 ! 允许 level2 的 Y 和 W 相关
    Y WITH M;                 ! 允许 level2 的 Y 和 M 相关
    M WITH S;                 ! 允许 level2 的 M 和 S 相关
    MODEL CONSTRAINT:
    NEW(IND_H IND_L);         ! 定义新参数 IND_H、IND_L
    IND_H=(a0+a1*0.168)*b;    ! 0.168 表示调节变量的标准差,IND_
```
H 表示调节变量高于均值一个标准差时的间接效应(第一阶段的总效应为 $a0+a1$,第二阶段的总效应为 b)
```
    IND_L=(a0-a1*0.168)*b;    ! IND_L 表示调节变量低于均值一个
```
标准差时的间接效应
```
    NEW(DIFF);                ! 再定义一个新参数 DIFF
    DIFF=IND_H-IND_L;         ! DIFF 表示间接效应的差值
    OUTPUT:
    SAMPSTAT;                 ! 输出统计项
    CINTERVAL;                ! 利用正态分布假设,计算参数的置
```
信区间

在输入完上述程序命令后,同样点击"Run"按钮,运行该分析程序,可得到数据分析的结果,如图4-85所示。

---

① 这里可以参照 HLM 软件的调节作用原理进行解释:

$$\text{level1:} \quad Y_{jk}=\beta_{0j}+\beta_{1j}X_{jk}+r_{jk} \tag{1}$$

$$\text{level2:} \quad \beta_{0j}=\gamma_{00}+\gamma_{01}W_{j}+\mu_{0j} \tag{2}$$

$$\beta_{1j}=\gamma_{10}+\gamma_{11}W_{j}+\mu_{1j} \tag{3}$$

调节变量 W 改变了 $X \to Y$ 的回归系数 β_{1j},这个 β_{1j} 可以拆分为截距项 γ_{10} 和调节变量改变产生的影响 γ_{11},截距项 γ_{10} 的意义就是调节变量对 β_{1j} 产生的平均影响,γ_{11} 则表示调节变量改变对 β_{1j} 产生的影响。回到该程序命令中,便是提到的 $a1$ 和 $a0$ 了。

```
MODEL RESULTS

                                           Two-Tailed
                    Estimate   S.E.  Est./S.E.  P-Value
Within Level
 Y        ON
    M                0.378    0.041   9.145     0.000
    X                0.308    0.041   7.526     0.000

 Residual Variances
    M                0.239    0.018  13.044     0.000
    Y                0.125    0.010  12.002     0.000

Between Level
 S        ON
    W                0.357    0.218   1.636     0.102

 Y        WITH
    S                0.002    0.005   0.469     0.639

 M        WITH
    S                0.000    0.000   1.817     0.069

 Y        WITH
    W                0.015    0.004   3.276     0.001
    M                0.000    0.000   2.258     0.024

 Means
    W                0.001    0.028   0.020     0.984
    M                0.000    0.000   0.819     0.413
    Y                4.172    0.023 178.771     0.000

 Intercepts
    S                0.427    0.047   9.169     0.000

 Variances
    W                0.028    0.005   5.217     0.000
    M                0.000    0.000 483.061     0.000
    Y                0.014    0.004   3.366     0.001

 Residual Variances
    S                0.038    0.017   2.276     0.023

New/Additional Parameters
    IND_H            0.184    0.031   5.896     0.000
    IND_L            0.139    0.022   6.285     0.000
    DIFF             0.045    0.029   1.555     0.120
```

图 4-85 Mplus 输出的模型分析结果

图 4-85 中,在"Within Level"下,"Y ON M"的回归系数(b)为 0.378 且显著,标准差为 0.041(从 p 值判断,组内中介变量与因变量的回归系数显著),该取值相当于第一阶段单一层次被调节的中介作用中的中介变量→因变量的回归系数。在"Between Level"下,"S ON W"的回归系数($a1$)为 0.357 但不显著,标准差为 0.218(从 p 值判断,组间调节作用不显著),该取值相当于第一阶段单一层次被调节的中介作用中的交互项→中介变量的回归系数;S 的截距项的均值($a0$)为 0.427 且显著,标准差为 0.047(从 p 值判断,组内自变量与中介变量的回归系数显著),该取值相当于第一阶段单一层次被调节的中介作用中的自变量→中介变量的回归系数。上述结果表明,中介效应存在,但该中介效应并未被调节。最后一项汇报了新增参数的值与显著性,当调节变量 W 的取值分别加/减一个标准差时,间接效应均显著,且效应的差异不显著。

图 4-86 显示了基于正态分布假设估计的置信区间结果。与前文一样,虽然 Mplus 输出了间接效应值,但是该值是基于正态分布的检验结果,跨层分析由于区分了组内方差和组间方差,随机抽样时无法保证按组抽取,如自变量抽

到组 1,中介变量抽到组 2,此时估算出来的参数是不准确的,因此需要借助蒙特卡罗检验进行基于参数的抽样。如前文所述,在跨层分析中应该使用基于参数的 Bootstrapping 进行间接效应分析,Mplus 并没有提供该项功能,且前文提到的蒙特卡罗检验网站暂时也不能进行被调节的中介作用间接效应检验,事实上蒙特卡罗检验网站也是基于 R 语言进行的检验。因此,我们将使用 R 语言进行检验。之所以在使用 R 语言进行蒙特卡罗检验之前,我们仍然使用 Mplus 程序进行分析,是因为我们需要借助 Mplus 程序获取蒙特卡罗检验所需要的参数值。

```
CONFIDENCE INTERVALS OF MODEL RESULTS
                    Lower .5%  Lower 2.5%  Lower 5%   Estimate  Upper 5%   Upper 2.5%  Upper .5%
Within Level
 Y       ON
  M                 0.272      0.297       0.310      0.378     0.446      0.459       0.485
  X                 0.203      0.228       0.241      0.308     0.376      0.389       0.414
 Residual Variances
  M                 0.192      0.203       0.209      0.239     0.269      0.275       0.286
  Y                 0.099      0.105       0.108      0.125     0.143      0.146       0.152
Between Level
 S       ON
  W                 -0.205     -0.071      -0.002     0.357     0.716      0.785       0.919
 Y       WITH
  S                 -0.011     -0.008      -0.006     0.002     0.011      0.013       0.016
 M       WITH
  S                 0.000      0.000       0.000      0.000     0.000      0.000       0.000
 Y       WITH
  W                 0.003      0.006       0.007      0.015     0.022      0.023       0.026
  M                 0.000      0.000       0.000      0.000     0.000      0.000       0.000
 Means
  W                 -0.071     -0.054      -0.045     0.001     0.046      0.055       0.072
  M                 0.000      0.000       0.000      0.000     0.001      0.001       0.001
  Y                 4.112      4.126       4.133      4.172     4.210      4.218       4.232
 Intercepts
  S                 0.307      0.336       0.350      0.427     0.503      0.518       0.547
 Variances
  W                 0.014      0.018       0.019      0.028     0.037      0.039       0.042
  M                 0.000      0.000       0.000      0.000     0.000      0.000       0.000
  Y                 0.003      0.006       0.007      0.014     0.021      0.022       0.025
 Residual Variances
  S                 -0.005     0.005       0.011      0.038     0.065      0.070       0.081
New/Additional Parameters
  IND_H             0.104      0.123       0.133      0.184     0.235      0.245       0.265
  IND_L             0.082      0.095       0.102      0.139     0.175      0.182       0.196
  DIFF              -0.030     -0.012      -0.003     0.045     0.093      0.103       0.121
```

图 4-86 **Mplus** 输出的置信区间

根据蒙特卡罗检验网站的提示,我们可以使用 R 语言的网页版进行编程(https://rweb.stat.umn.edu/Rweb/Rweb.general.html),也可以直接使用 R 语言软件进行编程。在获取参数值后,我们便可以借助 R 语言进行蒙特卡罗检验了。在此我们以 R 语言网页为例,具体的程序命令如下所示:

a0 = 0.307　　　　　　　　　! $a0$、$a1$、b 分别对应上文中的系数
a1 = 0.357
b = 0.378
a0std = 0.047　　　　　　　 ! a0std、a1std、$b$std 分别为三个系数对应

的标准差

  $a1std = 0.218$

  $bstd = 0.041$

  rep = 20000   ! 进行 20 000 次重复取样

  conf = 95   ! 置信区间为 95%

  a0vec = rnorm(rep) * a0std+a0 ! 从一个均值为 0、标准差为 $a0std$ 的正态分布样本中抽取 20 000 个 $a0$ 值,记为 a0vec

  a1vec = rnorm(rep) * a1std+a1 ! 同上

  bvec = rnorm(rep) * bstd+b ! 同上

  amhvec = a1vec * 0.168+a0vec ! 当调节变量 W 为均值加一个标准差时,$X \to M$ 的效应

  amlvec = a1vec * (−0.168)+a0vec ! 当调节变量 W 为均值减一个标准差时,$X \to M$ 的效应

  abh = amhvec * bvec   ! 当调节变量 W 为均值加一个标准差时,$X \to M \to Y$ 的效应

  abl = amlvec * bvec   ! 当调节变量 W 为均值减一个标准差时,$X \to M \to Y$ 的效应

  d = abh−abl   ! 在调节变量 W 的取值分别加/减一个标准差后,间接效应的差异

  low = (1−conf/100)/2   ! 以下为一些参数设置的命令,一般不需要变动

  upp = ((1−conf/100)/2)+(conf/100)

  LL = quantile(d, low)

  UL = quantile(d, upp)

  LL4 = format(LL, digits = 4)

  UL4 = format(UL, digits = 4)

  hist(d, breaks = ′FD′, col = ′skyblue′, xlab = paste(conf,′% Confidence Interval′,′LL′,LL4,′UL′,UL4), main = ′Distribution of Indirect Effect′)

  在如图 4-87 所示的窗口中输入程序命令后,点击"Submit"按钮就可以生成图 4-88 所示的间接效应置信区间。图中底端的文字描述了 95% 的置信区间,如果区间不包括 0,则代表间接效应显著。图 4-88 表明,在调节变量的取值分别加/减一个标准差后,间接效应的差异是否显著。需要注意的是,由于蒙特卡罗方法是基于参数的 Bootstrapping,从指定样本中随机重复抽取若干次的结果,因此每次检验的结果可能都不一样,存在微弱的差别。本示例中,蒙特卡罗

检验的结果显示置信区间包括0,被调节的中介作用不存在,这也与前文中的回归系数检验结果一致。

图4-87　R语言网页版的程序命令输入页面

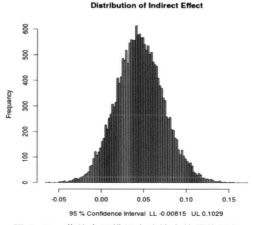

图4-88　蒙特卡罗模拟方法输出的置信区间

此外,如果需要使用蒙特卡罗方法进行间接效应的 simple slope 检验,则需要同时将上述程序命令后部"LL = quantile(d,low)"中的 d 替换为"abh"或"abl";将"UL=quantile(d,upp)"中的 d 替换为"abh"或"abl"(与前面对应);将"hist(d,breaks ='FD', col ='skyblue', xlab = paste(conf,'% Confidence Interval','LL',LL4,'UL',UL4), main ='Distribution of Indirect Effect')"中 hist 后的"d"替换为"abh"或"abl"(与前面对应)。这样就可以输出在调节变量水平不同时,基于蒙特卡罗方法的间接效应 simple slope 置信区间了。

对于1-1-1型跨层被调节的中介作用的其他模型而言,均可以参照 M3a 模型的检验步骤和检验命令进行调整。M3b、M3c 模型的简单中介作用检验和简单调节作用检验我们在此不再赘述,主要对 M3b、M3c 模型第三步检验步骤(即利用蒙特卡罗方法进行检验的步骤)中 Mplus 软件的模型构建命令和 R 语言的蒙特卡罗检验命令进行调整。

第二种情况(图 4-76 中的 M3b,这也是本节引例中的模型)在 Mplus 软件中模型构建部分的命令调整为①:

ANALYSIS: TYPE=TWOLEVEL RANDOM;
           ! 模型为两层随机系数模型
MODEL:
%WITHIN%
S|Y ON M;   ! level1 的模型为中介变量 M 对因变量 Y 的影响,回归系数命名为 S
M ON X(a);   ! 自变量 X 对因变量 Y 的影响,记为 a
%BETWEEN%
S ON W(b1);   ! level2 的模型为调节变量 W 对 $M \to Y$ 回归系数斜率的影响,记为 $b1$
[S](b0);   ! 调节变量 W 对 $M \to Y$ 回归系数截距的影响,记为 $b0$
Y WITH S;   ! 允许 level2 的 Y 和 S 相关
Y WITH W;   ! 允许 level2 的 Y 和 W 相关
Y WITH M;   ! 允许 level2 的 Y 和 M 相关
M WITH S;   ! 允许 level2 的 M 和 S 相关
MODEL CONSTRAINT:
NEW(IND_H IND_L);   ! 定义新参数 IND_H、IND_L
IND_H=a*(b0+b1sd);   ! sd 表示调节变量的标准差,IND_H 表示调节变量高于均值一个标准差时的间接效应(第一阶段的总效应为 a,第二阶段的总效应为 $b0+b1$sd)
IND_L=a*(b0-b1sd);   ! IND_L 表示调节变量低于均值一个标准差时的间接效应
NEW(DIFF);   ! 再定义一个新参数 DIFF
DIFF=IND_H-IND_L;   ! DIFF 代表间接效应的差值

在输入完上述程序命令后,同样点击"Run"按钮,运行该分析程序,可得到

---

① 演示数据见本章附录材料 9-"1-1-1"跨层被调节的中介作用检验.sav。使用 Mplus 读取时,需将该数据文件在 SPSS 中另存为 dat 格式。

第4章 跨层次数据模型的检验、结果解读与汇报

数据分析的结果,如图 4-89 所示。在"Within Level"下,"M ON X"的回归系数(a)为 0.409 且显著,标准差为 0.048(组内自变量与中介变量的回归系数显著)。这相当于本节引例中,道德型领导感知与建言行为存在显著的正向关系(回归系数为 0.45,$p<0.001$)。S 的截距项的均值($b0$)为 0.511 且显著,标准差为 0.040(组内中介变量与因变量的回归系数显著)。这相当于本节引例中,图 4-84 Model 7 所示的建言行为与创造力存在显著的正向关系(回归系数为 0.11,$p<0.05$)。"S ON W"的回归系数($b1$)为 -0.047 但不显著,标准差为 0.174(组间调节作用不显著)。这相当于本节引例中,创新氛围和建言行为的交互项与创造力存在显著的正向关系(回归系数为 0.18,$p<0.05$)。上述结果表明,中介效应存在,但该中介效应并未被调节。与本节引例一样,我们也需要借助间接效应分析,来判定中介效应是否被调节。于是我们需要借助蒙特卡罗检验完成剩余步骤。

```
MODEL RESULTS
                                              Two-Tailed
                  Estimate    S.E.   Est./S.E.  P-Value
Within Level
 M        ON
   X              0.409      0.048    8.602    0.000

 Residual Variances
   M              0.254      0.019   13.537    0.000
   Y              0.149      0.010   15.121    0.000

Between Level
 S        ON
   W             -0.047      0.174   -0.272    0.786

 Y        WITH
   S              0.001      0.004    0.294    0.769

 M        WITH
   S              0.000      0.000    0.773    0.440

 Y        WITH
   W              0.015      0.004    3.276    0.001
   M              0.000      0.000    1.744    0.081

 Means
   W              0.001      0.028    0.020    0.984
   M              0.000      0.000    0.665    0.506
   Y              4.172      0.023  178.989    0.000

 Intercepts
   S              0.511      0.040   12.822    0.000

 Variances
   W              0.028      0.005    5.217    0.000
   M              0.000      0.000  268.609    0.000
   Y              0.013      0.004    3.148    0.002

 Residual Variances
   S              0.018      0.018    0.992    0.321

New/Additional Parameters
   IND_H          0.206      0.032    6.339    0.000
   IND_L          0.212      0.032    6.606    0.000
   DIFF          -0.007      0.024   -0.274    0.784
```

图 4-89 Mplus 输出的模型分析结果

对照前述的 R 语言命令,第二种情况的蒙特卡罗检验 R 语言命令需要进行如下调整:

a = 0.409　　　　　　　　　　! a、b1、b0 分别对应上文中的系数
b1 = -0.047
b0 = 0.511
astd = 0.048　　　　　　　　　! astd、b1std、b0std 分别为三个系数对应的标准差
b1std = 0.174
b0std = 0.04
rep = 20000　　　　　　　　　! 进行 20 000 次重复取样
conf = 95　　　　　　　　　　! 置信区间为 95%
avec = rnorm(rep) * astd+a　　! 从一个均值为 0、标准差为 astd 的正态分布样本中抽取 20 000 个 a 值,记为 avec
b1vec = rnorm(rep) * b1std+b1　! 同上
b0vec = rnorm(rep) * b0std+b0　! 同上
bmhvec = b1vec * 0.168+b0vec　! 当调节变量 W 为均值加一个标准差时,M→Y 的效应
bmlvec = b1vec * (-0.168)+b0vec　! 当调节变量 W 为均值减一个标准差时,M→Y 的效应
abh = bmhvec * avec　　　　　! 当调节变量 W 为均值加一个标准差时,X→M→Y 的效应
abl = bmlvec * avec　　　　　! 当调节变量 W 为均值减一个标准差时,X→M→Y 的效应
d = abh-abl　　　　　　　　　! 在调节变量 W 的取值分别加/减一个标准差后,间接效应的差异

在 R 语言的网页版或软件中输入调整后的命令,便会得到如图 4-90 所示的蒙特卡罗检验结果。图 4-90 表明,在调节变量的取值分别加/减一个标准差后,间接效应的置信区间包括 0,即不存在显著差别。也就是说,本示例中被调节的中介作用不显著。可见,在本节引例中,Chen and Hou(2016)并未进行间接效应差异的显著性检验,而他们进行的事实上是间接效应的 simple slope 检验。于是,我们也可以借助 R 语言构建 simple slope 命令(详见本小节第三步),获得间接效应在调节变量水平不同时的 95% 置信区间,即引例中"当创

新氛围较好时,道德型领导感知通过建言行为对创造力产生间接效应的95%置信区间为[0.02,0.08],不包括0;当创新氛围较差时,道德型领导感知通过建言行为对创造力产生间接效应的95%置信区间为[-0.02,0.07],包括0"所述的内容。

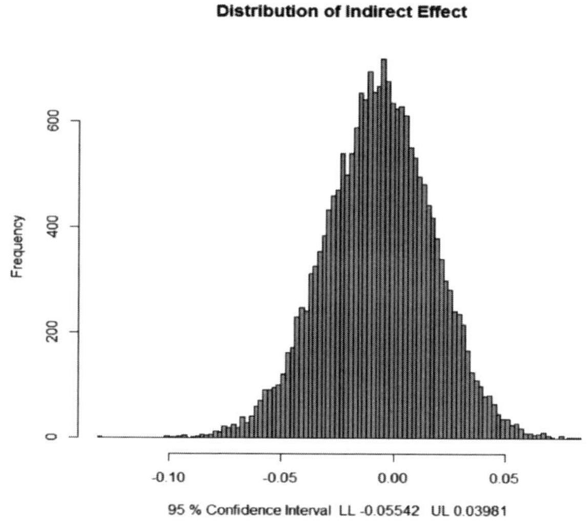

图 4-90 蒙特卡罗模拟方法输出的置信区间

第三种情况(图 4-77 中的 M3c)在 Mplus 软件中模型构建部分的命令调整为:

ANALYSIS: TYPE = TWOLEVEL RANDOM;
! 模型为两层随机系数模型

MODEL:

%WITHIN%

S1|M ON X;   ! level1 的模型为自变量 X 对中介变量 M 的影响,回归系数命名为 $S1$

S2|Y ON M;   ! level1 的模型为中介变量 M 对因变量 Y 的影响,回归系数命名为 $S2$

S3|Y ON X;   ! level1 的模型为自变量 X 对因变量 Y 的影响,回归系数命名为 $S3$

%BETWEEN%

S1 ON W0 (b01);   ! level2 的模型为调节变量 $W0$ 对 $X \to M$ 回归系数斜率的影响,记为 $b01$

[S1](b00); 　　　　　　　　! 调节变量 W0 对 M→Y 回归系数截距的影响,记为 b00
　　S2 ON W1 (b11); 　　　　　! level2 的模型为调节变量 W1 对 X→M 回归系数斜率的影响,记为 b11
　　[S2](b10); 　　　　　　　　! 调节变量 W1 对 M→Y 回归系数截距的影响,记为 b10
　　Y WITH S1 S2; 　　　　　　! 允许 level2 的 Y 和 S1、S2 相关
　　Y WITH W; 　　　　　　　　! 允许 level2 的 Y 和 W 相关
　　Y WITH M; 　　　　　　　　! 允许 level2 的 Y 和 M 相关
　　M WITH S1 S2; 　　　　　　! 允许 level2 的 M 和 S1、S2 相关
　　S1 WITH S2; 　　　　　　　! 允许 level2 的 S1 和 S2 相关
　　MODEL CONSTRAINT:
　　New(slope_s1h slope_s1l slope_s1d);! 定义新参数 slope_s1h、slope_s1l、slope_s1d
　　slope_s1h=b00+b01*W0sd; 　! 在调节变量水平高时的第一阶段斜率
　　slope_s1l=b00−b01*W0sd; 　! 在调节变量水平低时的第一阶段斜率
　　slope_s1d= slope_s1h−slope_s1l; ! 第一阶段斜率差异
　　New(slope_s2h slope_s2l slope_s2d);! 定义新参数 slope_s2h、slope_s2l、slope_s2d
　　slope_s2h=b10+b11*W1sd; 　! 在调节变量水平高时的第二阶段斜率
　　slope_s2l=b10−b11*W1sd; 　! 在调节变量水平低时的第二阶段斜率
　　slope_s2d= slope_s2h− slope_s2l; ! 第二阶段斜率差异
　　New(ind_hh ind_ll ind_d); 　! 定义新参数 ind_hh、ind_ll、ind_d
　　ind_hh= slope_s1h * slope_s2h; ! 间接效应高的情况为第一阶段和第二阶段均高
　　ind_ll= slope_s1l * slope_s2l; ! 间接效应低的情况为第一阶段和第二阶段均低
　　ind_d= ind_hh− ind_ll; 　　! 间接效应差异
　　该模型的蒙特卡罗检验 R 语言命令调整如下:
　　b00=0.23 　　　　　　　　! b00、b01、b10 和 b11 分别对应上文中的系数
　　b01=0.32
　　b10=0.26
　　b11=0.28
　　b00std=0.05 　　　　　　　! b00std、b01std、b10std 和 b11std 分别为系数对应的标准差

b01std = 0.02
b10std = 0.04
b11std = 0.07
rep = 20000　　　　　　　　　！进行 20 000 次重复取样
conf = 95　　　　　　　　　　！置信区间为 95%
b00vec = rnorm(rep) * b00std+b00　！从一个均值为 0、标准差为 b00std 的正态分布样本中抽取 20 000 个 b00 值,记为 b00vec
b01vec = rnorm(rep) * b01std+b01　！同上
b10vec = rnorm(rep) * b10std+b10　！同上
b11vec = rnorm(rep) * b11std+b11　！同上
amhvec = b01vec * W0sd+b00vec　！当调节变量 $W0$ 为均值加一个标准差时,$X→M$ 的效应
amlvec = b01vec * (-W0sd)+b00vec　！当调节变量 $W0$ 为均值减一个标准差时,$X→M$ 的效应
bmhvec = b11vec * W1sd+b10vec　！当调节变量 $W1$ 为均值加一个标准差时,$M→Y$ 的效应
bmlvec = b11vec * (-W1sd)+b10vec　！当调节变量 $W1$ 为均值减一个标准差时,$M→Y$ 的效应
int_h = amhvec * bmhvec　！当调节变量都高于均值一个标准差时,$X→M→Y$ 的效应
int_l = amlvec * bmlvec　！当调节变量都低于均值一个标准差时,$X→M→Y$ 的效应
d = int_h-int_l　　　　　　！间接效应的差异

2-1-1 型跨层被调节的中介作用检验

以图 4-78 所示的模型(M4a)为例,建议使用 Mplus 对跨层被调节的中介作用进行检验。

第一步,简单中介作用检验。

该步骤用于检验自变量 X、中介变量 M 和因变量 Y 三者之间的中介作用关系,可以借鉴 4.5.3 中使用 HLM 软件进行 2-1-1 型跨层简单中介作用检验的步骤,也可以借鉴 4.5.3.3 第六步中 2-1-1 型跨层简单中介作用(关注组间方差部分)的 Mplus 程序进行检验。

第二步,简单调节作用检验。

该步骤用于检验自变量 X、中介变量 M 和调节变量 W 三者之间的调节作用关系,可以借鉴 4.6.3.3 中第一步检验步骤的 Mplus 程序进行检验。图 4-78 所示

的模型 M4a 与前文中图 4-60 所示的 M2c 虽然内容并不一样,但是统计检验模型是相同的。

第三步,利用蒙特卡罗方法,进行间接效应的差异检验。

该步骤用于检验调节变量 W 对中介变量 M 在自变量 X 与因变量 Y 关系间中介作用的调节作用。需要借助 Mplus 程序进行检验,所需使用的变量包括自变量 X、中介变量 M、因变量 Y 和调节变量 W。其具体程序命令如下所示[①]:

TITLE: A TWO LEVEL TYPE I MODERATED MEDIATION PATH ANALYTICAL MODEL,

X W IS LEVEL-2, M Y ARE LEVEL-1;

DATA: FILE IS data10.DAT;

DEFINE:CENTER X W (GRANDMEAN);
            ! 对 X 和 W 进行整体均值中心化,以降低多重共线性

CENTER M (GROUPMEAN); ! 对 M 进行组均值中心化,以降低多重共线性(由于不同版本 Mplus 的中心化程序命令不同,我们建议在 SPSS 中先进行中心化)

VARIABLE:NAMES ARE ID X W M Y XW;
            ! 将数据文件中的变量按顺序命名

USEVARIABLES ARE X W M Y XW; ! 本次分析使用的变量

CLUSTER=ID;   ! 定义分组变量 ID

BETWEEN=X W XW;   ! level2 变量为 X、W、XW

ANALYSIS: TYPE=TWOLEVEL RANDOM;
            ! 模型为两层随机系数模型

MODEL:

%WITHIN%

Y ON M(bw);   ! level1 的模型为因变量 Y 对中介变量 M 的影响,记为 bw

%BETWEEN%

M ON W

  X(a1)

  XW(a2);   ! X、W 和 XW 同时对 M 的影响,在这

---

① 演示数据见本章附录材料 10-"2-1-1"跨层被调节的中介作用检验.sav。使用 Mplus 读取时,需将该数据文件在 SPSS 中另存为 dat 格式。

第 4 章 跨层次数据模型的检验、结果解读与汇报

里我们需要读取 X 对 M 的影响,记为 $a1$;交互项 XW 对 M 的影响,记为 $a2$
  Y ON M(bb)
    X W XW;   ! X、W、XW 和 M 同时对 Y 的影响,而我们只读取 M→Y 的影响,并记为 bb
  MODEL CONSTRAINT:
    NEW(IND_H IND_L);   ! 定义新参数 IND_H、IND_L
    IND_H=(a1+a2*Wsd)*bw; ! Wsd 表示调节变量的标准差,IND_H 表示调节变量高于均值一个标准差时的间接效应(第一阶段的总效应为 $a1+a2$,第二阶段的总效应为 bw)
    IND_L=(a1-a2*Wsd)*bw; IND_L 表示调节变量低于均值一个标准差时的间接效应
    NEW(DIFF);   ! 再定义一个新参数 DIFF
    DIFF= IND_H- IND_L;   ! DIFF 表示间接效应的差值
  OUTPUT:
    SAMPSTAT;   ! 输出统计项
    CINTERVAL;   ! 利用正态分布假设,计算参数的置信区间

在输入完上述程序命令后,同样点击"Run"按钮,运行该分析程序,可得到数据分析的结果,如图 4-91 所示。在该模型中,虽然包含了 M→Y 的组内方差解释量,但这并不是此模型关注的重点,在解读该模型时主要关注组间方差解释量(原因见简单中介作用的效应分解部分)。在"Between Level"下,"Y ON M"的回归系数(bb)为 0.134 但不显著,标准差为 0.281(组间中介变量与因变量的回归系数不显著),该取值相当于第二阶段单一层次被调节的中介作用中的中介变量→因变量的回归系数;"M ON X"的回归系数($a1$)为 0.029 但不显著,标准差为 0.145(组间中介变量与自变量的回归系数不显著),该取值相当于第二阶段单一层次被调节的中介作用中的自变量→中介变量的回归系数;"M ON XW"的回归系数($a2$)为 0.404 但不显著,标准差为 0.435(组间调节作用的回归系数不显著),该取值相当于第二阶段单一层次被调节的中介作用中的交互项→中介变量的回归系数。上述结果表明,中介效应不存在,调节效应不存在,且被调节的中介效应也不存在。最后一项汇报了新增参数的值与显著性(基于正态分布假设估计的置信区间与前文的数据结果读取方法类似,不再赘述)。

	Estimate	S.E.	Est./S.E.	Two-Tailed P-Value
Within Level				
Y ON				
M	0.520	0.032	16.114	0.000
Variances				
M	0.328	0.026	12.678	0.000
Residual Variances				
Y	0.153	0.010	15.741	0.000
Between Level				
M ON				
W	0.291	0.153	1.903	0.057
X	0.029	0.145	0.201	0.841
XW	0.404	0.435	0.930	0.352
Y ON				
M	0.134	0.281	0.476	0.634
X	0.317	0.088	3.592	0.000
W	0.331	0.104	3.181	0.001
XW	-0.405	0.355	-1.140	0.254
Intercepts				
M	3.837	0.027	141.752	0.000
Y	3.667	1.077	3.406	0.001
Residual Variances				
M	0.006	0.004	1.536	0.125
Y	0.000	0.003	0.162	0.872
New/Additional Parameters				
IND_H	0.050	0.087	0.577	0.564
IND_L	-0.020	0.080	-0.252	0.801
DIFF	0.071	0.075	0.948	0.343

图 4-91 Mplus 输出的模型分析结果

接下来就需要使用 R 语言进行蒙特卡罗检验，在 R 语言的网页版（https://rweb.stat.umn.edu/Rweb/Rweb.general.html）中输入以下程序命令，便可得到间接效应的置信区间，与前文中的解释类似，在此不再赘述。具体语法如下：

a1 = 0.029　　　　　　　　　！ a1、a2、bb 分别对应上文中的系数

a2 = 0.404

bb = 0.134

a1std = 0.145　　　　　　　！ a1std、a2std、bbstd 分别为三个系数对应的标准差

a2std = 0.435

bbstd = 0.281

rep = 20000　　　　　　　　！ 进行 20 000 次重复取样

conf = 95　　　　　　　　　！ 置信区间为 95%

a1vec = rnorm(rep) * a1std + a1　　！ 从一个均值为 0、标准差为 a1std 的正态分布样本中抽取 20 000 个 a1 值，记为 a1vec

a2vec = rnorm(rep)*a2std+a2　　　！同上
　　bbvec = rnorm(rep)*bbstd+bb　　　！同上
　　amhvec = a2vec*0.168+a1vec　　　！当调节变量 W 为均值加一个标准差时，$X \to M$ 的效应
　　amlvec = a2vec*(-0.168)+a1vec　！当调节变量 W 为均值减一个标准差时，$X \to M$ 的效应
　　abh = amhvec*bbvec　　　　　　！当调节变量 W 为均值加一个标准差时，$X \to M \to Y$ 的效应
　　abl = amlvec*bbvec　　　　　　 ！当调节变量 W 为均值减一个标准差时，$X \to M \to Y$ 的效应
　　d = abh-abl　　　　　　　　　　 ！在调节变量 W 的取值分别加/减一个标准差后，间接效应的差异
　　low = (1-conf/100)/2　　　　　　！以下为一些参数设置的命令，一般不需要变动
　　upp = ((1-conf/100)/2)+(conf/100)
　　LL = quantile(d,low)
　　UL = quantile(d,upp)
　　LL4 = format(LL,digits = 4)
　　UL4 = format(UL,digits = 4)
　　hist(d,breaks = 'FD',col = 'skyblue',xlab = paste(conf,'% Confidence Interval','LL',LL4,' UL',UL4),main = 'Distribution of Indirect Effect')

　　结果如图 4-92 所示，本示例中，间接效应的置信区间包括 0，所以间接效应不显著，这也与前文中的回归系数检验结果一致。同时，我们也可以参照前述 1-1-1 型跨层被调节的中介作用检验命令中的第三步内容，进行间接效应的 simple slope 检验，利用蒙特卡罗检验输出调节变量分别为高/低水平时的间接效应置信区间。

　　对于 2-1-1 型跨层被调节的中介作用的其他模型而言，均可以参照 M4a 模型的检验步骤和检验命令进行调整。M4b、M4c 模型的简单中介作用和简单调节作用检验我们在此不再赘述，主要对 M4b、M4c 模型第三步检验步骤（即利用蒙特卡罗方法进行检验的步骤）中 Mplus 软件的模型构建命令和 R 语言的蒙特卡罗检验命令进行调整。

　　第二种情况（图 4-79 中的 M4b）在 Mplus 软件中模型构建部分的命令调整为：

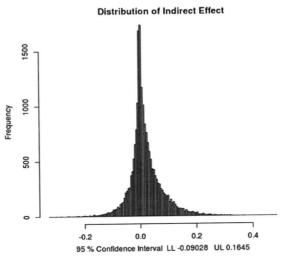

图 4-92　蒙特卡罗模拟方法输出的置信区间

ANALYSIS：TYPE=TWOLEVEL RANDOM；
　　　　　　　　　　　　　　　！模型为两层随机系数模型
MODEL：
%WITHIN%
Y ON M；　　　　　　　　　　！level1 的模型为中介变量 M 对因变量 Y 的影响
%BETWEEN%
M on X(a)；　　　　　　　　　！level2 的模型为自变量 X 对中介变量的影响，记为 a
Y on M(b1)
　　MW(b2)
　　X W；　　　　　　　　　　！控制自变量 X 和调节变量 W 后，中介变量 M 对因变量 Y 的影响，记为 $b1$；交互项 MW 对因变量 Y 的影响，记为 $b2$
MODEL CONSTRAINT：
　　NEW(IND_H IND_L)；　　　！定义新参数 IND_H、IND_L
　　IND_H=a*(b1+b2sd)；　　　！sd 表示调节变量的标准差，IND_H 表示调节变量高于均值一个标准差时的间接效应（第一阶段的总效应为 a，第二阶段的总效应为 $b1+b2sd$）
　　IND_L=a*(b1-b2sd)；　　　！IND_L 表示调节变量低于均值一个标准差时的间接效应
　　NEW(DIFF)；　　　　　　　！再定义一个新参数 DIFF

第4章 跨层次数据模型的检验、结果解读与汇报

```
    DIFF = IND_H - IND_L;        ! DIFF 代表间接效应的差值
```
该模型的蒙特卡罗检验 R 语言命令调整如下:
```
    a = 0.3                      ! a、b1、b0 分别对应上文中的系数
    b1 = 0.4
    b0 = 0.4
    astd = 0.05                  ! astd、b1std、b0std 分别为三个系数对应的
```
标准差
```
    b1std = 0.2
    b0std = 0.05
    rep = 20000                  ! 进行 20 000 次重复取样
    conf = 95                    ! 置信区间为 95%
    avec = rnorm(rep) * astd+a   ! 从一个均值为 0、标准差为 astd 的正态
```
分布样本中抽取 20 000 个 a 值,记为 avec
```
    b1vec = rnorm(rep) * b1std+b1  ! 同上
    b0vec = rnorm(rep) * b0std+b0  ! 同上
    bmhvec = b1vec * 0.168+b0vec   ! 当调节变量 W 为均值加一个标准差时,
```
$M \to Y$ 的效应
```
    bmlvec = b1vec * (-0.168)+b0vec ! 当调节变量 W 为均值减一个标准差时,
```
$M \to Y$ 的效应
```
    abh = bmhvec * avec            ! 当调节变量 W 为均值加一个标准差时,
```
$X \to M \to Y$ 的效应
```
    abl = bmlvec * avec            ! 当调节变量 W 为均值减一个标准差时,
```
$X \to M \to Y$ 的效应
```
    d = abh-abl                    ! 在调节变量 W 的取值分别加/减一个标
```
准差后,间接效应的差异

第三种情况(图 4-80 中的 M4c)在 Mplus 软件中模型构建部分的命令调整为:
```
MODEL:
%WITHIN%
Y ON M(bw);                        ! level1 的模型为因变量 Y 对中介变量 M
```
的影响,记为 bw
```
%BETWEEN%
M ON W0
        X(a1)
        XW0(a2);                   ! X、W0 和 XW0 同时对 Y 的影响,在这里
```

我们需要读取 X 对 M 的影响,记为 $a1$;交互项 $XW0$ 对 M 的影响,记为 $a2$

```
    Y ON M(b1)
        XW0(b2)
        MW1(b3)
        X(b4)
        W1 W2;                    ! 控制 W0 和 W1 后,M 对 Y 的影响,记为
```
$b1$;$XW0$ 对 Y 的影响,记为 $b2$;$MW1$ 对 Y 的影响,记为 $b3$;X 对 Y 的影响,记为 $b4$

```
    MODEL CONSTRAINT:
        New(T_s1h T_s1l T_s1d);       ! 定义新参数 T_s1h、T_s1l、T_s1d
        T_s1h = a1+a2*W1sd;           ! 在调节变量水平高时的第一阶段总效应
        T_s1l = a1-a2*W1sd;           ! 在调节变量水平低时的第一阶段总效应
        T_s1d = T_s1h - T_s1l;        ! 第一阶段总效应差异
        New(T_s2h T_s2l T_s2d);       ! 定义新参数 T_s2h、T_s2l、T_s2d
        T_s2h = b1+b3*W2sd;           ! 在调节变量水平高时的第二阶段总效应
        T_s2l = b1-b3*W2sd;           ! 在调节变量水平低时的第二阶段总效应
        T_s2d = T_s2h - T_s2l;        ! 第二阶段总效应差异
        New(ind_hh ind_ll ind_d);     ! 定义新参数 ind_hh、ind_ll、ind_d
        ind_hh = T_s1h * T_s2h;       ! 间接效应高的情况为第一阶段和第二阶
```
段均高
```
        ind_ll = T_s1l * T_s2ll;      ! 间接效应低的情况为第一阶段和第二阶
```
段均低
```
        ind_d = ind_hh - ind_ll;      ! 间接效应差异
```
该模型的蒙特卡罗检验 R 语言命令调整如下:
```
    a1 = 0.23                         ! a1、a2、b1 和 b2 分别对应上文中的系数
    a2 = 0.32
    b1 = 0.26
    b3 = 0.28
    a1std = 0.05                      ! a1std、a2std、b1std 和 b2std 分别为系数对
```
应的标准差
```
    a2std = 0.2
    b1std = 0.04
    b3std = 0.07
    rep = 20000                       ! 进行 20 000 次重复取样
    conf = 95                         ! 置信区间为 95%
```

a1vec=rnorm(rep)∗a1std+a1　　! 从一个均值为 0、标准差为 $a1$std 的正态分布样本中抽取 20 000 个 $a1$ 值,记为 a1vec

a2vec=rnorm(rep)∗a2std+a2　　! 同上

b1vec=rnorm(rep)∗b1std+b1　　! 同上

b2vec=rnorm(rep)∗b2std+b2　　! 同上

amhvec=a2vec∗W0sd+a1vec　　! 当调节变量 $W0$ 为均值加一个标准差时, $X{\to}M$ 的效应

amlvec=a2vec∗(−W0d)+a1vec

　　　　　　　　　　　　　　! 当调节变量 $W0$ 为均值减一个标准差时, $X{\to}M$ 的效应

bmhvec=b3vec∗W1sd+b1vec　　! 当调节变量 $W1$ 为均值加一个标准差时, $M{\to}Y$ 的效应

bmlvec=b3vec∗(−W1sd)+b1vec

　　　　　　　　　　　　　　! 当调节变量 $W1$ 为均值减一个标准差时, $M{\to}Y$ 的效应

int_h= amhvec ∗ bmhvec　　! 当调节变量都高于均值一个标准差时, $X{\to}M{\to}Y$ 的效应

int_l= amlvec ∗ bmlvec　　! 当调节变量都低于均值一个标准差时, $X{\to}M{\to}Y$ 的效应

d= int_h − int_l　　　　　! 间接效应的差异

2-2-1 型跨层被调节的中介作用检验

该类模型与 2-1-1 型跨层被调节的中介作用类似,实质上都是基于 level2 均值的模型,因此与 2-1-1 型跨层被调节的中介作用对应的模型具有相同的统计模型。模型 M5a 与 M4a 的检验步骤相同,M5b 与 M4b 的检验步骤相同,M5c 与 M4c 的检验步骤相同。具体程序命令在前文中已经列出,在此不再赘述。

4.8　多层线性模型检验操作方法的新发展

提到复杂的中介作用和调节作用检验,很多人都会想到 SPSS 软件中的 Process 插件(我们在前文中已经做过介绍),Process 插件可以实现基于 Bootstrapping 的间接效应估计,并生成相应的置信区间。但是,Process 插件仅能实现单一层次的 Bootstrapping(Mplus 软件也可以实现),如个体层次或是聚合后的团队层次。

在多层线性模型中,我们同样需要对间接效应进行估计,并且需要生成间

接效应的置信区间。遗憾的是，基于 Bootstrapping 的 Process 插件无法实现多层次间接效应的估计。我们在前文中已经指出，蒙特卡罗检验就是一种类似于单一层次 Bootstrapping 的间接效应估计方法。但是，蒙特卡罗检验需要借助 Mplus、R 语言等多个软件才能实现，并且需要使用者对多层线性模型的检验原理和检验命令十分熟悉。

考虑到基于 Bootstrapping 的 Process 插件自身的局限性，以及蒙特卡罗检验的复杂性，Rockwood(2017)开发出了基于 SPSS 软件的 MLmed 插件，用于计算多层线性模型中的间接效应置信区间。之后，Hayes and Rockwood(2020)指出，MLmed 插件能够胜任多水平间接效应的检验。这也为使用者进行统计分析提供了极大的便利。

第一步，安装 MLmed 插件。

Rockwood(2017)提供了 MLmed 插件的下载地址：https://njrockwood.com/mlmed。打开链接后，便会出现如图 4-93 所示的网页。点击"DOWNLOAD MLMED"按钮即可下载该插件。

图 4-93　MLmed 插件的下载网页

下载完成后，打开压缩文件。压缩文件包中共有三个文件，分别为安装程序、语法程序和用户手册。双击第一个"MLmed beta_2.spd"文件，安装该插件。之后，将另一个文件"MLmed beta_2.sps"放入 SPSS 软件的安装目录。需要注意的是，该插件要求 SPSS 软件的版本至少为 SPSS 22.0，且需要将语言设置为英文。

第二步，打开 MLmed 插件。

在 SPSS 22.0 中打开数据文件（我们采用与 4.7.3 中 1-1-1 型跨层被调节的中介作用检验同样的数据进行演示）[①]。如图 4-94 所示，依次点击"Analyze"（分析）—"Mixed Models"（混合模型）—"MLmed for Multilevel Modiation"（MLmed 插件），打开程序。打开插件后，便会出现如图 4-95 所示的界面。

---

①　演示数据见本章附录材料 9-"1-1-1"跨层被调节的中介作用检验.sav。

第 4 章 跨层次数据模型的检验、结果解读与汇报

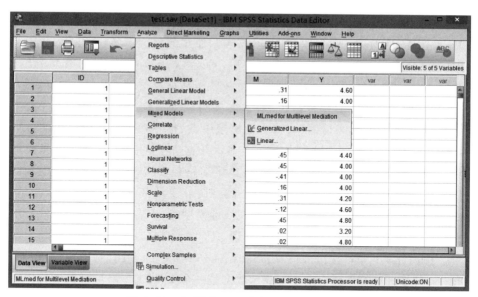

图 4-94 在 SPSS 22.0 中打开 MLmed 插件

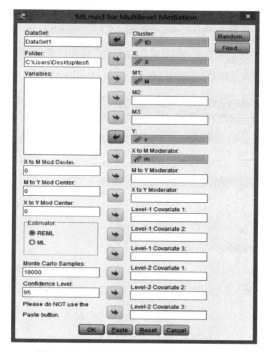

图 4-95 MLmed 插件打开后的界面①

---

① 这个插件是自己识别变量的,即根据 ID 进行识别。同一 ID 下,变量值相同就是 level2,变量值不同就是 level1。

第三步,在 MLmed 插件中添加变量。

在图 4-95 所示的界面中,"DataSet"表示使用的数据集名称(注意:并非文件名称,一般 SPSS 打开数据集文件后,都会默认该数据集为 DataSet1);"Folder"表示保存路径,MLmed 插件会生成若干数据集文件,"Folder"标题下方的路径就是这些文件的保存路径,通常需要与数据集文件放在同一文件夹中(注意:文件夹路径尽可能简单,且不要出现中文,推荐在桌面生成一个文件夹放置数据集文件);"Variables"标题下会显示数据集中的变量,依次将变量添加至右侧的变量位置即可(MLmed 插件提供了多路径模型,根据需要添加变量即可,本演示数据的调节作用为第一阶段,故将调节变量 W 放入"X to M Moderator")。此外,利用 MLmed 插件估计多层线性模型时,不需要提前对变量进行中心化,MLmed 插件会自己进行中心化处理。

点击右侧"Fixed"按钮,便会出现如图 4-96 所示的界面,对固定效应(Fix Effects)的估计进行调整。由于本演示数据是一个 1-1-1 型跨层被调节的中介作用模型,该调节作用主要体现为调节变量对组内效应的调节,所以在"Between Effects"标题下,我们可以忽略自变量 X、中介变量 M 所产生的组间效应。注意:未在数据集中添加的变量,即使没有取消对该效应的关注,也不会对该效应进行估计。选择完毕后,点击"Continue"按钮,便会返回上一界面。其余选择保持默认,然后点击"OK"按钮,开始运行 MLmed 插件。

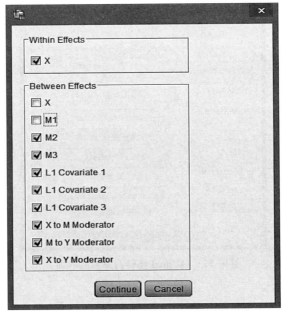

图 4-96　MLmed 插件中固定效应的调整界面

第四步,读取数据分析结果。

运行结果依次如图4-97、图4-98和图4-99所示,所有置信区间都是基于蒙特卡罗方法进行估计的。图4-97显示了固定效应的估计结果。在固定效应部分,以M为因变量时,自变量X对中介变量M的组内回归系数($\beta = -0.0473, p = 0.7976$)的95%置信区间包括0,故$X \to M$的组内效应不显著;$W$与$X$交互项对中介变量$M$的组内系数($\beta = 0.0883, p = 0.0500$)的95%置信区间不包括0,故$XW \to M$的组内回归效应显著(但这并不是我们关注的调节作用);调节变量W对中介变量M的组间回归系数($\beta = 0.2786, p = 0.0000$)的95%置信区间不包括0,故$W \to M$的组间效应显著。以$Y$为因变量时,自变量$X$对因变量$Y$的组内回归系数($\beta = 0.3081, p = 0.0000$)的95%置信区间不包括0,故$X \to Y$的组内效应显著;中介变量$M$对因变量$Y$的组内回归系数($\beta = 0.3786, p = 0.0000$)的95%置信区间不包括0,故$M \to Y$的组内效应显著。

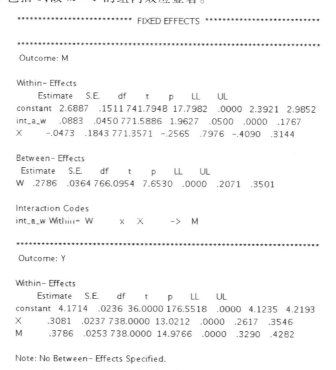

图4-97　MLmed插件输出的固定效应估计结果

在这里我们发现,该步骤的检验结果与4.7.3中1-1-1型跨层被调节的中介作用检验第三步(以下简称"第三步")的检验结果具有一定的区别。$X \to M$的组内效应($\beta = -0.0473, p = 0.7976$)与第三步中$S$的截距项($\beta = 0.427, p = 0.000$)差异较大;第三步中并未估计自变量与调节变量交互项对中介变量M的组内回归系数;第三步中同样没有估计调节变量 W 对中介变量 M 的组间效应;但 $X \rightarrow Y$ 的组内效应、$M \rightarrow Y$ 的组内效应与第三步相同。据此,我们推断 MLmed 插件所构建的模型可能与 Mplus 检验所使用的模型存在差别,所以导致效应量的估计存在差异。

图 4-98 显示了随机效应的估计结果。在随机效应部分,"Level-1 Residual Estimates"表示 level1 变量的残差,M 和 Y 的残差均显著,表示 M 和 Y 剩余的方差可以被其他变量解释。"Random Effect Estimates"表示随机效应的估计量,1 和 2 分别代表"Random Effect Key"标题下的两个参数,即 M 和 Y 的随机效应。也就是说,以 M 为因变量的直接效应剩余组间方差为 0.0090($p = 0.0713$,不显著),即以 M 为因变量的直接效应不存在高层次的调节变量(注:此处 95% 的置信区间不包括 0,可能与本演示数据本身存在问题有关);以 Y 为因变量的直接效应剩余组间方差为 0.0147($p = 0.0026$,显著),即以 Y 为因变量的直接效应存在高层次的调节变量。也就是说,高层调节变量 W 的调节作用并非发生在中介效应上,而是发生在直接效应上。

```
************************** RANDOM EFFECTS **************************
Level-1 Residual Estimates
   Estimate   S.E.    Wald Z    p      LL     UL
M   .2485    .0129   19.1927  .0000   .2244  .2752
Y   .1258    .0065   19.2094  .0000   .1136  .1393

Random Effect Estimates
   Estimate   S.E.    Wald Z    p      LL     UL
1   .0090    .0050    1.8039  .0713   .0030  .0266
2   .0147    .0049    3.0062  .0026   .0076  .0281

Random Effect Key
1   Int      M
2   Int      Y
```

图 4-98 Mlmed 插件输出的随机效应估计结果

图 4-99 显示了直接效应和间接效应的蒙特卡罗检验结果。"DIRECT EFFECT(S)"显示了自变量 X 对因变量 Y 直接效应的蒙特卡罗检验结果,效应量为 0.3081,95% 的置信区间不包括 0,直接效应显著;"INDIRECT EFFECT(S)"显示了在调节变量 W 不同水平下,间接效应差异量的显著性,间接效应差异量为 −0.0179,95% 的置信区间包括 0,间接效应差异量不显著,即被调节的中介作用不存在。此处的估计值与第三步同样存在差异,此处间接效应差异量的 95% 置信区间为 [−0.1551, 0.1183],而第三步则为 [−0.00825, 0.1029]。我们推断,导致该差异的原因还是与 MLmed 插件所构建的模型有关。

第 4 章 跨层次数据模型的检验、结果解读与汇报

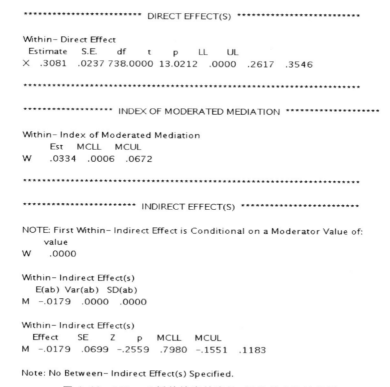

图 4-99 MLmed 插件输出的直接、间接效应估计结果

除此之外,使用 MLmed 插件还存在一个局限性,即无法进行 simple slope 检验(调节变量水平不同时,间接效应的效应量)。但是,MLmed 插件的确提供了一种相对简单的多层线性模型分析方法,各位使用者可以根据需求选择该方法分析特定模型。

参考文献

[1] Baron R M, Kenny D A. The moderator-mediator variable distinction in social psychological research: conceptual, strategic, and statistical considerations[J]. Journal of personality & social psychology, 1987, 51(6): 1173-1182.

[2] Bauer D J, Preacher K J, Gil K M. Conceptualizing and testing random indirect effects and moderated mediation in multilevel models: new procedures and recommendations[J]. Psychological methods, 2006, 11(2): 142-164.

[3] Chen S Y, Hou Y H. The effects of ethical leadership, voice behavior and climates for innovation on creativity: a moderated mediation examination[J]. Leadership quarterly, 2016, 27(1): 1-13.

[4] George J M, Bettenhausen K. Understanding prosocial behavior, sales performance, and turnover: a group-level analysis in a service context[J]. Journal of applied psychology, 1990, 75(6): 698-709.

[5] Hayes A F, Rockwood N J. Conditional process analysis: concepts, computation, and advances in the modeling of the contingencies of mechanisms[J]. American behavioral scientist, 2020, 64(1): 19-54.

[6] Hofmann D A. An overview of the logic and rationale of hierarchical linear models[J]. Journal of management, 1997, 23(6): 723-744.

[7] James L R, Demaree R G, Wolf G. rwg: an assessment of within-group inter-rater agreement[J]. Journal of applied psychology, 1993, 78(2): 306-309.

[8] Kidwell R E, Mossholder K W, Bennett N. Cohesiveness and organizational citizenship behavior: a multilevel analysis using work groups and individuals[J]. Journal of management: official journal of the southern management association, 1997, 23(6): 775-793.

[9] Kromrey J D, Fosterjohnson L. Mean centering in moderated multiple regression: much ado about nothing[J]. Educational and psychological measurement, 1998, 58(1): 42-67.

[10] Lebreton J M, Senter J L. Answers to 20 questions about interrater reliability and interrater agreement[J]. Organizational research methods, 2008, 11(4): 815-852.

[11] Maas C, Hox J. The influence of violations of assumptions on multilevel parameter estimates and their standard errors[J]. Computational statistics & data analysis, 2004, 46(3): 427-440.

[12] Preacher K J, Selig J P. Advantages of Monte Carlo confidence intervals for indirect effects[J]. Communication methods & measures, 2012, 6(2): 77-98.

[13] Preacher K J, Zhang Z, Zyphur M J. Alternative methods for assessing mediation in multilevel data: the advantages of multilevel SEM[J]. Structural equation modeling a multidisciplinary journal, 2011, 18(2): 161-182.

[14] Preacher K J, Zyphur M J, Zhang Z. A general multilevel SEM framework for assessing multilevel mediation.[J]. Psychological methods, 2010, 15(3): 209-233.

[15] Rockwood N J. Advancing the formulation and testing of multilevel mediation and moderated mediation models[D]. Columbus: The Ohio State University, 2017.

[16] Walumbwa F O, Hartnell C A, Oke A. Servant leadership, procedural justice climate, service climate, employee attitudes, and organizational citizenship behavior: a cross-level investigation[J]. Journal of applied psychology, 2010, 95(3): 517-529.

[17] Xu A J, Loi R, Chow C W C. What threatens retail employees' thriving at work under leader-member exchange? the role of store spatial crowding and team negative affective tone[J]. Human resource management, 2019, 58(4): 371-382.

[18] Zhang Z, Zyphur M J, Preacher K J. Testing multilevel mediation using hierarchical linear models: problems and solutions[J]. Organizational research methods, 2008, 12(4): 695-719.

[19] 邓今朝.团队成员目标取向与建言行为的关系:一个跨层分析[J].南开管理评论,2010,13(5):12-21.
[20] 雷雳,张雷.多层线性模型的原理及应用[J].首都师范大学学报(社会科学版),2002(2):110-114.
[21] 李超平.用SPSS计算Rwg的程序[EB/OL].(2005-11-03)[2017-08-10]. http://www.lichaoping.com/obhrresearchmethods/statistics/10.html.
[22] 李晔,张文慧,龙立荣.自我牺牲型领导对下属工作绩效的影响机制:战略定向与领导认同的中介作用[J].心理学报,2015,47(5):653-662.
[23] 廖卉,庄瑷嘉.多层次理论模型的建立及研究方法[M]//陈晓萍,徐淑英,樊景立.组织与管理研究的实证方法.2版.北京:北京大学出版社,2012:442-476.
[24] 刘东,张震,汪默.被调节的中介和被中介的调节:理论构建与模型检验[M]//陈晓萍,徐淑英,樊景立.组织与管理研究的实证方法.2版.北京:北京大学出版社,2012:553-587.
[25] 唐春勇,潘妍.领导情绪智力对员工组织认同、组织公民行为影响的跨层分析[J].南开管理评论,2010,13(4):115-124.
[26] 张国华,戴必兵,雷雳.初中生病理性互联网使用的发展及其与自尊的关系:同学关系的调节效应[J].心理学报,2013,45(12):1345-1354.

本章附录材料

附录材料1-Example.sav

附录材料2-跨层调节作用的操作-level1.sav

附录材料3-跨层调节作用的操作-level2.sav

附录材料4-"2-1-1"跨层简单中介作用的操作-level1.sav

附录材料5-"2-1-1"跨层简单中介作用的操作-level2.sav

附录材料6-"1-1-1"跨层简单中介作用的Mplus操作.sav

附录材料7-跨层被中介的调节作用类型I检验.sav

附录材料8-跨层被中介的调节作用类型II检验.sav

附录材料9-"1-1-1"跨层被调节的中介作用检验.sav

附录材料10-"2-1-1"跨层被调节的中介作用检验.sav

第 5 章　三维响应曲面模型的检验、结果解读与汇报[①]

5.1　基本概念、应用前提条件与分析流程　/ 360

5.2　多项式回归结合响应曲面分析法的分析流程　/ 365

5.3　两种类型三维响应曲面模型检验的经典范文示例与解读　/ 420

　参考文献　/ 431

　本章附录材料　/ 433

[①]　本章部分内容节选自张海燕和张正堂 2017 年发表在《南大商学评论》上的论文《一致性视角解读制度信任对再次合作意愿的影响——多项式回归结合响应曲面分析法》。对本章选取的中英文经典范文的作者，致以深深的感谢！

第 5 章　三维响应曲面模型的检验、结果解读与汇报

组织与管理实践中,常常存在某一重要结果变量(Z)受到两个变量(X 和 Y)间互动(趋于一致、不一致、匹配、不匹配、相似、差异、互补)的影响,并且两个变量(X 和 Y)间的互动结果不同,会对该结果变量(Z)造成显著不同的影响。举个例子来说,年初,某销售组织为了激励员工创造出优异的季度销售业绩,制定了季度销售业绩排名前 10% 的员工"将获得一部最新款的苹果手机"的奖励政策,然而,面对这样一部最新款的苹果手机的"诱惑",员工的工作表现却不尽相同。对苹果品牌情有独钟、内心也十分渴望拥有一部最新款的苹果手机的员工,工作积极性很高,认真、勤奋而努力地工作着,季度销售业绩非常优秀;已经拥有一部最新款的苹果手机的员工,以及对手机品牌没有特殊偏好,亦没有更换手机需求的员工,工作积极性则一般,工作表现也一如既往,销售业绩平平。组织为员工提供的奖励是否能够发挥组织所期望的行为激励和绩效激励作用,主要取决于组织提供的奖励与员工的需求之间是否"匹配"。如果组织提供的奖励恰好是员工的需求,则组织提供的奖励与员工的需求之间将实现完美匹配,组织亦会因此而收获期望的员工行为和绩效;反之,如果组织提供的奖励并不符合员工的需求,则激励效果将大打折扣。因此,考察组织对员工的激励效果,应该综合考虑组织对员工的提供的奖励与员工的需求之间的一致或不一致。

类似这样的例子在管理实践中不胜枚举。组织与管理研究中,亦有越来越多的学者开始关注和探讨两个变量(X 和 Y)间的互动对某一重要结果变量(Z)的差异影响。比如,通过员工薪酬感知与他人薪酬感知之间的"差异"来推断员工的离职倾向(Telly and Scott, 1971; Summers and Hendrix, 1991),利用工作要求与工作决策幅度之间的"匹配"来预测员工压力(Karasek, 1979),通过实际工作丰富化与期望工作丰富化之间的"匹配"来探讨它们对工作激励的影响(Kulik et al., 1987),利用上级价值观与下属价值观之间的"相似"来预测下属的组织承诺水平(Meglino et al., 1989)。再如,探讨领导者与追随者在主动性人格特质方面的"一致"对追随者工作结果变量(工作满意度、情感承诺及工作绩效)的影响(Zhang et al., 2012),通过领导者与团队成员在权力距离感知方面的"一致"来预测团队有效性(Cole et al., 2013),利用上级与下属有关领导成员交换关系质量的评价"一致"来推断下属的工作投入水平和组织公民行为(Matta et al., 2015),通过领导与下属在外向性人格方面的"互补"来预测下属的工作投入水平(陈乐妮等,2016),等等。

伴随着上述这些一致效应和不一致效应在组织与管理研究领域中越来越受到重视及关注,相关的实证研究方法也在不断地向前推进:由早期普遍使用的差异分数法(主要包含差值、差值绝对值、差值平方、差值绝对值和、差值平方

和)(Kernan and Lord,1990;Dougherty and Pritchard,1985;Turban and Jones,1988),逐步过渡到直接测量法(Cable and Derue,2002)、样本分类法(Cogliser et al.,2009),以及自1993年在国际上逐步推广并流行开来的多项式回归结合响应曲面分析法(Polynomial Regression Combining with Response Surface Analysis)(Edwards and Parry,1993)。

运用多项式回归结合响应曲面分析法进行一致效应和不一致效应研究,不仅能够放松传统差异分数法对回归方程的诸多限制、有效克服差异分数法自身存在的诸多缺陷(Edwards and Parry,1993),还能够通过三维响应曲面图十分直观地展示出复杂的三维影响关系并通过三维响应曲面的重要特征数据估计值挖掘出传统差异分数法舍弃掉的或直接测量法无法测量出的、有关一致效应和不一致效应的更多深层信息,以及检验两个预测变量(X 和 Y)的诸多复杂组合对应的 Z 值差异,非常值得在诸多领域中引入和推广。由于该方法会在多项式回归分析之后,基于多项式回归系数,在 $X—Y—Z$ 构造的三维空间中,绘制出不同的 (X,Y) 组合及其对应的 Z 值所形成的曲面,以及运用该三维响应曲面的重要特征数据估计值来判断研究假设是否成立,因此运用该方法来探讨两个预测变量(X 和 Y)间的"一致"(或称匹配、相似)或"不一致"(或称差异、偏离、不匹配、互补)对某一结果变量(Z)的差异影响,通常又被概括为"三维响应曲面模型检验"。

本章将在系统、详尽地梳理多项式回归结合响应曲面分析法的基础上,通过示例,详细演示软件(主要是 SPSS 19.0 和 OriginPro 2015)的具体操作步骤,并给出一致效应三维响应曲面模型检验和不一致效应三维响应曲面模型检验的经典范文示例。

5.1 基本概念、应用前提条件与分析流程

5.1.1 基本概念与应用场景

多项式回归结合响应曲面分析法是近年来在"多源反馈研究"(Multisource Feedback Research)领域中逐渐流行开来的一种较为成熟的统计分析方法(Shanock et al.,2010)。

通俗地讲,"多源反馈"即关于同一事物有多个来源的评价,"多源反馈研究"即探讨这些有关同一事物的多个来源评价间的一致或不一致对重要结果变量的差异影响。比如,Matta et al.(2015)运用角色理论,探讨了上级对领导成员交换关系质量的评价与下属对领导成员交换关系质量的评价间的一致或不一

致对下属工作投入水平的差异影响,即属于典型的多源反馈研究。

当然,多项式回归结合响应曲面分析法并不仅仅局限于在多源反馈研究中使用,它只是近年来在多源反馈研究中十分流行。多项式回归结合响应曲面分析法最初被运用于探讨个体对工作特征(工作多样性、工作自主性、工作控制范围、工作压力、出差等)的现实感知与期望间的"匹配"或"不匹配"对工作满意度的差异影响(Edwards,2002,2007),以及个体—环境匹配研究领域中,诸如工作环境的实际复杂性与个体期望的复杂性间的"一致"或"不一致"对工作不满意、工作负担不满意、倦怠、焦虑等的差异影响(Edwards and Parry,1993);后来,又被逐渐引入领导—下属在性格方面的相近效应或互补效应研究领域,比如,上级—下属在价值观方面的"相似"对下属组织承诺水平的影响(Meglino et al.,1989)、领导者—追随者在主动性人格特质方面的"一致"或"不一致"对追随者工作结果变量(工作满意度、情感承诺及工作绩效)的差异影响(Zhang et al.,2012)、领导—下属在外向性人格方面的"差异"或"互补"对下属工作投入水平的影响(陈乐妮等,2016)。

总之,多项式回归结合响应曲面分析法可以用于探讨两个预测变量间的诸多复杂组合对某一结果变量的差异影响。特别是当这两个预测变量间的"一致"或"不一致"是研究者在研究中需要重点考虑的问题时,尤为适合运用该方法来展开研究。因此,多项式回归结合响应曲面分析法即首先基于两个预测变量及其构造出的三个高阶项变量,对结果变量进行回归分析,然后运用多项式回归系数,将两个预测变量与结果变量间的复杂影响关系不仅通过一个三维响应曲面加以简单、直观地表现出来,亦基于三维响应曲面重要特征数据估计值来判断三维响应曲面模型是否显著成立的一种统计分析技术(Shanock et al.,2010)。

5.1.2 应用前提条件

在运用多项式回归结合响应曲面分析法进行实证研究之前,研究者应该首先判断即将进行的实证研究是否已经满足下述三个基本前提条件(Edwards,2002):

第一,两个预测变量(X 和 Y)必须是相称的(Commensurate)。

也就是说,用来预测结果变量的两个自变量 X 和 Y,应该来自同一个概念领域。这样它们的各种不同取值组合,或者二者间的一致或不一致,才具有理论意义。比如,前文提及的"员工薪酬感知"与"他人薪酬感知"(Telly and

Scott，1971；Summers and Hendrix，1991）、"工作要求"与"工作决策幅度"（Karasek，1979）、"上级价值观"与"下属价值观"（Meglino et al.，1989）、"领导者的主动性人格特质"与"追随者的主动性人格特质"（Zhang et al.，2012）、"领导者的权力距离感知"与"团队成员的权力距离感知"（Cole et al.，2013）、"上级有关领导成员交换关系质量的评价"与"下属有关领导成员交换关系质量的评价"（Matta et al.，2015），两个预测变量均来自同一概念领域，符合"相称"要求。

第二，两个预测变量（X 和 Y）的测量量表尽量使用相同点数的李克特量表评价法进行测量。

也就是说，不管是运用李克特 5 点量表评价法还是运用李克特 7 点量表评价法（或者是运用李克特的其他点量表评价法），两个预测变量（X 和 Y）的测量在研究设计时就应该尽量使用相同点数的李克特量表评价法进行测量。

尽管有研究者指出，如果预测变量（X 和 Y）的测量并没有使用相同点数的量表，亦可考虑将 X 和 Y 的测量转换为标准化的量表进行统一评价后（Harris et al.，2008），再进行多项式回归分析，然而这终究是"事后"解决之道。研究者在考虑使用多项式回归结合响应曲面分析法进行自己的研究前，在研究设计中的量表测量部分，就应该考虑到尽量使用相同点数的李克特量表评价法来测量预测变量 X 和 Y，以避免后续进行变量测量转换评价的烦琐与麻烦，不仅如此，转换评价与被调查者直接评价存在本质差异。

第三，满足多元回归分析的基本假设前提。

具体来说，即运用多项式回归结合响应曲面分析法进行一致效应和不一致效应三维响应曲面模型检验之前，应该确保实证数据满足残差独立、正态分布、方差恒定、与预测变量无相关性等基本假设前提。

5.1.3 两种典型的三维响应曲面模型

现有研究文献中，研究者们主要运用多项式回归结合响应曲面分析法来检验两个预测变量（X 和 Y）间趋于一致（包括 X 和 Y 高水平趋于一致和低水平趋于一致）和不一致（包括 X 和 Y 间的"高—低"不一致组合及"低—高"不一致组合）对结果变量 Z 的差异影响。依据研究者的关注点是强调两个预测变量 X 和 Y 间越趋于一致时结果变量 Z 越趋于取得最大值还是 X 和 Y 间越趋于不一致时结果变量 Z 越趋于取得最大值，现有文献存在一致效应三维响应曲面模型和不一致效应三维响应曲面模型两种典型。换言之，一致效应和不一致效应研究通常探讨两类典型假设：第一类，两个预测变量 X 和 Y 间越趋于一致时，结果变

第 5 章 三维响应曲面模型的检验、结果解读与汇报

量 Z 越趋于取得最大值;第二类,两个预测变量 X 和 Y 间越趋于不一致时,结果变量 Z 越趋于取得最大值。它们的三维响应曲面分别对应"凹型脊状曲面"[如图 5-1(a)所示]和"凸型槽状曲面"[如图 5-1(b)所示]。判断一个三维响应曲面究竟是属于凹型脊状曲面还是属于凸型槽状曲面,主要依据该三维响应曲面上任意两点的连线与三维响应曲面的位置关系。如果三维响应曲面上任意两点连线的位置均高于或落在该三维响应曲面上,则该三维响应曲面为凸型槽状曲面;如果三维响应曲面上任意两点连线的位置均低于或落在该三维响应曲面上,则该三维响应曲面为凹型脊状曲面(Chiang, 1974)。从图 5-1 直观来看,所谓的"凸"与"凹"是相对于 X 和 Y 构成的平面而言的。

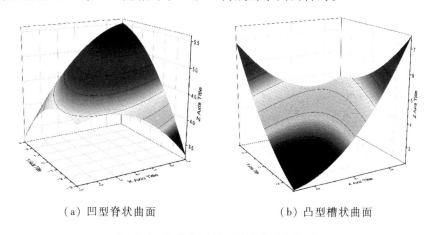

(a)凹型脊状曲面　　　　　　(b)凸型槽状曲面

图 5-1　两种典型的三维响应曲面模型

第一种类型,一致效应凹型脊状曲面模型。

直观来说,一致效应凹型脊状曲面模型即相比不一致组合,两个变量(X 和 Y)取值趋于一致所带来的结果更好。

Matta et al.(2015)探讨上级与下属有关领导成员交换关系质量评价趋于一致,也即上级与下属彼此"看对眼"是否影响下属工作投入水平的研究,即属于典型的强调 X 和 Y 间趋于一致的一致效应研究。他们运用角色理论,提出有关一致效应研究的三个研究假设:①假设 1 认为,上级与下属有关领导成员交换关系质量评价越趋于一致,下属的工作投入水平越高;②假设 2 认为,当上级与下属有关领导成员交换关系质量评价均较高时,相比二者均较低的情形,前一情形所对应的下属工作投入水平较高。③假设 3 认为,相比上级对领导成员交换关系质量评价高于下属情形下的下属工作投入水平,当下属对领导成员交换关系质量评价高于上级时,下属的工作投入水平较高。

这三个研究假设所构建出的三维响应曲面模型即图 5-1(a)所示的凹型脊

状曲面模型。其中,研究假设 1 是强调上级的领导成员交换关系质量评价与下属的领导成员交换关系质量评价趋于一致时对应的下属工作投入水平更高;研究假设 2 则是对比上级的领导成员交换关系质量评价与下属的领导成员交换关系质量评价的两种趋于一致情形对下属工作投入水平的差异影响,认为相比"低—低"一致组合而言,"高—高"一致组合会让下属的工作投入水平更高;研究假设 3 则是对比上级的领导成员交换关系质量评价与下属的领导成员交换关系质量评价的两种不一致情形对下属工作投入水平的差异影响,认为相比"高—低"不一致组合而言,"低—高"不一致组合会让下属的工作投入水平更高。

第二种类型,不一致效应凸型槽状曲面模型。

直观来说,不一致效应凸型槽状曲面模型,即相比一致组合,两个变量(X 和 Y)取值不一致所带来的结果更好,也可以称为"互补效应"。

国内学者陈乐妮等(2016)运用多项式回归结合响应曲面分析法,对领导与下属在外向性人格方面的互补性对下属工作投入的影响考察,则属于典型的 X 和 Y 间不一致时的不一致效应研究。他们依据支配补偿理论,提出有关领导与下属在外向性人格方面的互补性对下属工作投入可能影响的三个研究假设:①假设 1 认为,相比领导与下属在外向性人格方面趋于一致的情形,领导与下属在外向性人格方面有差异情形对应的下属工作投入水平更高。②假设 2 认为,相比"低下属外向—高领导外向"组合,"高下属外向—低领导外向"组合对应的下属工作投入水平更高。③假设 3 认为,当领导与下属在外向性人格方面趋于一致时,下属的工作投入与外向性人格存在倒 U 形曲线关系,具体而言,下属的工作投入水平先随着外向性人格水平上升而上升,达到极值点后再下降。

这三个研究假设所构建出的三维响应曲面模型即图 5-1(b)所示的凸型槽状曲面模型。其中,研究假设 1 是对领导与下属在外向性人格方面趋于一致和不一致/互补情形分别对应的下属工作投入水平的比较推测,它强调二者间不一致(也即互补)时下属工作投入水平更高;研究假设 2 则是对比领导与下属在外向性人格方面的两种典型互补组合(即"低下属外向—高领导外向"组合和"高下属外向—低领导外向"组合)带来的下属工作投入水平差异;研究假设 3 则是对领导与下属在外向性人格方面趋于一致的情形下,二者间一致水平由低到高的变化对下属工作投入水平的影响趋势的推断。

5.1.4 分析流程

运用多项式回归结合响应曲面分析法进行一致效应和不一致效应三维响应曲面模型检验,通常包括以下五个步骤(具体操作对应 5.2 中的五个部分):

第一步,X 和 Y 间趋于一致与不一致的样本比例分析,即进行两个预测变量 X 和 Y 间趋于一致与不一致的样本比例分布情况分析,并明确预测变量 X 和 Y 间不一致的样本比例是否足够大。只有在 X 和 Y 间不一致的样本比例超过 10%(含 10%)时,运用多项式回归结合响应曲面分析法进行一致效应和不一致效应三维响应曲面模型检验,才更具有现实意义和实践价值(Shanock et al., 2010)。

第二步,多项式回归分析。明确了探讨 X 和 Y 间趋于一致或不一致对结果变量 Z 的差异影响具有现实意义和实践价值后,接着,即运用两个预测变量 X 和 Y 及其构造出的三个高阶项变量,在 SPSS 19.0 软件中进行多项式回归分析。

第三步,绘制三维响应曲面。当第二步中多项式回归方程对应的 F 值显著、纳入三个高阶项变量后的回归方程的 R^2 显著提升,以及至少存在一个高阶项变量的回归系数显著不为 0 时,即可基于多项式回归分析所获得的非标准化回归系数,运用 OriginPro 2015 软件绘制两个预测变量 X 和 Y 影响结果变量 Z 的三维响应曲面。

第四步,估计三维响应曲面的重要特征数据。运用多项式回归系数的线性组合和非线性组合,估计三维响应曲面的重要特征数据。

第五步,结果解读和研究假设检验。基于三维响应曲面重要特征数据的估计结果,解读两个预测变量 X 和 Y 间趋于一致或不一致对结果变量 Z 的差异影响,并检验研究假设是否成立。

5.2 多项式回归结合响应曲面分析法的分析流程

为了便于在每一步骤中清晰而具体地展示软件的操作界面,并利于读者理解每一步骤是如何操作的,本章首先给出一个具体的研究示例[①]。下述部分,即关于该研究示例的背景介绍。

≈ ≈

制度实际有效性—制度有效性主观期望对供应链协作有效性的影响

实证调查发现,中国当前经济转型情境下,55.839%的供应链样本节点企业认为制度实际有效性与其对制度有效性的主观期望趋于一致;44.161%的样本节点企业认为二者间相偏离或存在较大差异,其中 24.088%的样本节点企业对制度有效性的主观期望水平不高,20.073%的样本节点企业认为制度实际有

---

① 张海燕,张正堂. 匹配视角的制度信任与供应链节点企业协作有效性:基于多项式回归结合响应曲面分析法[J]. 山西财经大学学报,2017,39(8):56-70.

性水平远未达到其对制度有效性的主观期望水平。制度实际有效性和制度有效性主观期望,是制度信任内涵的两个不可分割的重要组成部分。因此,无论是从研究内容上通过探讨新情境而丰富现有制度信任研究和中国情境化研究(理论意义),还是从解决中国当前经济转型情境下如何通过制度信任研究以提升节点企业协作有效性进而推进经济深化转型的现实问题(实践意义),均无法忽视上述存在的客观事实,也迫切要求我们在现有研究的基础上深入考察和揭示以下问题:中国当前经济转型情境下制度环境的"制度实际有效性"与供应链节点企业的"制度有效性主观期望"间的一致和不一致,是否会对供应链协作有效性产生显著不同的影响?

图 5-2 即具体研究模型(研究假设的提出部分省略,感兴趣的读者可查阅论文原文)。

图 5-2　匹配视角的制度信任对供应链节点企业协作有效性影响研究模型

张海燕和张正堂(2017)提出如下研究假设:

H1a:制度实际有效性正向影响供应链协作信任。

H1b:供应链节点企业的制度有效性主观期望正向影响供应链协作信任。

H2:相比制度实际有效性—制度有效性主观期望间的"低—低"趋于一致组合所对应的供应链协作信任水平,"高—高"趋于一致组合所对应的供应链协作信任水平更高。

H3:制度实际有效性与制度有效性主观期望间的"高—低"不一致组合和"低—高"不一致组合情形下,高水平一方均将补偿低水平一方对供应链协作信任正向影响的削弱作用,具体来说,相比制度实际有效性—制度有效性主观期望间的"低—高"不一致组合,"高—低"不一致组合所对应的供应链协作信任水平更高。

≈≈

5.2.1　两个预测变量 X 和 Y 间"趋于一致"与"不一致"的样本比例分析

5.2.1.1　步骤和判断标准

现有一致效应和不一致效应实证研究文献,几乎均未分析两个预测变量 X

第 5 章　三维响应曲面模型的检验、结果解读与汇报

和 Y 间"趋于一致"与"不一致"的样本比例情况。比如，Edwards and Parry（1993）、Edwards（2002）、唐杰等（2011）、Zhang et al.（2012）、张珊珊等（2012）、Cole et al.（2013）、马红宇等（2014）、Matta et al.（2015）、陈乐妮等（2016）等，在运用多项式回归结合响应曲面分析法进行实证研究时，均未进行两个预测变量 X 和 Y 间"趋于一致"与"不一致"的样本比例分析。Shanock et al.（2010）却坚持，在考虑运用多项式回归结合响应曲面分析法进行一致效应和不一致效应研究之前，应该首先进行两个预测变量 X 和 Y 间"趋于一致"与"不一致"的样本比例分析，如此才能确保后续分析更具有实践价值。我们认同 Shanock et al.（2010）的主张，也建议研究者在运用多项式回归结合响应曲面分析法进行一致效应和不一致效应实证研究时，首先进行两个预测变量 X 和 Y 间"趋于一致"与"不一致"的样本比例分析，这是进行三维响应曲面模型检验的首要步骤。

依据 Fleenor et al.（1996）的做法，我们将两个预测变量 X 和 Y 间"趋于一致"与"不一致"的样本比例分析的具体操作步骤总结如下：

首先，对两个趋于一致或存在不一致的预测变量 X 和 Y 的原始数据进行标准化处理，进而获得 ZX 和 ZY。

然后，计算并依据每个样本对应的 ZX 和 ZY 的差值，进行样本类型归类：① 若某个样本对应的 |ZX-ZY| 值小于或等于 0.5，则将该样本归入"X 和 Y 间趋于一致"类型；② 若某个样本对应的 |ZX-ZY| 值大于 0.5，则将该样本归入"X 和 Y 间不一致"类型，其中依据 ZX 和 ZY 的差值是否大于 0.5 或是否小于 -0.5，又可将"X 和 Y 间不一致"类型细分为"X 高于 Y"类型［即 (ZX-ZY) 值大于 0.5］和"X 低于 Y"类型［即 (ZX-ZY) 值小于 -0.5］。

接着，统计归入"X 和 Y 间趋于一致"类型、"X 高于 Y"类型和"X 低于 Y"类型的样本数量，计算归入相应类型的样本数量分别占总样本数量的具体比例。

最后，依据 Shanock et al.（2010）的建议，将归入"X 和 Y 间不一致"类型的样本比例与 10% 的判定标准进行比较，只要"X 和 Y 间不一致"类型的样本比例超过 10%（含 10%），就表明继续运用多项式回归结合响应曲面分析法进行一致效应和不一致效应实证研究具有现实意义与实践价值。

5.2.1.2　软件操作演示

建议运用 SPSS 软件进行两个预测变量 X 和 Y 间"趋于一致"与"不一致"的样本比例分析。下文展示的，即在 SPSS 19.0 软件中，进行研究示例中制度实际有效性—制度有效性主观期望间"趋于一致"与"不一致"的样本比例分析的

详细操作。

为了清晰地展示SPSS 19.0软件的操作界面,展示的研究示例的数据文件①仅保留三个研究变量——"制度实际有效性"(X)、"制度有效性主观期望"(Y)和"供应链协作信任"(Z);三个研究变量的测量,均运用李克特5点量表评价法进行操作。图5-3即制度实际有效性—制度有效性主观期望对供应链协作信任影响研究数据文件的"变量视图"窗口;图5-4即制度实际有效性—制度有效性主观期望对供应链协作信任影响研究数据文件的"数据视图"窗口,样本容量为274。

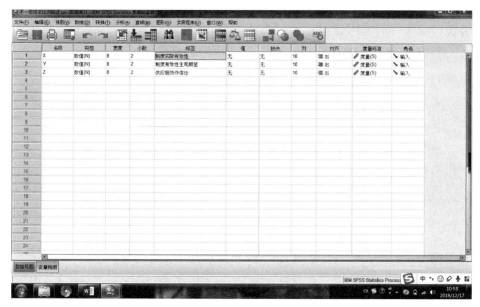

图5-3 制度实际有效性—制度有效性主观期望对供应链协作信任影响研究数据文件的"变量视图"窗口($N=274$)

第一步,标准化处理两个预测变量(X和Y)的原始数据。

首先,在图5-3中的"变量视图"窗口或图5-4中的"数据视图"窗口,点击菜单栏中的"分析"主菜单,然后,会出现如图5-5所示的"分析"主菜单下的一系列二级子菜单,选中其中的"描述统计"。接着,再选中"描述统计"三级子菜单中的"描述",则会跳出如图5-6所示的对话窗口。

---

① 演示数据见本章附录材料1-不一致样本比例描述.sav。

第 5 章 三维响应曲面模型的检验、结果解读与汇报

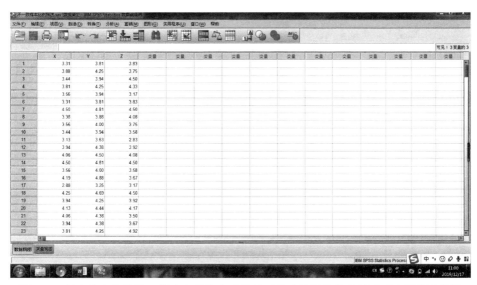

图 5-4 制度实际有效性—制度有效性主观期望对供应链协作信任影响研究数据文件的"数据视图"窗口（$N=274$）

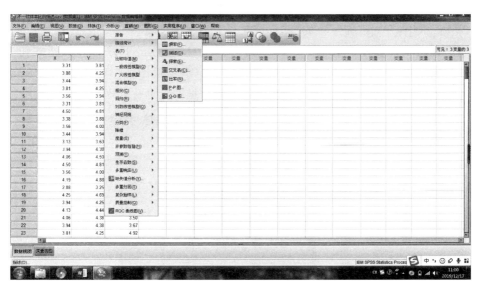

图 5-5 "制度实际有效性"变量和"制度有效性主观期望"变量的数据标准化处理（一）

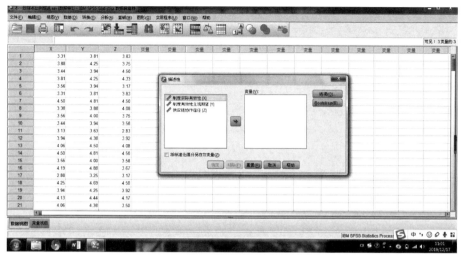

图 5-6 "制度实际有效性"变量和"制度有效性主观期望"变量的
数据标准化处理(二)

接着,在图 5-6 所示的对话窗口左侧框中,选中"制度实际有效性[X]"和"制度有效性主观期望[Y]",点击中间的箭头按钮,使其选入右侧的"变量(V):"框中,并勾选左下方的"将标准化得分另存为变量(Z)"。上述操作后的界面如图 5-7 所示。在图 5-7 所示的对话窗口中,点击下方的"确定"按钮,运行后获得的数据文件的"变量视图"窗口和"数据视图"窗口,分别如图 5-8 和图 5-9 所示。至此,对两个预测变量原始数据的标准化处理完成。

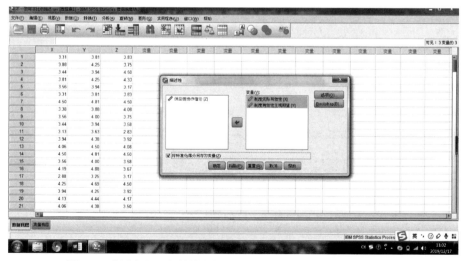

图 5-7 "制度实际有效性"变量和"制度有效性主观期望"变量的
数据标准化处理(三)

第 5 章 三维响应曲面模型的检验、结果解读与汇报

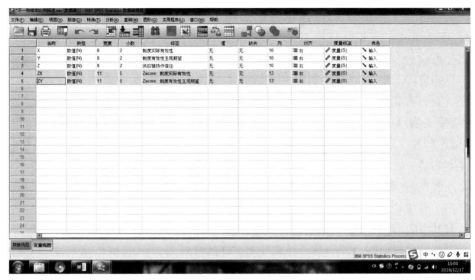

图 5-8 "制度实际有效性"变量和"制度有效性主观期望"变量的
数据标准化处理后的"变量视图"窗口

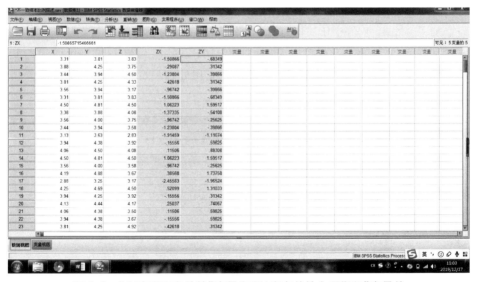

图 5-9 "制度实际有效性"变量和"制度有效性主观期望"变量的
数据标准化处理后的"数据视图"窗口

比较图 5-3 和图 5-8 后会发现,两个预测变量 X 和 Y 的原始数据进行标准化处理后,图 5-8 中的数据文件增加了两个新变量"ZX"和"ZY",它们分别为标准化处理后的"制度实际有效性"变量和"制度有效性主观期望"变量。比较

图 5-4 和图 5-9 后会发现,两个预测变量 X 和 Y 的原始数据进行标准化处理后,图 5-9 中的数据文件增加了"ZX"和"ZY"两列新数据,它们即为经过标准化处理后的"制度实际有效性"值和"制度有效性主观期望"值。

第二步,创建新变量"DIF"并进行样本归类。

在标准化处理两个预测变量原始数据后的数据文件中,创建一个新变量(变量名为"DIF"),用以表示原始数据标准化处理后的两个预测变量的差值绝对值"|ZX-ZY|"。之后,再依据每个样本对应的新变量"DIF"的具体值,进行样本归类:

首先,在图 5-8 所示的"变量视图"窗口或图 5-9 所示的"数据视图"窗口中,点击主菜单栏中的"转换"菜单,会显示出如图 5-10 所示的一系列二级子菜单;点击其中的"计算变量"菜单,则会跳出如图 5-11 所示的"计算变量"对话窗口。

然后,在图 5-11 所示的"计算变量"对话窗口中,在"目标变量(T):"下方的框中输入要创建的新变量名"DIF",在右侧的"数字表达式(E):"下方的框中输入"ABS(ZX - ZY)"。输入操作结束后的界面如图 5-12 所示。

接着,点击图 5-12 中"计算变量"对话窗口最下方的"确定"按钮,运行之后,如图 5-13 所示,创建新变量"DIF"之后的数据文件的"变量视图"窗口中,即增加了一个新变量"DIF";同样地,如图 5-14 所示,创建新变量"DIF"之后的数据文件的"数据视图"窗口中,即增加了"DIF"列,该列数据即为新创建的变量"DIF"的对应值。至此,表示原始数据标准化处理后的两个预测变量的差值绝对值"|ZX-ZY|"的新变量"DIF"创建完毕。

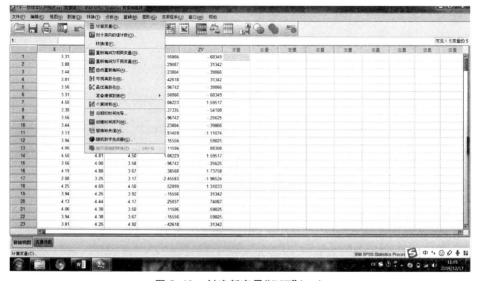

图 5-10 创建新变量"DIF"(一)

第 5 章 三维响应曲面模型的检验、结果解读与汇报

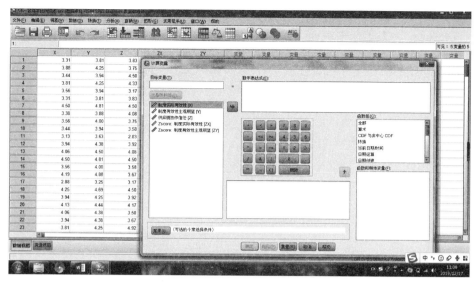

图 5-11 创建新变量"DIF"（二）

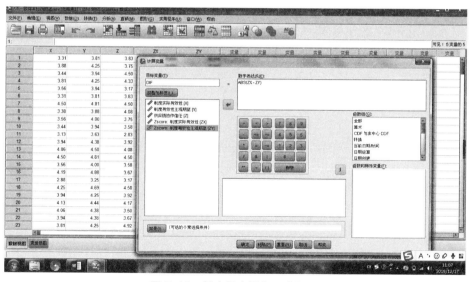

图 5-12 创建新变量"DIF"（三）

最后，将每个样本对应的"DIF"变量值，逐一与 0.5 进行比较，依据比较结果进行样本类型归类。为了便于后续进行样本数量的统计分析，建议在进行样本类型归类之前，创建一个表示"样本类型"的变量（将"样本类型"变量名命名为"TYPE"），然后再依据每个样本对应的"DIF"变量值与 0.5 的比较结果，在数据文件的"数据视图"窗口中的"TYPE"列，输入该样本应该归入类型的"TYPE"

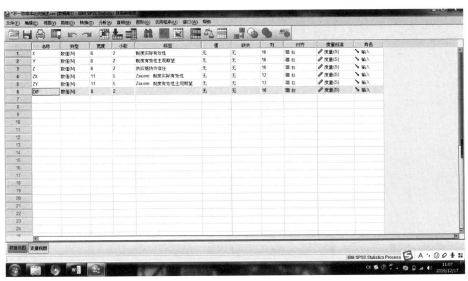

图 5-13 创建新变量"DIF"之后的数据文件的"变量视图"窗口

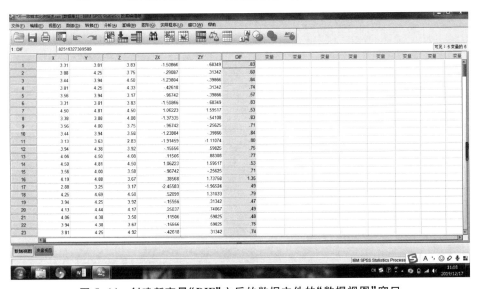

图 5-14 创建新变量"DIF"之后的数据文件的"数据视图"窗口

变量的对应值。表示"样本类型"的新变量"TYPE"的具体创建过程为:首先,点击图 5-14 中数据编辑器窗口左下方的"变量视图",即获得如图 5-15 所示的"变量视图"窗口界面;在图 5-15 所示的"变量视图"窗口界面中的第 7 行(空白行)的"名称"列,直接输入"TYPE"(要创建的新变量"样本类型",变量名为"TYPE"),默认类型为数值型,在"标签"列输入"样本类型";然后,点击"值"列与第 7 行相交的单元格,会跳出如图 5-16 所示的"值标签(V)"对话窗口;在

图 5-16 所示的"值标签(V)"对话窗口中,继续进行"TYPE"变量的取值定义:如图 5-17 所示,"0"值表示样本归属于两个预测变量 X 和 Y 间的"X 与 Y 趋于一致"类型,"1"值表示样本归属于两个预测变量 X 和 Y 间的"X 与 Y 不一致"类型;最后,点击图 5-17 所示的"值标签(V)"对话窗口最下方的"确定"按钮,至此,创建表示样本类型的新变量"TYPE"的操作过程即完成。图 5-18 即新变量"TYPE"创建后的"变量视图"窗口,可以看出,相比图 5-17,第 7 行中的"值"列已完成"TYPE"变量的取值定义。

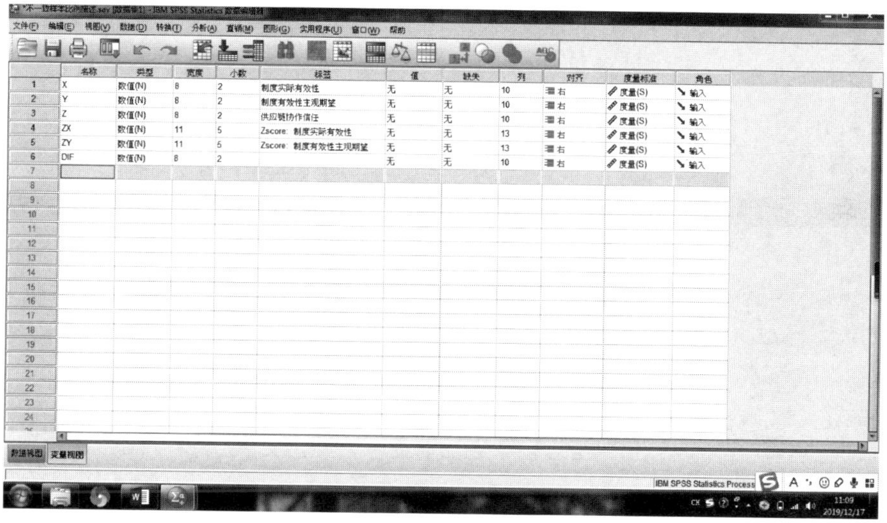

图 5-15 创建新变量"TYPE"(一)

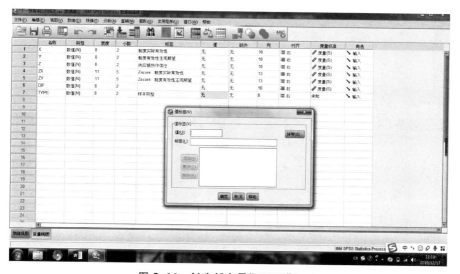

图 5-16 创建新变量"TYPE"(二)

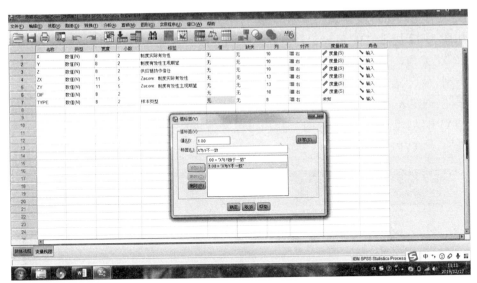

图 5-17 创建新变量"TYPE"(三)

图 5-18 创建新变量"TYPE"(四)

创建好新变量"TYPE"后,接下来,则要对每个样本对应的新变量"TYPE"进行具体赋值。点击图 5-18 数据编辑器窗口左下方的"数据视图",则如图 5-19 所示,"TYPE"列的数值为空白,需要进一步依据每个样本对应的"DIF"变量值与 0.5 的具体比较结果,在"TYPE"列相应位置输入该样本应该归属的"TYPE"变量的对应值:如果某个样本对应的"DIF"变量值小于或等于 0.5,则该样本应当归入"制度实际有效性"(X)与"制度有效性主观期望"(Y)间的"X 与

第 5 章　三维响应曲面模型的检验、结果解读与汇报

Y 趋于一致"类型,因此,对应的"TYPE"变量应该赋值为"0";如果某个样本对应的"DIF"变量值大于 0.5,则该样本应当归入"制度实际有效性"(X)与"制度有效性主观期望"(Y)间的"X 与 Y 不一致"类型,因此,相应的"TYPE"变量应该赋值为"1"。所有样本($N=274$)的"TYPE"变量赋值完成后的情况如图 5-20 所示。

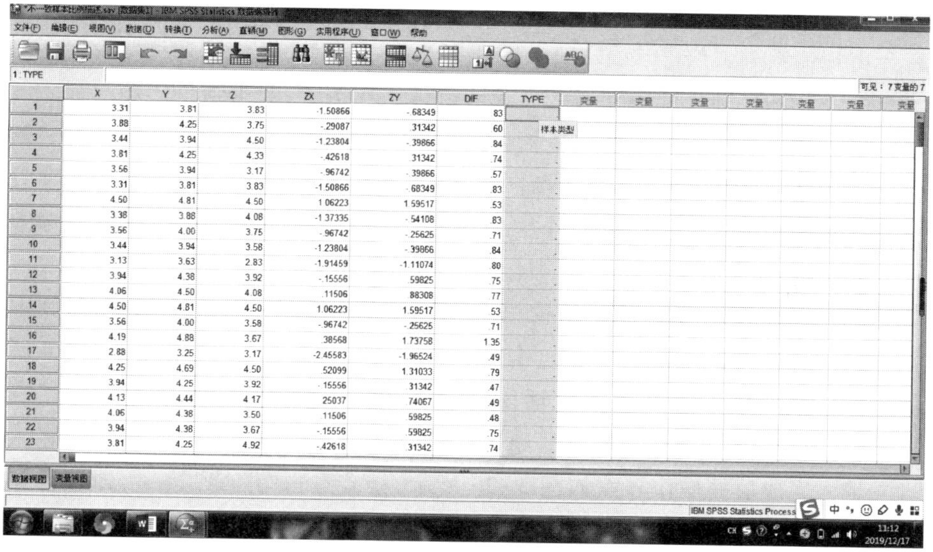

图 5-19　创建新变量"TYPE"(五)

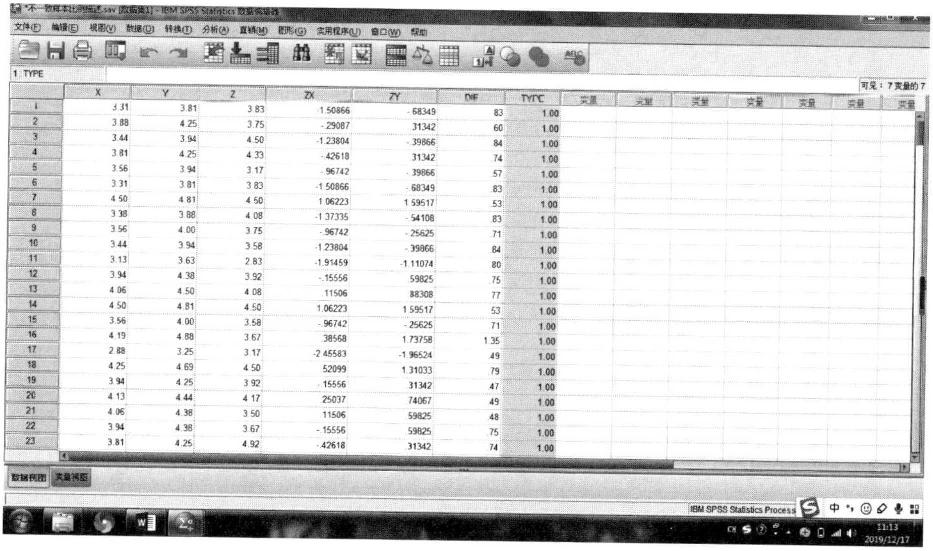

图 5-20　新变量"TYPE"完成赋值后的"数据视图"窗口

第三步,依据新变量"TYPE",进行两个预测变量 X 和 Y 间"趋于一致"与"不一致"的样本比例分析。

依据新变量"TYPE",即可进行研究示例中"制度实际有效性"(X)和"制度有效性主观期望"(Y)间"趋于一致"样本比例与"不一致"样本比例的计算了。

具体来说,在图5-20所示的窗口中,点击主菜单栏中的"分析"菜单,如图5-21所示在出现的一系列二级子菜单中,选中其中的"比较均值"菜单,然后会出现一系列三级子菜单,选中其中的"独立样本 T 检验"菜单,即跳出如图5-22所示的"独立样本 T 检验"对话窗口。在图5-22所示的"独立样本 T 检验"对话窗口中,选中左侧变量框中的"TYPE"变量,通过按钮操作选入右侧下方的"分组变量(G):"框中;然后,再选中"制度实际有效性[X]""制度有效性主观期望[Y]"和"供应链协作信任[Z]"三个研究变量,通过按钮操作选入右侧上方的"检验变量(T):"框中,上述操作完成后的界面窗口如图5-23所示;接着,在图5-23所示的对话窗口中,单击"分组变量(G):"下的方框,则下方的"定义组(D)…"按钮可用,点击"定义组(D)…"按钮,即跳出如图5-24所示的"定义组"对话窗口,在该对话窗口中,依据"样本类型"对应的"TYPE"变量取值定义为"0"和"1",分别在"组1(1):"后输入"0"和在"组2(2):"后输入"1",输入完成后的操作界面如图5-25所示,接着点击"继续"按钮,即获得如图5-26所示的操作界面。在图5-26所示的"独立样本 T 检验"对话窗口中,点击左下角的"确定"按钮,即给出图5-27所示的 T 检验结果。

图5-21 "制度实际有效性"(X)和"制度有效性主观期望"(Y)间
"趋于一致"与"不一致"的样本比例计算(一)

第 5 章 三维响应曲面模型的检验、结果解读与汇报

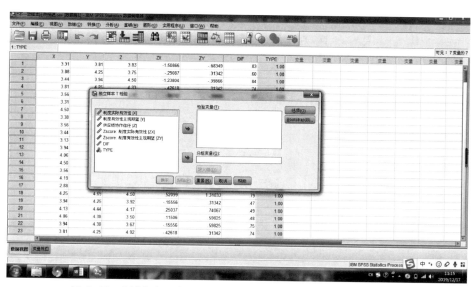

图 5-22 "制度实际有效性"(X)和"制度有效性主观期望"(Y)间
"趋于一致"与"不一致"的样本比例计算(二)

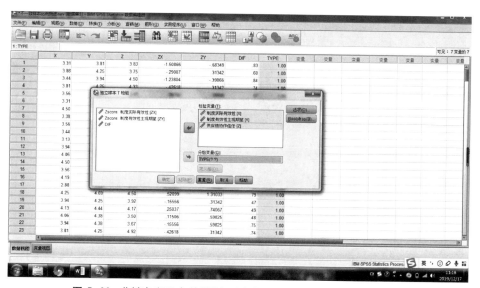

图 5-23 "制度实际有效性"(X)和"制度有效性主观期望"(Y)间
"趋于一致"与"不一致"的样本比例计算(三)

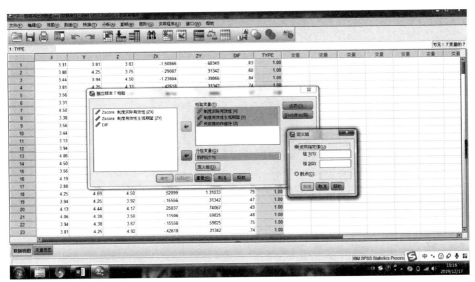

图 5-24 "制度实际有效性"(X)和"制度有效性主观期望"(Y)间"趋于一致"与"不一致"的样本比例计算(四)

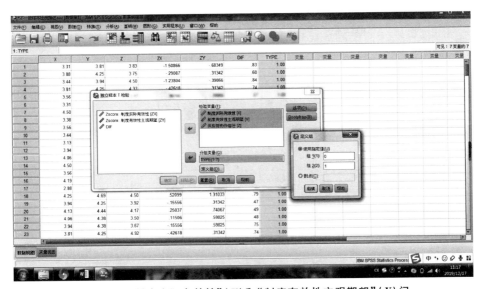

图 5-25 "制度实际有效性"(X)和"制度有效性主观期望"(Y)间"趋于一致"与"不一致"的样本比例计算(五)

第 5 章 三维响应曲面模型的检验、结果解读与汇报

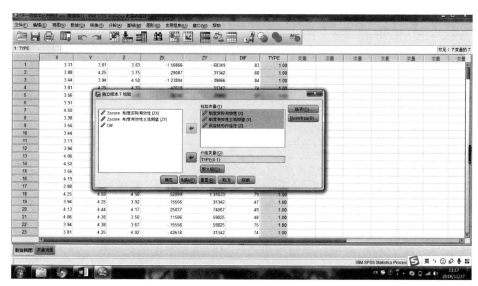

图 5-26 "制度实际有效性"(X)和"制度有效性主观期望"(Y)间
"趋于一致"与"不一致"的样本比例计算(六)

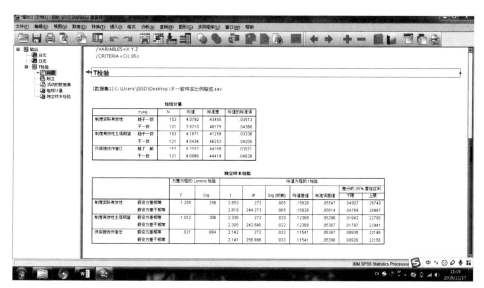

图 5-27 "制度实际有效性"(X)和"制度有效性主观期望"(Y)间
"趋于一致"与"不一致"的样本比例计算(七)

对图 5-27 中"组统计量"表格进行重新整理,即可获得如表 5-1 所示的"制度实际有效性"(X)和"制度有效性主观期望"(Y)间"趋于一致"与"不一致"的样本比例情况。

表 5-1 研究示例中 X 和 Y 间"趋于一致"与"不一致"的样本比例情况

类型	数量(家)	比例(%)	X	Y	Z
制度实际有效性(X)和制度有效性主观期望(Y)间"趋于一致"	153	55.839	4.079	4.167	4.204
制度实际有效性(X)和制度有效性主观期望(Y)间"不一致"	121	44.161	3.921	4.043	4.089

注:样本量 = 274。

如表 5-1 所示,对于研究示例而言,外部制度环境的"制度实际有效性"和供应链节点企业的"制度有效性主观期望"间"趋于一致"的样本比例为 55.839%、"不一致"的样本比例达到 44.161%,因此 X 和 Y 间"不一致"的样本比例远远超过 10%的判定标准,表明继续使用多项式回归结合响应曲面分析法深入探讨外部制度环境的"制度实际有效性"和供应链节点企业的"制度有效性主观期望"间的趋于一致或不一致对供应链协作信任的差异影响具有很高的实践价值。

5.2.2 多项式回归分析

5.2.2.1 概述和检验标准

一致效应和不一致效应研究中的多项式回归分析,是指由两个趋于一致或不一致的预测变量 X 和 Y 先构造出三个高阶项变量——X 的平方项(即 X^2)、X 和 Y 的乘积项(即 XY)及 Y 的平方项(即 Y^2),然后,将 X、Y、X^2、XY 和 Y^2 这五个多项式共同纳入对重要结果变量 Z 的回归分析,即

$$Z = b_0 + b_1 X + b_2 Y + b_3 X^2 + b_4 XY + b_5 Y^2 + e$$

其中,b_0 表示截距,b_1、b_2、b_3、b_4 和 b_5 分别表示 X、Y、X^2、XY 和 Y^2 的非标准化回归系数,e 表示随机误差。另外,该回归方程未考虑控制变量,研究者可依据研究需要自行加入控制变量。

为了尽可能地避免多重共线性并利于后续的结果解读,在进行多项式回归分析之前,应该首先对两个预测变量 X 和 Y 的原始数据进行中心化处理,然后,运用中心化处理后的数据计算出三个高阶变量的值。所以,实际的多项式回归分析方程应该是(Shanock et al., 2010):

$$Z = b_0 + b_1(X - \bar{X}) + b_2(Y - \bar{Y}) + b_3(X - \bar{X})^2 + b_4(X - \bar{X})(Y - \bar{Y}) + b_5(Y - \bar{Y})^2 + e$$

其中,$\bar{X}$ 表示 X 均值,$\bar{Y}$ 表示 Y 均值。依据 Aiken and West(1991)的建议,关于数据的中心化处理存在多种操作方法,比如可以围绕变量的"均值"进行数据的中

心化处理,亦可以围绕变量测量量表使用李克特量点"中值"进行数据的中心化处理。在运用多项式回归分析进行相关研究的文献中,一些学者赞同围绕变量测量量表使用李克特量点"中值"进行数据的中心化处理,比如 Edwards(1994)和 Shanock et al.(2010);也有一些学者主张围绕变量的"均值"进行数据的中心化处理,比如 Zhang et al.(2012)和 Matta et al.(2015)。因此,上述多项式回归分析方程中的$\bar{X}$和$\bar{Y}$既可以是"均值",又可以是量点"中值",读者可依据两种操作方法对应的中心化处理意义,并结合自己的研究目的自行选择。

依据多项式回归分析结果,进行下述标准判断:

第一,多项式回归方程是否拟合良好,即 F 值是否显著;

第二,纳入三个高阶项变量后的回归方程的 R^2 是否显著提升;

第三,三个高阶项变量对应的回归系数是否显著不为 0。

如果多项式回归方程的 F 值显著,纳入三个高阶项变量后的回归方程的 R^2 显著提升,并且至少存在一个高阶项变量的回归系数显著不为 0(即 b_3、b_4 和 b_5 中,至少有一个显著),那么即可表明后续基于非标准化回归系数进行三维响应曲面绘制、三维响应曲面重要特征数据估计以及结果解读和研究假设检验,是十分有意义的。

5.2.2.2 软件操作演示

依然以制度实际有效性—制度有效性主观期望对供应链协作信任影响为研究示例,演示如何在 SPSS 19.0 软件中进行多项式回归分析。操作数据即图 5-20 所示的数据文件。

第一步,构建三个高阶项变量(X^2、XY、Y^2)。

在 SPSS 19.0 软件中,进行两个预测变量 X 和 Y 原始数据的中心化处理,并基于中心化处理后的 X 和 Y,构造三个高阶项变量——预测变量 X 的平方项变量(在数据文件中变量命名为"X2")、预测变量 X 和预测变量 Y 的乘积项变量(在数据文件中变量命名为"XY")、预测变量 Y 的平方项变量(在数据文件中变量命名为"Y2")。以预测变量 X 和预测变量 Y 的乘积项"XY"变量在 SPSS 19.0 软件中的构造操作为例,详细展示具体的软件操作步骤。

在图 5-20 所示的"数据视图"窗口中,点击主菜单栏中的"转换"菜单,在展开的一系列二级子菜单中(如图 5-28 所示),选中"计算变量"菜单,则会跳出如图 5-29 所示的"计算变量"对话窗口;在图 5-29 所示的"计算变量"对话窗口中,在左侧"目标变量(T):"下方的框中,输入代表两个预测变量 X 和 Y 的乘积项的新变量名称"XY",在右侧"数字表达式(E):"下方的框中输入"(X-3)*(Y-3)"。此处,运用的是两个预测变量 X 和 Y 的测量量表量点中值法,进行 X

和 Y 原始数据的中心化处理。由于研究示例中的三个研究变量均采用李克特 5 点量表评价法实现操作化,因此此处基于量点中值法进行预测变量 X 和预测变量 Y 原始数据的中心化处理操作中的量点中值即为"3"。接着,在图 5-29 所示的"计算变量"对话窗口中,点击对话窗口左下方的"确定"按钮,即完成了两个预测变量 X 和 Y 的乘积项"XY"变量的构造。图 5-30 展示的即"XY"变量构造后的数据文件的"数据视图"窗口,数据文件的最后一列"XY"列即构造出的"XY"变量对应的数据。

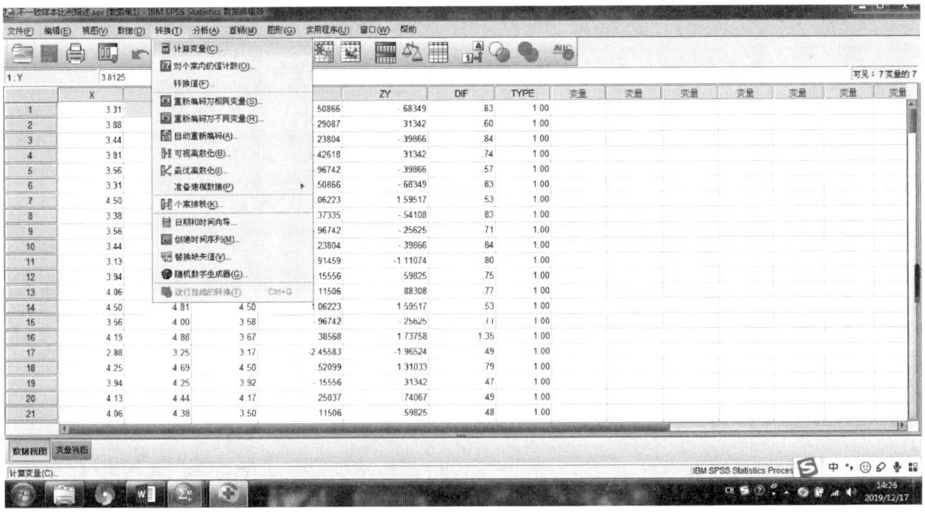

图 5-28 预测变量 X 和预测变量 Y 的乘积项"XY"变量的构造(一)

图 5-29 预测变量 X 和预测变量 Y 的乘积项"XY"变量的构造(二)

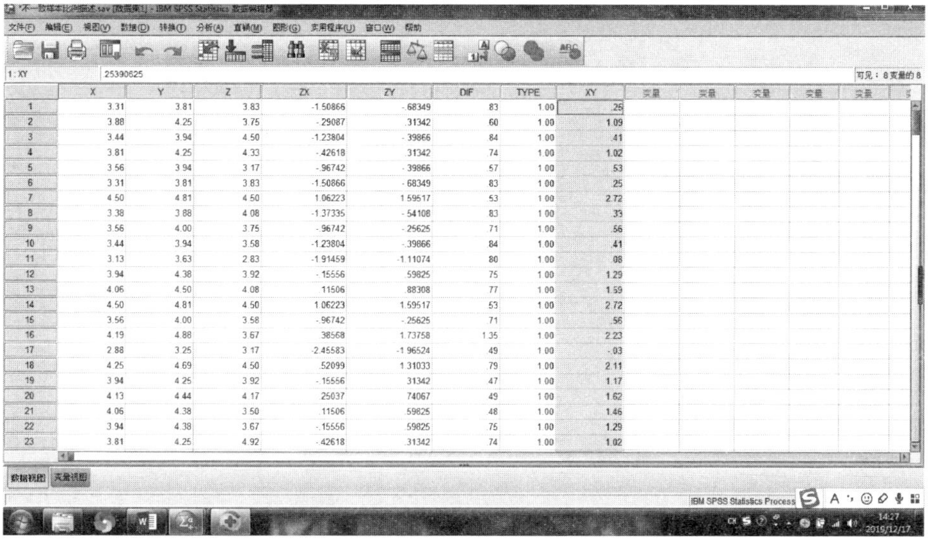

第 5 章 三维响应曲面模型的检验、结果解读与汇报

图 5-30 预测变量 X 和预测变量 Y 的乘积项"XY"变量的构造(三)

按照上述步骤,依次完成预测变量 X 的平方项变量(变量名为"X2")的构造和预测变量 Y 的平方项变量(变量名为"Y2")的构造,图 5-31 和图 5-32 分别对应这两个高阶项变量的构造过程界面。

图 5-33 展示的即完成了三个高阶项变量——预测变量 X 的平方项变量(变量名为"X2")、预测变量 X 和 Y 的乘积项变量(变量名为"XY")及预测变量 Y 的平方项变量(变量名为"Y2")——构造后的数据文件的"数据视图"窗口。

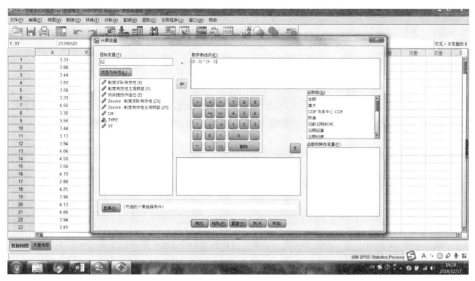

图 5-31 预测变量 X 的平方项"X2"变量的构造

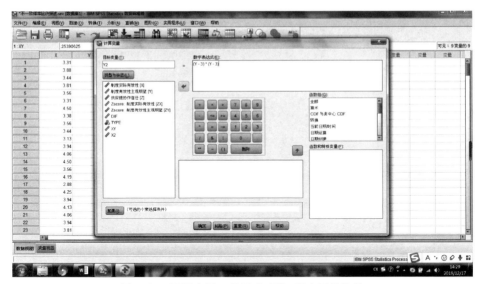

图 5-32 预测变量 Y 的平方项"Y2"变量的构造

图 5-33 三个高阶项变量构造后的数据文件的"数据视图"窗口

第二步,运行多项式回归分析。

在 SPSS 19.0 软件中,按照层级回归的方式运行多项式回归分析。这里只展现两步骤的回归:

第一步,运用两个预测变量 X 和 Y,直接预测结果变量 Z;

第二步,即在第一步的基础上,进一步将由两个预测变量 X 和 Y 构造出来的三个高阶项变量作为新增自变量来共同预测结果变量 Z。

第 5 章 三维响应曲面模型的检验、结果解读与汇报

在 SPSS 19.0 软件中的具体操作如下：

在如图 5-34 所示的、包含由两个预测变量 X 和 Y 新构造出来的三个高阶项变量"X2""XY""Y2"的"变量视图"窗口中，点击主菜单栏中的"分析"菜单，在展开的一系列二级子菜单中，点击"回归"菜单，继续在展开的一系列三级子菜单中，点击"线性"菜单，则会跳出如图 5-35 所示的"线性回归"对话窗口；在图 5-35 所示的"线性回归"对话窗口中，单击左侧变量框中的"供应链协作信任[Z]"，通过箭头按钮操作，将其选入右侧"因变量(D)："下方的框中，继续单击左侧变量框中的两个预测变量"制度实际有效性[X]"和"制度有效性主观期望[Y]"，通过箭头按钮操作，将它们选入右侧"自变量(I)："下方的框中，其他均为默认选择。

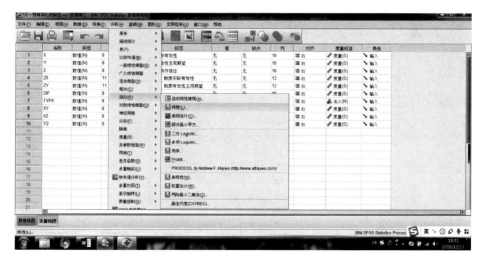

图 5-34　多项式回归分析(一)

变量选择结束后的操作界面如图 5-36 所示。然后，点击图 5-36 中的"下一张(N)"按钮，再将左侧变量框中新构造出来的三个高阶项变量"X 的平方项[X2]""X 和 Y 的乘积项[XY]"和"Y 的平方项[Y2]"纳入右侧"自变量(I)："下方的框中，操作后的界面如图 5-37 所示。

最后，点击图 5-37 中"线性回归"对话窗口右上方的"统计量(S)…"按钮，即跳出如图 5-38 所示的"线性回归:统计量"对话窗口，在其中勾选"R 方变化(S)"，再点击"继续"按钮返回到"线性回归"对话窗口，在该窗口中点击"确定"按钮，即完成多项式回归分析操作。多项式回归分析的具体结果如图 5-39 和图 5-40 所示。

387

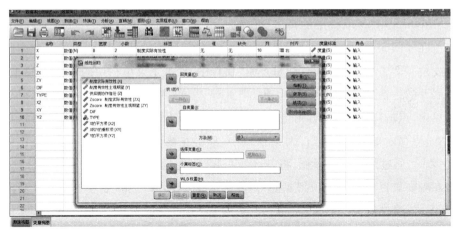

图 5-35　多项式回归分析（二）

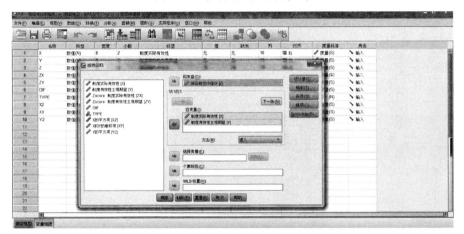

图 5-36　多项式回归分析（三）

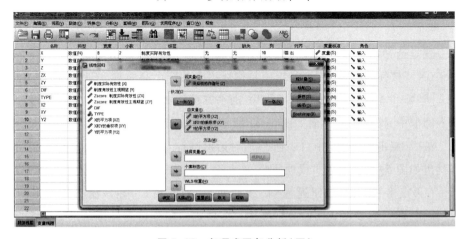

图 5-37　多项式回归分析（四）

第 5 章　三维响应曲面模型的检验、结果解读与汇报

图 5-38　多项式回归分析（五）

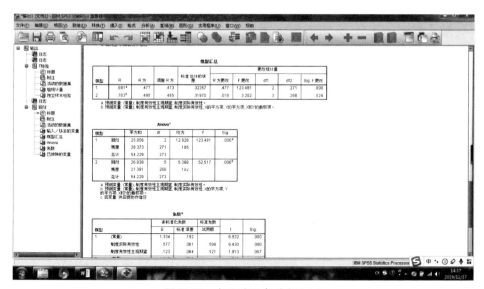

图 5-39　多项式回归分析（六）

按照规范格式将图 5-39、图 5-40 中"模型汇总""Anova^c""系数^a"三张表格中的数据加以汇总和整理，以为后续进行制度实际有效性—制度有效性主观期望对供应链协作信任影响三维响应曲面的绘制奠定基础。汇总整理后的结果如表 5-2 所示。

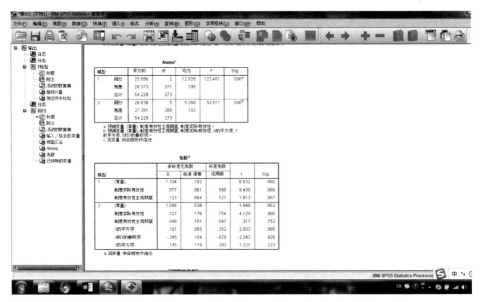

图 5-40　多项式回归分析(七)

表 5-2　制度实际有效性—制度有效性主观期望对供应链协作信任影响的多项式回归分析结果

变量	供应链协作信任	
	模型 1	模型 2
截距	1.334***	1.048+
制度实际有效性"X"	0.577***	0.727***
制度有效性主观期望"Y"	0.123+	0.048
X 的平方项"X2"		0.181**
X 和 Y 的乘积项"XY"		−0.345*
Y 的平方项"Y2"		0.145
F	123.481***	52.517***
R^2	0.477***	0.495*
ΔR^2		0.018*

注：*** 表示 $p<0.001$，** 表示 $p<0.01$，* 表示 $p<0.05$，+ 表示 $p<0.10$。

依据表 5-2 中汇总的多项式回归分析结果，可以得出以下结论：

第一，模型 1 和模型 2 对应的 F 值均显著（F 值分别为 123.481 和 52.517，

均实现在 0.001 水平上的显著),表明它们所代表的两个预测"供应链协作信任"变量的回归方程均拟合良好;

第二,在模型 1 的基础上,模型 2 增加了三个高阶项变量,模型 2 回归方程对应的 ΔR^2 显著(R^2 由模型 1 对应的 47.7% 增加至模型 2 对应的 49.5%,ΔR^2 为 1.8%,$p<0.05$),表明三个高阶项变量的确增加了对"供应链协作信任"变量的方差解释比例;

第三,模型 2 显示,三个高阶项变量中 X 的平方项"X2"的回归系数($\beta=0.181$,$p<0.01$)以及 X 和 Y 的乘积项"XY"的回归系数($\beta=-0.345$,$p<0.05$)均显著不为 0。

因此,前文提及的多项式回归分析的三个检验标准均符合,亦表明后续基于模型 2 中非标准化回归系数进行三维响应曲面绘制以及三维响应曲面重要特征数据估计非常有意义。

5.2.3 绘制三维响应曲面

所谓"三维",即两个预测变量 X 和 Y 分别对应的 X 轴和 Y 轴,以及结果变量 Z 对应的 Z 轴,其中 X 轴和 Y 轴分别表示三维响应曲面中 X—Y 平面的横向轴和纵向轴,Z 轴表示垂直于 X—Y 平面的第三轴。所谓"三维响应曲面",即将 X—Y 平面中对应的无数个 (x,y) 组合所对应的 z 值,在 X—Y—Z 三维立体空间中直观地表现出来。

进行实证数据的多项式回归分析后,即可以首先运用多项式回归方程,获得符合该回归方程的 X—Y—Z 矩阵数据,然后,利用该矩阵数据,就可以绘制出两个预测变量 X—Y 影响结果变量 Z 的三维响应曲面了。以制度实际有效性—制度有效性主观期望对供应链协作信任影响为例,在 OriginPro 2015 软件中绘制能够直观地反映出制度实际有效性—制度有效性主观期望对供应链协作信任影响的三维响应曲面。其中,X 轴即"制度实际有效性"轴,Y 轴即"制度有效性主观期望"轴,Z 轴即"供应链协作信任"轴。

第一步,生成 X—Y—Z 矩阵数据。

即运用多项式回归方程,获得符合该回归方程的 X—Y—Z 矩阵数据,为第二步绘制两个预测变量 X—Y 影响结果变量 Z 的三维响应曲面做好数据准备。

图 5-41 是 *OriginPro* 2015 软件的默认打开界面。

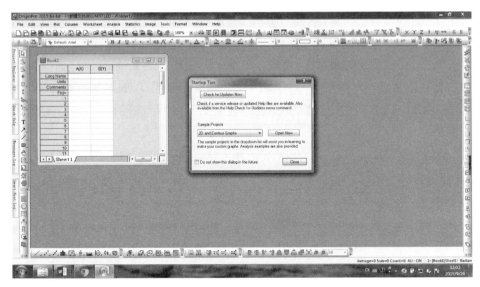

图 5-41　OriginPro 2015 软件的默认打开界面

在图 5-41 所示的窗口中,点击"Startup Tips"对话窗口中右下方的"Close"按钮,再关闭"Book1"窗口,即获得如图 5-42 所示的空白窗口。

图 5-42　采用 OriginPro 2015 软件绘制本研究示例的三维响应曲面(一)

接着,在图 5-42 所示的空白窗口中,点击工具栏中的"New Matrix"(详见图 5-43),进而创建新矩阵"MBook1:1/1",新矩阵创建后的窗口界面如图 5-44 所示。

第 5 章 三维响应曲面模型的检验、结果解读与汇报

图 5-43 采用 OriginPro 2015 软件绘制本研究示例的三维响应曲面(二)

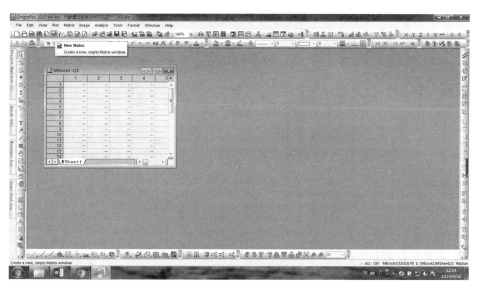

图 5-44 采用 OriginPro 2015 软件绘制本研究示例的三维响应曲面(三)

在图 5-44 所示的窗口中,点击主菜单栏中的"Matrix"菜单,如图 5-45 所示,在展开的一系列二级子菜单中,选中其中的"Set Dimension/Labels"菜单,则会跳出如图 5-46 所示的对话窗口。

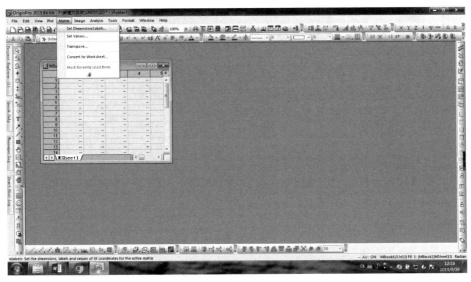

图 5-45　采用 OriginPro 2015 软件绘制本研究示例的三维响应曲面(四)

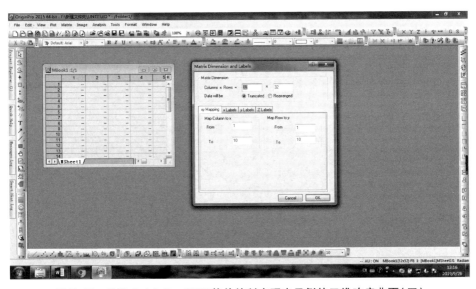

图 5-46　采用 OriginPro 2015 软件绘制本研究示例的三维响应曲面(五)

在图 5-46 所示的"Matrix Dimension and Labels"对话窗口中,定义新创建矩阵中两个预测变量 X 和 Y 对应的 X 轴、Y 轴的数据取值范围。对于本研究示例而言,前文已经提及,纳入多项式回归分析的两个预测变量以及三个高阶项变量均进行了围绕量点中值(李克特 5 点量表评价法中的中值即"3")的中心化处理,即

第5章　三维响应曲面模型的检验、结果解读与汇报

$$Z = b_0 + b_1(X-3) + b_2(Y-3) + b_3(X-3)^2 + \\ b_4(X-3)(Y-3) + b_5(Y-3)^2 + e$$

因此,中心化处理后的"制度实际有效性"(X)和"制度有效性主观期望"(Y)的取值范围均为[1-3,5-3],即[-2,2]。相应地,在图5-46所示的"Matrix Dimension and Labels"对话窗口中,将"xy Mapping"标签中"Map Column to x"的取值范围由默认的"From 1"和"To 10",分别修改为"From -2"和"To 2";将"xy Mapping"标签中"Map Row to y"的取值范围由默认的"From 1"和"To 10",亦分别修改为"From -2"和"To 2"。取值范围修改后的界面如图5-47所示。在图5-47所示的"Matrix Dimension and Labels"对话窗口中,继续点击"OK"按钮,即完成了X—Y—Z矩阵中X轴和Y轴的取值范围定义。需要提醒的是,研究者应该依据研究中作为预测变量的X和Y的测量量表题项的评分范围以及具体使用的数据中心化处理基准(究竟是基于量点中值进行数据中心化处理,还是基于预测变量的均值进行数据中心化处理),来自行计算X轴和Y轴的具体取值范围。

在图5-47中,点击主菜单栏中的"View"菜单,在展开的一系列二级子菜单中,选中其中的"Show X/Y"菜单,即呈现如图5-48所示的X轴和Y取值范围为[-2,2]的空白矩阵。

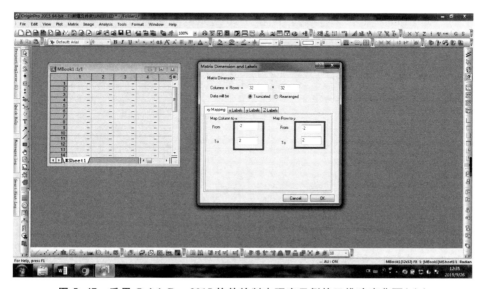

图 5-47　采用 OriginPro 2015 软件绘制本研究示例的三维响应曲面(六)

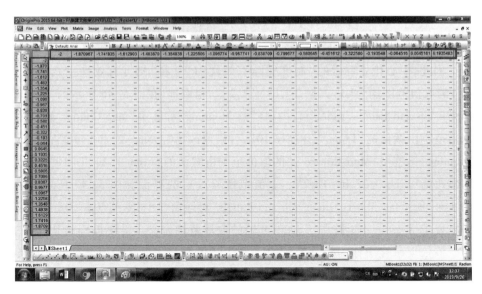

图 5-48　采用 OriginPro 2015 软件绘制本研究示例的三维响应曲面（七）

接着，需要向图 5-48 所示的 Z 值空白矩阵（矩阵的行与列已通过 X 轴和 Y 轴的取值范围定义，给出了 $[-2,2]$ 区间范围的 32 个均匀取值点）中，填充满足表 5-2 中模型 2 要求的 Z 值。具体操作为：在图 5-48 所示的窗口中，点击主菜单栏中的"Matrix"菜单，如图 5-49 所示，在展开的一系列二级子菜单中，选中其中的"Set Values"菜单，即会跳出如图 5-50 所示的对话窗口。

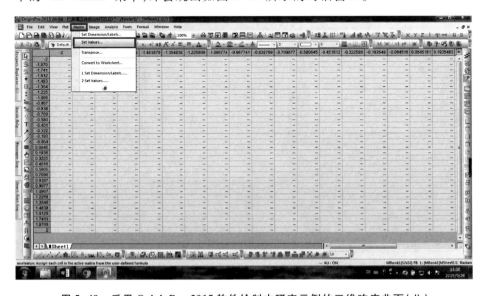

图 5-49　采用 OriginPro 2015 软件绘制本研究示例的三维响应曲面（八）

第 5 章　三维响应曲面模型的检验、结果解读与汇报

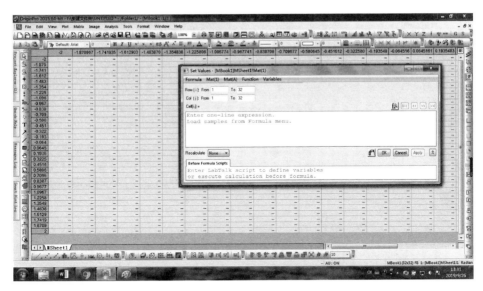

图 5-50　采用 OriginPro 2015 软件绘制本研究示例的三维响应曲面(九)

依据表 5-2 模型 2 中的多项式回归方程对应的非标准化回归系数,可以获得关于制度实际有效性—制度有效性主观期望对供应链协作信任影响的如下回归方程:

$$Z = 1.048 + 0.727 \times X + 0.048 \times Y + 0.181 \times X^2 - 0.345 \times XY + 0.145 \times Y^2$$

因此,依据该回归方程,在图 5-50 所示窗口中的"Set Values"对话窗口中,输入"1.048+0.727*x+0.048*y+0.181*x^2-0.345*x*y+0.145*y^2"(注意,仅输入回归方程中"="后面的部分),输入操作完成后的界面如图 5-51 所示。然后,点击图 5-51 所示窗口中的"Set Values"对话窗口右下方的"OK"按钮,即生成如图 5-52 所示的、满足表 5-2 中模型 2 要求的 X—Y—Z 矩阵数据。至此,绘制三维响应曲面图需要的数据创建完成。

第二步,绘制三维响应曲面。

基于图 5-52 中所示的 X—Y—Z 矩阵数据,即可绘制制度实际有效性—制度有效性主观期望对供应链协作信任影响的三维响应曲面了。具体来说,在图 5-52 所示的窗口中,点击主菜单栏中的"Plot"菜单,如图 5-53 所示,在展开的一系列二级子菜单中,选中其中的"3D Surface"菜单,继续在展开的一系列三级子菜单中,选中其中的"Multiple Colormap Surfaces"菜单,即可获得如图 5-54 所示的三维响应曲面。

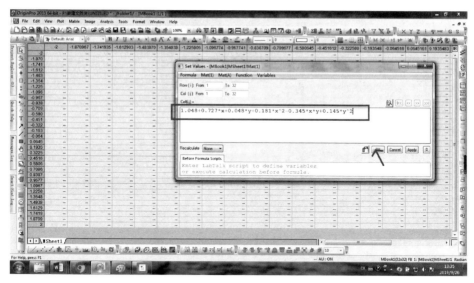

图 5-51 采用 OriginPro 2015 软件绘制本研究示例的三维响应曲面(十)

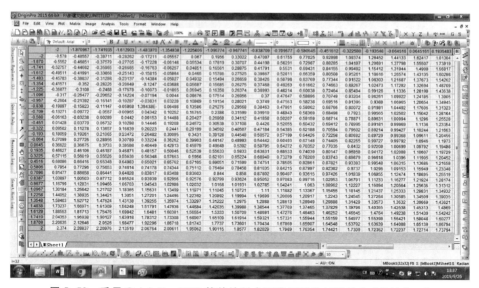

图 5-52 采用 OriginPro 2015 软件绘制本研究示例的三维响应曲面(十一)

在图 5-54 所示的窗口中,进行三维响应曲面的旋转、坐标轴重新命名等操作(点击下方相应按钮或双击坐标轴旁的"X Axis Title /Y Axis Title /Z Axis Title"),即可获得如图 5-55 所示的三维响应曲面。

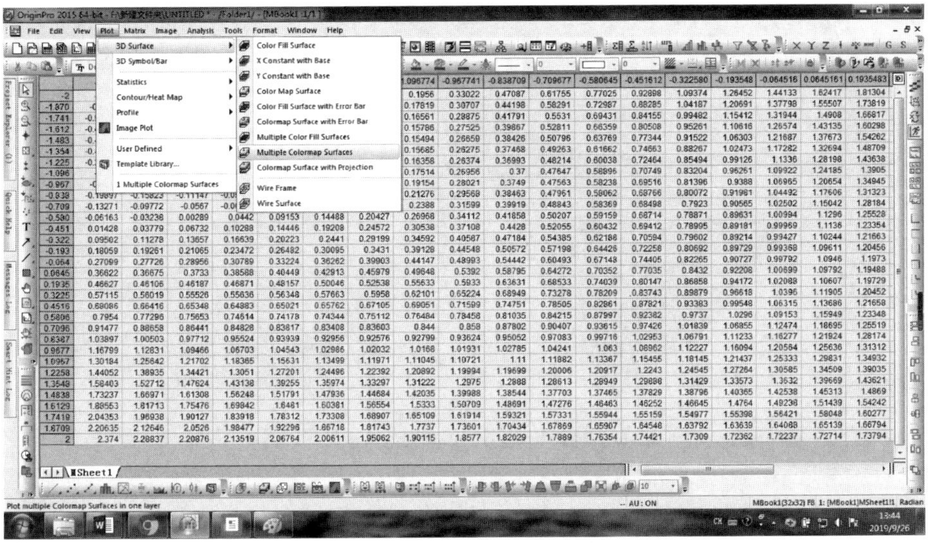

第 5 章　三维响应曲面模型的检验、结果解读与汇报

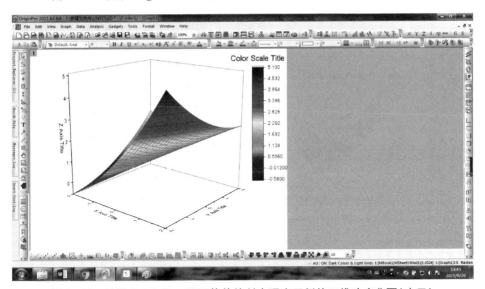

图 5-53　采用 OriginPro 2015 软件绘制本研究示例的三维响应曲面（十二）

图 5-54　采用 OriginPro 2015 软件绘制本研究示例的三维响应曲面（十三）

最后，在图 5-55 所示的窗口中，点击主菜单栏中的"Edit"菜单，在展开的一系列二级子菜单中，如图 5-56 所示，选中其中的"Copy Page"菜单。然后，在一个空白 Word 文件中进行粘贴操作，即获得可放入论文汇报中的如图 5-57 所示的制度实际有效性—制度有效性主观期望对供应链协作信任影响的三维响应曲面。至此，制度实际有效性—制度有效性主观期望对供应链协作信任影响的三维响应曲面即绘制完成。

399

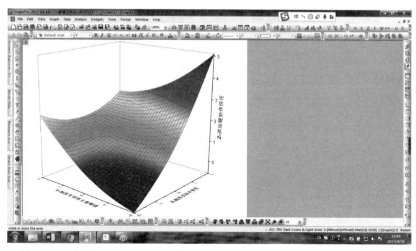

图 5-55　采用 OriginPro 2015 软件绘制本研究示例的三维响应曲面(十四)

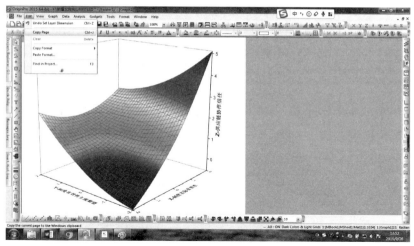

图 5-56　三维响应曲面从 OriginPro 2015 软件中复制至 Word 文件中的菜单操作

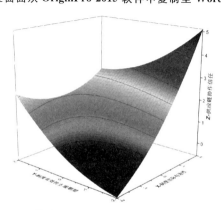

图 5-57　粘贴操作至 Word 文件中的三维响应曲面

5.2.4 估计三维响应曲面重要特征数据

绘制 X—Y 影响 Z 的三维响应曲面图，只是将 X—Y 对 Z 的可能影响通过三维响应曲面图直观地展现出来。然而，关于两个预测变量 X 和 Y 间趋于一致与不一致对结果变量 Z 的差异影响研究假设是否成立，还需要通过三维响应曲面的重要特征数据估计进行实证检验。

5.2.4.1 三维响应曲面的重要特征数据及其估计公式

三维响应曲面的重要特征数据，主要包括三维响应曲面的驻点坐标、第一主轴和第二主轴的斜率及截距、三维响应曲面沿一致线和不一致线的平移量、三维响应曲面沿一致线/不一致线/第一主轴/第二主轴的横截线曲率估计值及在(0,0)处的斜率估计值，等等。这些重要特征数据的估计公式总结如表 5-3 所示。其中，一致效应研究和不一致效应研究需要使用到的特征数据估计值，主要为三维响应曲面沿一致线和不一致线的平移量（表 5-3 中编号 NL-10）、三维响应曲面沿一致线/不一致线的横截线曲率估计值（表 5-3 中编号 L-2 和 L-4）及在(0,0)处的斜率估计值（表 5-3 中编号 L-1 和 L-3）。其他特征数据估计值主要用来判断三维响应曲面与 X—Y 平面的相对位置是否发生显著旋转和平移、主轴是否与一致线或不一致线相重合等，更为复杂，感兴趣的读者可以自行深入研究。有些研究中，亦会将第一主轴斜率（表 5-3 中编号 NL-2）和第一主轴截距（表 5-3 中编号 NL-3）作为研究假设的辅助支持。

另外，由表 5-3 中三维响应曲面重要特征数据的估计公式可以看出，只有三维响应曲面沿一致线和不一致线的横截线曲率估计值（表 5-3 中编号 L-2 和 L-4）及在(0,0)处的斜率估计值（表 5-3 中编号 L-1 和 L-3），是基于多项式回归系数的"线性组合"进行估计的，其他重要特征数据则是基于多项式回归系数的"非线性组合"进行估计的。

5.2.4.2 三维响应曲面重要特征数据估计的软件操作演示

对于由多项式回归系数的线性组合估计的三维响应曲面特征数据（即表 5-3 中编号 L-1、L-2、L-3 和 L-4），可考虑在 SPSS 19.0 软件中通过调用 LMATRIX 命令，实现对相应值的估计和显著性检验。对于由多项式回归系数的非线性组合估计的三维响应曲面特征数据（即表 5-3 中编号 NL-1 至 NL-10），可在 SPSS 软件中通过语法编辑实现运用 Bootstrapping 法抽取多项式回归系数样本。然后，再基于所抽取的多项式回归系数样本数据，构建由多项式回归系数的非线性组合估计的三维响应曲面特征数据的偏差校正 95% 置信区间（Edwards，2002），来实现对相应值的估计和显著性检验。

表 5-3 三维响应曲面重要特征数据估计公式

编号	特征数据	估计公式	研究假设	类型
NL-1	驻点 (X_0, Y_0)	$X_0 = (b_2 b_4 - 2b_1 b_5)/(4b_3 b_5 - b_4^2)$ $Y_0 = (b_1 b_4 - 2b_2 b_3)/(4b_3 b_5 - b_4^2)$		非线性组合估计
NL-2	第一主轴斜率 P_{11}	$P_{11} = (b_5 - b_3 + \sqrt{(b_3 - b_5)^2 + b_4^2})/b_4$	√	
NL-3	第一主轴截距 P_{10}	$P_{10} = Y_0 - P_{11} X_0$	√	
NL-4	第二主轴斜率 P_{21}	$P_{21} = (b_5 - b_3 - \sqrt{(b_3 - b_5)^2 + b_4^2})/b_4$		
NL-5	第二主轴截距 P_{20}	$P_{20} = Y_0 - P_{21} X_0$		
NL-6	沿第一主轴的斜率	$b_1 + b_2 P_{11} + b_4 P_{10} + 2b_5 P_{10} P_{11}$		
NL-7	沿第一主轴的曲率	$b_3 + b_4 P_{11} + b_5 P_{11}^2$		
NL-8	沿第二主轴的斜率	$b_1 + b_2 P_{21} + b_4 P_{20} + 2b_5 P_{20} P_{21}$		
NL-9	沿第二主轴的曲率	$b_3 + b_4 P_{21} + b_5 P_{21}^2$		
NL-10	沿 $Y=(-)X$ 线的平移量	$-P_{10}/(1+P_{11})$ 或 $-P_{20}/(1+P_{21})$	√	
L-1	沿 $Y=X$ 线的斜率	$b_1 + b_2$	√	线性组合估计
L-2	沿 $Y=X$ 线的曲率	$b_3 + b_4 + b_5$	√	
L-3	沿 $Y=-X$ 线的斜率	$b_1 - b_2$	√	
L-4	沿 $Y=-X$ 线的曲率	$b_3 - b_4 + b_5$	√	

注:表中内容系依据 Edwards and Parry(1993)整理所得。其中,X 和 Y 分别表示两个趋于一致或不一致的预测变量,或为两个不同主体对同一变量的评价,或为同一主体对同一变量的现状—期望感知,或为同一主体对同一变量的两个不同层面的评价,等等;$Y=X$ 线表示一致线,$Y=-X$ 线表示不一致线。除了主轴斜率的显著性判断是与 1 或 -1 进行比较,其他特征数据的显著性检验均是与 0 进行比较。

依然以制度实际有效性—制度有效性主观期望对供应链协作信任影响为示例,具体演示如何进行三维响应曲面的重要特征数据估计和显著性检验。

第一步,线性组合特征数据估计的数据准备。

该步骤中,用于进行三维响应曲面重要特征数据估计和显著性检验的数据文件,即图 5-33 中已经完成三个高阶项变量构建后的数据文件:"不一致样本比例描述.sav"。为了区别于样本比例分析步骤对该数据文件的命名,本步骤将该数据文件另存为"三维响应曲面重要特征数据估计.sav"[①],该数据文件打开后的"变量视图"窗口界面,如图 5-58 所示。

---

① 演示数据见本章附录材料 2-三维响应曲面重要特征数据估计.sav。

第5章 三维响应曲面模型的检验、结果解读与汇报

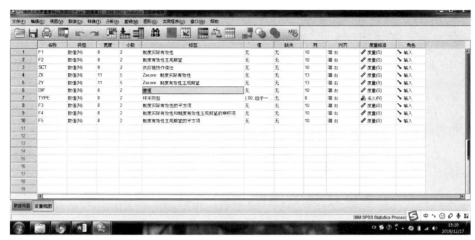

图 5-58 重新命名后的数据文件的"变量视图"窗口界面

数据文件"三维响应曲面重要特征数据估计.sav",即为用来进行三维响应曲面重要特征数据估计与显著性检验的数据文件。如图 5-58 所示,该数据文件中:

变量名"F1"表示预测变量"制度实际有效性";

变量名"F2"表示预测变量"制度有效性主观期望";

变量名"F3"表示预测变量"制度实际有效性"的平方项;

变量名"F4"表示预测变量"制度实际有效性"与预测变量"制度有效性主观期望"的乘积项;

变量名"F5"表示预测变量"制度有效性主观期望"的平方项;

变量名"SCT"表示结果变量"供应链协作信任";

F1、F2、F3、F4 和 F5,即为对结果变量 SCT 进行多项式回归分析的五个多项式。

第二步,线性组合特征数据估计。

如表 5-3 所示,基于多项式回归系数进行线性组合估计四个重要三维响应曲面特征数据分别为:①三维响应曲面沿一致线的横截线在(0,0)处的斜率值(表 5-3 中编号 L-1);②三维响应曲面沿一致线的横截线的曲率值(表 5-3 中编号 L-2);③三维响应曲面沿不一致线的横截线在(0,0)处的斜率值(表 5-3 中编号 L-3);④三维响应曲面沿不一致线的横截线的曲率值(表 5-3 中编号 L-4)。通过在 SPSS 19.0 软件中调用 LMATRIX 命令,可以实现对上述四个线性组合三维响应曲面特征数据的估计和检验。具体操作如下:

首先,新建语法文件。

打开"三维响应曲面重要特征数据估计.sav"数据文件,按照图 5-59 所示

的操作,点击数据窗口主菜单栏中的"文件"菜单,在展开的一系列二级子菜单中选中其中的"新建"菜单,继续在展开的一系列三级子菜单中,选中其中的"语法"菜单,即会打开如图 5-60 所示的"IBM SPSS Statistics 语法编辑器"窗口。

然后,输入语法命令。

在图 5-60 所示的"IBM SPSS Statistics 语法编辑器"窗口中,输入相应语法(可手动输入,亦可全文复制、粘贴至"IBM SPSS Statistics 语法编辑器"窗口中),语法输入操作完成后的界面如图 5-61 所示。点击主菜单栏下方的保存按钮,对语法文件进行文件命名和存储操作。如图 5-61 所示,本研究示例将该语法文件保存并命名为"线性组合特征数据估计语法.sps"。

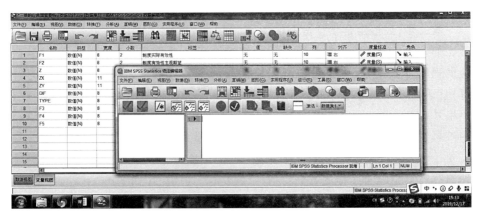

图 5-59 新建语法操作

图 5-60 新建"IBM SPSS Statistics 语法编辑器"窗口

第 5 章　三维响应曲面模型的检验、结果解读与汇报

图 5-61　线性组合特征数据估计语法

图 5-61 中两段语法调用 GLM 命令，主要是进行 F1、F2、F3、F4、F5 对 SCT 的线性回归分析；调用 LMATRIX 命令，主要是进行沿一致线和不一致线的横截线在(0,0)处的斜率值估计及整条横截线曲率值估计。依据表 5-3 中总结的三维响应曲面重要特征数据估计公式可知，沿一致线的横截线在(0,0)处的斜率估计值为"b_1+b_2"，沿不一致线的横截线在(0,0)处的斜率估计值为"b_1-b_2"；沿一致线的横截线的曲率估计值为"$b_3+b_4+b_5$"，沿不一致线的横截线的曲率估计值为"$b_3-b_4+b_5$"。因此，两段语法的不同仅在于，LMATRIX 命令中对变量 F2 和变量 F4 对应的回归系数(即 b_2 和 b_4)是赋值 1 倍还是-1 倍：在第一段语法中，将其赋值 1 倍；在第二段语法中，则将其赋值-1 倍。

≈≈≈

制度实际有效性—制度有效性主观期望对供应链协作信任影响的三维响应曲面沿一致线的横截线在(0,0)处的斜率值和整条横截线曲率值的显著性估计实现语法（"!"后的中文文字，在"IBM SPSS Statistics 语法编辑器"窗口中可放可不放，放进去可以明确语法操作具体实现的功能，下同）：[①]

　　GLM　　　　　　　　　　　　　　! 调用 GLM 命令进行线性回归分析
　　　SCT WITH F1 F2 F3 F4 F5　　　! F1、F2、F3、F4、F5 对 SCT 的线性回归分析

[①] 该语法为本书作者借鉴 http://public.kenan-flagler.unc.edu/faculty/edwardsj/SPSSResponseSurfaceAnalysis.htm 中的相关语法示例，并结合本研究示例中的具体变量名称进行了相应修改而得。读者依据自己的研究需要，对该语法中的变量名称进行相应修改，其他地方无须修改。该语法命令电子版可从本章附录材料 3-沿一致线的斜率值和曲率值估计语法.txt 获取。

/METHOD = SSTYPE(3)
/INTERCEPT = INCLUDE
/PRINT = DESCRIPTIVE PARAMETER
/LMATRIX = F1 1 F2 1;F3 1 F4 1 F5 1   ! 调用 LMATRIX 命令,进行 F1、F2、F3、F4、F5 对应回归系数的 1 倍赋值
/DESIGN = F1 F2 F3 F4 F5.

制度实际有效性—制度有效性主观期望对供应链协作信任影响的三维响应曲面沿不一致线的横截线在(0,0)处的斜率值和整条横截线曲率值的显著性估计实现语法[①]：

GLM   ! 调用 GLM 命令进行线性回归分析
    SCT WITH F1 F2 F3 F4 F5   ! F1、F2、F3、F4、F5 对 SCT 的线性回归分析
/METHOD = SSTYPE(3)
/INTERCEPT – INCLUDE
/PRINT = DESCRIPTIVE PARAMETER
/LMATRIX = F1 1 F2 −1;F3 1 F4 −1 F5 1
                                      ! 调用 LMATRIX 命令,进行 F1、F3、F5 对应回归系数的 1 倍赋值和 F2、F4 对应回归系数的−1 倍赋值
/DESIGN = F1 F2 F3 F4 F5.

≈ ≈

接着,运行语法文件。

如图 5-62 所示,在新建的语法文件(即线性组合特征数据估计语法.sps)的语法编辑器窗口(如图 5-61 所示),点击主菜单栏中的"运行"菜单,在展开的一系列二级子菜单中,选中其中的"全部"菜单,则 SPSS 19.0 软件即开始自动运行语法并实现对上述四个线性组合三维响应曲面特征数据的估计和显著性检验。语法运行结果如图 5-63、图 5-64、图 5-65 和图 5-66 所示。

---

① 该语法为本书作者借鉴 http://public.kenan-flagler.unc.edu/faculty/edwardsj/SPSSResponseSurfaceAnalysis.htm 中的相关语法示例,并结合本研究示例中的具体变量名称进行了相应修改而得。读者依据自己的研究需要,对该语法中的变量名称进行相应修改,其他地方无须修改。该语法命令电子版可从本章附录材料 4-沿不一致线的斜率值和曲率值估计语法.txt 获取。

第5章 三维响应曲面模型的检验、结果解读与汇报

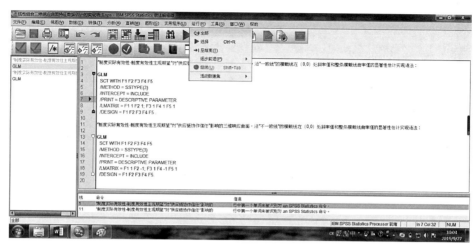

图 5-62 运行语法操作演示

在图5-63所示的窗口界面,左侧部分显示了四个线性组合三维响应曲面特征数据估计结果的索引目录。由于"线性组合特征数据估计语法.sps"文件中输入了两段语法:第一段语法——制度实际有效性—制度有效性主观期望对供应链协作信任影响的三维响应曲面沿一致线的横截线在(0,0)处的斜率值和整条横截线曲率值的显著性估计实现语法,第二段语法——制度实际有效性—制度有效性主观期望对供应链协作信任影响的三维响应曲面沿不一致线的横截线在(0,0)处的斜率值和整条横截线曲率值的显著性估计实现语法。因此,目录索引部分亦对应两个"一般线性模型"二级子目录,第一个"一般线性模型"子目录对应第一段语法,第二个"一般线性模型"子目录则对应第二段语法。

在图5-63所示的索引目录中,点击第一个"一般线性模型"二级子目录下方的"参数估计"三级子目录,即可直接找寻到F1、F2、F3、F4和F5对结果变量SCT的多项式回归分析结果(如图5-64所示);点击第一个"一般线性模型"二级子目录下方的"定制假设检验"三级子目录[更准确地说,是点击"定制假设检验"三级子目录下方的"对比结果(K矩阵)"四级子目录],即可直接到达三维响应曲面沿一致线的横截线在(0,0)处的斜率值和整条横截线曲率值的显著性估计结果(如图5-65所示);点击第二个"一般线性模型"二级子目录下方的"定制假设检验"三级子目录[更准确地说,是点击"定制假设检验"三级子目录下方的"对比结果(K矩阵)"四级子目录],即可直接到达三维响应曲面沿不一致线的横截线在(0,0)处的斜率值和整条横截线曲率值的显著性估计结果(如图5-66所示)。

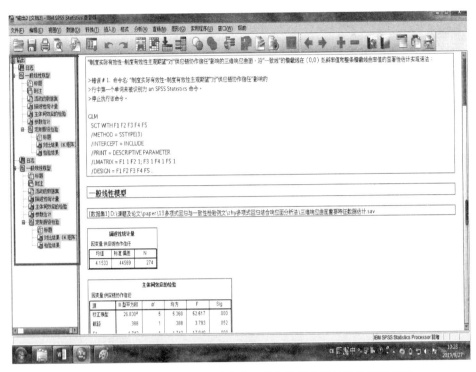

图 5-63 四个线性组合三维响应曲面特征数据估计结果的索引目录

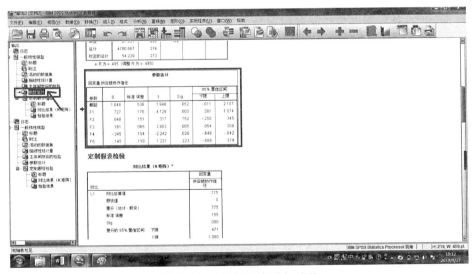

图 5-64 多项式回归分析结果

第 5 章 三维响应曲面模型的检验、结果解读与汇报

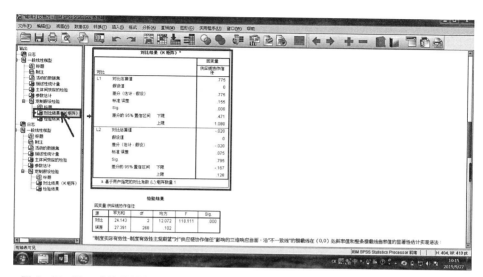

图 5-65 沿一致线的横截线在(0,0)处的斜率值和整条横截线曲率值的显著性估计结果

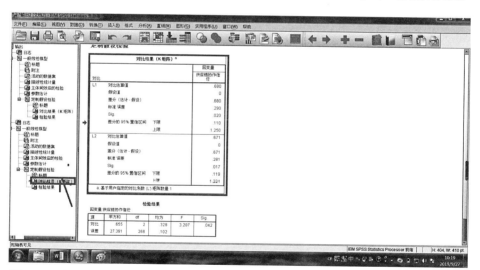

图 5-66 沿不一致线的横截线在(0,0)处的斜率值和整条横截线曲率值的显著性估计结果

最后,线性组合三维响应曲面特征数据的估计结果整理。

在图 5-65 所示的"对比结果(K 矩阵)[a]"表格中,L1、L2 分别表示制度实际有效性—制度有效性主观期望对供应链协作信任影响的三维响应曲面沿一致线的横截线在(0,0)处的斜率估计值和整条横截线的曲率估计值;在图 5-66 所示的"对比结果(K 矩阵)[a]"表格中,L1、L2 分别表示制度实际有效性—制度有效性主观期望对供应链协作信任影响的三维响应曲面沿不一致线的横截线在(0,0)处的斜率估计值和整条横截线的曲率估计值。进行这四个线性组合三维

响应曲面特征数据的估计结果整理时,重点整理图 5-67 和图 5-68 中矩形框圈出来的部分。这四个线性组合三维响应曲面特征数据估计值均是与"0"(即假设值为 0)进行显著性比较检验,当其中的 Sig.值小于 0.05 时,则表明制度实际有效性—制度有效性主观期望对供应链协作信任影响的三维响应曲面沿一致线和不一致线的横截线在(0,0)处的斜率估计值及整条横截线的曲率估计值均显著不为 0。

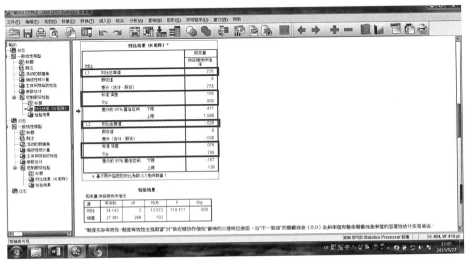

图 5-67 三维响应曲面沿一致线的横截线在(0,0)处的斜率值和整条横截线的曲率值估计结果

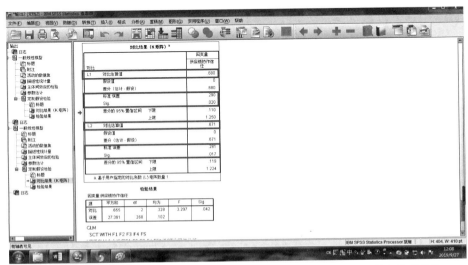

图 5-68 三维响应曲面沿不一致线的横截线在(0,0)处的斜率值和整条横截线的曲率值估计结果

第 5 章 三维响应曲面模型的检验、结果解读与汇报

第三步,非线性组合特征数据估计的数据准备:利用 Bootstrapping 法抽取多项式回归系数样本。

这一步骤是在 SPSS 软件中,通过新建和运行语法文件,实现运用 Bootstrapping 法抽取多项式回归系数样本,以为后续进行非线性组合三维响应曲面特征数据估计准备数据文件。具体来说,首先将运用 Bootstrapping 法抽取多项式回归系数样本的语法[①]输入新建的语法编辑器窗口,并保存为"Bootstrapping 法抽取 10 000 个多项式回归系数样本的实现语法.sps",语法输入完成后的语法编辑器窗口如图 5-69 所示。然后,在图 5-69 所示的窗口中,点击主菜单栏中的"运行"菜单,在展开的一系列二级子菜单中,选中其中的"全部"菜单,则 SPSS 19.0 软件即自动运行语法。语法运行结束后,即可在语法设置的文件保存目录(即 F 盘)中自动生成被命名为"TRUST.sav"的数据文件。在相应保存位置找到"TRUST.sav"数据文件,双击该文件,即打开这个 SPSS 存储格式的数据文件,对应的"变量视图"窗口和"数据视图"窗口分别如图 5-70、图 5-71 所示。

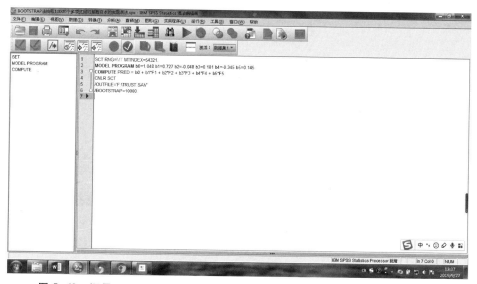

图 5-69 运用 Bootstrapping 法抽取 10 000 个多项式回归系数样本的实现语法

---

① 该语法为本书作者借鉴 http://public.kenan-flagler.unc.edu/faculty/edwardsj/SPSSResponseSurfaceAnalysis.htm 中的相关语法示例,并结合本研究示例中的具体变量名称、多项式回归系数及保存语法生成的数据文件目录位置和数据文件名称进行了相应修改而得。值得一提的是,该语法示例中给出的是运用 Bootstrapping 法随机抽取 10 000 个多项式回归系数样本,读者可依据研究需要,自行决定运用 Bootstrapping 法随机抽取的样本数量。除上述提及部分需要修改外,其他部分无须修改。该语法命令电子版可从本章附录材料 5-Bootstrapping 法抽取 10 000 个多项式回归系数样本的实现语法.txt 获取。

	名称	类型	宽度	小数	标签	值	缺失	列	对齐	度量标准	角色
1	b0	数值(N)	8	2		无	无	10	右	度量(S)	输入
2	b1	数值(N)	8	2		无	无	10	右	度量(S)	输入
3	b2	数值(N)	8	2		无	无	10	右	度量(S)	输入
4	b3	数值(N)	8	2		无	无	10	右	度量(S)	输入
5	b4	数值(N)	8	2		无	无	10	右	度量(S)	输入
6	b5	数值(N)	8	2		无	无	10	右	度量(S)	输入
7	SSE	数值(N)	10	8		无	无	12	右	未知	输入
8	NCASES	数值(N)	8	0		无	无	10	右	未知	输入
9	SAMPLE	数值(N)	6	0		无	无	8	右	未知	输入

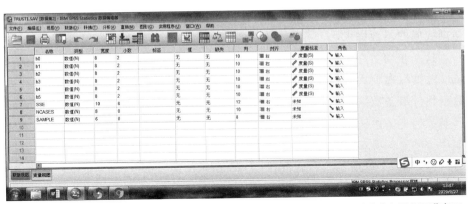

图 5-70　语法运行自动生成的 10 000 个多项式回归系数样本数据文件的“变量视图”窗口

	b0	b1	b2	b3	b4	b5	SSE	NCASES	SAMPLE
1	1.05	.73	.05	.18	-.35	.14	27.39102521	274	.
2	.24	.90	.08	.06	-.36	.21	25.96492313	274	1
3	1.00	.92	-.14	.05	-.32	.25	24.20574519	274	2
4	.42	.76	.18	.32	-.62	.26	24.32010271	274	3
5	1.84	-.08	.62	.12	.45	-.47	24.18999258	274	4
6	2.70	-.12	.41	.26	.23	-.27	29.04125693	274	5
7	.84	.72	.12	.06	-.15	.03	27.53081209	274	6
8	1.55	.54	.09	.18	-.16	.02	30.45564502	274	7
9	.66	.44	.45	.13	.00	-.21	28.44883987	274	8
10	2.20	.20	.27	.15	.08	-.15	28.44284090	274	9
11	1.49	.56	.08	.27	-.24	.07	19.73672349	274	10
12	1.34	.69	.01	.24	-.45	.22	24.04111409	274	11
13	.78	.43	.42	.20	-.13	-.10	26.70269231	274	12
14	1.28	.62	.09	.27	-.40	.15	29.34794121	274	13
15	1.61	.68	-.07	.29	-.51	.27	27.61235942	274	14
16	2.95	.40	-.15	.16	-.08	.10	36.60756460	274	15
17	.89	.96	-.14	.05	-.14	.06	29.80152721	274	16
18	1.41	.61	.07	.14	-.16	.04	25.81827156	274	17
19	.07	.86	.20	.11	-.42	.16	27.40689412	274	18
20	1.80	.54	.03	.26	-.21	.04	27.41605050	274	19
21	1.11	.54	.21	.19	-.24	.05	26.01405316	274	20
22	.94	.74	.10	.11	-.31	.07	30.96710140	274	21
23	.13	.86	.18	.26	-.55	.14	32.12280588	274	22

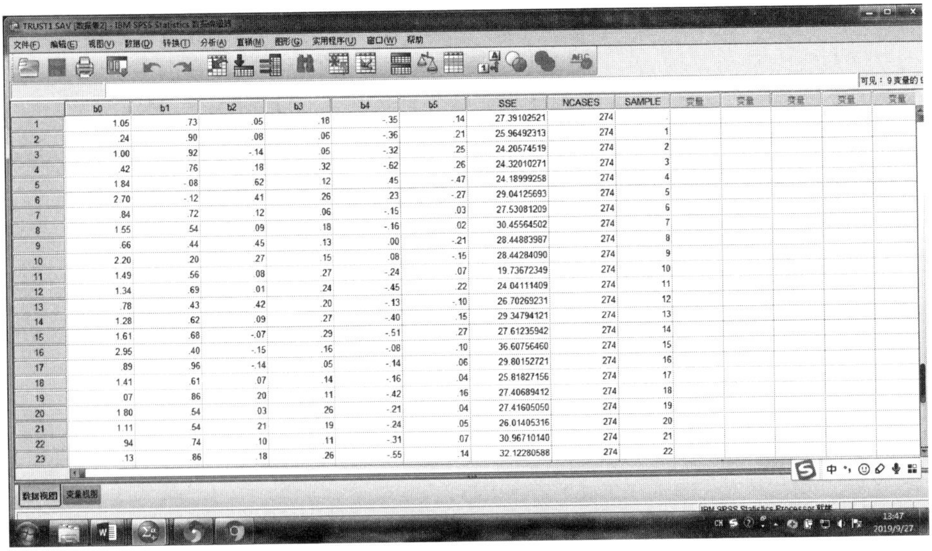

图 5-71　语法运行自动生成的 10 000 个多项式回归系数样本数据文件的“数据视图”窗口

≈ ≈

Bootstrapping 法抽取 10 000 个多项式回归系数样本的实现语法

```
SET RNG = MT MTINDEX = 54321.
MODEL PROGRAM b0 = 1.048 b1 = 0.727 b2 = -0.048 b3 = 0.181 b4 = -0.345
b5 = 0.145.
COMPUTE PRED = b0 + b1 * F1 + b2 * F2 + b3 * F3 + b4 * F4 + b5 * F5.
CNLR SCT
/OUTFILE = 'F:\TRUST1.SAV'
/BOOTSTRAP = 10000.
```

≈ ≈

第5章 三维响应曲面模型的检验、结果解读与汇报

上述语法中,"b0 = 1.048 b1 = 0.727 b2 = -0.048 b3 = 0.181 b4 = -0.345 b5 = 0.145"是多项式回归分析中对应五个多项式(即 F1、F2、F3、F4 和 F5)的非标准化回归系数,SCT 为五个多项式对应的结果变量,"F:\TRUST.SAV"则设定了该段语法运行后生成的数据文件名(即 TRUST.sav)及存储位置(即 F 盘),"BOOTSTRAP = 10000"表示运用 Bootstrapping 法随机抽取 10 000 个多项式回归系数样本。

第四步,非线性组合特征数据估计。

即基于 Bootstrapping 法随机抽取获得的多项式回归系数样本数据文件(TRUST.sav),进行非线性组合三维响应曲面特征数据的估计和显著性检验。杰弗里·R. 爱德华兹(Jeffrey R. Edwards)在其个人主页(链接网址:http://public.kenan-flagler.unc.edu/faculty/edwardsj)发布的标题为"Response Surface Analysis Using SPSS"的文章中,提供了非线性组合三维响应曲面特征数据估计的模板文件(Excel 格式)①。该模板文件预先设置了非线性组合三维响应曲面特征数据值的计算公式和显著性检验公式,研究者只需将运用 Bootstrapping 法随机抽取获得的多项式回归系数样本数据复制至该模板文件的相应位置,该模板文件就会自动依据所设置的公式,计算出三维响应曲面的重要特征数据估计值及置信区间。如图 5-72 所示,该模板文件中的"READ ME"表单详细说明了如何使用该模板文件。该模板文件的具体下载网址为 http://public.kenan-flagler.unc.edu/faculty/edwardsj/SPSSResponseSurfaceAnalysis.htm。图 7-73 是对下载下来的模板文件中命名为"SPSS"表单文件的截图。

对于本研究示例而言,需要将图 5-71 所示的"TRUST.sav"数据文件第 1 行中的五个多项式回归系数(也即多项式回归方程中获得的非标准化回归系数),复制至图 5-73 所示的 Excel 文件中的 B4:G4 位置;将图 5-71 所示的第 2—10 001 行对应的 10 000 个多项式回归系数样本的五个多项式回归系数,复制至图 5-73 所示的 Excel 文件中的 B41:G10040 位置;图 5-73 所示的 Excel 文件中的其他地方,均保持不变。进行上述复制、粘贴操作后,该 Excel 格式的模板文件将依据设定好的计算公式自动估计三维响应曲面重要特征数据值及显著性,如图 5-74 所示。其中,制度实际有效性—制度有效性主观期望对供应链协作信任影响的三维响应曲面重要特征数据的估计值为 H4:W4 区域内的数据(见图 5-75),其偏差校正的 95%置信区间即 H35:W36 区域内的对应值(见图 5-76)。非线性组合三维响应曲面重要特征数据的估计值是否显著,主要通过相应估计值的偏差校正的 95%置信区间来判断。

---

① 演示数据见本章附录材料 6-非线性组合三维响应曲面特征数据估计模板文件.xls。

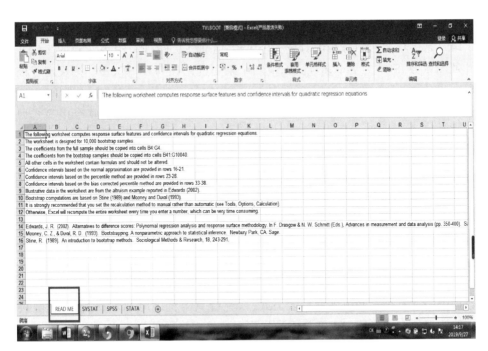

图 5-72　Excel 格式模板文件中的"READ ME"表单

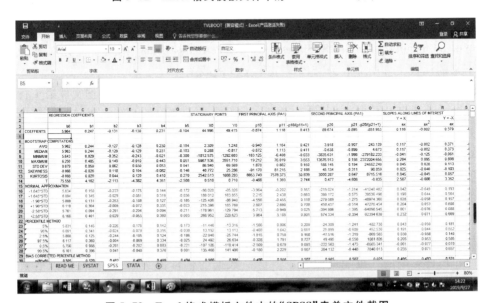

图 5-73　Excel 格式模板文件中的"SPSS"表单文件截图

第5章 三维响应曲面模型的检验、结果解读与汇报

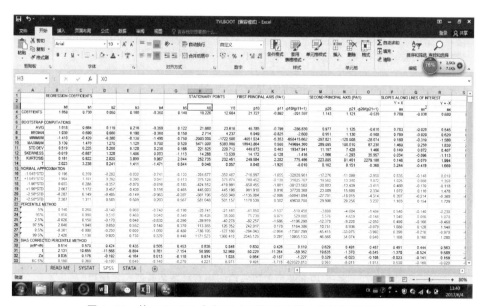

图5-74 基于10 000个多项式回归系数样本估计研究示例中
重要特征数据文件截图1

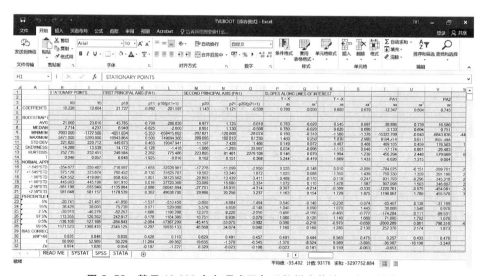

图5-75 基于10 000个多项式回归系数样本估计研究示例中
重要特征数据文件截图2

图 5-76　基于 10 000 个多项式回归系数样本估计研究示例中
重要特征数据文件截图 3

至此,三维响应曲面重要特征数据估计软件操作演示完毕。

5.2.5　分析结果解读和研究假设检验

该步骤即基于三维响应曲面重要特征数据估计值,解读两个预测变量 X 和 Y 间趋于一致与不一致对结果变量 Z 的差异影响,并检验所提出的研究假设是否成立。这是运用多项式回归结合响应曲面分析法进行一致效应和不一致效应实证研究的最后一步,更是关键和具有难度的一步。前文 5.1.3 部分已经总结出现有文献运用多项式回归结合响应曲面分析法探讨两个预测变量 X 和 Y 间趋于一致与不一致对结果变量 Z 影响的两种典型:一致效应研究和不一致效应研究;表 5-3 也总结出一致效应和不一致效应研究假设成立与否所涉及的三维响应曲面重要特征数据估计公式。为了更加清晰地展示结果解读和研究假设检验过程,依然以本章前文提到的制度实际有效性—制度有效性主观期望对供应链协作信任影响为示例。

综合表 5-2、图 5-67 和图 5-68,以及控制变量、制度实际有效性和制度有效性主观期望分别对供应链协作信任影响的多项式回归分析结果,可获得如表 5-4 所示的有关制度实际有效性—制度有效性主观期望对供应链协作信任影响的多项式回归分析结果和研究假设所涉及的三维响应曲面重要特征数据估计结果。其中,模型 1、模型 2 和模型 3 分别为控制变量、制度实际有效性和制度有效性主观期望对供应链协作信任的回归分析结果;模型 4 相应数据来自表 5-2;表 5-4 最后四个重要特征数据估计结果来自图 5-67 和图 5-68。需要说明的是,相比表5-2,表5-4中模型4所展示的多项式回归分析结果增加了三个控制变量,所以,表5-4中模型4结果与表5-2中模型2结果并不相同;也正是由于增加了三个控制变量,表5-4中模型4对应的五个多项式的回归系数发生了变化,因此,表5-4最后四个重要特征数据估计结果与图5-67和图5-68中的估计结果也不相同。图5-77为依据多项式回归分析结果(具体为表5-4中模型4对应的多项式回归系数)绘制的三维响应曲面。

表 5-4 制度实际有效性—制度有效性主观期望对供应链协作信任的多项式回归分析结果($N=274$)

	SCT(供应链协作信任)			
	模型 1	模型 2	模型 3	模型 4
截距	4.373***	1.685***	2.019***	1.411***
C1(节点类型)	0.008	0.018	0.007	0.016
C2(企业规模)	-0.047	-0.070+	-0.030	-0.071*
C3(行业类型)	-0.039	-0.003	-0.040	-0.004
IPE(外部制度实际有效性)		0.663***		0.730***
SEE(制度有效性主观期望)			0.558***	-0.003
IPE^2(外部制度实际有效性^2)				0.214**
IPE×SEE(外部制度实际有效性×制度有效性主观期望)				-0.284*
SEE^2(制度有效性主观期望^2)				0.091
F	1.071	61.501***	30.700***	33.761***
R^2	0.012	0.478***	0.313***	0.505***
ΔR^2		0.466***	0.302***	0.493***
$X=Y$ 线:斜率(b_2+b_3)				0.727***
$X=Y$ 线:曲率($b_4+b_5+b_6$)				0.020
$X=-Y$ 线:斜率(b_2-b_3)				0.734***
$X=-Y$ 线:曲率($b_4-b_5+b_6$)				0.589*

注:+ 表示 $p<0.10$;* 表示 $p<0.05$;** 表示 $p<0.01$;*** 表示 $p<0.001$。三维响应曲面沿一致线($X=Y$ 线)和不一致线($X=-Y$ 线)在(0,0)处的斜率值及整条横截线的曲率值的显著性检验均是与0进行比较。模型2—4的 ΔR^2 均是与模型1进行比较。

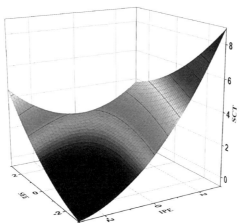

注:IPE、SEE、SCT含义同表5-4。从IPE—SEE平面左下角延伸至右上角的对角线为一致线,从左上角延伸至右下角的对角线为不一致线。

图5-77 制度实际有效性—制度有效性主观期望对供应链协作信任影响的三维响应曲面

研究假设H1a和H1b认为,在控制了企业节点类型、规模和行业类型对供应链协作信任的影响后,制度实际有效性和制度有效性主观期望分别对供应链协作信任具有正向影响。依据表5-4中的模型2和模型3,在控制了企业特征变量的影响后,制度实际有效性($\beta = 0.663, p < 0.001$)和制度有效性主观期望($\beta = 0.558, p < 0.001$)分别显著正向影响供应链协作信任。因此,研究假设H1a和H1b成立。

研究假设H2(即相比制度实际有效性—制度有效性主观期望间的"低—低"组合,"高—高"组合所对应的供应链协作信任水平更高)和H3(即相比制度实际有效性—制度有效性主观期望间的"低—高"组合,"高—低"组合所对应的供应链协作信任水平更高),分别涉及制度实际有效性—制度有效性主观期望间趋于一致的两种组合("低—低"趋于一致组合和"高—高"趋于一致组合)和不一致的两种组合("低—高"不一致组合和"高—低"不一致组合)对供应链协作信任的差异影响推断。这两个假设是否成立需要结合多项式回归分析结果和三维响应曲面重要特征数据估计结果进行判断。

表5-4中的模型4表明:对供应链协作信任的多项式回归方程拟合良好($F = 33.761, p < 0.001$)、纳入多项式的回归方程的R^2显著提升(和模型1相比,$\Delta R^2 = 0.493, p < 0.001$)且制度实际有效性平方项($IPE^2$)及制度实际有效性与制度有效性主观期望的乘积项(IPE×SEE)的回归系数均显著不为0($\beta = 0.214, p < 0.01$;

$\beta=-0.284, p<0.05$)。①图 5-77 中的三维响应曲面十分直观、清晰地显示出②：第一，制度实际有效性—制度有效性主观期望在"高—高"一致组合时对应的供应链协作信任水平更高；第二，三维响应曲面沿不一致线的"U"形横截线十分明显，制度实际有效性—制度有效性主观期望间的"高—低"不一致组合对供应链协作信任的正向影响看起来更大。因此，图 5-77 提供了关于研究假设 H2 和 H3 的初步支持。

表 5-4 中最后四个重要特征数据进一步显示，制度实际有效性—制度有效性主观期望对供应链协作信任影响的三维响应曲面沿一致线的斜率值（b_2+b_3）显著为正（$\beta=0.727, p<0.001$），并且曲率值（$b_4+b_5+b_6$）与 0 没有显著差异（$\beta=0.020$, n.s.）。两个数据结果表明该三维响应曲面沿一致线的横截线几乎为一条向上倾斜的直线，意味着制度实际有效性—制度有效性主观期望间的"高—高"一致组合所对应的供应链协作信任水平更高。因此，研究假设 H2 得到验证。

制度实际有效性—制度有效性主观期望对供应链协作信任影响的三维响应曲面沿不一致线的曲率值（$b_4-b_5+b_6$）显著为正（$\beta=0.589, p<0.05$），表明该三维响应曲面沿不一致线向上显著弯曲呈现"U"形曲线，意味着制度实际有效性与制度有效性主观期望一旦出现差异，无论是"高—低"不一致组合还是"低—高"不一致组合，高水平一方均会补偿低水平一方对供应链协作信任正向影响的削弱作用，进而保持对供应链协作信任的正向影响，验证了研究假设 H3 中关于"高水平一方均将补偿低水平一方对供应链协作信任正向影响的削弱作用"的推断。另外，该三维响应曲面沿不一致线的斜率值（b_2-b_3）显著为正（$\beta=0.734, p<0.001$），表明制度实际有效性—制度有效性主观期望间的"高—低"不一致组合相比"低—高"不一致组合更能有效促进供应链协作信任水平的提升，验证了研究假设 H3 的后半部分——相比制度实际有效性—制度有效性主观期望间的"低—高"不一致组合，"高—低"不一致组合所对应的供应链协作信任水平更高。由此，研究假设 H3 完全得到支持。

---

① 前文 5.2.2.1 部分已经明确指出"至少存在一个高阶项变量的回归系数显著不为 0（即 b_3、b_4 和 b_5 中，至少有一个显著），那么即可表明后续基于非标准化回归系数进行三维响应曲面绘制、三维响应曲面重要特征数据估计以及结果解读和研究假设检验，是十分有意义的"。因此，已经有两个高阶项变量的回归系数显著不为 0，无须再提及另一个高阶项变量的回归系数不显著，条件已经满足。

② 依据现有文献汇报结果的逻辑顺序，先依据三维响应曲面进行直观判断，然后才是基于特征数据估计值进行显著性判断。因此，依据三维响应曲面进行的直观判断提供的是关于研究假设成立的初步支持，进行基于特征数据估计值的显著性判断时才给出"研究假设得到验证"的结论。

5.3 两种类型三维响应曲面模型检验的经典范文示例与解读

5.3.1 一致效应研究三维响应曲面模型检验的经典范文示例与解读

Matta et al.(2015)运用多项式回归结合响应曲面分析法,探讨了上级的领导成员交换关系(LMX)质量评价与下属的 LMX 质量评价趋于一致和不一致情形对下属工作投入及组织公民行为的差异影响。尽管该论文并未进行趋于一致样本和不一致样本的比例分析,然而它清晰、严谨的论证思路以及运用多项式回归分析结合响应曲面分析法对研究假设验证的成熟驾驭,使其依然不失为一致效应研究三维响应曲面模型检验的经典范文示例。因此,我们选择该论文,以其为例,详细展示和解读一致效应研究三维响应曲面模型的检验。

5.3.1.1 研究背景和研究问题

上级—下属"二元"(dyad)概念,是 LMX 理论的核心。然而,大部分探讨 LMX 前因和结果的研究,均是从二元主体中的一方来评价 LMX 质量的。这些研究往往默认假设,二元主体中单一方视角的 LMX 质量评价已经足以描述 LMX 的本质。不过,这种假设恰恰忽视了十分重要的一点:上级对 LMX 质量的评价与下属对 LMX 质量的评价可能趋于一致,也可能不一致;而二者趋于一致或不一致,均可能对下属工作动机和行为产生重要的差异影响。因此,有学者明确指出,探讨诸如 LMX 的二元现象时,仅仅从单一主体视角考虑,至少在理论上是不充分的(Krasikova and LeBreton, 2012)。还有不少学者呼吁将"LMX 一致性"(LMX Agreement)作为一个重要构念进行研究(Dulebohn et al., 2012; Erdogan and Bauer, 2014; Matta and Van Dyne, 2015)。

Matta et al.(2015)的研究即响应上述呼吁,致力于探讨一个现有文献尚未充分解决却十分重要的问题:上级对 LMX 质量的评价与下属对 LMX 质量的评价,二者趋于一致或不一致达到什么程度,才会影响重要的组织结果变量?具体来说,他们认为,上级与下属有关 LMX 质量的评价趋于一致和不一致,将可能对下属的工作动机产生重要的差异影响,因此,他们分别选取"工作投入"和"组织公民行为"作为下属动机性和行为性结果变量的代表,运用多项式回归结合响应曲面分析法,实证探讨上级—下属对 LMX 质量的评价趋于一致和不一致对下属工作投入及组织公民行为的差异影响。

5.3.1.2 研究假设

Matta et al.(2015)的理论研究模型概括如图 5-78 所示。

第5章 三维响应曲面模型的检验、结果解读与汇报

图 5-78 Matta et al.(2015)的理论研究模型

资料来源:本书作者依据原文提出的研究假设绘制而成。

依据角色理论(LMX 理论根源),Matta et al.(2015)提出了如下四个研究假设。

研究假设 1:上级与下属有关 LMX 质量的评价越趋于一致,下属的工作投入水平越高。

研究假设 2:相比上级与下属有关 LMX 质量的评价为较低水平趋于一致情形,当上级与下属有关 LMX 质量的评价为较高水平趋于一致时,下属的工作投入水平更高。

研究假设 3:相比下属对 LMX 质量的评价高于上级对 LMX 质量的评价情形,当上级对 LMX 质量的评价高于下属对 LMX 质量的评价时,下属的工作投入水平较低。

研究假设 4:下属的工作投入中介 LMX 质量评价(不)一致性对下属组织公民行为的影响。

5.3.1.3 研究假设检验方法、标准与结果

图 5-79 即 Matta et al.(2015)在论文中汇报的多项式回归分析结果,其中 Model 1 是将控制变量纳入对"工作投入"(Engagement)变量的回归分析,Model 2 进一步将五个多项式(即 X、Y、X^2、XY 和 Y^2)纳入对"工作投入"变量的回归分析,Model 3 将控制变量纳入对"组织公民行为"(OCBO)变量的回归分析,Model 4 进一步将五个多项式纳入对"组织公民行为"变量的回归分析,Model 5 在模型 4 的基础上进一步将工作投入纳入对"组织公民行为"变量的回归分析。图 5-80 是与多项式回归分析结果相对应的三维响应曲面。

研究假设 1 的检验方法、标准与结果

研究假设 1 是关于上级与下属有关 LMX 质量的评价趋于一致情形下,二者间趋于一致的程度对下属工作投入水平的可能影响推断。该研究假设推测,二者间趋于一致的程度越高,下属的工作投入水平亦越高,简称上级与下属对 LMX 质量评价的"一致效应"。

Matta et al.(2015)认为,研究假设 1 关于一致效应的预测是否能够成立,主要取决于三维响应曲面的两个关键特征数据估计值是否显著。

TABLE 2
Polynomial Regression of Work Engagement on LMX Agreement and Regression of OCBO on Work Engagement

Variables	Engagement Model 1		Model 2		OCBO Model 3		Model 4		Model 5	
Constant	3.51**	(0.04)	3.50**	(0.05)	3.98**	(0.03)	3.98**	(0.05)	3.98**	(0.05)
Controls										
Second data collection control	−0.16	(0.12)	−0.13	(0.11)	0.00	(0.10)	0.06	(0.10)	0.07	(0.10)
Third data collection control	0.31**	(0.09)	0.17†	(0.10)	0.41**	(0.08)	0.23**	(0.09)	0.21*	(0.08)
Gender similarity	−0.09	(0.08)	−0.05	(0.08)	−0.08	(0.07)	−0.03	(0.07)	−0.02	(0.07)
Age similarity	0.00	(0.00)	0.00	(0.00)	−0.01*	(0.00)	0.00	(0.00)	0.00	(0.00)
Ethnicity similarity	0.15	(0.10)	0.12	(0.09)	−0.08	(0.09)	−0.12	(0.08)	−0.14†	(0.08)
Dyadic tenure	0.00	(0.01)	0.00	(0.01)	0.01	(0.01)	0.01†	(0.01)	0.01†	(0.01)
Liking	0.15*	(0.07)	−0.02	(0.09)	0.49**	(0.06)	0.21**	(0.08)	0.22**	(0.07)
Conscientiousness	0.33**	(0.07)	0.27**	(0.07)	0.19**	(0.06)	0.16**	(0.06)	0.13*	(0.06)
Polynomial terms										
b_1 Supervisor-rated LMX quality (S)			0.17	(0.12)			0.57**	(0.10)	0.55**	(0.10)
b_2 Employee-rated LMX quality (E)			0.34**	(0.07)			0.05	(0.06)	0.01	(0.07)
b_3 S^2			−0.30†	(0.16)			−0.07	(0.14)	−0.03	(0.14)
b_4 $S \times E$			0.32*	(0.14)			−0.13	(0.12)	−0.17	(0.12)
b_5 E^2			0.07	(0.06)			0.04	(0.05)	0.03	(0.05)
Mediator										
Work engagement									0.13*	(0.05)
R^2	0.15		0.25		0.29		0.37		0.39	
ΔR^2			0.09**				0.08**		0.01*	
Congruence line ($S = E$)										
Slope ($b_1 + b_2$)			0.51**	(0.13)			0.62**	(0.11)		
Curvature ($b_3 + b_4 + b_5$)			0.09	(0.17)			−0.16	(0.15)		
Incongruence line ($S = -E$)										
Slope ($b_1 - b_2$)			−0.17	(0.14)			0.52**	(0.13)		
Curvature ($b_3 - b_4 + b_5$)			−0.56*	(0.26)			0.10	(0.21)		
F for the three quadratic terms			30.23*				0.59			
ΔR^2 for the three quadratic terms			0.03*				0.00			

Note: n = 280; unstandardized regression coefficients reported (standard errors in parentheses).
† $p < .10$
* $p < .05$
** $p < .01$

图 5-79 Matta et al.(2015)在论文中汇报的多项式回归分析结果截图

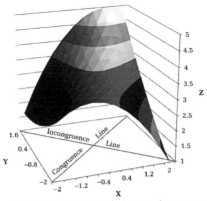

FIGURE 2
Congruence and Incongruence Effects of Leader–Member Exchange with Work Engagement

Note: X-axis is supervisor-rated (S) LMX quality; Y-axis is employee-rated (E) LMX quality; Z-axis is employee-rated work engagement.

图 5-80 Matta et al.(2015)在论文中汇报的三维响应曲面截图

第 5 章　三维响应曲面模型的检验、结果解读与汇报

第一个关键特征数据即三维响应曲面沿不一致线的横截线的曲率估计值（即表 5-3 中编号 L-4）。显著的沿不一致线的整条横截线的曲率估计值是支持研究假设 1 中一致效应成立的必要条件。具体来说，如果三维响应曲面沿不一致线（即"上级对 LMX 质量的评价＝−下属对 LMX 质量的评价"对角线）的整条横截线的曲率估计值为显著负值，也即三维响应曲面沿不一致线的整条横截线为一条显著的倒 U 形曲线，则意味着研究假设 1 成立。Matta et al.(2015) 在论文中运用线性组合三维响应曲面特征数据检验程序，来验证三维响应曲面沿"上级对 LMX 质量的评价＝−下属对 LMX 质量的评价"对角线的整条横截线的曲率估计值（即 $b_3-b_4+b_5$）是否为显著负值。

第二个关键特征数据即三维响应曲面的第一主轴的斜率估计值（即表 5-3 中编号 NL-2）和截距估计值（即表 5-3 中编号 NL-3）。三维响应曲面的第一主轴与一致线（即"上级对 LMX 质量的评价＝下属对 LMX 质量的评价"对角线）重合，或者换句话来说，三维响应曲面的第一主轴的斜率估计值与 1 不存在显著差异，并且第一主轴的截距估计值与 0 亦不存在显著差异，将提供关于研究假设 1 中一致效应成立的补充支持：当三维（X—Y—Z）响应曲面的第一主轴（即三维响应曲面脊线在 X—Y 平面上的投影）与 X—Y 平面上的一致线显著重合时，才能依据三维响应曲面沿不一致线的整条横截线的曲率估计值来比较趋于一致组合对应的 Z 值与不一致组合对应的 Z 值，也才能据此判断研究假设 1 成立与否。由于三维响应曲面的第一主轴的斜率和截距均是基于多项式回归系数的非线性组合估计，因此 Matta et al.(2015) 运用 Bootstrapping 法抽取 10 000 个多项式回归系数样本，通过构建"上级对 LMX 质量的评价—下属对 LMX 质量的评价对下属的工作投入影响"三维响应曲面的第一主轴斜率估计值和截距估计值的偏差校正 95% 置信区间，来检验该三维响应曲面的第一主轴是否与"上级对 LMX 质量的评价＝下属对 LMX 质量的评价"对角线重合。

如图 5-79 表格中 Model 2 所示，三个高阶项变量综合显著预测了"工作投入"变量（即图 5-79 表格中的"Engagement"）（$F=30.23, p<0.05$），并且三维响应曲面沿不一致线［即图 5-79 表格中的"Incongruence line ($S=-E$)"］显著向下弯曲——这是因为三维响应曲面沿不一致线的整条横截线的曲率估计值［即图 5-79 表格中的"Curvature($b_3-b_4+b_5$)"，也即表 5-3 中编号 L-4］为 −0.56（$p<0.05$），为显著负值。图 5-80 中来自原文的三维响应曲面截图亦直观、清晰地展示出三维响应曲面沿不一致线的整条横截线为一条倒 U 形曲线，意味着当上级与下属对 LMX 质量的评价趋于一致时，下属的工作投入水平较高；而他们的评价水平一旦偏离一致线，下属的工作投入水平即下降。总之，上述检验结果提供了研究假设 1 成立的初步支持。

为了提供研究假设 1 关于一致性效应成立的进一步支持，Matta et al. (2015)继续估计和检验了三维响应曲面的第一主轴的斜率估计值(即表 5-3 中编号 NL-2)及截距估计值(即表 5-3 中编号 NL-3)，期望第一主轴的斜率估计值与 1 没有显著差异、第一主轴的截距估计值与 0 亦不存在显著差异。图 5-79 显示了检验结果。该研究在正文中指出：三维响应曲面的第一主轴斜率估计值的偏差校正 95% 置信区间为[0.962,8.275]，包括 1，表明三维响应曲面的第一主轴斜率估计值的确与 1 没有显著差异；三维响应曲面的第一主轴截距估计值的偏差校正 95% 置信区间为[-3.217,1.026]，包括 0，亦表明三维响应曲面的第一主轴截距估计值与 0 不存在显著差异。因此，检验结果综合表明，三维响应曲面的第一主轴与一致线重合，提供了研究假设 1 成立的进一步支持。综上所述，研究假设 1 成立，即上级与下属有关 LMX 质量的评价越趋于一致，下属的工作投入水平越高。

研究假设 2 的检验方法、标准与结果

研究假设 2 是关于上级与下属有关 LMX 质量的评价趋于一致情形下的两种典型——较低水平趋于一致和较高水平趋于一致——对下属工作投入水平的差异影响推断。研究假设 2 预测，相比上级与下属有关 LMX 质量的评价为较低水平趋于一致情形，当上级与下属有关 LMX 质量的评价为较高水平趋于一致时，下属的工作投入水平更高。该研究假设是否成立，取决于"上级对 LMX 质量的评价—下属对 LMX 质量的评价对下属的工作投入影响"的三维响应曲面沿"上级对 LMX 质量的评价=下属对 LMX 质量的评价"对角线(即一致线)的横截线在(0,0)处的斜率估计值，即(b_1+b_2)(表 5-3 中编号 L-1)是否为显著正值；如果沿一致线的横截线在(0,0)处的斜率估计值(b_1+b_2)为显著正值，则可以证实研究假设 2 成立。由于三维响应曲面沿一致线的横截线在(0,0)处的斜率估计值(b_1+b_2)是多项式回归系数的线性组合，因此 Matta et al. (2015)在论文中运用线性组合三维响应曲面特征数据检验程序来验证研究假设 2。

如图 5-79 表格中 Model 2 所示，三维响应曲面沿一致线[即图 5-79 表格中的"Congruence line ($S=E$)"]的横截线在(0,0)处的斜率估计值为显著正值(估计值为 0.51，$p<0.01$)，表明相比上级与下属有关 LMX 质量评价间的低—低趋于一致组合，二者间高—高趋于一致组合所对应的下属工作投入水平更高。图 5-80 中来自原文的三维响应曲面截图也直观地证实了研究假设 2。所以，研究假设 2 得到验证。

研究假设 3 的检验方法、标准与结果

研究假设 3 是关于上级与下属有关 LMX 质量的评价不一致情形下的两种

第 5 章　三维响应曲面模型的检验、结果解读与汇报

典型——下属对 LMX 质量的评价高于上级对 LMX 质量的评价，以及上级对 LMX 质量的评价高于下属对 LMX 质量的评价——对下属工作投入水平的差异影响推断。研究假设 3 预测，相比下属对 LMX 质量的评价高于上级对 LMX 质量的评价情形，当上级对 LMX 质量的评价高于下属对 LMX 质量的评价时，下属的工作投入水平较低。Matta et al.(2015)在论文中通过两种方法来检验研究假设 3。

第一种方法，即估计和检验"上级对 LMX 质量的评价—下属对 LMX 质量的评价对下属的工作投入影响"的三维响应曲面沿不一致线的横截线在(0,0)处的斜率估计值(表 5-3 中编号 L-3)是否为显著负值。如果相应的三维响应曲面沿不一致线的横截线在(0,0)处的斜率估计值为显著负值，则表明该三维响应曲面沿不一致线由上级与下属关于 LMX 质量评价的低—高组合逐渐移向高—低组合的过程中，下属的工作投入水平在逐渐降低，那么研究假设 3 即得到实证数据的支持。由于三维响应曲面沿不一致线的横截线在(0,0)处的斜率估计值为多项式回归系数的线性组合，因此 Matta et al.(2015)在论文中通过线性组合三维响应曲面特征数据检验程序来验证研究假设 3。

第二种方法，即估计和检验"上级对 LMX 质量的评价—下属对 LMX 质量的评价对下属的工作投入影响"的三维响应曲面沿不一致线的平移量(表 5-3 中编号 NL-10)。该平移量代表着三维响应曲面沿 X—Y 平面上不一致线由上级与下属关于 LMX 质量评价的低—高组合逐渐移向高—低组合的过程中，Z 轴所对应的下属工作投入水平的变化程度和方向。如果平移量估计值为显著负值，则表明该三维响应曲面沿 X—Y 平面上不一致线由上级与下属关于 LMX 质量评价的低—高组合逐渐移向高—低组合的过程中，Z 轴所对应的下属工作投入水平在显著降低，将提供研究假设 3 成立的证据支持。由于平移量估计值是多项式回归系数的非线性组合，因此需要运用 Bootstrapping 法抽取 10 000 个多项式回归系数样本，通过构建三维响应曲面沿不一致线的平移量估计值的 95% 偏差校正置信区间来检验。

综上，研究假设 3 是否成立，主要取决于三维响应曲面沿不一致线的横截线在(0,0)处的斜率估计值(表 5-3 中编号 L-3)是否为显著负值，或者取决于三维响应曲面沿不一致线的平移量估计值(表 5-3 中编号 NL-10)是否为显著负值；如果三维响应曲面沿不一致线的横截线在(0,0)处的斜率估计值为显著负值，或者三维响应曲面沿不一致线的平移量估计值为显著负值，则均意味着研究假设 3 获得了实证数据的支持。图 5-79 所示的检验结果表明，"上级对 LMX 质量的评价—下属对 LMX 质量的评价对下属的工作投入影响"的三维响应曲面沿不一致线[即图 5-79 表格中的"Incongruence line ($S=-E$)"]的横截

线在(0,0)处的斜率估计值亦为负值却不显著(估计值为-0.17,n.s.);另外,Matta et al.(2015)在论文中指出(并未体现在表格中)"上级对 LMX 质量的评价—下属对 LMX 质量的评价对下属的工作投入影响"的三维响应曲面沿不一致线[即图 5-79 表格中的"Incongruence line ($S=-E$)"]的平移量估计值的确为负值(-0.15),然而,该估计值的偏差校正 95% 置信区间为[-0.850,0.133],包括 0,意味着三维响应曲面沿不一致线的平移量估计值在统计上并未显著区分于 0。因此,两种方法的验证结果均表明三维响应曲面沿不一致线由上级与下属关于 LMX 质量评价的低—高组合逐渐移向高—低组合的过程中,下属的工作投入水平未发生显著变化,所以,研究假设 3 未得到实证数据的支持。

研究假设 4 的检验方法、标准与结果

研究假设 4 是关于下属的"工作投入"可能在上级—下属的 LMX 质量评价(不)一致性对下属"组织公民行为"影响的过程中扮演"中介"角色的推断。在论文中,Matta et al.(2015)通过构建"集区变量"来检验研究假设 4。具体来说:

首先,基于五个多项式对假定中介变量(即下属的"工作投入")的回归方程,将五个多项式原始值分别乘以非标准化回归系数,从而获得一个集区变量。运用构造出来的这个集区变量表示上级—下属对 LMX 质量评价的(不)一致性。然后,将该集区变量对假定中介变量进行回归分析。Matta et al.(2015)认为,由于集区变量是通过多项式回归分析所获得的回归系数计算而来,因此该集区变量对中介变量的回归等同于运用原始的五个多项式。由此,则获得"上级—下属对 LMX 质量评价的(不)一致性"对假定中介变量"工作投入"的路径系数 α。接着,在控制五个多项式和控制变量对结果变量"组织公民行为"影响的基础上,估计假定中介变量"工作投入"对结果变量"组织公民行为"影响的路径系数 β。最后,运用 Bootstrapping 法,检验间接效应"$\alpha \times \beta$"的显著性。图 5-81 即为通过上述步骤后,Matta et al.(2015)对研究假设 4 的检验结果。

TABLE 3
Results from Tests of Indirect Effect of LMX Agreement (Disagreement) on OCBO

Variable	LMX agreement (block variable) to work engagement "α" path	Work engagement to OCBO "β" path	Indirect effect of LMX agreement to OCBO "αβ"
Unstandardized results	1.00**	0.13*	0.13*
95% bias-corrected bootstrapped CI for indirect effect			(0.022, 0.248)
Standardized results	0.35**	0.13*	0.05*

Note: Significance of bootstrapped indirect effect was determined by examining the bias-corrected 95% CI for the indirect effect using 1,000 bootstrap samples.
* $p < .05$
** $p < .01$

图 5-81　Matta et al.(2015)在论文中汇报的中介效应检验结果截图

图 5-81 中有关 α×β 的 Bootstrapping 法检验结果显示,上级—下属对 LMX 质量评价的(不)一致性通过下属的"工作投入"而对下属"组织公民行为"的间接效应估计值为 0.13,该间接效应估计值的偏差校正 95% 置信区间为[0.022,0.248],未包括 0,因此,上级—下属对 LMX 质量评价的(不)一致性通过下属的"工作投入"而对下属"组织公民行为"的间接效应显著存在。所以,研究假设 4 获得了实证数据的支持。

5.3.2 不一致效应研究三维响应曲面模型检验的经典范文示例与解读

前文 5.3.1 中给出的 Matta et al.(2015)的研究,属于典型的一致效应研究,所对应的三维响应曲面亦为典型的凹型脊状曲面(详见图 5-80)。接下来,将提供与不一致效应研究或凸型槽状曲面相对应的经典范文示例——陈乐妮等 2016 年发表于《心理学报》的《领导—下属外向性人格匹配性与下属工作投入的关系:基于支配补偿理论》一文。

5.3.2.1 研究背景和研究问题

员工"工作投入"直接关系到员工的工作场所积极行为,是积极心理学中一个十分重要的研究领域。然而,现有的员工工作投入研究主要集中于要么"孤立地"仅考虑个体因素和要么"孤立地"仅考察环境因素,非常缺乏综合考虑个体—环境间匹配对员工工作投入可能影响的实证研究。因此,陈乐妮等(2016)提出领导与下属在外向性人格方面的匹配性,并运用多项式回归结合响应曲面分析法实证探讨了领导与下属在外向性人格方面的匹配性对下属工作投入的可能影响。

关于外向性人格,需要稍做解释。陈乐妮等(2016)指出,外向性人格的内核在于是否具有需要互动对象来满足他/她的"人际支配和获取社会关注的需求"。个体对互动对象满足其"人际支配和获取社会关注的需求"越强烈,他/她的外向性人格水平就越高,也越倾向于"支配"人际互动;反之,当个体对互动对象满足其"人际支配和获取社会关注的需求"并不强烈时,他/她的外向性人格水平则偏低(内向),也倾向于在人际互动中表现出"顺从"。因此,陈乐妮等(2016)认为,领导与下属在外向性人格方面的匹配,属于典型的"补偿性匹配",也即领导与下属的外向性人格匹配往往存在于一方外向性人格水平较低与另一方外向性人格水平较高的关系之中,而非双方均外向性人格水平较高或者均外向性人格水平较低。

5.3.2.2 研究假设

陈乐妮等(2016)基于个体—环境匹配与支配补偿理论,构建了如图 5-82 所示的理论研究模型,并提出了如下三个研究假设。

研究假设 1：相比领导与下属外向性人格水平一致的情形，领导与下属外向性人格水平有差异的情形下，下属的工作投入水平更高。

研究假设 2：相比"低下属外向—高领导外向"的组合，"高下属外向—低领导外向"的组合情形下，下属的工作投入水平更高。

研究假设 3：当领导与下属的外向性人格水平趋于一致时，下属的工作投入与外向性人格水平存在倒 U 形曲线关系，具体而言，即下属的工作投入先随着外向性人格水平上升而上升，达到极值点后下降。

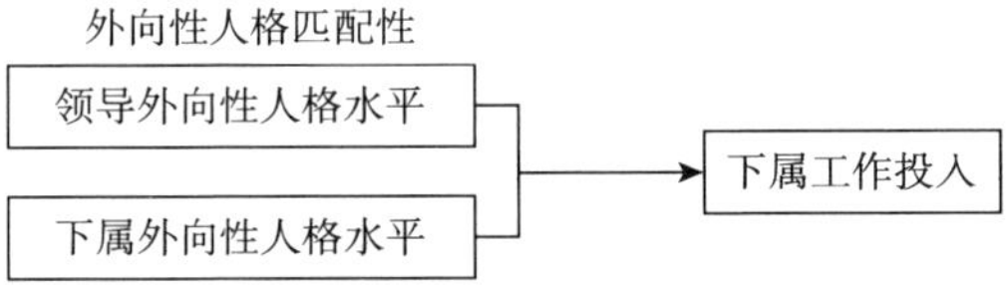

图 5-82　陈乐妮等（2016）的理论研究模型

资料来源：本书作者依据原文研究假设绘制而成。

5.3.2.3　研究假设检验方法、标准与结果

图 5-83 和图 5-84 即陈乐妮等（2016）在论文中汇报的多项式回归分析结果截图及其三维响应曲面的驻点坐标及两主轴特征数据截图，图 5-85 即相对应的三维响应曲面截图。

表 3　多元回归结果 a

变量	下属工作投入		
	模型 1	模型 2	模型 3
截距	0.97*	1.51**	1.44**
控制变量			
领导与下属年龄差异(Dage)	−0.01	−0.01	−0.01
领导与下属教育水平差异(Dedu)	0.07+	0.08	0.08*
领导与下属价值观一致性	0.18**	0.17**	0.17**
下属责任心(Fc)	0.84**	0.71**	0.72**
领导责任心(Lc)	0.00	−0.00	−0.00
自变量			
下属外向性(FE)		0.43**	0.42**
领导外向性(LE)		0.05	0.03
FE²			0.03
FE×LE			−0.57**
LE²			0.09
R^2	0.20**	0.23**	0.24**
ΔR^2		0.03**	0.01**
一致性 FE = LE			
斜率 (b2 + b3)			0.45**
曲面 (b4+ b5 + b6)			−0.45*
不一致性 FE = −LE			
斜率 (b2 − b3)			0.39**
曲面 (b4 − b5 + b6)			0.69**

注：a $n_{下属}$ = 743, $n_{领导}$ = 188。R^2 的计算公式为 1 − (假设模型的变异量/零模型的变异量) (Snijders & Bosker, 1999; Jansen & Kristof-Brown, 2005)。表中的系数均为非标准化系数。
FE 为下属外向性；LE 为领导外向性；FE², FE×LE, LE² 为下属与领导特点的二次项。
+ $p < 0.10$, * $p < 0.05$, ** $p < 0.01$，双尾检验。

图 5-83　陈乐妮等（2016）在论文中汇报的多项式回归分析结果截图

表 4 驻点和主轴 [a]

因变量	驻点		第一主轴		第二主轴	
	X_0	Y_0	P_{10}	P_{11}	P_{20}	P_{21}
下属工作投入	0.28[c]	0.77[c]	1.08[c]	−1.11[c]	0.50[c]	0.90[c]

注：[a] X_0,Y_0 代表在 X,Y 坐标平面的驻点。P_{10} 和 P_{11} 分别代表第一主轴的截距和斜率，P_{20} 和 P_{21} 分别代表第二主轴的截距和斜率。显著性水平是根据 10000 个 bootstrap 样本的系数构建而来 (Edward, 2002)。关于 $X_0,Y_0,P_{10},P_{11},P_{20}$ 和 P_{21} 的计算公式请参见 Edwards and Parry (1993)。
[c] P_{11} 的 95%置信区间包含−1，P_{21} 的 95%置信区间包含 1，X_0、Y_0、P_{10}、P_{20} 置信区间包含 0。主轴是否偏转的判断标准为判断主轴斜率的 95%置信区间是否不包括正负 1，如果包括正负 1，则主轴与一致线/非一致线不存在显著差异，即不存在主轴偏转。

图 5-84 陈乐妮等(2016)在论文中汇报的三维响应曲面驻点坐标及两主轴特征数据截图

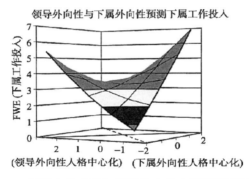

图 2 下属外向性人格与领导外向性人格预测下属工作投入的响应面 [a]

注：[a] FE 为下属外向性人格，LE 为领导外向性人格，FWE 为下属工作投入。

图 5-85 陈乐妮等(2016)在论文中汇报的三维响应曲面截图

研究假设 1 的检验方法、标准与结果

研究假设 1 推断，相比领导—下属外向性人格水平一致情形下的下属工作投入水平，二者外向性人格水平有差异情形下的下属工作投入水平更高。如果三维响应曲面沿不一致线的横截线的曲率估计值（即表 5-3 中编号 L-4 或图 5-83 中的"$b_4-b_5+b_6$"）为显著正值，并且三维响应曲面的第一主轴的斜率估计值（即表 5-3 中编号 NL-2 或图 5-84 中的"P_{11}"）与−1 没有显著差异、第一主轴的截距估计值（即表 5-3 中编号 NL-3 或图 5-84 中的"P_{10}"）与 0 亦没有显著差异（即表明三维响应曲面的第一主轴与不一致线重合），则研究假设 1 将获得实证数据的支持；反之，研究假设 1 不成立。

依据图5-83和图5-84中的相关数据可知,三维响应曲面沿不一致线的横截线的曲率估计值为显著正值(曲率估计值为0.69,$p<0.01$),三维响应曲面的第一主轴的斜率估计值的95%置信区间([-3.13,-0.33],系作者在正文中指出)包括-1、截距估计值的95%置信区间([-9.35,81.56],系作者在正文中指出)包括0,综合表明三维响应曲面的第一主轴未显著偏离不一致线。综上,研究假设1获得实证数据的支持。

研究假设2的检验方法、标准与结果

研究假设2是关于领导—下属外向性人格水平的两种典型不一致或差异组合——"低下属外向—高领导外向"和"高下属外向—低领导外向"——对下属工作投入水平的可能差异影响推断。研究假设2推断,相比"低下属外向—高领导外向"组合,"高下属外向—低领导外向"组合情形下的下属工作投入水平更高。陈乐妮等(2016)使用两种方法来检验研究假设2。第一种方法即依据三维响应曲面沿不一致线的横截线在(0,0)处的斜率估计值(即表5-3中编号L-3)来判断研究假设2是否成立。如果三维响应曲面沿不一致线的横截线在(0,0)处的斜率估计值为显著正值,则表明研究假设2成立。第二种方法即通过构建不一致线上的两个端点["低下属外向—高领导外向"组合$A(-0.31,0.31)$和"高下属外向—低领导外向"组合$B(0.66,-0.66)$]在三维响应曲面上对应的工作投入值(由于$X—Y$平面上不一致线的两个端点A和B所对应的Z轴值,因此将其称为Z-hatA值和Z-hatB值)的差值的置信区间来检验研究假设2是否成立。如果"低下属外向—高领导外向"组合对应的工作投入Z-hat值显著低于"高下属外向—低领导外向"组合对应的工作投入Z-hat值,则意味着研究假设2成立。

图5-83显示,三维响应曲面沿不一致线的横截线在(0,0)处的斜率估计值(即图5-83中的"b_2-b_3")为显著正值(估计值为0.39,$p<0.01$),表明伴随着三维响应曲面沿不一致线由"低下属外向—高领导外向"组合向"高下属外向—低领导外向"组合移动的过程,下属的工作投入水平在逐渐提升,因此,研究假设2获得了第一种检验方法的支持。使用第二种检验方法,陈乐妮等(2016)估计了"低下属外向—高领导外向"组合$A(-0.31,0.31)$对应的工作投入Z-hatA值与"高下属外向—低领导外向"组合$B(0.66,-0.66)$对应的工作投入Z-hatB值的差值显著性,结果显示,Z-hatA值减去Z-hatB值的差值为显著负值(差值估计值为-0.63,$p<0.01$,并且该差值估计值的95%置信区间为[-0.87,-0.40],不包括0),表明"低下属外向—高领导外向"组合对应的工作投入Z-hatA值显著低于"高下属外向—低领导外向"组合对应的工作投入Z-hatB值,所以,研究假设2获得了第二种检验方法的支持。

第5章 三维响应曲面模型的检验、结果解读与汇报

研究假设 3 的检验方法、标准与结果

研究假设 3 是关于领导—下属的外向性人格水平趋于一致情形下,二者间趋于一致水平的逐渐提升对下属工作投入水平的影响趋势预测。研究假设 3 推断,当领导与下属的外向性人格水平趋于一致时,下属的工作投入与外向性人格水平存在倒 U 形曲线关系,具体而言,即下属的工作投入先随着外向性人格水平上升而上升,达到极值点后下降。如果三维响应曲面沿一致线的横截线的曲率估计值(即表 5-3 中编号 L-2 或图 5-83 中的"$b_4+b_5+b_6$")为显著负值,则研究假设 3 成立。

依据图 5-83 中所展示的三维响应曲面沿一致线的横截线的曲率估计值可以发现,三维响应曲面沿一致线的横截线的曲率估计值为显著负值(估计值为 -0.45,$p<0.01$),因此,研究假设 3 成立。

参考文献

[1] Aiken L S, West S G. Multiple regression: testing and interpreting interactions[M]. California: Sage Publications, 1991.

[2] Cable D M, Derue D S. The convergent and discriminant validity of subjective fit perceptions[J]. Journal of applied psychology, 2002, 87(5): 875-884.

[3] Chiang A C. Fundamental methods of mathematical economics[M]. 2nd Edition. New York: McGraw-Hill, 1974.

[4] Cogliser C C, Schriesheim C A, Scandura T A, et al. Balance in leader and follower perceptions of leader-member exchange: relationships with performance and work attitudes[J]. Leadership quarterly, 2009, 20(3): 452-465.

[5] Cole M S, Carter M Z, Zhang Z. Leader-team congruence in power distance values and team effectiveness: the mediating role of procedural justice climate[J]. Journal of applied psychology, 2013, 98(6): 962-973.

[6] Dougherty T W, Pritchard R D. The measurement of role variables: exploratory examination of a new approach[J]. Organizational behavior & human decision processes, 1985, 35(2): 141-155.

[7] Dulebohn J H, Bommer W H, Liden R C, et al. A meta-analysis of antecedents and consequences of leader-member exchange: integrating the past with an eye toward the future[J]. Journal of management, 2012, 38(6): 1715-1759.

[8] Edwards J R, Parry M E. On the use of polynomial regression equations as an alternative to difference scores in organizational research[J]. Academy of management journal, 1993, 36(6): 1577-1613.

[9] Edwards J R. Alternatives to difference scores: polynomial regression analysis and response

surface methodology[M]//Drasgow F, Schmitt N W. Advances in measurement and data analysis. San Francisco: Jossey-Bass, 2002: 350-400.

[10] Edwards J R. Polynomial regression and response surface methodology[M]//Ostroff C, Judge, T A. Perspectives on organizational fit. San Francisco: Jossey-Bass, 2007: 361-372.

[11] Edwards J R. The study of congruence in organizational behavior research: critique and a proposed alternative[J]. Organizational behavior and human decision processes, 1994, 58(1): 51-100.

[12] Erdogan B, Bauer T N. Leader-member exchange theory: the relational approach to leadership[M]//David D. The oxford handbook of leadership and organizations. New York: Oxford University Press, 2014: 407-433.

[13] Fleenor J W, McCauley C D, Brutus S. Self-other rating agreement and leader effectiveness[J]. The leadership quarterly, 1996, 7(4): 487-506.

[14] Harris M M, Anseel F, Lievens F. Keeping up with the Joneses: a field study of the relationships among upward, lateral, and downward comparisons and pay level satisfaction[J]. Journal of applied psychology, 2008, 93(3): 665-673.

[15] Karasek R A. Job demands, job decision latitude, and mental strain: implications for job redesign[J]. Administrative science quarterly, 1979, 24(2): 285-308.

[16] Kernan M C, Lord R G. Effects of valence, expectancies, and goal-performance discrepancies in single and multiple goal environments[J]. Journal of applied psychology, 1990, 75(2): 194-203.

[17] Krasikova D V, LeBreton J M. Just the two of us: misalignment of theory and methods in examining dyadic phenomena[J]. Journal of applied psychology, 2012, 97(4): 739-757.

[18] Kulik C T, Oldham G R, Hackman J R. Work design as an approach to person-environment fit[J]. Journal of vocational behavior, 1987, 31(3): 278-296.

[19] Matta F K, Scott B, Koopman J, et al. Does seeing "eye to eye" affect work engagement and OCB? a role theory perspective on LMX agreement[J]. Academy of management journal, 2015, 58(6): 1686-1708.

[20] Matta F K, Van Dyne L. Leader-member exchange and performance: where we are and where we go from here[M]//Willness C. The oxford handbook of leader-member exchange. New York: Oxford University Press, 2015: 157-174.

[21] Meglino B M, Ravlin E C, Adkins C L. A work values approach to corporate culture: a field test of the value congruence process and its relationship to individual outcomes[J]. Journal of applied psychology, 1989, 74(3): 424-432.

[22] Shanock L R, Baran B E, Gentry W A, et al. Polynomial regression with response surface analysis: a powerful approach for examining moderation and overcoming limitations of difference scores[J]. Journal of business and psychology, 2010, 25(4): 543-554.

[23] Summers T P, Hendrix W H. Modelling the role of pay equity perceptions: a field study[J].

Journal of occupational psychology, 1991, 64(2): 145-157.
[24] Telly C S, Scott W G. The relationship of inequity to turnover among hourly workers[J]. Administrative science quarterly, 1971, 16(2): 164-172.
[25] Turban D B, Jones A P. Supervisor-subordinate similarity: types, effects, and mechanisms[J]. Journal of applied psychology, 1988, 73(2): 228-234.
[26] Zhang Z, Wang M, Shi J. Leader-follower congruence in proactive personality and work outcomes: the mediating role of leader-member exchange[J]. Academy of management journal, 2012, 55(1): 111-130.
[27] 陈乐妮,王桢,骆南峰,等.领导—下属外向性人格匹配性与下属工作投入的关系:基于支配补偿理论[J].心理学报,2016,48(6):710-721.
[28] 马红宇,申传刚,杨璟,等.边界弹性与工作—家庭冲突、增益的关系:基于人—环境匹配的视角[J].心理学报,2014,46(4):540-551.
[29] 唐杰,林志扬,莫莉.多项式回归与一致性研究:应用及分析[J].心理学报,2011,43(12):1454-1461.
[30] 张海燕,张正堂.匹配视角的制度信任与供应链节点企业协作有效性:基于多项式回归结合响应曲面分析法[J].山西财经大学学报,2017,39(8):56-70.
[31] 张珊珊,张建新,周明洁.二次响应曲面回归方法及其在个体—环境匹配研究中的使用[J].心理科学进展,2012,20(6):825-833.

本章附录材料

附录材料 1-不一致样本比例描述.sav
附录材料 2-三维响应曲面重要特征数据估计.sav
附录材料 3-沿一致线的斜率值和曲率值估计语法.txt
附录材料 4-沿不一致线的斜率值和曲率值估计语法.txt
附录材料 5-Bootstrapping 法抽取 10 000 个回归系数样本的实现语法.txt
附录材料 6-非线性组合三维响应曲面特征数据估计模板文件.xls

第6章 组织与管理研究中元分析的流程、结果解读与汇报

6.1 元分析概述 / 435

6.2 元分析的开展流程 / 438

6.3 基础元分析的软件实现过程 / 444

6.4 发表偏差检验的软件实现过程 / 473

6.5 同质性检验的软件实现过程 / 488

6.6 调节效应检验的软件实现过程 / 496

6.7 元分析结构方程模型的软件实现过程 / 519

参考文献 / 536

本章附录材料 / 539

第6章 组织与管理研究中元分析的流程、结果解读与汇报

在组织与管理科学领域,不同研究得出差异很大甚至相互矛盾结论的现象比比皆是。例如,两个研究均探讨领导成员交换与离职意向的关系,第一个研究发现领导成员交换与离职意向负相关($r=-0.55$)(Francis,2010);第二个研究却发现领导成员交换与离职意向不存在显著的相关关系($r=-0.02$; n.s.)(Mehta,2009)。为什么不同的研究会得出不同的相关关系?领导成员交换与离职意向的相关关系到底是怎样的?

元分析可以作为一种分析工具来解决研究与研究之间的差异问题(罗胜强和姜嬿,2014)。通过元分析,我们可以针对某一具体的相关关系,用定量分析的方式对以往的实证研究进行整合,从而对这一关系得出更准确、更可信的估计。除此之外,元分析还可以帮助我们判定和检验某一调节变量是否可以解释某一具体相关关系在不同研究间的差异(姜铠丰和胡佳,2018)。

近年来,越来越多的组织与管理学者应用元分析方法归纳总结组织与管理研究中变量之间的关系。例如,Jiang et al.(2012)通过对120个独立研究进行元分析发现,不同类型的人力资源实践对多种组织结果产生不同的影响,能力提升实践对人力资本的促进作用明显大于动机提升实践和机会提升实践,然而能力提升实践对员工的激励作用却不如另外两类实践。卫旭华等(2018)运用元分析方法探索了团队断层的前因及断层对团队过程和结果的影响,并发现断层类型可以作为一个调节变量解释以往研究结论的差异。

元分析方法的广泛应用既彰显了这一研究方法的重要性,又表明元分析方法将在未来的管理学研究中有更大的发挥空间。为了帮助更多的学者了解和使用这一方法,我们将在本章通过示例详细展示元分析的操作流程,并对元分析的检验标准、论文汇报逐一进行介绍。

6.1 元分析概述

6.1.1 元分析的概念

元分析(Meta-Analysis)在中文中也被译为荟萃分析、聚合分析、再分析等,或者直接以"Meta分析"指代。元分析是对具有相同研究目的的多个独立研究进行定量综合,进而得出一般性结论的统计方法。20世纪初,Simpson and Pearson(1904)分别计算了6个独立样本中疫苗接种和病死率的相关系数,并用这6个相关系数的平均值评估伤寒疫苗的疗效。这是我们已知的最早的元分析研究。随后,该方法逐渐应用于医学有关的文章中。直到1976年,吉恩·格拉斯(Gene Glass)首次介绍了"元分析"这一术语,真正创立了元分析

法,并把元分析定义为:对多项研究结果构成的集合进行统计分析,目的是对已有的发现进行综合(Glass,1976)。因此,元分析是一种对以往的实证研究结果进行归纳和总结的统计方法。元分析在医学、教育学、心理学等领域得到广泛应用。近年来,在组织与管理科学领域,元分析的应用也有逐渐递增的趋势。

6.1.2 元分析与传统文献综述的区别

元分析与传统文献综述都是对已有研究结果的归纳和总结,但二者在以下三个方面存在重要差别:

第一,方法不同。元分析属于量化文献综述,通过提取各项研究的样本量、合并效应值的方式,对两变量间关系进行准确的估计;传统文献综述属于叙述性文献综述,通过阅读、分析、整理、提炼的方式,从研究中归纳出该领域的最新进展和未来趋势。

第二,标准不同。无论是文献的纳入还是合并结果的检验,元分析均有严格的判断标准,这使得元分析具备可重复性,其结果的说服力更强;相比之下,传统文献综述没有固定的写作流程,没有严格的数据分析过程,也没有纳入文献的选择标准,其质量的高低在很大程度上受作者专业水平及纳入文献质量的影响。

第三,结果不同。通过元分析,我们能得出一个相对客观、明确的结论,通常以定量的结果呈现;而传统文献综述的结论相对模糊,往往是告诉读者"可能是什么"而非"具体是什么",且受到研究者个人经验及主观倾向的影响也会得出不同的结果(卫旭华,2021)。

6.1.3 元分析的应用前提

在开始元分析之前,研究者应该首先判断目标领域目前是否具有一定数量可供使用的原始文献。虽然从元分析本身来说没有一个绝对标准去判定一篇元分析文章中至少需要纳入多少篇文献进行研究,但是从原则上出发我们希望纳入的文献越多越好。郭春彦等(2002)通过模拟实验研究指出,当纳入文献数目大于30时,元分析结果将是准确、可靠和一致的,如果文献数目在50以上,则进行元分析的研究结果将是更理想的。

6.1.4 元分析的优势与缺陷

利用元分析方法分析与研究问题主要有三个方面的优势:
第一,可以增强统计学检验效能。有时,单个研究没有统计学意义可能是

第6章 组织与管理研究中元分析的流程、结果解读与汇报

样本量偏小,检验效能偏低所致。通过对同一研究的多个样本的综合,可以扩大样本量,从而得出对这一关系更为接近样本总体的估计。

第二,可以得出较为明确的结论。假如我们想要探讨变量 A 与 B 的关系,通过文献搜索,我们找到了几十篇对这一关系进行研究的实证文章,这些研究有的基于大样本,有的基于小样本;有的样本来自西方企业,有的样本来自东方企业;有的样本来自服务型企业,有的样本则来自制造型企业;等等。即便是对同一关系的研究,有的研究发现二者关系显著,有的则发现不显著。采用传统文献综述很难得出一个准确的结论,甚至得出的结论会带有很强的主观色彩。但是当采用元分析方法对同类研究进行综述时,因为其采用的是定量分析,所以对两个变量之间的真实关系会有更准确的估计。

第三,可以发现潜在效应或关系。由于样本选择的差异性,来自不同样本的研究结果不可避免地存在一些差异。元分析可以帮助我们发现除测量误差和抽样误差带来的差异外,还有哪些因素导致了研究间的差异。进而,我们可以通过元分析找到变量之间受到哪些调节变量的影响,最常见的比如测量工具的类型、行业类型、国家类别等。我们甚至可以将元分析与其他统计技术相结合,对变量之间的整体关系或中介过程进行研究。

当然,元分析方法也存在一些问题:

首先,元分析可能涉及"文件抽屉问题"。一般情况下,能够得出显著性结果的研究比没有得出显著性结果的研究更易于发表(王沛和冯丽娟,2005),而那些没有被发表的文章就躺在编辑的文件柜抽屉里,这就是我们俗称的"文件抽屉问题"。用专业的术语表达就是元分析研究中可能涉及发表偏差(Publication Bias)。对于该问题的解决办法就是在文献搜索时尽量包含工作论文或未发表的文章,以避免发表偏差对结果的影响。学者们还开发出检验发表偏差的方法,目前主流的有漏斗图法、失安全系数法、Egger 法、Begg 法以及剪补法等,我们在后文会做更详尽的介绍。

其次,元分析可能涉及苹果橘子问题(Are we mixing apple and oranges in a meta-analysis?)。简单来说,我们研究变量 A 与 B 的关系,两个研究变量采用同样的测量方法,那我们就可以把它们放到同一个元分析中。如果变量一样,但是对 A 和 B 的测量方法不同,可以做元分析吗?再退一步,如果变量的意义相同,但是取名不同,可以做元分析吗?再退一步,如果构念的意义接近,但是不完全相同,可以做元分析吗?这样一步一步退下来,就像把"橘子"和"苹果"这两个并不相同但又很接近的水果混在一起(Sharpe,1997)。所以解决这个问题的有效方法就是确立文献的纳入标准并进行严格筛选,但是标准是什么,只有在这个领域的研究者才能回答,也正是其主观判断的结果,导致元分析法饱受争议。

最后,也最麻烦的一个问题是,各独立研究的质量问题。在同一个元分析中,把不同质量的研究整合到一起,由于低质量的研究在结果估计时可能存在错误和无法纠正的偏差,因此包含低质量的研究可能影响元分析的结果。关于该问题的解决方法目前仍没有定论。

6.2 元分析的开展流程

6.2.1 确定课题

俗话说"好的开始是成功的一半",研究者应该根据自己的兴趣确定元分析的研究课题,解决那些存在分歧和争议的问题(Lipsey and Wilson,2001)。元分析关注的是存在争议的领域,同时也是以前的研究没有完全解释且很难被单一实证研究解决的问题。

姜铠丰和胡佳(2018)总结了元分析选题的三个主要角度,读者们可以结合自己的研究方向,参考以下选题角度:

(1) 对一个从未发表过任何元分析文章的研究变量展开元分析研究。如果能够找到一个尚未发表过任何元分析文章的研究变量,那么可以着手采用元分析方法对该领域的研究结果进行总结。然而,随着元分析技术的普及和组织与管理研究的发展,现阶段很难找到还没有发表过元分析文章的研究变量了。即便有还未发表过元分析文章的研究变量,也请研究者们一定要利用元分析方法对该研究领域做出一定的理论贡献,而不是利用元分析方法进行简单的归纳总结。

(2) 对存在分歧的研究领域展开元分析研究。如果发现学界对某对或某几对关系的研究存在不一致甚至矛盾的观点,则我们可以利用元分析方法探寻能够解释这些研究差异的调节变量。当前,很多元分析文章都采用该角度确定元分析选题。

(3) 通过元分析与结构方程模型的结合,检验与某一变量相关的中介机制。单一实证研究受到样本的限制,很难对某一研究变量的作用机制进行"尽善尽美"的探讨。当我们把元分析与结构方程模型相结合时,我们可以探寻某对或某几对关系的中介机制,甚至发现原先研究从未强调过的新的中介变量。目前,以该角度确定元分析选题的研究在组织与管理领域越来越多见。

例如,Rockstuhl et al.(2012)对领导成员交换(Leader-Member Exchange,LMX)与其前因后果的关系饶有兴致,其通过文献回顾发现,目前有一些学者通

第6章 组织与管理研究中元分析的流程、结果解读与汇报

过元分析研究证实了 LMX 对员工绩效、组织公民行为、工作满意度、情感承诺及规范承诺、留任意向等有积极的影响,也有一些学者通过元分析研究总结了 LMX 的前因,包括变革型领导及领导信任。在这些元分析研究中,大部分是基于西方个人主义文化背景和低权力距离文化背景展开的。然而,在亚洲以及其他集体主义国家,LMX 与其前因后果的关系是不同的。例如,在美国样本中,LMX 与组织公民行为正相关($r=0.32$; Uhl-Bien and Maslyn, 2003);但是基于中国情境的研究却得出完全相反的结论($r=-0.06$; Loi et al., 2009)。Rockstuhl et al.(2012)认为,国家文化或许可以作为一个调节变量解释这个差异,于是提出研究目标:以已经发表或未发表的相关文献中报告的相关系数为数据,运用元分析方法,探究国家文化(垂直集体主义和水平个人主义)对 LMX 与其结果变量及前因变量之间关系的调节作用。该示例即采取上文提到的第二种选题角度开展元分析研究,通过探寻调节变量解释该领域存在分歧和争议的问题,在理论上做出了一定的贡献。可以说该研究选题与元分析方法实现了很好的契合,即其他方法都无法很好地解决这个问题(例如,用综述研究探寻国家文化对 LMX 与其结果变量及前因变量之间关系的调节作用显然不具备实证优势;用实证研究验证国家文化发挥的调节作用也无法囊括更多的国家样本),只有元分析方法是最好的选择。

再如,Jiang et al.(2012)首先提出战略人力资源管理研究现有的局限性,即尽管战略人力资源管理研究已经检验组织为什么以及怎样通过人力资源实践来实现组织目标,人力资源管理与多种组织结果之间的正相关关系已经得到很多研究的支持,然而人力资源管理与不同组织结果之间的机制仍然有待解决。首先,连接人力资源管理与组织结果之间的理论逻辑没有统一;其次,人力资源管理是如何与近端的组织结果(如人力资源结果)和远端的组织结果(如财务绩效)进行连接的机制仍不清晰;最后,现有研究假定人力资源系统的构成对组织结果的影响是相同的,然而也有学者提出挑战性的观点,因此探索人力资源系统的不同构成对组织结果的差异影响是非常重要的。基于以上研究局限,Jiang et al.(2012)提出研究目标:旨在运用元分析方法,以已经发表或未发表的相关文献中报告的相关系数为数据,探索多种中介路径以及人力资源子系统的不同影响,来建立人力资源管理与组织结果之间的中介机制模型。

6.2.2 搜索文献

由于元分析是对某一主题已有的研究进行的综合分析,因此我们在搜索文

献时以尽可能全面、系统为原则。在搜索文献时我们以文献数据库和网上资源检索为主,辅以手动搜索。

具体步骤如下:

(1) 确定检索主题词,尽量囊括所有可能的组合。

(2) 通过搜索引擎或文献数据库检索主题词(如 CNKI,Web of Science)。

(3) 确定检索年限(如 1990—2020)。

(4) 通过主要期刊进行手动搜索。

(5) 参考以前发表过的综述性文章的参考文献目录进行手动搜索。

(6) 搜索近期会议文章、硕博论文,询问该领域学者是否有未发表的文章,通过专业领域的邮件群发征询未发表的文章等。

例如,上文提到的 Rockstuhl et al.(2012)的搜索文献过程如下:

(1) 在 ABI/Inform,PsycINFO,ProQuest Dissertation 及 Google Scholar 等文献数据库中用主题词"leader-member exchange""LMX"以及"vertical dyad linkage"搜索 LMX 文章。

(2) 对已发表的 LMX 元分析文章中纳入分析的文献进行手动下载。

(3) 凡是引用了 Scandura and Graen(1984)以及 Liden and Maslyn(1998)的 LMX 量表开发文章的文献均予以手动下载。

(4) 从(1)至(3)三次搜索中确定文献的参考文献中继续搜索 LMX 文章。

(5) 在主流管理期刊中搜索网络预发表或预上线(in-press articles)的文章,并联系在这一领域积极开展研究的作者以获取未发表的文章。

6.2.3 标准设定与筛选

通过上一步的文献搜索,我们一定搜集到了很多与主题相关或不太相关的文献,接下来我们就要设定一定的标准对初步搜索结果进行筛选,这一步也是为了尽最大可能避免"苹果橘子问题"。一些基本标准有:

(1) 纳入的文献必须是实证研究文献。

(2) 文献必须汇报了样本大小、相关系数(或是能够转成相关系数的统计值,如 t 值、z 值、F 值、卡方值)。

这些基本标准决定了被筛选进来的文献能够提供元分析所必需的数据,进一步的标准还有:

(1) 根据选题设定的标准,比如关注企业员工样本则排除来自学生样本的研究;关注组织层次的关系则排除个体层次或跨层次的研究等。

(2)如果多个研究中使用相同的数据集,则保留样本量最大的研究;如果多个研究中使用相同的数据集,但是报告了不同变量之间的关系,则将这两项数据都包括在内,但只将其作为一个独立样本(Shockley et al.,2017);如果一篇文献包含了多个独立样本,则我们把它们分别当作独立的研究对待(姜铠丰和胡佳,2018)。

上文提到的 Rockstuhl et al.(2012)确立的筛选标准如下:

(1)排除那些没有报告样本大小和适当效应值的研究。

(2)排除那些仅在团队层次检验 LMX 效应的研究。

经过文献筛选,Rockstuhl et al.(2012)从 558 篇文献中筛选出 253 篇纳入最终的数据分析。

6.2.4 数据编码

数据编码的过程是一个相对简单机械的过程,关键是认真谨慎。一般我们会在 Excel 中录入信息,包含的基本信息如下:

(1)文献的基本信息,如作者姓名、发表年份、期刊名称等。

(2)录入者的编号。为了保证数据录入的准确性,通常建议至少有两名录入者。

(3)效应值统计信息,如样本大小、相关系数、量表信度等。

(4)可能的调节变量,如国家类别、行业类型、样本类型、变量类型、研究设计等。

一般情况下,在确定了基本的录入模板后,几个录入者会一起随机编码 3~5 篇文献,确保每位录入者对编码标准的理解。接下来,随机挑选几篇文献进行编码,有编码差异和歧义的地方随时讨论并取得一致意见。同时,在这个过程中发现在制定模板时没有考虑的一些问题。比如,在录入过程中涉及变量的合并时需要录入者的主观判断,这就要求编码标准的统一。接下来,保证至少两名录入者对剩下的文献独立编码,编码完成后,复核编码信息,并对差异处进行讨论修正。

上文提到的 Rockstuhl et al.(2012)的编码过程如下:

首先,由 3 位录入者对纳入分析的文献独立进行编码,编码内容包括文献作者姓名、发表年份、样本量、研究变量效应值(相关系数等)、方差、LMX 及相关变量的信度、样本采集的国家以及 LMX 的类型。

其次,对不一致的地方进行讨论后再编码,直到意见达成一致。

Rockstuhl et al.(2012)最终形成了如图 6-1 所示的编码数据①。图 6-1 中，"Authors"为纳入编码的文献作者姓名，"Year"为文献发表年份，"N"为样本量，"Country"为样本采集的国家，"HI/VC"为文化类型[其中，HI(Horizontal Individualism)为水平个人主义，VC(Vertical Collectivism)为垂直集体主义]，"Variable"为研究变量[其中，AC(Affective Commitment)为情感承诺，与 LMX 相关的变量均可放在此列]，"r"为"Variable"中的变量与 LMX 的相关系数，"alpha variable"为"Variable"中变量的内部一致性信度系数 α，"alpha LMX"为 LMX 的内部一致性信度系数 α。

Authors	Year	N	Country	HI/VC	Variable	r	alpha variable	alpha LMX
Basu	1991	289	US	HI	AC	0.35	0.83	0.89
Basu & Green	1995	225	US	HI	AC	0.35	0.89	0.89
Bernerth	2005	195	US	HI	AC	0.46	0.89	0.9
Bettencourt1	2004	630	US	HI	AC	0.44	0.89	0.89
G. Blau	1988	69	US	HI	AC	0.33	0.89	0.95
Brouer	2007	79	US	HI	AC	0.42	0.91	0.79
Brunetto et al.	2010	1064	Australia	HI	AC	0.42	0.87	0.93
Butler	2010	397	US	HI	AC	0.49	0.93	0.9
Castleberry & Tanner	1989	45	US	HI	AC	0.44	0.86	0.88
Chan	2004	147	US	HI	AC	0.5	0.68	0.87
Cogliser et al.	2009	285	US	HI	AC	0.37	0.9	0.92
DeConnick	2009	419	US	HI	AC	0.44	0.87	0.95
DeConnick	2011	365	US	HI	AC	0.55	0.87	0.93
Dolden	2001	98	US	HI	AC	0.55	0.88	0.94
Dunegan	2003	193	US	HI	AC	0.53	0.86	0.92
Eisenberger et al.	2010	251	US	HI	AC	0.33	0.87	0.87
Epitropaki & Martin	1999	73	England	HI	AC	0.39	0.76	0.92
Epitropaki & Martin	2005	439	England	HI	AC	0.33	0.84	0.91
Gandolfo	2006	186	US	HI	AC	0.53	0.87	0.92
Ghosh	2009	166	US	HI	AC	0.23	0.83	0.92
Green et al.	1996	208	US	HI	AC	0.45	0.91	0.89

图 6-1 Rockstuhl et al.(2012)的编码数据片段示例

编码数据一般不要求在论文中汇报，当然也有作者会将整理好的编码数据以表格的形式附在文后，研究者可根据自己的喜好或期刊的要求决定。需要注意的是，如果有的文献报告的是 t 值、卡方值等非 r 统计量，那么我们需要将其转换为 r 值之后再录入 Excel 表格。大卫·B.威尔逊(David B. Wilson)在其网站上开发了效应值转换工具②，读者可输入网址进入效应值计算页面[经本书作者尝试，通过不同浏览器打开该网页的速度均较慢，读者需耐心等待。打开后

---

① 因为篇幅所限，此处仅展示数据片段。完整信息见本章附录材料 1-Rockstuhl2012LMX.xlsx。
② 有需要的读者可以作为参考，网址为 https://www.campbellcollaboration.org/research-resources/effect-size-calculator.html。

第 6 章 组织与管理研究中元分析的流程、结果解读与汇报

的效应值计算页面如图6-2(a)所示]。

例如,假设文中报告了 t 值和样本量。首先,需在图6-2(a)所示的效应值计算页面中单击"+Correlation Coefficient(r)"选项,在展开的菜单中选择"t-test",进入图6-2(b)所示的 t 值—r 值转换页面。其次,在图6-2(b)所示的 t 值—r 值转换页面的相应位置(已用方框标注出)分别输入 t 值和样本量。最后,点击"Calculate"按钮即可得到转换后的相关系数 r。

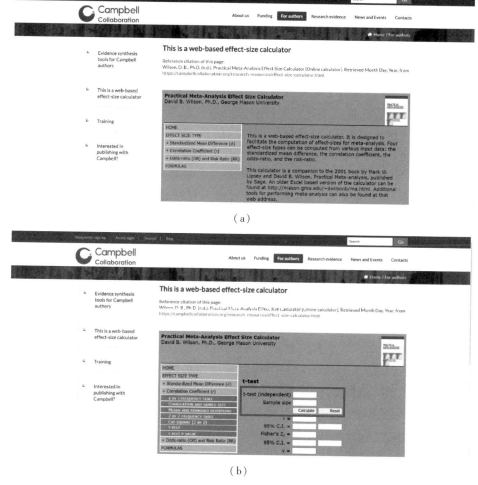

(a)

(b)

图6-2 大卫·B. 威尔逊提供的元分析中的效应值转换

6.2.5 数据分析

在完成对基本信息的搜集和编码之后,便可以对数据进行具体的分析了。

我们在后面会用大量的篇幅为大家详细展示元分析中数据分析的具体操作过程,在此先对数据分析包含哪些方面进行简要介绍。

数据分析一般包括三个方面,即主效应分析、调节效应检验和元分析结构方程模型(Meta-Analytic Structural Equation Modeling,MASEM)。

主效应分析。一般包括基础元分析、发表偏差检验和同质性检验三个环节。① 首先,通过基础元分析对数据进行基本的元分析操作,计算出加权平均效应值、置信区间、可信区间、总样本量,以明确两个变量之间的真实关系。其次,通过发表偏差检验考察基础元分析结果是否受到未发表文章的影响,只有不受发表偏差影响的估计结果才是有意义的。最后,通过同质性检验比较各研究效应值间是否呈现明显的异质性,并根据此结果判断是否需要进行调节变量的效应分析。

调节效应检验。当主效应分析中同质性检验结果表明各研究效应值间存在显著差异时,我们就需要对可能影响效应值的调节变量进行判定和检验。首先,运用分组比较的方法,对元分析中包含的所有样本根据调节变量的类别进行分类;其次,分别计算各个组内的加权平均效应值;最后,通过对效应值差异的检验判断该调节效应是否存在。

元分析结构方程模型。将元分析与结构方程模型相结合,使多变量关系的探讨在元分析中成为可能。首先,基于基础元分析结果构建元分析效应值相关矩阵;其次,根据各效应值的样本量计算用于元分析结构方程模型的样本量;最后,运用 Mplus 或 LISREL 软件进行结构方程模型构建。

需要指出的是,在一篇元分析文章中,并非需要同时囊括调节效应检验和元分析结构方程模型,作者可根据研究的侧重点进行选择。如果作者旨在探寻调节变量,则可以不进行元分析结构方程模型的构建(例如,Rockstuhl et al.,2012;卫旭华等,2018;等等);如果作者聚焦于探寻变量间的中介机制,则可以跳过调节效应检验直接进入构建结构方程模型部分(例如,Jiang et al.,2012;王震等,2012;等等)。当然,作者也可以在一项元分析研究中既进行调节变量探索,又检验与该变量相关的中介机制(例如,Hong et al.,2013;卫旭华,2016;等等)。

6.3 基础元分析的软件实现过程

基础元分析通过对来自不同研究样本的结果进行整合,从而对两个变量之间的关系得出更接近总体的估计值。基础元分析是元分析方法的基石,如果没

---

① 主效应分析中的三个环节顺序不分先后,读者可根据行文习惯决定其在文中的呈现顺序。

有基础元分析结果,那么随后的调节效应检验甚至元分析结构方程模型就像失去了砖头的房屋,根本没有存在的可能。

在组织与管理科学领域,有两种最常见的基础元分析方法,一种是 Hunter 和 Schmidt 的方法(Hunter and Schmidt,2004),另一种是 Hedges 等的方法(Hedges and Olkin,1985;Hedges and Vevea,1998)。两种方法最大的区别是 Hedges 等的方法先将各研究的效应值 r 通过费雪 Zr 转换公式(Fisher's Zr-transform)转换为 Zr,而 Hunter 和 Schmidt 的方法则不需要转换。这两种方法在目前发表的元分析文章中都被广泛采纳,读者任选其一即可。

举例来说,吴梦迪等(2020)梳理文献后发现,现有的实证研究没有就灵活工作计划对员工行为与心理的影响方向和强度达成共识。一些研究表明,灵活工作计划能够降低员工的工作—家庭冲突和离职倾向,提高员工感知的工作自主性、工作满意度、组织承诺感和工作绩效。但另一些研究发现,灵活工作计划提高了员工工作—家庭冲突和离职倾向,对员工工作绩效、工作满意度、离职倾向没有显著影响。这些研究结论并不一致,有的甚至差异很大。鉴于此,吴梦迪等(2020)采用元分析方法对相关实证研究结果进行定量综述,从而更准确地认识灵活工作计划对员工行为与心理的影响。具体来说,吴梦迪等(2020)针对 6 对关系进行了假设并采用 Hedges 等的方法在 CMA 2.0 软件中进行了基础元分析。进行基础元分析的 6 对关系分别为:H1 灵活工作计划对员工的工作—家庭冲突具有显著的负向影响;H2 灵活工作计划对员工感知的工作自主性具有显著的正向影响;H3 灵活工作计划对员工工作满意度具有显著的正向影响;H4 灵活工作计划对员工的组织承诺感具有显著的正向影响;H5 灵活工作计划对员工的离职倾向具有显著的负向影响;H6 灵活工作计划对员工的工作绩效具有显著的正向影响。本节主要通过实例,分别介绍基于 Hunter 和 Schmidt 方法的基础元分析操作流程以及基于 Hedges 等方法的基础元分析操作流程,并对这两种基础元分析方法在论文中如何汇报进行展示。

6.3.1 基于 Hunter 和 Schmidt 方法的基础元分析操作流程

示例范文 Rockstuhl et al.(2012)基于 Hunter 和 Schmidt 的方法探讨了国家文化对 LMX 与 9 个结果变量(如情感承诺、组织公民行为、工作满意度等)之间关系的调节作用。在此,我们以 LMX 与情感承诺之间的关系为例,展示基础元分析的操作流程。

建议运用 SPSS 软件进行基于 Hunter 和 Schmidt 方法的基础元分析。下文展示的即在 SPSS 24.0 软件中,进行示例范文 Rockstuhl et al.(2012)中 LMX 与情感承诺之间基础元分析的详细操作。

第一步,将研究同一关系的编码数据整理为单独的数据集。

在 6.2.4 中的数据编码阶段,我们展示了 Rockstuhl et al.(2012)编码好的数据表格。在进行元分析之初,我们需要把编码数据中所有涉及同一关系的数据均整理成单独的 SPSS 数据集,即 Rockstuhl et al.(2012)共探讨了 LMX 与 9 个结果变量之间的关系,那么我们就要整理出 9 个 LMX 与单一结果变量的数据集。由于此处我们以 LMX 与情感承诺之间的关系为例进行操作演示,因此我们需要从 6.2.4 中的数据编码阶段 Rockstuhl et al.(2012)编码好的数据表格中筛选出仅涉及 LMX 与情感承诺的数据并将其整理成单独的 SPSS 数据集。

首先,打开 Excel 编码数据。① 点击页面中任意有数据的区域,然后单击菜单栏中的"数据"—"筛选"选项,如图 6-3 所示。

然后,Excel 首行的每个单元格的右下角均会出现一个倒三角符号。单击"Variable"单元格处的倒三角图标,在弹出的筛选页面取消勾选"全选",仅勾选"AC"(此处 AC 代指情感承诺),如图 6-4 所示。

图 6-3 整理涉及同一关系的单独数据集(一)

---

① 演示数据见本章附录材料 1-Rockstuhl2012LMX.xlsx。

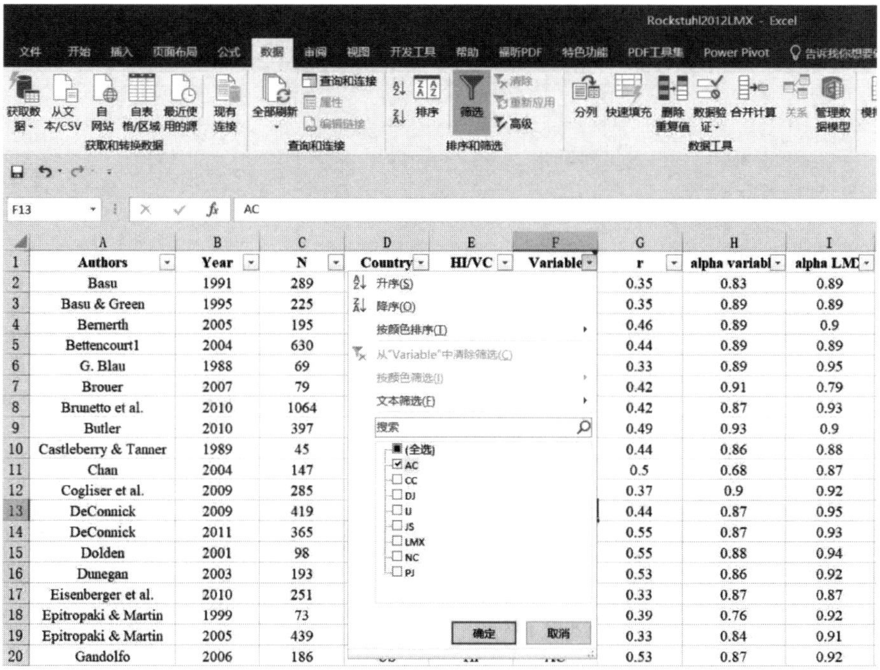

第 6 章　组织与管理研究中元分析的流程、结果解读与汇报

图 6-4　整理涉及同一关系的单独数据集（二）

接着，页面就会显示出仅涉及 LMX 与情感承诺之间关系的所有数据，页面左下角会显示"就绪　在 463 条记录中找到 92 个"，这代表共有 92 个独立研究探讨了 LMX 与情感承诺之间的关系，如图 6-5 所示。

最后，将筛选出的 92 条数据复制到一个新的 Excel 表格中，保存并命名为"LMX-AC.xlsx"[①]，保存好的数据我们接下来会用到，请读者把文件保存到容易找到的路径。

第二步，在 SPSS 软件中打开数据。

首先，在 SPSS 软件中依次点击"文件"—"打开"—"数据"，如图 6-6 所示。进行上述操作后，页面会弹出"打开数据"窗口，我们需要在这一窗口打开上一步操作中创建的 Excel 单独数据集。读者务必注意，在选择数据集时，应先单击"文件类型"右侧的倒三角图标，在弹出的下拉框中选择"Excel"这一文件类型，如果未进行正确的文件类型选择，那么软件会默认呈现 SPSS 类型文件，从而无法找到上一步操作中创建的 Excel 单独数据集。选择好文件类型后，找到上一步操作中保存数据集的路径，选中"LMX-AC.xlsx"，单击"打开"按钮，如图 6-7 所示。紧接着，页面会弹出如图 6-8 所示的"读取 Excel 文件"窗口，对窗口内容

---

① 分析数据见本章附录材料 2- LMX-AC.xlsx。

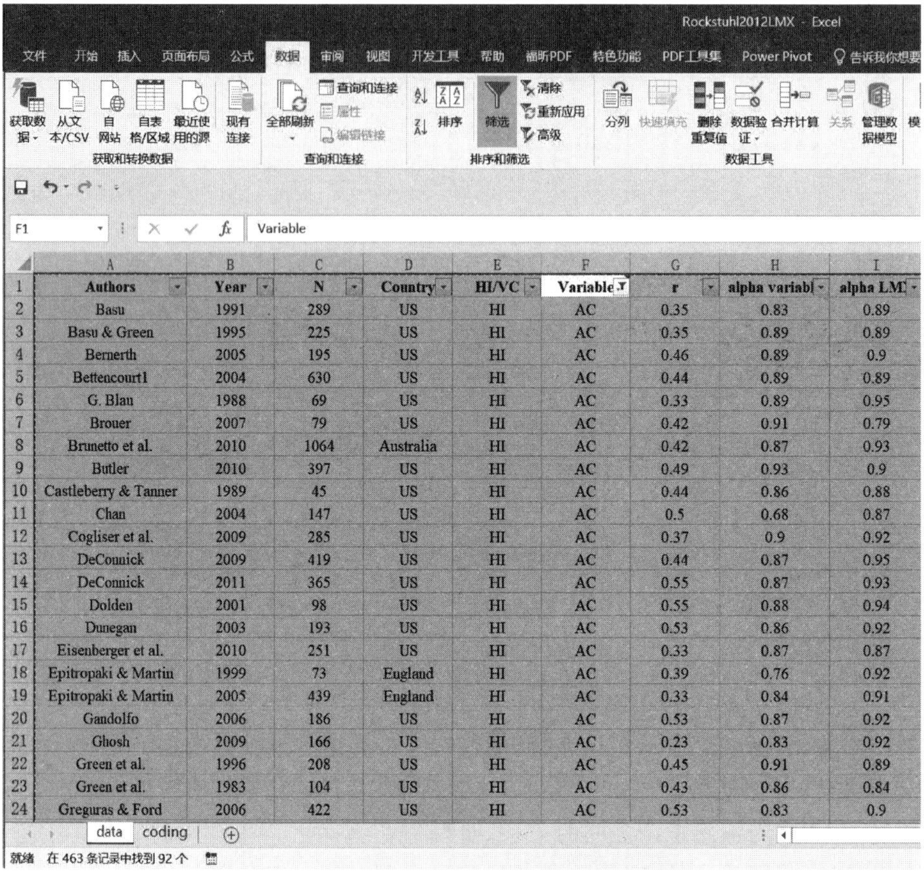

	Authors	Year	N	Country	HI/VC	Variable	r	alpha variabl	alpha LM
2	Basu	1991	289	US	HI	AC	0.35	0.83	0.89
3	Basu & Green	1995	225	US	HI	AC	0.35	0.89	0.89
4	Bernerth	2005	195	US	HI	AC	0.46	0.89	0.9
5	Bettencourt1	2004	630	US	HI	AC	0.44	0.89	0.89
6	G. Blau	1988	69	US	HI	AC	0.33	0.89	0.95
7	Brouer	2007	79	US	HI	AC	0.42	0.91	0.79
8	Brunetto et al.	2010	1064	Australia	HI	AC	0.42	0.87	0.93
9	Butler	2010	397	US	HI	AC	0.49	0.93	0.9
10	Castleberry & Tanner	1989	45	US	HI	AC	0.44	0.86	0.88
11	Chan	2004	147	US	HI	AC	0.5	0.68	0.87
12	Cogliser et al.	2009	285	US	HI	AC	0.37	0.9	0.92
13	DeConnick	2009	419	US	HI	AC	0.44	0.87	0.95
14	DeConnick	2011	365	US	HI	AC	0.55	0.87	0.93
15	Dolden	2001	98	US	HI	AC	0.55	0.88	0.94
16	Dunegan	2003	193	US	HI	AC	0.53	0.86	0.92
17	Eisenberger et al.	2010	251	US	HI	AC	0.33	0.87	0.87
18	Epitropaki & Martin	1999	73	England	HI	AC	0.39	0.76	0.92
19	Epitropaki & Martin	2005	439	England	HI	AC	0.33	0.84	0.91
20	Gandolfo	2006	186	US	HI	AC	0.53	0.87	0.92
21	Ghosh	2009	166	US	HI	AC	0.23	0.83	0.92
22	Green et al.	1996	208	US	HI	AC	0.45	0.91	0.89
23	Green et al.	1983	104	US	HI	AC	0.43	0.86	0.84
24	Greguras & Ford	2006	422	US	HI	AC	0.53	0.83	0.9

图 6-5 整理涉及同一关系的单独数据集(三)

不做改变,直接单击窗口最下方的“确定”按钮即可。打开数据后的“数据视图”窗口和“变量视图”窗口分别如图 6-9、图 6-10 所示。

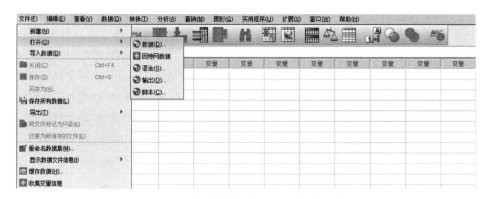

图 6-6 在 SPSS 软件中打开数据(一)

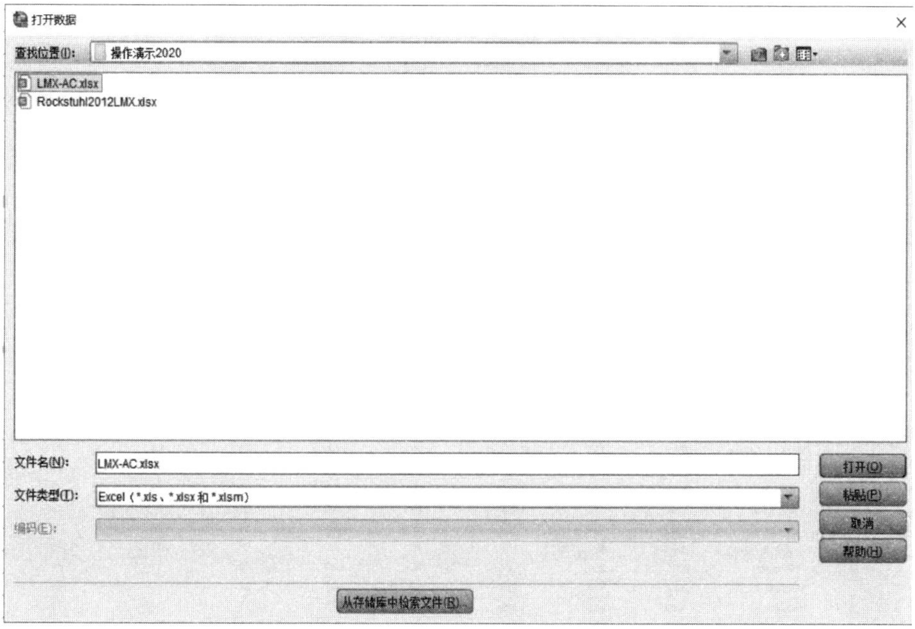

第 6 章 组织与管理研究中元分析的流程、结果解读与汇报

图 6-7 在 SPSS 软件中打开数据（二）

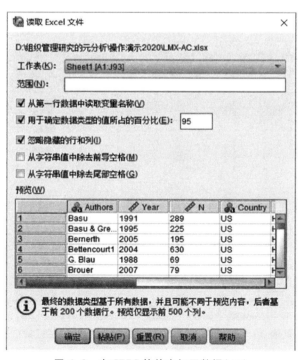

图 6-8 在 SPPS 软件中打开数据（三）

	Authors	Year	N	Country	HIVC	Variable	r	alphavariable	alphaLMX
1	Basu	1991	289	US	HI	AC	.35	.83	.89
2	Basu & Green	1995	225	US	HI	AC	.35	.89	.89
3	Bernerth	2005	195	US	HI	AC	.46	.89	.90
4	Bettencourt1	2004	630	US	HI	AC	.44	.89	.89
5	G. Blau	1988	69	US	HI	AC	.33	.89	.95
6	Brouer	2007	79	US	HI	AC	.42	.91	.79
7	Brunetto et al.	2010	1064	Australia	HI	AC	.42	.87	.93
8	Butler	2010	397	US	HI	AC	.49	.93	.90
9	Castleberry & Tanner	1989	45	US	HI	AC	.44	.86	.88
10	Chan	2004	147	US	HI	AC	.50	.68	.87
11	Cogliser et al.	2009	285	US	HI	AC	.37	.90	.92
12	DeConnick	2009	419	US	HI	AC	.44	.87	.95
13	DeConnick	2011	365	US	HI	AC	.55	.87	.93
14	Dolden	2001	98	US	HI	AC	.55	.88	.94
15	Dunegan	2003	193	US	HI	AC	.53	.86	.92
16	Eisenberger et al.	2010	251	US	HI	AC	.33	.87	.87
17	Epitropaki & Martin	1999	73	England	HI	AC	.39	.76	.92
18	Epitropaki & Martin	2005	439	England	HI	AC	.33	.84	.91
19	Gandolfo	2006	186	US	HI	AC	.53	.87	.92
20	Ghosh	2009	166	US	HI	AC	.23	.83	.92
21	Green et al.	1996	208	US	HI	AC	.45	.91	.89
22	Green et al.	1983	104	US	HI	AC	.43	.86	.84
23	Greguras & Ford	2006	422	US	HI	AC	.53	.83	.90
24	Hansen	2010	201	US	HI	AC	.68	.91	.89
25	Heck et al	2005	312	US	HI	AC	.61	.80	.90
26	Henderson	2009	245	US	HI	AC	.24	.92	.94
27	Hochwarter	2003	131	US	HI	AC	.53	.74	.90

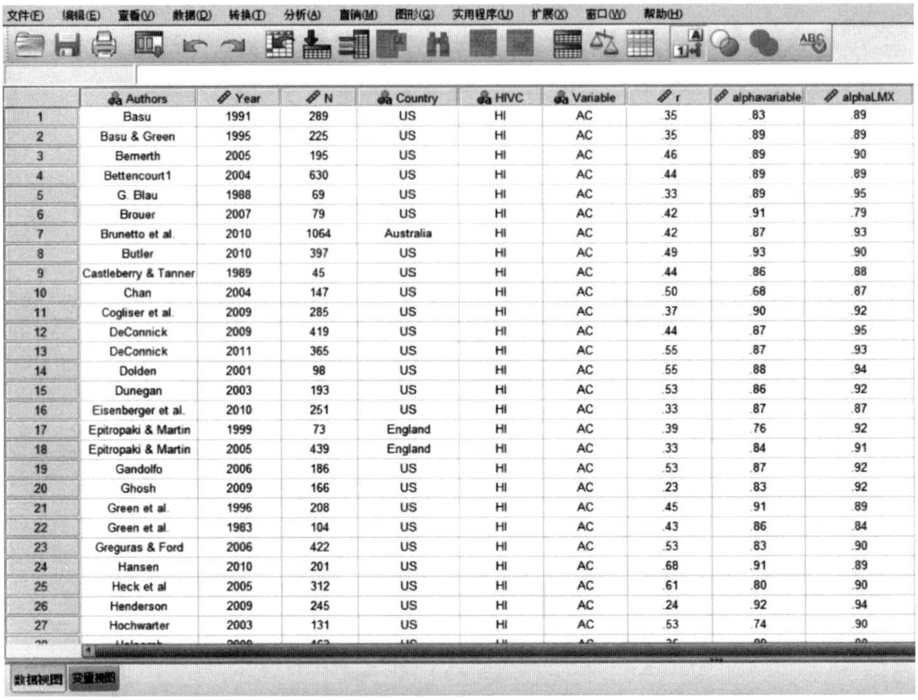

图 6-9　在 SPSS 软件中打开数据后的“数据视图”窗口

	名称	类型	宽度	小数位数	标签	值	缺失	列	对齐	测量	角色
1	Authors	字符串	24	0		无	无	13	居中	名义	输入
2	Year	数字	5	0		无	无	9	居中	标度	输入
3	N	数字	5	0		无	无	8	居中	标度	输入
4	Country	字符串	11	0		无	无	11	居中	名义	输入
5	HIVC	字符串	2	0	HI/VC	无	无	9	居中	名义	输入
6	Variable	字符串	2	0		无	无	9	居中	名义	输入
7	r	数字	4	2		无	无	9	居中	标度	输入
8	alphavariable	数字	4	2	alpha variable	无	无	10	居中	标度	输入
9	alphaLMX	数字	4	2	alpha LMX	无	无	12	居中	标度	输入

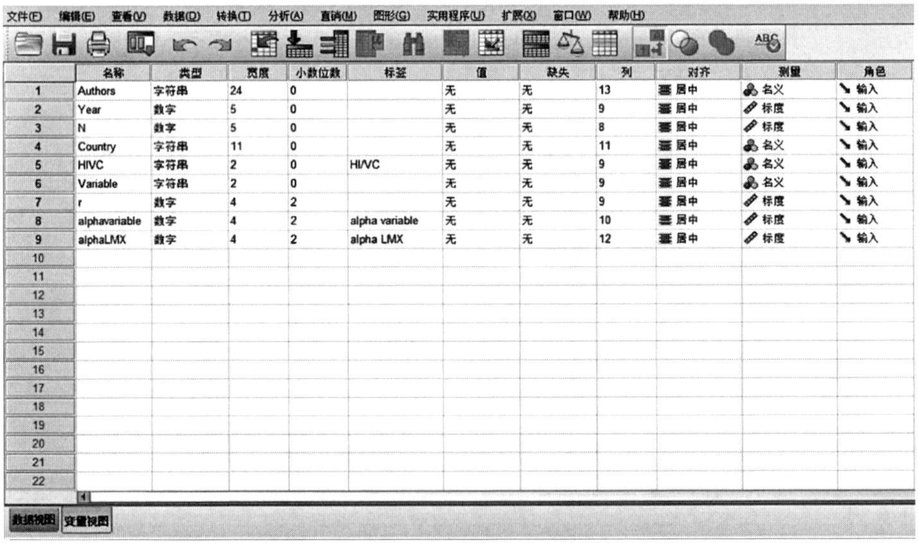

图 6-10　在 SPSS 软件中打开数据后的“变量视图”窗口

第三步，预处理数据并保存为 SPSS 文件。

打开数据后我们需要对数据按照元分析通常的规范进行一些预处理，比如在

第 6 章 组织与管理研究中元分析的流程、结果解读与汇报

"变量视图"窗口对各列数据的名称进行重新命名,即把样本大小命名为"n",相关系数重新命名为"rxy",自变量的 alpha 系数重新命名为"rx",结果变量的 alpha 系数重新命名为"ry"。如果省略了这一步,则在之后的数据运行中可能无法识别变量名称导致运行出错,预处理后的"变量视图"窗口如图 6-11 所示。

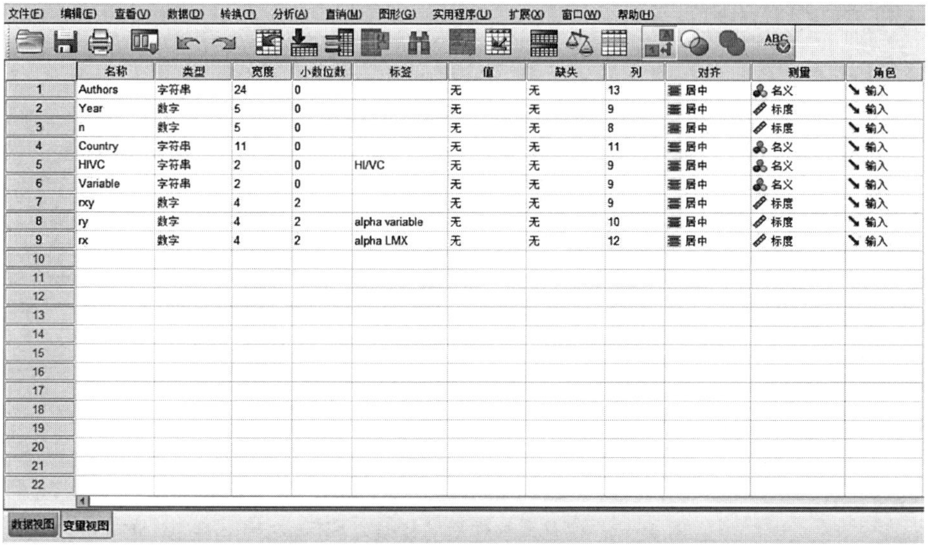

图 6-11 数据预处理后的"变量视图"窗口

为了便于之后的操作,可将预处理后的数据保存起来。具体为:点击菜单栏左上角的"💾"(保存)按钮,在弹出的窗口中选择合适的路径,在这里我们将数据保存并命名为"LMX-AC.sav"[①],如图 6-12 所示。

第四步,安装基础元分析语法。

首先,打开 SPSS 软件(也可以在上一步操作完成后的 SPSS 界面进行),依次点击菜单栏中的"文件"—"新建"—"语法",打开新建语法的界面,如图 6-13 所示。

接着,页面会弹出一个名为"语法编辑器"的空白对话框,复制本章附录材料 4[②] 中的语法 1 到空白处,然后点击左上角的"💾"(保存)按钮,在这里我们将语法保存并命名为"Basic Meta-Analysis(Hunter & Schmidt).sps"[③],如图 6-14 所示。本步骤是为了在后面的分析中方便调取基础元分析所需的语法。

---

① 分析数据见本章附录材料 3- LMX-AC.sav。
② 见本章附录材料 4-元分析 SPSS 语法.docx。
③ 该语法程序电子版可从本章附录材料 5-Basic Meta-Analysis(Hunter & Schmidt).sps 获取。

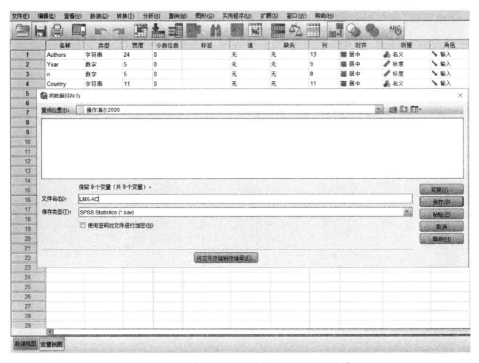

图 6-12　保存预处理后的数据为 SPSS 文件

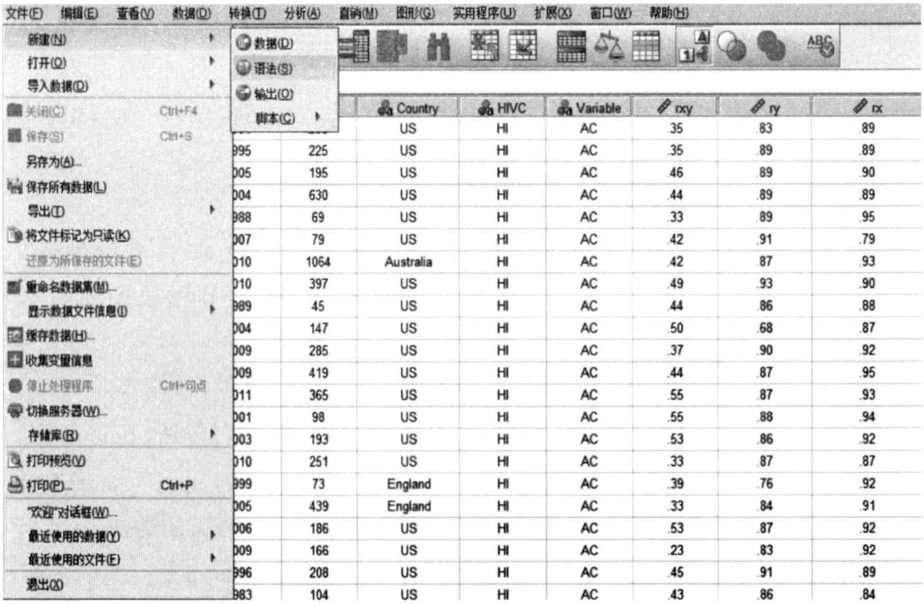

图 6-13　安装基础元分析语法：在 SPSS 软件中依次点击"文件"—"新建"—"语法"

第6章 组织与管理研究中元分析的流程、结果解读与汇报

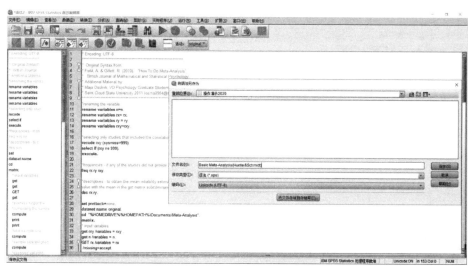

图6-14 安装基础元分析语法：保存新语法"Basic Meta-Analysis（Hunter & Schmidt）.sps"

第五步，运行基础元分析语法。

首先，在SPSS软件中打开之前保存的数据集"LMX-AC.sav"，然后依次点击菜单栏中的"文件"—"打开"—"语法"，如图6-15所示。此时，页面会跳出如图6-16所示的"打开语法"窗口，在此窗口中找到第四步操作中保存的新语法"Basic Meta-Analysis（Hunter & Schmidt）.sps"所在的存储路径，选中该语法并点击"打开"按钮。

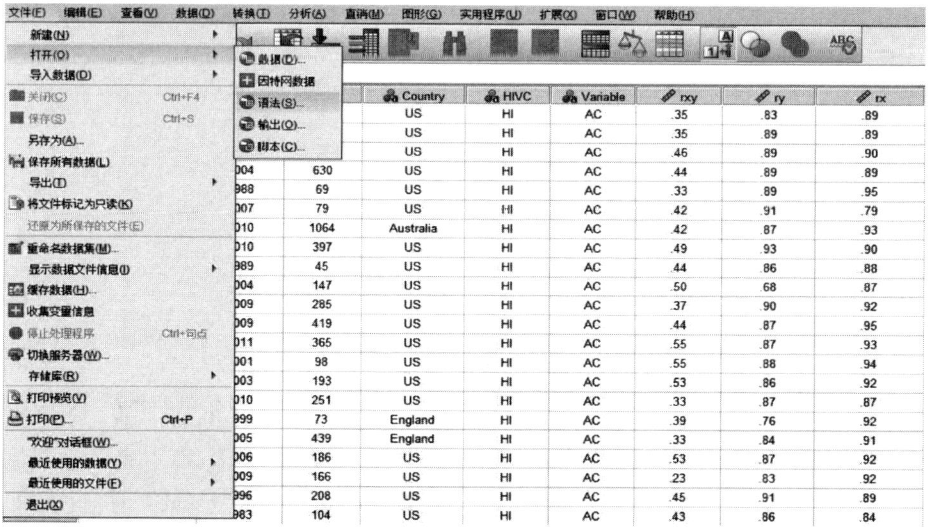

图6-15 运行基础元分析语法（一）

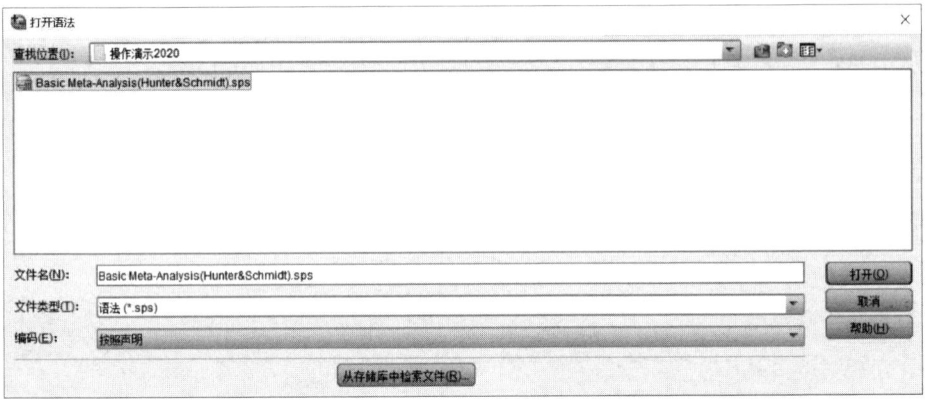

图 6-16　运行基础元分析语法(二)

接着,页面会显示已打开的语法,点击菜单栏中的"运行",会出现如图 6-17 所示的二级子菜单,选中其中的"全部"。运行完成后获得的输出结果视窗如图 6-18 所示。

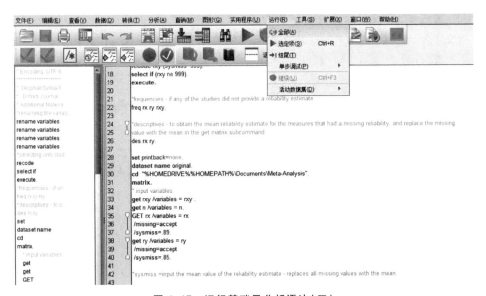

图 6-17　运行基础元分析语法(三)

第六步,查看各变量是否存在信度缺失值。

第五步操作结束后会输出一长串运行结果,滚动鼠标滑轮,将图 6-18 所示的运行结果滚动至最上方,找到图 6-19 所示的"频率"统计表,查看自变量的信度、结果变量的信度是否存在缺失值。在本示例中,自变量 LMX 的信度(即"alpha LMX")以及结果变量情感承诺的信度(即"alpha variable")的"缺失"一

第6章 组织与管理研究中元分析的流程、结果解读与汇报

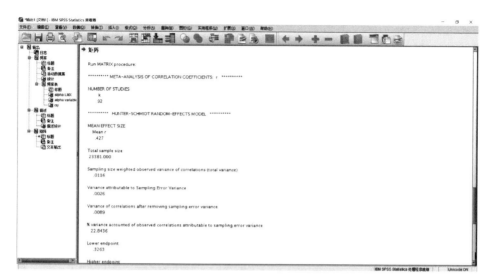

图 6-18 运行基础元分析语法(四)

频率

[数据集1] D:\组织管理研究的元分析\操作演示2020\LMX-AC.sav

统计

		alpha LMX	alpha variable	rxy
个案数	有效	92	92	92
	缺失	0	0	0

图 6-19 查看各变量是否存在信度缺失值

栏均为"0",代表这两个信度均不存在缺失值。如果自变量和结果变量的信度均不存在缺失值,则直接对第五步中的运行结果进行解读即可。如果任一自变量或结果变量的信度存在缺失值,则需要进行第七步操作,即在语法中替换信度的缺失值并再次运行基础元分析语法,解读替换信度缺失值后的运行结果。

本示例中虽然不存在信度缺失值,但是为了让读者了解如何处理存在信度缺失值的情况,故继续进行第七步操作。

第七步,替换信度缺失值并再次运行基础元分析语法(如信度无缺失值则可跳过)。

查看"频率"统计表后,如果发现任一自变量或结果变量的信度存在缺失值,则需要替换缺失值后再次运行基础元分析语法。在元分析操作中,对于通过档案数据测量的变量(例如资产回报),通常采用更保守的 0.80 替换信度缺

455

失值；对于缺失信度的主观测量变量，我们一般以其他主观测量变量的样本加权平均信度替换信度缺失值。

首先，将本例中各研究的样本量 N，自变量 LMX 的信度 rx，以及结果变量情感承诺的信度 ry 复制到空白的 Excel 表格内，并计算出两个变量的样本加权平均信度。从图 6-20 中可以看出，自变量 LMX 的样本加权平均信度为 0.890644，结果变量情感承诺的样本加权平均信度为 0.8545644。

图 6-20　替换信度缺失值并再次运行基础元分析语法（一）

其次，在电脑界面最下方的任务栏中调出"Basic Meta-Analysis（Hunter & Schmidt）.sps"语法窗口，找到语法中的"input variables"部分，将自变量的样本加权平均信度和结果变量的样本加权平均信度分别输入对应的"sysmiss"语句处（小数点后保留两位小数），完成对信度缺失值的替换，如图 6-21 所示。

```
* input variables.
get rxy /variables = rxy .
get n /variables = n.
GET rx /variables = rx
 /missing=accept
 /sysmiss=.89.
get ry /variables = ry
 /missing=accept
 /sysmiss=.85.

*sysmiss =input the mean value of the reliability estimate - replaces all missing values with the mean.
```

图 6-21　替换信度缺失值并再次运行基础元分析语法（二）

完成信度缺失值替换后，在当前的"语法编辑器"窗口点击菜单栏中的"运行"—"全部"，再次运行基础元分析语法并输出运行结果。

第八步，运行结果解读。

按照上述操作，本示例的输出结果如下：

第6章 组织与管理研究中元分析的流程、结果解读与汇报

Run MATRIX procedure:

********** META-ANALYSIS OF CORRELATION COEFFICIENTS: r **********

NUMBER OF STUDIES
  k
  92

********** HUNTER-SCHMIDT RANDOM-EFFECTS MODEL **********

MEAN EFFECT SIZE
  Mean r
  .427

Total sample size
23381.000

Sampling size weighted observed variance of correlations (total variance)
  .0116

Variance attributable to Sampling Error Variance
  .0026

Variance of correlations after removing sampling error variance
  .0089

% variance accounted of observed correlations attributable to sampling error variance
  22.8436

Lower endpoint
  .3263

Higher endpoint
  .5279

Correlations corrected for unreliability
  .4892

Observed variance of corrected correlations
  .0155

Variance in correlations attributable to all artifacts (SE & unreliability)
  .0035

Variance of true score correlations (total-arifacts)
  .0121

SD with variance due to sampling error and other artifacts (unreliability) removed from the estimate of SD (sqrt of var. of corcorr)
  .1098

Lower endpoint of corrected correlation Credibility Interval 80%
　　.3487
Higher endpoint of corrected correlation Credibility Interval 80%
　　.6298

Lower endpoint of corrected correlation Confidence Interval 95%
　　.4638
Higher endpoint of corrected correlation Confidence Interval 95%
　　.5147

% variance of population/corrected correlations attributable to all artifacts
　　22.3656

------ END MATRIX -----

在上述输出结果中,需要关注的参数已用方框标注,它们代表的含义分别如表6-1所示。

表6-1　基础元分析关键输出结果的参数解读

参数名称	参数含义	判断标准
NUMBER OF STUDIES k	纳入元分析的研究数目,一般用k表示	
MEAN EFFECT SIZE Mean r	加权平均效应值,即两个变量间相关系数的加权平均估计值,这是元分析的初步结果,一般用$\bar{r}$表示	
Total sample size	所有研究所包含的样本总量,通常用N表示	
Correlations corrected for unreliability	校正后的加权平均效应值,即用自变量和结果变量的量表信度系数对测量误差进行修正,从而得到更接近于真实的加权平均效应值,通常用r_c或ρ表示	需根据95%的置信区间判断显著性水平
SD with variance due to sampling error and other artifacts (unreliability) removed from the estimate of SD (sqrt of var. of corcorr)	总体中不同的效应值的标准差,该标准差排除了抽样误差和其他误差(如测量误差)的影响,通常用SD_{r_c}或SD_ρ表示	

(续表)

参数名称	参数含义	判断标准
Lower endpoint of corrected correlation Credibility Interval 80%	校正后加权平均效应值的80%可信区间下限	如果可信区间很宽,包括0,那么也预示着潜在调节变量的存在
Higher endpoint of corrected correlation Credibility Interval 80%	校正后加权平均效应值的80%可信区间上限	
Lower endpoint of corrected correlation Confidence Interval 95%	校正后加权平均效应值的95%置信区间下限	如果置信区间不包括0,则表明校正后的加权平均效应值在95%的统计水平下是显著不等于0的
Higher endpoint of corrected correlation Confidence Interval 95%	校正后加权平均效应值的95%置信区间上限	
% variance of population/corrected correlations attributable to all artifacts	抽样方差与观察方差的百分比,即校正后的效应值方差有多少比例可以被抽样误差解释,通常用V%表示	根据Hunter and Schmidt(2004)的建议,如果这个百分比大于75%,就没有寻找调节变量的必要

从输出结果可知,在本次针对LMX与情感承诺之间关系的检验中,参与检验的有92个独立研究,样本总量为23 381。LMX与情感承诺之间的整体相关系数为0.427,校正后的相关系数为0.4892,由于校正后的相关系数的95%置信区间为[0.4638,0.5147],不包括0,因此可以说,LMX对情感承诺存在显著正向影响。同时发现,抽样方差与观察方差的百分比为22.3656%,由于这个比例小于75%,因此我们有必要进一步寻找潜在的调节变量。

6.3.2 基于Hedges等方法的基础元分析操作流程

为了展示Hedges等方法的操作流程,我们以张淑华和刘兆延(2016)发表在《心理学报》上的一篇文章为例。该文基于Hedges等的方法探讨了组织认同与离职意向之间的关系,并检验了行业类别、文化背景以及组织认同量表的维度内容和离职意向量表的认知结构对两变量间关系的调节作用。

建议运用 Comprehensive Meta-Analysis(CMA)软件①进行基于 Hedges 等方法的基础元分析操作。由于该软件的操作相对简单便捷,因此国内许多学者都采用此软件进行元分析。下文展示的即在 CMA 2.0 软件中,进行示例范文中对组织认同与离职意向间基础元分析的详细操作。

第一步,打开 CMA 软件并输入文献信息。

在数据编码阶段,我们已经在 Excel 中录入相关信息,形成了如图 6-22 所示的 Excel 数据表格。② 其中,"Study name"代表文献信息,"r"代表相关系数,"n"代表样本量。"行业""OI 量表维度内容""TI 量表认知结构"及"文化背景"是示例范文中的四个调节变量。

	A	B	C	D	E	F	G
1	Study name	r	n	行业	OI量表维度内容	TI量表认知结构	文化背景
2	Abrams,1998(1)	-0.61	49	L	X	TQ&IQ	西方文化(英国)
3	Abrams,1998(2)	-0.48	48	L	X	TQ&IQ	东方文化(日本)
4	Akgunduz,2015	-0.65	332	H	认知	TQ&IS	其它(土耳其)
5	Avanzi,2014	-0.26	195	C	认知	TQ&IS	西方文化(意大利)
6	Bamber,2002	-0.115	257	J	认知	TQ&IQ	西方文化(美国)
7	Başar,2015	-0.62	292	P	认知	TQ&IS	其它(土耳其)
8	Boroş,2013	-0.43	261	O	认知	X	西方文化(罗马尼亚)
9	Cardador,2011	-0.3	364	Q	认知	TQ&IS	西方文化(美国)
10	Chen,2013	-0.38	181	E	认知	TQ&IS	东方文化(中国)
11	Cho,2009	-0.636	255	O	认知	TQ,IQ&IS	东方文化(韩国)
12	Cho,2014	-0.42	731	I	认知、情感、评价	TQ&IS	东方文化(韩国)
13	Ciftcioglu,2011	-0.22	318	P	认知	TQ&IS	其它(土耳其)
14	Cole,2006(1)	-0.2	1056	C	认知	TQ&IS	东方文化(印度)
15	Cole,2006(2)	-0.28	1049	C	认知	TQ&IS	东方文化(印度)
16	Cole,2006(3)	-0.28	1050	C	认知	TQ&IS	东方文化(印度)
17	Cole,2013	-0.417	227	O	认知	X	西方文化(美国和加拿大)
18	deMoura,2009(1)	-0.56	46	P	X	TQ&IQ	西方文化(英国)
19	deMoura,2009(2)	-0.77	71	P	X	TQ&IQ	东方文化(日本)
20	deMoura,2009(3)	-0.59	49	L	X	TQ&IQ	西方文化(英国)
21	deMoura,2009(4)	-0.62	50	L	X	TQ&IQ	东方文化(日本)
22	deMoura,2009(5)	-0.49	870	Q	X	TQ&IQ	西方文化(英国)
23	deMoura,2009(6)	-0.34	176	G	X	IS	西方文化(英国)
24	deMoura,2009(7)	-0.54	130	L	X	TQ&IQ	西方文化(英国)

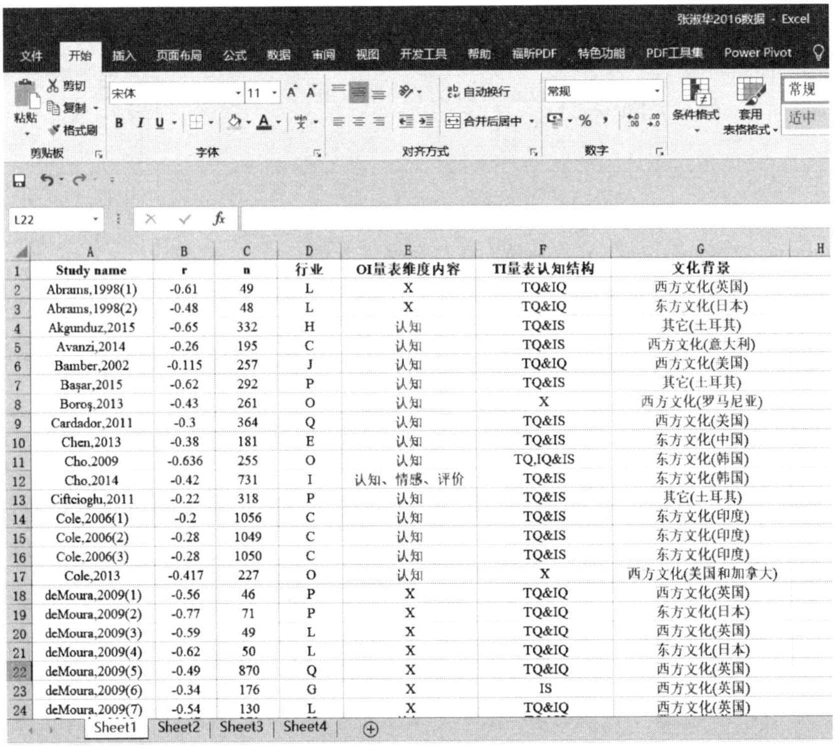

注:①"OI"指组织认同,"TI"指离职意向,"TQ"指离开的想法,"IQ"指离开的意向,"IS"指寻找新工作的意向,"X"指未知;②行业类别采用我国 2011 年版的国民经济行业分类(GB/T4754-2011)标准进行划分,"行业"一列中不同代码指代不同的行业。

图 6-22 示例范文 Excel 数据表格

① 感兴趣的读者可以前往 CMA 软件的官网购买,网址为 https://www.meta-analysis.com/index.php。

② 演示数据见本章附录材料 6-张淑华 2016 数据.xlsx。

第 6 章　组织与管理研究中元分析的流程、结果解读与汇报

不同于 SPSS 软件可以从外部导入数据,在 CMA 2.0 软件中,外源数据需要通过直接键入或者复制粘贴的方式输入。在本示例中,我们采用复制粘贴的方式将图 6-22 中的编码数据输入 CMA 软件。

首先,打开 CMA 2.0 软件,点击菜单栏中的"Insert",然后在展开的二级子菜单中选择"Column for",接着在展开的三级子菜单中选择"Study names",如图 6-23 所示。此时,数据输入页面的首列标题就会被命名为"Study name",如图 6-24 所示。将图 6-22 中"Study name"一列的数据部分复制过来。至此,数据输入中的输入文献信息部分已经完成,如图 6-25 所示。

第二步,选择效应值类型并新建效应值数据列。

在图 6-25 所示的页面中,点击菜单栏中的"Insert",然后在展开的二级子菜单中选择"Column for"。因为之后需要输入的是效应值数据,所以在"Column for"的三级子菜单中选择"Effect size data",如图 6-26 所示。

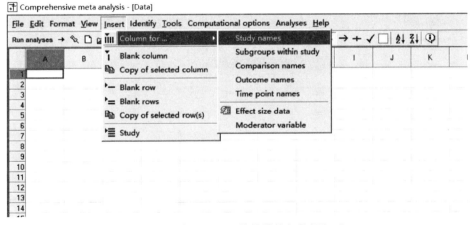

图 6-23　打开 CMA 软件并输入数据(一)

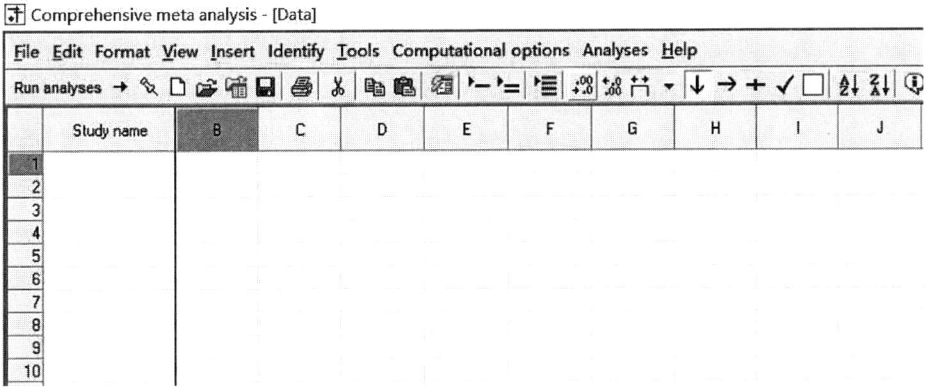

图 6-24　打开 CMA 软件并输入数据(二)

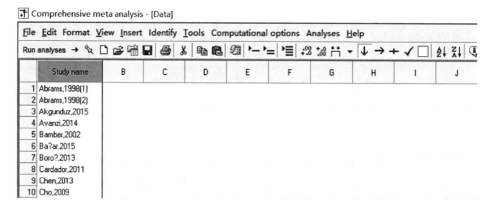

图 6-25　打开 CMA 软件并输入数据(三)

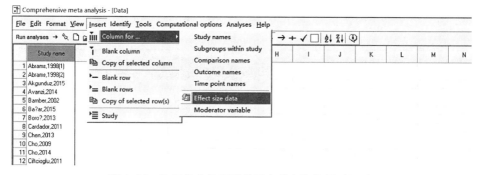

图 6-26　选择效应值类型并新建效应值数据列(一)

接着,页面会弹出如图 6-27 所示的"Welcome"引导窗口,选择"Show all 100 formats"让软件为我们展示所有 100 种效应值类型,然后点击"Next"按钮则会跳出如图 6-28 所示的"Types of studies included"研究类型选择窗口;在图 6-28 所示的窗口中,我们需要根据元分析研究中纳入的研究类型进行选择。对于示例范文而言,前文已经提到是针对组织认同与离职意向之间的相关关系进行的元分析研究,因此,此处选择第一个选项"Comparison of two groups…(includes correlations)",这一步的目的是告诉软件本元分析研究以相关系数为效应值研究两变量间的关系。然后点击"Next"按钮进入如图 6-29 所示的数据输入格式选择窗口。

在图 6-29 所示的窗口中,首先点击"Correlation",这一操作是为了将输入的数据类型选定为相关系数。接着,在该页面弹出的二级列表中选择"Computed effect sizes",然后会出现如图 6-30 所示的三级列表,选中其中的"Correlation and sample size",这一操作的目的是明确本次元分析是使用相关系数和样本量

第 6 章　组织与管理研究中元分析的流程、结果解读与汇报

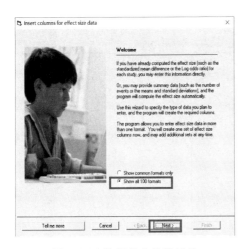

图 6-27　选择效应值类型并
新建效应值数据列（二）

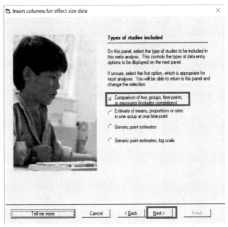

图 6-28　选择效应值类型并
新建效应值数据列（三）

图 6-29　选择效应值类型并
新建效应值数据列（四）

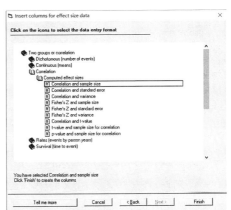

图 6-30　选择效应值类型并
新建效应值数据列（五）

计算效应值。在组织与管理领域，绝大多数元分析研究都是使用相关系数和样本量计算效应值的。最后，点击该窗口最下方的"Finish"按钮，选择完成后获得的数据输入界面如图 6-31 所示。

从图 6-31 中我们可以看到，在原有的"Study name"列旁已新建好"Correlation""Sample size"及"Effect directon"等三列效应值数据列。除此之外，数据输入界面还新增了四列被标为黄色（图中阴影部分）的纵列，这四列的含义我们将在下一步中详细介绍。

463

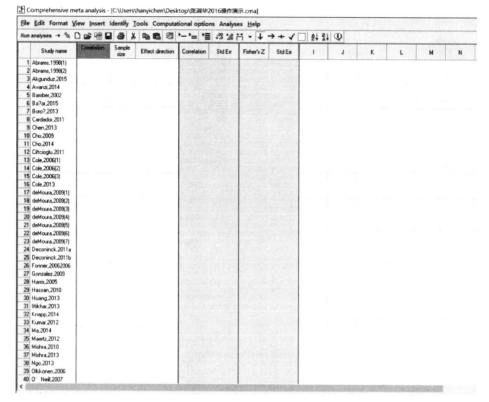

图 6-31　选择效应值类型并新建效应值数据列（六）

第三步，输入相关系数及样本量，并选定作用方向。

首先，将图 6-22 所示数据中"r"一列的数据和"n"一列的数据分别复制到图 6-31 中标题为"Correlation"及"Sample size"的纵列中。输入完成后的界面如图 6-32 所示。至此，数据输入中的输入文献信息部分已经完成。

然后，进行作用方向的选择。点击"Effect direction"列的空白单元格后，会出现如图 6-33 所示的下拉列表。下拉列表中有四个选项，其含义分别如下。

- Not specified：不指定作用方向；
- Auto：软件根据"Correlation"输入值自动判别作用方向；
- Negative：自变量对结果变量的作用方向为负，即负相关；
- Positive：自变量对结果变量的作用方向为正，即正相关。

建议选择"Auto"，让软件根据输入的相关系数自动判别作用方向。

在作用方向选定后，数据输入界面的黄色区域（阴影部分）会自动生成相关系数的标准误差、通过费雪 Zr 转换公式转换后的 Zr 值以及 Zr 的标准误

第 6 章 组织与管理研究中元分析的流程、结果解读与汇报

差,如图 6-34 所示。前文中提到 Hedges 等的方法与 Hunter 和 Schmidt 的方法的最大区别是使用了费雪 Zr 转换,并用转换后的 Zr 值计算加权平均效应值。

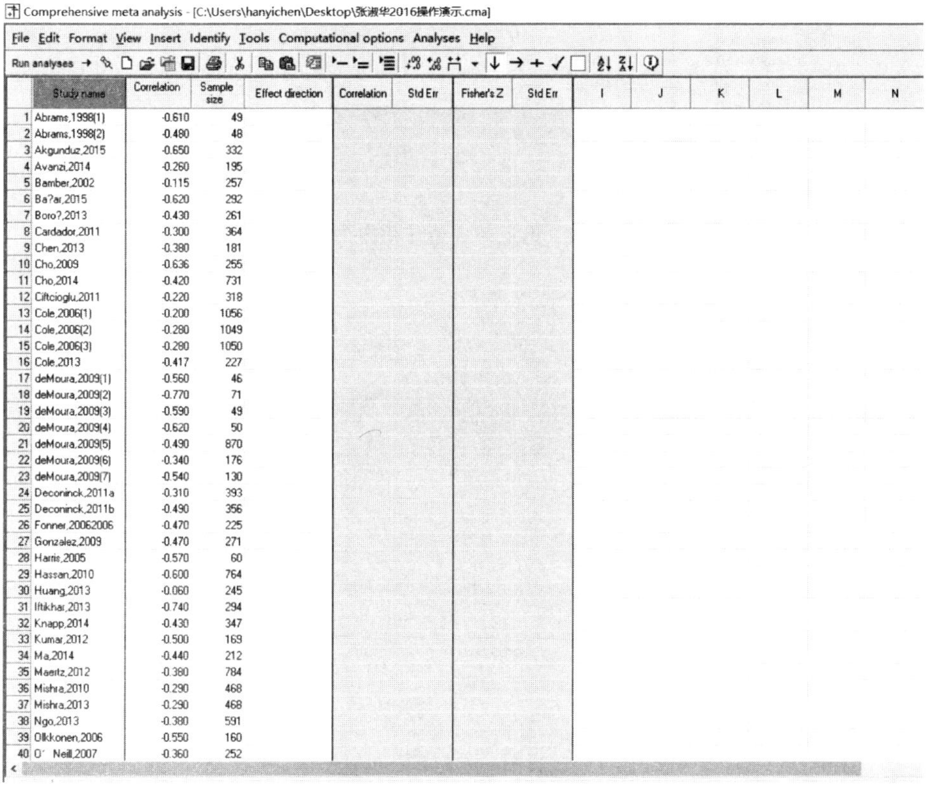

图 6-32 输入相关系数及样本量

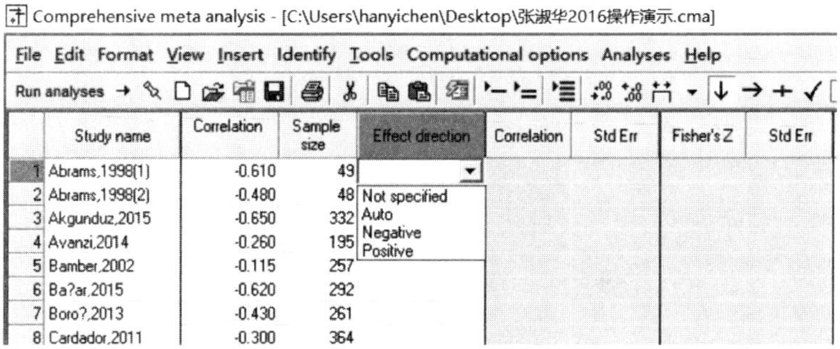

图 6-33 选定效应值作用方向(一)

最后,将每一行数据对应的"Effect direction"处的作用方向均选定为"Auto",选定完成后获得如图 6-35 所示的数据视图窗口。

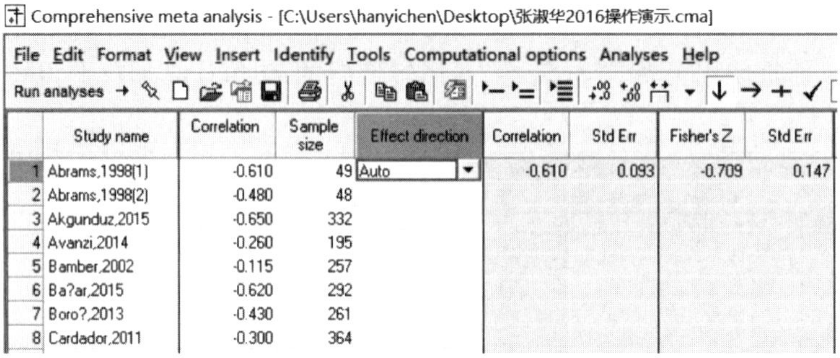

	Study name	Correlation	Sample size	Effect direction	Correlation	Std Err	Fisher's Z	Std Err
1	Abrams,1998(1)	-0.610	49	Auto	-0.610	0.093	-0.709	0.147
2	Abrams,1998(2)	-0.480	48					
3	Akgunduz,2015	-0.650	332					
4	Avanzi,2014	-0.260	195					
5	Bamber,2002	-0.115	257					
6	Ba?ar,2015	-0.620	292					
7	Boro?,2013	-0.430	261					
8	Cardador,2011	-0.300	364					

图 6-34　选定效应值作用方向(二)

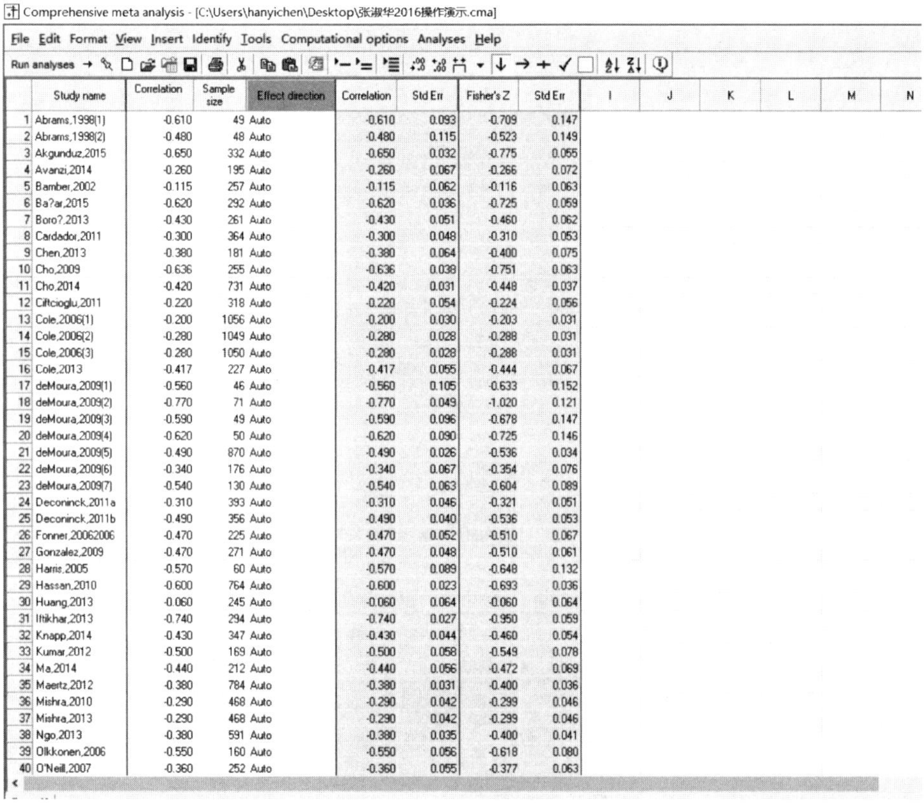

	Study name	Correlation	Sample size	Effect direction	Correlation	Std Err	Fisher's Z	Std Err	I	J	K	L	M	N
1	Abrams,1998(1)	-0.610	49	Auto	-0.610	0.093	-0.709	0.147						
2	Abrams,1998(2)	-0.480	48	Auto	-0.480	0.115	-0.523	0.149						
3	Akgunduz,2015	-0.650	332	Auto	-0.650	0.032	-0.775	0.055						
4	Avanzi,2014	-0.260	195	Auto	-0.260	0.067	-0.266	0.072						
5	Bamber,2002	-0.115	257	Auto	-0.115	0.062	-0.116	0.063						
6	Ba?ar,2015	-0.620	292	Auto	-0.620	0.036	-0.725	0.059						
7	Boro?,2013	-0.430	261	Auto	-0.430	0.051	-0.460	0.062						
8	Cardador,2011	-0.300	364	Auto	-0.300	0.048	-0.310	0.053						
9	Chen,2013	-0.380	181	Auto	-0.380	0.064	-0.400	0.075						
10	Cho,2009	-0.636	255	Auto	-0.636	0.038	-0.751	0.063						
11	Cho,2014	-0.420	731	Auto	-0.420	0.031	-0.448	0.037						
12	Ciftcioglu,2011	-0.220	318	Auto	-0.220	0.054	-0.224	0.056						
13	Cole,2006(1)	-0.200	1056	Auto	-0.200	0.030	-0.203	0.031						
14	Cole,2006(2)	-0.280	1049	Auto	-0.280	0.028	-0.288	0.031						
15	Cole,2006(3)	-0.280	1050	Auto	-0.280	0.028	-0.288	0.031						
16	Cole,2013	-0.417	227	Auto	-0.417	0.055	-0.444	0.067						
17	deMoura,2009(1)	-0.560	46	Auto	-0.560	0.105	-0.633	0.152						
18	deMoura,2009(2)	-0.770	71	Auto	-0.770	0.049	-1.020	0.121						
19	deMoura,2009(3)	-0.590	49	Auto	-0.590	0.096	-0.678	0.147						
20	deMoura,2009(4)	-0.620	50	Auto	-0.620	0.090	-0.725	0.146						
21	deMoura,2009(5)	-0.490	870	Auto	-0.490	0.026	-0.536	0.034						
22	deMoura,2009(6)	-0.340	176	Auto	-0.340	0.067	-0.354	0.076						
23	deMoura,2009(7)	-0.540	130	Auto	-0.540	0.063	-0.604	0.089						
24	Deconinck,2011a	-0.310	393	Auto	-0.310	0.046	-0.321	0.051						
25	Deconinck,2011b	-0.490	356	Auto	-0.490	0.040	-0.536	0.053						
26	Fonner,20062006	-0.470	225	Auto	-0.470	0.052	-0.510	0.067						
27	Gonzalez,2009	-0.470	271	Auto	-0.470	0.048	-0.510	0.061						
28	Harris,2005	-0.570	60	Auto	-0.570	0.089	-0.648	0.132						
29	Hassan,2010	-0.600	764	Auto	-0.600	0.023	-0.693	0.036						
30	Huang,2013	-0.060	245	Auto	-0.060	0.064	-0.060	0.064						
31	Iftikhar,2013	-0.740	294	Auto	-0.740	0.027	-0.950	0.059						
32	Knapp,2014	-0.430	347	Auto	-0.430	0.044	-0.460	0.054						
33	Kumar,2012	-0.500	169	Auto	-0.500	0.058	-0.549	0.078						
34	Ma,2014	-0.440	212	Auto	-0.440	0.056	-0.472	0.069						
35	Maertz,2012	-0.380	784	Auto	-0.380	0.031	-0.400	0.036						
36	Mishra,2010	-0.290	468	Auto	-0.290	0.042	-0.299	0.046						
37	Mishra,2013	-0.290	468	Auto	-0.290	0.042	-0.299	0.046						
38	Ngo,2013	-0.380	591	Auto	-0.380	0.035	-0.400	0.041						
39	Olkkonen,2006	-0.550	160	Auto	-0.550	0.056	-0.618	0.080						
40	O'Neill,2007	-0.360	252	Auto	-0.360	0.055	-0.377	0.063						

图 6-35　选定效应值作用方向(三)

第四步,运行分析。

在图 6-35 所示的数据视图窗口中,点击菜单栏中的"Run analyses"按钮,如图 6-36 所示。稍等片刻,则会跳出如图 6-37 所示的核心分析视窗。这一操作一共会获得两张运行结果表,图 6-37 所示的核心分析视窗中即展示了基本

第6章 组织与管理研究中元分析的流程、结果解读与汇报

统计表;点击图 6-37 所示核心分析视窗菜单栏中的"Next table"按钮,软件则会输出如图 6-38 所示的整体研究统计表。接着,在图 6-37 所示的核心分析视窗中,点击菜单栏中的"▯▯"图标,这一操作的目的是在基本统计表中新增样本量一列,新增样本量列的基本统计表如图 6-39 所示。

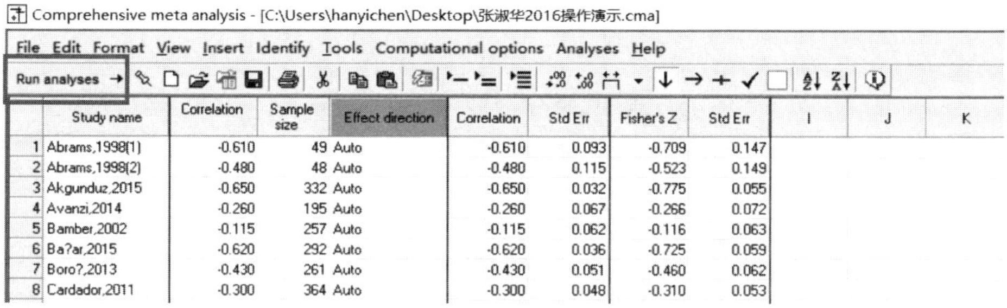

图 6-36 运行分析(一)

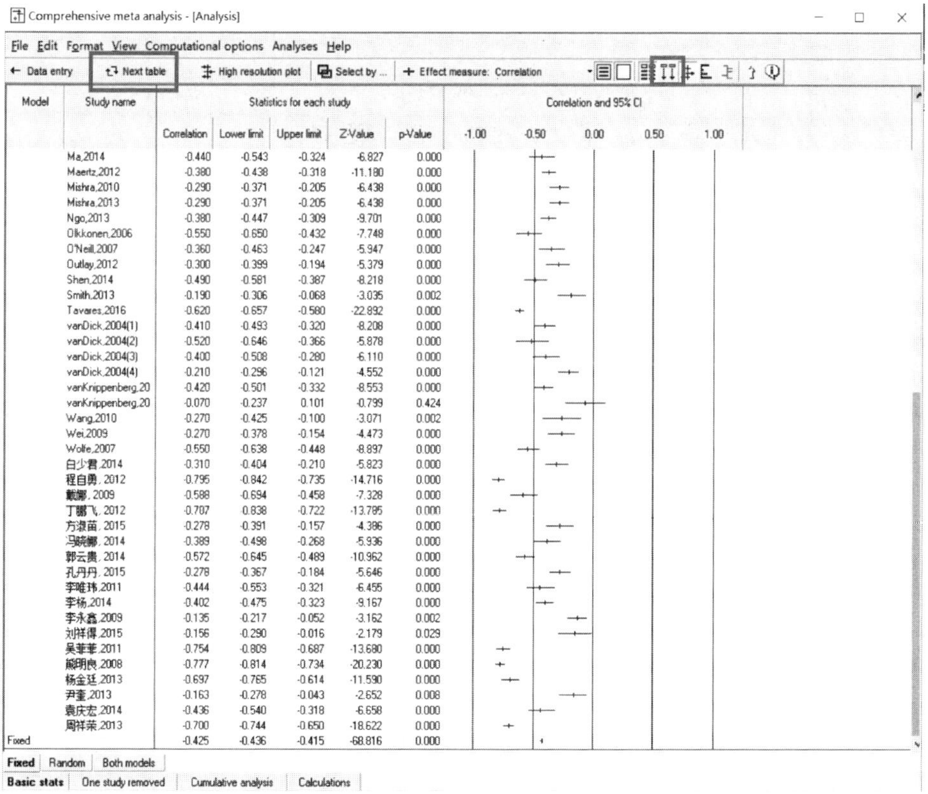

图 6-37 运行分析(二)

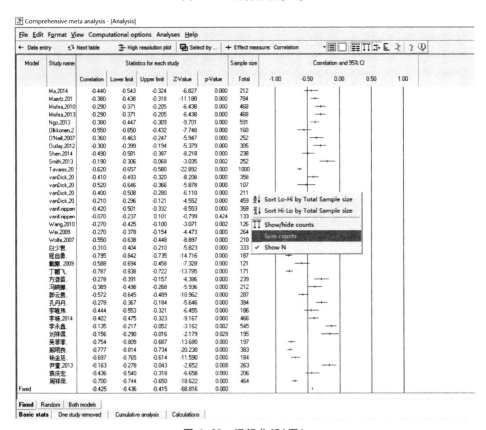

图6-38 运行分析(三)

图6-39 运行分析(四)

为了获知元分析的样本总量,右键点击图6-39中"Sample size Total"列,勾选"Sum counts",最终获得的基本统计表如图6-40所示。

第五步,运行结果解读。

在图6-40所示的基本统计表中,页面底端"Fixed"一行(阴影显示)是纳入元分析的所有研究的合并结果,"Fixed"一行以上是各项研究的统计结果。我

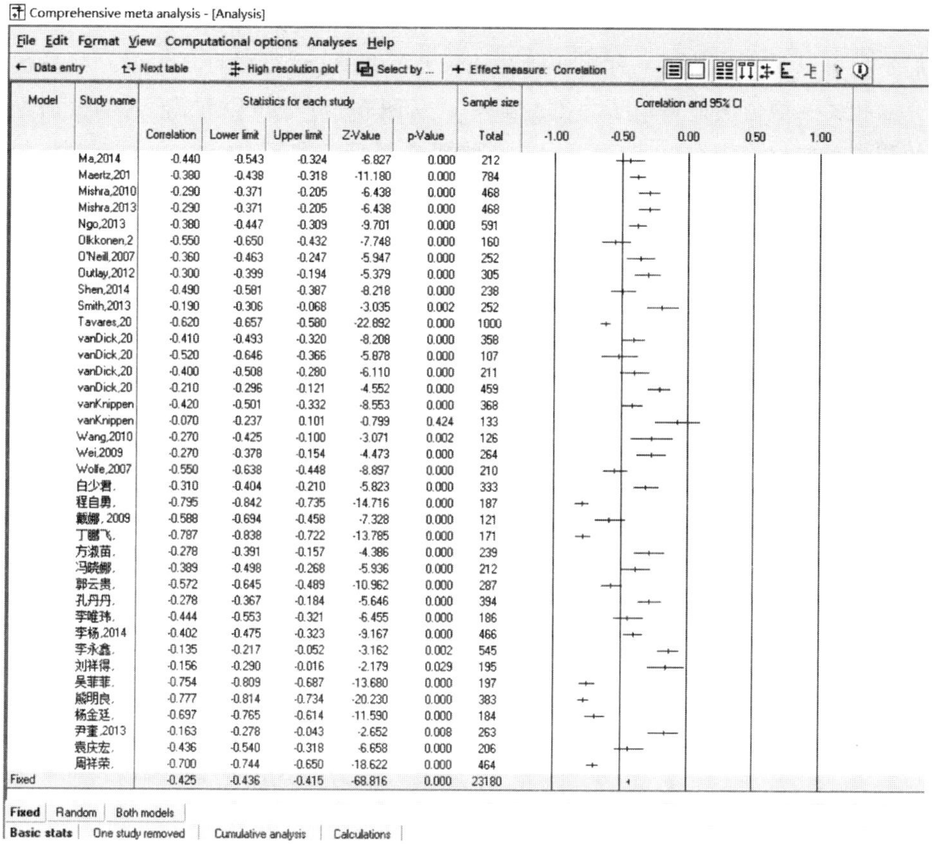

Model	Study name	Statistics for each study					Sample size
		Correlation	Lower limit	Upper limit	Z-Value	p-Value	Total
	Ma,2014	-0.440	-0.543	-0.324	-6.827	0.000	212
	Maertz,201	-0.380	-0.438	-0.318	-11.180	0.000	784
	Mishra,2010	-0.290	-0.371	-0.205	-6.438	0.000	468
	Mishra,2013	-0.290	-0.371	-0.205	-6.438	0.000	468
	Ngo,2013	-0.380	-0.447	-0.309	-9.701	0.000	591
	Olkkonen,2	-0.550	-0.650	-0.432	-7.748	0.000	160
	O'Neill,2007	-0.360	-0.463	-0.247	-5.947	0.000	252
	Outlay,2012	-0.300	-0.399	-0.194	-5.379	0.000	305
	Shen,2014	-0.490	-0.581	-0.387	-8.218	0.000	238
	Smith,2013	-0.190	-0.306	-0.068	-3.035	0.002	252
	Tavares,20	-0.620	-0.657	-0.580	-22.892	0.000	1000
	vanDick,20	-0.410	-0.493	-0.320	-8.208	0.000	358
	vanDick,20	-0.520	-0.646	-0.366	-5.878	0.000	107
	vanDick,20	-0.400	-0.508	-0.280	-6.110	0.000	211
	vanDick,20	-0.210	-0.296	-0.121	-4.552	0.000	459
	vanKnippen	-0.420	-0.501	-0.332	-8.553	0.000	368
	vanKnippen	-0.070	-0.237	0.101	-0.799	0.424	133
	Wang,2010	-0.270	-0.425	-0.100	-3.071	0.002	126
	Wei,2009	-0.270	-0.378	-0.154	-4.473	0.000	264
	Wolfe,2007	-0.550	-0.638	-0.448	-8.897	0.000	210
	白少君.	-0.310	-0.404	-0.210	-5.823	0.000	333
	程自勇.	-0.795	-0.842	-0.735	-14.716	0.000	187
	戴娜, 2009	-0.588	-0.694	-0.458	-7.328	0.000	121
	丁鹏飞.	-0.787	-0.838	-0.722	-13.785	0.000	171
	方淑苗.	-0.278	-0.391	-0.157	-4.386	0.000	239
	冯晓娜.	-0.389	-0.498	-0.268	-5.936	0.000	212
	郭云贵.	-0.572	-0.645	-0.489	-10.962	0.000	287
	孔丹丹.	-0.278	-0.367	-0.184	-5.646	0.000	394
	李唯玮.	-0.444	-0.553	-0.321	-6.455	0.000	186
	李杨,2014	-0.402	-0.475	-0.323	-9.167	0.000	466
	李永鑫.	-0.135	-0.217	-0.052	-3.162	0.002	545
	刘祥得.	-0.156	-0.290	-0.016	-2.179	0.029	195
	吴菲菲.	-0.754	-0.809	-0.687	-13.680	0.000	197
	熊明良.	-0.777	-0.814	-0.734	-20.230	0.000	383
	杨金廷.	-0.697	-0.765	-0.614	-11.590	0.000	184
	尹奎,2013	-0.163	-0.278	-0.043	-2.652	0.008	263
	袁庆宏.	-0.436	-0.540	-0.318	-6.658	0.000	206
	周祥荣.	-0.700	-0.744	-0.650	-18.622	0.000	464
Fixed		-0.425	-0.436	-0.415	-68.816	0.000	23180

图 6-40　运行分析(五)

们需要关注的是"Correlation""Lower limit""Upper limit""Sample size Total"四列以及最右侧由横线、竖线和点组成的分布图(因其形状像树,故元分析中称之为"森林图")。其中:

- "Correlation"列为各项研究的相关系数值,这也是我们在第三步操作中输入的相关系数值。
- "Lower limit"和"Upper limit"组合起来是相关系数的 95%置信区间,如果该置信区间包括 0,则表明该项研究对应的相关系数不显著。
- "Sample size Total"列为各项研究的样本量,从图 6-40"Fixed"一行的"Sample size Total"列可知,本次元分析的样本总量为 23 180。
- 森林图由横线、竖线和点组成,是对相关系数和 95%置信区间的可视化展现。横线的宽幅代表 95%置信区间的范围;横线中央的小点为相关系数的估计值;数值"0"对应的竖线为无效线,若 95%置信区间的横线宽幅跨过无效线,则代表该研究的相关系数值在统计上未达到显著性水平。通过观察森林图,我们不仅可以很直观地了解到哪些研究结果并不显著,还可以直观地看到哪些研究的相关系数值明显偏离了大部分研究。从图6-40中可以看出,大部分研究的相关系数值稳定在-0.50左右,有一些研究明显偏离了-0.50,这预示着可能存在潜在的调节变量。

在图6-38所示的整体研究统计表中,我们需要关注不同估计模型的元分析结果。Hedges等的方法的特点之一是同时考虑了固定效应模型和随机效应模型,而Hunter和Schmidt的方法只是针对随机效应模型。

固定效应模型假设元分析中的各项研究是从同一个总体中取样的,误差主要由来自同一个总体的抽样误差造成,故各项研究的效应值在理论上应表现出同质性(Hunter and Schmidt, 2004);随机效应模型假定元分析中的各项研究来自不同的总体,而这些总体背后应该还存在一个更大的总体,误差来源于抽样误差和各样本总体间的差异,各项研究的效应值在理论上应是异质的(Hedges, 1992)。

关于两个模型的选择,读者需要考量自己想做的推论是什么(Hedges and Vevea, 1998)。如果你将研究结论的应用范围限定在特定的样本总体上,那就选择固定效应模型(例如,元分析的题目为江苏省南京市高校博士生努力程度与学业成就之间的关系,元分析时仅纳入南京市高校博士生样本,此时不同的研究反映的是同一个总体,适合采用固定效应模型);如果你想把你的研究结论应用到更广泛的总体,那就选择随机效应模型。

从图6-38可知,本次元分析纳入研究数目为71个,采用固定效应模型和随机效应模型估计的组织认同与离职意向之间的整体相关系数分别为-0.425、-0.453,置信区间分别为[-0.436,-0.415]、[-0.495,-0.407],均不包括0,故可以推定组织认同对离职意向存在显著的负向影响。在实际操作中,大多数研究者仅选择一种估计模型进行元分析,Field(2005)提出,采用随机效应模型应该是分析社会科学数据的标准方法。在组织与管理领域,绝大多数元分析也都采用了随机效应模型(Aguinis et al., 2011),本示例范文的作者也不例外。

6.3.3 论文汇报示例

6.3.3.1 采用Hunter and Schmidt的方法进行基础元分析的论文汇报示例

王震等(2012)的研究想要考察中国组织情境下领导方式的有效性问题。他们假设并检验了变革型领导、领导—部属交换分别对下属工作满意度、情感

第6章　组织与管理研究中元分析的流程、结果解读与汇报

承诺、留职意愿、任务绩效和组织公民行为等五种产出结果具有正向影响(即分别为文章中的假设 1、假设 2);而破坏型领导对以上五种产出结果具有负向影响(即文章中的假设 3)。

王震等(2012)首先介绍了文章采用的分析技术,然后对元分析的结果进行一一汇报。其中,对分析技术的汇报细节如下:

(1)元分析。采用 Hunter & Schmidt (1990,2004)的方法进行元分析。使用随机效应模型(random effect model),研究者首先报告了独立样本数(k)、样本总量(N)以及样本加权的平均效应值(r),在校正抽样和测量误差后报告真实效应值(ρ)及其标准差($SD\rho$)。根据 Hunter 和 Schmidt (2004, p.205)的建议,我们报告了 95% 的置信区间(confidence interval, CI)和 80% 的可信区间(credibility interval, CV)。置信区间以标准误(standard error)为基础,是指在某一置信水平下点估计值的可信区域。置信区间包括 0 意味着总体效应值不显著大于 0,即两个变量不存在显著性关系。可信区间以标准差(standard deviation)为基础,反映了不同研究所得参数值的差异性。可信区间包括 0 意味着不同研究在结果方面存在异质性,因此它可以用来检验调节变量的存在(Whitener, 1990)。最后,为了检查可能存在的发表偏差(publication bias)问题,我们还报告了失安全数(fail-safe k, Hunter & Schmidt, 1990, p.513;Lipsey & Wilson, 2001, p.166) 6。它表示将效应值降低到不显著状态时至少需要的研究样本数,其值越大,效应值越稳定,存在发表偏差的可能性越小(Carson, Schriesheim, & Kinicki, 1990)。

文章汇报元分析结果时,提供了一个包含基础元分析结果和发表偏差检验(文中用失安全系数法检验发表偏差)的汇总表,汇报细节如下:

表 1[①]列出了元分析结果。变革型领导和领导—部属交换与工作满意度($\rho=0.56, \rho=0.60$)、情感承诺($\rho=0.44, \rho=0.55$)、留职意愿($\rho=0.36, \rho=0.39$)、任务绩效($\rho=0.17, \rho=0.27$)、组织公民行为($\rho=0.25, \rho=0.27$)均有正相关关系,95% 的置信区间和 80% 的可信区间均不包括 0,说明变革型领导和领导—部属交换与这些变量的关系显著,且各项研究在结果上差异不大。除变革型领导与任务绩效的关系,其他关系的失安全数均

---

① 论文汇报示例引文中的"表 1"见此处的图 6-14a。

大于已有研究数,说明不存在严重的发表偏差问题。假设1和假设2得到证实。元分析结果还表明破坏型领导与工作满意度($\rho=-0.39$)、情感承诺($\rho=-0.27$)、留职意愿($\rho=-0.25$)、任务绩效($\rho=-0.32$)和组织公民行为($\rho=-0.29$)有负相关关系,95%的置信区间和80%的可信区间均不包括0,说明破坏型领导与这些变量的关系显著,且各项研究结果之间无较大差异,假设3得到支持。需要强调的是,尽管所有关系的失安全数均大于已有研究数,但相比变革型领导和领导—部属交换,破坏型领导的研究数量较少、失安全数较小,研究结果可能不稳定。

表1 三种领导方式与领导有效性指标的关系

领导方式及其有效性指标	k	N	r	ρ	$SD\rho$	80%CV Lower	80%CV Upper	95%CI Lower	95%CI Upper	fail-safe k
变革型领导										
工作满意度	18	6 722	0.49	0.56	0.16	0.36	0.76	0.48	0.64	82
情感承诺	18	10 076	0.38	0.44	0.13	0.27	0.61	0.38	0.50	61
留职意愿	5	2 220	0.31	0.36	0.08	0.26	0.46	0.28	0.44	13
任务绩效	8	2 408	0.16	0.17	0.11	0.03	0.31	0.08	0.26	6
组织公民行为	12	2 920	0.22	0.25	0.05	0.19	0.31	0.21	0.29	17
领导—部属交换										
工作满意度	16	7 115	0.52	0.60	0.15	0.41	0.79	0.53	0.67	75
情感承诺	18	8 253	0.48	0.55	0.11	0.41	0.69	0.50	0.60	76
留职意愿	9	3 325	0.34	0.39	0.17	0.17	0.61	0.29	0.49	26
任务绩效	24	7 203	0.24	0.27	0.14	0.09	0.45	0.21	0.33	41
组织公民行为	23	6 490	0.23	0.27	0.08	0.17	0.37	0.23	0.31	39
破坏型领导										
工作满意度	2	537	-0.33	-0.39	0.03	-0.43	-0.35	-0.45	-0.33	6
情感承诺	3	699	-0.25	-0.27	0.06	-0.35	-0.19	-0.34	-0.20	5
留职意愿	4	1 122	-0.23	-0.25	0.05	-0.31	-0.19	-0.27	-0.23	6
任务绩效	2	502	-0.28	-0.32	0.06	-0.40	-0.24	-0.33	-0.31	4
组织公民行为	5	1 267	-0.25	-0.29	0.05	-0.35	-0.23	-0.36	-0.22	9

注:k 为独立样本数;N 为总样本量;r 为样本加权的平均效应值;ρ 为校正抽样和测量误差后的真实效应值;$SD\rho$ 为真实效应值的标准差;CV 为可信区间;CI 为置信区间;fail-safe k 为失安全数。

6.3.3.2 采用 Hedges 等的方法进行基础元分析的论文汇报示例

张淑华和刘兆延(2016)采用基础元分析中的随机效应模型对其"假设1:整体效应上,组织认同对离职意向存在显著负向影响"进行了检验,其结果汇报如下:

> 由表4可知,从整体上检验组织认同与离职意向的关系,共有71项效应值,被试总数为23 180,组织认同与离职意向的整体相关系数为−0.453。Lipsey 和 Wilson(2001)认为,当 $r \leqslant 0.1$ 时为低相关,当 $0.1 < r < 0.4$ 时为中等相关,当 $r \geqslant 0.4$ 时为高相关,据此判断,组织认同与离职意向的关系为高相关,并且达到显著性水平($p<0.01$),假设1得到支持。

表4 组织认同与离职意向关系随机效应模型分析

模型	研究数	N	效应值及 0.95 置信区间			双尾检验	
			点估计	下限	上限	Z 值	P 值
随机效应	71	23 180	−0.453	−0.495	−0.407	−17.251	0.000

6.4 发表偏差检验的软件实现过程

正如前文提到的"文件抽屉问题",大部分期刊都会倾向于发表那些得到显著性结果的文章,而一些没有得到显著性结果的文章则因被编辑拒绝发表而无法纳入元分析的样本之中,因此这种由于已经发表的文章不足以代表研究总体而引发的偏差很容易在元分析中体现出来,这也就是我们本节所要讨论的"发表偏差"。发表偏差会给元分析结果带来偏差,使得元分析结果的可靠性受到威胁。因此,大多数学者在进行元分析之前都会进行发表偏差检验。

举例来说,吴梦迪等(2020)为了评估其元分析研究是否受到发表偏差的影响,采用失安全系数法进行发表偏差检验。失安全系数表示需要增加多少未发表研究才能使元分析结果发生逆转。失安全系数 N 与效应值 k 相差越大,存在发表偏差的可能性越小。结果显示,每一对主效应的失安全系数都与效应值相差巨大(N 远大于检验标准 $5k+10$,k 指元分析中所包含的研究数量),说明元分析结果存在发表偏差的可能性很小。发表偏差检验的实现过程其实很简单,读者只需要根据需要选择合适的检验方法,将检验得出的结果与检验标准进行对比即可知道元分析结果是否存在发表偏差。本节将详细介绍元分析中发表偏差检验的方法及软件操作流程。

6.4.1 发表偏差检验的目的与检验方法

发表偏差也称发表偏倚、出版偏倚,指已发表的研究文献不能系统、全面地代表该领域的研究总体(Rothstein et al.,2005)。然而,在同类研究中,结果有统计学意义的研究文献比无统计学意义的研究文献更容易被发表,这使得我们的元分析结果很容易受到发表偏差的影响。为了评估元分析结果受到发表偏差影响的严重程度,元分析研究者通过一些方法进行检验,若检验结果表明元分析结果受到发表偏差的影响并不严重,则为元分析结果的合理性提供一定的支持。

就目前国内外组织与管理领域的实证文献而言,大多数文献在发表偏差检验时,都应用了失安全系数法或失安全系数法与其他方法的联合检验,如失安全系数法+Egger法、失安全系数法+Begg法、失安全系数法+Egger法+漏斗图法、失安全系数法+Begg法+漏斗图法、失安全系数法+Egger法+漏斗图法+剪补法等。本节接下来将逐一介绍这五种检验方法,即漏斗图法、失安全系数法、Egger法、Begg法及剪补法。

我们以张淑华和刘兆延(2016)为例说明不同方法的检验标准及其在CMA软件中的具体实现过程。

6.4.1.1 漏斗图法

漏斗图法以效应值和样本量为坐标系做散点图,通过视觉观察所绘图形形状以判断是否存在发表偏差。在绘制出的散点图中,样本量大的研究集中在图上方,样本量小的研究散落在图底部,我们可以通过观察图形形状判断是否存在发表偏差(Light and Pillemer,1984)。如果图形呈现"倒漏斗"状,且"倒漏斗"的左右大致对称,则表明发表偏差并不明显;如果图形有缺角,则表明发表偏差可能存在。

该方法的优点是简单直观,缺点是可能无法对发表偏差做出精确判断,故多与其他方法一起对研究的发表偏差进行联合检验。

具体软件实现过程为:

第一步,运行基础元分析,进入核心分析视窗。

打开CMA软件,按照6.3.2中第一步至第四步的操作步骤进行基础元分析,进入图6-37所示的核心分析视窗。

第二步,运行发表偏差检验,获得漏斗图。

在图6-37所示的核心分析视窗,点击菜单栏中的"Analyses"主菜单,然后会出现如图 6-41 所示的二级子菜单,选择其中的"Publication bias",则会跳出如图 6-42 所示的漏斗图。

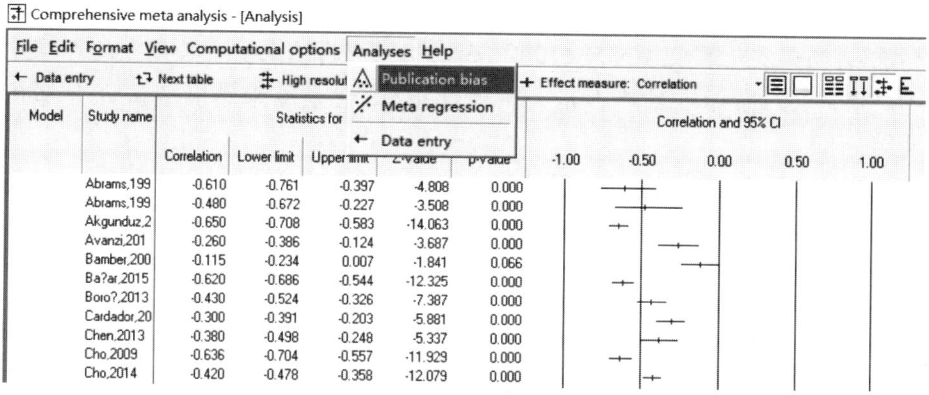

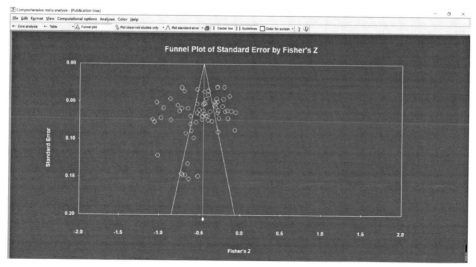

图 6-41 运行发表偏差检验,获得漏斗图(一)

图 6-42 运行发表偏差检验,获得漏斗图(二)

第三步,检验结果分析。

通过观察图 6-42 中的漏斗图可知,大部分研究处于"倒漏斗"的上部,处于底部的研究很少;"倒漏斗"左侧相较于右侧稍显分散。但总体来看,左、右两侧基本能达到对称,因此,发表偏差存在的可能性较小。

6.4.1.2 失安全系数法

在元分析研究中,应用最广的失安全系数是由罗伯特·罗森塔尔(Robert Rosenthal)在 1979 年提出的,通常用 Fail-Safe N 或 Rosenthal's Fail-Safe N 表示

(Rosenthal,1979)。它代表至少需要找到多少个未发表研究才能将效应值从显著变为不显著,其值越大,效应值越稳定,存在发表偏差的可能性越小(Carson et al.,1990)。Rothstein(2005)建议失安全系数应该遵循"$5k+10$"的标准,即当失安全系数 $N > 5k+10$ 时,则说明元分析结果受发表偏差的影响并不严重。该判断标准虽然不是一个硬性指标,但是越来越多的研究者都在使用。

具体软件实现过程为:

第一步,进入失安全系数计算窗口。

首先,打开 CMA 软件,按照 6.4.1.1 中第一步和第二步的操作步骤进入图 6-42 所示的发表偏差检验界面。正如上文所提及的,图 6-42 为我们呈现了各效应值分布的漏斗图。在发表偏差检验界面点击主菜单"Funnel plot"左侧的小三角按钮,接着,该页面就会出现如图 6-43 所示的二级子菜单,勾选其中的"Fail-safe N"选项,则会跳出如图 6-44 所示的失安全系数计算窗口。

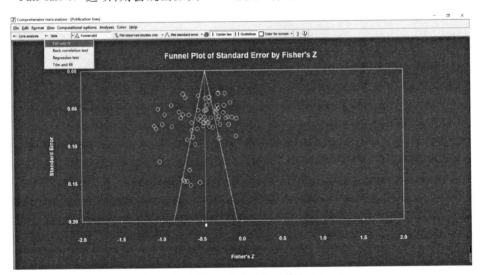

图 6-43 进入失安全系数计算窗口(一)

第二步,输入参数。

在图 6-44 所示的失安全系数计算窗口中呈现了两种失安全系数,其中"Classic fail-safe N"即前文介绍的 Rosenthal 失安全系数。首先,点击"Classic fail-safe N"下方的"Edit"按钮对参数进行编辑,然后页面即显示出如图 6-45 所示的参数编辑窗口。从图 6-45 可知,此处有两个参数需要输入,它们的含义分别如下。

- Alpha:显著性水平,即至少需要找到多少个未发表的研究才能将效应值

第6章　组织与管理研究中元分析的流程、结果解读与汇报

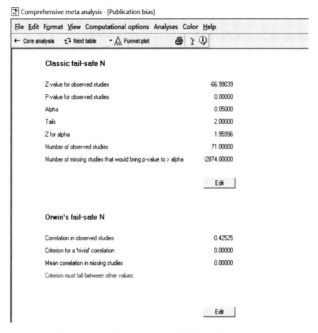

图 6-44　进入失安全系数计算窗口(二)

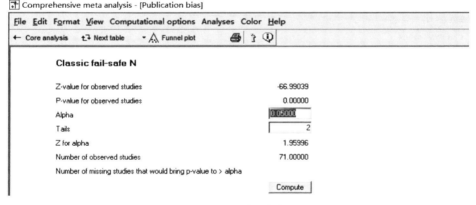

图 6-45　输入参数

的 p 值从小于 Alpha 值(显著)变为大于 Alpha 值(不显著),几个可选的 Alpha 值为 0.10、0.05、0.01,通常我们令 Alpha 等于 0.05。

● Tails:该发表偏差检验采用单尾检验还是双尾检验,输入 1 代表单尾检验,输入 2 代表双尾检验,通常我们采用默认的双尾检验。

在图 6-45 所示的参数编辑窗口中,令"Alpha"等于 0.05,令"Tails"等于 2,然后点击下方的"Compute"按钮,则会跳出如图 6-46 所示的计算结果(一般软

477

件会默认将"Alpha"和"Tails"分别设定为 0.05、2,研究者可根据自身研究需要在此处进行参数调整)。需要注意的是,由于输出结果方格大小的限制,我们在图 6-46 中看到的失安全系数并不完整,我们还需要点击图 6-46 上方菜单栏处的显示详情按钮(),会跳出如图 6-47 所示的详情结果。

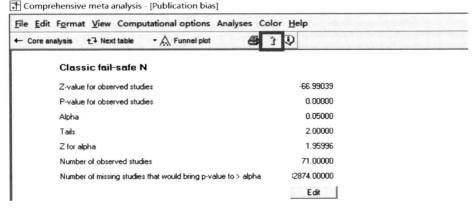

图 6-46 计算结果

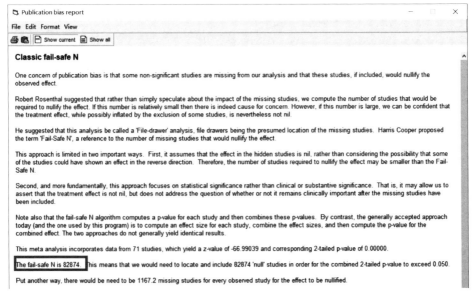

图 6-47 详情结果

第三步,输出结果解读。

在图 6-47 所示的详情结果中,我们需要重点关注倒数第二段中"The fail-safe N is"后的数值。由图 6-47 可知,本示例中通过 CMA 软件得到的失安全系数为 82 874,即如果想要使组织认同与离职意向的关系变得不显著,则至少需要再寻找 82 874 篇未发表研究。由于该值明显大于已有研究数量(71 篇),也远超 $5k+10$(即 $5×71+10=365$)这一标准,说明本示例研究结果存在发表偏差的可能性极小。

6.4.1.3　Begg 法

Begg 法也称秩相关检验法,简单来说,此方法通过检验效应值与其标准误差的相关性来评估漏斗图的不对称程度(石修权和王增珍,2009)。相较于漏斗图法,此方法更易通过显著性水平是否满足标准来判断研究是否存在发表偏差,故被许多学者采用。

Begg 法的判断标准是:如果效应值的 Begg 检验未达到显著性水平,则说明元分析研究所涵盖的效应值的发表偏差问题并不严重。

具体软件实现过程为:

第一步,进入发表偏差检验界面。

首先,打开 CMA 软件,按照 6.4.1.1 中第一步和第二步的操作步骤进入图 6-42 所示的发表偏差检验界面。

第二步,选择 Begg 法进行发表偏差检验。

在发表偏差检验界面点击主菜单"Funnel plot"左侧的小三角按钮。接着,该页面就会出现如图 6-48 所示的二级子菜单,勾选其中的"Rank correlation test"选项,则会跳出如图 6-49 所示的 Begg 法检验结果。

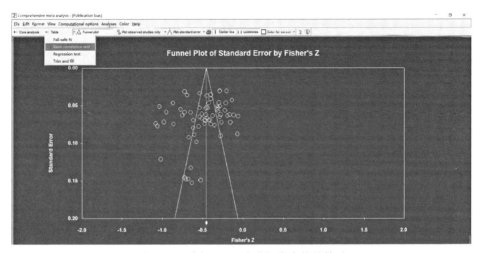

图 6-48　选择 Begg 法进行发表偏差检验

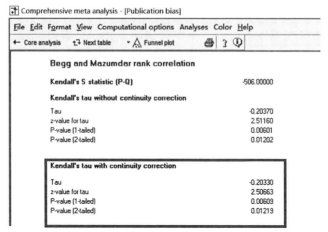

图 6-49 检验结果

第三步,输出结果解读。

在图 6-49 所示的输出结果中,我们需要重点关注连续性校正后的结果,即"Kendall's tau with continuity correction"标题下的结果,在图 6-49 中已用方框标出。从图 6-49 可知,Begg 法检验的 z 值为 2.50663,在双尾检验下的 p 值为 0.01219<0.05,达到显著性水平,说明研究结果受到发表偏差的影响。

6.4.1.4　Egger 法

Egger 法又称线性回归法、Egger's 回归系数检验法,此方法通过线性回归的方式检验漏斗图的对称性。此方法实际上是对截距是否为 0 进行检验。如果回归直线的截距等于 0,则提示没有发表偏差;如果回归直线不经过原点,截距越大则发表偏差越严重(石修权和王增珍,2009)。有研究认为 Egger 法相较于 Begg 法更敏感,检验效能更高(郑明华,2018),故不少学者采用 Egger 法进行发表偏差检验。

具体软件实现过程为:

第一步,进入发表偏差检验界面。

首先,打开 CMA 软件,如 Begg 法一样,按照 6.4.1.1 中第一步和第二步的操作步骤进入图 6-42 所示的发表偏差检验界面。

第二步,选择 Egger 法进行发表偏差检验。

在发表偏差检验界面点击主菜单"Funnel plot"左侧的小三角按钮。接着,该页面就会出现如图 6-50 所示的二级子菜单,勾选其中的"Regression test"选项,则会跳出如图 6-51 所示的 Egger 法检验结果。

第6章 组织与管理研究中元分析的流程、结果解读与汇报

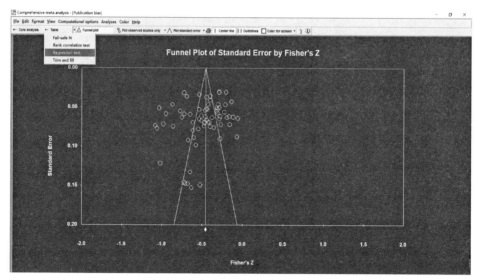

图 6-50 选择 Egger 法进行发表偏差检验

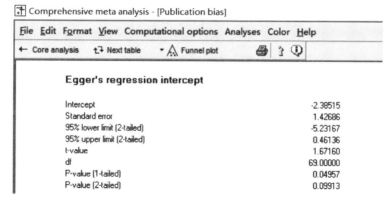

图 6-51 检验结果

第三步，输出结果解读。

在图 6-51 所示的输出结果中，我们需要重点关注 Intercept 截距项、t 值以及双尾检验下的 p 值。由图 6-51 可知，截距为 -2.38515 不等于 0，提示可能存在一定的发表偏差；但是双尾检验下的 p 值为 0.09913 > 0.05，未达到显著性水平，这表明本示例研究结果的发表偏差并不严重，也可以说本示例研究结果不太受发表偏差问题的影响。

6.4.1.5 剪补法

剪补法又称剪粘法、Trim 法，该方法通过删减和补充遗漏研究使不对称的漏斗图变得对称，这一删补过程被形象地称为"剪补"。具体来说，就是先采用

迭代方法估计缺失研究的数量(k_0),然后在漏斗图一侧"剪"去k_0个研究将其"补"到漏斗图不对称的一侧,接着复原被"剪"去的k_0个研究,最后根据$n+k_0$个研究重新进行元分析并观察剪补前后加权平均效应值的改变(康德英等,2003)。

应用该方法时,最理想的状态是经剪补调整后没有研究被"剪掉",这说明本次元分析所涵盖的效应值没有受到发表偏差的影响(卫旭华,2021)。如果有研究被"剪掉",则代表本次元分析或多或少地存在一定的发表偏差,接下来需要根据调整后的结果判断发表偏差是否严重。若剪补后的加权平均效应值变化不大且仍显著,则说明仅存在轻微的发表偏差;若剪补后的加权平均效应值变得无统计学意义,则提示该研究结果存在严重的发表偏差。研究者不仅可以应用剪补法判断是否存在发表偏差及其严重程度,还可以结合"剪补"后的结果对发表偏差进行校正,从而使漏斗图恢复对称的特性(卫旭华,2021)。

具体软件实现过程为:

第一步,进入剪补法检验窗口。

首先,打开 CMA 软件,如 Begg 法和 Egger 法一样,按照 6.4.1.1 中第一步和第二步的操作步骤进入图 6-42 所示的发表偏差检验界面。

在发表偏差检验界面点击主菜单"Funnel plot"左侧的小三角按钮。接着,该页面就会出现如图 6-52 所示的二级子菜单,勾选其中的"Trim and fill"选项,就会跳出如图 6-53 所示的剪补法检验窗口。

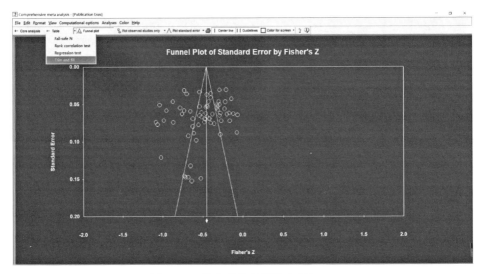

图 6-52 进入剪补法检验窗口(一)

第6章 组织与管理研究中元分析的流程、结果解读与汇报

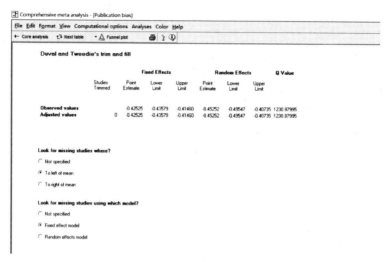

图 6-53 进入剪补法检验窗口(二)

第二步,设定参数。

在图 6-53 所示的剪补法检验窗口中有两个参数需要设定,它们的含义分别如下。

- "Look for missing studies where?":何处寻找缺失研究,即需要操作者根据原先的漏斗图判断效应均值的哪一侧尚存在遗漏的研究。若漏斗图不对称是因为效应均值左侧研究较右侧稀疏,则判定效应均值左侧遗漏了部分研究,该处选择"To left of mean";反之亦然。
- "Look for missing studies using which model?":采用何种模型寻找缺失研究,"Fixed effect model"代表固定效应模型,"Random effect model"代表随机效应模型。正如前文中所提到的,建议采用随机效应模型。

首先,观察未剪补漏斗图(见图 6-42)的对称性。通过观察可知,"倒漏斗"左侧研究相较于右侧稍显稀疏,故判定效应均值左侧遗漏了部分研究。

然后,选择缺失研究方位。根据判断结果,在图 6-53 中的"Look for missing studies where?"处选择"To left of mean",在效应均值左侧寻找缺失研究。

最后,选择估计模型。在图 6-53 中的"Look for missing studies using which model?"处选择"Random effect model",采用随机效应模型。

以上选择完毕后则会跳出如图 6-54 所示的剪补法检验结果(第四步进行了详细的结果解读)。

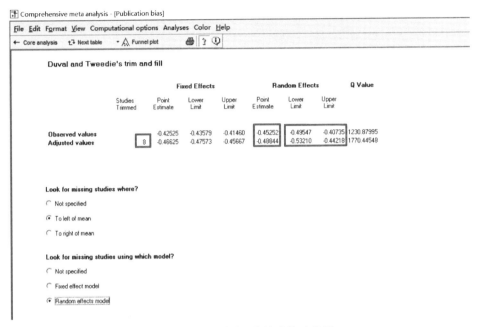

图 6-54　设定参数:剪补法检验结果

第三步,绘制剪补后的漏斗图。

在图 6-54 所示的剪补法检验结果窗口中,点击菜单栏中的"Funnel plot"按钮,则会呈现未剪补的漏斗图,如图 6-42 所示。接着,点击图 6-55 "Plot observed studies only"右侧的小三角按钮,在展开的二级子菜单中选择"Plot observed and imputed",则会跳出剪补后的漏斗图,如图 6-56 所示。

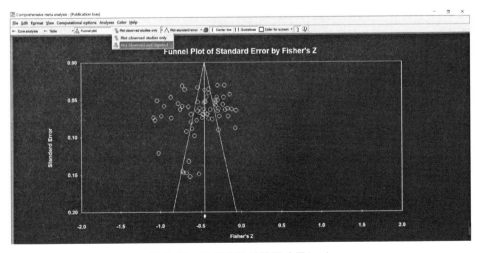

图 6-55　绘制剪补后的漏斗图(一)

第6章 组织与管理研究中元分析的流程、结果解读与汇报

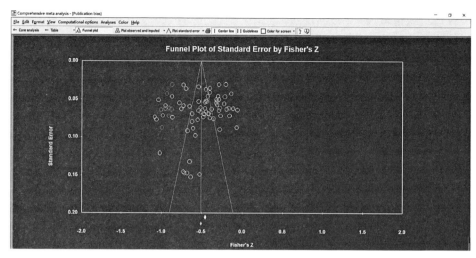

图 6-56 绘制剪补后的漏斗图(二)

第四步,输出结果解读。

在图 6-54 所示的剪补法检验结果窗口中,"Observed values"一行为剪补前的元分析结果,"Adjusted values"一行为剪补后的元分析结果。在解读输出结果时,我们需要重点关注剪补了几个研究,剪补前与剪补后效应值的变化,以及剪补后效应值的显著性是否发生改变(例如,剪补前显著,剪补后变得不显著了)。需要重点关注的数据已在图 6-54 中用方框标注。

由图 6-54 所示的剪补法检验结果可知,共剪补了 8 个研究(Studies Trimmed=8),剪补前,组织认同对离职意向的加权平均效应值为 −0.45252,95%置信区间为[−0.49547,−0.40735],不包括 0;剪补后的加权平均效应值为 −0.48844,95%置信区间为[−0.53210,−0.44218],不包括 0,故剪补后组织认同与离职意向的关系仍然显著(变化值为 0.04),说明发表偏差对研究结果的影响很小。并且通过观察图 6-56 剪补后的漏斗图可知,剪补后的漏斗图的确比图 6-42 剪补前的漏斗图对称了。

6.4.2 论文汇报示例

大多数研究在进行发表偏差检验时会选择上述 5 种方法中的 1~3 种,此处我们借助两篇元分析文章,总结性地展示这 5 种发表偏差检验方法在文中的汇报形式。

论文汇报示例 1 为吕鸿江等(2018)发表于《心理科学进展》上的一篇文章,该文采用元分析方法考察了领导者情绪智力对领导力效能的影响及其调节变量。结果表明,领导者情绪智力与领导力效能存在中等程度的正相关($r=$

0.39);组织情境因素(领导层级、组织类型、文化背景)及方法因素(测量工具、数据属性、效能指标、效能层级)均对领导者情绪智力与领导力效能之间的关系起到显著的调节作用。

论文汇报示例 2 则是胥彦和李超平(2019)发表于《心理科学进展》上的一篇文章,该文采用元分析方法探讨了领导风格与敬业度之间的关系。结果发现,授权型领导、伦理型领导、变革型领导、领导—成员交换、真实型领导、交易型领导、服务型领导及家长式领导与敬业度之间均呈显著的正相关关系,且对敬业度的解释力递减;不同的敬业度量表对领导—成员交换、真实型领导与敬业度之间的关系有显著的调节作用;不同的研究设计对伦理型领导与敬业度之间的关系调节作用显著;文化背景能够显著调节变革型领导、领导—成员交换、真实型领导、伦理型领导、服务型领导及交易型领导与敬业度之间的关系。

6.4.2.1　论文汇报示例1:吕鸿江等(2018)

吕鸿江等(2018)采用漏斗图法和失安全系数法两种方法对文章的元分析结论进行检验。具体汇报内容如下:

> 如图2所示,本研究的效应值分布大多集中在漏斗顶端,并均匀分布在中线两侧,表明研究存在出版偏倚的可能性较小。此外,本研究还引入"失安全系数 N"(Fail-safe N)来检测出版偏倚水平,估算至少需要多少个无效结果的未发表研究才能把研究的累积效应减少到非显著程度(Rosenthal,1979)。如果失安全系数 N 小于 $5k+10$,则需要重视出版偏倚的影响(Rothstein,Sutton,& Borenstein,2005)。表2结果显示,在 p 值为0.05时,失安全系数为8 334,远远大于临界值560($k=110$)。基于上述研究结果,可以判断本文的元分析结论不存在出版偏倚风险。

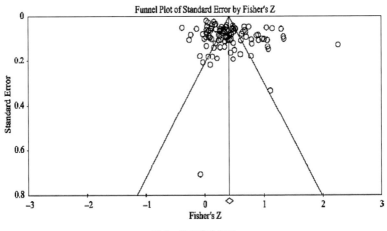

图2　效应值分布图

第6章 组织与管理研究中元分析的流程、结果解读与汇报

表 2 领导者情绪智力对领导力效能的影响

模型	k	n	μ_p	95%CI	双尾检验 z 值	双尾检验 p 值	Fail-safe N
随机效应	110	27 330	0.39	(0.34,0.45)	12.76	0.000	8 334

注:k=样本数;n=所有研究中的累计数;μ_p=修正加权的平均效应值;95%CI=95%的置信区间;z=检验统计量;Fail-safe N=失安全系数,指使结论不显著所需要的"阴性"文献数量。

6.4.2.2 论文汇报示例 2:胥彦和李超平(2019)

胥彦和李超平(2019)采用漏斗图法、Egger 法、Begg 法及剪补法四种方法对文章的元分析结论进行检验。具体汇报内容如下:

> 发表偏差(publication bias)是指已发表的研究文献不能系统全面地代表该领域已经完成的研究总体(Rothstein, Sutton, & Borenstein, 2005)。我们在文献搜索阶段尽可能获取了没有发表的文献,并采用漏斗图(funnel plot)、Egger's 回归系数检验与 Begg 秩相关检验三种方法,对所纳入的领导风格—敬业度的研究文献进行发表偏差检验。由于漏斗图对于只包含 10 个或 10 个以内研究的 Meta 分析效率很低,接近50%(杨书,李婷婷,刘新,2007),因此,仅使用漏斗图判断研究数较多的三种领导风格的发表偏差,图1、图2和图3分别是变革型领导、领导—成员交换和真实型领导与敬业度关系各效应值的分布情况。从漏斗图来看,变革型领导和真实型领导的效应值主要分布在漏斗图的顶部,左右两边的效应值基本呈对称形式,且大部分研究集中在漏斗图的中上部,表明本元分析结果存在发表偏差的可能性很小,领导—成员交换则有个别效应值处在漏斗图的边缘,可能存在一定的发表偏差。

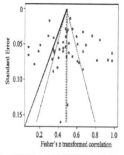 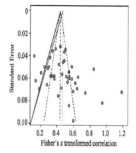 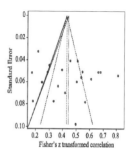

图1 变革型领导与敬业度关系各效应值分布的漏斗图　图2 领导-成员交换与敬业度关系各效应值分布的漏斗图　图3 真实型领导与敬业度关系各效应值分布的漏斗图

> 为了进一步精确检验发表偏差,本研究采用了 Egger's 回归系数检验

与 Begg 秩相关检验的方法,检验结果见表 2。除了领导—成员交换,各领导风格的 Egger's 回归系数 p 值都不显著($p > 0.05$),Begg 秩相关检验 p 值也都不显著($p > 0.05$),说明研究结果不受发表偏差的影响。为了对领导—成员交换做进一步分析,我们参考吴鹏和刘华山(2014)的做法,采用剪粘法(Trim and Fill)检验发表偏差对元分析结果的影响(Duval & Tweedie,2000),结果发现,剪粘文献后,总效应仍然显著(观测值 = 0.46,调整值 = 0.44),变化值为 0.02,表明元分析结果受发表偏差的影响较小。此外,在领导—成员交换最终进行元分析的文献中,未发表的文献占 12%,这一比例已经很大。综合以上结果,虽然本研究中的领导—成员交换可能存在轻微的发表偏差,但是元分析的主要结论还是有效的。

表 2 发表偏差检验结果

自变量	Egger's 回归系数检验					Begg 秩相关检验	
	intercapt	SE	t	df	p	Z	p
TL	0.25	1.16	0.22	48	0.830	-0.410	0.682
LMX	4.26	1.91	2.23	41	0.032	2.480	0.013
AL	2.36	2.91	0.81	20	0.428	-0.080	0.933
EL	0.03	3.71	0.01	9	0.993	0.700	0.484
SL	4.64	2.29	2.02	6	0.089	-0.247	0.805
TAL	-2.80	1.73	-1.61	4	0.181	-0.940	0.348
EML	-1.43	2.48	-0.58	4	0.594	-1.690	0.091
PAL	1.10	2.47	0.44	4	0.679	0.180	0.851

6.5 同质性检验的软件实现过程

6.5.1 同质性检验的含义及作用

同质性检验是指对所抽取的样本效应值是否来自共同的总体的检验(苏涛等,2018),也有不少学者将其称为"异质性检验",即对所抽取的样本效应值的差异程度的检验。这里涉及两个相对立的概念——"同质性"和"异质性"。简单来说,同质性(Homogeneity)即不同研究的效应值之间不存在差异,是"一样的"。异质性(Heterogeneity)即不同研究的效应值之间存在显著差异,是"不一样的"。上述对该检验的两种称谓其实是从对立的两个方面进行的不同阐释,实质是同一种检验方法。

同质性检验有两大作用:其一是关系到分析模型的选择(固定/随机效应模型),其二是作为是否有必要进行调节效应检验的判断依据。

首先,同质性检验关系到分析模型的选择。如果同质性检验结果显示多个独立研究是同质的,则选用固定效应模型;如果多个独立研究之间存在异质性,则需选用随机效应模型进行分析(Hedges and Vevea,1998)。目前,国内很多学者就以同质性检验结果为采用何种分析模型的依据(例如,张银普等,2020;苏涛等,2017;张淑华和刘兆延,2016)。随着元分析技术的不断发展,这种以同质性检验结果选择分析模型的方法受到一些学者的挑战,Hunter and Schmidt(2004)更是直接指出只有随机效应模型才能反映社会科学的常态,他们建议所有的元分析都采用随机效应模型。

其次,同质性检验可作为是否有必要进行调节效应检验的判断依据。如果同质性检验结果显示各研究的效应值间呈现显著的异质性,则有理由相信可能存在某些被忽视的因素使得不同研究间存在差异,即预示两个变量之间的关系可能受到某些调节变量的调节。

举例来说,宋佳萌和范会勇(2013)对社会支持与主观幸福感的关系进行了元分析,他们发现考察社会支持与主观幸福感的相关研究结果差别较大,效应值大小从 0 到 0.6 都有人报告,于是他们进行了同质性检验,用 Q 统计量作为异质性指标来评判各研究效应值间是否存在显著的差异。同质性检验结果显示,各研究效应值间的确呈现显著的异质性,提示研究者进一步检查调节变量的影响。那么使得不同研究效应值呈现异质性的原因是什么呢?宋佳萌和范会勇(2013)根据以往研究经验及方法论专家的建议,找到了能够对这一关系的变异进行解释的调节变量,如出版的类型(核心期刊、普通期刊、学位论文)、出版的年代、被试群体(大学生、老年人、普通群众、情绪工作者等),以及使用的幸福感量表类型(幸福感指数量表、总体幸福感量表、纽芬兰纪念大学幸福感量表、其他量表)等。实际上,造成不同研究效应值间呈现异质性的原因有很多,如不同的变量测量方法(自评、他评,主观测量、客观测量)、不同的行业样本(制造业、服务业)、不同的国家文化(集体主义文化、个人主义文化)等。因此,研究者可以根据同质性检验结果判断是否有必要做进一步的调节效应检验。

6.5.2 同质性检验的方法与标准

目前,有多种统计学方法可进行同质性检验,其中应用最广的是 Q 统计量检验法,除此之外,H统计量检验法和I^2统计量检验法也得到了一定程度的使用。同质性检验基于如下假设。

零假设 H0:不同研究的效应值不存在差异(即同质性)。

备择假设 H1:不同研究的效应值存在差异(即异质性)。

6.5.2.1 Q 统计量检验法

Q 统计量是一个服从自由度为 $k-1$ 的卡方分布,其中 k 为纳入研究数目(Hedges and Olkin,1985)。其公式为:

$$Q = \sum_{i=1}^{k} w_i (ES_i - \overline{ES})^2 = \sum_{i=1}^{k} w_i ES_i^2 - \frac{\left(\sum_{i=1}^{k} w_i ES_i\right)^2}{\sum_{i=1}^{k} w_i}$$

其中,k 为纳入研究数目,w_i 为第 i 个研究的权重;ES_i 为第 i 个研究的效应值;$\overline{ES}$ 为 k 个研究的加权平均效应值。我们根据 Q 统计量对应的 p 值的显著性做出接受或拒绝零假设的判断。如果该统计量显著(即 $p<0.05$),则说明各研究之间呈现异质性(Hedges and Olkin,1985),即拒绝零假设,接受备择假设。一般来讲,若在此处发现各研究的效应值呈现异质性分布,则可获准进行进一步的调节效应检验(Lipsey and Wilson,2001)。

6.5.2.2 H 统计量检验法

为了消除纳入研究数目对 Q 统计量检验效能的影响,通过对 Q 值进行转换得到 H 值,用于反映元分析中各研究效应值的异质程度。H 统计量的计算公式为:

$$H = \sqrt{\frac{Q}{df}}$$

若 H 值为 1,则表示各研究间同质;若 $1<H<1.2$,则表明各研究间的异质性很小,可忽略;若 $1.2 \leq H \leq 1.5$,且 H 值的 95% 置信区间不包括 1,则可认为各研究间存在异质性,若 H 值的 95% 置信区间包括 1,则无法断定是否存在异质性;若 $H>1.5$,则提示各研究间存在异质性。当结果显示各研究间存在异质性时,则意味着存在潜在的调节变量,可进行进一步的调节效应检验。

6.5.2.3 I^2 统计量检验法

I^2 统计量用效应值的组间变异程度占总变异程度的比例代表各研究间的异质程度。

如果采用 Hedges 等的方法,则 I^2 的计算公式为(Borenstein et al.,2009):

$$I^2 = \frac{Q - \mathrm{df}}{Q} \times 100\%$$

其中,当 I^2 值超过 25%、50%、75%时,分别提示各研究间具有低度、中度及高度异质性。Hunter and Schmidt(2004)认为,当 $I^2 \geq 25\%$ 时,提示存在实质性异质性,有必要做进一步的调节效应检验。

接下来我们继续以张淑华和刘兆延(2016)为例,说明同质性检验在 SPSS 软件中的具体实现过程。

6.5.3 基于 SPSS 软件的同质性检验操作流程

第一步,安装同质性检验语法。

首先,打开 SPSS 软件,依次点击菜单栏中的"文件"—"新建"—"语法",打开创建新语法界面,如图 6-57 所示。

图 6-57 安装同质性检验语法(一)

然后,将本章附录材料 4 中的语法 2 复制到弹出的语法编辑器空白对话框内。接着,点击左上角的"保存"按钮,将语法保存并命名为"Homogentity test.sps"[①],如图 6-58 所示。本步骤是为了在后面的分析中方便调取同质性检验所需的语法。

---

① 该语法程序电子版可从本章附录材料 7-Homogentity test.sps 获取。

图 6-58 安装同质性检验语法(二)

第二步,打开数据并运行同质性检验语法。

首先,在 SPSS 软件中打开图 6-22 所示的示例编码数据,然后打开在第一步操作中保存的新语法"Homogentity test.sps"。

接着,页面会弹出如图 6-59 所示的语法编辑器视窗,依次点击菜单栏中的"运行"—"全部",运行完成后获得的输出结果视窗如图 6-60 所示。

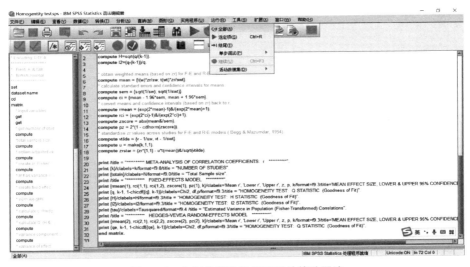

图 6-59 打开数据并运行同质性检验语法

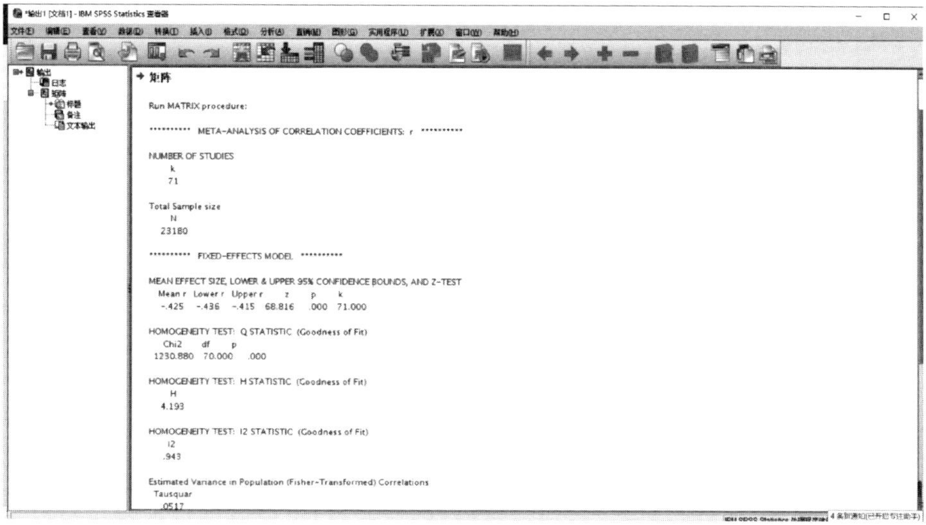

第6章 组织与管理研究中元分析的流程、结果解读与汇报

图 6-60 同质性检验结果

第三步,运行结果解读。

按照上述操作,本示例的输出结果如下:

Run MATRIX procedure:

********** META-ANALYSIS OF CORRELATION COEFFICIENTS:r **********

NUMBER OF STUDIES

  k

  71

Total Sample size

  N

  23180

********** FIXED-EFFECTS MODEL **********

MEAN EFFECT SIZE, LOWER & UPPER 95% CONFIDENCE BOUNDS, AND Z-TEST

Mean r	Lower r	Upper r	z	p	k
−.425	−.436	−.415	68.816	.000	71.000

HOMOGENEITY TEST: Q STATISTIC (Goodness of Fit)		
Chi2	df	p
1230.880	70.000	.000

```
HOMOGENEITY TEST: H STATISTIC  (Goodness of Fit)
       H
     4.193
    HOMOGENEITY TEST: I2 STATISTIC  (Goodness of Fit)
       I2
     .943
```

Estimated Variance in Population (Fisher-Transformed) Correlations

  Tausquar

   .0517

********** HEDGES-VEVEA RANDOM-EFFECTS MODEL **********
MEAN EFFECT SIZE, LOWER & UPPER 95% CONFIDENCE BOUNDS, AND Z-TEST
    Mean r   Lower r   Upper r   z   p   k
    -.453   -.495   -.407   17.251   .000   71.000
HOMOGENEITY TEST: Q STATISTIC (Goodness of Fit)
    Chi2   df   p
   76.518   70.000   .277

------ END MATRIX -----

需要重点关注的部分已用方框标注出来。从输出结果可知，Q 值为 1 230.880，$p=0.000<0.01$，达到显著性水平，说明在本次针对组织认同与离职意向之间关系的检验中，纳入的 71 个研究效应值间存在显著的差异。H 值为 4.193>1.5，也提示各研究效应值间存在高度的异质性。I^2 值为 94.3%>75%，表明在组织认同与离职意向之间关系的研究中，有高达 94.3% 的观察变异是由效应值间的真实差异造成的，这进一步说明各研究效应值间存在显著的差异。

综上，本次分别通过 Q 统计量、H 统计量及 I^2 统计量三个指标进行同质性检验，检验结果均显示各研究效应值间存在显著的差异，说明组织认同与离职意向之间可能存在一些调节变量，进而导致效应值存在较大的差异。这一方面提示我们有必要做进一步的调节变量检验，另一方面也告诉我们接下来的研究选择随机效应模型进行估计更为妥当。

6.5.4　基于 CMA 软件的同质性检验操作流程

第一步，运行基础元分析，进入核心分析视窗。

打开 CMA 软件，按照 6.3.2 中第一步至第四步的操作步骤进行基础元分析，进入图 6-37 所示的核心分析视窗。

第 6 章　组织与管理研究中元分析的流程、结果解读与汇报

第二步,获得整体分析统计表并提取同质性检验参数。

点击图 6-37 所示菜单栏中的"Next table"按钮,获得如图 6-38 所示的整体研究统计表。整体研究统计表包括基础元分析结果、同质性检验结果和权重计算结果,我们将此处需要重点关注的部分用方框标出,如图 6-61 所示。

Model		Effect size and 95% interval			Test of null (2-Tail)		Heterogeneity				Tau-squared			
Model	Number Studies	Point estimate	Lower limit	Upper limit	Z-value	P-value	Q-value	df (Q)	P-value	I-squared	Tau Squared	Standard Error	Variance	Tau
Fixed	71	-0.425	-0.436	-0.415	-68.816	0.000	1230.880	70	0.000	94.313	0.052	0.011	0.000	0.227
Random	71	-0.453	-0.495	-0.407	-17.251	0.000								

图 6-61　提取同质性检验参数

从图 6-61 可知,组织认同与离职意向之间关系的 Q 值为 1 230.880,在统计学上达到了显著性水平($p<0.001$),表明各研究效应值间存在差异,这可能是由一些潜在的调节变量造成的;I^2 值为 94.313%>75%,说明各研究效应值间为高度异质性。

6.5.5　论文汇报示例

张淑华和刘兆延(2016)采用 Q 统计量检验法和 I^2 统计量检验法对纳入的研究进行了同质性检验,其结果汇报如下:

> 同质性检验是为了检验效应值之间是否同质,关系到模型选择的问题,本研究采用 Hedges 和 Vevea(1998)的做法,即若各效应值表现同质,则采用固定效应模型,否则采用随机效应模型。由表 2 可知,Q 值达到显著性水平($p<0.01$),说明各效应值之间表现异质,I^2 值为 94.313,表示在组织认同和离职倾向的关系研究中,有 94.3% 的观察变异是由效应值的真实差异造成的,5.7% 的观察变异是由随机误差带来的,区分高、中、低异质性的 I^2 值分界点为 75%、50%、25%(Higgins, Thompson, Deeks, & Altman, 2003),说明各效应值为高异质性,因此,本研究采用随机效应模型。Tau^2 为 0.052,说明在随机效应模型中对各研究进行权重加权时,研究间变异有 5.2% 可用于计算权重。

表 2　效应值同质性检验结果(Q 统计)

模型	研究数	异质性				Tau^2			
		Q 值	df(Q)	p 值	I^2	Tau^2	SE	方差	Tau
随机效应	71	1 230.880	70	0.000	94.313	0.052	0.011	0.000	0.227

6.6 调节效应检验的软件实现过程

调节效应认为,自变量 X 和因变量 Y 之间的关系是不稳定的,即自变量 X 对因变量 Y 影响的强度或方向受另外一个变量 W 的影响(见图 6-62)。这里的变量 W 即为调节变量,随着调节变量 W 的变化,X 和 Y 之间的关系会发生改变(卫旭华,2021)。

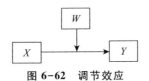

图 6-62　调节效应

例如,卫旭华等(2015)运用元分析的方法检验了团队多元化对团队绩效的影响,并通过调节效应检验找到了能够对这一关系变异进行解释的调节变量,如绩效类型、国家地域、团队类型等(见图 6-63)。团队多元化是指团队成员在个体属性上呈现差异,它有三个类型,分别是分离型多元化(信念、态度、价值观上的不一致)、多样型多元化(职业背景、行业经历、专长等方面的多元化)和不平等型多元化(在有价值的资源或社会资产方面的差异)。其中,分离型多元化表现了团队成员在立场和观点上的不一致,这往往会引发消极的团队冲突,进而导致团队绩效的下降。但是这一关系在不同国家和地域间是不同的。对于个人主义占主流的西方国家而言,分离型多元化对团队绩效产生负面作用;但对于集体主义占主流的东方国家而言,人们更倾向于维持和谐的氛围,会尽力避免冲突、回避竞争,这也意味着分离型多元化在东方国家中的负面作用被削弱。在这一情形下,我们说"国家地域"调节了"分离型多元化"与"团队绩效"之间的关系,这就是一个简单的调节效应。卫旭华等(2015)在其文章中还分别检验了绩效类型、团队类型对三类团队多元化与团队绩效之间关系的调节效应,在此不再赘述。

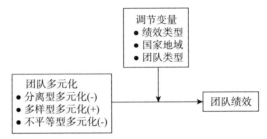

注:图中"-"表示负相关,"+"表示正相关。

图 6-63　卫旭华等(2015)调节效应示例

6.6.1 调节效应检验的前提

调节效应检验的前提是存在潜在的调节变量。这需要我们根据初步分析的结果进行判定,若认定存在调节变量,则可进行调节效应检验,探寻影响结果的调节变量;若显示无潜在的调节变量存在,正如"巧妇难为无米之炊",则无须进行调节效应检验。

以下是常用的判定调节变量是否存在的方法:

(1)根据 Q 统计量等同质性检验结果判定。若同质性检验结果显示各研究效应值间呈现异质性,则预示效应值可能受到潜在的调节变量的影响。以张淑华和刘兆延(2016)为例,在图 6-61 所示的同质性检验结果中,Q 值为 1 230.880,$p<0.001$ 达到显著性水平,这表明各研究效应值间呈现异质性,预示着组织认同与离职倾向之间的关系可能受到潜在的调节变量的影响。

(2)根据 75%法则判定。75% 法则是由 Hunter and Schmidt(1990)提出的,这一方法认为,如果抽样方差解释了观察方差的 75%甚至更多,那么各研究效应值间表现为同质,就没有寻找调节变量的必要了。在 Hunter 和 Schmidt 的元分析方法中,观察到的样本效应值方差($\widehat{\sigma}_o^2$)有两个来源:抽样误差方差($\widehat{\sigma}_e^2$)和效应值真实方差($\widehat{\sigma}_\rho^2$),即 $\widehat{\sigma}_o^2 = \widehat{\sigma}_e^2 + \widehat{\sigma}_\rho^2$。换句话说,如果抽样误差引起的方差($\widehat{\sigma}_e^2$)与观察到的样本效应值方差($\widehat{\sigma}_o^2$)的比例小于 75%,则认为研究效应值间存在实质的异质性,效应值受到潜在的调节变量的影响。以 Rockstuhl et al.(2012)为例,在 6.3.1 基础元分析操作流程第八步的输出结果中,抽样误差可以解释 22.3656%的校正后效应值方差,该值小于 75%,说明效应值受到潜在的调节变量的影响。75%法则更像是一种经验法则,它不依赖于正式的显著性检验。同时,75%并不是一个严格的分割点,即使 75%法则被超越,还是鼓励对那些有明显理论支撑的调节效应进行检验(Hunter and Schmidt,1990)。

在得出的确存在调节变量影响效应值的结论后,需要对调节变量的作用效果进行检验。本节主要介绍离散型调节变量元分析的检验方法。接下来,我们分别以张淑华和刘兆延(2016)及 Rockstuhl et al.(2012)为例,展示基于不同方法的元分析如何利用软件进行调节效应检验。

6.6.2 基于 Hunter 和 Schmidt 方法的调节效应检验操作流程

6.6.2.1 软件实现过程

Rockstuhl et al.(2012)将国家文化确定为影响 LMX 与 9 个结果变量(如情

感承诺、组织公民行为、工作满意度等）之间关系的调节变量。在此，我们以国家文化对 LMX 与情感承诺之间关系的调节为例，展示调节效应检验的操作流程。

第一步，根据调节变量对研究进行分组。

在 SPSS 软件中打开 6.3.1 第三步操作中预处理好的"LMX-AC.sav"文件后，需要根据调节变量国家文化的类型对研究进行分组。首先，依次点击主菜单栏中的"转换"—"重新编码为不同变量"，如图 6-64 所示。接着，会跳出如图 6-65 所示的"重新编码为不同变量"窗口，将该研究中的调节变量"HIVC"导入"字符串变量→输出变量："框，将"输出变量"命名为"culture"（当然也可以命名为其他名称）。

图 6-64　根据调节变量对研究进行分组（一）

然后，点击"旧值和新值"按钮，则会跳出如图 6-66 所示的转换赋值窗口。我们通过为不同类型的调节变量赋值而对研究进行分组，此处我们令水平个人主义（HI）为 1，令垂直集体主义（VC）为 2，即在左侧的"旧值"处输入"HI"，在右侧的"新值"处输入"1"，然后点击"添加"按钮；在左侧的"旧值"处输入"VC"，在右侧的"新值"处输入"2"，然后点击"添加"按钮，赋值完毕后点击窗口最下方的"继续"按钮跳回图 6-65 所示的"重新编码为不同变量"窗口。

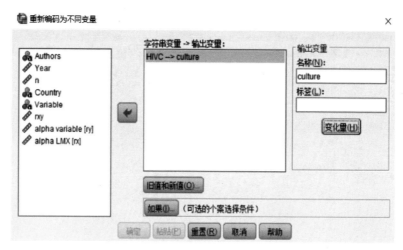

图 6-65　根据调节变量对研究进行分组(二)

图 6-66　根据调节变量对研究进行分组(三)

在跳回后的"重新编码为不同变量"窗口点击"变化量"按钮,这一操作的目的是按照如上新值旧值转换规则新创建一个名为"culture"的变量,然后点击窗口最下方的"确定"按钮,接着在"数据视图"窗口就会新增一列名为"culture"的变量,如图 6-67 所示。至此,已根据国家文化类型完成对研究的分组。

第二步,选定组 1 内的所有研究。

在上一步中我们已经根据国家文化类型将研究分为 2 个小组,接下来需要选定"culture"类型为 1 的所有研究,即将组 1 内的所有研究提取出来。具体为:依次点击菜单栏中的"数据"—"选择个案",打开"选择个案"窗口,如图 6-68 所示。

499

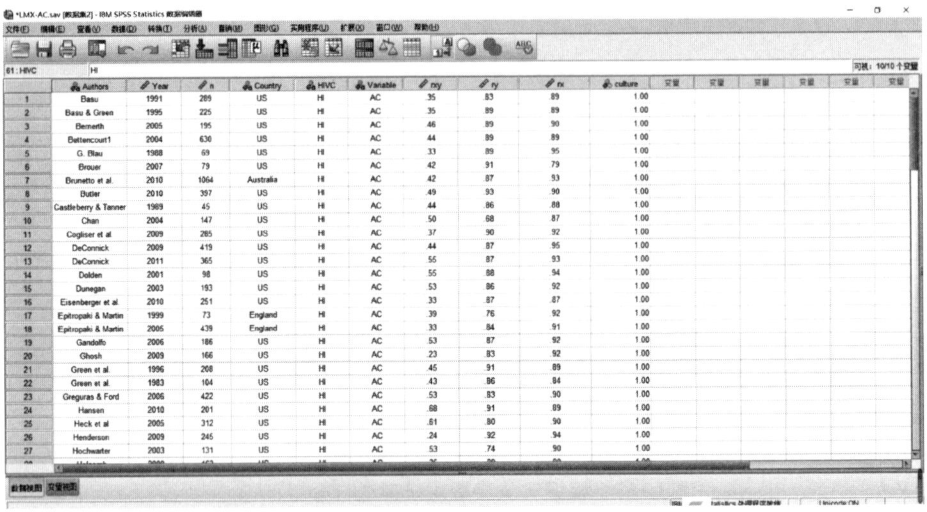

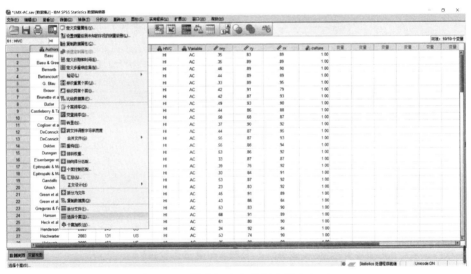

图 6-67　根据调节变量对研究进行分组(四)

图 6-68　选定组 1 内的所有研究(一)

在图 6-69 所示的"选择个案"窗口中,勾选"如果条件满足(C)",然后点击"如果"按钮,进入图 6-70 所示的条件给定窗口。在图 6-70 中,将变量"culture"导入条件框,并输入"=1",这一操作是为了选择所有国家文化类型为水平个人主义的研究。条件给定后,点击窗口最下方的"继续"按钮,则会跳回图 6-69 所示的"选择个案"窗口,点击"确定"按钮完成对个案的选择,已选定个案的"数据视图"窗口如图 6-71 所示。

第6章 组织与管理研究中元分析的流程、结果解读与汇报

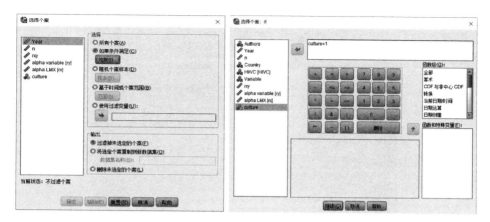

图 6-69 选定组 1 内的所有研究(二)　　图 6-70 选定组 1 内的所有研究(三)

从图 6-71 可知,所有 culture = 1 的研究后均显示"Selected",代表已选中;所有 culture = 2 的研究后均显示"Not Selected",代表已被筛去。

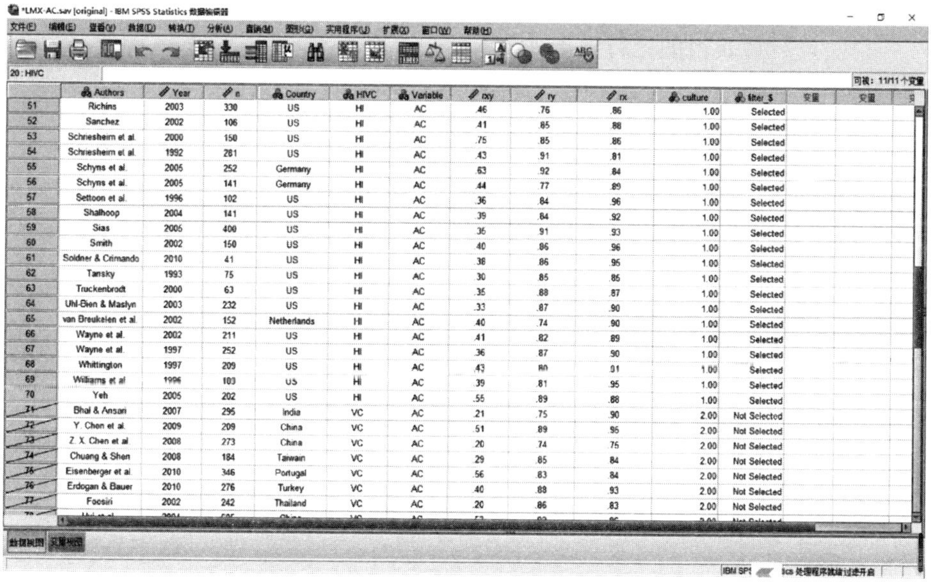

图 6-71 选定组 1 内的所有研究(四)

第三步,对组 1 内的研究进行基础元分析。

打开 6.3.1 第四步操作中保存的基础元分析语法"Basic Meta-Analysis (Hunter & Schmidt).sps",在弹出的语法编辑器窗口中,点击主菜单栏中的"运行",然后在展开的二级子菜单中选择"全部",如图 6-72 所示。

501

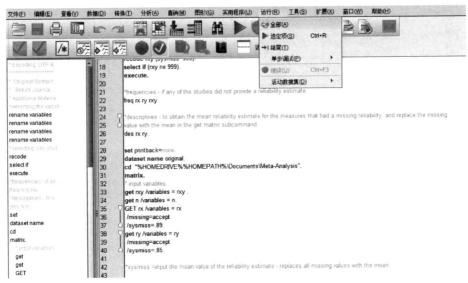

图 6-72 对组 1 内的研究进行基础元分析

语法运行后获得的运行结果如下①：

Run MATRIX procedure：

********** META-ANALYSIS OF CORRELATION COEFFICIENTS： r **********

NUMBER OF STUDIES
k
70

********** HUNTER-SCHMIDT RANDOM-EFFECTS MODEL **********

MEAN EFFECT SIZE
Mean r
.422
Total sample size
16675.000
Sampling size weighted observed variance of correlations (total variance)
.0099

Variance attributable to Sampling Error Variance

   .0029

Variance of correlations after removing sampling error variance

   .0071

---

① 如果自变量或结果变量的信度存在缺失值，则还需对信度缺失值进行替换（具体参见 6.3.1 中第六步、第七步操作），本示例中无信度缺失值，故直接呈现运行结果。

% variance accounted of observed correlations attributable to sampling error variance
   28.7695
Lower endpoint
   .3172
Higher endpoint
   .5266

Correlations corrected for unreliability
   .4790

Observed variance of corrected correlations
   .0137
Variance in correlations attributable to all artifacts (SE & unreliability)
   .0037
Variance of true score correlations (total-arifacts)
   .0100

SD with variance due to sampling error and other artifacts (unreliability) removed from the estimate of SD (sqrt of var. of corcorr)
   .0998
Lower endpoint of corrected correlation Credibility Interval 80 %
   .3512
Higher endpoint of corrected correlation   Credibility Interval 80%
   .6067
Lower endpoint of corrected correlation Confidence Interval 95 %
   .4516
Higher endpoint of corrected correlation   Confidence Interval 95%
   .5063

% variance of population/corrected correlations attributable to all artifacts
   27.0379

------ END MATRIX -----

第四步，选定组 2 内的所有研究并进行基础元分析。

对"culture"类型为 2 的组进行基础元分析和对"culture"类型为 1 的组进行基础元分析的方法完全相同，即首先需要选定"culture"类型为 2 的所有研究，然后对所有"culture"类型为 2 的研究运行基础元分析语法，具体可参照第二步和第三步操作。语法运行后获得的运行结果如下：

Run MATRIX procedure:

********** META-ANALYSIS OF CORRELATION COEFFICIENTS: r **********

NUMBER OF STUDIES
k
22

********** HUNTER-SCHMIDT RANDOM-EFFECTS MODEL **********

MEAN EFFECT SIZE
Mean r
.440
Total sample size
6706.0000
Sampling size weighted observed variance of correlations (total variance)
.0155

Variance attributable to Sampling Error Variance

    .0021

Variance of correlations after removing sampling error variance

    .0133

% variance accounted of observed correlations attributable to sampling error variance

  13.8448

Lower endpoint

    .3494

Higher endpoint

    .5308

Correlations corrected for unreliability
.5163

Observed variance of corrected correlations

    .0195

Variance in correlations attributable to all artifacts (SE & unreliability)

    .0029

Variance of true score correlations (total-arifacts)

    .0166

SD with variance due to sampling error and other artifacts (unreliability) removed from the estimate of SD (sqrt of var. of corcorr)
.1287
Lower endpoint of corrected correlation Credibility Interval 80%
.3515

第 6 章　组织与管理研究中元分析的流程、结果解读与汇报

```
Higher endpoint of corrected correlation    Credibility Interval 80%
    .6810
Lower endpoint of corrected correlation Confidence Interval 95 %
    .4579
Higher endpoint of corrected correlation    Confidence Interval 95%
    .5746
```

% variance of population/corrected correlations attributable to all artifacts
15.0289

------ END MATRIX -----

第五步,提取参数并制表。

从第三步和第四步的输出结果中提取各组的参数并制作表格,既方便之后对加权平均效应值差异的比较,又为后期论文汇报做准备。需要提取的参数有纳入研究数目(k)、样本总量(N)、加权平均效应值(r)、效应值方差(VAR_r)、校正后的加权平均效应值(ρ)、去除误差影响的校正后效应值的标准差(SD_ρ)、校正后加权平均效应值的80%可信区间(80%CV)、校正后加权平均效应值的95%置信区间(95%CI)。

以上参数在第三步和第四步输出结果中的对应位置已用方框标注出来,用上述参数在 Excel 中绘制的表格如图6-73所示。

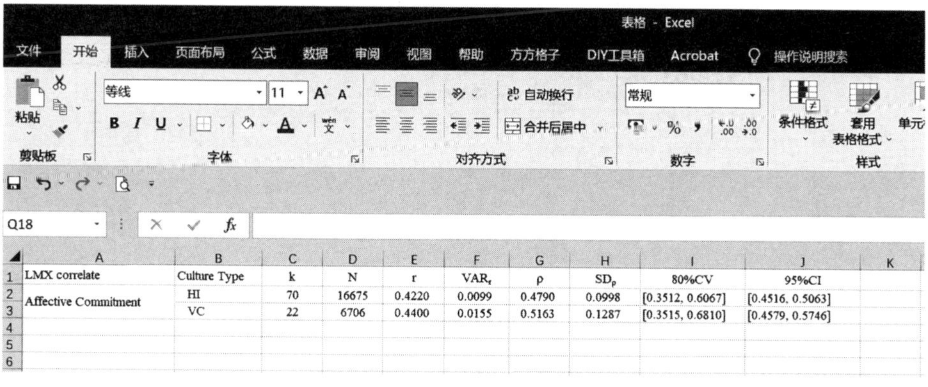

A	B	C	D	E	F	G	H	I	J
LMX correlate	Culture Type	k	N	r	VAR_r	ρ	SD_ρ	80%CV	95%CI
Affective Commitment	HI	70	16675	0.4220	0.0099	0.4790	0.0998	[0.3512, 0.6067]	[0.4516, 0.5063]
	VC	22	6706	0.4400	0.0155	0.5163	0.1287	[0.3515, 0.6810]	[0.4579, 0.5746]

图 6-73　提取参数并制表

第六步,对各组加权平均效应值的差异进行比较。

在这里,我们推荐使用 Chiaburu et al.(2013)提出的 z 统计值进行调节效应检验。该方法的判断标准是:如果 z 值达到显著性水平,则代表调节效应存在。其计算公式为:

$$z = \frac{(\bar{\rho}_1 - \bar{\rho}_2)}{\sqrt{(SE_1^2 + SE_2^2)}} ; \quad SE = \frac{\bar{\rho}}{\bar{r}} \times \frac{SD_r}{\sqrt{k}}$$

该方法需要操作者将参数代入公式中自行计算。我们将图 6-73 中整理好的对应参数代入公式中，产生如下结果：

$$SE_1 = \frac{0.4790}{0.4220} \times \frac{\sqrt{0.0099}}{\sqrt{70}} \approx 0.0135$$

$$SE_2 = \frac{0.5163}{0.44} \times \frac{\sqrt{0.0155}}{\sqrt{22}} \approx 0.0311$$

$$z = \frac{(0.4790 - 0.5163)}{\sqrt{0.0135^2 + 0.0311^2}} \approx -1.0988$$

计算出 z 值后，我们需要根据其显著性水平判断调节作用是否显著。GraphPad 网站提供了 P 值计算工具①，如图 6-74 所示。在图 6-74 中的"P from z"处输入刚得出的 z 值"-1.0988"，点击"Compute P"按钮，则会跳出如图 6-75 所示的 P 值结果。由图 6-75 可知，当 $z = -1.0988$ 时，$p = 0.2719 > 0.05$ 未达到显著性水平，故在水平个人主义文化背景和垂直集体主义文化背景下，LMX 与情感承诺之间的关系不具有显著差异性，即国家文化对 LMX 与情感承诺间关系的调节作用不显著。

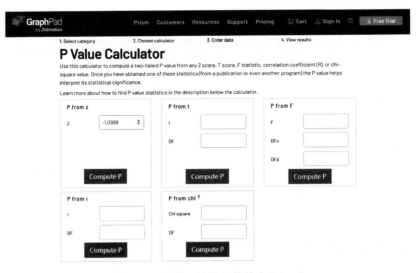

图 6-74　计算 z 值的显著性水平（一）

---

① 有需要的读者可以作为参考，网址为 https://www.graphpad.com/quickcalcs/pValue1/。

第6章 组织与管理研究中元分析的流程、结果解读与汇报

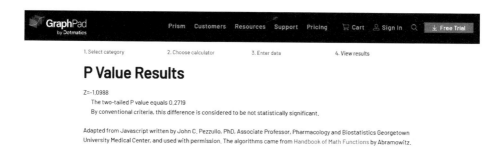

图 6-75 计算 z 值的显著性水平(二)

Rockstuhl et al.(2012)采用 t 统计值进行调节效应检验,相较于 z 统计值检验法,该方法在元分析文章中的应用并不广泛,但作为示例,此处也为读者展示采用 t 统计值进行调节效应检验的操作流程。

与 z 统计值检验法相类似,该方法的判断标准是:如果 t 值达到显著性水平,则代表调节效应存在。

首先,打开 SPSS 软件,依次点击主菜单栏中的"分析"—"比较平均值"—"摘要独立样本 T 检验",如图 6-76 所示。

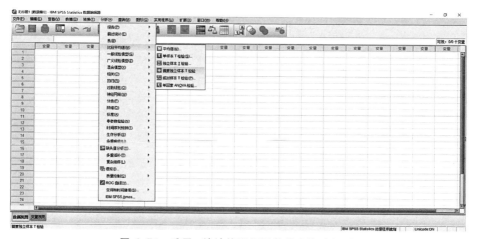

图 6-76 采用 t 统计值进行调节效应检验(一)

然后,在打开的"根据摘要数据计算 T 检验"窗口中,将图 6-73 中的参数输入图 6-77 中对应的输入框中,即"个案数"指各组纳入的研究数目(k),"平均值"指各组校正后的加权平均效应值(ρ),"标准差"指各组去除误差影响的校正后效应值的标准差(SD_ρ)。参数输入完毕后,点击窗口最下方的"确定"按钮,则会跳出如图 6-78 所示的输出结果。

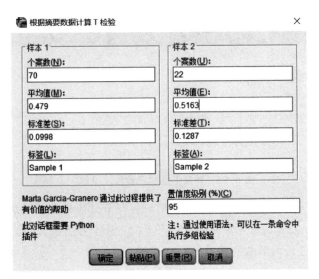

图 6-77　采用 t 统计值进行调节效应检验(二)

➔ Summary T-Test

摘要数据

	N	平均值	标准差	标准误差平均值
Sample 1	70.000	.479	.100	.012
Sample 2	22.000	.516	.129	.027

独立样本检验

	平均值差值	标准误差差值	t	自由度	显著性（双尾）
假定等方差	-.037	.026	-1.423	90.000	.158
不假定等方差	-.037	.030	-1.247	29.368	.222

Hartley 等方差检验：F = 1.663，显著性 = 0.0567

差值的 95.0% 置信区间

	下限	上限
渐近（等方差）	-.089	.014
渐近（不等方差）	-.096	.021
精确（等方差）	-.089	.015
精确（不等方差）	-.098	.024

图 6-78　采用 t 统计值进行调节效应检验(三)

从图 6-78 所示的输出结果可知，t 值为 $-1.247$①，$p=0.222>0.05$ 未达到显著性水平，因此通过 t 检验可知，国家文化对 LMX 与情感承诺间关系的调节作用不显著。

第七步，绘制调节效应检验表。

在完成调节效应检验后，需要对检验结果进行整理，最终以表格形式呈现

① 由于 t 分布是一个两边对称的正态分布，故此处 t 值的正负不影响 t 值的显著性检验。另外，因代入检验的参数保留的小数位不同，输出结果与示例原文有些许差异，不影响研究结果的有效性。

在论文中。调节效应检验表由两部分组成:各组的基础元分析结果,z 统计值或 t 统计值检验结果。

读者可在图 6-73 的基础上添加 z 统计值或 t 统计值检验结果,此处我们以 z 统计值检验为例,绘制出的调节效应检验表如表 6-2 所示。

表 6-2 国家文化对 LMX 与情感承诺间关系的调节效应检验

因变量和调节变量	k	N	r	ρ	SD_ρ	80%CV	95%CI	z
情感承诺								
水平个人主义	70	16 675	0.42	0.48	0.10	[0.35, 0.61]	[0.45, 0.51]	−1.10
垂直集体主义	22	6 706	0.44	0.52	0.13	[0.35, 0.68]	[0.46, 0.57]	

6.6.2.2 论文汇报示例

Rockstuhl et al.(2012)采用 t 统计值检验法对文中的"Hypotheses 1(g): The positive associations between LMX and affective commitment are stronger in samples from horizontal-individualistic countries than they are in samples from vertical-collectivistic countries"[即假设 1(g):与垂直集体主义国家的样本相比,LMX 与情感承诺的正相关程度在水平个人主义国家的样本中表现更高]进行了检验,其结果汇报如下[①]:

> Table 1 shows the results of our test of Hypothesis 1. We hypothesized in Hypothesis 1 that members in horizontal-individualistic countries would show a stronger association between LMX and a range of outcomes than members in vertical-collectivistic countries… For attitudinal outcomes, results do not support our hypotheses for organizational commitment. The relationships between LMX and affective (ρ_{HI} =.48 vs. ρ_{VC} =.52; t = 1.44, n.s.) organizational commitment1 are not different in horizontal-individualistic and vertical-collectivistic cultures. Therefore…Hypotheses 1(g) are not (supported).

即表 1 显示了我们对假设 1 的检验结果。在假设 1 中我们假设,与垂直集体主义国家的成员相比,在水平个人主义国家的成员中,LMX 与一系列结果变量表现出更强的相关性……对于态度性结果变量,结果并不支持我们关于组织承诺的假设。LMX 与情感承诺之间的关系(ρ_{HI} = 0.48 vs. ρ_{VC} = 0.52;t =

[①] Rockstuhl et al.(2012)在其文中汇报了 LMX 与 9 个结果变量的检验结果,因篇幅所限,此处仅截取假设 1(g)(即文中示例)的汇报内容进行展示。

1.44，n.s.)在水平个人主义文化和垂直集体主义文化中没有差异。因此……假设1(g)得不到支持。

Table 1
Results of Moderator Analysis of National Culture on Relationships Between Leader–Member Exchange (LMX) and Outcome Correlates

LMX correlate	N	k	k_c	r	ρ	$SD_ρ$	80% CV	95% CI	t
Task performance									
Horizontal individualism	23,024	99	3	.29	.30	.11	[0.16, 0.45]	[0.27, 0.33]	
Vertical collectivism	4,541	17	7	.26	.29	.11	[0.16, 0.43]	[0.23, 0.36]	0.32
Organizational citizenship behavior									
Horizontal individualism	11,950	62	2	.30	.35	.12	[0.20, 0.50]	[0.31, 0.38]	
Vertical collectivism	5,565	22	9	.25	.28	.11	[0.13, 0.42]	[0.21, 0.34]	2.36**
Distributive justice									
Horizontal individualism	4,885	22	2	.46	.51	.19	[0.27, 0.76]	[0.44, 0.59]	
Vertical collectivism	2,351	12	7	.30	.36	.13	[0.19, 0.53]	[0.28, 0.44]	2.77**
Procedural justice									
Horizontal individualism	4,651	21	2	.55	.63	.19	[0.39, 0.87]	[0.55, 0.71]	
Vertical collectivism	2,793	12	7	.42	.50	.10	[0.38, 0.63]	[0.44, 0.57]	2.58**
Interactional justice									
Horizontal individualism	4,264	14	1	.65	.79	.14	[0.61, 0.97]	[0.72, 0.86]	
Vertical collectivism	1,321	6	4	.54	.62	.23	[0.33, 0.91]	[0.41, 0.83]	1.72*
Job satisfaction									
Horizontal individualism	17,473	78	7	.46	.55	.15	[0.35, 0.74]	[0.51, 0.58]	
Vertical collectivism	4,608	19	7	.42	.45	.11	[0.31, 0.59]	[0.39, 0.51]	3.09**
Affective commitment									
Horizontal individualism	16,675	70	5	.42	.48	.10	[0.35, 0.61]	[0.45, 0.51]	
Vertical collectivism	6,706	22	11	.44	.52	.12	[0.36, 0.68]	[0.46, 0.58]	1.44
Normative commitment									
Horizontal individualism	1,575	8	1	.27	.29	.10	[0.17, 0.42]	[0.19, 0.39]	
Vertical collectivism	1,075	5	5	.44	.47	.24	[0.16, 0.78]	[0.22, 0.72]	1.59
Turnover intentions									
Horizontal individualism	13,583	46	3	−.33	−.40	.09	[−0.52, −0.28]	[−0.44, −0.36]	
Vertical collectivism	3,028	12	4	−.20	−.25	.15	[−0.44, −0.06]	[−0.35, −0.15]	3.25**

Note. N = combined sample size; k = number of correlations; k_c = number of countries; r = mean uncorrected correlation; ρ = estimated true score correlation corrected for measurement error; CV = credibility interval; CI = confidence interval; t = t-test statistic for differences in true correlations between countries with configurations of horizontal individualism and vertical collectivism.
* p < .05. ** p < .01.

6.6.3 基于Hedges等方法的调节效应检验操作流程

6.6.3.1 软件实现过程

我们以张淑华和刘兆延(2016)为例展示基于Hedges等方法的调节效应检验操作流程。张淑华和刘兆延(2016)从理论出发,将行业类别、文化背景、组织认同量表维度内容以及离职意向量表认知结构确定为具体的调节变量,并检验了以上4个调节变量对组织认同与离职意向之间关系的调节作用。

接下来,我们以组织认同量表维度内容对组织认同与离职意向之间关系的调节作用为例,展示调节效应检验的操作流程。

第一步,根据调节变量对研究进行分组。

打开图6-22所示的Excel数据表格,通过观察"OI量表维度内容"列的数据可知,当前组织认同量表维度内容共有"评估""认知""认知、情感""认知、情感、评价""认知、情感、评价、行为""X"(未知)等10类,如图6-79所示。直接根据当前组织认同量表维度内容将研究分为10组显然欠缺系统性,故张淑华和刘兆延(2016)采用打包归类的办法,将采用"认知"单维度量表的研究归为组1,将采用"认知、情感"二维度量表的研究归为组2;将采用"认知、情感、评

第 6 章　组织与管理研究中元分析的流程、结果解读与汇报

价"三维度量表的研究归为组 3;将采用"认知、情感、评价、行为"四维度量表的研究归为组 4;将采用其他量表的研究全部打包归为组 5。

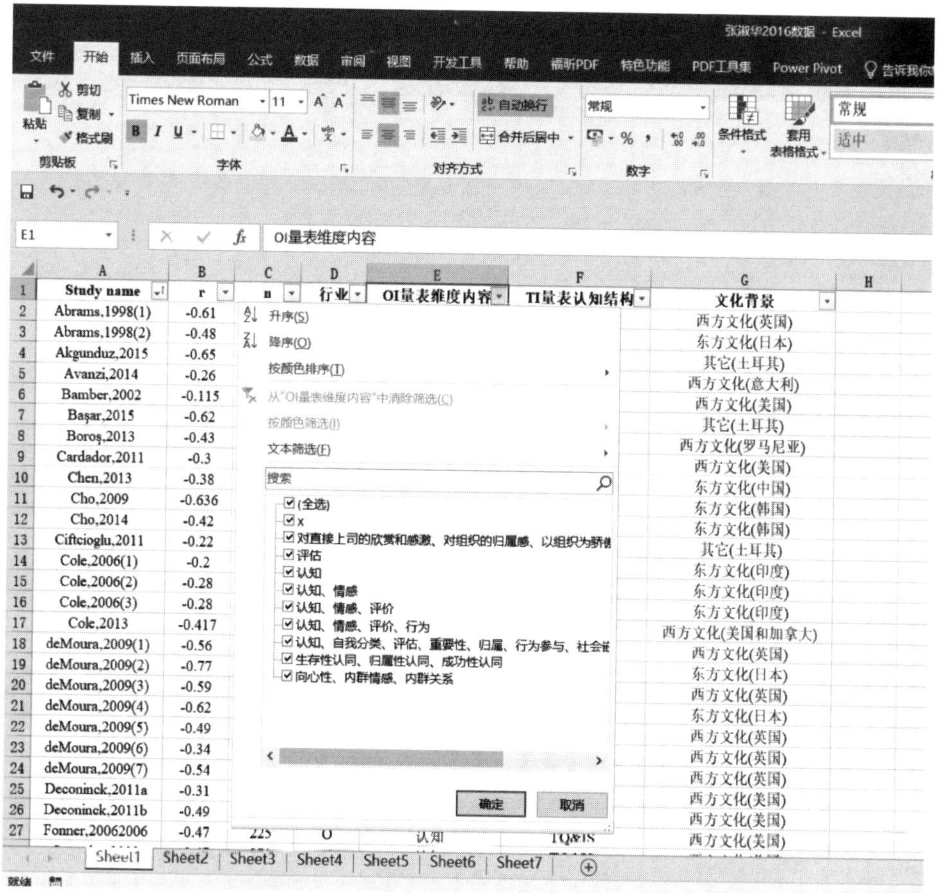

图 6-79　根据调节变量对研究进行分组(一)

首先,将"OI 量表维度内容"一列的数据复制到 Excel 表格最后一列,并将该列标题命名为"OI scale",如图 6-80 所示。然后,在全部选中"OI scale"一列数据的基础上,点击主菜单栏中的"查找和选择",在展开的二级子菜单中选择"替换",如图 6-81 所示,进入"查找和替换"窗口。

在图 6-82 所示的"查找和替换"窗口中,根据上述分组规则对各研究的 OI 量表维度类型进行分组赋值①。例如,在"查找内容"处输入"认知",在"替换为"处输入"1",然后勾选"单元格匹配",最后点击"全部替换"按钮,则将"OI

---

① 在样本量相对较小时,操作者也可以采用手动输入的办法进行分组赋值。

scale"一列中所有采用认知单维度量表的研究分入组1,如图6-83所示。按照相同的方法对剩余4组研究进行分组赋值,最终完成分组的数据视图窗口如图6-84所示。

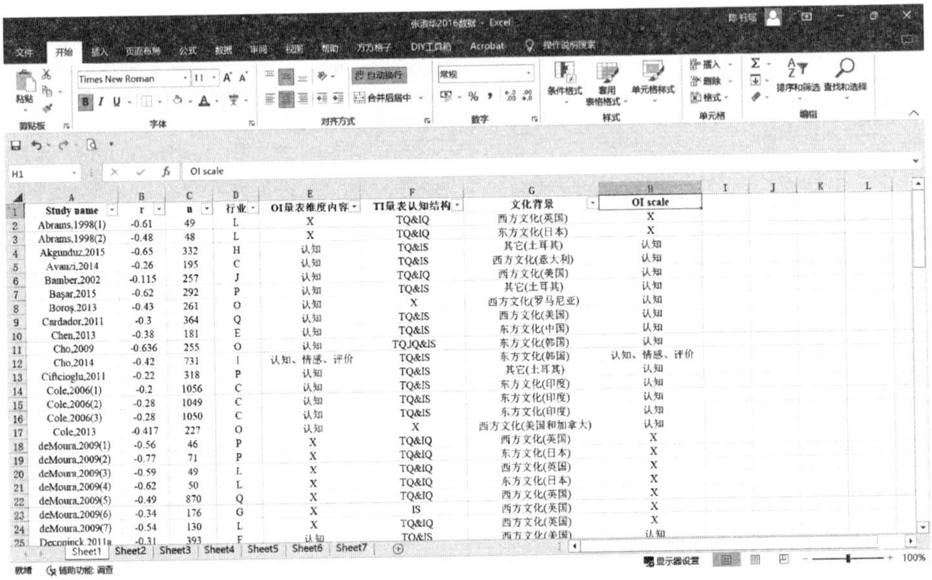

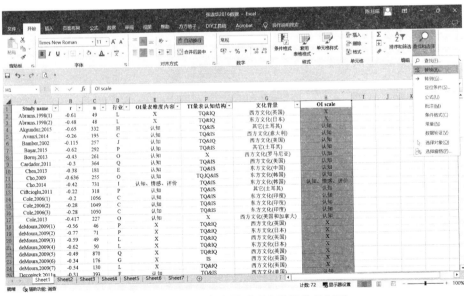

图 6-80 根据调节变量对研究进行分组(二)

图 6-81 根据调节变量对研究进行分组(三)

第6章 组织与管理研究中元分析的流程、结果解读与汇报

图 6-82　根据调节变量对研究进行分组（四）

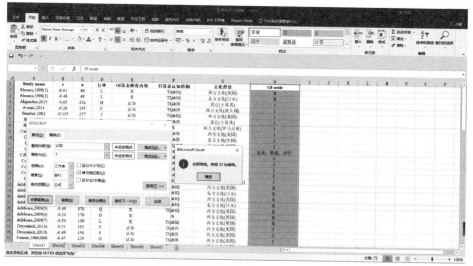

图 6-83　根据调节变量对研究进行分组（五）

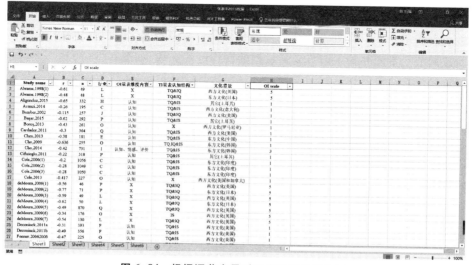

图 6-84　根据调节变量对研究进行分组（六）

组织与管理实证研究方法实操：从入门到熟练

第二步，在 CMA 软件中新建调节变量列并输入调节变量数据。

首先，打开 CMA 2.0 软件，按照 6.3.2 中第一步至第三步操作完成文献信息、效应值、样本量及作用方向的输入。然后，点击菜单栏中的"Insert"主菜单，在展开的二级子菜单中选择"Column for"，接着，在展开的三级子菜单中选择"Moderator variable"，如图 6-85 所示。

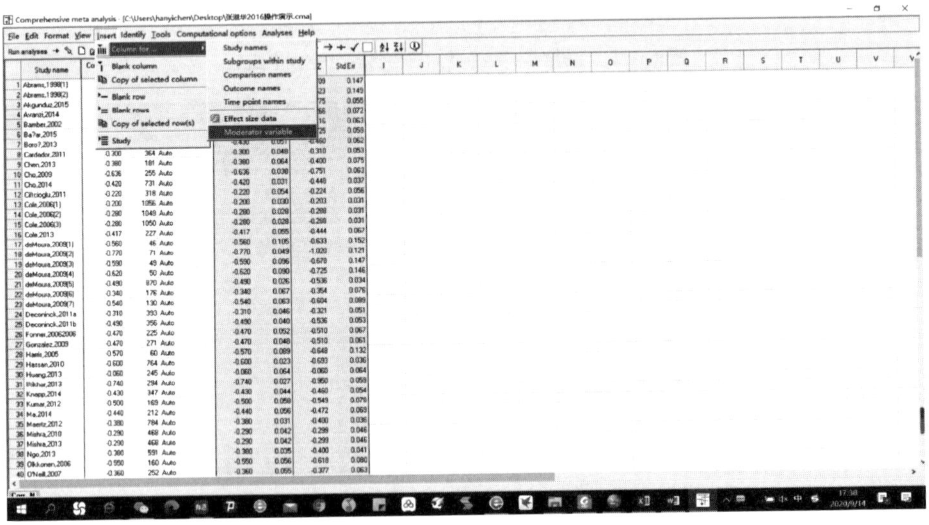

图 6-85　在 CMA 软件中新建调节变量列（一）

在弹出的"Column format"窗口中，将"Variable name"命名为"OI scale"，将"Data type"选定为"Categorical"分类变量，然后点击窗口最下方的"Ok"按钮，如图 6-86 所示。于是，数据输入页面会新增名为"OI scale"的一列，如图 6-87 所示。将图 6-84 中"OI scale"一列的数据部分复制过来，至此，在 CMA 软件中新建调节变量列并输入调节变量数据的操作已经完成，如图 6-88 所示。

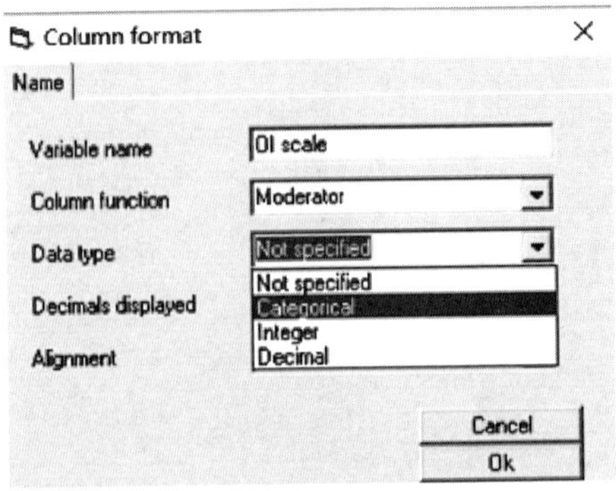

图 6-86　在 CMA 软件中新建调节变量列（二）

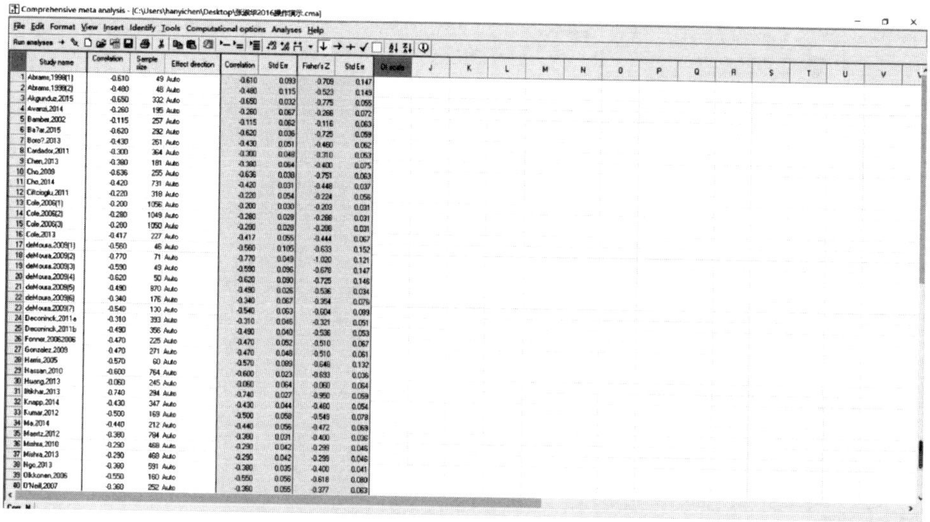

第 6 章 组织与管理研究中元分析的流程、结果解读与汇报

图 6-87 在 CMA 软件中新建调节变量列（三）

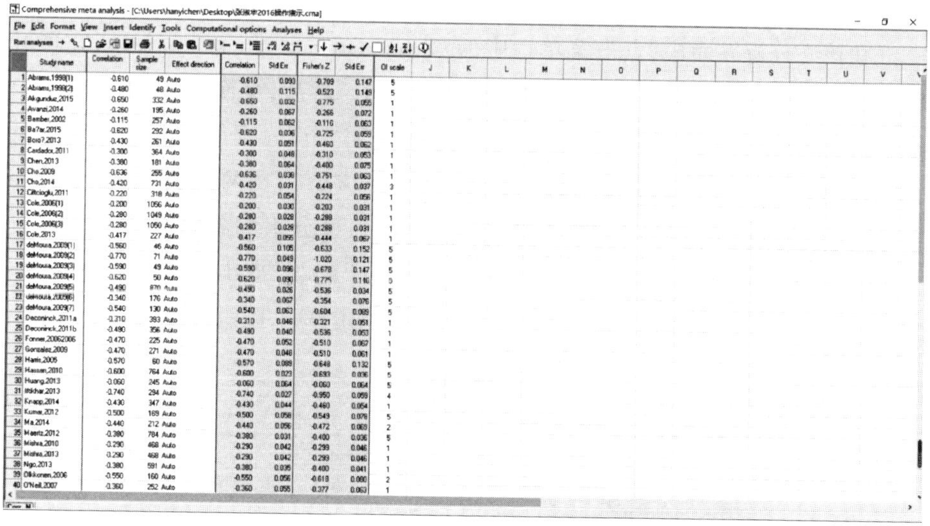

图 6-88 在 CMA 软件中输入调节变量数据

第三步，运行分析，进入核心分析界面。

点击图 6-88 左上角的"Run analyses"按钮，进入图 6-89 所示的核心分析界面。

组织与管理实证研究方法实操：从入门到熟练

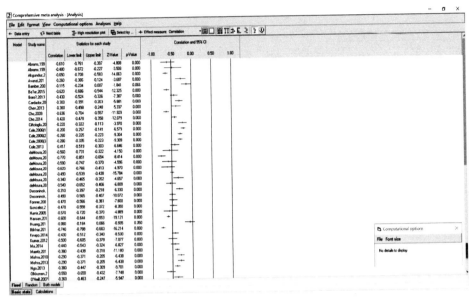

图6-89 运行分析，进入核心分析界面

第四步，选定需要检验的调节变量进行分组分析。

在核心分析界面中，点击菜单栏中的"Computational options"主菜单，在展开的二级子菜单中选择"Group by"，如图6-90所示。然后，页面会弹出如图6-91所示的调节变量选择窗口，点击下拉框按钮选择需要检验调节效应的调节变量"OI scale"。接着，所选的调节变量"OI scale"下方会出现两个选项："Also run analysis across levels of oi scale"指对以OI scale类型分组的各组研究分别进行基础元分析；"Compare effect at different levels of oi scale"指比较以OI scale类型分组的各组效应值差异。勾选这两个选项，最后点击"Ok"按钮，如图6-92所示。

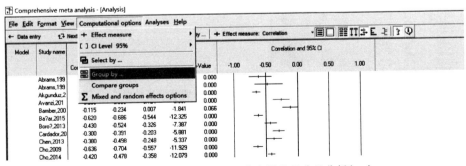

图6-90 选定需要检验的调节变量进行分组分析（一）

第6章 组织与管理研究中元分析的流程、结果解读与汇报

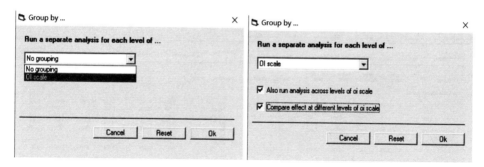

图6-91 选定需要检验的调节变量进行分组分析(二)

图6-92 选定需要检验的调节变量进行分组分析(三)

第五步,输出结果解读。

与基础元分析的输出结果类似,根据调节变量进行分组分析后会获得两张结果表。图6-93所示的核心分析界面中即展示了基本统计表,该表在第四步操作完毕后即跳出;点击图6-93所示菜单栏中的"Next table"按钮,软件会输出如图6-94所示的整体研究统计表,我们所关注的调节效应检验结果就在这张表中。

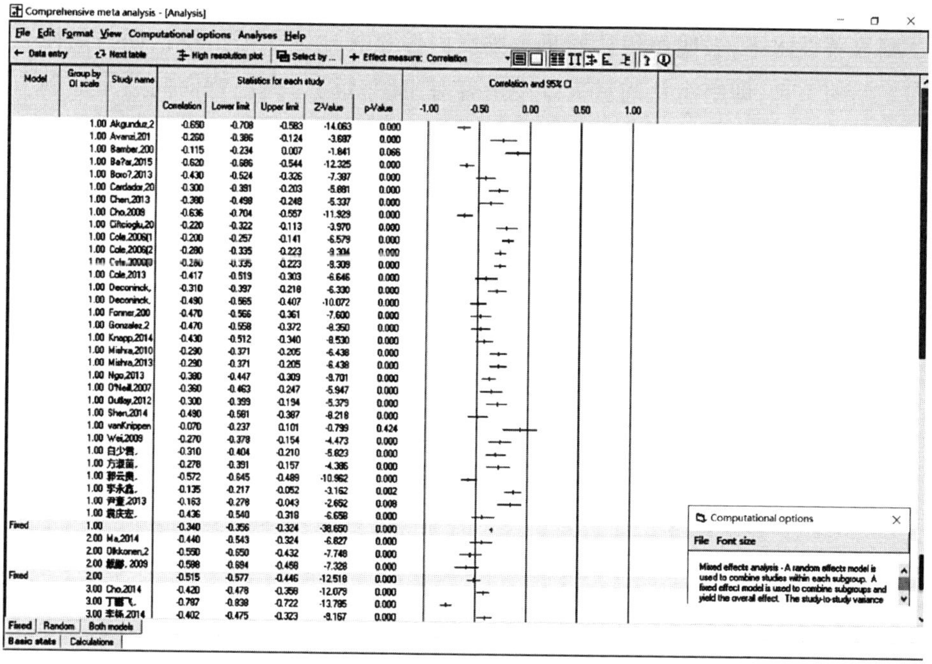

图6-93 输出结果解读(一)

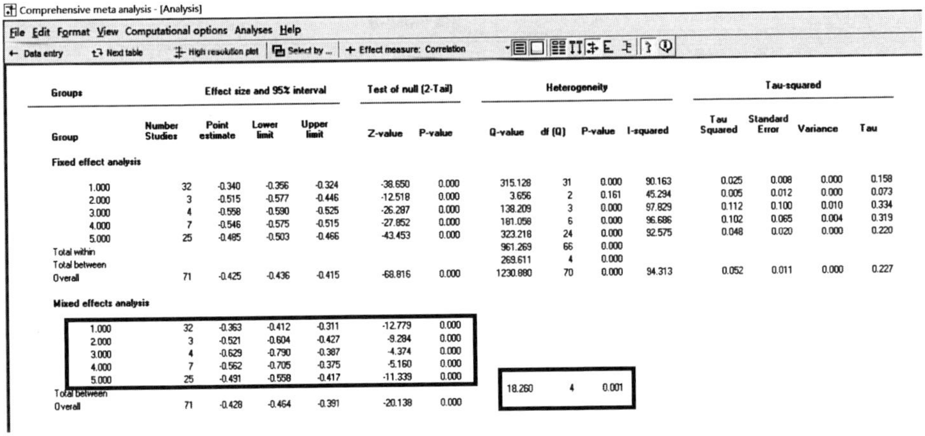

Groups		Effect size and 95% interval			Test of null (2-Tail)		Heterogeneity				Tau-squared			
Group	Number Studies	Point estimate	Lower limit	Upper limit	Z-value	P-value	Q-value	df (Q)	P-value	I-squared	Tau Squared	Standard Error	Variance	Tau
Fixed effect analysis														
1.000	32	-0.340	-0.356	-0.324	-38.650	0.000	315.128	31	0.000	90.163	0.025	0.008	0.000	0.158
2.000	3	-0.515	-0.577	-0.446	-12.518	0.000	3.656	2	0.161	45.294	0.005	0.012	0.000	0.073
3.000	4	-0.558	-0.590	-0.525	-26.287	0.000	138.209	3	0.000	97.829	0.112	0.100	0.010	0.334
4.000	7	-0.546	-0.575	-0.515	-27.852	0.000	181.058	6	0.000	96.686	0.102	0.065	0.004	0.319
5.000	25	-0.485	-0.503	-0.466	-43.453	0.000	323.218	24	0.000	92.575	0.048	0.020	0.000	0.220
Total within							961.269	66	0.000					
Total between							269.611	4	0.000					
Overall	71	-0.425	-0.436	-0.415	-68.816	0.000	1230.880	70	0.000	94.313	0.052	0.011	0.000	0.227
Mixed effects analysis														
1.000	32	-0.363	-0.412	-0.311	-12.779	0.000								
2.000	3	-0.521	-0.604	-0.427	-9.284	0.000								
3.000	4	-0.629	-0.790	-0.387	-4.374	0.000								
4.000	7	-0.562	-0.705	-0.375	-5.160	0.000								
5.000	25	-0.491	-0.558	-0.417	-11.339	0.000								
Total between							18.260	4	0.001					
Overall	71	-0.428	-0.464	-0.391	-20.138	0.000								

图 6-94 输出结果解读(二)

图 6-94 中需要重点关注的参数已用方框标出。从图 6-94 中可知，运用“认知、情感、评价”三维度组织认同量表时，组织认同与离职意向的相关系数最高($r=-0.629$)，其次是“认知、情感、评价、行为”四维度量表($r=-0.562$)，“认知、情感”两维度量表($r=-0.521$)，其他量表($r=-0.491$)，以及“认知”单维度量表($r=-0.363$)。组织认同量表维度内容的组间 Q 值为 18.260，$p=0.001<0.01$ 达到显著性水平，表明组织认同量表维度内容显著地影响了组织认同与离职意向之间的关系，即组织认同量表维度内容对组织认同与离职意向间关系的调节作用成立。

6.6.3.2 论文汇报示例

张淑华和刘兆延(2016)利用 CMA 软件对文中的“假设 2：采用的组织认同量表包含的维度内容越多，组织认同与离职意向的相关程度越高”进行了调节效应检验，其结果汇报如下：

> 本研究只对具有相同维度并且使用量不低于三个的量表进行差异性分析，由表 5 的组织认同量表维度内容的同质性分析可知，不同维度的组织认同量表显著地影响组织认同与离职意向之间的关系($Q_b=18.260$，$p=0.001$)，其中运用包含认知、情感、评价维度的量表时，组织认同与离职意向的相关系数最高($r=-0.629$)，其次分别是包含认知、情感、评价、行为的量表($r=-0.562$)，包含认知、情感的量表($r=-0.521$)，相关系数最低的是包含认知维度的量表($r=-0.363$)。因此，假设 2 部分得到支持。

表5 相关因素对组织认同与离职意向关系的调节效应分析

调节变量	同质性分析			类别名称(简写)	研究样本	N	效应值及0.95置信区间			双尾检验	
	Q组间	df	p值				点估计	下限	上限	Z值	p值
OI量表维度内容	18.260	4	0.001	认知	32	12021	−0.363	−0.412	−0.311	−12.779	0.000
				认知、情感	3	493	−0.521	−0.604	−0.427	−9.284	0.000
				认知、情感、评价	4	1751	−0.629	−0.790	−0.387	−4.374	0.000
				认知、情感、评价、行为	7	2090	−0.562	−0.705	−0.375	−5.160	0.000
				其他	25	6825	−0.491	−0.558	−0.417	−11.339	0.000
TI量表认知结构	4.558	4	0.336	TQ	8	2908	−0.481	−0.594	−0.349	−6.433	0.000
				TQ & IQ	11	2630	−0.549	−0.640	−0.443	−8.598	0.000
				TQ & IS	28	11020	−0.425	−0.490	−0.356	−10.819	0.000
				TQ、IS & IQ	13	3155	−0.413	−0.522	−0.292	−6.196	0.001
				其他	11	3467	−0.457	−0.578	−0.316	−5.829	0.000
行业类别	32.572	7	0.000	C	6	4194	−0.302	−0.368	−0.233	−8.167	0.000
				G	3	599	−0.397	−0.463	−0.327	−10.213	0.000
				I	4	1753	−0.363	−0.423	−0.300	−10.490	0.000
				J	5	2090	−0.431	−0.590	−0.086	−4.146	0.000
				L	5	326	−0.563	−0.634	−0.432	−11.234	0.000
				P	8	1937	−0.405	−0.574	−0.153	−3.757	0.000
				Q	8	3387	−0.400	−0.517	−0.267	−5.552	0.000
				其他	32	8894	−0.514	−0.578	−0.443	−12.142	0.000
文化背景	1.527	2	0.466	东方文化	33	11423	−0.476	−0.544	−0.402	−11.051	0.000
				西方文化	30	9292	−0.421	−0.473	−0.365	−13.428	0.000
				其他	8	2465	−0.466	−0.612	−0.289	−4.770	0.000

6.7 元分析结构方程模型的软件实现过程

元分析结构方程模型又称基于结构方程模型的元分析,是一种将元分析的结果与结构方程模型相结合的方法,用以探究多变量之间的关系(Viswesvaran and Ones,1995)。在结构方程模型方法流行之前,元分析主要关注双变量之间的关系(卫旭华,2021)。研究者若想探究诸如一对多(一个自变量对应多个因变量)、多对一(多个自变量对应一个因变量)、多对多(多个自变量对应多个因变量)等多变量之间的关系,则只能进行多次独立的双变量元分析(卫旭华,2021)。很显然,这种估计方法是不准确的,因为它忽略了变量之间的潜在关联。元分析结构方程模型则很好地解决了这个问题,通过将元分析与结构方程模型相结合,可以在一个模型下同时估计多变量之间的关系,因此越来越多的元分析研究采取这种方法。

接下来,我们将以卫旭华(2016)发表在《心理科学进展》上的一篇文章为例。卫旭华(2016)发现,现有研究对薪酬水平和薪酬差距的激励结果持不同的观点。基于经济视角的研究者认为,提供有竞争力的薪酬水平并保持较大的薪酬差距有助于企业吸引外部优秀人才,防止企业内部的人才流失;与之相反,基于行为视角的研究者则认为,较大的薪酬差距会对员工的工作满意度产生负面影响,进而降低员工产出和企业绩效。以上两种对立视角都得到了大量实证研究的验证,但目前较少有文章对两个视角进行有效整合,当前的多数研究只是孤立地考虑它们的效应。为了能够在一个模型中同时考虑多种薪酬表现形式对企业运营结果的影响,卫旭华(2016)提出了一个同时整合了经济视角和行为视角的薪酬研究模型,以国内外113篇企业薪酬水平和薪酬差距领域的实证研究(254个效应值,438 880家企业)为样本,采用基于结构方程模型的元分析方法,实现了在同一个模型中检验企业平均薪酬水平、垂直薪酬差距和水平薪酬差距对企业创新、绩效及离职等运营结果的影响。

研究者可以采用 Mplus 或 LISREL 软件进行元分析结构方程建模。由于 Mplus 软件的语句结构相比 LISREL 软件易学好用,且功能更为全面,因此近年来被越来越多的学者采用。下文展示的即在 Mplus 软件中,进行卫旭华(2016)元分析结构方程建模的详细操作。

6.7.1 基于 Mplus 软件的元分析结构方程建模操作流程

第一步,构建理论模型。

元分析结构方程模型不是唯数据导向的数据分析过程,而是在有理论支撑的前提下自然采取的一种数据分析方法,研究者应该结合理论设计合理的理论模型。此外,构建理论模型也为之后的结构方程建模指明了方向。谨慎地构建理论模型有助于明确模型中涉及几个变量以及各变量之间存在怎样的关系。卫旭华(2016)基于经济视角和行为视角,预期企业薪酬水平和企业内部垂直薪酬差距能够对企业运营结果产生积极的促进作用,而企业内部水平薪酬差距则会对企业运营结果产生消极的抑制作用。文中提出如下假设。

假设1a:企业薪酬水平与创新和绩效正相关,与企业离职水平负相关;
假设1b:垂直薪酬差距与创新和绩效正相关,与企业离职水平负相关;
假设1c:水平薪酬差距与创新和绩效负相关,与企业离职水平正相关。
结合其理论假设,本书作者绘出如下理论模型(见图6-95)。

第6章 组织与管理研究中元分析的流程、结果解读与汇报

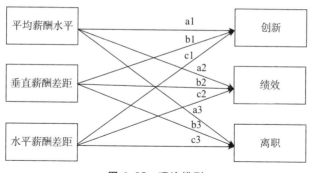

图 6-95 理论模型

由图 6-95 可知,卫旭华(2016)构建的理论模型共涉及 6 个变量,分别为平均薪酬水平、垂直薪酬差距、水平薪酬差距、创新、绩效和离职。并且,该理论模型需要估计 9 条路径系数,分别为 a1—a3、b1—b3、c1—c3。

第二步,构建变量间相关矩阵。

第一,通过基础元分析计算出理论模型涉及的所有变量中任意两个变量之间的相关系数。由第一步构建的理论模型可知,该模型共涉及 6 个变量,因此,我们需要开展 15 次[6×(6-1)/2]独立的基础元分析,从而得到 15 个整合效应值和 15 个样本量。读者可按照 6.3 基础元分析的软件实现过程中的具体步骤进行操作,此处不再赘述。

第二,将通过基础元分析得到的 15 个整合效应值整理为相关矩阵形式。首先,新建一个空白的 Excel 表格,在首行和首列分别依次键入模型中涉及的 6 个变量的名称,如图 6-96 所示。

图 6-96 构建变量间相关矩阵(一)

然后,将通过基础元分析得到的 15 个整合效应值填到相应的空格中。例如,我们通过基础元分析计算出绩效与创新之间的加权平均效应值为 0.127,则

应将值"0.127"填到行 3(绩效)与列 B(创新)相交的 B3 处。依次填写好的表格如图 6-97 所示。

图 6-97　构建变量间相关矩阵(二)

接着,也是初学者最容易忽视的一点,即补全图 6-97 所示的相关矩阵的对角线。因为变量与变量本身的相关系数为 1,于是我们沿着图 6-97 所示相关矩阵的对角线依次填上数值"1",形成如图 6-98 所示的完整相关矩阵。

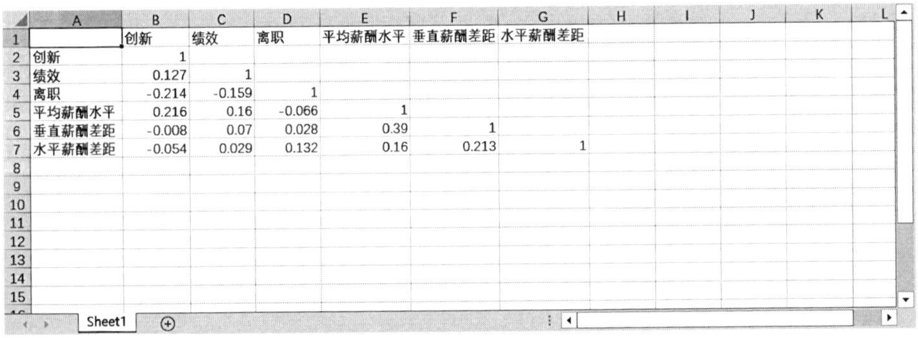

图 6-98　构建变量间相关矩阵(三)

再点击 Excel 主菜单栏中的"文件"—"另存为",将数据保存并命名为"weixuhua2016 data.xlsx"①,如图 6-99 所示。当然,Mplus 软件无法识别格式为 xlsx 的文件,此处的保存仅仅是为了之后备查所用。同时,由于 Mplus 软件无法识别数据文件中数字以外的字符,因此我们需要删去相关矩阵首行和首列的变量名称,如图 6-100 所示。

---

① 演示数据见本章附录材料 8-weixuhua2016 data.xlsx。

第6章 组织与管理研究中元分析的流程、结果解读与汇报

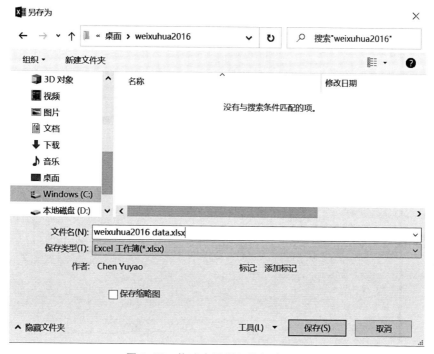

图 6-99 构建变量间相关矩阵(四)

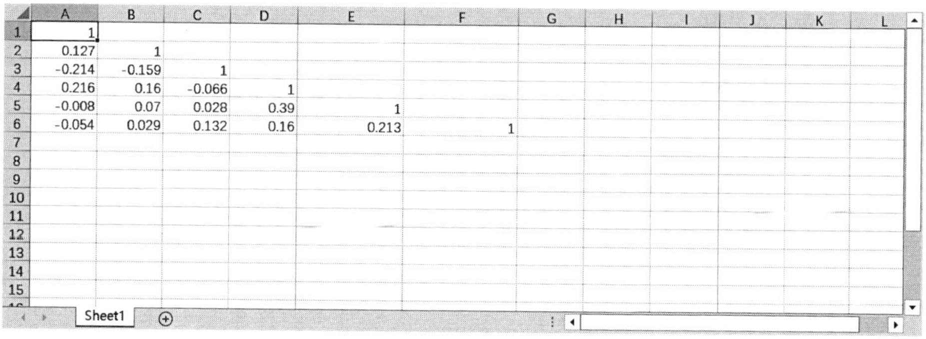

图 6-100 构建变量间相关矩阵(五)

最后,点击 Excel 主菜单栏中的"文件"—"另存为",在"保存类型"一栏选择"文本文件(制表符分隔)(*.txt)"这一类型,将数据保存为 Mplus 软件可以识别的 txt 格式的数据文件[①],如图 6-101 所示。至此,在 Mplus 软件中进行元分析结构方程建模的数据准备工作已经完成。

---

① 演示数据见本章附录材料 9-weixuhua2016 data.txt。

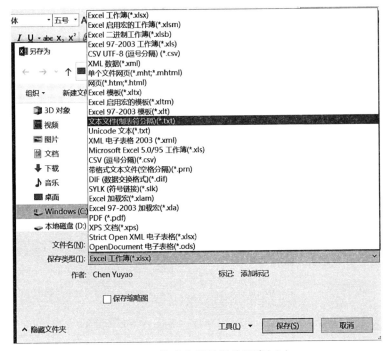

图 6-101　构建变量间相关矩阵(六)

第三步,计算样本大小。

进行元分析结构方程建模还需要知道样本量是多少,Viswesvaran and Ones (1995)建议采用调和平均数(Harmonic Mean)作为结构方程模型的样本大小,调和平均数的计算公式为:

$$调和平均数 = \frac{1}{\frac{1}{m}\sum_{i=1}^{m}\frac{1}{n_i}}$$

其中,m 为相关系数的个数,n_i 为第 i 个相关系数对应的样本量。读者可以利用公式计算出样本的调和平均数,也可以使用 Excel 中的"HARMEAN"公式直接得出样本大小。接下来,我们将展示在 Excel 中计算样本大小的操作过程。

我们在第二步中开展了 15 次独立的基础元分析,得到了 15 个整合效应值和 15 个样本量。在此,我们同样将通过基础元分析得到的 15 个样本量整理为矩阵形式。

首先,新建一个空白的 Excel 表格,在首行和首列分别依次键入模型中涉及的 6 个变量的名称,如图 6-102 所示。

第6章 组织与管理研究中元分析的流程、结果解读与汇报

图 6-102 计算样本大小(一)

然后,将通过基础元分析得到的15个样本量填到相应的空格中。例如,我们通过基础元分析得出涉及绩效与创新的所有研究的样本量为9 900,则应将值"9 900"填到行3(绩效)与列B(创新)相交的B3处。依次填写好的表格如图6-103所示。

	创新	绩效	离职	平均薪酬水平	垂直薪酬差距	水平薪酬差距
创新						
绩效	9900					
离职	2794	52781				
平均薪酬水平	12122	177393	52514			
垂直薪酬差距	6427	188502	8938	26792		
水平薪酬差距	7171	57206	6191	26169	33610	

图 6-103 计算样本大小(二)

读者可以在图6-103所示的Excel表格中挑选任意空白处,输入调和平均数的计算函数" = HARMEAN( )",并在"( )"中用鼠标框选住样本量组成的矩阵(即B3:F7),如图6-104所示。接着,敲击键盘上的"Enter"(回车键),即可呈现计算出的样本大小,如图6-105所示。由图6-105可知,样本大小为"11 704.41",我们一般将四舍五入后的整数,即"11 704"作为样本大小进行元分析结构方程建模。

第四步,开展结构方程建模。

首先,打开Mplus软件,在弹出的"Mptext1"窗口中录入结构方程建模语句,如图6-106所示。

图 6-104　计算样本大小（三）

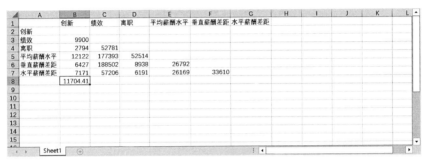

图 6-105　计算样本大小（四）

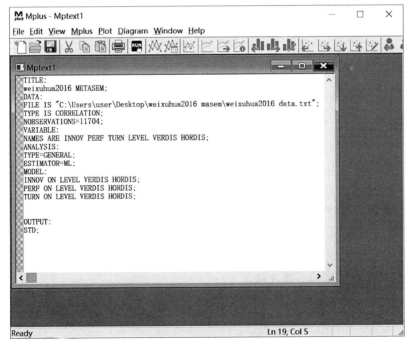

图 6-106　开展结构方程建模（一）

第6章　组织与管理研究中元分析的流程、结果解读与汇报

在此,我们对各语句代表的含义做出解释(读者可以根据研究需要对下述语句中的黑体字部分进行调整,其他部分则无须变动)。

TITLE: **weixuhua2016 METASEM**;	！此处为本次建模的标题,读者可以根据研究内容自行拟定,注意每一行(除命令行之外)均应以英文标点符号";"结尾
DATA: FILE IS "**C:\Users\user\Desktop\weixuhua2016 masem\weixuhua2016 data.txt**";	！此处为相关矩阵文件的路径指定,读者需在引号内写全相关矩阵文件(此处即第二步中生成的 txt 文件)所在的路径,切记路径一定要完整
TYPE IS CORRELATION;	！TYPE IS CORRELATION 指本次分析是基于相关矩阵进行分析
NOBSERVATIONS = **11704**;	！NOBSERVATIONS 指样本量,读者需在"="后输入第三步中计算出的样本大小
VARIABLE: NAMES ARE **INNOV PERF TURN LEVEL VERDIS HORDIS**;	！此处为变量名称的界定。读者需要按照相关矩阵中变量从左到右出现的顺序依次录入变量名称
ANALYSIS: TYPE = GENERAL; ESTIMATOR = ML;	！此处指定了分析模型的方法。TYPE = GENERAL 指分析模型为一般;ESTIMATOR = ML 指采用最小二乘法进行估计。默认录入即可,无须更改
MODEL: **INNOV ON LEVEL VERDIS HORDIS**; **PERF ON LEVEL VERDIS HORDIS**; **TURN ON LEVEL VERDIS HORDIS**;	！此处指定了各变量之间的关系,ON 前为因变量,ON 后为自变量。读者可根据元分析研究的理论模型进行改写 从图 6-95 所示的理论模型可知,创新受到了平均薪酬水平、垂直薪酬差距及水平薪酬差距三个变量的影响,因此语句为 INNOV ON LEVEL VERDIS HORDIS,后两行语句以此类推,不再赘述
OUTPUT: STD;	！此处为输出结果设置,STD 指输出标准化结果。默认录入即可,无须更改

语句录入完毕,点击 Mplus 软件菜单栏中的保存按钮(),在弹出的窗口中选择相应的保存路径。需要注意的是,语句文件(inp)需要与数据文件(txt)置于同一个文件夹内,否则 Mplus 软件在运行时会报错。在本示例中,我们将语句文件保存在一个名为"weixuhua2016 masem"的文件夹内,并将语句文件命名为"weixuhua2016 masem.inp"①,如图 6-107 所示。接着,点击图 6-107 中的"保存"按钮,页面则会自动弹出已经命名为"weixuhua2016 masem.inp"的语句窗口,如图 6-108 所示。

最后,点击图 6-108 中的 RUN 按钮( ),运行完成后获得的输出结果视窗如图 6-109 所示。若想得到更直观的估计结果图,则可如图 6-110 所示依次点击主菜单栏中的"Diagram"—"View diagram",得出本示例的 Mplus 软件估计结果图(见图 6-111)。

图 6-107 开展结构方程建模(二)

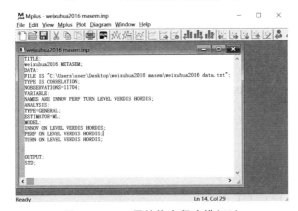

图 6-108 开展结构方程建模(三)

---

① 演示数据见本章附录材料 10-weixuhua2016 masem.inp。

第6章 组织与管理研究中元分析的流程、结果解读与汇报

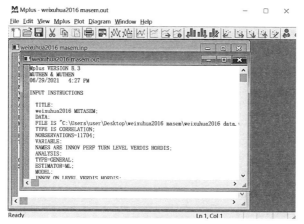

图 6-109　开展结构方程建模（四）

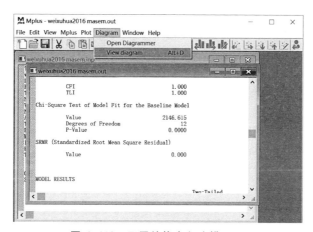

图 6-110　开展结构方程建模（五）

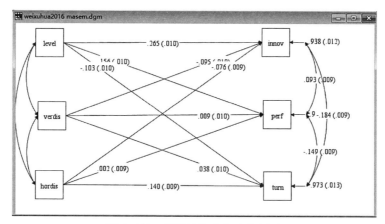

图 6-111　开展结构方程建模（六）

第五步,输出结果解读。

按照上述操作,本示例的输出结果如下:

Mplus VERSION 8.3
MUTHEN & MUTHEN
06/29/2021   4:27 PM
INPUT INSTRUCTIONS
  TITLE:
  weixuhua2016 METASEM;
  DATA:
  FILE IS "C:\Users\user\Desktop\weixuhua2016 masem\weixuhua2016 data.txt";
  TYPE IS CORRELATION;
  NOBSERVATIONS = 11704;
  VARIABLE:
  NAMES ARE INNOV PERF TURN LEVEL VERDIS HORDIS;
  ANALYSIS:
  TYPE = GENERAL;
  ESTIMATOR = ML;
  MODEL:
  INNOV ON LEVEL VERDIS HORDIS;
  PERF ON LEVEL VERDIS HORDIS;
  TURN ON LEVEL VERDIS HORDIS;
  OUTPUT:
  STD;

INPUT READING TERMINATED NORMALLY
weixuhua2016 METASEM;
SUMMARY OF ANALYSIS

Number of groups	1
Number of observations	11704
Number of dependent variables	3
Number of independent variables	3
Number of continuous latent variables	0

Observed dependent variables
  Continuous
   INNOV   PERF   TURN
Observed independent variables
   LEVEL   VERDIS   HORDIS
Estimator   ML

Information matrix	EXPECTED
Maximum number of iterations	1000
Convergence criterion	0.500D-04
Maximum number of steepest descent iterations	20
Input data file(s)	
C:\Users\user\Desktop\weixuhua2016 masem\weixuhua2016 data.txt	
Input data format FREE	
THE MODEL ESTIMATION TERMINATED NORMALLY	

MODEL FIT INFORMATION	
Number of Free Parameters	15
Loglikelihood	
H0 Value	-48746.962
H1 Value	-48746.962
Information Criteria	
Akaike (AIC)	97523.924
Bayesian (BIC)	97634.439
Sample-Size Adjusted BIC	97586.771
(n* = (n + 2) /24)	
Chi-Square Test of Model Fi	
Value	0.000
Degrees of Freedom	0
P-Value	0.0000
RMSEA (Root Mean Square Error Of Approximation)	
Estimate	0.000
90 Percent C.I.	0.000 0.000
Probability RMSEA <= .05	0.000
CFI/TLI	
CFI	1.000
TLI	1.000
Chi-Square Test of Model Fit for the Baseline Model	
Value	2146.615
Degrees of Freedom	12
P-Value	0.0000
SRMR (Standardized Root Mean Square Residual)	
Value	0.000

```
MODEL RESULTS

                                              Two-Tailed
                 Estimate    S.E.    Est./S.E.    P-Value
INNOV    ON
    LEVEL         0.265     0.010     27.194      0.000
    VERDIS       -0.095     0.010     -9.660      0.000
    HORDIS       -0.076     0.009     -8.283      0.000
PERF     ON
    LEVEL         0.156     0.010     15.716      0.000
    VERDIS        0.009     0.010      0.857      0.392
    HORDIS        0.002     0.009      0.231      0.818
TURN     ON
    LEVEL        -0.103     0.010    -10.403      0.000
    VERDIS        0.038     0.010      3.827      0.000
    HORDIS        0.140     0.009     14.984      0.000
PERF     WITH
    INNOV         0.093     0.009     10.521      0.000
TURN     WITH
    INNOV        -0.184     0.009    -20.429      0.000
    PERF         -0.149     0.009    -16.380      0.000
Residual Variances
    INNOV         0.938     0.012     76.498      0.000
    PERF          0.974     0.013     76.498      0.000
    TURN          0.973     0.013     76.498      0.000
```

STANDARDIZED MODEL RESULTS

STD Standardization

```
                                              Two-Tailed
                 Estimate    S.E.    Est./S.E.    P-Value
INNOV    ON
    LEVEL         0.265     0.010     27.194      0.000
    VERDIS       -0.095     0.010     -9.660      0.000
    HORDIS       -0.076     0.009     -8.283      0.000
PERF     ON
    LEVEL         0.156     0.010     15.716      0.000
    VERDIS        0.009     0.010      0.857      0.392
    HORDIS        0.002     0.009      0.231      0.818
```

第 6 章　组织与管理研究中元分析的流程、结果解读与汇报

TURN ON				
LEVEL	−0.103	0.010	−10.403	0.000
VERDIS	0.038	0.010	3.827	0.000
HORDIS	0.140	0.009	14.984	0.000
PERF WITH				
INNOV	0.093	0.009	10.521	0.000
TURN WITH				
INNOV	−0.184	0.009	−20.429	0.000
PERF	−0.149	0.009	−16.380	0.000
Residual Variances				
INNOV	0.938	0.012	76.498	0.000
PERF	0.974	0.013	76.498	0.000
TURN	0.973	0.013	76.498	0.000

R-SQUARE

Observed Variable	Estimate	S.E.	Est./S.E.	Two-Tailed P-Value
INNOV	0.062	0.004	14.383	0.000
PERF	0.026	0.003	8.895	0.000
TURN	0.026	0.003	9.033	0.000

QUALITY OF NUMERICAL RESULTS

   Condition Number for the Information Matrix　　0.218E+00

     （ratio of smallest to largest eigenvalue）

DIAGRAM INFORMATION

   Use View Diagram under the Diagram menu in the Mplus Editor to view the diagram.

   If running Mplus from the Mplus Diagrammer, the diagram opens automatically.

   Diagram output

     c:\users\user\desktop\weixuhua2016 masem\weixuhua2016 masem.dgm

   Beginning Time：16:27:42

   Ending Time：　16:27:42

   Elapsed Time：　00:00:00

MUTHEN & MUTHEN

3463 Stoner Ave.

Los Angeles, CA 90066

Tel: (310) 391-9971

Fax: (310) 391-8971

Web: www.StatModel.com

Support: Support@StatModel.com

Copyright (c) 1998-2019 Muthen & Muthen

在上述输出结果中,需要关注的输出结果已用方框标出。简言之,输出结果主要分为两类:一类是模型的拟合程度,即输出结果中的"MODEL FIT INFORMATION"部分;另一类是变量间关系的估计结果,即输出结果中的"MODEL RESULTS"部分(也有研究汇报的是标准化后的输出结果,即"STANDARDIZED MODEL RESULTS"部分,标准化结果和非标准化结果任选其一即可)。

关于模型的拟合程度,我们要求所构建的结构方程模型具备良好的拟合程度,以下是需要在上述输出结果中重点关注的拟合指标及其接受标准:

- RMSEA<0.08;
- CFI>0.90;
- TLI>0.90;
- SRMR<0.08。

由本示例的输出结果可知,Chi-Square = 0.000 (df = 0, p = 0.000),RMSEA = 0.000<0.08,CFI = 1.000>0.90,TLI = 1.000>0.90,SRMR = 0.000<0.08 均符合接受标准。其实造成这一"完美结果"的原因是该模型为饱和模型(Saturated Model),并不存在测量误差,故不存在拟合指数的估计,但我们仍可以用拟合指标对其进行判断。

关于变量间关系的估计结果,我们需要读取变量间的非标准化系数及其显著性程度[①]。由本示例的输出结果可知,平均薪酬水平与创新(β = 0.265,p<0.001)和绩效(β = 0.156,p<0.001)正相关,与离职水平负相关(β = −0.103,p<0.001);垂直薪酬差距与创新(β = −0.095,p<0.001)负相关,与离职水平正相关(β = 0.038,p<0.001),与绩效并无显著相关关系(β = 0.009,p>0.05);水平薪酬差距与创新(β = −0.076,p<0.001)负相关,与离职水平正相关(β = 0.140,p<0.001),与绩效无显著相关关系(β = 0.002,p>0.05)。

6.7.2 论文汇报示例

卫旭华(2016)采用基于结构方程模型的元分析方法对其"假设 1a:企业薪酬水平与创新和绩效正相关,与企业离职水平负相关;假设 1b:垂直薪酬差距与创新和绩效正相关,与企业离职水平负相关;假设 1c:水平薪酬差距与创新和绩效负相关,与企业离职水平正相关"进行检验,其结果汇报如下:

> 本研究通过 LISREL 软件进行基于结构方程模型的元分析,用于结构方程模型的各变量间元分析相关系数矩阵如表 1 所示,结构方程模型

[①] 此处也可以读取标准化系数及其显著性程度,但需要在文中注明且保持前后统一。

第 6 章　组织与管理研究中元分析的流程、结果解读与汇报

结果如图 2 所示。从表 1 的元分析相关系数矩阵可以看到,平均薪酬水平与创新($\rho=0.216$, $p<0.001$)和绩效($\rho=0.160$, $p<0.001$)显著正相关,与企业离职水平边际负相关($\rho=-0.066$, $p<0.10$),这些结果与假设 1a 保持一致;垂直薪酬差距与绩效显著正相关($\rho=0.070$, $p<0.001$),部分支持了假设 1b;水平薪酬差距与创新显著负相关($\rho=-0.054$, $p<0.001$),与离职水平显著正相关($\rho=0.132$, $p<0.001$),部分支持了假设 1c。然而,水平薪酬差距与绩效也表现出了一定的正相关关系,这与假设 1c 的基本假设相悖。表 1 的元分析相关系数矩阵仅仅是两两变量之间的关系,并没有控制其他变量,生态效度受到限制。因此,我们通过 LISREL 软件进行了基于结构方程模型的元分析,检验在同时考虑多个自变量和因变量的情形下,研究假设是否还能得到验证。

表 1　薪酬水平和薪酬差距对企业运营结果影响的元分析相关系数矩阵

变量	创新	绩效	离职	平均薪酬水平	垂直薪酬差距
绩效 (k, N) 95%C.I.	0.127** (14, 9900) [0.035, 0.217]				
离职 (k, N) 95%C.I.	−0.214* (5, 2794) [−0.382, −0.032]	−0.159** (7, 52781) [−0.259, −0.057]			
平均薪酬水平 (k, N) 95%C.I.	0.216*** (20, 12122) [0.143, 0.288]	0.160*** (41, 177393) [0.110, 0.210]	−0.066[†] (5, 52514) [−0.137, 0.006]		
垂直薪酬差距 (k, N) 95%C.I.	−0.008 (10, 6427) [−0.078, 0.063]	0.070*** (61, 188502) [0.028, 0.111]	0.028 (5, 8938) [−0.037, 0.092]	0.390*** (22, 26792) [0.284, 0.487]	
水平薪酬差距 (k, N) 95%C.I.	−0.054*** (5, 7171) [−0.077, −0.031]	0.029* (27, 57206) [0.006, 0.051]	0.132*** (5, 6191) [0.086, 0.177]	0.160** (18, 26169) [0.062, 0.255]	0.213*** (9, 33610) [0.132, 0.291]

注:表中相关系数是基于测量误差修正后的总体相关系数;k 表示效应值数量;N 表示样本量;95%C.I.表示总体相关系数的 95%置信区间;[†]$p<0.10$; *$p<0.05$; **$p<0.01$; ***$p<0.001$。

其中,用于结构方程模型分析的样本量通过各个效应值样本量的调和平均数来衡量(Viswesvaran & Ones, 1995)。由于采用元分析相关系数矩阵的结构方程模型是饱和模型,不存在测量误差,故不能估计其拟合指数。从图 2 可以看到,平均薪酬水平与创新($\beta=0.266$, $p<0.001$)和绩效($\beta=0.157$, $p<0.001$)之间存在较强的正相关关系,与离职水平存在较强的负相关关系($\beta=-0.103$, $p<0.01$),这些结果与表 1 的结果并没有太大变化,进一步支持了假设 1a 的合理性。

水平薪酬差距对企业创新产生了显著的负面影响($\beta=-0.077$, $p<0.01$),对企业离职水平也产生了显著的促进作用($\beta=0.140$, $p<0.001$),这些结果与表 1 的结果并没有太大变化,进一步支持了假设 1c 的合理性。

然而,在控制了平均薪酬水平和水平薪酬差距之后,垂直薪酬差距对创新($\beta=-0.095$,$p<0.001$)产生了显著的负面作用,且对企业离职水平产生了显著的促进作用($\beta=0.038$,$p<0.001$),这些结果与假设1b完全相反。这说明在控制了平均薪酬水平和水平薪酬差距之后,垂直薪酬差距的激励作用不复存在,取而代之的是一些负面影响。

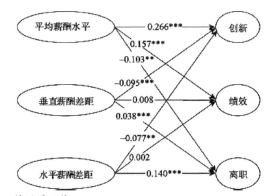

注:调和平均 $N=11\,704$;$*p<0.05$;$**p<0.01$;$***p<0.001$。
图2 薪酬差距、平均薪酬水平与企业运营结果关系的结构方程模型元分析结果

参考文献

[1] Aguinis H, Pierce C A, Bosco F A, et al. Debunking myths and urban legends about meta-analysis[J]. Organizational research methods, 2011, 14(2): 306-331.

[2] Borenstein M, Hedges L V, Higgins J P T, et al. Introduction to meta-analysis[M]. Chichester: John Wiley & Sons Ltd, 2009.

[3] Carson K P, Schriesheim C A, Kinicki A J. The usefulness of the "fail-safe" statistic in meta-analysis[J]. Educational and psychological measurement, 1990, 50(2): 233-243.

[4] Chiaburu D S, Lorinkova N M, Van D L. Employees' social context and change-oriented citizenship: a meta-analysis of leader, coworker, and organizational influences[J]. Group & organization management, 2013, 38(3): 291-333.

[5] Field A P. Is the meta-analysis of correlation coefficients accurate when population correlations vary? [J]. Psychological methods, 2005, 10(4): 444-467.

[6] Francis M. Ties that bind: examing the effects of social exchange variables on turnover intentions among executives[D]. San Francisco: The University of San Francisco, 2010.

[7] Glass G V. Primary, secondary, and meta-analysis of research[J]. Educational researcher, 1976, 5(10): 3-8.

[8] Hedges L V, Olkin I. Statistical methods for meta-analysis[M]. Orlando, FL: Academic

第6章 组织与管理研究中元分析的流程、结果解读与汇报

Press, 1985.

[9] Hedges L V, Vevea J L. Fixed and random-effects models in meta-analysis[J]. Psychological methods, 1998, 3(4): 486-504.

[10] Hedges L V. Meta-analysis[J]. Journal of educational statistics, 1992, 17(4), 279-296.

[11] Hong Y, Liao H, Hu J, et al. Missing link in the service profit chain: a meta-analytic review of the antecedents, consequences, and moderators of service climate[J]. Journal of applied psychology, 2013, 98(2): 237.

[12] Hunter J E, Schmidt F L. Dichotomization of continuous variables: the implications for meta-analysis[J]. Journal of applied psychology, 1990, 75(3): 334-349.

[13] Hunter J E, Schmidt F L. Methods of meta-analysis: correcting error and bias in research findings[M]. CA: Sage, 2004.

[14] Jiang K, Lepak D P, Hu J, et al. How does human resource management influence organizational outcomes? a meta-analytic investigation of mediating mechanisms[J]. Academy of management journal, 2012, 55(6): 1264-1294.

[15] Liden R C, Maslyn J M. Multidimensionality of leader-member exchange: an empirical assessment through scale development[J]. Journal of management, 1998, 24(1): 43-72.

[16] Light R J, Pillemer D B. Summing up: the science of reviewing research[M]. Cambridge, MA: Harvard University Press, 1984.

[17] Lipsey M W, Wilson D B. Practical meta-analysis[M]. California: Sage publications, 2001.

[18] Loi R, Mao Y, Ngo H. Linking leader-member exchange and employee work outcomes: the mediating role of organizational social and economic exchange[J]. Management and organization review, 2009, 5(3): 401-422.

[19] Mehta A. Examining the role of personal, social exchange, and contextual fit variables in employee work outcomes under continuous change: a field investigation[D]. Alabama: Auburn University, 2009.

[20] Rockstuhl T, Dulebohn J H, Ang S, et al. Leader-member exchange (LMX) and culture: a meta-analysis of correlates of LMX across 23 countries[J]. Journal of applied psychology, 2012, 97(6): 1097-1130.

[21] Rosenthal R. The file drawer problem and tolerance for null results[J]. Psychological bulletin, 1979, 86(3): 638.

[22] Rothstein H R, Sutton A J, Borenstein M. Publication bias in meta-analysis: prevention, assessment and adjustments[C]. Chichester: John Wiley & Sons, 2005: 1-7.

[23] Scandura T A, Graen G B. Moderating effects of initial leader-member exchange status on the effects of a leadership intervention[J]. Journal of applied psychology, 1984, 69(3): 428-436.

[24] Sharpe D. Of apples and oranges, file drawers and garbage: why validity issues in meta-analysis will not go away[J]. Clinical psychology review, 1997, 17(8): 881-901.

[25] Shockley K M, Shen W, DeNunzio M M, et al. Disentangling the relationship between gender and work-family conflict: an integration of theoretical perspectives using meta-analytic methods[J]. Journal of applied psychology, 2017, 102(12): 1601-1635.

[26] Simpson R J S, Pearson K. Report on certain enteric fever inoculation statistics[J]. The British medical journal, 1904, 2(2288): 1243-1246.

[27] Uhl-Bien M, Maslyn J M. Reciprocity in manager-subordinate relationships: components, configurations, and outcomes[J]. Journal of management, 2003, 29(4): 511-532.

[28] Viswesvaran C, Ones D S. Theory testing: combining psychometric meta-analysis and structural equations modeling[J]. Personnel psychology, 1995, 48(4): 865-885.

[29] 郭春彦,朱滢,王全珍.差数显著性t检验与元分析方法的模拟对比[J].心理学报,2002,34(2):155-159.

[30] 姜铠丰,胡佳.元分析研究法[M]//陈晓萍,沈伟.组织与管理研究的实证方法.3版.北京:北京大学出版社,2018:337-362.

[31] 康德英,洪旗,刘关键,等.Meta分析中发表性偏倚的识别与处理[J].中国循证医学杂志,2003,3(1):45-49.

[32] 罗胜强,姜嬿.管理学问卷调查研究方法[M].重庆:重庆大学出版社,2014.

[33] 吕鸿江,韩承轩,王道金.领导者情绪智力对领导力效能影响的元分析[J].心理科学进展,2018(2):204-220.

[34] 石修权,王增珍.Egger's test与Begg's test的功效差异比较与原因分析[J].华中科技大学学报(医学版),2009,38(1):91-93.

[35] 宋佳萌,范会勇.社会支持与主观幸福感关系的元分析[J].心理科学进展,2013,21(8):1357-1370.

[36] 苏涛,陈春花,崔小雨,等.信任之下,其效何如:来自Meta分析的证据[J].南开管理评论,2017,20(4):179-192.

[37] 苏涛,陈春花,宋一晓,等.基于Meta检验和评估的员工幸福感前因与结果研究[J].管理学报,2018,15(4):512-522.

[38] 王沛,冯丽娟.元分析方法评介[J].西北师大学报(社会科学版),2005,42(5):59-63.

[39] 王震,孙健敏,赵一君.中国组织情境下的领导有效性:对变革型领导、领导—部属交换和破坏型领导的元分析[J].心理科学进展,2012,20(2):174-190.

[40] 卫旭华,刘咏梅,陈思璇.团队人口统计特征多元化与绩效关系的元分析[J].心理学报,2015,47(9):1172-1187.

[41] 卫旭华,王傲晨,江楠.团队断层前因及其对团队过程与结果影响的元分析[J].南开管理评论,2018,21(5):139-149+187.

[42] 卫旭华.薪酬水平和薪酬差距对企业运营结果影响的元分析[J].心理科学进展,2016,24(7):1020-1031.

[43] 卫旭华.组织与管理中的元分析方法[M].北京:科学出版社,2021.

[44] 吴梦迪,阳义南,王晓晖.灵活工作计划对员工心理和行为的影响元分析的检验[J].经

第6章 组织与管理研究中元分析的流程、结果解读与汇报

济管理,2020,42(7):126-140.
[45] 胥彦,李超平.领导风格与敬业度关系的元分析[J].心理科学进展,2019,27(8):1363-1383.
[46] 张淑华,刘兆延.组织认同与离职意向关系的元分析[J].心理学报,2016,48(12):1561-1573.
[47] 张银普,骆南峰,石伟,等.中国情境下领导—成员交换与绩效关系的元分析[J].南开管理评论,2020,23(3):177-187.
[48] 郑明华.Meta分析软件应用与实例解析[M].北京:人民卫生出版社,2018.

本章附录材料

附录材料1-Rockstuhl2012LMX.xlsx

附录材料2-LMX-AC.xlsx

附录材料3-LMX-AC.sav

附录材料4-元分析SPSS语法.docx

附录材料5-Basic Meta-Analysis(Hunter & Schmidt).sps

附录材料6-张淑华2016数据.xlsx

附录材料7-Homogentity test.sps

附录材料8-weixuhua2016 data.xlsx

附录材料9-weixuhua2016 data.txt

附录材料10-weixuhua2016 masem.inp